跟特级教师

学好高中物理

何国平◎编著

安徽师范大学出版社
ANHUI NORMAL UNIVERSITY PRESS
·芜湖·

图书在版编目(CIP)数据

跟特级教师学好高中物理 / 何国平编著. —芜湖:安徽师范大学出版社,2022.1(2023.4重印)
ISBN 978-7-5676-5010-7

Ⅰ.①跟… Ⅱ.①何… Ⅲ.①中学物理课 – 高中 – 教学参考资料 Ⅳ.①G634.73

中国版本图书馆CIP数据核字(2021)第271994号

跟特级教师学好高中物理 何国平◎编著

GEN TEJI JIAOSHI XUEHAO GAOZHONG WULI

责任编辑:吴毛顺 责任校对:李子旻
装帧设计:张德宝 冯君君 责任印制:桑国磊
出版发行:安徽师范大学出版社
芜湖市北京东路1号安徽师范大学赭山校区
网 址:http://www.ahnupress.com/
发 行 部:0553-3883578 5910327 5910310(传真)
印 刷:江苏凤凰数码印务有限公司
版 次:2022年1月第1版
印 次:2023年4月第3次印刷
规 格:787 mm × 1092 mm 1/16
印 张:24.25
字 数:447千字
书 号:ISBN 978-7-5676-5010-7
定 价:73.80元

序　一

光阴似箭，转眼间我中学毕业已经四十五年了。近日，欣闻年逾古稀的中学恩师何国平先生又有新作即将面世，不禁想起四十几年前何老师在课堂上下、教室内外，一件件循循善诱、诲人不倦的往事，感念何老师毕其一生，在中学物理教坛上勤勉耕耘，精益求精，教书育人，孜孜以求。

想起的往事都是跨世纪的回忆。那是在1972—1974年这三年的时光里，何国平先生一直是我们物理课的授课老师，也一直担任着我们班的班主任。回顾自己从中学时光的几多青涩，到走上高等学府的讲台执教，进而成为中国科学技术大学教授的人生历程，何先生乃是对我人生有着重要影响的一位恩师。

何老师作为一名中学物理学科的特级教师，是当之无愧、实至名归的。记得在我们中学阶段的各门课程中，同学们最喜欢的课程就是何老师的物理课。我的中学时代正处于“文化大革命”期间，说来现在的中学生或不可理解，那时因“读书无用论”这种错误导向，学校里没多少学生是愿意用功学习的。正因如此，老师们首先要解决的问题，就是怎样有效激发学生学习的兴趣和热情。否则，任凭老师水平多高、能耐多大，学生都不会认真学，更谈不上学得多好了。而何老师生动讲授的物理课恰恰能够激发起学生浓厚的学习兴趣，他演示的许多物理小实验总是令人眼前一亮，跃跃欲试；他娓娓道来的许多物理故事无不引人入胜，发人深思。何老师在教学过程中非常善于通过有趣的实验和故事，将中学物理课里的基本原理和知识传授给学生，让同学们深刻地感受到学习知识不但非常有用，而且学习过程本身也是一件有趣和愉快的事情。在我的印象中，正是何老师高超的教学艺术和水平，使得我们班同学不仅学习物理的兴趣和热情得到了充分激发，而且这种学习兴趣和热情还在其他课程的学习上有一定程度的延伸。

何老师对我人生的影响，不仅是在那个年代激发了我学习知识的强烈兴趣，让我在恢复高考的第一年就在千军万马过独木桥的考试中脱颖而出，而且他强烈的事业心所表现出的那种对待学生满腔热情、高度负责的态度，对待教学一丝不苟、臻于至善的精神，在我心里一直是一种楷模的力量，对我的品行修养与人格塑造同样有着极为重要的影响。记得在我高中二年级那年“开门办学”,我们全年级师生都背着铺盖,跋山涉水去大山区歙县六联“蜈蚣岭”,参观“农业学大寨”。何老师还不忘把万用电表带上,趁参观之余,不顾疲劳带着有兴趣的同学到农村小型水电站去参观学习。时光荏苒,曾经的学生随后也成了一名人民教师。当我对自己提出怎么才能当一名好老师的考问时,中学时期恩师何国平先生为人师表的一些往事自然地浮现在眼前;再随后,每当我在教学与科研上取得点滴成果的时候,我经常感念自己在少年时期承蒙何老师的谆谆教诲。

当我认真拜读书稿后,有一种由衷的感慨:这是关于高中物理如何教和如何学的好书,对教师和学生都很有裨益。高中物理难学、难教早已是普遍的反映,如何做到既有效提高高中物理教与学的质量,又降低难度,成了中学物理界共同亟待解决的难题。何老师为解决这一共同难题,付出了大量心血。经过几十年物理创新教育的探究和实践的积淀,近十本著作凝结成了何国平先生一生执教中学物理的精要之作。

曹威麟

中国科学技术大学管理学院教授、党委书记

序　二

离开美丽的屯溪一中校园三十九年之后，收到当年教我物理课的何国平老师的邮件和电话，嘱咐我为他的新书写几句话，我感到莫大的荣幸！何老师身体健康，精力充沛，还在为物理教育事业孜孜不倦地操劳和耕耘，怎不令人高兴、敬佩和感动呢！

在我的中学年代，有个比较流行的口号——“学好数理化，走遍天下都不怕”。在那个年代，尽管物质条件有限，图书资料缺乏，但人们对自然科学充满热情，中外科学家的故事到处被传颂，奥妙的科学知识通过老师们的辛勤教导滋润着一大批渴望知识的心灵。记得那时的校园里，老师们经常加班加点为大家加课，精心设计练习题并亲自动手刻印大量的测验和考试卷，加强我们对课程内容的理解和掌握。在电脑和网络普及的今天，回想当时的艰苦条件，老师们为提高我们的学习成绩付出了多么巨大的努力和劳动啊！我记得，为了完成老师们布置给我们的学习任务，同学们买来煤油和蜡烛，学校晚上熄灯之后还在教室或宿舍继续看书做题。那真是我们人生中极其美好和难忘的一段时光！

中学物理课程包含了热、力、光、电等方面的物理知识，让我们对发生在生活中的众多现象有了科学的理解，让我们看到了物理学中蕴藏的美妙。我们了解到，利用数学知识总结出来的物理学规律不仅能解释人类可及的现象，还适用于理解无穷大的宇宙和无穷小的粒子世界。物理课让我们懂得了雷电中的声波和光波以及它们速度的差别，让我们懂得了彩虹背后的光谱和折射，让我懂得了太阳和月亮转动背后的万有引力……我们开始憧憬那茫茫宇宙的意义，开始思考比分子、原子还要微小的基本粒子里是否还藏有新的规律。

何老师是一位对物理学有深刻思考，对教学工作充满热情的老师，他深入浅出的讲解，使变化万千的物理图像和公式、严谨的物理定律自然完美地统一起来。被物理学的美妙所吸引，我大学阶段选择了物理学专业。通过学习，我发现物理学不仅是自然科学的前沿领域，也是孕育新技术的摇篮。无线电、X射线、激光、半导体、超导体、原子能、电子显微镜、核医学、CT成像、全球定位系统，还有量子通信技术等，这数不清的科学技术背后无一不是以物理学为基础或起源于物理学研究。尤其是在当前这个特别强调发展科学技术和实体经济的新时代里，培养具有物理学素养的复合型人才更具有特别重要的意义。可以说，无论是为了了解大自然，还是提高全人类的物质生活水平，都离不开物理学这门基础课程，而中学物理又是这个基础的基础，教好和学好中学物理，无疑是非常重要的。

何国平老师在中学物理教学一线辛勤耕耘半个世纪，培养了一大批学生。他对教学有许多深入的钻研和体会，对众多学生的特点有深刻的了解和把握，并形成了一套有自己特色的教学方法。现在，何老师把他的宝贵经验和方法整理出来出版，以便与更多的老师和同学分享，我们非常感激！我相信读者朋友们一定会受到很好的启发，获得良好的效果。最后，我借此机会感谢何老师对我的培养和教育，祝何老师身体健康，幸福快乐！

胡红波

中国科学院高能物理研究所研究员

序　三

欣闻何国平老师佳作即将付梓，思绪万千。何老师从事高中物理教学四十多年，集弟子数千，育人才无数。2014年，何老师加盟黄山文峰学校，我与之共事三年，他的人品和学识给我留下了深刻的印象。

黄山文峰学校是一所十二年一贯制学校，创办于2011年4月。作为一所新创学校，教师的培养、学生成绩的提升、社会和家长的认可，是学校的头等要务。何老师一生耕耘讲坛，其积累的教学经验无疑是一笔宝贵财富，故我慕名登门拜访，诚邀何老师加盟并担任学校教科研顾问。在我校工作期间，何老师精心备课，认真授课，耐心辅导，充分调动了学生学习物理的积极性，培养了学生学习物理的浓厚兴趣，我校学生物理学科成绩显著提高。

黑发积霜织日月，粉笔无言写春秋。作为中学物理教育的前辈，何老师不仅在教学中严格要求自己，而且十分重视青年教师的培养，对每份教案精心指导，对每位教师悉心关怀，让青年教师迅速站稳讲台。同时，何老师还总结出一整套适合我校教师培养的高质量方法，为我校青年教师业务水平的提升打下坚实的基础，使我校高中物理教学水平堪与省示范高中比肩。

借《跟特级教师学好高中物理》出版之际，谨向何国平老师表示诚挚祝贺和衷心感谢，祝何老师身体健康，为教育事业再添新业绩。

程彩飞
黄山文峰学校董事长、校长

前　言

二十年前，中央教育科学研究所就我的物理创新教育研究实践，约稿出版一本《何国平物理创新教育艺术》（“全国著名特级教师教学艺术与研究丛书”第二辑），该书后被专家推荐为全国中小学教师继续教育学习参考书。当时撰写这本书，由于时间紧，很多问题还未涉及，随后我就退休了。退休后，我先后受聘于三所学校，在教育教学一线又从教十年，这样在中学的物理讲堂上，我整整工作了49年。

退休后再从教，给我创造了一个“物理创新教育”再探究的平台，让我学习、实践新课标精神，不断领会、践行“中国学生发展核心素养”指导思想，加深理解、实施高考考查的“五种能力”要求，使我还处在一个与时俱进的状态。

高中物理学科的核心素养包括物理观念、科学思维、科学探究、科学态度与责任，充分体现了物理教育的育人价值，为培养全面发展的人，制定了物理教育的根本目标。作为一位高中物理教师，毫无疑问应当为达到这个目标奋发努力。

学生进入高中阶段学习，多数都较重视物理学科，可它的难度往往会让不少学生学起来感到困难。随着教学进度的推进，有些同学甚至产生焦虑。新高考改革选科中出现的“弃离物理”现象，一定程度上反映了学生的这种焦虑，我们应当十分关注这些在物理学习过程中的情感因素。于是，如何既有效提高物理教与学的质量，又降低难度，成了我们共同的“解难”课题。

为此，我在教学的进程中广泛接触师生，跟踪新教师教学，在辅导新教师的同时，与他们共同探讨新课标下如何紧扣新教材，如何以培养学生的科学素养为目标，让学生高效率地获得创新思维方法，提升科学探究能力，使学生学习的难度降低。

黄山文峰学校对教科研很重视，2014年邀请我重返讲台，次年又聘请我担任学校教科研顾问，培训新教师，按照学校的要求采取一系列措施，结果期末市统考，该校高一物理平均成绩超过省示范高中。我及时将教学探究及指导新教师的材料印发并汇报和交流，2017年从教与学两个方面将其汇编成《新教师寄语》资料。

不少朋友建议我把这本资料完善成紧扣新教材的读物，促使我去完成一本既能降低中学物理教与学的难度，又能快速提升学生成绩的辅导书。笛卡尔曾经说过：

"最有价值的知识是关于方法的知识。"于是，我从方法和创新层面，以及物理学科核心素养的四个维度层面，花了三年多的时间，将原资料一分为二，整合、充实为两本书稿，即《跟特级教师教好高中物理》和《跟特级教师学好高中物理》，为高中生学习成绩的快速提升和新教师的快速成长贡献绵薄之力。

两本书稿吸收了我近十本著作的精华、退休前后教育探究实践的积淀，还有全国各地教学经验的分享（我曾被聘为《物理教学探讨》《中学物理应试》编委，《中学物理》通讯编委）。《跟特级教师学好高中物理》由三篇组成：

第一篇，探究篇　格物致理。该部分引导同学们在学习高中物理的过程中，运用科学探究的方法，从物理学角度出发，不仅形成对客观世界的概括性认识，更拥有探究行为过程中形成的综合性能力。良好的开端是成功的一半，该篇特别抓住必修1、2高中物理入门的环节，给以方法，同时以物论理，辅以实验导学。

第二篇，方法篇　创新思维。物理学科核心素养中的科学思维包含多种思维，这多种思维交织而成的综合性思维，即创新思维。培养创新思维是培养创新精神和创新能力的核心。从长远来说，创新思维是创新人才的必备素质；从近期来说，创新思维是学好高中物理的有力法宝。该篇以我积淀的典型例题和实例为载体，从不同角度运用创新思维，让初学者得到创新思维、创新技法的熏陶和美的享受。

第三篇，升华篇　高考专题。高考前的二轮复习是专题综合复习，是高考备考链中承上启下的关键一环。该篇编写的13个专题，是我多年教学成果的结晶，精编资料构体系，追求能力讲技巧，所选之题是多年使用的好题、活题，很多是高考题。研究高考题、学解高考题，有助于实现"专题综合提素养，素养升华创高分"。

退休后三所学校邀我回到教科研岗位，特别是以程彩飞校长为代表的黄山文峰学校，让我在"夕阳"下还愉快完成一段创新教育续探的里程，我不胜感激。

黄山文峰学校校长程彩飞为本书写序；今日国家栋梁之材，昔日我的三位学生曹威麟、胡红波为本书写序，商永嘉为本书写跋，本人十分感谢。三位物理教学卓有成效的同行吴伯富、方岩生、陈菁老师给本书审稿，我深表谢意。早年屯溪一中毕业校友徐三友多年来对我的物理创新教育实践大力支持，还有来自各方的相助，在此一并感谢。囿于水平，书中不妥之处在所难免，恳请专家同仁及读者不吝指正。

目　录

探究篇　格物致理

方法篇　创新思维

升华篇 高考专题

探究篇

格 物 致 理

1.1　从伽利略理想实验谈起

核心素养强调的不是知识和技能，而是获取知识的能力，能够适应终身发展和社会发展需要的必备品格和关键能力。物理学科核心素养的关键成分有物理观念与应用、科学思维与创新、科学探究与交流、科学态度与责任。科学探究核心素养是物理学科核心素养的重要内容，可通过激发兴趣、加强引导、持之以恒、课内课外结合和评价激励，确保科学探究核心素养的有效培养。

一、科学探究是物理学的重要本质特征

图 1.1-1

伽利略（如图 1.1-1 所示）对物理规律的论证非常严格。他创立了对物理现象进行实验研究并把实验方法与数学方法、逻辑论证相结合的科学研究方法。伽利略的方法大致如图 1.1-2 所示：

图 1.1-2

他是近代实验科学的先驱。为了说明惯性，他曾设计一个无摩擦的理想实验：如图 1.1-3（1）所示，在一定点 O 悬挂一单摆，将摆球拉到离竖直位置一定距离的左侧 A 点，释放小球，小球将摆到竖直位置右侧的 B 点，此时 A 点与 B 点处于同一高度。若在 O 的正下方 C 用钉子改变单摆的运动路线，小球将摆到与 A、B 两点同样高度的 D 位置。

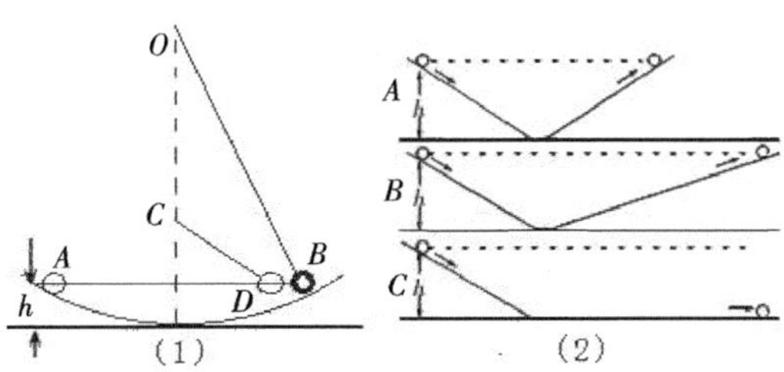

图 1.1-3

伽利略指出，如果利用斜面会得出同样的结论。他将两个斜面对接起来，让小球

沿一个斜面从静止滚下，小球将滚上另一斜面。如果无摩擦，小球将上升到原来的高度。他推论说，如果减小第二个斜面的倾角，小球在这个斜面达到原来的高度就要通过更长的距离。继续使第二个斜面的倾角越来越小，小球将会滚得越来越远。如果第二个斜面改成水平面，小球就永远达不到原来的高度，而要沿水平面以恒定速度持续运动下去。

伽利略设计的实验虽是想象中的，却是建立在可靠的事实基础上。把研究的事物理想化，就可以更加突出事物的主要特征，化繁为简，易于认识其规律。伽利略的这一自然科学研究新方法，有力地促进了物理学的发展，他因此被誉为“经典物理学的奠基人”。

伽利略进行科学研究的特点：一是重视理想实验，抓住事物的本质；二是把自己熟悉的领域和实验研究透彻。

在落体运动定律的形成过程中，斜面实验起到重要作用。他在不同角度的斜面上比较光滑的黄铜球沿槽滚下，并记录下滑的时间，数以百次地实验。伽利略在《关于两门新科学的对话》中写道：“为了测量时间，我们把一只盛水的大容器置于高处，在容器底部焊上一根口径很细的管子，用小杯子收集每次下降时由细管流出的水，不管是全程还是全程的一部分，都可收集到。然后用极精密的天平称水的质量，这些水质量之差和比值就给出时间之差和比值。精确度如此之高，以至于重复许多遍，结果都没有明显的差别。”

这个实验设计得何等巧妙！许多年来，人们都确信伽利略的方案是正确的。据说，在历史博物馆中还陈列着伽利略当年用过的斜槽和铜球。

他留下了大量手稿和许多著作，人们把他的资料编成了20卷文集，这是研究伽利略的宝贵史料。同学们以后有机会不妨自己去考证一番。

他通过使小球沿斜面滚下的实验测量验证了他推导出的公式：从静止开始的匀加速运动的路程和时间的平方成正比。他还把这一结果推广到自由落体运动，即倾角为90°的斜面上的运动。

伽利略和传统的错误观念进行了不屈不挠的斗争，他对待权威的态度很值得我们学习。他说过：“老实说，我赞成亚里士多德的著作，并精心地加以研究。我只是责备那些使自己完全沦为他的奴隶的人，变得不管他讲什么都盲目地赞成，并把他的话一律当作丝毫不能违抗的圣旨一样，而不深究其他任何依据。”

爱因斯坦和英费尔德在《物理学的进化》一书中曾评论说：“伽利略的发现以及他所应用的科学的推理方法，是人类思想史上最伟大的成就之一，而且标志着物理学的真正开端。”

图1.1–4

从物理学的发展历程来看，伽利略开创了实验研究的先河，堪称科学探究的典范；牛顿经过对天体运动的长期思考，最终发现了万有引力，将地球与天体的运动规律统一起来，又何尝不是科学探究里程中的丰碑？电磁感应定律是法拉第实验探究的结果，麦克斯韦方程组则是理论思维的结晶。物理学革命的标志——爱因斯坦量子论和相对论的创立，哪一个不是科学探究的辉煌成就？（如图1.1–4所示）

可见，物理学的发展史就是一部人类前赴后继的科学探究的历史，科学探究就是物理学的本质特征。

二、高中物理科学探究的目标

物理课程标准从科学探究和科学内容两方面将学习的重心从过分强调知识的传承和积累向知识的探究转化，从学生被动接受知识向主动获取知识转化，从而培养学生的科学探究能力、实事求是的科学态度和敢于创新的探索精神。学生在科学探究活动中，通过经历与科学工作者进行科学探究时的相似过程，学习物理知识与技能，体验科学探究的乐趣，学习科学家的科学探究方法，领悟科学思想和精神。

科学探究过程包括七个要素：提出问题、猜想与假设、制订计划与设计实验、进行实验与收集证据、分析与论证、评估、交流与合作。

1.学会提出问题。

问题是探究的起点，提出问题就相当于解决了问题的一半，要学会从日常生活和实验现象中发现与物理知识有关的问题。观察是科学探究的基石，这就要养成勤观察、多思考的物理习惯，要认识到发现问题和提出问题在科学探究中的地位和意义。在这一过程中，要求教师巧设问题情境，激发学生的兴趣、好奇心，让学生在疑惑和好奇心的驱使下明确探究的问题。例如，学生在学过“汽化和液化”中的蒸发现象后，通过探究活动知道蒸发过程是一个吸热的过程：酒精涂在温度计的玻璃泡上，温度计的示数会降低。那么，“如果把等量的酒精和水分别涂在两个温度计上，它们的温度下降的值相等吗？”

2.学会进行合理的猜想与假设，并为自己的猜想或假设寻找证据。

提出问题之后，根据自己已有的知识和经验，对探究的方向和可能出现的结果初步下结论（这只是一种猜想或假设）。按照猜想制订计划与设计实验，选择科学探究的方法及所需要的器材，分析在实验过程中可能出现的影响实验结果的因素，并避免这些因素的影响。通过观察和实验收集数据，查阅资料，寻找支持自己猜想的数据和信息。例如，滴在桌面上的水珠，一段时间后就消失了，这是蒸发现象。如果在考虑水的蒸发快慢与哪些因素有关时，猜想可能与质量、温度、表面积、空气流速等有关，因为假设的因素较多，在研究水的蒸发快慢与温度的关系时，就必须使可能影响的其他因素（质量、表面积和空气流速等）保持不变（即控制变量法）。

3.学会搜集、分析和处理信息。

在制订探究方案后要寻找相应的资料，对信息进行分析和处理。主要包括初步学会搜集信息的各种基本方法，尝试运用调查、文献搜集、网络搜索等搜集信息的基本工具和基本方法；能对搜集的文献和资料进行初步分析和处理，如分辨信息的科学性等；对信息进行简单的比较、推理、交流。如果通过实验验证，还要对实验现象和过程进行描述、归纳和总结。

4.学会评估。

在信息搜集和实验准备都比较充分的情况下，要对探究过程评估，分析假设与探究结果之间的差异，注意探究活动中未解决的矛盾，发现新的问题，对实验方案做出改进，通过评估汲取经验教训。

5.学会与他人交流与合作，增强书面或口头表达能力。

课堂中的探究活动是以小组的形式进行的，在探究中要分工合作，遇到问题时必须向老师或其他同学求助，与人交流；能写出简单的实验报告，准确表达自己的观点，在合作中注意既坚持原则又尊重他人。在此过程中，可以培养处理人际关系的能力、书面或口头表达研究成果的能力。

【例1】思考一个科学探究的问题：关于白炽灯灯丝的电阻。

初中学习过电压、电功率和电阻间的关系：$P=\dfrac{U^2}{R}$，则$R=\dfrac{U^2}{P}$。那么“220 V 40 W”的白炽灯灯丝电阻是多少？理论答案：$R=\dfrac{U^2}{P}=\dfrac{(220\ \text{V})^2}{40\ \text{W}}=1\,210\ \Omega$。

同学们在初中物理中做过“用伏安法测量灯泡工作时的电阻”的实验，还记得导体的电阻和温度有关吗？特别像白炽灯灯丝在常温下只有二三十摄氏度，而一旦发光就有上千摄氏度的高温，那么它的阻值变化较大。

若用多用电表欧姆挡实际测量，白炽灯灯丝的电阻为80～100 Ω，如用伏安法测量，则为1 210 Ω。高中物理中，有测绘小灯泡的伏安特性曲线的实验，由伏安特性曲线可知金属导体的电阻随温度变化的关系，一目了然得知在不同温度下白炽灯灯丝的电阻。下面通过一个高考题的讨论，对白炽灯灯丝的电阻加深认识。

（1993年高考题）一个标有“220 V　40 W”的白炽灯泡，加上的电压U由零逐渐增大到220 V。在此过程中，电压U和电流I的关系可用图线表示。题中给出的四幅图线中（如图1.1–5所示），肯定不符合实际的是（　　）

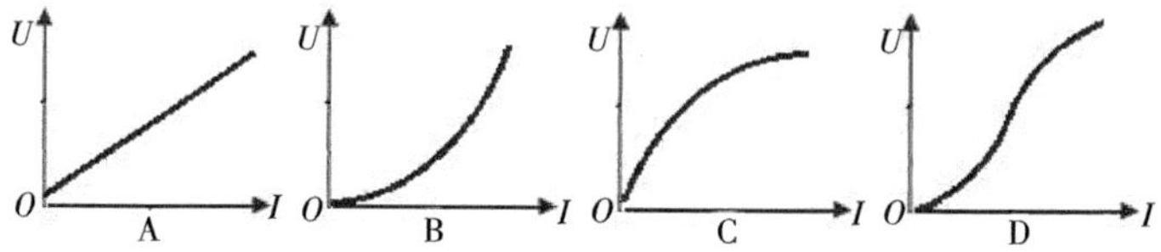

图1.1–5

【解析】由白炽灯泡的U–I特性曲线可知，图线为直线时，斜率表示电阻，斜率不变表示电阻不随电压变化；对电阻的U–I图像来说，如果图线是曲线，表示在不同电压、电流时它的电阻是变化的。电阻可以用曲线上该点与坐标原点连线的斜率来表示（注意：曲线在该点与原点连线的斜率不表示该点的电阻）。因此，灯丝电压越高，温度越高，电阻率越大，电阻也就越大，即灯泡在电压加大过程中电阻逐渐增大，故随电压增大图线上的点与O的连线斜率应逐渐增大，所以B符合实际，A表示电阻不变，C表示电阻变小，D表示电阻先变大后变小，所以A、C、D不符合实际。

【例2】阅读下列材料，思考何时更黏。

一天早晨，小玲在家里倒蜂蜜，发现蜂蜜比较流畅地从瓶里流到碗中，她突然产生疑惑。几天前去农贸市场买蜂蜜，售货员用勺子将蜂蜜往瓶子里倒时，蜂蜜向下流动得比较缓慢，这是怎么一回事？好动脑的小玲脑海里思考着一个问题：是什么因素使得蜂蜜的黏性有时大有时小呢？

她联想到奶奶煮的米糊，温度高时好像稀一些，盛到碗里过一会儿温度低时好像黏稠一些。那么，蜂蜜的黏性会不会也是这样呢？

小玲提出了自己的猜想：物质的黏性与温度有关，温度越高，黏性越小。于是设计实验方案如下：将蜂蜜分装入三个小瓶，分别将两瓶放在冰箱和室内，第二天再将另一瓶放在微波炉加热一会儿。然后，用三支滴管分别从三个小瓶中各取一滴蜂蜜，同时分别滴到同样倾斜度放置着的试管壁上，观察各滴蜂蜜流到试管底部的时间并进行比较、记录实验数据，如表1.1–1。

表1.1-1

蜂蜜	冰箱中	室内	微波炉加热
温度	较低	一般	较高
流淌时间	较长	一般	极短

请你回答：

(1)小玲得出的结论是：有些物质，随着温度升高，它的黏性__________。

(2)如图1.1-6所示，这一结论可以用下列的________图像表示。

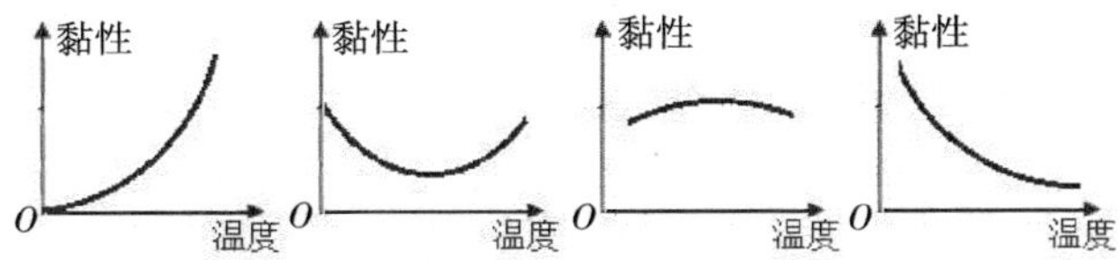

A　　　B　　　C　　　D

图1.1-6

(3)在上述探究过程中，小玲运用了转换法，通过这种科学方法，小玲将不能直接测量的__________转换成可以测量的__________。

(4)小玲经历的探究思维程序是：_____________、_____________、_____________、___________、_____________。

(5)如图1.1-7所示，黏滞计是测量液体黏性的仪器，在圆筒容器A中有一个可以绕轴转动的圆柱体B，它通过缠绕的绳子连接在滑轮C和砝码D上，被测液体E注入圆筒和圆柱体之间的环形空间中。

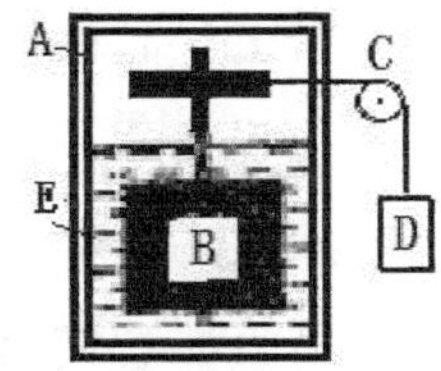

图1.1-7

请你解释黏滞计的工作原理。将被测液体注入后，释放砝码。在重力的作用下砝码向下运动，通过滑轮和绳子带动圆柱体转动。注入不同的液体，圆柱体转动的速度不同，根据速度的不同就可以比较出液体__________的大小。当将同一种液体加热后注入，会发现圆柱体转动的速度将变______________。

(6)在日常生活中经常见到上述结论的有关实例，如：________________。

【解析】实验探究是物理新教材的灵魂，新课改的理念之一就是培养学生的探究精神，高考试题考查的内容已不局限于课本实验，而是让考生通过科学探究去解决生活实际问题。

【答案】(1)越小；(2)D；(3)黏性大小、流淌时间；(4)发现问题、设计实验、进行实验、归纳分析、得出结论；(5)黏性、快；(6)食用花生油在夏天黏性变小(或：冬天花生油很难从瓶子里倒出来，拔丝苹果要趁热吃等，合理即可)

【创新思维】(1)科学探究是一种学习方法，强调学生不断发现问题、解决问题，在探究过程中获取知识,体会科学方法,体验情感、态度、价值观。

(2)科学探究本身也是学习的内容,在物理课堂学习中,我们要通过对探究过程的反复体验,学会怎样进行科学探究。

(3)科学探究还是一种精神,我们可以用这种精神探索和研究自然规律。

三、创新思维是科学探究成功的要核

1.创新思维下,众多难题都会迎刃而解。

(1)盲人辨黑、白。一天中午,商人正在大声吆唤:“卖坛子,卖坛子……”一位盲人走过来问:“你这里有些什么样的坛子?”商人说:“我这里有黑、白两种坛子,它们的大小、形状和表面粗糙程度都相同,黑坛子质好价高,白坛子质差价廉。”(如图1.1-8所示)盲人说:“买一只黑坛子吧。”商人把白坛子挑给他。盲人付完钱接过坛子,又把其他几个坛子都摸了一下,训斥道:“你怎么欺骗人?!以差充好。”商人尴尬地换了只黑坛子给盲人。

图1.1-8

心虚的商人望着远去的盲人在思索:“盲人看不见,怎么知道我将坛子调换了?”是呀!盲人怎么分辨出黑、白坛子?思考这个问题,可先猜想有哪些鉴别坛子的物理方法,然后用排除法确定正确答案。

猜想1:直接用眼睛观察黑、白坛子(从光学角度分析);

猜想2:用手掂量黑、白坛子,比较重量(从力学角度分析);

猜想3:轻轻敲击坛子,比较声音(从声学角度分析);

猜想4:抚摸黑、白坛子的表面,比较冷热程度(从热学角度分析)。

经过分析、比较与论证,判断猜想4才是正确的。因为在同等条件下,表面是黑颜色的物体比白颜色的物体容易吸收热,所以抚摸黑、白坛子的表面,会感觉到黑坛子温度高一些,这样,盲人就可以分辨出黑、白坛子了。

(2)巨石载船。在日本,有个著名的“巨石载船”的故事。那是在公元1583年,丰臣秀古在修筑大阪城堡的时候,为把大阪修成一座固若金汤的名城,需要很多巨大的石头。经过调查,得知在日本西部的一个海岛上可以开采到这样巨大的石头,每块石头都有五十张席子那么大,搬运起来很不方便,特别是在装船搬运时,巨石一装上船,就把船压沉到水底,试了几次,都不能把这样的巨石运走。就在大家无计可施的时候,一个人站了出来说:“看来用船载石是不可能了,那就用石载船吧!”大家都很诧异，但还是按照他的说法，把巨石捆在船底，使石头完全浸没在水中，果然发现船还有一部分露出水面。他们就通过该方法顺利地把石头运到了大阪。

同学们，你们是否也感到诧异？为什么密度比水大且质量又如此巨大的石头，连船都载不了，却能够载船呢？（提示：根据阿基米德原理$F_{浮}=\rho_{液}gV_{排}$，把巨石捆在船底，这样排开水的体积增大，浮力增大，船只就不至于下沉了。）

2. 科学探究是新课程改革中的亮点。

新课程改革的主要目的就是要提高青少年的科学素养，培养具有创新素质的人才，创新思维正是创新素质的"内核"，这是时代的呼唤。让我们从两道初中物理题的多解引以启发，在进入高中物理大门之前，迈开创新思维的步伐。

【例3】一段曲线长度的测量，你知道有什么变通方法吗？

【解析】方法1：软线重叠法。用一段细软棉线沿着曲线的轨迹铺过去，然后根据覆盖曲线的软线长度，用刻度尺测量出软线的长度，即得曲线长度。

方法2：滚轮法。如同记里鼓车，用半径R已知的圆盘（或圆环），按曲线轨迹滚动，记下起点时圆盘与曲线轨迹接触点A滚动的总圈数n，则曲线总长度$l = 2n\pi R$。如果n不正好为整数，则测量出A点多滚动的角度θ（如图1.1–9所示），计算出多滚动的距离

$$x' = \frac{\theta}{360^\circ} \cdot 2\pi R$$

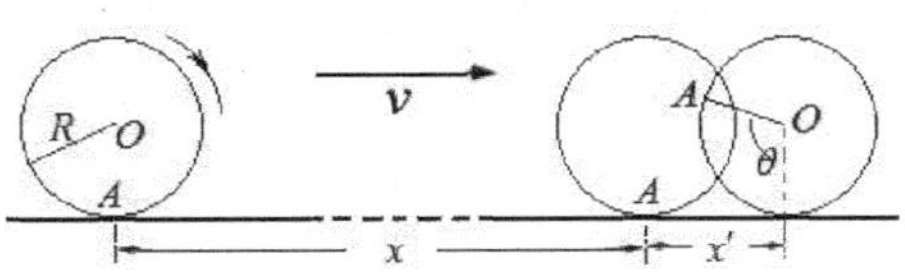

图1.1–9

则曲线总长度 $l = 2n\pi R + \frac{\theta}{360^\circ} \cdot 2\pi R$。

方法3：微元法。将曲线分解成若干个很小的线段Δl，测量这些线段的长度并求和，$l=\Delta l_1+\Delta l_2+\Delta l_3+\cdots+\Delta l_n$，即曲线的长度。

方法4：比较质量计算法。现有一卷粗细均匀的细铜线，估计有几百米，如何利用天平在不将铜线展开的情况下，测出这一卷铜线的长度？对于这个问题就需要进行伴随计算的测量：先截一小段铜线，用刻度尺测量长度Δl，再用天平测其质量m，然后把这一卷铜线都放在天平上，测其质量M，则可根据$L = \frac{M}{m}\Delta l$计算出这一卷细铜线的长度。

方法5：比较体积计算法。现有一卷粗细均匀的细铜线，估计有几百米，先截一小段铜线在圆铅笔上密绕n圈，测出线圈长度l，求得铜线直径$D=\frac{l}{n}$；用排水法测出一卷细铜线的体积$V=V_0-V_1$（V_0为铜线浸入后水的体积，V_1为铜线浸入前水的体积），则铜线的长度$L = \frac{V}{\pi(D/2)^2}$。

方法6：比较电阻计算法。现有一卷粗细均匀的细铜线，估计有几百米，先截一小段铜线在圆铅笔上密绕几圈，测出线圈的宽度l和圈数n，求得直径$D=\frac{l}{n}$，则铜线的横截面积$S=\pi r^2=\pi(\frac{D}{2})^2$。查出横截面积为对应数值的铜线的电阻率$\rho$的值，测出这卷铜线的电阻$R$，则这卷铜线的总长度$L=\frac{RS}{\rho}$。

下面再看另一道力学题。

【例4】一次科学会议上，有人即兴向三位著名的物理学家——G.伽莫夫、J.R.奥本海默和诺贝尔奖获得者F.布洛赫，提了一个小实验题："一只装载着石块的小船浮在一水池中，如果船上的人把石块投入水中，池中水面的高度如何变化？"

【分析】该题属于涉及浮力、重力的平衡问题，解题自然离不开阿基米德定律和力的平衡原理。因此，从受力分析入手，以定律和原理为"武器"，认真剖析试题给的条件，建立物理模型，列出各量关系式，是我们成功到达题解彼岸的有效途径。

【解答】方法1：排水法。

设船和人重为G_1，石块重为G_2，原状态船排开水的体积为

$$V=\frac{G_1+G_2}{\rho_{水}g}=\frac{G_1}{\rho_{水}g}+\frac{G_2}{\rho_{水}g} \qquad ①$$

把石块投入水中后，船排开水的体积为$V_1=\frac{G_1}{\rho_{水}g}$，沉入水中的石块排开水的体积等于石块的体积$V_2=\frac{G_2}{\rho_{石}g}$。

两者的排水量

$$V'=V_1+V_2=\frac{G_1}{\rho_{水}g}+\frac{G_2}{\rho_{石}g} \qquad ②$$

比较①②两式，$\because \rho_{石}>\rho_{水}$，$\therefore \frac{G_2}{\rho_{水}g}>\frac{G_2}{\rho_{石}g}$，故有

$$\left(\frac{G_1}{\rho_{水}g}+\frac{G_2}{\rho_{水}g}\right)>\left(\frac{G_1}{\rho_{水}g}+\frac{G_2}{\rho_{石}g}\right)$$，即$V>V'$，

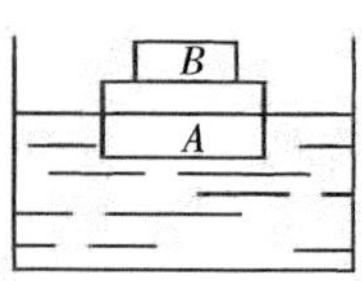

图1.1–10

排开水的体积变小，故池中水面高度降低。

方法2：极限思维法。

为了叙述方便，我们将上述问题简化成模型图（如图1.1–10所示）。A是船，B是石块。现在，发挥我们的想象力，设想B的密度变

大,变得很大很大,于是体积必定变小,变得很小很小。当取下B投入水中,B排开水的体积很小很小,此时,空船要上浮,排开水的体积大大减少,故池中水面高度肯定下降。

方法3:逆向法。

模型同上(如图1.1−11所示)。先反过来想象B变成密度与水相同的物体B'。这样B'相对于B就等于发生了体积膨胀。将B'投入水中,水面高度不变。我们再想象将B'变回B,体积收缩,水面高度必然下降。

方法4:变通法。

模型同上(如图1.1−12所示)。我们将模型更新一下,将B在A上变为一根细线拴住吊在A下。这样效果一样,水面高度不会变。我们再用剪刀剪断绳子,B下落,A上浮,水面降低。

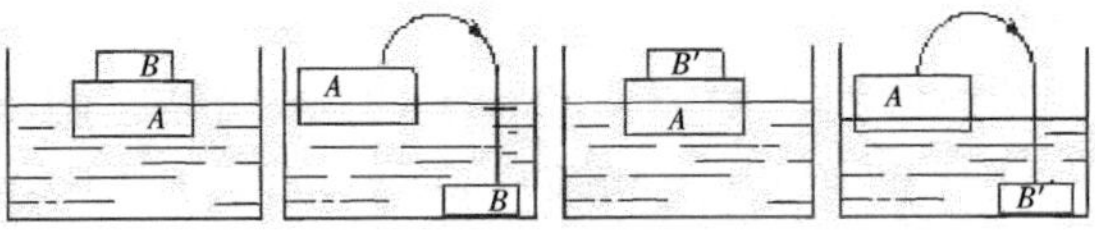

图1.1−11

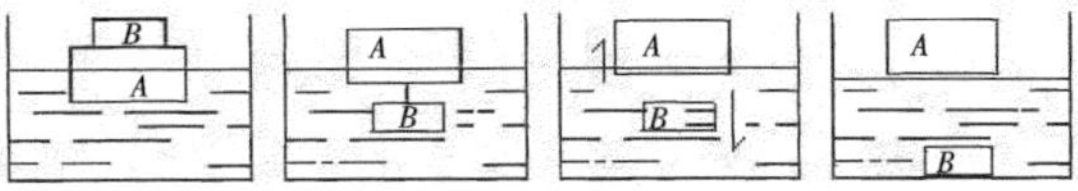

图1.1−12

方法5:整体法。

如图1.1−13所示,我们将A、B看作一整体系统,对系统在两种情况下进行受力分析。B在A上,

$$G_A + G_B = F_{浮} = F_{AB} \quad ①$$

B投入水中,

$$G_A + G_B = F'_{浮} + F''_{浮} + N_B = F_A + F_B + N_B \quad ②$$

由①②得 $F_{AB} = F_A + F_B + N_B$

$\because N_B>0, \quad \therefore F_A + F_B < F_{AB}$

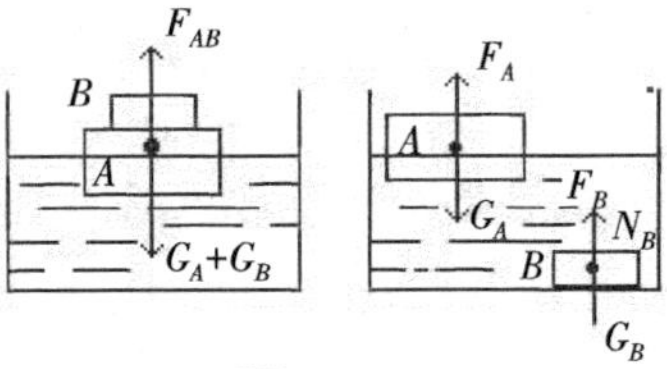

图1.1−13

即B投入水中后A与B排开水的体积小于B在A上所排开水的体积,故水面高度下降。

方法6:综合法。

我们再换一种模型(如图1.1−14所示)。将A设想成一个重量不计的薄长塑料圆筒,B设想成一个小圆柱。然后,将B放入A中,让它们漂浮在水面上,此时圆筒A排开水的体积要大于B的体积。现将B取出投入水中,则B下沉,A上浮,在水中B排开水的体积等于石块的体积。比较两种情况,显然可得:整体排开水的体积,后者小于前者。所以,水面高度下降。

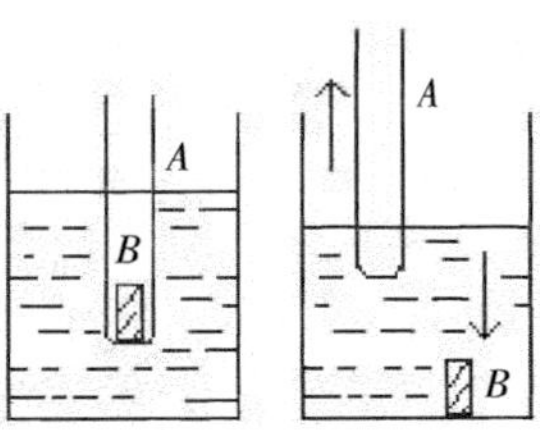

图1.1−14

方法7:模拟实验法。

往一大烧杯(容积约为1500 mL)中倒入约1000 mL水,在水面放一肥皂盒,内放

一石块。先用圆珠笔记下此时水面位置，再将石块投入水中，稍等肥皂盒静止，记下水面位置，比较两次水面位置可知水面下降。由此推理，将船上石块投入水池中，水面下降。

【创新思维】从不同角度，换不同方法进行创新思维。极限思维法，令人耳目一新；模型法，奇妙的想象，使解题简洁明快；整体法，从整体入手分析，解题有一气呵成之势；模拟实验法，另辟蹊径，直达问题答案。

综上所述，两道很平常的“小实验”题，居然例举了如此众多的解法，确实让人惊叹，这不只是给人以美的享受，更使人明白：科学探究是一种创新活动，是运用和推动创新思维的一种强烈和稳定的动力源泉，创新思维是科学探究成功的要核。

3.选几道初中物理竞赛题，再增添几分对创新思维的初步感受吧！

【例5】（初中物理竞赛题）“蜻蜓点水”是常见的自然现象，蜻蜓点水后平静的水面上会出现波纹。某同学在研究蜻蜓运动的过程中获得了一张蜻蜓点水的俯视照片，照片反映了蜻蜓连续三次点水后某瞬间的水面波纹。如果蜻蜓飞行的速度恰好与水波的传播速度相等，不考虑蜻蜓每次点水所用的时间，如图1.1–15所示的四幅图中，与照片相吻合的是（　　）

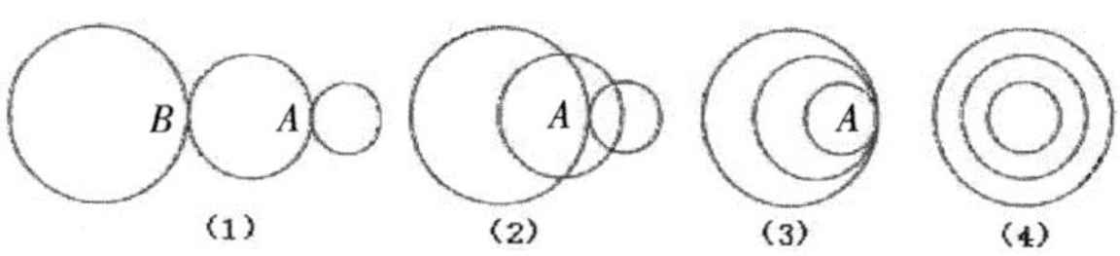

图1.1–15

【解析】蜻蜓连续三次点水过程中激起的波纹，圆圈越小，说明经过的时间越短，所以飞行方向向右从大圆到小圆；由于蜻蜓飞行的速度和水波的传播速度相同，蜻蜓每一次点水的时候都会是在上一个水波的波纹线上，而第二个水波和第一个水波都是以同速运动，所以每个圆形波纹都呈内切A点的形态。故选图1.1–15(3)。

【创新思维】蜻蜓飞行的速度恰好与水波的传播速度相等，以第一个水波波纹为参照物，同速飞行的蜻蜓相对前行的波纹相对静止，因此只要蜻蜓再点水面，肯定在第一个水波波纹线上，问题就迎刃而解了。

【例6】（初中物理竞赛题）如图1.1–16(1)所示是小明的调光灯电路图，他将粗细均匀的电阻丝AB通过滑片P接入电路，小灯泡的额定电压为12 V。闭合开关S后，滑片P从最左端A滑到最右端B的过程中，小灯泡的I–U关系图像如图1.1–16(2)所示。（电阻丝AB的阻值不随温度变化）求：

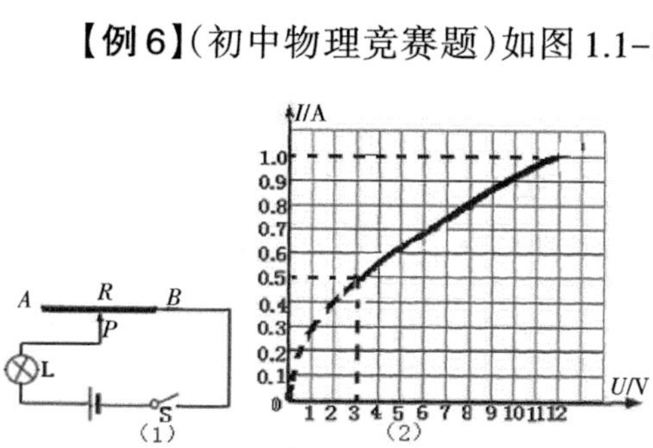

图1.1–16

(1)小灯泡的额定功率；

(2)电阻丝AB的阻值；

(3)当AB接入电路的阻值R_1=5 Ω时，灯泡消耗的功率为6.4 W，此时灯丝的阻值为多少？

【解析】(1)当滑片P在B端时，由图可知电源电压与小灯泡的额定电压相等，为12 V，对应的电流为1 A，小灯泡的额定功率为$P_L=U_L I_L=12\text{ V}\times1\text{ A}=12\text{ W}$。

(2)当滑片在A端时，由图得小灯泡两端达到电压为3 V，电流I=0.5 A，由于R与L串联，则电阻丝两端电压U_1=12 V−3 V=9 V。由欧姆定律得电阻丝AB的电阻

$$R=\frac{U_1}{I}=\frac{9\text{ V}}{0.5\text{ A}}=18\ \Omega$$

(3)当AB接入电路的阻值R_1=5 Ω时，电路中的电流

$$I=\frac{U}{R_L+R_1}=\frac{12\text{ V}}{R_L+5\ \Omega}$$

灯泡消耗的功率

$P=I^2R_L=(\frac{U}{R_L+R_1})^2R_L$，代入数据得$6.4\text{ W}=(\frac{12\text{ V}}{R_L+5\ \Omega})^2R_L$，

解得$R_{L1}=10\ \Omega$，$R_{L2}=2.5\ \Omega$。

当横、纵坐标分别取3 V、0.5 A，小灯泡功率为1.5 W，电阻为$\frac{3\text{ V}}{0.5\text{ A}}$=6 Ω，$R_L$<6 Ω，不切合实际，2.5 Ω应舍去。即灯丝的阻值为10 Ω或者由图可知，灯泡连入电路中的最小阻值为$R_{L\min}=\frac{U_{\min}}{I_{\min}}=\frac{3\text{ V}}{0.5\text{ A}}=6\ \Omega$，所以，此时灯丝的阻值为10 Ω。

【创新思维】该题涉及功率的计算、欧姆定律的应用、电路动态分析，从较高的层面考查了电路图分析，考查知识点多，难度大。

【例7】(2010年上海大同杯初中物理竞赛题)某侦察机以两倍音速在距离地面高度为L的高空水平飞行，某人站在地面上A点，当侦察机经过D点时，其正下方恰好是A点，如图1.1−17所示。人最先听到的轰鸣声是侦察机飞到距离A点________处所发出的，当人听到该声音时，侦察机离A点的距离为________。

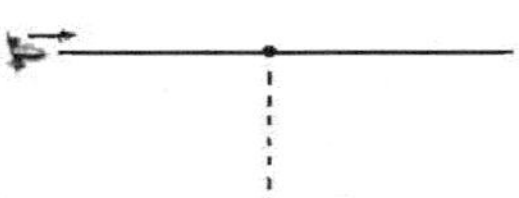

图1.1−17

【解析】飞机的速度是声速的两倍，因此在如图1.1−18中C点飞机发出的声音以声速向四周球面传播，当声波传到图中圆周上时，声波传播距离为R，则飞机飞行的距离为$2R$，到达图中F点，过F点作圆C的切线，得到切点E，可知△CEF为直

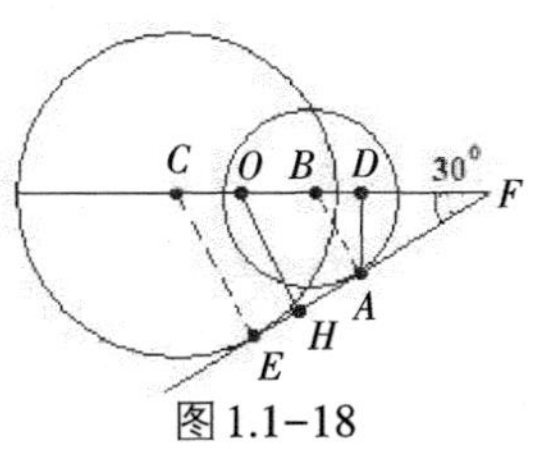

图1.1−18

角三角形，因为$CF=2R=2CE$，所以$\angle F=30^\circ$。在CF间任一点O作EF的垂线OH，则$OF=2OH$，这说明飞机在O点时发出的声波传到H点时，飞机也到达了F点。所以飞机在沿CF飞行中，飞机在其中任一点发出的声波传到EF的连线时，飞机均在F点，即当飞机到达F点时，飞机在飞行过程中的各点发出的声波均刚传到EF的连线上。所以人在A点最先听到的声音，是飞机在过A点的EF的垂线与CF的交点B发出的，在$\triangle ADB$中$\angle A=30^\circ$，$DA=L$，所以，$AB=\dfrac{L}{\cos30^\circ}=\dfrac{L}{\sqrt{3}/2}=\dfrac{2\sqrt{3}}{3}L$，侦察机离$A$点的距离为$AF=2L$。

四、高考题不断创新，有力地引导科学探究核心素养的提升

高考题不断创新，关注高中物理学科素养，有力地引导科学探究核心素养的提升。(下例高一新生请根据教学进度再学习)

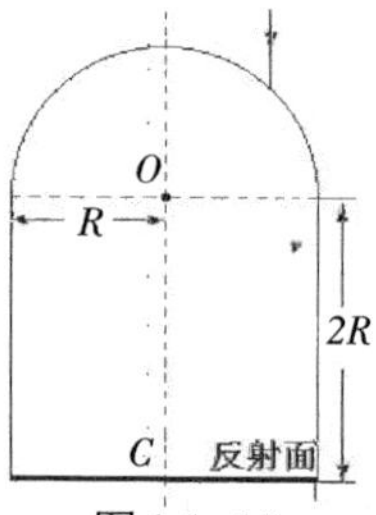

图1.1-19

【例8】(2017年高考全国Ⅰ卷)如图1.1-19所示，一玻璃工件的上半部是半径为R的半球体，O点为球心；下半部是半径为R、高度为$2R$的圆柱体，圆柱体底面镀有反射膜。有一平行于中心轴OC的光线从半球面射入，该光线与OC之间的距离为$0.6R$。已知最后从半球面射出的光线恰好与入射光线平行(不考虑多次反射)，求该玻璃的折射率。

【解析】常规解法(高考参考答案解法)：

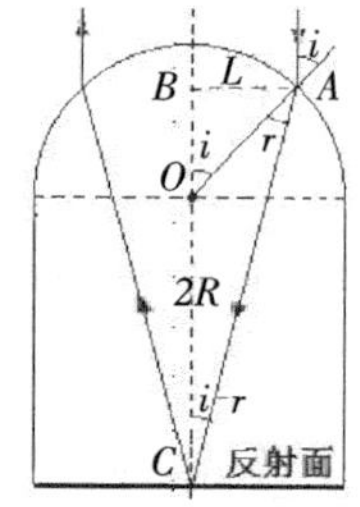

图1.1-20

如图1.1-20所示，根据光路的对称性和光路可逆性，与入射光线相对于OC轴对称的出射光线一定与入射光线平行。这样，从半球面射入的折射光线，从圆柱体底面中心C点反射。

设光线在半球面的入射角为i，折射角为r。由折射定律有

$\sin i=n\cdot\sin r$ ①

由正弦定理有

$\dfrac{\sin r}{2R}=\dfrac{\sin(i-r)}{R}$ ②

由几何关系，入射点的法线与OC的夹角为i。

由题设条件和几何关系有

$\sin i=\dfrac{L}{R}$ ③

式中L是入射光线与OC的距离。由②③式和题给数据得

$$\sin r = \frac{6}{\sqrt{205}} \quad ④$$

由①③④式和题给数据得 $n = \sqrt{2.05} \approx 1.43$。

【创新思维】原参考答案属常规解法,表面看起来比较简单,但正弦定理、三角函数等实际运算却相当繁琐。运算最后一步联立①③④式中,$\sin(i - r)$的化简很可能成为拦路虎,两角和差公式 $\sin(i - r) = \sin i \cdot \cos r - \cos i \cdot \sin r$ 不一定能想起。还有涉及运算更是耗费不少时间,如果运用创新思维想方设法,那就另当别论了。

【解析】解法1:创新方法(几何法——比较三角形面积)。在本书"2.5 揭示解题关键的数学技巧"中提及,运用三角形面积公式,巧妙地借助初中数学知识就可以求解。

根据已知条件作图(如图1.1-21所示),作AC上的高a,

$$\triangle AOC\text{的面积}S_{\triangle AOC} = \frac{1}{2} \cdot 2R \cdot 0.6R = \frac{1}{2} \cdot AC \cdot a \quad ①$$

由勾股定理得$BO=0.8R$,

$$AC=\sqrt{(0.6R)^2 + (2.8R)^2} = \sqrt{8.2}\, R \quad ②$$

由①②得 $a = 1.2R/\sqrt{8.2}$,

$\sin r = a/R = 1.2/\sqrt{8.2}$,又 $\sin i = L/R = 0.6R/R = 0.6$

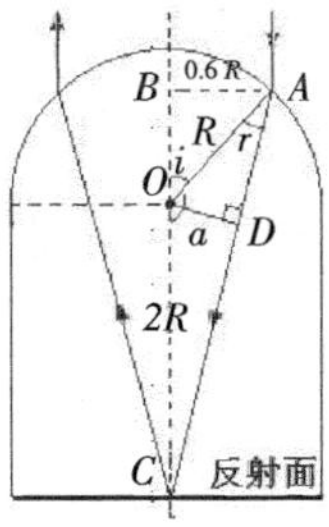

图1.1-21

所以,折射率 $n = \frac{\sin i}{\sin r} = \frac{0.6}{1.2/\sqrt{8.2}} \approx 1.43$。

解法2:创新方法(物理实验法)。在本书"2.4 揭示解题关键的物理技巧"中的第5种方法提及,这种方法打开实验的构思方法和研究物理问题的思路,借助光学中介绍的用作图测量来测玻璃折射率的方法求解,方法更为简捷。

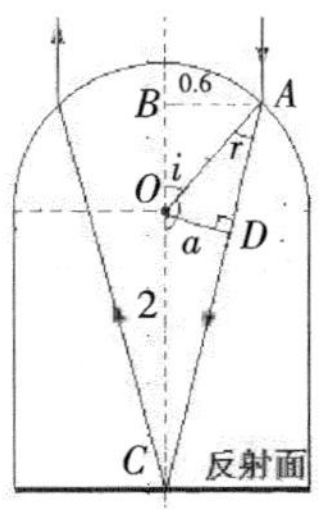

图1.1-22

根据已知条件作图(如图1.1-22所示),作AC上高a,用刻度尺测量OA和OD的长度。由几何知识可知,

$$\sin i = L/R = 0.6R/R = 0.6, \sin r = \frac{OD}{OA}$$

则折射率,代入长度OA和OD测量值即得结果,即

$$n = \frac{\sin i}{\sin r} = 0.6 \cdot \frac{OA}{OD}$$

1.2 高中物理学习怎样起好步

物理难学,几乎是广大师生的一致共识。我从高一新生问卷调查中知晓,有的初中物理学得好的同学上高中后得不到高分,回首初中物理学习的艰辛岁月,惆怅万千;有的同学反映课听得懂,作业也会做,就是考不好;有的同学尽管非常喜欢物理,但又觉得高中物理实在“无理”,考不及格居然成了常态,实在无奈。这是什么原因?

主要原因来自两个方面,一是来自知识层面,二是来自能力层面。从初中到高中物理学科知识出现很多台阶,并且跨度比较大,表现为:

(1)从单一到复杂。如高中物理从二力平衡到多力平衡,从匀速运动到变速运动、抛体运动、圆周运动,直流电路从部分电路欧姆定律到全电路欧姆定律等。概而言之,初中物理介绍单一、简单的知识,高中物理则注重更深层次的研究。

(2)从定性到定量。初中物理大多数是定性描述分析,定量计算所用数学知识少而浅。高中物理有着更多的定量计算,需要更多数学知识的支持。如力和运动的关系,机械能、核能的计算,摩擦力的大小,磁场的磁感应强度计算;又如瞬时速度涉及的极限和导数知识,力学、电学中很多问题涉及极值运算、微元法剖析等。

(3)从标量到矢量。高中物理引入了初中物理所没有的矢量概念,物理量的方向成为分析研究问题的要点。定量计算从算术运算(加减乘除)上升到几何运算(平行四边形定则、三角形定则),高一新生特别不习惯。

(4)从形象到抽象。初中物理比较多的是通过形象思维获得知识,高中物理从形象思维向抽象思维过渡。如高一物理所讲的瞬时速度、加速度概念,摩擦力产生条件、静摩擦力方向判断,物体的受力分析等,都要求学生有较强的抽象思维能力。高一新生面对从形象思维到抽象思维的跨越,确实难以适应。

(5)从传授到获取。初中物理学习较多的是教师传授知识,高中物理学习随着知识深度的加大、内容广度的拓宽和知能要求的提升,相当程度上要求学生独立地或在教师指导下主动地去获取知识(包括预习、听课、探究实验以及创新归纳等)。高中物理学习中,“探究”和“创新”是两道门槛。

初中物理和高中物理比较,无论从知识层面,还是从能力层面来看,高中物理的深度、广度、难度全面加大。

那么，如何迎难飞过鸿沟，使高中物理学习起好步？

一、从知识层面来看

1.温故知新。

复习巩固初中物理知识，为高中物理的学习做好准备。鉴于高中物理是在初中物理的基础上螺旋式上升的，在学习高一物理概念和规律时，注意在原有基础上丰富和扩展到新的高度。

例如，牛顿第一定律，初中教材的表述为"一切物体在没有受到外力作用的时候，总保持静止状态或匀速直线运动状态"，高一教材的表述为"一切物体总保持匀速直线运动状态或静止状态，直到有外力迫使它改变这种状态为止"。通过初高中教材的表述对比，学生对运动和力关系的认知得到丰富和扩展。

又如，三个共点力平衡问题，可以从初中的二力平衡的条件，引发将三个共点力平衡转化为两个力平衡，转化方法是任意两个力的合力一定和第三个力大小相等、方向相反，即平衡力。这样最后按课本实验验证力的平衡条件为 $F_{合}=0$，理解的"坡度"将大大减缓。

【例1】如图1.2-1所示的水平面上，橡皮绳一端固定，另一端连接两根相互垂直的弹簧，连接点 P 在 F_1、F_2 和 F_3 三个力作用下保持静止。下列判断正确的是(　　)

A. $F_1> F_2>F_3$　　　B. $F_3>F_1>F_2$

C. $F_2>F_3> F_1$　　　D. $F_3>F_2> F_1$

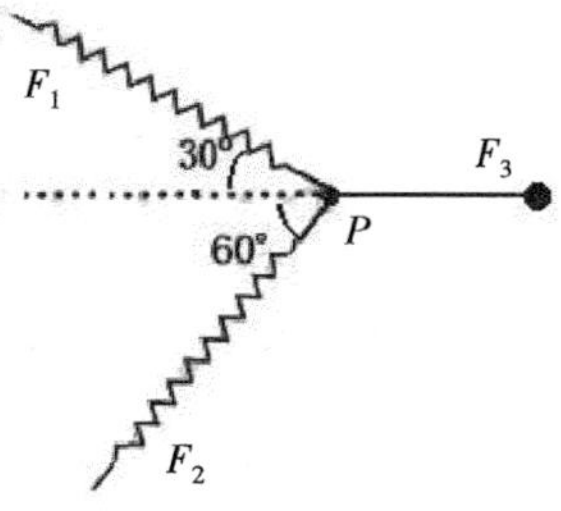

图1.2-1

【解析】由于在 F_1、F_2 和 F_3 三个力作用下保持静止，合力为零，由图可知，力 F_1 与 F_2 垂直，根据力的平行四边形定则，由角度及几何关系可得 $F_3>F_1>F_2$，B正确。

再如，初中课本弹力的定义为"物体由于发生形变而产生的力叫做弹力"。这种定义方法符合少年的感性认识，适合初中时代学生的接受能力。初中教材还有几处涉及弹簧：测力计中的弹簧测力计、握力计和拉力计，钢琴发声时是什么在振动？挂锁中的弹簧起什么作用？空盒气压计中的弹簧起什么作用？管式弹簧压强计中的卷曲的空气弹簧管、核桃钳中的弹簧……这些表明弹簧在不同场合的不同功能：①测量功能；②紧压功能；③复位功能；④带动功能；⑤缓冲功能；⑥振动发声功能。

进入高中，要在初中物理基础上归纳出弹力产生的条件，并且通过具体实例从施力、受力物体，弹力的三要素等方面分析弹力，加深对弹力的认识和理解，准确地确定弹力的存在及方向，还要进行定量计算。应当清楚，如果离开初中物理基础，就谈不上对弹力有拓展的理解。

图1.2–2

【例2】（1987年高考卷）如图1.2–2所示，一根轻质弹簧上端固定，下端挂一质量为m_0的托盘，盘中有一物体，质量为m。当盘静止时，弹簧的长度比自然长度伸长了L。今向下拉盘使弹簧再伸长ΔL后停止，然后松手放开。设该弹簧总处在弹性限度以内，则松开手时盘对物体的支持力为（　　）

A. $(1+\frac{\Delta L}{L})mg$　　B. $(1+\frac{\Delta L}{L})(m+m_0)g$

C. $\frac{\Delta L}{L}mg$　　D. $\frac{\Delta L}{L}(m+m_0)g$

【解析】解法1：当盘静止时，由胡克定律得$(m+m_0)g=kL$　①

弹簧再伸长ΔL时，设手的拉力大小为F，再由胡克定律得

$(m+m_0)g+F=k(L+\Delta L)$　②

由①②得 $F=\frac{\Delta L}{L}(m+m_0)g$　③

刚松手瞬时弹簧的弹力没有变化，则以盘和物体整体为研究对象，所受合力大小等于F，方向竖直向上。设刚松手时，加速度大小

$a=\frac{F}{m+m_0}=\frac{\Delta L}{L}g$　④

以物体为研究对象：$F_N-mg=ma$　⑤

由④⑤得$F_N=(1+\frac{\Delta L}{L})mg$，故选A。

解法2：以上各项都含有ΔL，可见ΔL是决定作用力大小的重要因素。假设$\Delta L\to 0$，即弹簧不再次拉伸，则系统处于平衡位置，此时托盘对物块m的作用力应等于mg，将$\Delta L=0$这一特殊值代入以上各选项比较，只有A满足条件，故选A。

【创新思维】该题若利用代入特殊值的办法，取$\Delta L=0$，则解答简捷。如果用常规解法，即对物体进行受力分析，利用整体法和隔离法，先分析平衡态，后分析非平衡态，再根据牛顿运动定律，列方程求解，也能得到正确结果，但解答冗繁，易出差错。

2.储备数学知识。

初中物理尽管有一些定量计算，但用到的数学工具主要是代数，对数学知识要求较低。高一物理的力学部分所用的数学知识，远比初中物理所用的四则运算复杂得

多，如力的分解与合成中的三角函数知识，运动学中的二次方程以及根的合理性判别、简单的极值运算等。然而，许多学生就连直角三角形中的三角函数关系都似是而非，加上高中数学课程进度滞后，学生使用数学工具不顺手，运算出错率很高。为此，应穿插相关数学知识的复习，有意识地训练将数学知识应用于物理的数理结合能力，加大相关数学知识的物理内涵教学。

高中物理常用的数学知识有：(1)平面直角坐标系；(2)函数及其表示；(3)一次函数；(4)反比例函数；(5)三角函数；(6)向量；(7)极值。

【例3】光滑的半球形物体固定在水平地面上，球心 O 正上方有一光滑的小滑轮，轻绳的一端系一小球，靠放在半球上的 A 点，另一端绕过定滑轮后用力拉住，使小球静止，如图 1.2-3(1)所示。现缓慢地拉绳，在使小球沿球面由 A 到 B 的过程中，半球对小球的支持力 F_N 和绳对小球的拉力 T 的大小变化情况是(　　)

A. F_N 变大，T 变小　　B. F_N 变小，T 变大

C. F_N 变小，T 先变小后变大　　D. F_N 不变，T 变小

【解析】如图 1.2-3(2)所示，设球面半径为 R，$BC=h$，$AC=L$，$AO=R$，选小球为研究对象。由于小球缓慢运动，故小球所受三个力的合力为零，即重力 G、半球的支持力 F_N、绳的拉力 T，构成一个封闭的力的矢量三角形，如图 1.2-3(3)所示，由于它和 $\triangle COA$ 相似，可得

$$\frac{G}{h+R}=\frac{T}{L}=\frac{F_N}{R}$$

所以 $F_N=\dfrac{GR}{h+R}$，$T=\dfrac{GL}{h+R}$。

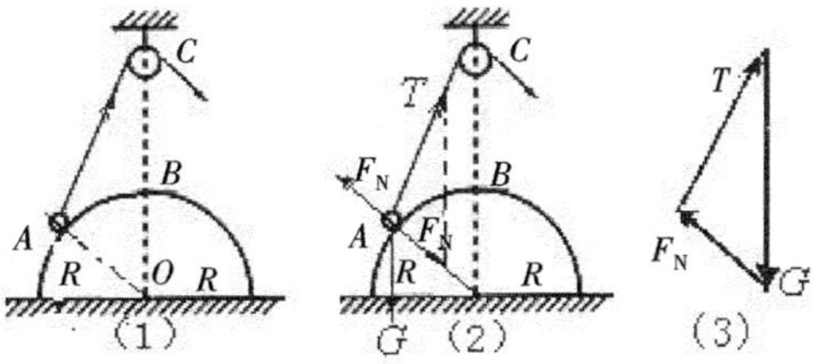

图 1.2-3

因为 h、R、G 为定值，所以 F_N 为定值不变。T 与 L 成正比，由 A 到 B 的过程中，L 变小，所以 T 变小。故选 D。

二、从能力层面来看

1. 学好物理，热爱物理。

物理是研究物质世界运动规律的学科，物理学是一切科学技术的基础理论，物理学的重大发现曾多次推动了其他学科的发展。今天，物理学的研究与应用已渗透到人类社会的各个领域，对推动社会发展起着巨大的作用。同时，物理学也存在于同学们身边，在物理学习中，同学们可以经历观察、思考、实践、创新等活动，逐步掌握科学

的学习方法，训练科学的思维方式。创新时代的使命激励着我们，要学好物理。

兴趣是最好的老师。毋庸置疑，五彩缤纷、充满神奇的物理世界，使我们对物理世界有一种新奇感、求知欲，产生学习物理的浓厚兴趣。兴趣决定成败，兴趣会让你拥有学习的信心和动力。

2. 学好物理，重在“悟理”。

(1)“悟理”的主要环节——听课。

①课前预习。预习能提高听课的针对性，预习中发现的难点和疑点，就是听课时所要解决的重点；没有掌握好的有关旧知识，可以课前补缺，以减少听课的障碍，变被动为主动，有助于提高课堂学习效率。同时，预习中由于认真阅读课本，反复琢磨文句，仔细推敲定律，自学能力的培养自然就在其中了。

②聚精会神。做到“五到”(耳到、眼到、心到、口到、手到)，不走神。为此，上课前必须注意课间十分钟的休息，让自己保持充沛的精力。

③注意头尾。“头”就是老师讲课的开头，一般是概括前节课的要点，指出本节课要讲的内容，是把旧知识和新知识联系起来的环节；“尾”就是老师讲课的结尾，常常是对一节课所讲知识的归纳总结，具有高度的概括性，往往是本节课的纲要。

④做好笔记。扼要记下老师讲课的要点，如板书中的知识网(凝聚着老师的心血)、疑点(困惑之处)和“悟”点(感受或有创新思维的见解)，以便复习巩固、提升。

⑤复习、做题。做题前要结合课本回顾课堂上学过的新知识，重点是否掌握？难点是否弄懂？疑点是否解决？然后在弄懂所学知识的基础上，开始独立完成作业，做作业过程中不得翻书，实在需要查看之处，必须记上符号，以警示及时强化。

⑥及时小结。包括新课和单元的归纳概括，还有作业、考试评讲，整理自己的疑难问题和典型错误，可以准备一个“疑难、错题本”，也可以记在试卷、听课笔记本或者书眉上。记住：绝不在同一处犯第二次错误(科大少年班的成功经验)。

(2)“悟理”的主要内容——概念和规律 。

物理概念和规律是在分析物理现象的基础上经过抽象、探究、概括或推理得来的。学习时，要有一个科学思维的过程，弄清其中的道理。忽视思维过程的确切领悟，头脑里将只会剩下一些干巴巴的定义、公式和条文，思维也会僵化。

【例4】声音在某种气体中的速度表达式，可以用压强p、气体密度ρ和比例常数k表示，根据上述情况，声音在该气体中的速度表达式正确的是(　　)

A. $v = k\sqrt{\frac{p}{\rho}}$　　B. $v = k\sqrt{\frac{\rho}{p}}$　　C. $v = k\frac{p}{\rho}$　　D. $v = k\frac{\rho}{p}$

【解析】根据传播速度v与空气的密度ρ以及压强p的单位,结合来求解。

传播速度v的单位m/s,密度ρ的单位kg/m^3,压强p的单位kg/m · s^2,由"力学制单位",$\frac{p}{\rho}$的单位是m^2/s^2,$\sqrt{\frac{p}{\rho}}$的单位是m/s,k无单位,所以$k\sqrt{\frac{p}{\rho}}$的单位与v的单位相同。故选A。

【创新思维】考点是力学单位制和速度。在学习中要注意明确:物理表达式同时表达了式中各个物理量的单位的关系,这种方法称为量纲法。

【例5】如图1.2-4所示,气球下挂一重物,以v_0=10 m/s匀速上升,当达到离地面高175 m处时,悬挂重物的绳子突然断裂,那么重物经多长时间落到地面?落地速度多大?(空气阻力不计,g取10 m/s^2)

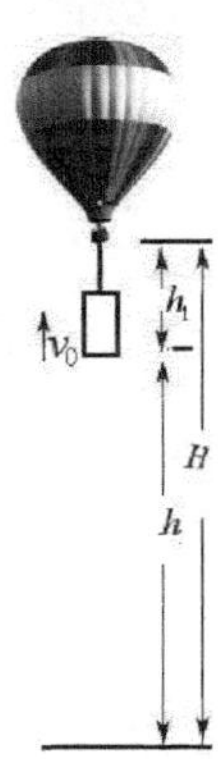

图1.2-4

【解析】解法1:分段法。

重物上升阶段(视为竖直上抛运动)的时间由$v_0-gt_1=0$,得t_1=1 s,

上升高度由$v_0^2=2gh_1$,得h_1=5 m,

重物下降阶段(视为自由落体运动),下降距离$H=h_1+h$=5 m+175 m=180 m,

下落时间由$H=h_1+h=\frac{1}{2}gt_2^2$,得

$$t_2 = \sqrt{\frac{2(h_1 + h)}{g}} = \sqrt{\frac{2 \times (175\text{ m} + 5\text{ m})}{10\text{ m/s}^2}} = 6\text{ s}$$

落地速度$v=gt_2$=10 m/s^2 × 6 s =60 m/s,

故从绳断到重物着地总时间$t=t_1+t_2$=1 s+6 s=7 s。

解法2:全程法。

取初速度竖直向上方向为正方向,则h=−175 m,

重物全程位移$h=v_0t-\frac{1}{2}gt^2$,$\therefore\ -175\text{ m} = 10t - \frac{1}{2}\times10t^2$,

可解得t=7 s,t'=−5 s(舍去),

由$v=v_0-gt$,故v=−60 m/s,负号表示方向竖直向下。

解法3:图像法。

绳子突然断裂后,重物做竖直上抛运动,设竖直向上为正方向,则v_0=10 m/s,g=−10 m/s^2,h=−175 m。由运动方程$v=v_0+gt=10-10t$　①

作v-t图像(如图1.2-5所示),

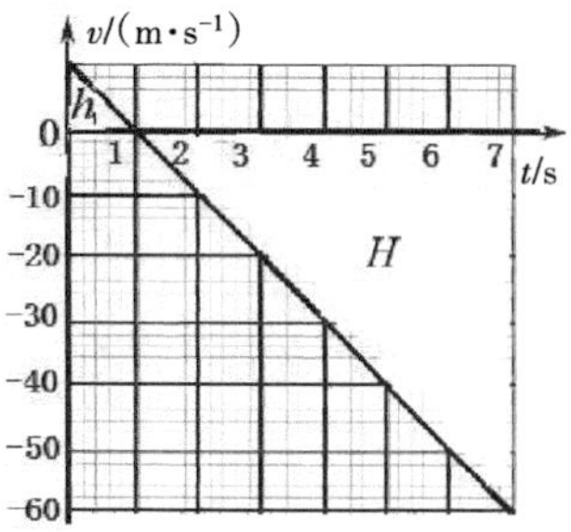

图1.2-5

竖直向上运动的时间 $t_1=-\frac{v_0}{g}=-\frac{10\ \mathrm{m/s}}{-10\ \mathrm{m/s^2}}=1\ \mathrm{s}$,

1秒内位移 $h_1=\frac{v_0}{2}t_1=\frac{10\ \mathrm{m/s}}{2}\times 1\mathrm{s}=5\ \mathrm{m}$ ②

$(t-1)$秒内位移 $H=-(h_1+h)=\frac{1}{2}g(t-1)^2$ ③

t秒内位移 $h_1+H=\frac{1}{2}(v_0+v)t$ ④

由②③④解得$t=7\ \mathrm{s}$,$t'=-5\ \mathrm{s}$(舍去),$v=-60\ \mathrm{m/s}$(负号表示方向竖直向下)。

【创新思维】竖直上抛运动有两种研究方法:分段法和整体法。用分段法求解,应重点寻找各段的速度、位移、时间等关系,特别是前一阶段的末速度是相邻的下一段过程的初速度,是求解这类题必须用到的。整体法要特别注意使用公式时,公式中的v、v_0、g、h等矢量的方向。

注意:①以上特点适用于竖直上抛物体的运动过程中,任意一个点所对应的上升、下降两阶段,因为从任意一点向上看,物体的运动都是竖直上抛运动,且下降阶段仍然是竖直上抛运动的继续。以上特点,对于一般的匀减速直线运动,当加速度大小不变时,都能适用。

②如果竖直上抛物体考虑空气阻力时,以上整体法就不适用了。对于一般的匀减速直线运动,当前后加速度大小变化时也不适用,需要灵活掌握。

3.学好物理,以物论理。

物理知识来源于实践,特别是来源于观察和实验。要认真观察物理现象,分析物理现象产生的条件和原因,认真做好物理实验:

(1)演示实验,要细心观察、积极思考;

(2)分组实验,要严肃认真、实事求是、一丝不苟。学会使用仪器和处理数据,了解用实验研究问题的基本方法。要通过观察和实验,有意识地提高自己观察、实验的能力和水平。

(3)小实验,利用身边物品,创造条件,多做实验,通过动手,学以致用,在应用中学。养成勇于实验、乐于探索的好习惯。

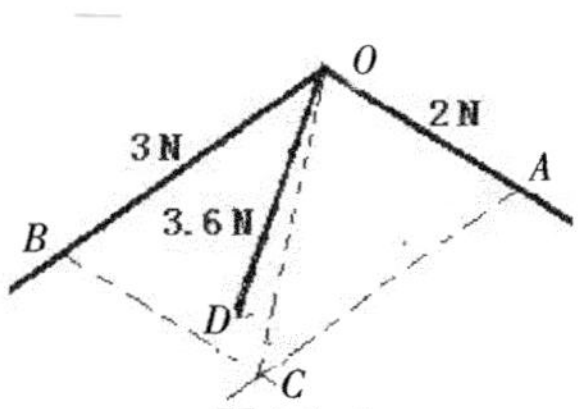

图1.2-6

【例6】某同学在做“探究求合力的方法”实验中,用精度为0.2 N,量程为10 N的弹簧秤拉动细绳套。通过记录并作出了如图1.2-6所示的实验结论图,请回答:

(1)哪一条线表示实际的合力方向?

(2)指出他在作图探究规律的过程中存在的疏漏或者错误之处(至少说出四点)。

①____;

②____;

③____;

④____。

【解析】(1)OD;

(2)① 力没有加箭头。力是矢量,不仅有大小,还要有方向,所以需要用箭头表示方向。

②没有按标度画图。需要选用一定的比例尺,表示力的大小。

③线段虚实未分。理想情况的合力,不用虚线。

④有效数字不对。弹簧秤的精确度为0.2 N,所以3 N应记为3.0 N,2 N应记为2.0 N。

【例7】小明同学在学习了DIS实验(数字化信息系统实验的简称,是一种现代化教学技术)后,使用气垫导轨设计了一个测物体瞬时速度、加速度的实验,装置如图1.2−7所示。其中G_1、G_2为两个光电门,它们与数字计时器相连,当滑行器通过G_1、G_2光电门时,光束被遮挡的时间Δt_1、Δt_2都可以被测量并记录,滑行器连同上面固定的一条形挡光片的总质量为M,挡光片宽度为D,光电门间距离为x,牵引砝码的质量为m。

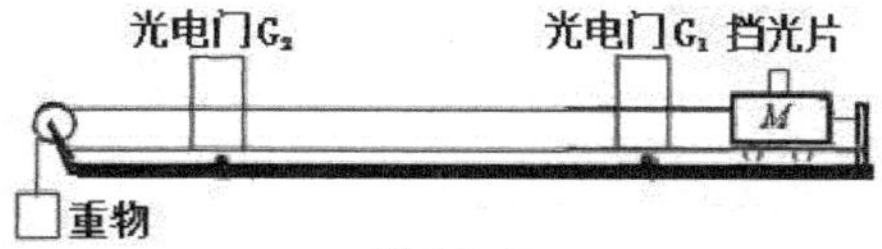

图1.2−7

(1)小明同学将小车从该端同一位置由静止释放,获得了如下几组实验数据(如表1.2−1所示)。则以下表述正确的是(　　)

表1.2−1

实验次数	不同的挡光片	通过光电门的时间/s	速度/(m·s^{-1})
第一次	Ⅰ	0.230 44	0.347
第二次	Ⅱ	0.174 64	0.344
第三次	Ⅲ	0.116 62	0.343
第四次	Ⅳ	0.058 50	0.342

A. ①③　　B. ②③　　C. ①④　　D. ②④

①四个挡光片中,挡光片Ⅰ的宽度最小;

②四个挡光片中,挡光片Ⅳ的宽度最小;

③四次实验中，第一次测得的速度最接近小车车头到达光电门时的瞬时速度；

④四次实验中，第四次测得的速度最接近小车车头到达光电门时的瞬时速度。

（2）为了研究加速度和牵引力的关系，若取 M=0.4 kg，改变 m 的值，进行多次实验，以下 m 的取值不合适的一个是（　　）

A. m_1=5 g　　B. m_2=15 g　　C. m_3=40 g　　D. m_4=400 g

（3）在此实验中，需要测得每一个牵引力对应的加速度，其中求得的加速度的表达式为________________（用 Δt_1、Δt_2、D、x 表示）。

【解析】（1）由于小车到达光电门处的速度相同，从通过光电门的时间来看，挡光片Ⅳ对应通过光电门的时间最短，由 $D=v\cdot\Delta t$ 可知它的宽度最小，②正确；在 $v=\dfrac{D}{\Delta t}$ 中 D 越小，测得这段时间内的平均速度的值越接近瞬时速度，④正确，故选D。

（2）本实验要求 M 远大于 m，m 越大，误差越大，故选D。

（3）由 ${v_2}^2-{v_1}^2=2ax$，$v_1=\dfrac{D}{\Delta t_1}$，$v_2=\dfrac{D}{\Delta t_2}$，可得 $a=\dfrac{(D/\Delta t_2)^2-(D/\Delta t_1)^2}{2x}$。

【创新思维】该题难度中等。实验中始终要求砝码的总质量远小于小车和砝码的总质量，前者的总质量最好不要超过后者的1/10。只有这样，砝码的总重力才能视为小车受到的拉力。

4. 学好物理，题路顺理。

学好物理，就要学会解题的思路和方法，能举一反三，触类旁通，真正地提高解题的能力。弄清完整的物理过程，建立清晰的物理情境是分析问题的“灵魂”。因此，做题前首先要弄清完整的物理过程，倘若物理过程不清楚就无法建立清晰的物理情境，更找不到解决问题的正确途径。如果我们通过审题，弄清了完整的物理过程，建立了清晰的物理情境，便能找到解决问题的入口。做题时，分析物理过程必须做到：过程不清不动笔。

①通过审题，弄清物理过程并找到各细节之间的联系；

②要抓住本质，剔除次要因素；

③要注意捕捉关键句，挖掘隐含条件，对关键句可做标记，注明隐含条件。

解题思路：审题弄清物理情境→画草图展现过程→剖析判断运动性质→选正方向定坐标轴→选用公式列出方程→求解方程，必要时讨论结果。

【例8】一支队伍沿平直的公路匀速前进，其速度的大小为 v_1，队伍全长为 l，一通信兵从队尾以速度 v_2（$v_2>v_1$）赶到队前，然后立即返回队尾。求在这个往复的过程中：

(1)通信兵通过的路程;(2)通信兵发生的位移。

【解析】解法1:以地面为参考系,画运动过程示意图,如图1.2−8(1)所示,队伍用线段AB表示,A为队首,B为队尾;通信兵用点P表示。设队伍AB和通信兵P的速度分别为v_1和v_2,P从$B \to A' \to B''$,P通过的路程为s',P初末位置间的距离为s。

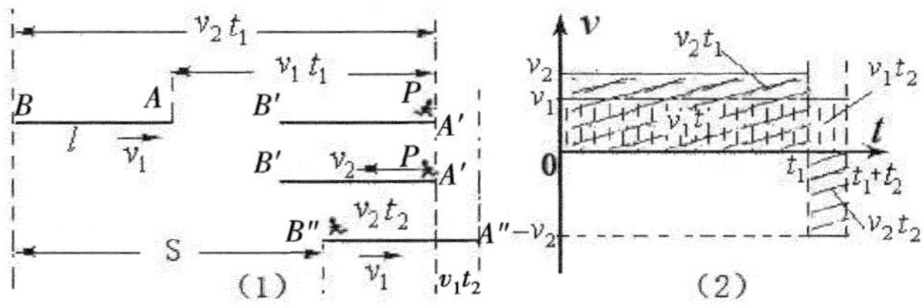

图1.2−8

作队伍AB和通信兵P的速度—时间图像,如图1.2−8(2)所示。图中斜纹面积为通信兵P通过的路程$s' = v_2t_1 + v_2t_2$ ①

图中竖直纹面积为队伍AB通过的路程$s'' = v_1t_1 + v_1t_2$ ②

(1)求通信兵P通过的路程:

P从$B \to A'$用时t_1,则有 $l = v_1t_1 - v_2t_1$ ③

P从$A' \to B''$用时t_2,则有 $l = v_1t_2 + v_2t_2$ ④

由③④得$t_1 = \dfrac{l}{v_2 - v_1}$,$t_2 = \dfrac{l}{v_2 + v_1}$。

将t_1、t_2代入①得

$$s' = \frac{2{v_2}^2 l}{{v_2}^2 - {v_1}^2}$$

(2)通信兵发生的位移,即图中通信兵初末位置BB''间的距离,也就是队伍前进的距离AA''。

$s = v_1t_1 + v_1t_2$ ⑤

将t_1、t_2代入⑤得

$s = \dfrac{2v_1v_2l}{{v_2}^2 - {v_1}^2}$,方向为队伍前进的方向。

解法2:如图1.2−8(1)所示,队伍长用线段AB表示。通信兵起点和终点都是队伍尾部,所以其距离大小为s,通信兵由队首返回队尾时,由图中斜纹面积可知,他的路程为s'。以行进的队伍作为参考系,在通信兵从队尾向队首前进的过程中,通信兵相对于队伍的速度为v_2-v_1;在通信兵从队首返回队尾的过程中,通信兵相对于队伍的速度为v_2+v_1。通信兵两次相对于队伍的位移均为l,设运动的时间分别为t_1、t_2,

$$t_1 = \frac{l}{v_2 - v_1},\ t_2 = \frac{l}{v_2 + v_1}$$

(1)通信兵通过的路程为前后两段路程之和,即有

$$s' = v_2t_1 + v_2t_2 = v_2\left(\frac{l}{v_2 - v_1} + \frac{l}{v_2 + v_1}\right) = \frac{2{v_2}^2l}{{v_2}^2 - {v_1}^2}$$

(2)整个过程中,通信兵起点和终点都在队尾,因此,通信兵发生的位移大小等于前后两段路程之差,即有

$$s = v_2t_1 - v_2t_2 = v_2\left(\frac{l}{v_2 - v_1} - \frac{l}{v_2 + v_1}\right) = \frac{2v_1v_2l}{{v_2}^2 - {v_1}^2}$$

方向为队伍前进的方向。

【创新思维】本题关键是计算向前的距离和向后的距离,难点是知道向前时人和队伍前进方向相同,向后时人和队伍前进方向相反。对于两物体的相对运动问题,以其中一个运动物体作为参考系,正确地确定另一个运动物体相对于参考系的速度,往往可以使问题的求解简化。因此,巧选参考系是本题的亮点。

作图是分析问题的助手。物理图像突出的特征是物理知识中不可缺少的一部分,它是化抽象为具体的巧手。因此,题目不论难易都要尽量画图,有的画草图,有的则要动用圆规、三角板、量角器等画精确图,显示几何关系。画图能够变抽象思维为形象思维,将物理的全过程展现在眼前。图不仅可以显示固定的、间断的状态,还可以显示变化的、连续的动态。

如力学问题中必须画出完整的受力分析图,这是至关重要的,是正确解决力学问题的关键。有的同学画图不完整,或根本就不画图,正确的结果往往难以得出。反之,如果勤动手,久而久之,即使在被复杂的问题困扰时,也能借助图让你"柳暗花明"。

1.3 必修1第一、二章阶段复习

期中考试快到了，课程教学进度为必修1第一、二章已经学完，第三章刚开始。怎样进行考前复习呢？一句话：理线、串点、解疙瘩。

理线。“线”即知识点之间的内在联系，就是线索。复习中梳理知识，用“线索”把章节内和章与章间的相关知识点串联起来，称为“理线”。“理线”实质是厘清认识的思路，重组章节知识，从而形成有序的网络认知结构。

串点。“点”就是知识点（考点）、重点、难点。这些“点”都是由基本物理概念、规律、公式组成，每个知识点之间总是有着直接或间接的内在联系。我们除了知道它的定义、单位、标矢性以外，还要弄清它的物理意义，掌握其内涵和外延。在此基础上，通过“理线”将知识点“串”起来，称为“串点”。第一、二章复习，“串点”应当抓住两章知识的重点。

对于初学者，这些“点”在头脑中往往是零散的，不成系统的，甚至是模糊的，因此难以灵活运用。一旦将这些多而分散的“点”连成“线”（知识线索），并进一步形成“网”（知识网络），构成一个完整的知识体系，运用将会融会贯通。

解疙瘩。在所有的知识点中，总有一些我们尚未弄明白的难点，这就是学习中的“疙瘩”、解题中的“拦路虎”，复习中有针对性地攻克这些难点，即再破知识难点。如参考系的选取，很多人解题时不会应用，原因就是没有领会关于参考系的三点精神：

（1）参考系可以是运动的物体，也可以是静止的物体，但被选为参考系的物体，我们假定它是静止的；

（2）比较两物体的运动情况时，必须选同一参考系；

（3）选参考系的原则是观测运动方便和描述运动尽可能简单。

解疙瘩的途径：领会例题、适量做题、总结提升。

一、"第一章　运动的描述"知识要点

(一)质点、参考系和坐标系

1.质点。

(1)定义:忽略物体的大小和形状,把物体简化为一个有质量的物质点,叫质点。

(2)把物体看做质点的条件:物体的大小和形状对研究问题的影响可以忽略。

【注意点】①质点是一种科学抽象,是一种理想化的模型。质点是对实际物体的近似,这也是物理学中常用的一种重要的研究方法。

②一个物体能否看成质点,取决于它的形状和大小在所研究问题中是否可以忽略不计,而跟自身体积、质量、运动速度的大小无关。

③平动的物体通常可视为质点;有转动但可以忽略时,也可以把物体视为质点。

2.参考系。

(1)定义:要描述一个物体的运动,首先要选定某个其他的物体作为参考,这个被选作参考的物体叫参考系。

(2)选取:可任意选取,但对同一物体的运动,所选的参考系不同,运动的描述可能会不同,通常以地面为参考系。

【注意点】①运动和静止都是相对于参考系的。

②参考系的选取是任意的。

③选取不同的参考系,观察的结果可能不一样,也可能一样。

④选取参考系时,应使物体运动的描述尽可能简单、方便。

⑤比较两个物体的运动情况,必须选取同一参考系才有意义。

3.坐标系。

为了定量地描述物体的位置及位置的变化,需要在参考系上建立适当的坐标系。

(1)描述直线运动的物体的位置变化,可以建立一维直线坐标系。

(2)描述平面上运动的物体的位置变化,可以建立二维平面直角坐标系。

(3)描述立体空间内运动的物体的位置变化,可以建立三维立体空间坐标系。

(二)时间和位移

1.时刻与时间间隔。

(1)定义:

①时刻:指的是某一瞬时,在时间轴上用点来表示,对应的是位置、速度等状态量。

②时间间隔:是两个时刻间的间隔,在时间轴上用线段来表示,对应的是位移、路程等过程量。

(2)单位:在国际单位制中,时间的基本单位是秒(s),时间单位还有小时(h)、分(min)。

2.位移和路程。

(1)位移:描述物体位置的变化,用从初位置指向末位置的有向线段表示,是矢量,有向线段的长度表示位移的大小,有向线段的方向表示位移的方向。

(2)路程:是物体运动轨迹的长度,是标量。

(3)在国际单位制中长度的基本单位是米(m),此外还有比米大的单位:千米(km),比米小的单位:分米(dm)、厘米(cm)、毫米(mm)、微米(μm)。学生常用的测量长度的工具是刻度尺。

3.直线运动的位置和位移。

研究直线运动时,在物体运动的直线上建立x轴。

(1)物体的初、末位置:可用位置坐标x_1、x_2表示。

(2)物体的位移等于两个位置的坐标变化,即$\Delta x=x_2-x_1$。

(三)速度

1.坐标与坐标的变化量。

(1)坐标:物体沿直线运动,以这条直线为x坐标轴,则物体的位置就可以用坐标来表示。

(2)坐标的变化量(物体位置变化量):物体的位移可以通过位置坐标的变化来表示,用符号Δx表示,$\Delta x=x_2-x_1$。Δx的大小表示位移的大小,Δx的正负表示位移的方向。

(3)时间的变化量:时间的变化量用Δt表示,$\Delta t=t_2-t_1$。

2. 速度。

(1)定义:位移与发生这个位移所用时间的比值,叫做速度。

【注意点】①速度是表示物体运动快慢的物理量,是物体的位移与所用时间的比值,而不再是初中所学的路程与时间的比值。

②速度越大,表示物体运动得越快,其位置变化也越快。

(2)表达式:$v=\frac{\Delta x}{\Delta t}$。

【注意点】①公式$v=\frac{\Delta x}{\Delta t}$中,$\Delta x$是物体运动的位移,不是指路程。

②公式$v=\frac{\Delta x}{\Delta t}$是速度的定义式,用比值定义法定义的,不能认为$v$与位移成正比、与时间成反比。

(3)单位:米每秒,符号是m/s或$m\cdot s^{-1}$。常用单位还有千米每小时(km/h或$km\cdot h^{-1}$)、厘米每秒(cm/s或$cm\cdot s^{-1}$),1 m/s=3.6 km/h,1 m/s=100 cm/s。

(4)矢量性:速度是矢量,速度的方向就是物体运动的方向。

【注意点】速度有大小、方向,比较两个速度是否相同时,既要比较其大小是否相等,又要比较其方向是否相同。

3. 平均速度和瞬时速度。

(1)平均速度。

①物理意义:反映一段时间内物体运动的平均快慢程度,与一段位移或一段时间间隔相对应。

②大小:由公式$v=\frac{\Delta x}{\Delta t}$计算得出,计算时一定要指明是哪一段时间或哪一段位移内的平均速度。

③方向:与该段过程的位移方向相同,与运动方向不一定相同。

(2)瞬时速度。

①物理意义:精确描述物体运动的快慢和方向,与某一时刻、某一位置相对应。

②大小:当Δt非常小时,即$\Delta t\to 0$,$v=\frac{\Delta x}{\Delta t}$为瞬时速度,汽车速度计显示的速度是瞬时速度。

③方向:该时刻物体运动的方向。

(3)平均速度与瞬时速度的联系。

①在匀速直线运动中,平均速度和瞬时速度相等。

②当位移足够小或时间足够短时，可以认为平均速度就等于瞬时速度。

③瞬时速度总为零时，平均速度一定为零；平均速度为零时，瞬时速度不一定为零。

(4)平均速度、平均速率和速率的比较。

①平均速度：在某段时间内的位移与发生这段位移所用时间的比值，其表达式为平均速度 = $\frac{\text{位移}}{\text{时间}}$。(注意：平均速度的大小就叫平均速度的大小，没有其他名称)

②平均速率：路程与时间的比值，即平均速率 = $\frac{\text{路程}}{\text{时间}}$。

③速率：瞬时速度的大小。

④区别与联系：因为位移不大于路程，所以平均速度的大小小于或等于平均速率，只有在单方向直线运动中，平均速度的大小才等于平均速率。

瞬时速度的大小叫做瞬时速率，但是平均速度的大小不是平均速率。

(四)加速度

1. 物理意义：描述物体运动速度变化快慢的物理量。

(1)定义：加速度是速度的变化量与发生这一变化所用时间的比值。

(2)公式：$a = \frac{\Delta v}{\Delta t}$。

(3)单位：在国际单位制中，加速度的单位是米每二次方秒，符号是 m/s^2 或 $m \cdot s^{-2}$。

【注意点】①加速度 a 的大小与 Δv、Δt 大小无关，与速度 v 无直接关系，与单位时间内速度变化量有关，单位时间内速度变化量大，加速度大。

②加速度是矢量，它不仅有大小，也有方向，它的方向总是与速度变化量 Δv 的方向一致，但与速度的方向没有必然联系。

2. 加速度与速度方向的关系：在直线运动中，如果速度增加，加速度与速度的方向相同；如果速度减小，加速度与速度的方向相反。

在加速直线运动中：$v>v_0$，$\Delta v=v-v_0>0$，则 $a>0$，与初速度方向相同；

在减速直线运动中：$v<v_0$，$\Delta v=v-v_0<0$，则 $a<0$，与初速度方向相反。

通常，在加速度的概念题、计算题上容易产生错误，其原因就是对加速度的概念没弄清楚。复习时需要注意 Δv（如图 1.3-1 所示）：

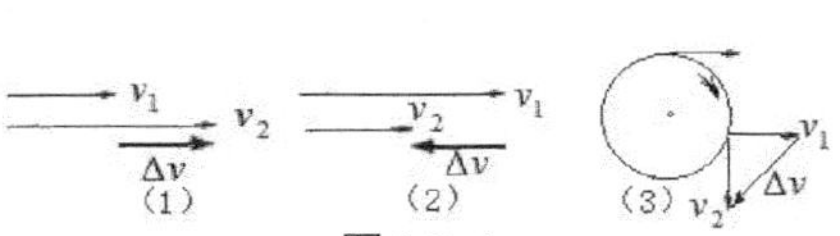

图 1.3-1

①计算时：$\Delta v = v_2 - v_1$，即 $\Delta v = v_{末} - v_{初}$；

②画图时：Δv从$v_{初}$矢端画向$v_{末}$矢端（Δv是矢量差）。

3. 从v–t图像看加速度。

（1）通过速度—时间（v–t）图像不但能够了解物体运动的速度随时间变化的规律，还能够知道物体的加速度。

（2）从速度—时间曲线的倾斜程度（即斜率）就能判断加速度的大小，倾斜程度越大，加速度越大，比值$\frac{\Delta v}{\Delta t}$表示加速度的数值，如图1.3–2（1）所示。

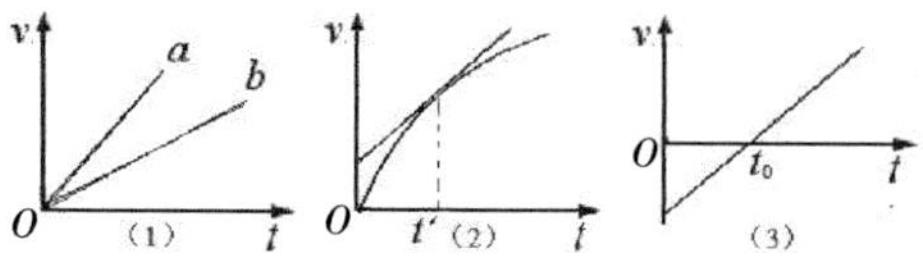

图1.3–2

如图1.3–2（2）所示，v–t图像为曲线时，曲线上某点切线的斜率表示那一时刻的加速度。图中切线斜率越来越小，表示加速度a越来越小，物体做加速度减小的加速直线运动。由v–t图像判断物体的运动性质，如图1.3–2（3）所示，随着时间的推移，若图线远离时间轴，v的数值在增大，说明物体做加速直线运动。若图线靠近时间轴，v的数值在减小，说明物体做减速直线运动。分段看：图中$0 \sim t_0$内物体在反方向上做匀减速直线运动，当$t>t_0$时，物体在正方向上做匀加速直线运动。整体看：物体在反方向上做匀减速直线运动。

（五）实验

1. 打点计时器。

（1）电磁打点计时器。

如图1.3–3（1）所示，电磁打点计时器是一种使用交流电的计时仪器，工作电压为4~6 V。当电源频率为50 Hz时，打点计时器每隔0.02 s打一个点，如果纸带运动，振动片一端的振针就会在纸带上打出一系列的点。

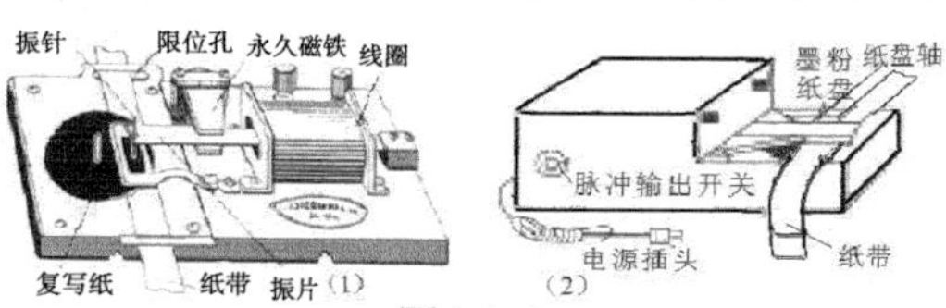

图1.3–3

如图1.3–4所示，电磁打点计时器的工作原理是靠交流电的方向改变来改变电磁铁的磁极方向，从而使振动片上下振动的，且振动片的频率与交流电的频率一致。若使用50 Hz的交流电打点，周期正好是频率的倒数，为0.02 s，若使用直流电振动片将无法振动，打点计时器将打不出点。

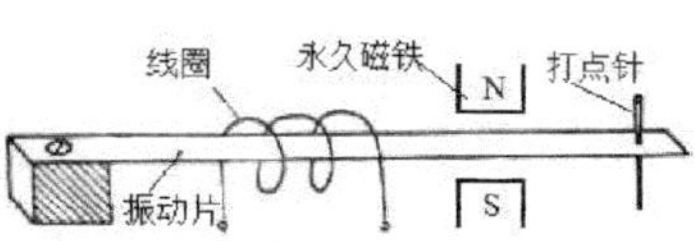

图1.3–4

（2）电火花打点计时器。

如图1.3–3（2）所示，电火花打点计时器可以代替电磁打点计时器使用，与电磁打点计时器不同的是,电火花打点计时器的工作电压是220 V的交流电,使用时将电源插头直接插在交流220 V插座内就可以了。电火花打点计时器用墨粉和电火花“打点”,墨粉盘夹在两条纸带之间,当按下脉冲输出开关时会产生高温电火花,高温电火花可以使墨粉蒸发到纸带上,于是在运动的纸带上显示出一行点迹。当输入交流电的频率是50 Hz时,电火花计时器每隔0.02 s“打”一个点。实验纸带的两面可以重复使用,降低实验成本。

从原理上讲,电磁打点计时器使用时阻力较大,阻力来自振针和纸带间的摩擦以及限位孔和纸带间的摩擦;电火花打点计时器在使用过程中阻力极小,阻力来自纸带运动的本身而不是打点时产生的,因而系统误差较小,同时电火花打点计时器操作简易,安全可靠。

2.练习使用打点计时器(以电磁打点计时器为例)。

(1)怎样安放复写纸和纸带?

将复写纸套在复写纸定位销上,推动调节片可以调节复写纸位置,将纸带从复写纸圆片下穿过即可。

(2)振针打的点不清晰或打不出点可能有哪些原因?怎样调节?

①可能是复写纸太旧了,可更换新的;

②可能是振动片的振动幅度太小了,可以调节振动片的位置;

③可能是压纸框的位置升高而阻碍了振动片使振针打不到纸带上,可将压纸框向下调节到原来的位置;

④可能是振针的位置太高,可调节振针直到能打出点为止;

⑤可能是选择的4~6 V的电压太低,可适当调高电压,但不得超过10 V。

(3)为什么要打开电源让打点计时器先工作1~2 s再松开打纸带?可不可以先松手再打开打点计时器的电源?

打点计时器打开电源后要经过一个短暂的时间才能稳定工作,所以应先打开电源让打点计时器工作1~2 s后才能松开打纸带,这样做可以减小误差。

(4)打点计时器打点完成后要及时关闭电源,这样做有什么好处?

打点计时器是按照间歇性工作设计的,长期工作会导致线圈发热而损坏,要及时关闭电源,防止过热。

(5)处理纸带时从某个能看清楚的点开始,往后数出n个点,这些点之间的时间间隔应该怎样确定?

应该是每两个相邻的点之间的时间间隔是0.02 s,第1到n个点之间的时间间隔为0.02 s的$(n-1)$倍。

(6)怎样根据纸带上的点迹计算纸带的平均速度?

测出两个点之间的距离Δs,数出两个点之间有n段时间间隔,则$\Delta t = 0.02n$ s,再用公式$\bar{v} = \frac{\Delta s}{\Delta t}$,即可计算出平均速度。

3.用打点计时器测量瞬时速度。

【方法】用某段时间内的平均速度来粗略地代替这段时间内某点的瞬时速度,所取的时间间隔越接近该点,计算出的瞬时速度就越精确。

如图1.3-5所示,要计算E点的瞬时速度,可以用纸带D—E、E—F、D—F等部分的平均速度来替代,但是D—F部分包含E点且比较靠近E点,所以是最精确的,其他各点瞬时速度计算大体相同。

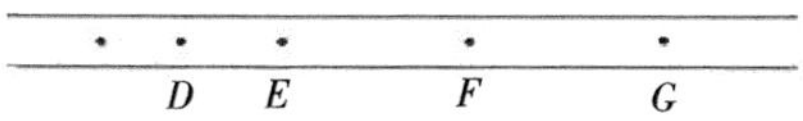

图1.3-5

【注意点】①使用打点计时器时应先接通电源,再拉动纸带;②使用打点计时器在拉动纸带时,拉动的方向应与限位孔平行;③打点计时器只能连续工作较短时间,打点之后要立即关闭电源。

4.用图像表示速度、位移。

(1)列表(罗列从纸带读数计算得到的点的速度或位移)→描点(在建立直角坐标系的坐标纸上,分别将各时刻的速度或位移值描点)→画图(用一条平滑的曲线来“拟合”这些点,得出图像)。

(2)图像:①用横坐标表示时间,纵坐标表示速度,就得到了速度—时间(v-t)图像;②用横坐标表示时间,纵坐标表示位移,就得到了位移—时间(x-t)图像。

(3)意义:表示运动物体的速度或位移随时间变化的规律。

二、“第二章　匀变速直线运动的研究”知识要点

(一)实验:探究小车速度随时间变化的规律

1.实验操作。

(1)器材选取:

①附有滑轮的长木板;②小车;③带小钩的细线;④重25 g的钩码3个;⑤打点计时器;⑥纸带;⑦刻度尺;⑧低压交流学生电源;⑨导线若干。

(2)实验步骤:

①如图1.3-6所示,把一端附有定滑轮的长木板平放在实验桌上,打点计时器固定在长木板的另一端。

②纸带穿过打点计时器的限位孔,固定于小车的后面,细线的一端拴在小车的前端,跨过定滑轮,另一端挂上适当的钩码。同时,手扶住小车。

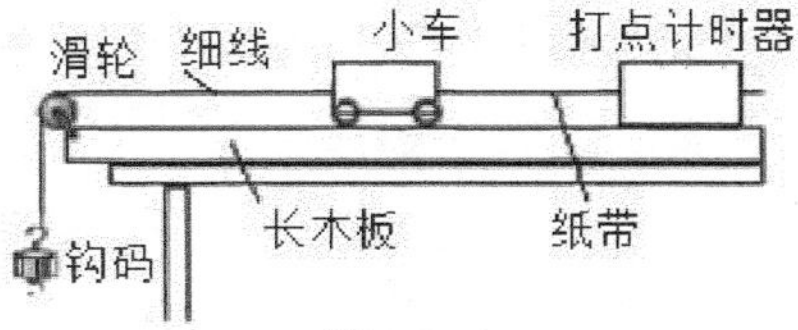

图1.3-6

③将小车停在靠近打点计时器的位置,先启动打点计时器,再释放小车(待打点稳定后),打完一次纸带后立即关闭电源。

④增减所挂的钩码数,换上纸带,重复以上操作三次。

【注意点】①打点计时器限位孔要与长木板纵轴位置对齐再固定在长木板上,使纸带、小车、拉线和定滑轮在一条直线上。开始释放小车时,应使小车靠近打点计时器。

②小车要选择在木板上运动阻力小且不跑偏或跑偏较小的为好。

③牵引小车的钩码个数适当,钩码以100 g以内为宜,若质量过大,小车运动的时间过短,打的点太少,对测量数据不利。

④先接通电源,计时器工作后,再放开小车,当小车停止运动时及时断开电源。如果释放小车再开启电源,纸带随小车运动后会造成纸带上只有部分打印点,甚至完全没有打印点的情况,一般应以长50 cm的纸带取得20~40个连续点为佳。

⑤小车运动时应保持纸带与打点计时器、木板平面平行,以减少摩擦力的影响。注意调整滑轮高度,使拉车的线与木板平行,以减少拉力的变化。

⑥为了防止钩码落地,可在地面铺泡沫塑料垫。为防止钩码落地和小车与滑轮相撞,当小车到达滑轮前及时用手按住它。

2.处理数据。

(1)纸带的选取和处理。

①多条纸带中选取一条点迹清晰且点迹排成直线的纸带进行处理。

②舍掉开头一段点过于密集的部分,找一个适当的点作为计时起点。为了减少测量误差和便于计算,每隔4个“计时点”选取一个“计数点”进行测量,相邻计数点的时间间隔为0.1 s。

③选好计时起点后,测量以后的各个计数点与计时起点的距离,而不是测量每两个计数点间的距离,这样做是为了减少每次都要挪动刻度尺而带来的测量误差。

(2)数据处理:用描点法作速度—时间图像。

①表格法。

a.如图1.3-7(1)所示,舍掉纸带开头一些过于密集的点迹,找一个适当的点作为计时起点,并记为0点。

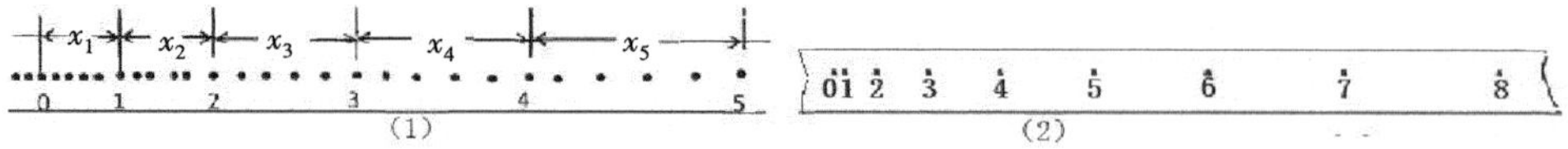

图1.3-7

b.若从起点开始,每隔4个点取一个计数点,分别记为1、2、3、4、5…,相邻两个计数点间的时间间隔为$T = 0.02\,s \times 5 = 0.1\,s$。有时如图1.3-7(2)所示(相邻两点间还有四个点未画出),标明0、1、2、3、4…。

c.根据相邻两个计数点间的距离分别测量中间的计数点1、2、3、4的瞬时速度,把各个计数点的瞬时速度填入表1.3-1。

d.求计数点瞬时速度公式举例:$v_1 = \dfrac{x_1 + x_2}{2T}$,$T = 0.1\ s$。

e.用直尺分别测量各个计数点间的距离,填入表1.3-1。观察、思考可知,相邻两个计数点间的距离之差是一个定值。这是匀变速直线运动一个很重要的特点,也是判断一个直线运动是不是匀变速直线运动的一个依据。

f.根据表格的数据,分析速度随时间怎么变化。

表1.3-1

计数点序号	1	2	3	4	5
计数点间的距离/m					
计数点的瞬时速度/($cm \cdot s^{-1}$)					

②图像法。

a.在坐标纸上建立直角坐标系,横轴表示时间,纵轴表示速度,并根据表格中的数据在坐标系中描点。

b.画一条直线,让这条直线通过尽可能多的点,不在线上的点均匀分布在直线的两侧,偏差比较大的点忽略不计,如图1.3-8所示。

c.观察所得到的直线,分析物体的速度随时间的变化规律。

d.根据画出的$v-t$图像求出小车运动的加速度$a = \dfrac{\Delta v}{\Delta t}$。

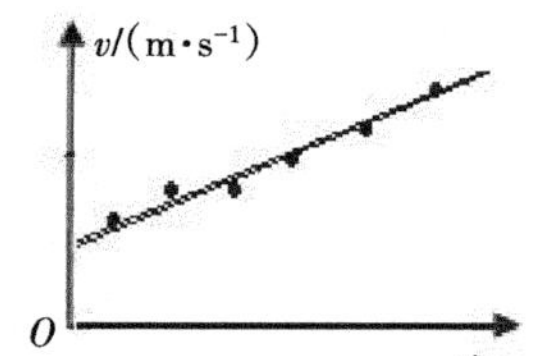

图1.3-8

③用计算机绘制$v-t$图像。借助常用的数表软件,可以迅

速、准确地根据表中数据作出$v-t$图像(如图1.3-8所示),甚至能够写出图像所代表的公式,有兴趣的同学可尝试用Excel软件动手试试。

【注意点】①开始释放小车时,应使小车靠近打点计时器;

②先接通电源,等打点稳定后,再释放小车;

③打点完毕,立即断开电源;

④选取一条点迹清晰的纸带,适当舍弃点迹密集部分,选取计数点(注意计数点与计时点的区别),弄清楚所选的时间间隔T等于多少;

⑤用长刻度尺逐次测量各段距离,应尽可能地一次测量完毕;

⑥在坐标纸上画$v-t$图像时,注意坐标轴单位长度的选取,应使图像尽量分布在坐标平面中央。

(3)实验结论。

小车的速度随时间均匀增加(变化),小车做匀变速(a不变)直线运动。

3.速度—时间图像。

(1)图像作法如上。

(2)注意事项:描点时最好用坐标纸,在纵、横坐标轴上选取适当单位,用细铅笔描点。

(3)图像认知。

①图像的物理意义:有了原始数据,确定运动规律的最好方法是作速度—时间图像,这样具体的运动规律就能形象而直观地显现出来。应当清楚,图像反映的是速度随时间变化的规律而不是物体运动的轨迹。

②可以从图像上得到任一时刻的速度、加速度$a=\dfrac{\Delta v}{\Delta t}$、一段时间内的$\Delta v$。

(二)匀变速直线运动速度与时间的关系

1.匀变速直线运动。

(1)定义:沿着一条直线,且加速度不变的运动。

(2)匀变速直线运动的特点:

①加速度a恒定不变;

②$v-t$图像是一条倾斜的直线。

(3)分类(如图1.3-9所示):

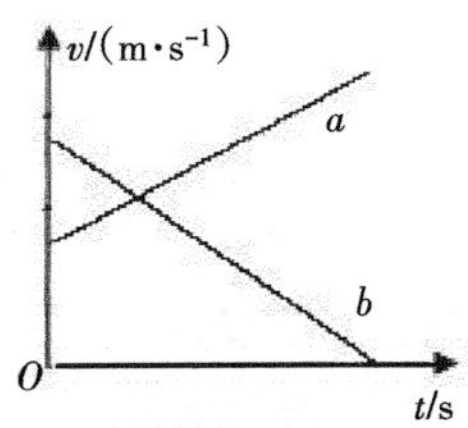

图1.3-9

①匀加速直线运动:速度随着时间均匀增大,加速度a与速度v

同向(图1.3–9的直线a)；

②匀减速直线运动：速度随着时间均匀减小，加速度a与速度v反向(图1.3–9的直线b)。

2.速度与时间的关系式。

(1)速度公式：$v = v_0 + at$。

v_0是开始计时时刻的瞬时速度，称为初速度；v是经时间t后的瞬时速度，称为末速度；at是在时间t内的速度变化量，即$\Delta v = v - v_0 = at$。

(2)对公式的理解：做匀变速直线运动的物体，由于加速度a在数值上等于单位时间内速度的变化量，所以at就是t时间内速度的变化量；再加上运动开始时物体的速度v_0，就可以得到t时刻物体的速度v。

(3)特殊情况：

①当v_0=0时，$v=at$，可见$v \propto t$(由静止开始的匀加速直线运动)；

②当a=0时，$v=v_0$(匀速直线运动)。

3.$v-t$图像的理解和应用。

(1)匀速直线运动的$v-t$图像，如图1.3–10(1)所示。

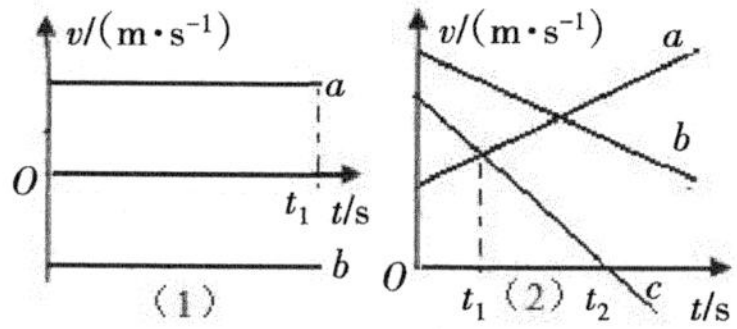

图1.3–10

(2)匀变速直线运动的$v-t$图像。

①如图1.3–10(2)所示，匀变速直线运动的$v-t$图像是一条倾斜的直线，直线a为匀加速直线运动的图像；直线b为匀减速直线运动的图像。

②如果某时间段内$v-t$图像一段在t轴上方，另一段在t轴下方，但仍是直线，说明只是运动方向发生了改变，但加速度是恒定的，全过程可以看成统一的匀变速直线运动，如图1.3–10(2)中的直线c所示。

(3)斜率：斜率表示加速度，斜率的值表示加速度大小，斜率的正负号表示加速度方向。

(4)截距：纵截距表示初速度，横截距表示速度为零的时刻。

(5)交点：交点表示同一时刻两物体具有相同的速度。

(三)匀变速直线运动位移与时间的关系

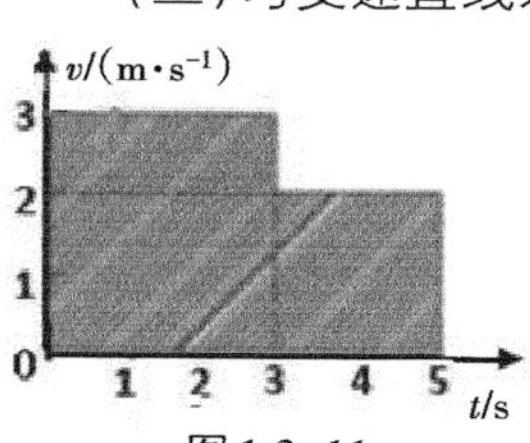

图1.3–11

1.匀速直线运动位移。

如图1.3–11所示，速度—时间图像中位移的描述：位移在数值上等于$v-t$图像与对应的时间轴所围的矩形面积，即$x=vt$。

2.匀变速直线运动的位移公式及有关计算。

(1)位移公式$x=v_0t+\frac{1}{2}at^2$的推导。

如图1.3-12所示,在匀变速直线运动中运用“无限分割、逐步逼近”的微分思想可得$v-t$图像与时间轴所围成的“面积”表示位移。

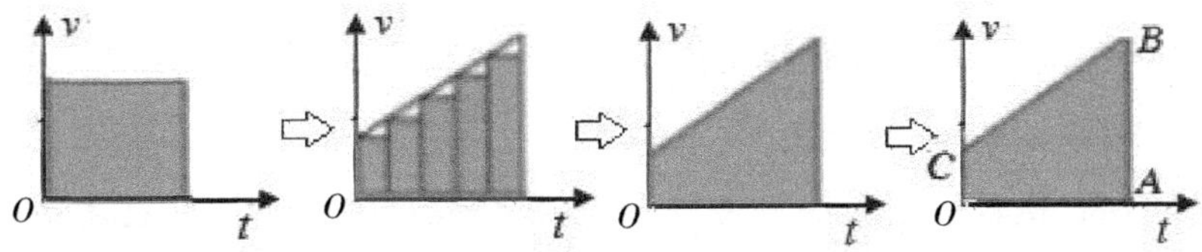

图1.3-12

$x=\bar{v}t=\frac{1}{2}(v_0+v)t$ ①

$v=v_0+at$ ②

由①②得$x=v_0t+\frac{1}{2}at^2$。

(2)对位移公式$x=v_0t+\frac{1}{2}at^2$的理解。

①适用条件:匀变速直线运动。

②公式$x=v_0t+\frac{1}{2}at^2$为矢量式,对于直线运动可将矢量式写成标量式,但要选取坐标正方向。应用时一般选初速度v_0的方向为正方向。

(3)用速度—时间图像求位移和路程。

图线与时间轴所围成的面积表示位移。“面积”在时间轴上方表示位移为正,在时间轴下方表示位移为负;发生的总位移为时间轴上、下方“面积”的代数和;通过的路程为时间轴上、下方“面积”的绝对值之和。

3.位移—时间图像($x-t$图像)。

(1)几种常见的位移—时间图像。

①静止物体的$x-t$图像是平行于时间轴的直线,如图1.3-13直线a所示。

②匀速直线运动的$x-t$图像是一条倾斜的直线,如图1.3-13直线b所示。

③匀变速直线运动的$x-t$图像是抛物线,如图1.3-13直线c所示。

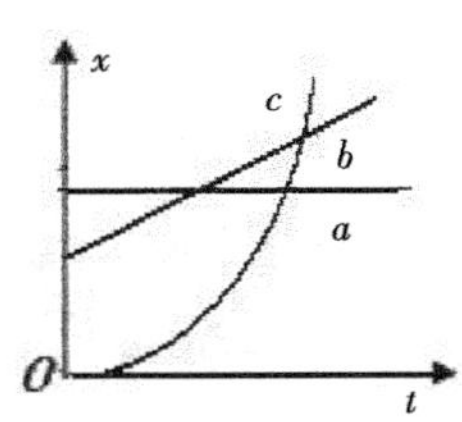

图1.3-13

(2)对$x-t$图像的几点说明。

①纵坐标:初、末位置的纵坐标差的绝对值表示位移的大小。

②斜率：斜率的绝对值表示速度的大小；斜率的正负号表示速度的方向：斜率为正值，表示速度为正方向，斜率为负值，表示速度为负方向。

③截距：纵截距表示物体起始位置，横截距表示物体开始运动的时刻。

④交点：交点表示两物体在同一时刻处于同一位置，即相遇。

【注意点】①无论是 $v-t$ 图像还是 $x-t$ 图像都不是物体的运动轨迹。

②$v-t$ 图像和 $x-t$ 图像都只能描述直线运动，不能描述曲线运动。

③“六看”识图像：

一看“轴”：纵、横轴所表示的物理量，特别要注意纵轴表示的是 x，还是 v；

二看“线”：$x-t$ 图像倾斜直线表示匀速运动，$v-t$ 图像倾斜直线表示匀变速运动；

三看“斜率”：$x-t$ 图像斜率表示速度，$v-t$ 图像斜率表示加速度；

四看“面”：$x-t$ 图像面积无意义，$v-t$ 图像中图线与 t 轴所围面积表示位移；

五看“截距”：初始条件（初始位置 x_0、初始速度 v_0 或初始时刻 t_0）；

六看“特殊值”：如交点，$x-t$ 图像交点表示相遇，$v-t$ 图像交点表示速度相等。

（四）匀变速直线运动的速度与位移的关系

1. 关系式 $v^2-v_0^2=2ax$ 的推导：

$v=v_0+at$　①

$x=v_0t+\frac{1}{2}at^2$　②

①②消去时间 t 即得 $v^2-v_0^2=2ax$。

若 $v_0=0$，速度与位移的关系：$v^2=2ax$。可见，$x\propto v^2$（由静止开始的匀加速直线运动）。

【创新思维】如果匀变速直线运动的已知量和未知量都不涉及时间，则利用公式 $v^2-v_0^2=2ax$ 求解问题时，往往比用两个基本公式解题方便。

2. 对公式的理解。

（1）适用条件：匀变速直线运动。

（2）$v^2-v_0^2=2ax$，一般选初速度 v_0 的方向为正方向。

（3）两种特殊形式：

①当 $v_0=0$ 时，$v^2=2ax$（初速度为零的匀加速直线运动）；

②当 $v=0$ 时，$-v_0^2=2ax$（末速度为零的匀减速直线运动）。

3. 匀变速直线运动的两个重要推论。

（1）平均速度（某段过程中间时刻的瞬时速度等于该过程的平均速度）：

$v_{t/2}=\bar{v}=\frac{1}{2}(v_0+v_t)$(只适用于匀变速直线运动)

【证明】如图1.3-14所示，对$0\sim\frac{t}{2}$，有$v_{t/2}=v_0+a\cdot\frac{t}{2}$；对$\frac{t}{2}\sim t$，有$v_t=v_{t/2}+a\cdot\frac{t}{2}$;由两式可得$v_{t/2}=\frac{1}{2}(v_0+v_t)$。

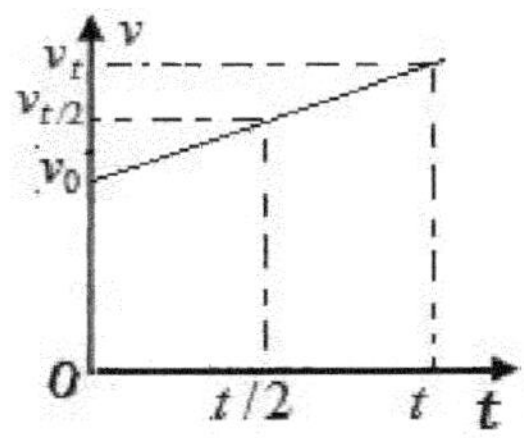

图1.3-14

(2)重要推论$\Delta x=aT^2$的应用。

①推导:以初速度v_0做匀加速直线运动的物体,

时间T内的位移:$x_1=v_0T+\frac{1}{2}aT^2$,

在时间$2T$内的位移:$x=v_0\cdot 2T+\frac{1}{2}a(2T)^2$,

在第2个时间T内的位移:$x_2=x-x_1=v_0T+\frac{3}{2}aT^2$,

连续相等时间内的位移差:$\Delta x=x_2-x_1=v_0T+\frac{3}{2}aT^2-v_0T-\frac{1}{2}aT^2=aT^2$，即$\Delta x=aT^2$。

进一步推导可得$x_2-x_1=x_3-x_2=x_4-x_3=\cdots\cdots=x_n-x_{n-1}=aT^2$。

②应用:一是用以判断物体是否做匀变速直线运动,二是用以求加速度。

【注意点】此推论常在探究物体速度随时间变化规律的实验中根据纸带求物体的加速度。

4.纸带的分析与计算。

(1)判断物体的运动性质。

①根据匀速直线运动的位移公式$x=vt$知,若纸带上各相邻点的间距相等,则可判定物体做匀速直线运动。

②由匀变速直线运动的推论$\Delta x=aT^2$知,若纸带上任意两个相邻且相等的时间内物体的位移差相等,则说明物体做匀变速直线运动。

(2)求瞬时速度。

根据在匀变速直线运动中,某段时间内的平均速度等于该段时间中间时刻的瞬时速度:$v_n=\frac{x_n+x_{n+1}}{2T}$,即$n$点的瞬时速度等于$(n-1)$点和$(n+1)$点间的平均速度。

(3)求加速度。

①逐差法:如图1.3-15所示,纸带上有六个连续相等的时间T内的位移x_1、x_2、x_3、x_4、x_5、x_6,

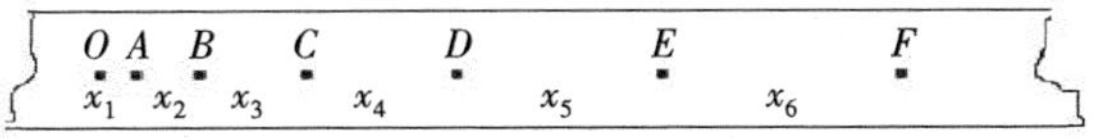

图1.3-15

由 $\Delta x=aT^2$ 可得

$$x_4-x_1=(x_4-x_3)+(x_3-x_2)+(x_2-x_1)=3aT^2$$

$$x_5-x_2=(x_5-x_4)+(x_4-x_3)+(x_3-x_2)=3aT^2$$

$$x_6-x_3=(x_6-x_5)+(x_5-x_4)+(x_4-x_3)=3aT^2$$

所以 $a=\dfrac{(x_6-x_3)+(x_5-x_2)+(x_4-x_1)}{9T^2}$。

由此可以看出，纸带上各段位移都用上了，有效地减小了偶然误差，所以利用纸带计算加速度时，可采用逐差法。

②两段法：将图1.3-15所示的纸带分为 OC 和 CF 两大段，每段时间间隔是 $3T$，可得 $(x_4+x_5+x_6)-(x_1+x_2+x_3)=a(3T)^2$，显然，求得的 a 和用逐差法所得的结果是一样的，但该方法比逐差法简单多了。

③图像法：先求出各时刻的瞬时速度 v_1、v_2、v_3、…、v_n，然后作 $v-t$ 图像，求出该 $v-t$ 图线的斜率 k，则 $k=a$。该法优点是可舍掉一些偏差大的测量值，偶然误差较小。

（五）自由落体运动、伽利略对自由落体运动的研究

1. 自由落体运动。

（1）定义：物体只在重力作用下从静止开始下落的运动，叫做自由落体运动。

（2）在有空气的空间，如果空气阻力 f 作用小而可忽略或 $f<G$（物重），物体的下落可以近似看做自由落体运动。

2. 自由落体运动加速度概念。

（1）定义：重力加速度又叫自由落体加速度，通常用 g 来表示。一般的计算中 g 取 $9.8\ m/s^2$，近似计算时 g 取 $10\ m/s^2$。

（2）方向：重力加速度的方向总是竖直向下。

（3）在同一地点，一切物体的重力加速度都相同。

（4）在不同地理位置处的重力加速度一般不同，赤道处的重力加速度最小，南（北）极处的重力加速度最大，即物体所处地理位置纬度越高，重力加速度越大。

【注意点】重力加速度的方向为竖直向下，而非垂直地面向下，它的方向可用重垂线来确定。

3. 测量重力加速度的方法。

（1）打点计时器法。

①利用如图1.3-16所示装置，让物体自由下落打出纸带；

②对纸带上计数点间的距离 h 进行测量，利用 $g=\frac{h_n-h_{n-1}}{T^2}$，求出 g。

(2)频闪照相法。

利用频闪照相机可追踪记录做自由落体运动的物体在各个时刻的位置，根据 $\Delta h=gT^2$ 求出 $g=\frac{\Delta h}{T^2}$。也可根据 $v_{t/2}=\bar{v}=\frac{x}{t/2}=\frac{2x}{t}=\frac{2h}{t}$，求出物体在某一时刻的速度 $v=2\bar{v}$，再由 $v=gt$ 求出 g。

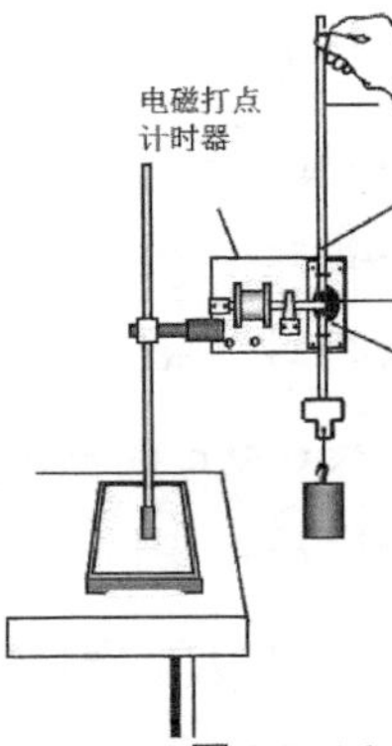

图 1.3-16

4. 自由落体运动的规律。

(1)基本公式：$v=v_0+at$，当 $v_0=0$、$a=g$ 时可得 $v=gt$；

$x=v_0t+\frac{1}{2}at^2$，当 $v_0=0$、$a=g$ 时可得 $h=\frac{1}{2}gt^2$；

$v^2-{v_0}^2=2ax$，当 $v_0=0$、$a=g$ 时可得 $v^2=2gh$。

(2)匀变速直线运动的一切推论公式都适用于自由落体运动，如 $\bar{v}=\frac{v_0+v}{2}=v_{t/2}$、$\Delta h=gT^2$、$x=\bar{v}t$ 以及初速度为零的匀变速直线运动的比例式等。

5. 伽利略对自由落体运动的研究。

(1)归谬：伽利略从亚里士多德的论断出发，通过逻辑推理，否定了他的论断。

(2)猜想：自由落体运动是一种最简单的变速运动，它的速度应该是均匀变化的。

(3)数学推理：伽利略通过数学推理得出初速度为零的匀变速直线运动应该有 $x\propto t^2$。

(4)实验验证：

①小球沿斜面滚下的运动是匀加速直线运动；

②只要斜面的倾角一定，小球的加速度都是相同的；

③斜面的倾角增大，小球的加速度随之增大。

(5)合理外推：伽利略认为当斜面倾角为 90° 时，小球将自由下落，仍会做匀加速直线运动。

(6)伽利略科学思想方法的核心是把实验和逻辑推理(包括数学演算)和谐地结合起来，从而发展了人类的科学思维方式和科学方法。

【注意点】伽利略不是通过实验验证了自由落体运动是匀加速直线运动，而是经过合理外推，根据逻辑推理说明了自由落体运动是匀加速直线运动。

三、范例精析

1. 质点、参考系和坐标系。

【例1】据报道，“经过5年艰苦奋战，备受关注的兰新高铁于2014年12月26日正式开通，这标志着世界一次性建设里程最长的高速铁路将全线开通运营。”高铁动车每节车厢长25 m，全车由8节车厢编组而成，设计速度为250 km/h。某次运行中，在乘务员以相对车厢2 m/s的速度从车厢的一端走到另一端的过程中，全车恰好匀速通过了一座长600 m的铁路桥，求火车过桥时的速度为多少？

【解析】取车厢为参照物，设车厢长度为l_1，乘务员速度为v_1，从车厢的一端走到另一端的时间为t_1，桥长为l_2，动车过桥时的速度v_2，过桥时间为$t_2 = t_1$，则

$$t_1 = \frac{l}{v_1} = \frac{25\ \text{m}}{2\ \text{m/s}} = 12.5\ \text{s}$$

$$v_2 = \frac{l_2 + 8l_1}{t_2} = \frac{l_2 + 8l_1}{t_1} = \frac{600\ \text{m} + 8 \times 25\ \text{m}}{12.5\ \text{s}} = 64\ \text{m/s}$$

【创新思维】乘务员以相对车厢2 m/s的速度，从车厢的一端走到另一端的时间等于车过桥时间。同时，由于车长和桥长差不多，则火车不能看成质点。

2. 时间和位移。

【例2】相距12 km的平直公路两端，甲、乙两人同时出发相向而行，甲的速度是5 km/h，乙的速度是3 km/h，有一小狗以6 km/h的速率，在甲、乙出发的同时，由甲跑向乙，在途中与乙相遇，即返回跑向甲，遇到甲后，又转向乙，如此在甲、乙之间往返跑动，直到甲、乙相遇，求在此过程中，小狗跑过的路程和位移。

【解析】两人相遇所用的时间即为小狗跑动所用的时间，这段时间与小狗跑的速率的乘积即为小狗跑过的路程，不论小狗往返了多少次。

甲、乙从出发到相遇经过的时间$t = \frac{x}{v_甲 + v_乙} = \frac{12\ \text{km}}{5\ \text{km/h} + 3\ \text{km/h}} = 1.5\ \text{h}$，

故小狗的路程$l = vt = 6\ \text{km/h} \times 1.5\ \text{h} = 9\ \text{km}$，

小狗的位移即甲的位移$x = v_甲 t = 5\ \text{km/h} \times 1.5\ \text{h} = 7.5\ \text{km}$。

3. 速度。

【例3】（多选）如图1.3-17所示，某赛车手在一次野外训练中，先用地图计算出出发地A和目的地B的直线距离为9 km，实际从A运动到B用时5 min，赛车上的里程表

指示的里程数是15 km，当他经过某路标C时，车内速度计指示的示数为150 km/h，那么可以确定的是(　　)

A.整个过程中赛车的平均速度为180 km/h

B.整个过程中赛车的平均速度为108 km/h

C.赛车经过路标C时的瞬时速度为150 km/h

D.赛车经过路标C时速度方向为由A指向B

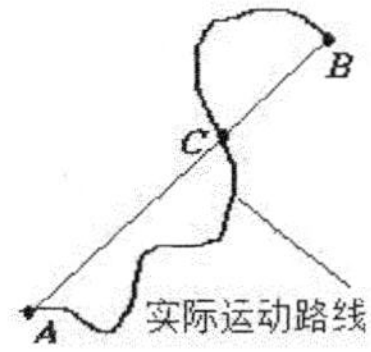

图1.3-17

【解析】平均速度是位移与所用时间的比值。赛车运动的位移为9 km，路程为15 km，整个运动过程中的平均速度为$\bar{v}=\frac{x}{t}=\frac{9\ \text{km}}{(5/60)\ \text{h}}=108\ \text{km/h}$。指针显示赛车经过路标C时瞬时速度的大小为150 km/h，方向应沿C点切线而非由A指向B。答案：B、C。

【创新思维】如果赛车再沿着原路径返回从B运动到A用时也为5 min，整个过程中赛车的平均速度为多少呢？是0？是108 m/s？还是180 m/s？

4.加速度。

【例4】下列说法中的“快”，指加速度较大的是(　　)

A.小轿车比大卡车起动得快

B.喷气式飞机能在高空飞行得很快

C.运动员用力扣球，乒乓球瞬间从球拍上很快弹回

D.汽车在紧急刹车的情况下，能够很快地停下来

【答案】ACD

5.实验：探究小车速度随时间变化的规律。

【例5】在“探究小车速度随时间变化的规律”实验中，如图1.3-18所示为记录小车运动情况的一条纸带，图中A、B、C、D、E为相邻的计数点，相邻计数点间的时间间隔T=0.1 s。

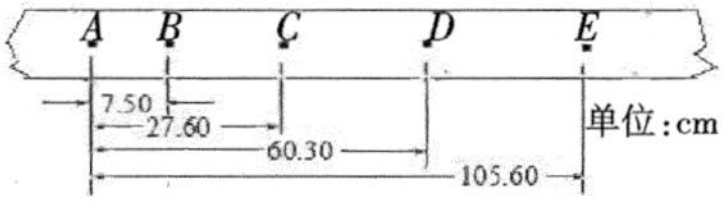

图1.3-18

(1)计算D、C、B各点的瞬时速度，v_D=______m/s，v_C=______m/s，v_B=______m/s。

(2)在如图1.3-19所示坐标系中作出小车的v-t图像，并根据图像求出a=______。

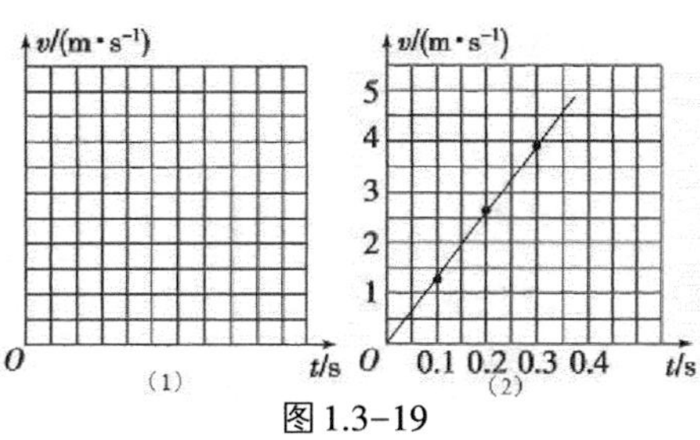

图1.3-19

【解析】(1)若时间较短，用平均速度可以代替某点的瞬时速度。

D 点的瞬时速度

$$v_D = \frac{x_{CE}}{2T} = \frac{0.78\ \mathrm{m}}{2 \times 0.1\ \mathrm{s}} = 3.90\ \mathrm{m/s}$$

C 点的瞬时速度

$$v_C = \frac{x_{BD}}{2T} = \frac{0.528\ \mathrm{m}}{2 \times 0.1\ \mathrm{s}} = 2.64\ \mathrm{m/s}$$

B 点的瞬时速度

$$v_B = \frac{x_{AC}}{2T} = \frac{0.276\ \mathrm{m}}{2 \times 0.1\ \mathrm{s}} = 1.38\ \mathrm{m/s}$$

(2)由(1)中数据作出小车的 $v\text{-}t$ 图像如图 1.3-19(2)所示，由图线的斜率可求得它的平均加速度 $a = \frac{\Delta v}{\Delta t} = \frac{1.26\ \mathrm{m/s}}{0.1\ \mathrm{s}} = 12.6\ \mathrm{m/s^2}$。

6.匀变速直线运动速度与时间的关系。

【例 6】如图 1.3-20 所示，下列所给的图像中能反映做直线运动物体能回到初始位置的是(　　)

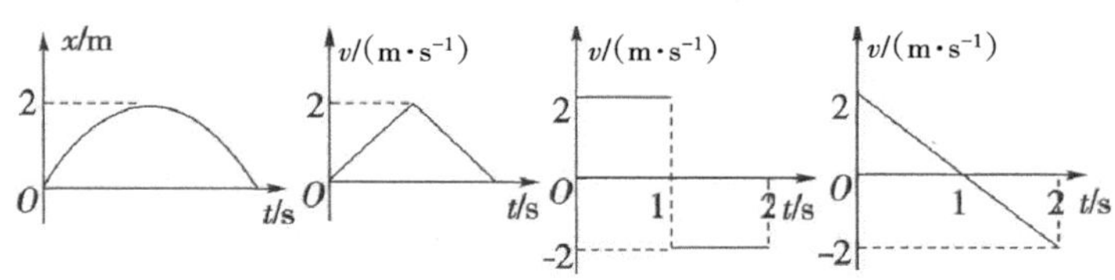

A　　B　　C　　D

图 1.3-20

【解析】

A.物体先向正方向运动到达最远点后又返回向原点运动，最后回到初始位置，A 项正确；

B.物体先向正方向做匀加速直线运动，再向正方向做匀减速直线运动，B 项错误；

C.物体先向正方向做匀速直线运动，再向负方向做匀速直线运动，由于速度大小和时间相等，最后回到初始位置，C 项正确；

D.物体先向正方向做匀减速直线运动，后向负方向做匀加速直线运动，最后回到初始位置，D 项正确。

故答案为 A、C、D。

7.匀变速直线运动的位移与时间的关系。

【例 7】如图 1.3-21 所示，以 8 m/s 匀速行驶的汽车即将通过路口，绿灯还有 2 s 将熄灭，此时汽

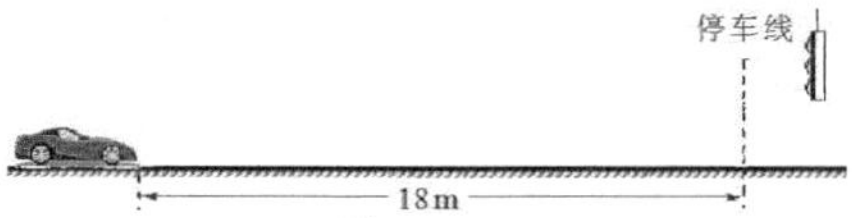

图 1.3-21

车距离停车线18 m。该车加速时最大加速度大小为2 m/s²,减速时最大加速度大小为5 m/s²。此路段允许行驶的最大速度为12.5 m/s。下列说法中正确的有(　　)

A.如果立即做匀加速运动,在绿灯熄灭前汽车可能通过停车线

B.如果立即做匀加速运动,在绿灯熄灭前通过停车线汽车一定超速

C.如果立即做匀减速运动,在绿灯熄灭前汽车一定不能通过

D.如果在距停车线5 m处减速,汽车能停在停车线处

【解析】本题考查运动学公式的综合运用。如果汽车立即做匀加速运动则有

$x = v_0t + \frac{1}{2}at^2 = 8\,m/s \times 2\,s + \frac{1}{2} \times 2\,m/s^2 \times (2\,s)^2 = 20\,m$,A项正确;

$v = v_0 + at = 8\,m/s + 2\,m/s^2 \times 2\,s = 12\,m/s$,B项错误;

如果汽车立即做匀减速运动,则有

$x' = v_0t - \frac{1}{2}at^2 = 8\,m/s \times 2\,s - \frac{1}{2} \times 2\,m/s^2 \times (2\,s)^2 = 12\,m$,C项正确,D项错误,选A、C。

8.匀变速直线运动的速度与位移的关系。

【例8】a、b两物体从同一位置沿同一直线运动,它们的速度—时间图像如图1.3-22所示,下列说法正确的是(　　)

A.a、b加速时,物体a的加速度大于物体b的加速度

B.20 s时,a、b两物体相距最远

C.60 s时,物体a在物体b的前方

D.40 s时,a、b两物体速度相等,相距20 m

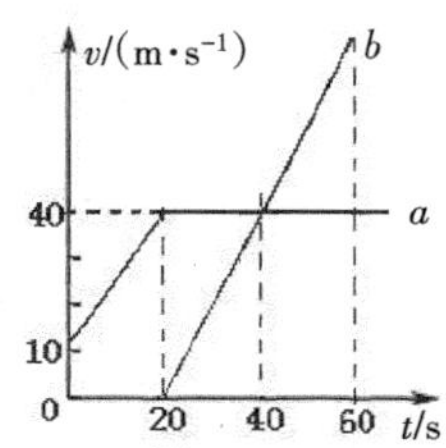

图1.3-22

【解析】由图线可看出物体b的加速度大于a的加速度,A错;40 s时,a、b两物体速度相等,相距最远距离为900 m,故B、D错误,C正确。

9.自由落体运动。

【例9】把一条铁链自由下垂地悬挂在墙上,放开后让铁链做自由落体运动。已知铁链通过悬点下3.2 m处的一点历时0.5 s,求铁链的长度。(取g=10 m/s²)

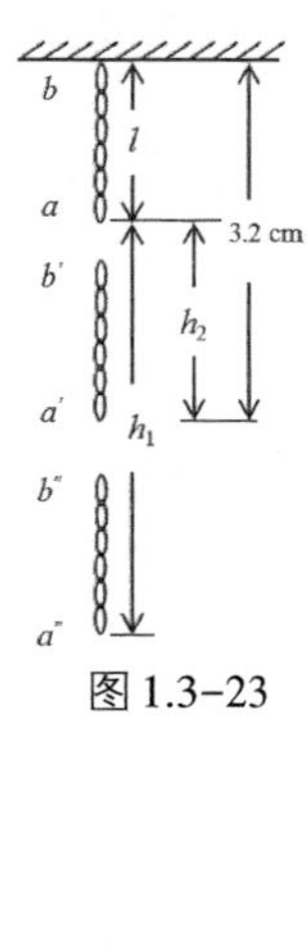

图1.3-23

【解析】解法1:如图1.3-23所示,设铁链的长度为l,铁链的运动为自由落体运动,我们分析铁链上a点的运动,a点下落3.2 m的时间t_1和下落$(3.2-l)$ m的时间t_2之差为0.5 s,用这一关系式求出l。

由自由落体位移公式$h = \frac{1}{2}gt^2$得

$$t_1 = \sqrt{\frac{2h_1}{g}} = \sqrt{\frac{2 \times 3.2\ \text{m}}{10\ \text{m/s}^2}} = 0.8\ \text{s} \quad ①$$

$$t_2 = \sqrt{\frac{2h_2}{g}} = \sqrt{\frac{2 \times (3.2 - l)\ \text{m}}{10\ \text{m/s}^2}} \quad ②$$

$t_1 - t_2 = 0.5\ \text{s}$　③

由方程①②③得 $0.8 - \sqrt{\frac{2 \times (3.2 - l)\ \text{m}}{10\ \text{m/s}^2}} = 0.5\ \text{s}$，

解得 $l = 2.75\ \text{m}$。

解法2:图像法求解。铁链从 $a \rightarrow a''$ 自由落体的时间

$$t_1 = \sqrt{\frac{2h_1}{g}} = \sqrt{\frac{2 \times 3.2\ \text{m}}{10\ \text{m/s}^2}} = 0.8\ \text{s}$$

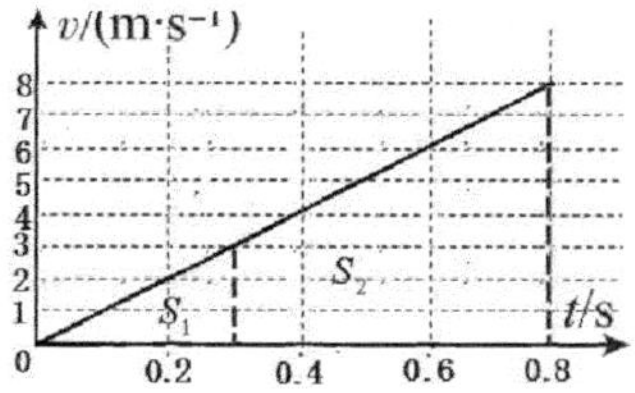

图1.3-24

抵达 a'' 的速度 $v_1 = gt_1 = 10\ \text{m/s}^2 \times 0.8\ \text{s} = 8\ \text{m/s}$，

由题意可知铁链从 $a' \rightarrow a''$ 历时0.5 s，

则 $a \rightarrow a'$ 历时 $t_2 = 0.8\ \text{s} - 0.5\ \text{s} = 0.3\ \text{s}$，

作 $v - t$ 图像，如图1.3-24所示，由几何知识可知，

$v_2 = 3\ \text{m/s}, h_1 = 3.2\ \text{m}, h_2 = 0.45\ \text{m}$

所以，铁链的长度 $l = 3.2\ \text{m} - 0.45\ \text{m} = 2.75\ \text{m}$。

10.匀变速直线运动规律的应用。

【例10】甲球从离地面 H 高处从静止开始自由下落，同时使乙球从甲球的正下方地面处做竖直上抛运动。欲使乙球上升到 $\frac{H}{n}$ 处与甲球相撞，则乙球上抛的初速度应为(　　)

A. $\sqrt{\frac{gH}{2}}$　　B. $\sqrt{\frac{ngH}{2(n-1)}}$　　C. $\sqrt{\frac{(n-1)gH}{2n}}$　　D. $\sqrt{\frac{ngH}{2(n+1)}}$

【解析】解法1(解析法)：

由竖直上抛运动规律知 $\frac{H}{n} = v_0 t - \frac{1}{2}gt^2$　①

由自由落体运动规律知 $H - \frac{H}{n} = \frac{1}{2}gt^2$　②

联立①②可得 $v_0 = \sqrt{\frac{ngH}{2(n-1)}}$，B正确。

解法2(图像法):

作出两球的$v-t$图像,如图1.3-25所示,由图线所围面积的意义知

$S_{甲}=S_{\triangle ABC}=\frac{1}{2}gt^2=H-\frac{H}{n}$ ①

$S_{乙}=S_{矩ABB'A'}-S_{\triangle ABC}=v_0t-\frac{1}{2}gt^2=\frac{H}{n}$ ②

取竖直向上为正方向,$S_{甲}+S_{乙}=v_0t=H$ ③

联立①②③可得$v_0=\sqrt{\frac{ngH}{2(n-1)}}$,B正确。

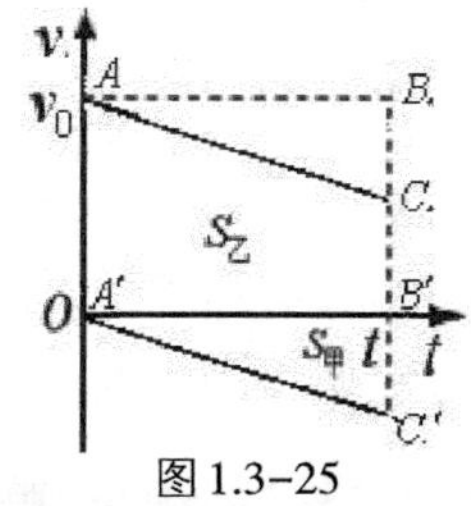

图1.3-25

解法3(巧选参考系法):

做竖直上抛运动的物体可以看成是由向上的匀速运动和自由落体运动的合成。以自由下落的甲球为参考系,则乙球将向上做匀速运动,设乙球初速度为v_0,则从抛出到两球相遇的时间为$t=\frac{H}{v_0}$ ①,在这段时间内对甲球有$H-\frac{H}{n}=\frac{1}{2}gt^2$ ②,联立①②得$v_0=\sqrt{\frac{ngH}{2(n-1)}}$,B正确。

1.4　必修1总复习

通过期中考试考前复习，积累了一些经验，面临期末考试，如何进行总复习，又成为摆在我们面前的课题。

“理线、串点、解疙瘩”仍然是基本方法。用“线索”把必修1各章节内和章与章间的相关知识点串联起来，这些知识点涵盖基本物理概念、规律、公式（考点），构成一个完整的知识体系，即形成知识网络。如图1.4−1所示，第一、二、三章是基础，第四章是综合，将必修1全书串联为一个整体。

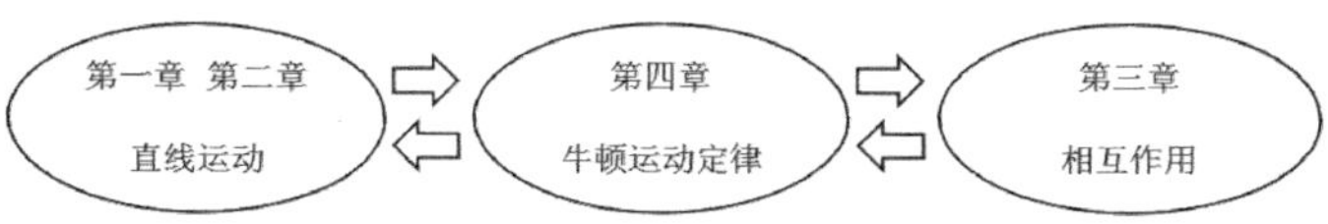

图1.4−1

涉及“基本知识”的复习，不能单方面通过梳理、归纳成条文或画图、列表等概括的手段来回顾知识，这样往往会使我们感到枯燥无味。可以把“基本知识”分为几个专题，在专题中对典型问题思考、解析、评议，这样的梳理不是复述，而是为了实现本单元知识体系与其他知识体系的链接。归纳不是罗列，而是针对本课题的内容，从更高的角度审视知识体系与方法体系，以突出知识主线、方法主线、问题主线。想方设法通过专题调动自己，让自己成为复习的主人，将零散的知识整合为可以活用的网络系统知识，复习效果才会更好。

此外，涉及“物理技能、物理思想方法”的复习，在总复习中十分重要。

第一章　运动的描述

一、基本概念

（1）质点；（2）参考系；（3）路程和位移。

二、速度和加速度

（1）速度、平均速度和瞬时速度；（2）加速度。

三、$v-t$ 图像和 $x-t$ 图像

【例1】如图1.4-2所示 $x-t$ 图像和 $v-t$ 图像中，给出四条曲线1、2、3、4代表四个不同物体的运动情况，关于它们的物理意义，下列描述正确的是(　　)

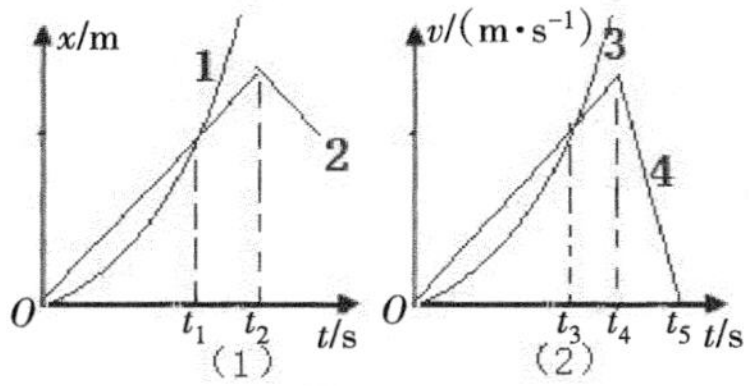

图1.4-2

A.$x-t$ 图像中“1”表示物体做曲线运动

B.$x-t$ 图像中 t_1 时刻，“1”的速度 $v_1>v_2$(“2”的速度)

C.$v-t$ 图像中，0至 t_3 时间内“4”的平均速度大于“3”的平均速度

D.两图像中，t_2、t_4 时刻分别表示“2”“4”开始反向运动

【解析】A.$x-t$ 图像是物体的位移随时间的变化规律，并不是物体运动的轨迹，故A错误；

B.$x-t$ 图像的切线斜率表示物体的瞬时速度，在 t_1 时刻图线“1”的斜率大于图线“2”的斜率，则 $v_1>v_2$，故B正确；

C.$v-t$ 图像中0至 t_3 时间，“4”的位移大于“3”的位移，时间相等，则“4”的平均速度大于“3”的平均速度，故C正确；

D.在 $x-t$ 图像中，在 t_2 时刻，“2”位移减小，则运动反向，在 $v-t$ 图像中，在 t_4 时刻，“4”速度减小，但运动方向不变，故D错误。本题应选B、C。

四、实验

【例2】打点计时器是高中物理中重要的物理实验仪器，如图1.4-3所示，(1)(2)两种计时器是高中物理实验中常用的，请回答下面的问题：

(1)图1.4-3(1)是______计时器，电源采用的是______。

(2)图1.4-3(2)是______计时器，电源采用的是______。

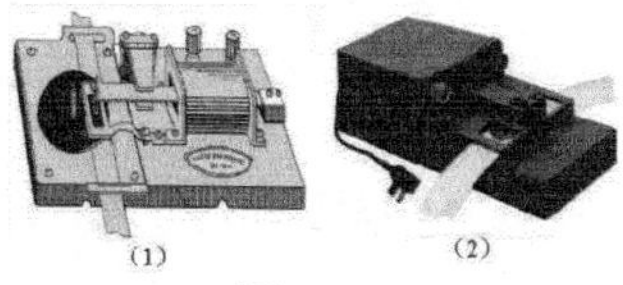

图1.4-3

(3)在某次实验中，物体拖动纸带做匀加速直线运动，打点计时器所用的电源频率为50 Hz，实验得到的一条纸带如图1.4-4所示，纸带上每相邻的两个计数点之间都有4个点未画出。按时间顺序取0、1、2、3、4、5六个计数点，实验中用直尺量出各计数点到0点的距离，如图所示(单位：cm)。

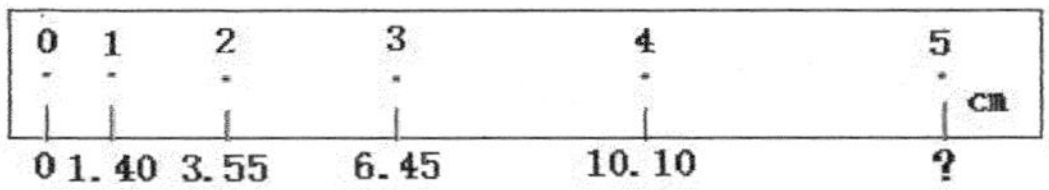

图1.4-4

①在计数点1所代表的时刻，纸带运动的瞬时速度为 v_1=________m/s，物体的加

速度 a=________m/s²(保留两位有效数字)。

②该同学在测量的时候没有将计数点5的数值记录下来，根据前面的数值可以推算出计数点5到0点的距离为________cm。

【解析】本题根据某段时间内的平均速度等于中间时刻的瞬时速度求出计数点1的瞬时速度，根据连续相等时间内的位移之差是一恒量，求出加速度的大小和点5和0点的距离。

(1)图1.4-3(1)是<u>电磁打点</u>计时器，电源采用的是<u>低压交流电4~6 V，频率为50 Hz</u>。

(2)图1.4-3(2)是<u>电火花打点</u>计时器，电源采用的是<u>220</u> V<u>的交流电，频率为50</u> Hz。

(3)①因为两个计数点之间还有4个点未画出，所以相邻计数点之间的时间间隔为 T=0.02 s×5=0.1 s，根据匀变速直线运动中间时刻速度推论可得

$$v_1=\frac{x_{02}}{2T}=\frac{3.55\times10^{-2}\ \text{m}}{2\times0.1\ \text{s}}\approx0.18\ \text{m/s}$$

②如图1.4-4所示，x_{01}=1.40 cm，x_{12}=2.15 cm，x_{23}=2.90 cm，x_{34}=3.65 cm，可知连续相等时间内的位移之差 $\Delta x=0.75\ \text{cm}$。又由 $\Delta x=aT^2$，得 $a=\frac{\Delta x}{T^2}=\frac{0.75\times10^{-2}\ \text{m}}{(0.1\ \text{s})^2}=$ $0.75\ \text{m/s}^2$。

由 $\Delta x=x_{45}-x_{34}$ 得 $x_{45}=x_{34}+\Delta x=(10.10\ \text{m}-6.45\ \text{m})+0.75\ \text{m}=4.40\ \text{cm}$，

所以，计数点5到0点的距离为 $x_5=10.10\ \text{m}+4.40\ \text{m}=14.50\ \text{cm}$。

第二章　匀变速直线运动的研究

一、匀变速直线运动规律解题的常用方法和解题模型

1.匀变速直线运动规律解题的常用方法。

【例3】一物体以某一速度冲上一光滑斜面，前4 s的位移为1.6 m，随后4 s内的位移为零，那么物体的加速度多大？(设物体做匀变速直线运动且返回时加速度大小不变)

【解析】设物体的加速度大小为 a，由题意知 a 的方向沿斜面向下。

解法1：基本公式法。

物体前4 s的位移为1.6 m，是匀减速直线运动，所以有 $x=v_0t_0-\frac{1}{2}at^2$，代入数据

$1.6=v_0\times4-\frac{1}{2}a\times4^2$　①

随后4 s的位移为零，则物体滑到最高点所用时间为t=4 s+2 s=6 s，

所以，初速度$v_0=at=a\times6$　②

由①②两式得物体的加速度a=0.1 m/s²，方向沿斜面向下。

解法2：推论法1。

$$v_{t/2}=\bar{v}_4=\frac{x}{t}=\frac{1}{2}(v_0+v_t)$$

物体2 s末时的速度即前4 s内的平均速度为$v_2=\bar{v}_4=\frac{1.6\text{ m}}{4\text{ s}}=0.4\text{ m/s}$，

物体6 s末的速度为$v_6=0$，所以物体的加速度大小为

$a=\frac{\Delta v}{\Delta t}=\frac{v_6-v_2}{t_6-t_2}=\frac{0-0.4\text{ m/s}}{6\text{ s}-2\text{ s}}=-0.1\text{ m/s}^2$，负号表示$a$的方向沿斜面向下。

解法3：推论法2。

由于全程a保持不变，是匀减速直线运动，前4 s内的位移x_1=1.6 m，后4 s内的位移x_2=0。由$\Delta x=at^2$得物体加速度大小为

$a=\frac{\Delta x}{t^2}=\frac{x_2-x_1}{t^2}=\frac{0-1.6\text{ m}}{(4\text{ s})^2}=-0.1\text{ m/s}^2$，负号表示$a$的方向沿斜面向下。

解法4：全程法。

由题知，此物体向上沿光滑斜面运动，速度减到零后又逆向向下加速。全程加速度不变，应用$x=v_0t+\frac{1}{2}at^2$得

$1.6=v_0\times4+\frac{1}{2}a\times4^2$　①

$1.6=v_0\times8+\frac{1}{2}a\times8^2$　②

由①②两式得a=−0.1 m/s²，负号表示a的方向沿斜面向下。

解法5：图像法。

画出物体做匀变速直线运动的$v-t$图像（如图1.4−5所示），由图可知，

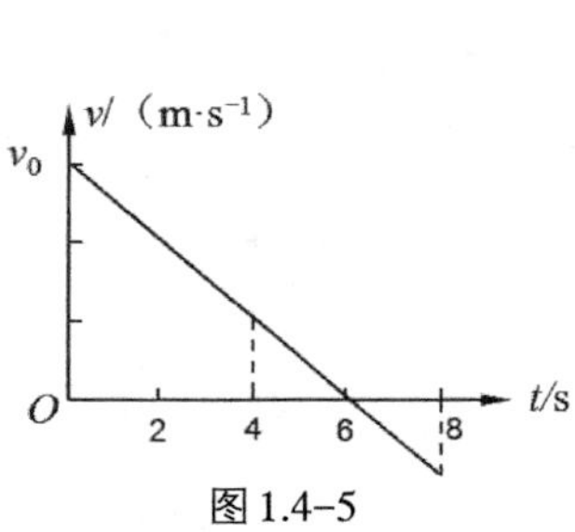

图1.4−5

$a=\frac{\Delta v}{\Delta t}=\frac{v_6-v_0}{t_6-t_0}=\frac{0-v_0}{6-0}=-\frac{v_0}{6}\text{ m/s}$　①

$x=v_0t+\frac{1}{2}at^2$，代入数据$1.6=4v_0+\frac{1}{2}a\times4^2$，

得 $0.4 = v_0 + 2a$　②

由①②两式解得 $a=-0.1\ m/s^2$，负号表示 a 的方向沿斜面向下。

2. 匀变速直线运动规律的解题模型。

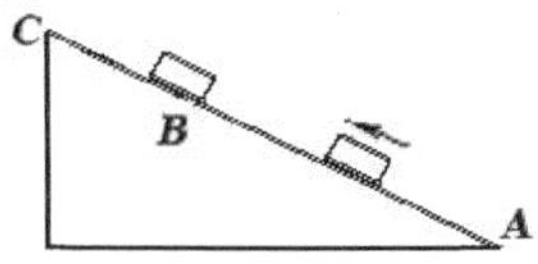

图 1.4-6

【例 4】物体以一定的初速度冲上固定的、光滑的斜面，到达斜面最高点 C 时速度恰为零，如图 1.4-6 所示，已知物体第一次运动到斜面长度 $\frac{3}{4}$ 处的 B 点时，所用时间为 t，求物体从 B 点滑到 C 点所用的时间。

【解析】解法 1：逆向思维法（反演法）。

物体向上匀减速冲上斜面最高点 C，相当于物体从 C 点沿斜面向下做初速度为零的匀加速直线运动，则

$$x_{BC} = \frac{1}{2}at_{BC}^{\ 2}, x_{AC} = \frac{1}{2}a(t + t_{BC})^2$$

又 $x_{BC} = \frac{1}{4}x_{AC}$，解得 $t_{BC} = t$。

解法 2：比例法。

对于初速度为零的匀加速直线运动，在连续相等的时间内通过的位移之比为

$x_1 : x_2 : x_3 : \cdots : x_n = 1 : 3 : 5 : \cdots : (2n-1)$

$\therefore\ x_{BC} : x_{BA} = \frac{x_{AC}}{4} : \frac{3x_{AC}}{4} = 1 : 3$

题中通过 x_{AB} 的时间为 t，故通过 x_{BC} 的时间 $t_{BC}=t$。

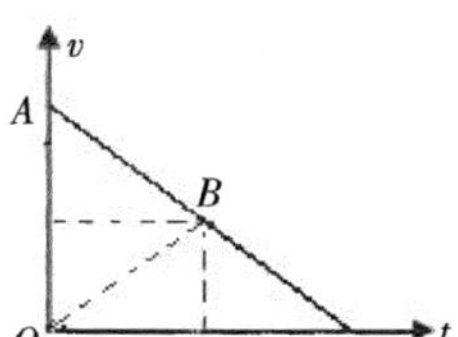

图 1.4-7

解法 3：图像法。

利用相似三角形面积之比等于对应边平方比的方法，作出 $v-t$ 图像，如图 1.4-7 所示，图像与时间轴所包围的面积之比等于对应的时间平方比，即 $S_{\triangle AOC}/S_{\triangle BDC}=CO^2/CD^2$，且 $S_{\triangle AOC}=4S_{\triangle BDC}$，$OD=t$，$OC=t+t_{BC}$，所以 $4/1=(t+t_{BC})^2/t^2_{BC}$，解得 $t_{BC}=t$。

解法 4：中间时刻速度法。（利用推论：中间时刻的瞬时速度等于这段位移的平均速度）

$$\bar{v}_{AC} = \frac{(v_A + v_C)}{2} = \frac{(v_0 + 0)}{2} = \frac{v_0}{2}$$

又 $v_0^{\ 2} = 2ax_{AC}$，$v_B^{\ 2} = 2ax_{BC}$，$x_{BC} = x_{AC}/4$

由以上各式解得 $v_B = \frac{v_0}{2}$。

可以看出v_B正好等于AC段的平均速度，B点是时间中点的位置，因此有$t_{BC}=t$。

二、纸带问题的分析与处理方法

【例5】某同学用常用的打点计时器装置测量重力加速度g，得到了几条较为理想的纸带。已知每条纸带上每5个点取一个计数点，即两计数点之间的时间间隔T=0.1 s，依打点先后编号为0，1，2，3，4，…由于不小心，纸带都被撕断了，如图1.4-8所示，根据给出的A、B、C、D四段纸带回答：

①在B、C、D三段纸带中选出从纸带A上撕下的那段应该是________。(填字母)

②纸带A上，打点1时重物的速度是________m/s。(结果保留三位有效数字)

③当地的重力加速度大小是________m/s²。(结果保留三位有效数字)

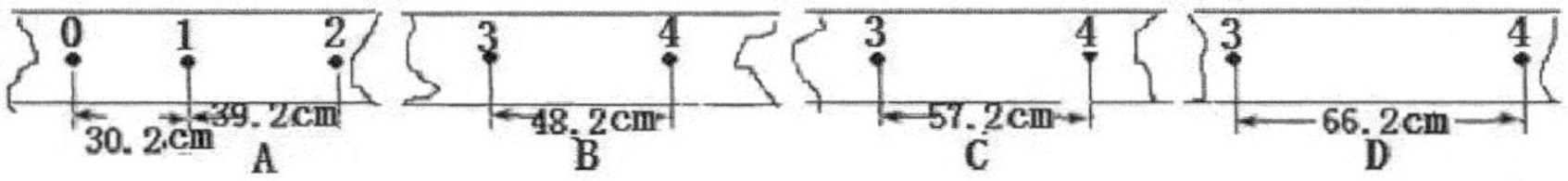

图1.4-8

【解析】(1) $\Delta x = x_{12} - x_{01} = 39.2\text{ cm} - 30.2\text{ cm} = 9.0\text{ cm}$

$x_{34} = x_{12} + 2\Delta x = 39.2\text{ cm} + 2 \times 9.0\text{ cm} = 57.2\text{ cm}$

因此，在B、C、D三段纸带中纸带A上撕下的那段应该是C。

(2)根据匀变速直线运动在一段时间内的平均速度等于该段时间中间时刻的瞬时速度，故$v_1 = \dfrac{x_{01} + x_{12}}{2T} = \dfrac{0.302\text{ m} + 0.392\text{ m}}{2 \times 0.1\text{ s}} = 3.47\text{ m/s}$。

(3)由$\Delta x = aT^2$，得$a = \dfrac{\Delta x}{T^2} = \dfrac{0.09\text{ m}}{(0.1\text{ s})^2} = 9.00\text{ m/s}^2$。

三、追及和相遇问题的分析思路和解题方法

(1)抓住“一个条件”“两个关系”：所谓“一个条件”是两物体的速度满足的临界条件，如两物体距离“最大”“最小”“至少”，“恰好”追上或恰好追不上等。所谓“两个关系”是时间关系和位移关系，其中通过画草图利用图像法分析，找到两物体位移之间的数量关系。这是解题常用方法，也是解题的突破口。

(2)分析研究对象的运动过程，搞清整个运动过程按运动性质的转换可分为哪几个运动阶段，各个阶段遵循什么规律，各个阶段间存在什么联系。特别地，若被追赶的物体做匀减速运动，一定要注意追上前该物体是否停止运动。

匀变速直线运动的位移公式是时间t的一元二次方程，可用判别式讨论：$\Delta>0$，有两个解，表明两次相遇；$\Delta=0$，有一个解，表明刚好相遇或刚好追上；$\Delta<0$，没有解，表明不会相遇或不会追上。

【例6】甲、乙两汽车沿同一平直公路同向匀速行驶，甲车在前，乙车在后，它们行驶的速度分别为16 m/s和18 m/s。已知甲车紧急刹车时加速度大小$a_{甲}=3\ m/s^2$，乙车紧急刹车时加速度大小$a_{乙}=4\ m/s^2$，乙车司机的反应时间为0.5 s。为保证在紧急刹车中两车不相撞，甲、乙两车行驶过程中至少应保持多大距离？

【分析】由题意知：若两车刹车到速度相等时还不相撞，就能保证在紧急刹车中两车不相撞。可先由速度相等求出甲、乙刹车后到速度相等时各自用的时间（注意甲刹车0.5 s后乙才开始刹车），然后根据匀变速运动位移公式分别求出从刹车到速度相等过程两车位移，位移之差为甲、乙两车行驶过程中至少应保持的距离。

【解析】设乙车追上甲车时速度恰好相等，乙车刹车时间为t，则甲车刹车时间为$t+0.5$。

乙车追上甲车时：$v_{甲}=v_1-a_{甲}(t+0.5)$ ①，$v_{乙}=v_2-a_{乙}t$ ②，又$v_{甲}=v_{乙}$ ③，

由①②③解得$t=3.5$ s。

从甲刹车到两车速度相等过程：甲车位移$x_{甲}=v_1(t+0.5)-a_{甲}(t+0.5)^2/2=40$ m；乙车位移：$x_{乙}=0.5v_2+(v_2t-a_{乙}t^2/2)=47.5$ m。

要保证在紧急刹车中两车不相撞，必须满足$\Delta x>x_{乙}-x_{甲}=47.5-40=7.5$ m。

【创新思维】追及问题较难理解，追及问题中，速度相等是临界条件。加速追匀速，速度相等时，间距最大；匀速追加速，速度相等时，间距最小。

四、实验

【例7】某校学习兴趣小组在研究“探索小车速度随时间变化的规律”的实验，如图1.4-9所示是某次实验得出的纸带，所用电源的频率为50 Hz，舍去前面比较密集的点，从0点开始，每5个连续点取1个计数点，标以1、2、3…。各计数点与0计数点之间的距离依次为$d_1=3.0$ cm，$d_2=7.5$ cm，$d_3=13.5$ cm，则

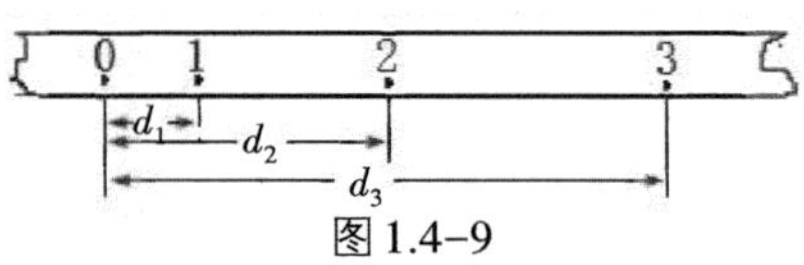

图1.4-9

（1）物体做______________的运动，理由是______________；

（2）物体通过1计数点的速度$v_1=$______________m/s；

（3）物体运动的加速度为$a=$______________m/s^2。

【解析】（1）$x_1=d_1=3.0$ cm，$x_2=d_2-d_1=4.5$ cm，$x_3=d_3-d_2=6.0$ cm，$\Delta x=x_2-x_1=x_3-x_2=1.5$ cm。因此物体做匀加速直线运动，理由是$\Delta x=$常数。

(2)$v_1=\frac{d_2}{2T}=\frac{7.5\times10^{-2}\ \text{m}}{2\times0.1\ \text{s}}=0.375\ \text{m/s}$。

(3)由匀变速直线运动推论公式$\Delta x=aT^2$,得$a=\frac{\Delta x}{T^2}=\frac{1.5\times10^{-2}\ \text{m}}{(0.1\ \text{s})^2}=1.5\ \text{m/s}^2$。

第三章　相互作用

一、弹力

【注意点】“活点”模型与“死点”模型问题的分析:

(1)“活点”模型:跨过滑轮、光滑杆、光滑钉子的细绳两端张力大小相等。

(2)“死点”模型:如几个绳端有“结点”,即几段绳子系在一起,谓之“死结”,那么这几段绳中的张力不一定相等。

(3)同样要注意轻质固定杆的弹力方向不一定沿杆的方向,作用力的方向需要结合平衡方程或牛顿第二定律求得,而轻质活动杆中的弹力方向一定沿杆的方向。

二、摩擦力

【注意点】(1)摩擦力作用效果的理解:总是阻碍物体的相对运动或者总是阻碍物体的相对运动趋势。

(2)摩擦力的大小和方向:静摩擦力的大小与物体所受其他力的情况及运动状态有关,平衡状态时,静摩擦力与平衡力大小相等、方向相反;滑动摩擦力的大小与正压力的大小成正比,即$F=\mu F_N$。

三、物体的受力分析

【注意点】(1)只分析研究对象所受力,不可将对外施加的力当作受力;

(2)只分析性质力,不可将效果力当作性质力;

(3)合力是几个分力等效替代的力,计算了合力就不可重复考虑分力。

【例 8】L形木板P(上表面光滑)放在固定斜面上,轻质弹簧一端固定在木板上,另一端与置于木板上表面的滑块Q相连,如图 1.4-10(1)所示。若P、Q一起沿斜面匀速下滑,不计空气阻

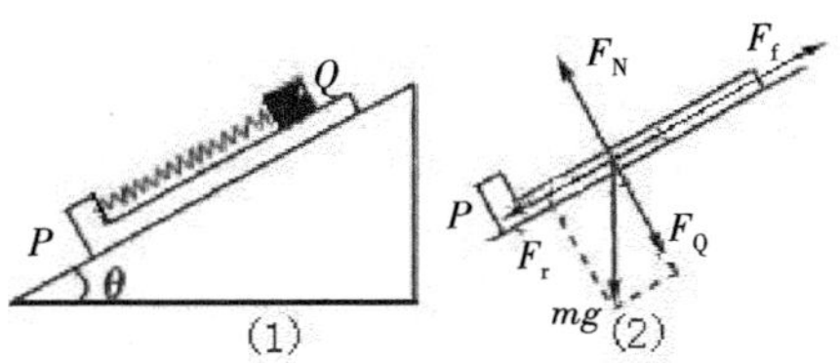

图 1.4-10

力，则木板P的受力个数为(　　)

A.3　　B.4　　C.5　　D.6

【解析】如图1.4-10(2)所示，选木板P为研究对象，分析P受重力G、斜面的支持力F_N、弹簧的弹力F_T、Q对P的压力F_Q。

P、Q及弹簧组成的系统整体分析，能匀速下滑，说明斜面一定是粗糙的，物体P要受斜面的摩擦力F_f作用，则共受5个力作用。故选C。

四、实验

【例9】某同学探究弹力与弹簧伸长量的关系。

(1)将弹簧悬挂在铁架台上，将刻度尺固定在弹簧一侧。弹簧轴线和刻度尺都应在________(填“水平”或“竖直”)方向。

(2)弹簧自然悬挂，待弹簧________时，长度记为L_0；弹簧下端挂上砝码盘时，长度记为L_x；在砝码盘中每次增加10 g砝码，弹簧长度依次记为L_1至L_6。数据如表1.4-1所示，表中有一个数值记录不规范，代表符号为________；由表可知所用刻度尺的最小分度为________。

表1.4-1

代表符号	L_0	L_x	L_1	L_2	L_3	L_4	L_5	L_6
数值/cm	25.35	27.35	29.35	31.30	33.4	35.35	37.40	39.30

(3)如图1.4-11所示是该同学根据表中数据作的图像，纵轴是砝码的质量，横轴是弹簧长度与________(填“L_0”或“L_x”)的差值。

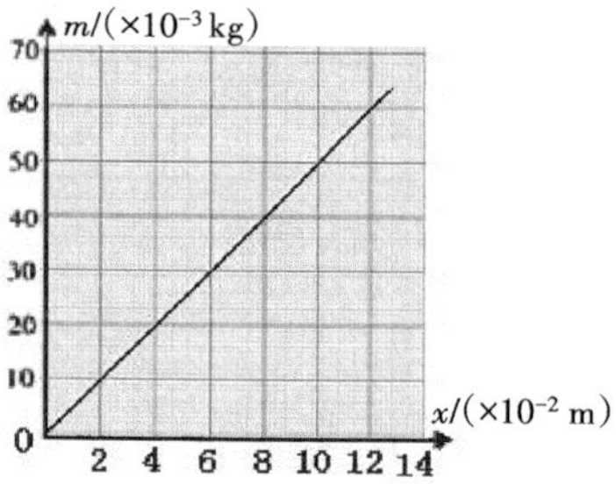

图1.4-11

(4)由图可知弹簧的劲度系数为________N/m；通过图和表可知砝码盘的质量为________g。(结果保留两位有效数字，重力加速度g取9.8 m/s^2。)

【解析】(1)为保证弹簧的形变只由砝码和砝码盘的重力产生，所以弹簧轴线和刻度尺均应在竖直方向。

(2)弹簧静止稳定时，记录原长L_0；表中L_3的数据与其他数据有效数字位数不同，所以数据L_3不规范。标准数据应读至厘米位的后两位，最后一位应为估读值，精确至毫米位，所以刻度尺的最小分度为1 mm。

(3)由题图知所挂砝码质量为0时，x为0，所以$x=L-L_x$(L为弹簧长度)。

(4)由胡克定律$F=k\Delta x$知，$mg=k(L-L_x)$，即$mg=kx$，所以图线斜率即为弹簧的劲度系数$k=\frac{mg}{\Delta x}=\frac{(60-10)\times 10^{-3}\ \text{kg}\times 9.8\ \text{m/s}^2}{(12-2)\times 10^{-2}\ \text{m}}=4.9\ \text{N/m}$。

同理，砝码盘质量$m=\frac{k\left(L_x-L_0\right)}{g}=\frac{4.9\ \text{N/m}\times\left(27.35\times 10^{-2}\ \text{m}-25.35\times 10^{-2}\ \text{m}\right)}{9.8\ \text{m/s}^2}$

$=0.01\ \text{kg}=10\ \text{g}$。

【例10】某同学在进行“探究求合力的方法”实验(如图1.4-12所示)。

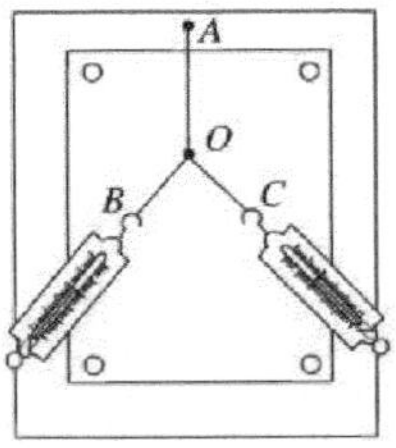

图1.4-12

(1)实验步骤如下：

①在水平放置的木板上垫一张白纸，把橡皮条的一端固定在木板上，另一端拴两根细线，通过细线同时用两个弹簧测力计互成角度地拉橡皮条，使它与细线的结点达到某一位置O点，在白纸上记下O点的位置和两弹簧测力计的读数F_1和F_2。

②在纸上根据F_1和F_2的大小，应用平行四边形定则作图求出合力F。

③只用一只弹簧测力计通过细绳拉橡皮条，使它的伸长量与两只弹簧测力计同时拉时相同，记下此时弹簧测力计的读数F'及其方向。

以上三个步骤中均有错误或疏漏：

①中是____________________________；

②中是____________________________；

③中是____________________________。

(2)如图1.4-13所示，在某次实验中，两个弹簧测力计的拉力F_1、F_2已在图1.4-13(1)中画出，图中方格的边长表示为2 N，O点是橡皮条的结点，请用作图法得出合力F，根据作图得出合力的大小约为________N。

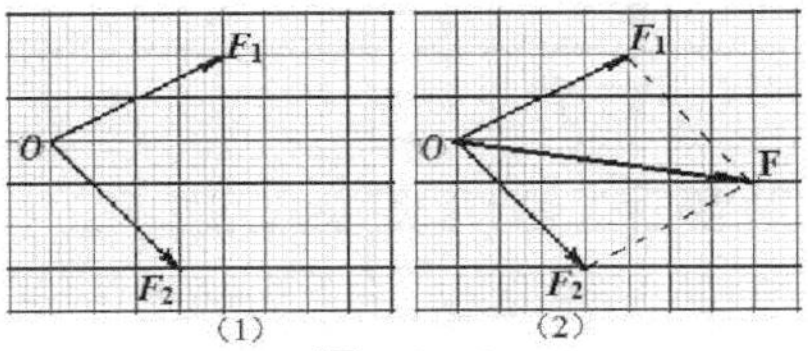

图1.4-13

【解析】(1)① 未记录细线的方向；②应根据F_1和F_2的大小和方向求合力F；③应把结点都要拉至同一位置O点。(2)由图1.4-13(2)可得合力大小约为14.1 N。

第四章　牛顿运动定律

一、动态平衡问题的求解方法

（1）力的合成法；（2）正交分解法；（3）整体法与隔离法；（4）矢量三角形法；（5）正弦定理法；（6）拉密原理法；（7）力矩平衡法。

二、牛顿运动定律的问题

1. 两类动力学问题。

【例 11】如图 1.4–14（1）所示，总质量为 40 kg 的人和雪橇在倾角 θ=37°的斜面上向下滑动，所受的空气阻力与速度成正比。今测得雪橇运动的 v–t 图像如图 1.4–14（2）所示，且 AB 是曲线上过 A 点的切线，B 点坐标为（4，15），CD 是曲线的渐近线，求：（重力加速度 g 取 10 m/s²，sin 37°=0.6，cos 37°=0.8）

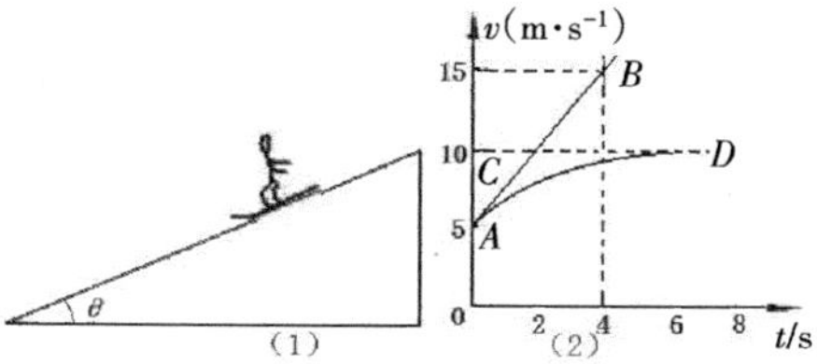

图 1.4–14

（1）雪橇开始运动时的速度和加速度以及雪橇运动的最大速度；

（2）空气阻力系数 k 和雪橇与斜坡间的动摩擦因数 μ。

【解析】（1）运动开始状态，由图像得：

A 点的速度 $v_A = 5\,\text{m/s}$，加速度 $a_A = 2.5\,\text{m/s}^2$，最终雪橇处于匀速运动状态，由曲线的渐近线 CD 可知最大速度 $v_{\max} = 10\,\text{m/s}$，$a = 0$。

（2）由牛顿运动定律得

$mg\sin\theta - \mu mg\cos\theta - kv_A = ma_A$（开始加速状态），

或 $mg\sin\theta - \mu mg\cos\theta - kv_{\max} = ma = 0$（匀速运动状态），

由以上二式得 $k = \dfrac{ma_A}{v_{\max} - v_A} = \dfrac{40\,\text{kg} \times 2.5\,\text{m/s}^2}{10\,\text{m/s} - 5\,\text{m/s}} = 20(\text{N}\cdot\text{s})/\text{m}$，

$$\mu = \frac{mg\sin\theta - kv_A - ma_A}{mg\cos\theta}$$

$$= \frac{40\,\text{kg} \times 10\,\text{m/s}^2 \times 0.6 - 20(\text{N}\cdot\text{s})/\text{m} \times 5\text{m/s} - 40\,\text{kg} \times 2.5\,\text{m/s}^2}{40\,\text{kg} \times 10\,\text{m/s}^2 \times 0.8} = 0.125$$

或$\mu=\dfrac{mg\sin\theta-kv_{\max}}{mg\cos\theta}=\dfrac{40\text{ kg}\times 10\text{ m/s}^2\times 0.6-20(\text{N}\cdot\text{s})/\text{m}\times 10\text{ m/s}}{40\text{ kg}\times 10\text{ m/s}^2\times 0.8}=0.125$

【创新思维】雪橇做加速度变化的加速运动，本题关键是要清楚认识v–t图像上点的切线斜率表示此刻的瞬时加速度，渐近线与纵坐标相交处表示最大速度，此时加速度为零。

2.瞬时加速度的问题。

【例12】如图1.4–15(1)所示，图中M、m之间用一弹簧相连，图1.4–15(2)中M、m之间用一非弹性绳（细线）相连，将连接顶部与M的细线剪断的瞬间，图1.4–15(1)、图1.4–15(2)中M、m的加速度各是多少？

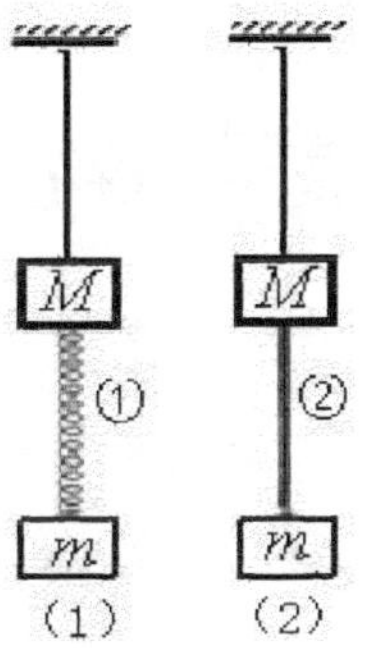

图1.4–15

【解析】图1.4–15(1)中M、m之间用一弹簧①相连，弹簧①能发生明显的弹性形变，与弹簧①相连的物体会产生相应的位移，应当注意弹簧①形变及引起物体m的位移都需要一定的时间。同样，弹簧形变的变化也需要一定的时间，即在剪断细线的瞬间，弹簧①的形变来不及发生改变，弹簧的弹力也就不会变化。因此，m的加速度为零，M的加速度为$(M+m)g/M$。

图1.4–15(2)中M、m之间用一非弹性绳（细线②）相连，细线②不能发生明显的弹性形变，所以细线②的形变虽然发生改变，但与细线②相连接的物体不需要发生一定的位移，细线②形变的改变也就不需要时间，即在剪断细线的瞬间，细线②的形变就会瞬间变为零，细线②的弹力立即消失。因此，m的加速度为g，M的加速度也为g。

【创新思维】求解瞬间加速度问题的关键是弹性绳和刚性绳的区别，对于弹性绳，瞬间弹力不变；而对于刚性绳，瞬间弹力发生突变。根据弹力的变化，分别求出各物体所受的合外力，再根据牛顿第二定律求解加速度。

3.传送带问题。

(1)水平传送带问题。

【例13】如图1.4–16所示，水平传送带A、B两端相距s=3.5 m，工件与传送带间的动摩擦因数μ=0.1。工件滑上A端的瞬时速度v_A=4 m/s，到达B端的瞬时速度设为v_B，g取10 m/s²，则（　　）

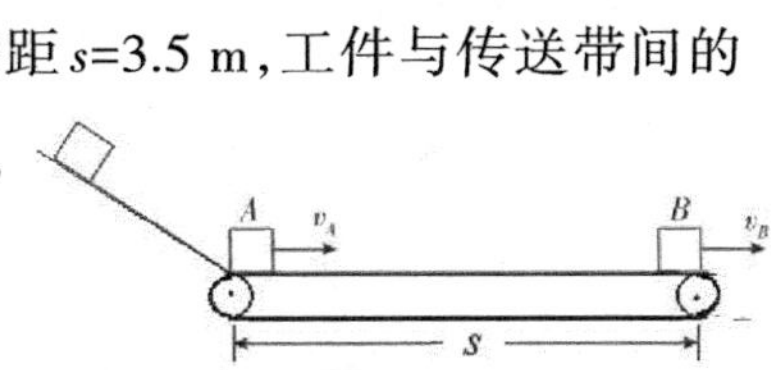

图1.4–16

A.若传送带不动，则v_B=3 m/s

B.若传送带以速度v=4 m/s逆时针匀速运动，v_B=3 m/s

C.若传送带以速度v=2 m/s顺时针匀速运动，v_B=3 m/s

D.若传送带以速度v=2 m/s顺时针匀速运动，v_B=2 m/s

【解析】若传送带不动，由匀变速直线运动规律可知$v_B^2-v_A^2=2as$，$a=\mu g$，代入数据解得v_B=3 m/s，当满足选项B、C、D中的条件时，工件的受力和运动情况跟传送带不动时的一样，同理可得，工件达到B端的瞬时速度仍为3 m/s，故选项A、B、C正确，D错误。

(2)倾斜传送带问题。

【例14】如图1.4–17所示，倾斜传送带与水平方向的夹角为37°，将一小物块轻放在正在以速度v=10 m/s匀速逆时针传动的传送带上端，物块和传送带间的动摩擦因数μ=0.5(设最大静摩擦力等于滑动摩擦力的大小)，传送带两皮带轮轴心间的距离L=29 m，求：(g=10 m/s²，sin 37°=0.6，cos 37°=0.8)

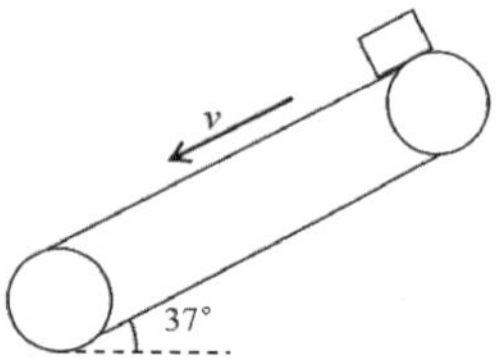

图1.4–17

(1)将物块从顶部传到传送带底部所需的时间为多少？

(2)若μ=0.8，物块从顶部传到传送带底部所需的时间为多少？

【解析】(1)物块放到传送带上后，沿斜面向下做匀加速直线运动，开始相对于传动带向后运动，受到的摩擦力向前，物体受力如图1.4–18(1)所示，所以

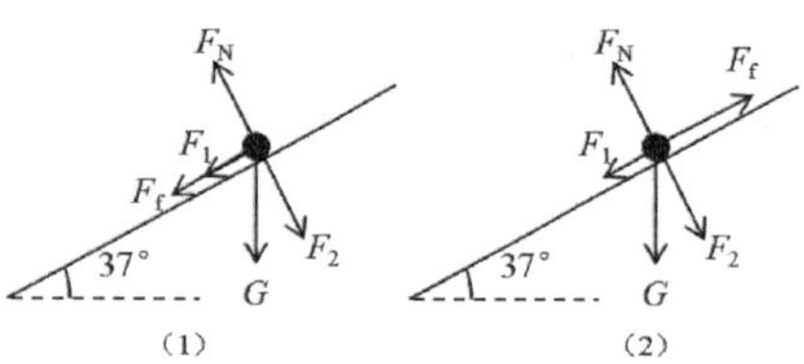

图1.4–18

$G = mg$　①

$F_N = G\cos\theta$　②

$F_f = \mu F_N$　③

$mg\sin\theta + \mu mg\cos\theta = ma_1$　④

由以上四式可得

$a_1 = g\sin\theta + \mu g\cos\theta = 10\,\text{m/s}^2 \times 0.6 + 0.5 \times 10\,\text{m/s}^2 \times 0.8 = 10\,\text{m/s}^2$　⑤

当物块加速到与传送带同速时，即

$v_1 = v = 10\,\text{m/s}$　⑥

物块位移为$x_1 = \dfrac{v^2}{2a_1} = \dfrac{(10\,\text{m/s})^2}{2 \times 10\,\text{m/s}^2} = 5\,\text{m} < L$　⑦

物块运动时间$t_1 = \dfrac{v}{a_1} = \dfrac{10\,\text{m/s}}{10\,\text{m/s}^2} = 1\,\text{s}$　⑧

物块加速到与传送带同速后，由于$mg\sin\theta > \mu mg\cos\theta$，则物块相对于传送带向下运动，摩擦力变为沿斜面向上，受力如图1.4–18(2)所示，则加速度为

$a_2 = g\sin\theta - \mu g\cos\theta = 10\,\text{m/s}^2 \times 0.6 - 0.5 \times 10\,\text{m/s}^2 \times 0.8 = 2\,\text{m/s}^2$　⑨

物块位移为$x_2 = L - x_1 = v_2 t_2 + \dfrac{1}{2}a_2 t_2^2$　⑩

由⑥⑦⑨⑩代入数值得$t_2^2 + 10t_2 - 24 = 0$，

物块以a_2加速运动的时间t_2=2 s或t_2=−12 s(舍去)，则物块从顶部传到传送带底部所需的时间$t = t_1 + t_2 = 1\text{s} + 2\text{s} = 3\text{s}$。

(2)若$\mu = 0.8$，开始(即物块与传送带同速前)物体运动情况与上题相同，即$t_1' = 1\text{s}$，当物块与传送带同速后，由于$mg\sin\theta<\mu mg\cos\theta$，所以物块与传送带同速后相对传送带静止，而与传送带一起做匀速直线运动，则匀速运动的时间$t_2' = \dfrac{L - x_1}{v} = \dfrac{29\text{m} - 5\text{m}}{10\text{m/s}} = 2.4\text{s}$。

因此，物块从顶部传到传送带底部所需的时间$t' = t_1' + t_2' = 1\text{s} + 2.4\text{s} = 3.4\text{s}$。

【创新思维】本题的突破口在于物块与传送带同速后，两者间的摩擦力的性质和方向都发生变化。

(3)平斜交接放置运行的传送带问题。

【例15】如图1.4-19所示为仓库中常用的皮带传输装置示意图，它由两台皮带传送机组成，一台水平传送，A、B两端相距3 m，另一台倾斜传送，其传送带与地面的倾角$\theta = 37°$，C、D两端相距4.45 m，B、C相距很近。水平部分AB以$v_0 = 5\text{m/s}$的速率顺时针转动。将一袋质量为10 kg的大米无初速度放在A端，到达B端后，米袋继续沿倾斜的CD部分运动，不计米袋在BC处的能量损失。已知米袋与传送带间的动摩擦因数均为0.5，g=10 m/s^2，sin 37°=0.6，cos37°=0.8，求：

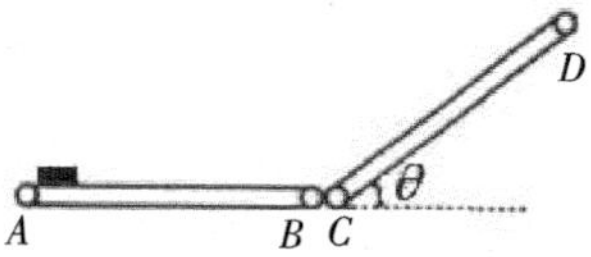

图1.4-19

(1)米袋到达B点的速度。

(2)若CD部分传送带不运转，米袋能否运动到D端？

(3)若要米袋能被送到D端，CD部分顺时针运转的最小速度为多大？

【解析】(1)米袋在AB部分加速时的加速度

$$a_0 = \frac{\mu mg}{m} = \mu g = 0.5 \times 10\text{m/s}^2 = 5\text{m/s}^2$$

米袋的速度达到$v_0 = 5\text{m/s}$时，滑行的距离$s_0 = \dfrac{{v_0}^2}{2a_0} = \dfrac{(5\text{m/s})^2}{2 \times 5\text{m/s}^2} = 2.5\text{m}<s_{AB}$，

因此米袋到达B点的速度为$v_0 = 5\text{m/s}$。

(2)CD部分不运转，米袋在CD部分的加速度大小设为a，

有$mg\sin\theta + \mu mg\cos\theta = ma$，得$a = 10\text{m/s}^2$($a$的方向沿$DC$斜面向下)。

米袋能滑上的最大距离$s = \dfrac{{v_0}^2}{2a} = \dfrac{(5\text{m/s})^2}{2 \times 10\text{m/s}^2} = 1.25\text{m}<s_{CD}$，故米袋不能运动到

D端。

(3)设CD部分运转速度为v时米袋恰能到达D端,此时速度$v_D = 0$。

若$v \geqslant 5$ m/s时,米袋相对传送带向下滑,受摩擦力沿传送带向上,则米袋的加速度大小为$a_2 = g\sin 37^\circ - \mu g\cos 37^\circ = 2\ \text{m/s}^2$(方向沿$DC$斜面向下)。

因此,米袋相对地面做初速度$v_0 = 5\ \text{m/s}$、加速度$a = 2\ \text{m/s}^2$沿CD向上的匀减速直线运动,当米袋抵达D端时,由${v_0}^2 - {v_D}^2 = 2as_{CD}$得

$$v_D = \sqrt{{v_0}^2 - 2as_{CD}} = \sqrt{(5\ \text{m/s})^2 - 2 \times 2\ \text{m/s}^2 \times 4.45} = \sqrt{7.2}\ \text{m/s} > 0$$

若$v < 5$ m/s时,米袋相对传送带向上滑,受摩擦力沿传送带向下,则米袋加速度大小为$a_1 = g\sin 37^\circ + \mu g\cos 37^\circ = 10\ \text{m/s}^2$(方向沿$DC$斜面向下),向上做匀减速运动,当米袋速度小于$v$后受摩擦力沿传送带向上,继续匀减速运动直到速度$v_D' \geqslant 0$,该阶段米袋加速度大小为$a_2 = g\sin 37^\circ - \mu g\cos 37^\circ = 2\ \text{m/s}^2$(方向沿$DC$斜面向下)。

由运动学公式$\dfrac{{v_0}^2 - v^2}{2a_1} + \dfrac{v^2 - {v_D'}^2}{2a_2} = s_{CD}$,解得$v = 4\ \text{m/s}$,即要把米袋送到$D$点,$CD$部分顺时针运转的最小速度为4 m/s。

4.滑块—滑板模型。

【例16】如图1.4-20所示,质量M=8 kg的小车放在光滑的水平面上,在小车左端加一水平推力F=8 N,当小车向右运动的速度达到$v_0 = 1.5\ \text{m/s}$时,在小车前端轻轻放上一个大小不计、质量为m=2 kg的小物块,小物块与小车间的动摩擦因数μ=0.2。已知运动过程中,小物块没有从小车上掉下来,取g=10 m/s²。求:

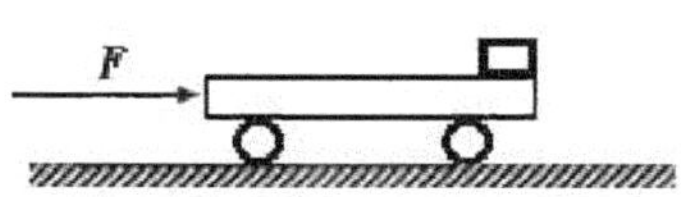

图1.4-20

(1)小物块刚放上小车时,两者的加速度各为多大?

(2)经过多长时间两者达到相同的速度?

(3)从小物块放上小车开始,经过t=1.5 s小物块通过的位移大小为多少?

【解析】(1)设小物块和小车的加速度分别为a_1和a_2,

由$\mu mg = ma_1$,得a_1=2 m/s²,

由$F - \mu mg = Ma_2$,得a_2=0.5 m/s²。

(2)设经过t_1时间两者达到相同速度$a_1t_1 = v_0 + a_2t_1$,得t_1=1 s。

(3)在开始的t_1=1 s时间内小物块位移$x_1 = \dfrac{1}{2}a_1{t_1}^2 = 1\ \text{m}$,末速度$v$=2 m/s。此时$m$和$M$相对静止,无相对运动趋势,摩擦力为零。接下来的$t_2$=0.5 s时间内,小物块和小车以相同加速度运动

$$a = \frac{F}{M + m} = \frac{8\,\text{N}}{8\,\text{kg} + 2\,\text{kg}} = 0.8\,\text{m/s}^2$$

$$x_2 = vt_2 + \frac{1}{2}at_2{}^2 = 2\,\text{m/s} \times 0.5\,\text{s} + \frac{1}{2} \times 0.8\,\text{m/s}^2 \times (0.5\,\text{s})^2 = 1.1\,\text{m/s}$$

故从小物块放上小车开始，经过 1.5 s 小物块的位移大小

$$x = x_1 + x_2 = 1\,\text{m} + 1.1\,\text{m} = 2.1\,\text{m}$$

5. 牛顿第二定律中的临界极值问题。

(1)物理意义；(2)临界状态(三种)；(3)处理临界问题的方法(三种)。

【例 17】如图 1.4-21(1)所示，在水平地面上固定一倾角为 37°足够长的斜面，今有一木块以初速度 8 m/s 冲上斜面，木块与斜面间的动摩擦因数为 0.25，则：(最大静摩擦力近似等于滑动摩擦力，sin 37°=0.6，cos 37°=0.8，g=10 m/s²)

(1)木块沿斜面上升的最大距离为多少？

(2)木块在斜面上运动的时间为多少？

(3)如果斜面是光滑的，求木块运动到距离斜面底端 4 m 处的速度是多少？

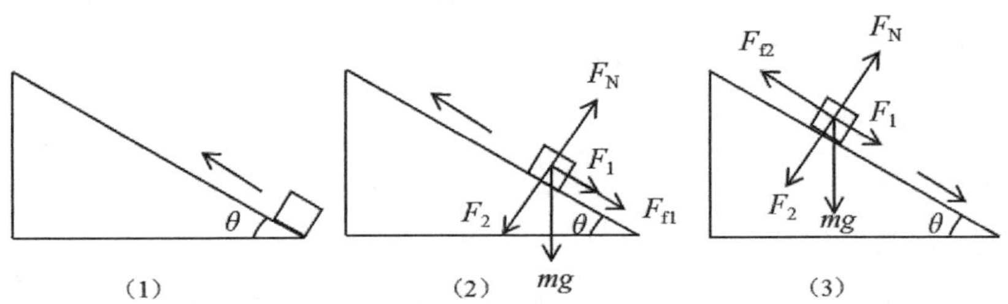

图 1.4-21

【解析】(1)对木块分析受力如图 1.4-21(2)所示，根据牛顿第二定律有

$$F_1 + F_{f1} = ma_1,$$

$$F_1 = mg\sin\theta, F_{f1} = \mu F_N = \mu mg\cos\theta$$

联立以上可得加速度为

$$a_1 = g(\sin\theta + \mu\cos\theta) = 10\,\text{m/s}^2 \times (\sin 37^\circ + 0.25 \times \cos 37^\circ) = 8\,\text{m/s}^2$$

物体沿斜面做匀减速运动，木块沿斜面上升的最大距离为

$$x_{max} = \frac{v_0{}^2}{2a_1} = \frac{(8\,\text{m/s})^2}{2 \times 8\,\text{m/s}^2} = 4\,\text{m}$$

(2)木块上升到最高点所用的时间

$$t_1 = \frac{v_0}{a_1} = \frac{8\,\text{m/s}}{8\,\text{m/s}^2} = 1\,\text{s}$$

木块上升到最高点后的受力图，如图1.4-21(3)所示：

$F_1 = mg\sin37^\circ = 6\,\text{m}$，$F_{f2} = \mu mg\cos37^\circ = 2\,\text{m}$，显然，$F_1>F_{f2}$，

故木块不能停留在斜面上，而将沿斜面下滑，

$mg\sin37^\circ - \mu mg\cos37^\circ = ma_2$，下滑的加速度为$a_2$=4 m/s²。

又$x = \frac{1}{2}a_2t_2{}^2$，得木块下滑的时间$t_2 = \sqrt{\frac{2x}{a_2}} = \sqrt{\frac{2\times4\,\text{m}}{4\,\text{m/s}^2}} = \sqrt{2}\,\text{s}$，

木块在斜面上运动的总时间为$t = t_1 + t_2 = \left(1 + \sqrt{2}\right)\text{s}$。

(3)如果斜面是光滑的，木块上升到最高点后将沿斜面返回，在斜面上的加速度不变，加速度大小为$a_3 = g\sin37^\circ = 10\,\text{m/s}^2\times0.6 = 6\,\text{m/s}^2$，又$v^2 - v_0{}^2 = 2a_3x'$，取$v_0$方向为正方向，$a_3$与$v_0$方向相反，则$a_3 = -6\,\text{m/s}^2$。

木块离斜面底端4米时的速度

$v = \pm\sqrt{v_0{}^2 + 2a_3x'} = \pm\sqrt{(8\,\text{m/s})^2 + 2\times(-6\,\text{m/s}^2)\times4\,\text{m}} = \pm4\,\text{m/s}$

"+"表示上滑离斜面底端4米时，速度方向沿斜面向上，"-"表示到达最高点后再下滑经离斜面底端4米时，速度方向沿斜面向下。

6.超重和失重问题。

【例18】有下列几种情景，其中对情景的分析和判断正确的是(　　)

①点火后即将升空的火箭；

②高速公路上沿直线高速行驶的轿车为避免事故紧急刹车；

③运动的磁悬浮列车在轨道上高速行驶；

④太空中的空间站绕地球做匀速圆周运动。

A.因火箭还没运动，所以加速度一定为零

B.轿车紧急刹车，速度变化很快，所以加速度很大

C.高速行驶的磁悬浮列车，因速度很大，所以加速度也一定很大

D.因空间站处于完全失重状态，所以空间站内的物体加速度为零

【解析】点火后火箭即将升空的瞬间，虽未腾空，但因点燃火药喷射对火箭有反作用力，竖直向上产生极大的加速度，选项A错误；轿车紧急刹车时，时间很短，速度改变很大，由$a = \frac{\Delta v}{\Delta t}$可知，加速度很大，选项B正确；磁悬浮列车速度很大，但速度没有什么变化，加速度很小或者为零，选项C错误；空间站虽然处于完全失重状态，但空间站包括里面的物体都受地球万有引力作用，因此加速度不为零，选项D错误。答案：B。

【例19】某同学在利用如图1.4–22所示装置探究加速度与物体所受合外力F及质量M的关系实验中，在物体所受的合外力不变时，改变物体的质量，得到的数据如表1.4–2所示。

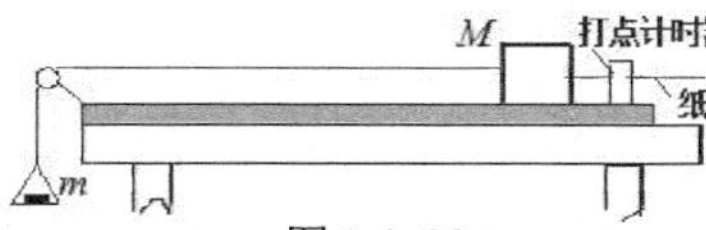

图1.4–22

表1.4–2

实验次数	物体质量m/kg	物体的加速度a/(m·s^{-2})	物体质量的倒数$\frac{1}{m}$/kg^{-1}
1	0.20	0.78	5.00
2	0.40	0.38	2.50
3	0.60	0.25	1.67
4	0.80	0.20	1.25
5	1.00	0.16	1.00

(1)根据表中数据，在方格纸的坐标中描出相应的实验数据点，并作出$a-m$图像和$a-\frac{1}{m}$图像。

(2)由$a-m$图像，你得出的结论为________________；

由$a-\frac{1}{m}$图像，你得出的结论为________________。

(3)物体受到的合力大约为________________。(结果保留两位有效数字)

【解析】(1)根据数据选取适当比例，描点连线如图1.4–23所示。

(2)在物体受外力不变时，物体的质量越大，它的加速度越小；在物体受外力不变时物体的加速度与质量的倒数成正比(或F一定，a与m成反比)。

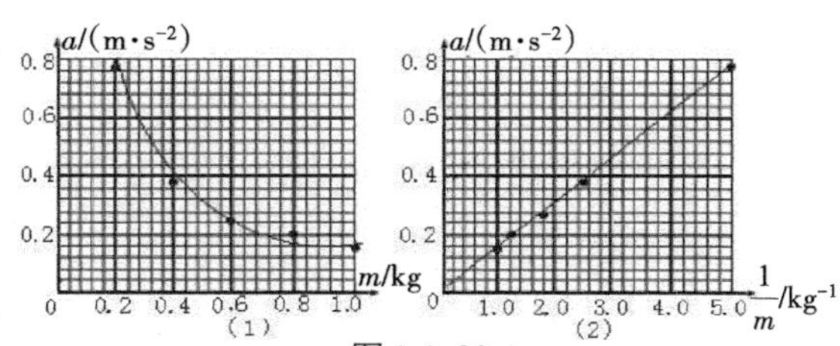

图1.4–23

(3)$a-\frac{1}{m}$图像的斜率是作用力。在图像上选取相距较远的两点，计算斜率即得合力

$$F=\frac{\Delta a}{\Delta(1/m)}=\frac{0.77\ \text{m/s}^2-0.16\ \text{m/s}^2}{5.0\ \text{kg}^{-1}-1.0\ \text{kg}^{-1}}=0.16\ \text{N}$$

【创新思维】探究实验中得到的加速度与力的数据、加速度与质量的数据，为了直观，一般通过描点法作图寻找规律。建立的图像是$a-\frac{1}{m}$图像和$a-m$图像。如果图

像形状是过原点的倾斜直线,则说明纵坐标表示的量与横坐标表示的量成比关系。

本实验中可以用气垫导轨来代替长木板,省去了平衡小车摩擦力一步,小车的加速度可以利用传感器,借助于计算机来处理,提高实验精度。

1.5　怎样学好高中物理

大家都感觉到高中物理难学，从初中物理到高中物理，学习的内容从直观到抽象，涉及的现象从单一到复杂，定量运算从标量到矢量，研究从定性到定量，高中物理的坡度显得特别陡峭，难度自然增加。下面谈谈如何抓住“省力机械”学好物理。

一、重在“悟理”

1. 抓住听课。

听课的原则：自主学习，勤于思考；积极参与、乐于探究。主要环节：(1)课前预习，(2)聚精会神，(3)注意头尾，(4)做好笔记，(5)习后做题，(6)及时小结。

2. 紧扣课本。

(1)“悟理”的基础——理解概念。物理概念是组成物理规律和理论的基元，是物理学最重要的基础，掌握好物理概念是学好物理的关键。同时，对物理概念的形成和理解的过程，是学好物理方法和培养思维能力的重要途径。

学习时，要有一个科学思维的过程，弄清其中的道理。不重视这个过程，头脑中就只会剩下一些干巴巴的定义、公式和条文，思维就会僵化。

物理课本内容需要一个概念、一个公式、一字一句仔细琢磨，反复推敲，消化吸收。特别对重点的段落和关键的内容，要用心细致地阅读、理解，即精读课本。

书中的例题，不能只看它如何应用公式，还要看它是怎样分析问题的，看看自己合上课本后能否重做出来，看看自己还能不能有别的解题方法。另外，还要学习应用课本的知识解释一些常见现象。

【例 1】什么是匀速直线运动？

这是初中物理中的一个概念问题：物体在一条直线上运动，如果在相等的时间内位移相等，这种运动叫做匀速直线运动。根据匀速直线运动的特点，质点在相等时间内通过的位移相等，质点在相等时间内通过的路程相等，质点的运动方向相同，质点在相等时间内的位移大小和路程相等。

必修1课本P16:匀速直线运动是瞬时速度保持不变的运动,即$v=\frac{\Delta x}{\Delta t}$不变。因此,对匀速直线运动的理解应上升为如下认识:在任何相等的时间内位移相等,这种运动叫做匀速直线运动。此时位移是矢量,包括大小和方向。如图1.5-1所示,$v=\frac{x}{t}=\frac{\Delta x}{\Delta t}$。

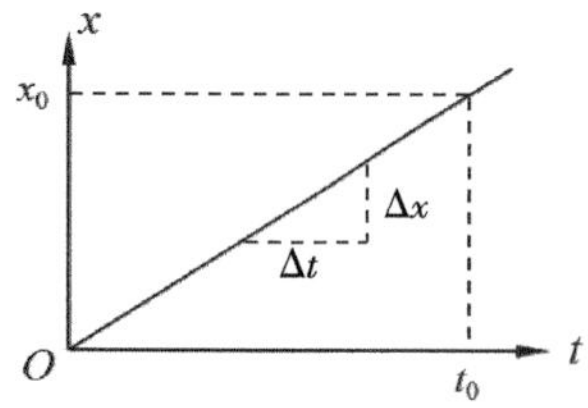

图1.5-1

【例2】离地面高度为h处有自由下落的甲物体,同时在它正下方的地面上有乙物体以初速度v_0竖直上抛,要使两物体在空中相碰,则做竖直上抛运动物体的初速度v_0应满足什么条件?(不计空气阻力,两物体均看做质点)若要乙物体在下落过程中与甲物体相碰,则v_0应满足什么条件?

【解析】选择乙物体为参照物,则甲物体相对乙物体的初速度$v=0-v_0=-v_0$,甲物体相对乙物体的加速度$a=-g-(-g)=0$。

由此可知甲物体相对乙物体做竖直向下,速度大小为v_0的匀速直线运动,所以相遇时间$t=\frac{h}{v_0}$。

对第一种情况,乙物体做竖直上抛运动,在空中的时间

$0\leqslant t\leqslant 2\cdot\frac{v_0}{g}$,即$0\leqslant\frac{h}{v_0}\leqslant 2\cdot\frac{v_0}{g}$,

所以当$v_0\geqslant\sqrt{\frac{gh}{2}}$时,两物体在空中相碰。

对第二种情况,乙物体做竖直上抛运动,下落过程的时间

$\frac{v_0}{g}\leqslant t\leqslant 2\cdot\frac{v_0}{g}$,即$\frac{v_0}{g}\leqslant\frac{h}{v_0}\leqslant 2\cdot\frac{v_0}{g}$,

所以当$\sqrt{\frac{gh}{2}}\leqslant v_0\leqslant\sqrt{gh}$时,乙物体在下落过程中与甲物体相碰。

【创新思维】参考系是物体,坐标系是图形(直线、平面和立体)。本题采用巧选参考系法,选择乙物体作为参照物,则甲物体相对乙物体做匀速直线运动,使解题快捷高效。

(2)"悟理"的核心——掌握规律。物理规律是在分析物理现象的基础上经过抽象、探究、概括或推理得来的,包括物理定律和定理、原则和公式等物理知识结构的骨架。物理规律反映了物体运动变化的各个因素之间的本质联系,揭示了事物本质属性之间的内在联系,是物理学知识的核心。

例如,匀变速直线运动的规律用合运动的观点理解:

分运动(1):匀速直线运动,$a_1=0$,$v_1=v_0$(恒定),$x_1=v_0t$;

分运动(2):匀加速直线运动,$a_2=a$(恒定),v_2大小变化、方向不变,$v_2=at$,$x_2=\frac{1}{2}at^2$。

合运动:初速度为v_0、加速度a(大小方向都不变)的匀加速直线运动。

$v=v_0+at$,$x=v_0t+\frac{1}{2}at^2$,$v^2=v_0^2+2ax$,$\bar{v}=\frac{x}{t}=\frac{1}{2}(v_0+v)$

【注意点】①运动独立性:分运动之间是互不相干的,即各个分运动均按各自规律运动,彼此互不影响。因此,在研究某个分运动的时候,就可以不考虑其他分运动,就像其他分运动不存在一样。

②运动等时性:各个分运动及其合运动总是同时发生,同时结束,经历的时间相等。因此,若知道了某一分运动的时间,也就知道了其他分运动及合运动经历的时间,反之亦然。

③运动的等效性:各分运动叠加起来的效果与合运动相同。

④运动的相关性:分运动的性质决定合运动的性质和轨迹。

二、格物"致理"

格物致理,格即探究,物即事物,致理即本质(真理),意指探究事物的本质(真理)。用在学好物理上,即以物论理,重视实验。

1.善察勤动。

(1)善于观察。看演示实验要求我们全神贯注地观察,观察什么?"外行看热闹,内行看门道"。"观察现象是咋样?""如何变化?"并透过现象看本质,即揭示所隐藏的物理规律。牛顿发现万有引力定律,就是建立在仔细观察苹果落地这一现象的基础上。观察成为发现、创新的向导。

【例3】如图1.5-2所示是某同学做的一个实验装置。书和桌面之间用两根板条架起一个斜面,成V字形轨道,若在斜面低端(即闭口端)放一个双圆锥体,松手后,试问:它能自动向高端(即开口端)滚上这个斜坡吗?说明理由。

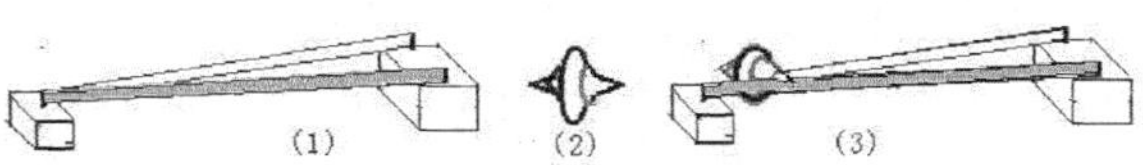

图1.5-2

【解析】如图1.5-3，轨道右高左低，即 $h_B>h_A$。将双圆锥体放在轨道左、右端，刻度尺测量出双圆锥体锥尖到桌面的距离分别为h_1、h_3；双锥体在两者之间，其锥尖到桌面的距离记为h_2。测量发现$h_1>h_2>h_3$；即双圆锥体重心位置左端高，表面看轨道虽然左端低，双圆锥体由于受到重力作用，由高处向低处运动。

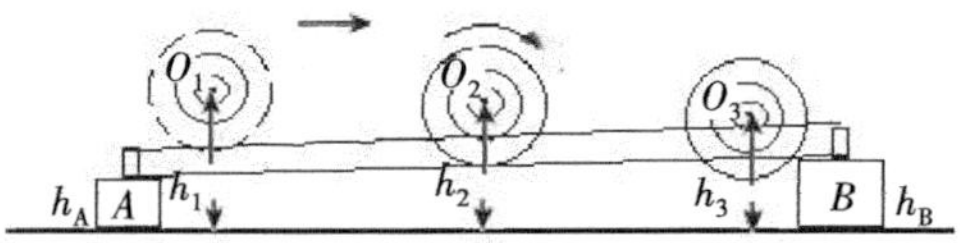

图1.5-3

【创新思维】本题轨道表面看是左(A)端低右端高，双圆锥体从A到B，由低向高；题图1.5-2对于轨道的形状和走向，解题者并不一定很清晰地觉察出轨道左侧窄，右侧宽，实验设计成双圆锥体从A到B，与轨道接触点间距愈来愈大，双圆锥体轴心到水平桌面的高度愈来愈小，即重心越来越低，在重力作用下双圆锥体自然从A端运动到B端，题目超出常规思维的奥妙就在于此。

(2)勤于动手。纸上得来终觉浅，绝知此事要躬行。我们要注重动手能力的培养，动手能力这个词的词源是"hands-on"，意思不仅有动手操作的意思，还有亲身体验、亲自实践的意思。因此，物理学习的过程必须十分重视落实这一深层次的含义。

2.立足探究。

在教师指导下，同学们为培养科学素养，以类似于科学家探究科学的方式，尝试应用科学探究的方法研究物理问题，验证物理规律，经历科学探究过程，这都是探究活动，实验是一个重要方式。

(1)做好实验。必修1第一个探究实验是"探究小车速度随时间变化的规律"，我们应当十分重视，做到明确实验目的，理解实验原理和方法，学会正确使用打点计时器进行测量，会控制和排除实验故障，会分析处理实验数据并得出正确结论，了解误差和有效数字的概念，会独立地写出简要的实验报告。做实验时，遵守操作规程，认真记录、处理和分析数据，从而得出正确的结论。实验操作结束后，不忘清点仪器，整理实验桌，仪器如有损坏，需要登记赔偿，养成良好的实验品格。

但我们不能停留在以上基本要求水平线上，而应该提出一系列探究问题将实验引向深入，渗透物理思想，启发思路，把培养探究能力贯穿实验始终。

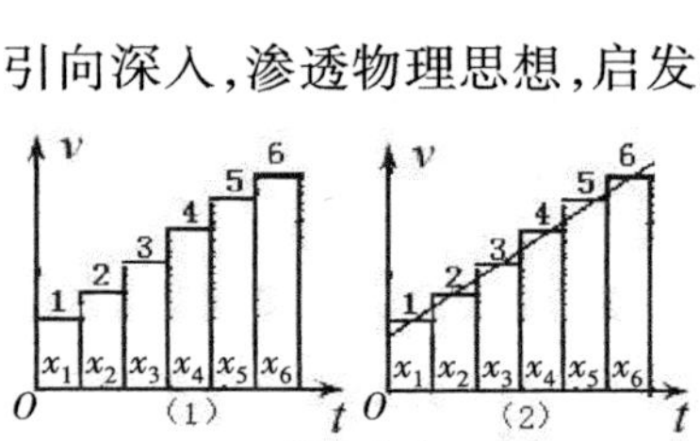

图1.5-4

【例4】在利用打点计时器探究小车运动规律的实验中，某同学在打出的纸带上每5个点取一个计数点，测出每两个相邻计数点间的距离分别为x_1、x_2、…、x_6，然后他把纸带上x_1、x_2、…、x_6各段准确地剪成6段，按如图1.5-4(1)那样贴在坐标纸上，彼此之间不留间隙也不重叠，纸带下端都准确地与横轴重合，x_1的左边准确地与纵轴重合，横轴为时间轴，纵轴为速度轴，该同学在这个图中作出了v–t图像，并由图像求出了加速度a，请说明他是如何作出速度—时间图像并求出加速度a。

【解析】每条纸带的宽度代表相等的时间，每条纸带的长度代表这段时间内的位移，而相等时间内的位移就表示这段时间内的平均速度。由于每段时间较短，所以这段时间中点的速度就是这段时间内的平均速度。取每段纸带上边的中点，然后过这些点画出v–t图像，如图1.5–4(2)所示。此图线的斜率反映加速度a的大小。

(2)拓宽实验。一方面，做好探究实验，实验中通过创设问题情境，有意识地创造一种探索的氛围，尽量展现实验的设计过程，以此来训练物理思维，培养探究思路。另一方面，尽量创造条件、争取机会多动手、多联系实际，提高的不仅仅是动手能力，还会提升探究思维能力。

三、举纲“梳理”

1. 纲举目张。

在学完每单元、每章之后，还应把全单元、整章内容做一个小结，理清各部分知识的内在联系与区别，由点到线，由线成网，把内容整理成有纲有目的系统内容，编成用主线贯穿建立网状结构框架。解题时，纲举目张，只要触及一点，就能通过拉网联想，拓展思路，迅速形成一个相关的知识群。如图1.5–5所示为必修1第一、二章的知识网。

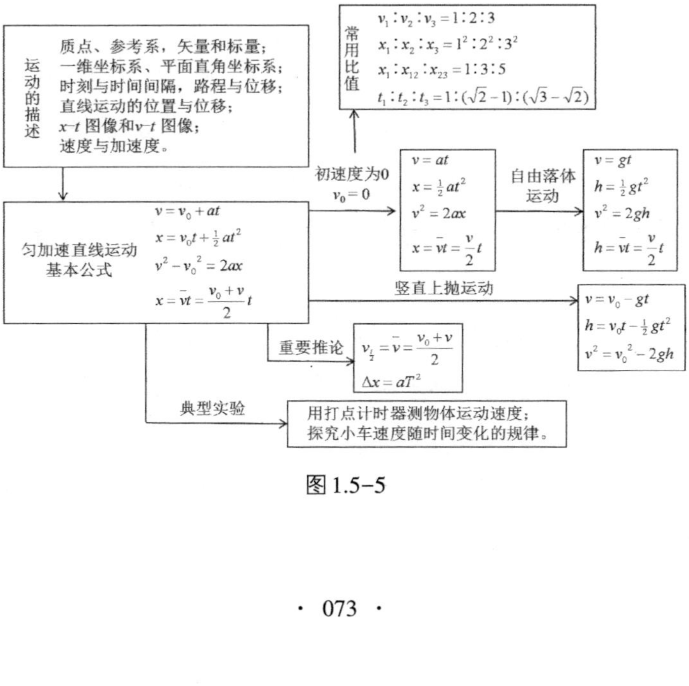

图1.5–5

2.融会解题

解题是复习巩固的必要手段,也是提高知识迁移、知识应用能力的有效方法。“熟读唐诗三百首,不会作诗也会吟。”高中刚刚起步的时候,建议如下融会解题:

(1)先复习,后做题,不可摊开课本边看边做;纲举目张,重视知识结构,系统地掌握好知识结构。这是成功解题的先决条件。

(2)抓住审题环节,审清条件,弄清物理过程,特别是画草图,深挖隐含条件。

(3)根据物理过程找规律、列方程。

(4)解方程,求结果并讨论。

(5)选一本参考资料,难度适中,附详细解答。自己先独立完成,后与标准答案对照,比较总结,对发现的问题应及时查漏补缺。

【例5】四个小球在离地面不同高度处同时从静止释放,不计空气阻力,从开始运动的时刻起每隔相等的时间间隔,小球依次碰到地面,如图1.5-6中能反映出刚开始运动时各小球相对地面位置的是(　　)

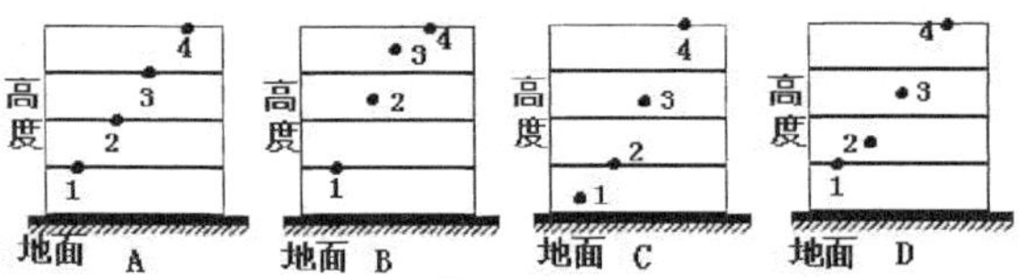

图1.5-6

【解析】解法1:设小球1经时间t落地,则小球2、3、4的下落时间分别为$2t$、$3t$、$4t$。由自由落体公式得

$$h=\frac{1}{2}gt^2$$

$$h_1=\frac{1}{2}gt^2, h_2=\frac{1}{2}g(2t)^2, h_3=\frac{1}{2}g(3t)^2, h_4=\frac{1}{2}g(4t)^2$$

则$h_1:h_2:h_3:h_4=1:4:9:16$

即第一个t内物体距离地面高度比为1,第二个物体距离地面高度比为4,第三个物体距离地面高度比为9,第四个物体距地面高度比为16,设图中每一层高度为h,$h_4=4h$,则$h_1=h/4$,$h_2=h$,$h_3=9h/4$,C项正确,故选C。

解法2:每隔相等的时间间隔小球依次碰到地面,可见第一个球经过t时间落地,第二球落地的时间为$2t$,依次$3t$、$4t$。反过来看,相当于一个小球每经过相等时间所到达的位置。可以知道相等时间间隔内的位移越来越大,所以从下而上,相邻两个小球之间的竖直位移越来越大。C正确,A、B、D错误,故选C。

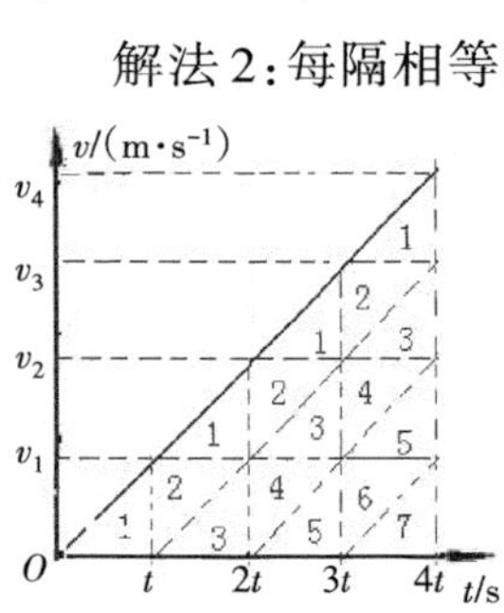

图1.5-7

解法3:图像法。画小球自由下落运动的速度-时间图像,

如图1.5–7所示，从开始落下，相等时间内小球的位移关系$h_Ⅰ:h_Ⅱ:h_Ⅲ:h_Ⅳ:=1:3:5:7$，显然，C项正确。

【创新思维】本题涉及自由落体运动、匀变速运动规律等知识点，情景新颖，重在考查推理能力、分析综合能力和运用数学处理物理问题的能力，体现了考试大纲中对“能够根据已知的知识和物理事实、条件，对物理问题进行逻辑推理和论证，得出正确的结论或作出正确的判断”“能够把一个复杂问题分解为若干较简单的问题，找出它们之间的联系”和“必要时能运用几何图形、函数图像进行表达及分析”的能力要求。解题时要先将题中的时间信息量化为t、$2t$、$3t$、$4t$，再代入公式处理，进而将结论与图形建立联系。

四、创新“明理”

1.拓宽基石。

除了老师课内的演示和同学们都做的探究实验之外，适当参与课外实践和创新实验，这可以大大提升动手实践能力和空间想象能力。同样，除了前面已经讲到的精读课本外，还需适当广泛阅读一些物理课外书刊。这种阅读可以开阔视野，扩充知识面，激发思维和想象，使自己的物理思维在更广阔的物理世界中翱翔。

【例6】（2002年高考上海卷）太阳从东方升起，西边落下，是地球上的自然现象，但在某些条件下，在纬度较高地区上空飞行的飞机上，旅客可以看到太阳从西边升起的奇妙现象。这些条件是（　　）

A.时间必须是清晨，飞机正在由东向西飞行，飞机的速率必须较大

B.时间必须是清晨，飞机正在由西向东飞行，飞机的速率必须较大

C.时间必须是傍晚，飞机正在由东向西飞行，飞机的速率必须较大

D.时间必须是傍晚，飞机正在由西向东飞行，飞机的速率不能太大

【解析】综合地理知识、物理运动学知识：

（1）地球上的晨昏线。如图1.5–8（1）所示为地轴线为竖直位置画的地球示意图，为了便于说明问题，再从地球北极沿着地轴线画所谓“俯视图”，如图1.5–8（2）所示，此时圆周为赤道。地球自西向东自转（箭头所示），则O_1aAO_2为晨线，O_1bBO_2为昏线。太阳光照射在地球上，左半球上为黑夜，右半球上

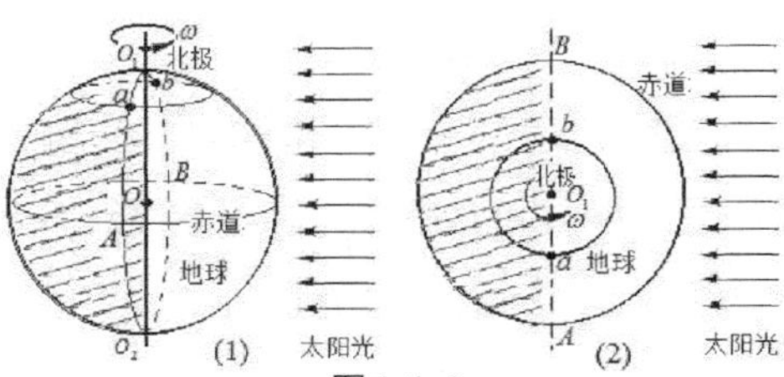

图1.5–8

为白天。

(2)地理方位和人们习惯感觉的方位。本题涉及的方位是以地面作参考系而感受的方位:顺着地球自转方向运动称为向东,逆着地球自转方向运动称为向西。

(3)地球自转的线速度。$v=\omega\cdot r$,地球某处的线速度与该处到地轴的距离成正比,纬度愈高线速度愈小。

若在纬度较高的a点(在晨线上)"飞机向东(如图上向右)飞行,旅客看到的太阳仍是从东方升起。设飞机对地心的速度为v,地球在该点的自转线速度为$v_{自}$,在a点,飞机向西(如图上向左)飞行时,若$v_{自}>v$,飞机处于地球上黑夜区域;若$v<v_{自}$,旅客看到的太阳仍从东边升起。在同纬度的b点(在昏线上),飞机向东(如图上向左)飞行,飞机处于地球上黑夜区域,旅客看不到太阳;飞机向西(如图上向右)飞行,若$v<v_{自}$,飞机在黑夜区域,若$v>v_{自}$,旅客可看到太阳从西边升起,此时飞机逆着地球自转方向运动,人们习惯感觉的方位是向西。因此,飞机必须在傍晚由东向西飞行并且速度要足够大,其速度大于地球自转速度,才能"追上将要落山的太阳",看到太阳从西天升起的奇妙现象。正确选项只有C。

【创新思维】随着高考模式的改革,物理学习过程不能仅仅局限于掌握本学科知识,还要注重横向联系,涉及处理其他学科与本学科有关联的问题。该题立意新颖,理解地球上的晨昏线和飞机飞行的相对方位,是本题解题的关键。

2.学会创新。

新课标的引领,高考题的导向,要求我们学会创新,才能无往不胜。高考题的研究不能停步,特别是高考压轴题,离不开一个"新":"探究"求"新","陈题"翻"新","题景"创"新","STS"更"新"。所以,我们除了要加强应用性、科学方法、科学精神和人文精神的学习,还需要用创新思维来武装自己。

准备一本笔记本,记下好题精华,还有疑点、盲点提醒,我们称之为"妙题本"。1981年屯溪一中毕业生胡洪波(本书序作者)被北京大学录取后,将他的妙题本送给了我,我给后来的很多同学都分享到他的创新学习精神和经验。

下面通过几个例子大略介绍一下创新思维在物理学习中的应用。

(1)求异思维。

【例7】气球下挂一重物,以v_0=10 m/s匀速上升,当达到离地面高175 m处时,悬挂重物的绳子突然断裂,那么重物经多长时间落到地面? 落地速度多大?(空气阻力引起重物加速度的变化为0.2 m/s^2)

【解析】分段法处理,参看图1.2-4。重物上升阶段,

$g' = g + \Delta a = 9.8\,\text{m/s}^2 + 0.2\,\text{m/s}^2 = 10\,\text{m/s}^2$

上升时间$t = \dfrac{v_0}{g'} = \dfrac{10\,\text{m/s}}{10\,\text{m/s}^2} = 1\,\text{s}$，

上升高度${v_0}^2 = 2g'h_1, h_1 = \dfrac{{v_0}^2}{2g'} = \dfrac{(10\,\text{m/s})^2}{2 \times 10\,\text{m/s}^2} = 5\,\text{m}$；

重物下降阶段，下降距离$H=h_1+h=5\text{ m}+175\text{ m}=180\text{ m}$，

下降阶段加速度为$g'' = g - \Delta a = 9.8\,\text{m/s}^2 - 0.2\,\text{m/s}^2 = 9.6\,\text{m/s}^2$，

由$H = h_1 + h = \dfrac{1}{2}g''{t_2}^2$解得

下落时间$t_2 = \sqrt{\dfrac{2(h_1 + h)}{g''}} = \sqrt{\dfrac{2 \times (5\,\text{m} + 175\,\text{m})}{10\,\text{m/s}^2}} \approx 6.1\,\text{s}$，

落地速度$v = g''t_2 = 9.6\,\text{m/s}^2 \times 6.1\,\text{s} = 58.6\,\text{m/s}$，

故从绳断到重物着地总时间$t = t_1 + t_2 = 1\,\text{s} + 6.1\,\text{s} = 7.1\,\text{s}$。

【创新思维】本题是将一道旧题修改为在考虑空气阻力条件下，绳子断裂后重物上升和下降的加速度大小已经不同，下降阶段再也不能看作是竖直上抛运动的继续了。面对这种微小的变化需要求异思维，“对症下药”处理，不可再用全程法。

(2)比较思维。

如图1.5–9所示，形状相同的x–t图像和v–t图像，比较图中①②③④⑤⑥等处的不同，有效地加深对图像的理解。(请读者自行比较)

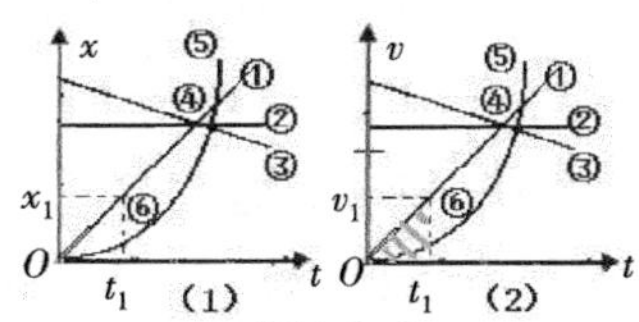

图1.5–9

【例8】两道题：

(1)(多选题)如图1.5–10为甲、乙两物体相对于同一参考系的x–t图像，下列说法中正确的是(　　)

A. 甲、乙两物体出发点相距x_0

B. 甲、乙两物体都做匀速直线运动

C. 甲物体比乙物体早出发的时间为t_1

D. 甲、乙两物体同方向运动

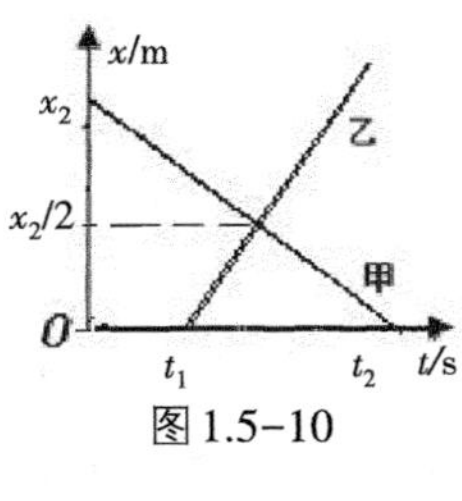

图1.5–10

【解析】本题考查x–t图像的特点，由题意可知甲物体在t=0时的位移为x_0，而乙物体在t=0时的位移为0，则两物体最初相距x_0，故A项正确；由x–t图像可知，两物体的x–t图像均为倾斜直线，所以两物体都做匀速直线运动，B项正确。甲物体的位移随时间越来越小，其x–t图像斜率为负值，而乙物体的x–t图像的斜率为正值，说明两物体速度方向相反，D项错误；甲物体t=0时开始沿与规定正方向相反的方向做匀速运动，而乙物体从

$t=t_1$时刻开始，沿与规定正方向相同的方向做匀速直线运动，故C项正确。答案：A、B、C。

【创新思维】$x-t$图像中的倾斜直线表示物体做匀速直线运动，斜率的大小表示速度大小，斜率为正表示速度方向与规定正方向相同，斜率为负表示速度方向与规定正方向相反，图线在x轴的截距表示初始时刻物体初始位置距坐标原点的距离大小和方向。

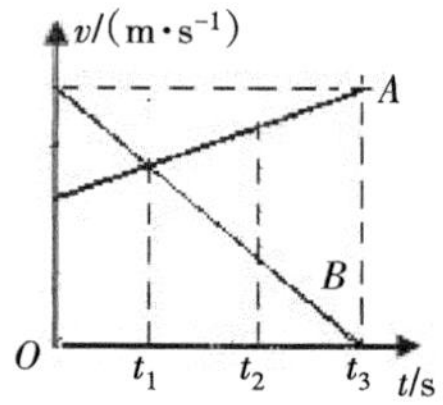

图1.5-11

（2）（多选题）图1.5-11为A、B两物体做直线运动的$v-t$图像，由图可知（　　）

A.t_1时刻A、B两物体速度大小相等，方向相反

B.t_1时刻两物体的加速度大小相等，方向相反

C.t_2时刻物体A的速度大于物体B的速度，二者方向相同

D.t_2时刻物体A的加速度小于物体B的加速度，二者方向相反

【解析】由图像可知A、B两物体运动过程中加速度不变，由$a=\dfrac{\Delta v}{\Delta t}$可知$B$的加速度大小大于$A$的加速度大小故B选项错误；$A$的加速度，即直线的斜率为正值，$B$的加速度，即直线的斜率为负值，$A$、$B$两物体加速度方向相反，故D选项正确；由图可知，$t_1$时刻$A$、$B$两物体速度大小相等，方向相同，故A选项错误；由图像可知，C选项正确。答案：C、D。

（3）发散思维。

【例9】一个小球做匀加速直线运动，在相邻的各一秒内通过的位移分别为1.2 m和3.2 m，求小球的加速度和上述各秒末的速度。

【解析】根据题意画出草图（如图1.5-12所示），标上已知和未知条件，使题述的物理情景更形象。

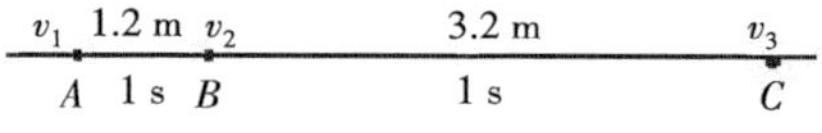

图1.5-12

根据题意和图示可看出题中欲求v_1、v_2、v_3和a，题意并没说初速度为零，只知每段用时1 s，$s_{AB}=1.2$ m，$s_{BC}=3.2$ m。在这种情况下只能通过列联立方程求解。

解法1：利用基本公式求解。

$s_{AB}=v_1t+\frac{1}{2}at^2$，$1.2=v_1+\frac{1}{2}a$　①

$s_{BC}=v_2t+\frac{1}{2}at^2$，$3.2=v_2+\frac{1}{2}a$　②

$s_{AC}=v_1(2t)+\frac{1}{2}at^2, 4.4=2v_1+2a$　③

三式联立得 $v_1=0.2$ m/s，$v_2=2.2$ m/s，$a=2$ m/s^2，$v_3=v_2+at=2.2$ m/s$+2$ m/s$^2\times 1$ s$=4.2$ m/s。

解法2：利用平均速度公式求解。

因为缺 a，所以利用平均速度表达位移就可避开 a。因为本题是匀变速直线运动，

$\therefore \frac{s}{t}=\frac{v_0+v_t}{2}, s=\frac{v_0+v_t}{2}\cdot t.$

则 AB 段：$s_{AB}=\frac{v_1+v_2}{2}\cdot t, 1.2=\frac{v_1+v_2}{2}$　①

BC 段：$s_{BC}=\frac{v_2+v_3}{2}\cdot t, 3.2=\frac{v_2+v_3}{2}$　②

AC 段：$s_{AC}=\frac{v_1+v_3}{2}\cdot(2t), 4.4\ \text{m/s}=v_1+v_3$　③

三式联立可求得 $v_1=0.2$ m/s，$v_2=2.2$ m/s，$v_3=4.2$ m/s。

由位移公式得 $a=\frac{2(s_{AB}-v_1t)}{t^2}=\frac{2(1.2\ \text{m}-0.2\ \text{m/s}\times 1\ \text{s})}{(1\ \text{s})^2}=2\ \text{m/s}^2$。

解法3：利用 $v-t$ 图像求解。首先画出 $v-t$ 图像示意图（如图1.5-13所示）第一段位移 $s_1=1.2$ m，该段平均速度即是该段中间时刻的速度

$v_M=\frac{s_{AB}}{t_1}=\frac{1.2\ \text{m}}{1\ \text{s}}=1.2\ \text{m/s}$

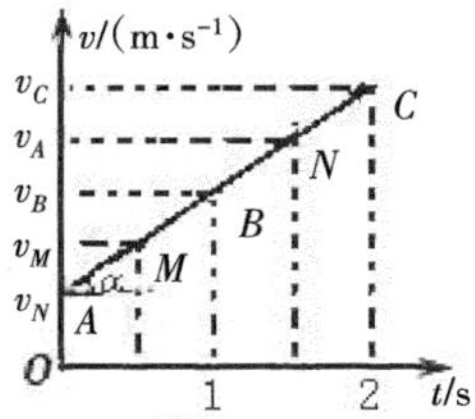

图1.5-13

同理，第二段的平均速度 $v_N=\frac{s_{AB}}{t}=\frac{3.2\ \text{m}}{1\ \text{s}}=3.2$ m/s，

显然 $v_B=\frac{v_M+v_N}{2}=\frac{1.2\ \text{m/s}+3.2\ \text{m/s}}{2}=2.2$ m/s，

而 $v_M=\frac{v_A+v_B}{2}$，解得 $v_A=0.2$ m/s。

同理 $v_N=\frac{v_B+v_C}{2}$，解得 $v_C=4.2$ m/s，

由图可得 $a=\tan\alpha=\frac{\Delta v}{\Delta t}=\frac{2.2\ \text{m/s}-0.2\ \text{m/s}}{1\ \text{s}}=2\ \text{m/s}^2$。

解法4：如果能记得在利用打点计时器求物体的加速度时得出规律，解此题最简单，即相邻相等时间段的位移差等于常数。

由匀变速直线运动的推论公式 $x_n-x_{n-1}=aT^2$，代入数值得 $3.2\ \text{m}-1.2\ \text{m}=a\cdot 1\ \text{s}^2$，得 $a=2$ m/s^2。这样各时刻的速度就很容易求出，不再赘述了。

【创新思维】通过以上例题我们可以看出，有时利用平均速度公式、运动学推论和

v-t图像来解题,可以使解法大为简化。同学们在解运动学问题时,要广开思路,多思考一些解题方法,对培养我们的创新思维大有裨益。

(4)多角度思维(设计型实验)。

理科综合考试说明中对实验能力提出了“能运用已学过的物理理论、实验方法和实验仪器去处理问题,包括简单的设计性实验”。设计性实验需要我们在原有基础知识和技能的基础上创新。

实验的设计思想是为了解决问题而思维的结果,对于课本上大量的探究实验,应积极从中汲取设计思想的营养。为此,一是要注重“双基”,为迁移奠定好基础;二要适度拓展,培养创新能力和知识迁移能力。

【例10】请利用自由落体运动的规律,借助下列器材设计制作一个研究自由落体运动的实验。器材如下:小型电扇电机一个,电动机铭牌上标有“1200 r/min”字样,毛笔一支,圆木棒一根,白纸一张,另提供少许附属器材。

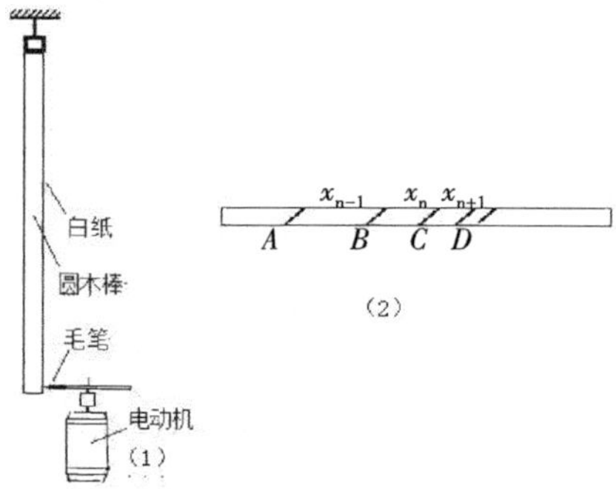

图1.5-14

【解析】(1)制作方法:圆木棒外表面糊一张白纸,将其悬挂起来(用电磁铁或绳子),相当课本实验的纸带和重物。小型电扇电机转轴上固定一支蘸有墨汁的毛笔,毛笔可以随电动机在水平面内转动,将其靠近木棒,让毛笔能在圆柱棒外表面的白纸上画出记号即可。一个研究自由落体运动的实验装置设计完成,如图1.5-14(1)所示。

用细线悬挂包有白纸的圆木棒,毛笔固定在电动机轴上并随之转动,相当于打点计时器。当烧断悬挂圆木棒的线后,圆木棒竖直自由下落。毛笔就在棒表面的纸上画出记号,如图1.5-14(2)所示,让毛笔接触棒时不影响棒的运动。测得记号之间的距离,依次为x_{n-1}、x_n、x_{n+1}…,则可以计算木棒下落的瞬时速度和加速度。

(2)实验原理:类似于打点计时器,蘸有墨汁的毛笔随电动机转一圈就在圆木棒表面的纸上画出一个记号,当烧断悬挂圆木棒的线后,圆木棒竖直自由下落。毛笔就在圆木棒表面的纸上每经过$T=\frac{1}{n}=\frac{1}{1200}\text{ min}=0.05\text{ s}$画一个记号,结果类似打点计时器打出的一系列点,在棒面的纸上画出一系列记号,并测得这些记号之间的距离x,就可达到实验目的。

(3)数据处理:利用匀变速直线运动的推论,可计算出打出某记号时圆木棒运动的瞬时速度$v_c = \frac{(x_n + x_{n+1})}{2T}$和加速度$a = \frac{\Delta x}{T^2} = \frac{x_n - x_{n+1}}{T^2}$。

【创新思维】了解该实验装置的原理,它类似于打点计时器,蘸有墨汁的毛笔随电动机转一圈就在圆木棒面的纸上画出记号,这就像打点计时器每隔一定时间在纸带上打一个点。利用匀变速直线运动的推论,可计算出打出某记号时圆柱棒运动的瞬时速度,还可算出落棒的加速度。

该实验是根据打点计时器的特点和实验原理进行设计的新的实验装置,数据的处理思路与打点计时器打出来的纸带处理相同,但是实验的设计方案不同。

1.6　从“探究加速度与力、质量的关系”实验中领会探究

“探究加速度与力、质量的关系”实验课，被编入新教材中，在相应物理规律的学习之中，以实验参考案例引入分组实验。这样的安排，引导我们通过实验探究不仅获得物理知识、提高实验能力，更让我们领会探究的实质，训练和培养探究、创新精神。

根据新课程标准对科学探究及物理实验能力的基本要求，本节学生应弄清“几个关键探究点”，然后进一步学用“探究创新思想指导下的学习进程”。

一、几个关键探究点

老师给学生创设一个探究问题的情境是关键，新颖的问题情境对学生可以产生较大的吸引力，激发学生学习的兴趣。新颖的问题应贴近学生的认知水平，联系生活实际，是与实验的目标密切联系的情境。

(1)“探究加速度与力、质量的关系”实验课题是怎么提出的？在学习牛顿第一定律后，了解为什么要探究加速度与力、质量的关系？

牛顿第一定律告诉我们：物体的运动状态及其改变是由它所受的力决定的，而不是因为其他的因素，而运动状态改变的难易程度又与其自身的质量有关。我们知道加速度是描述物体运动状态变化的基本物理量，物体运动的加速度一定是由物体所受的力以及自身的质量决定的。于是，探究加速度与力、质量的定量关系就是自然而又十分必要的。

(2)加速度与力、质量间可能是什么样的关系？可以从一个定性问题的讨论开始：

竞赛汽车质量与一般小汽车差不多，但却安装了强大的发动机，获得巨大的牵引力，加速得快，即加速度大。

空载的汽车，在牵引力F作用下，质量小，加速得快，即加速度大；满载的汽车，同样的牵引力F作用下，质量大，加速得慢，即加速度小。

自然得出定性的结论：力是改变运动状态的原因，力大运动状态容易改变，而运

动状态的改变快慢是用加速度来描述的，因此力大，加速度大；质量是惯性大小的量度，质量大，惯性大，运动状态难改变，即加速度小。

(3)物体的加速度与它受的力、质量到底有什么定量关系？

为了有效地定量分析，让我们回忆一下，初中物理学中对于多因素(多变量)的问题，常常采用控制因素(变量)的方法，把多因素的问题变成多个单因素的问题。每一次只改变其中的某一个因素，而控制其余几个因素不变，从而研究被改变的这个因素对事物的影响，分别加以研究，最后再综合解决，这种方法叫控制变量法。它是科学探究中的重要思想方法，广泛地运用在各种科学探索和科学实验研究之中。控制变量法是中学物理中常用的探索问题和分析解决问题的科学方法之一。

我们应用这种方法，处理加速度与力、质量三个量之间的关系。

首先，保持质量一定的条件下，探究加速度与力的关系。现保持质量一定的条件下，提供一个对应不同力时加速度的实验数据表(如表1.6-1所示)，你能不能找到加速度与力的关系？

表1.6-1

次数	1	2	3	4	5
加速度 $a/(\mathrm{m \cdot s^{-2}})$	2.52	4.20	5.16	6.00	
力 F/N	0.76	1.26	1.54	1.79	

根据“探究加速度与力的关系”的实验数据，进一步用图像法探究，画出 $a-F$ 图像。如图1.6-1所示图像是一条通过原点的直线，这说明什么？

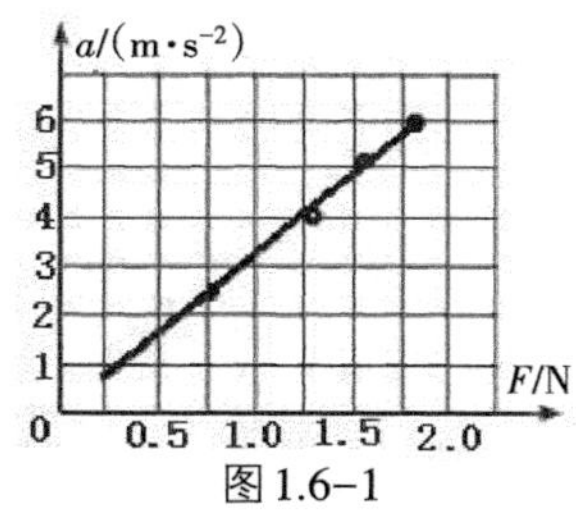

图1.6-1

我们比较顺利地得出：a 与 F 成正比。

其次，如果在保持力一定的条件下，提供一个对应不同小车质量 M 的加速度的实验数据表(如表1.6-2所示)，你能不能找到加速度与质量的关系呢？

表1.6-2

次数	1	2	3	4	5	6	7	8	9
小车加速度 $a/(\mathrm{m \cdot s^{-2}})$	1.98	1.72	1.48	1.25	1.00	0.75	0.68	0.50	0.30
小车质量 m/kg	0.25	0.29	0.33	0.40	0.50	0.71	0.75	1.00	1.67
小车质量的倒数 $\frac{1}{m}/\mathrm{kg^{-1}}$	4.00	3.45	3.03	2.50	2.00	1.41	1.33	1.00	0.60

这一问题就不那么简单了，是不是根据“探究加速度与质量的关系”的实验数据，

也用图像法探究呢？让我们展开联想与想象，大胆进行猜想与假设。

结果画出 a–m 图像，如图 1.6–2(1)所示。因为 a–m 图像是曲线，检查 a–m 图像是不是双曲线，就能判断它们之间是不是反比例关系，但检查这条曲线是不是双曲线，相当困难。若 a 和 m 成反比，则 a 与 $\frac{1}{m}$ 必成正比。我们采取“化曲为直”的方法，以 a 为纵坐标，以 $\frac{1}{m}$ 为横坐标，作出 a–$\frac{1}{m}$ 图像，若 a–$\frac{1}{m}$ 图像是一条直线，如图 1.6–2(2)所示，说明 a 与 $\frac{1}{m}$ 成正比，即 a 与 m 成反比。

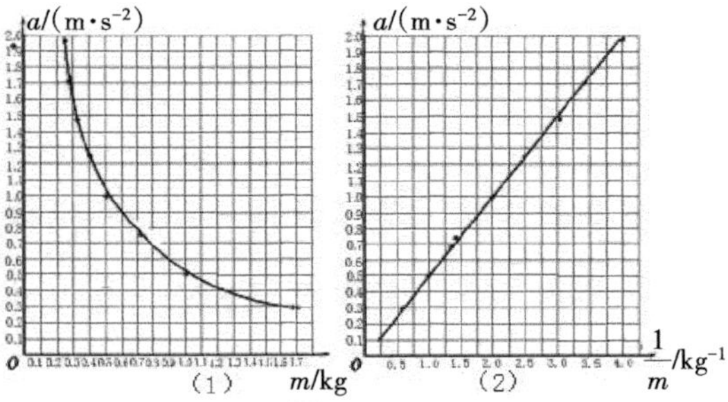

图 1.6–2

(4)怎样测量(或比较)物体的加速度？怎样提供并测量物体所受的恒力？

(5)实验中哪些事项需要注意？

(6)由实验结果得出怎样的结论？

二、探究创新思想指导下的学习进程

实验“探究加速度与力、质量的关系”是必修 1 的第三个学生分组实验。

1.定性讨论。

(1)速度 v——描述物体运动状态的物理量 $v=\frac{\Delta x}{\Delta t}$。

(2)加速度 a——描述物体运动状态变化快慢的物理量 $a=\frac{\Delta v}{\Delta t}$。

(3)加速度与什么有关：

①a 与 F 的关系(m 相同的条件下，如图 1.6–3 所示)：

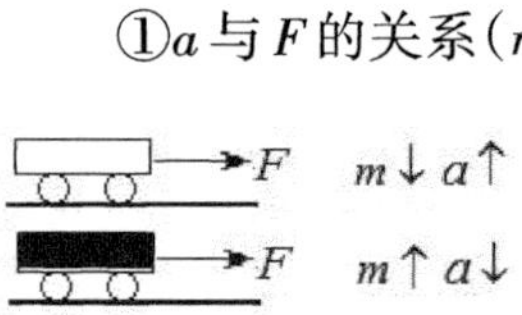

图 1.6–3

竞赛小汽车，质量为 m，发动机牵引力 F 大，$\frac{\Delta v}{\Delta t}=a\ \uparrow$；

一般小汽车，质量为 m，发动机牵引力 F 小，$\frac{\Delta v}{\Delta t}=a\ \downarrow$。

②a 与 m 的关系(F 相同的条件下)：

空载汽车，同样牵引力 F，质量小，$m\ \downarrow$，加速得快，即 $a\ \uparrow$；

满载汽车，同样牵引力 F，质量大，$m\ \uparrow$，加速得慢，即 $a\ \downarrow$。

2.定量探究。

(1)加速度与力的关系(m一定);

(2)加速度与质量的关系(F一定)。

3.制订实验方案时的两个问题。

(1)怎样测量(或比较)物体的加速度。

方法1:直接测量。让物体做初速度为0的匀加速直线运动,用刻度尺测量位移x,用秒表测量时间t,由$x=\frac{1}{2}at^2$,得$a=\frac{2x}{t^2}$。

方法2:用打点计时器测量。通过打点计时器在纸带上打点,用刻度尺测量点间位移x,采用逐差法计算加速度。

方法3:比较法。$x_1=\frac{1}{2}a_1{t_1}^2$,$x_2=\frac{1}{2}a_2{t_2}^2$,$t_1=t_2$,所以$\frac{a_1}{a_2}=\frac{x_1}{x_2}$。

(2)怎样提供并测量物体所受的恒力。

恒力由小盘和砝码对小车的拉力提供,当摩擦力$f=0$,小盘和砝码的总质量m远小于小车的质量M时,小车的拉力F近似等于小盘和砝码所受的重力,即$F_{合}\approx mg$。

4.实验方案。

【案例1】

(1)实验装置:两个相同的小车放在光滑的水平板上,前端各系一条细绳,绳的另一端跨过定滑轮各系一个小盘,盘中可放重物或砝码。在水平板上,用一个黑板擦可以同时按住两条细绳,使小车停止运动(如图1.6-4所示)。

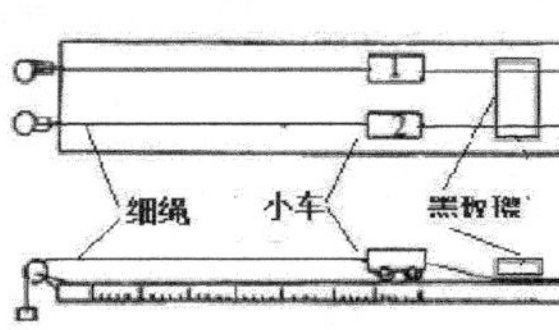

图1.6-4

(2)探究进程:

①探究加速度a和力F的关系。

a.操作:若调整盘中可放砝码,使小车1、小车2所受拉力分别为F_1、F_2,车与所放砝码的总质量$M_1=M_2=M$,打开夹子后经过相同的时间两车的位移分别为x_1、x_2。将实验数据填入设计好的表格内,如表1.6-3所示。

表1.6-3

次数	小车1		小车2	
	盘及砝码质量/g	位移x_1/cm	盘及砝码质量/g	位移x_1/cm
1				

续　表

次数	小车1		小车2	
	盘及砝码质量/g	位移x_1/cm	盘及砝码质量/g	位移x_1/cm
2				
3				
4				
5				

b.运算：

由实验数据可得$\frac{F_1}{F_2}=\frac{x_1}{x_2}$　①

由$x=\frac{1}{2}at^2$，得$a=\frac{2x}{t^2}$，当t一定，则$a\propto x$，所以

$\frac{a_1}{a_2}=\frac{x_1}{x_2}$　②

由①②得：$\frac{a_1}{a_2}=\frac{F_1}{F_2}$。

c.作图（如图1.6–5所示）：在研究物体质量不变的情况下，物体的加速度与物体所受的外力成正比。

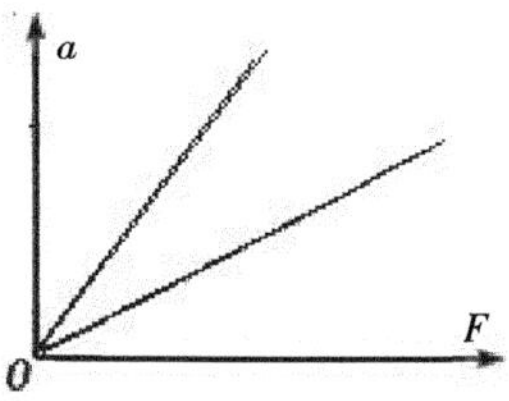

图1.6–5

②探究加速度与质量的关系。

a.操作：保证两砝码盘总质量相等，即合外力相等，两车质量不同，得到两车实验的质量之比，看两车在相同时间内的位移之比。将实验数据填入设计好的表1.6–4内。

表1.6–4

	小车1		小车2	
次数	盘及砝码质量/g	位移x_1/cm	盘及砝码质量/g	位移x_1/cm
1				
2				
3				
4				
5				

b.运算：

可得$\frac{x_1}{x_2}=\frac{M_2}{M_1}$　　③

由②③得$\frac{a_1}{a_2}=\frac{M_2}{M_1}$。

通过实验探究、比较，可以得到：质量一定时，加速度与合外力成正比；合外力一定时，加速度与质量成反比。

c.作图：参看图1.6-2。

【案例2】

(1)实验目的：

①学会用控制变量法研究物理规律。

a.保持研究对象即小车的质量不变，改变小桶内砂的质量，即改变作用力，测出小车的对应加速度，验证加速度与作用力是否成正比。

b.保持小桶中砂的质量不变，即保持作用力不变，改变研究对象的质量，测出对应不同质量的加速度，验证加速度是否与质量成反比。

②会测量加速度、力和质量，能作出物体运动的a-F、a-$\frac{1}{m}$图像。

③通过实验探究加速度与力、质量的定量关系。

(2)实验装置：

①器材：小车、打点计时器、纸带、一端带滑轮的长木板、细线、砝码、小桶、砂或钩码、刻度尺、天平、学生电源。

②装置(如图1.6-6所示)：放在长木板上的小车在拉力的作用下做匀加速直线运动。

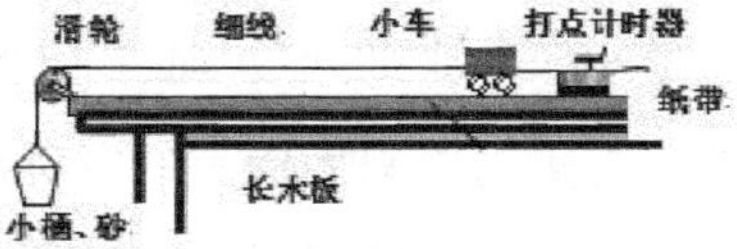

图1.6-6

(3)实验步骤：

①用天平测出小车的质量M，并记录数值，在小车上增减砝码可改变小车的总质量。

②按图示装置把实验器材安装好(小车上不系绳)。

③平衡摩擦力：在长木板不带定滑轮的一端下面垫一木块，多次移动木块位置，直到轻推小车，使小车在斜面上运动时可保持匀速直线运动为止。

④如图1.6-7所示，在小桶里放入适量的砂，在小车上加放适量的砝码，用天平测出小桶和砂的质量m，并记录。当小桶和砂的质量远小于小车的质量时，可以认为小桶和砂的重力近似等于对小车的拉力，即$F \approx mg$。接通电源，放开小车，待打点计时器在纸带上打好点后取下纸带。

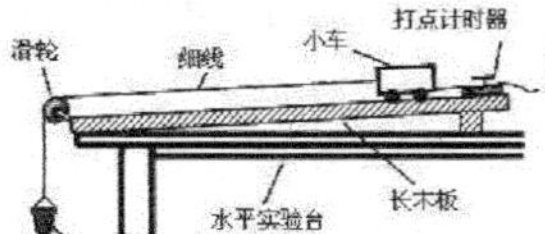

图1.6-7

⑤保持小车的质量不变，改变砂和小桶的质量，按步骤4再做5次实验。

⑥在每条纸带上选取一段比较理想的部分，用逐差法算出每条纸带对应的加速度的值并记录在表格（如表1.6-5所示）的相应位置。

表1.6-5

次数	1	2	3	4	5	6
小车的加速度 $a/(\mathrm{m\cdot s^{-2}})$						
砂桶、砂的质量 m/kg						
拉力 F/N						

⑦用纵坐标表示加速度，横坐标表示作用力，根据实验结果画出小车运动的 a-F 图像，从而得出 a 与 F 的关系。

⑧保持砂和小桶的质量不变，在小车上加放砝码，重复上面的实验，求出相应的加速度，并设计表格。根据实验结果画出小车运动的 a-$\frac{1}{m}$ 图像，从而得出 a 与 M 反比的关系，“化曲为直”。

⑨整理实验器材，结束实验。

5.注意事项。

（1）实验中应先接通电源后释放小车。

（2）在平衡摩擦力时，不要悬挂小桶，但小车应连着纸带且接通电源。用手轻轻地给小车一个初速度，如果在纸带上打出的点的间隔均匀，表明小车受到的阻力跟它受到的重力沿斜面向下的分力平衡。

（3）改变砂的质量过程中，要始终保证砂桶（包括砂）的质量远小于小车质量。

（4）作图时应使所作的直线通过尽可能多的点，不在直线上的点要尽可能分布在直线的两侧，但若遇到个别偏离较远的点可舍去。

6.怎样由实验结果得出结论？

（1）猜想：物体的加速度与它所受的合外力及它的质量有最简单的关系，即与合外力成正比，与质量成反比：$a \propto F, a \propto \frac{1}{m}$。如果这个猜想正确，那么根据实验数据以 a 为纵坐标、F 为横坐标，以 a 为纵坐标、$\frac{1}{m}$ 为横坐标作出的图像，都应该是经过原点的一条直线。但实际情况往往不是这样：描出的点有些离散，并不是严格地位于某条直线上，用来拟合这些点的直线并非准确地通过原点。

(2)怀疑:由于图像并不理想,产生疑问,自然规律真的是$a \propto F$和$a \propto \frac{1}{m}$吗? 如果经过多次实验,图像中的点又十分靠近某条直线,而这些直线又都十分接近原点,那么实际的规律很可能就是这样的。

(3)推断:到这时为止,我们的结论仍然带有猜想和推断,前辈们在根据大量的实验事实,果敢宣布得出定律。

1.7 从“探究功与速度变化的关系”实验中学会探究

“探究功与速度变化的关系”是寻求动能表达式的实验探究过程，“动能和动能定理”是寻求动能表达式的理论探究过程，本实验探究为“动能和动能定理”的理论探究奠定一个实践认识基础，起到很好的铺垫作用。

一、实验目标

通过实验探究“力对物体做的功与物体速度变化的关系”：

（1）领会实验设计思路。经历探究功与物体速度变化的关系的情感体验过程。

（2）数据采集和处理。学会实验操作，合理获取实验数据，并且理解寻找功与速度的关系的方法，提高初学者理论联系实际的水平。

二、实验装置

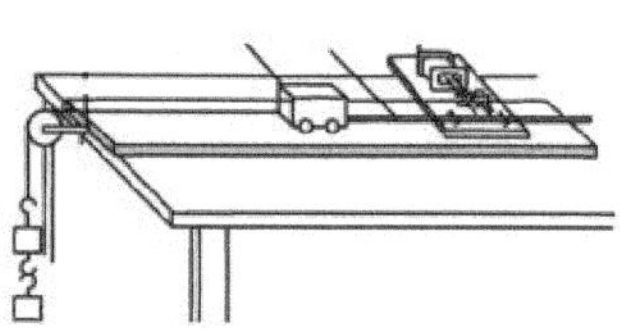

图1.7–1

（1）参考案例1：组装的实验装置如图1.7–1所示，光滑的长木板平放在实验桌上，将细绳一端拴在小车上，另一端绕过定滑轮，挂上适当的钩码，使小车在钩码的牵引下运动。在小车运动的位移相同时，用一个钩码做的功为W，用两个钩码时做的功就是$2W$，由于钩码重力做功，而小车获得的速度可以由纸带和打点计时器测出，通过若干次测量，就得到若干组功和速度的数据。依此类推，可以定量探究绳拉力做功与小车速度变化的关系。

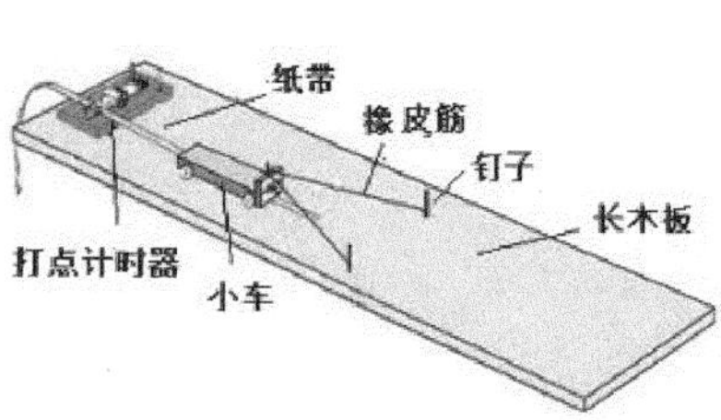

图1.7–2

此外，还应准备打点计时器及配套的交流电源（50 Hz）、导线、复写纸、纸带等。

（2）参考案例2：组装的实验装置如图1.7–2所示。光滑的长木板平放在实验桌上，实验中用手持穿好纸带的小车靠近打点计时器，橡皮筋被拉紧后释放小车，橡皮筋拉住小车做功，使小车获得速度，探究橡皮筋做功与小车速度的关系。

三、探究思路

1.功的计量。

(1)参考案例1：如图1.7-1，用钩码牵引着小车做实验，当$Mg >> mg$时，牵引力$F = mg$，改变钩码质量来改变牵引力。位移由纸带测量得，则由$W = F \cdot x$得到每次做功的大小。

(2)参考案例2：橡皮筋的弹力做功不容易计算，然而采用如图1.7-2所示实验装置改变橡皮筋的条数，保持小车相同的运动距离，用1条、2条、3条……同样的橡皮筋将小车拉到同一位置释放，则弹力做功的大小与橡皮筋的条数成正比，即橡皮筋对小车做功分别为W、$2W$、$3W$……

2.确定速度的大小。

(1)参考案例1：小车获得的速度v可以由打点计时器在纸带上打出的点测出。

(2)参考案例2：打点计时器打出的纸带上的点分布并不均匀，点之间的距离呈现开始较小，而后逐渐增大，最后基本相同的特点。我们求速度时，应选用分布均匀的点进行计算，因为这时小车已经匀速运动了。

3.寻找功与速度变化的关系。

(1)参考案例1：

①用计算法处理实验数据。可以用重力做的功mgh(m为一个钩码的质量，g为重力加速度，h为钩码下落的距离即所选取的一段位移值)，多次改变砝码数，得到具体的功W和速度v的相应值。根据测得的速度分别按$W \propto v^2$、$W \propto v^2$、$W \propto v^3$、$W \propto \sqrt{v}$……计算，与实际测得的比较，速度与哪一种最接近，它们之间就具有哪一种关系。

②用图像法处理实验数据。以钩码做的功为纵坐标，小车获得的速度为横坐标，以第一次实验时的功W为单位，做出多次实验而得的W-v图像，即功—速度图像。分析这条曲线，可以得知钩码通过定滑轮拉动小车做的功(重力做的功)与小车获得的速度的定量关系。根据实验测得的数据，分别作出W-v图像、W-v^2图像、W-v^3图像、W-$\sqrt{v}$图像……。如果哪一种图像更接近于过原点的倾斜直线，功与速度之间就是哪一种正比关系。

（2）参考案例2：由上可知，用图像法处理数据，要比计算法更简捷直观。在确定了橡皮筋对小车所做的功，并测出了小车获得的速度后，便以橡皮筋拉力所做的功W为纵坐标，小车获得的速度v为横坐标，分别作出W–v图像、W–v^2图像、W–v^3图像、W–$\sqrt{v}$图像……。如果哪一种图像更接近于过原点的倾斜直线，功与速度之间就是哪一种关系。还可以用计算机处理数据，显示图像比较，更为简便。

如图1.7–3所示，在图中描点并用平滑的线拟合，不难得到W–v、W–v^3、W–$\sqrt{v}$图线都是曲线，只有W–v^2图线是直线。于是我们可以得出结论：功与速度的平方成正比。

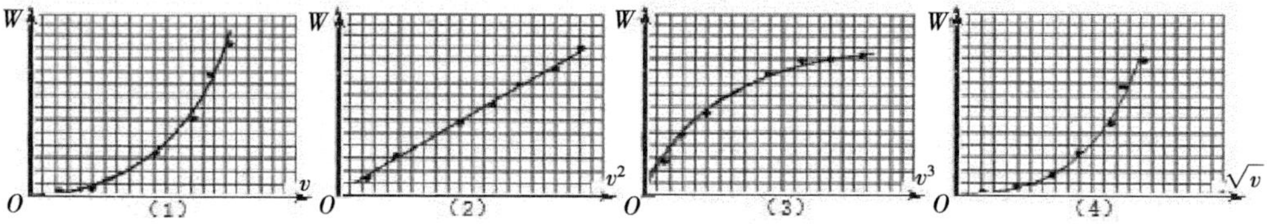

图1.7–3

四、操作与作图技巧

（1）平衡摩擦力。为了排除摩擦力的干扰，实验中可将木板上有打点计时器的一端垫高，让小车重力沿斜面方向的分力来平衡摩擦力。具体方法是：垫高放有打点计时器的木板一端，解开钩在小车上的橡皮筋，在小车尾部固定一纸带。轻推小车使小车沿木板向下运动，如果纸带上打出的点距是均匀的，说明纸带的运动是匀速的，表明小车重力沿斜面方向的分力，刚好平衡了小车所受的摩擦力。

（2）如何选择纸带上的“点距”确定速度？由于实验器材和每次操作过程的分散性，尤其是橡皮筋不可能做到各条之间的长度、粗细完全一致，使得每次改变橡皮筋的条数后，纸带上反映小车匀速运动阶段的点数和这些点的位置，不一定都在事先设定点之后，有可能在设定点之前。这个设定点是用1根橡皮筋拉小车时，与橡皮筋刚好处于自由长度相对应的纸带上打下的点。改变橡皮筋的条数后，小车在几条橡皮筋拉动下运动至设定点时，各条橡皮筋可能在设定点前后对小车不产生拉力，从而使纸带上打出的点出现上述情况。

因此，需要对纸带上的点进行分析，方法是比较设定点左右及设定点之后的若干个相邻点间的距离是否基本相同，选择相邻距离基本相同的若干个点作为小车匀速运动阶段的点，用这些点计算小车的速度。

除了用打点计时器来测量速度，还可以用频闪照相来测量速度，也可以用传感器借助计算机来测量速度。

(3)参考案例2中,橡皮筋拉力对小车所做功的确定及绘制 $W-v$ 图像的方法。

①确定实验中用橡皮筋的弹力拉动小车做功使小车获得动能,探究橡皮筋做的功与小车速度变化的关系。橡皮筋的弹力是变力,所做的功是变力功,没有现成的公式可以计算功的大小。即使知道弹力功的公式也不能用它进行计算,因为橡皮筋的劲度系数也是变化的。然而,改变橡皮筋的条数,保持小车相同的运动距离,则弹力做功的大小与橡皮筋的条数成正比。也就是说,在相同的位移情况下,用一条橡皮筋做的功为 W,用两条同样的橡皮筋做的功就是 $2W$,用同样的三条橡皮筋做的功就是 $3W$……实验方法巧妙地避开了功的计算,直接确定了橡皮筋拉力对小车所做功的倍数关系。

②绘制 $W-v$ 图像。在绘制 $W-v$ 图像时,纵坐标不必以“焦耳”为单位,在图中以合适的长度为单位,代表一条橡皮筋做的功 W,而后实验过程同前。

【创新思维】上述探究思路在科学史上有先例。例如,库仑研究静电力的规律时,还没有电荷量的单位,库仑巧妙地用类同的思想,解决了电荷量的大小问题,发现了库仑定律。

五、数据处理

如前面所述,用图像法处理实验数据比较简明,通过对数据的处理得 $W\propto v^2$。

六、注意事项

(1)实验装置及器材:长木板、橡皮筋若干、小车、打点计时器(纸带、复写纸等)、电源、导线若干、刻度尺。

(2)橡皮筋的选择:市售的成品橡皮筋(圈式)粗细不一,一致性差,而且比较粗,弹力偏大,不同橡皮筋之间的弹力差异较大,用至4根以上时弹力过大,打出的纸带点数过少,以至找不出小车不受力匀速运动时所打出的点,不能满足实验要求,故不适宜用在本实验中。

实验时,可以选择服装中使用的多股橡皮筋的松紧带,外形有带状和圆柱状(选用由多根细橡皮筋组成的)。带状松紧带要仔细地剪成单股(一根橡皮筋),如果有包裹橡皮筋的纱层可以留下,以保护橡皮筋。圆柱状松紧带只要去掉外层包裹的纱线即可。

橡皮筋拉小车时的作用力是变力，我们不能求变力做功问题，但选用相同的橡皮筋，且伸长量都一样时，橡皮筋数量的关系就是做功多少的关系。因此，可以不需求出变力功的大小，就知道与功的关系。

（3）本节探究实验，我们学会了一种巧妙的方法：橡皮筋的弹力做功不便于用公式来计算，然而改变橡皮筋的条数，保持小车运动相同的距离，则弹力做功的大小与橡皮筋的条数成正比。

七、问题讨论

【问题1】本实验为什么要平衡摩擦力？能否用本实验装置探究拉力与摩擦力的合力所做的功与小车速度变化的关系？

【解析】本实验是为了探究橡皮筋对小车做的功与小车获得的速度间的关系，为此，必须排除摩擦力的干扰，所以要平衡摩擦力。

假如不平衡摩擦力，那么当拉力与摩擦力的合力为0时小车的位置，并不是橡皮筋刚恢复为自由长度时的位置，而是在橡皮筋刚变为自由长度时的位置之前，且该位置随橡皮筋条数的增加而发生变化。也就是说，在橡皮筋恢复为自由长度前，小车以不同速度进入减速运动阶段，我们在纸带上很难确定相应的位置。再有，当一次次增加橡皮筋时，即拉力成倍增加时，摩擦力没有发生变化，不可能相应地成倍增加。我们无法计算合力功的大小，也不可能使合力功成倍增加，所以不能用本实验装置探究拉力与摩擦力的合力所做的功与小车速度变化的关系。

【创新思维】根据上述分析可知，为了顺利探究功与物体速度变化的关系，本实验设法平衡摩擦力是十分必要的。对探究过程多问几个为什么，多进行一些理性思考，有利于对问题的深入理解。

【问题2】如果实验得到的各点在W–v坐标系中大致呈现线性分布，那是什么原因？如何处理？

【提示】由最后的探究结果可知，$W \propto v^2$，故W–v曲线应是抛物线。实验得到的各点在W–v坐标系中大致呈现线性分布，说明这些点取在了速度较大的区域，因为该抛物线在速度较大的部分其形状趋近于直线。

【解析】小车质量小（如空车）而橡皮筋拉力较大时，小车的速度就比较大，加之实验次数少，所取的点数也少，使W、v各对应点近似呈线性分布。

可以从两方面解决：实验时在小车中加砝码，增大小车总质量，使小车速度不致过大；作图时加大纵坐标的单位长度，从原点开始描绘图线也可以避免画成直线。

【创新思维】分析图像处理中出现的假象，避免得出错误结论，这是学生实验探究的一项重要能力训练。

【问题3】试分析本探究实验中误差的主要来源。

【提示】从实验条件分析。

【解析】本探究实验的误差主要来源于以下三个方面：

①橡皮筋的长度、粗细不一，使橡皮筋的拉力与橡皮筋的条数不成正比；

②小车受力为0的位置，不一定在设定点；

③由于小车不受拉力的位置不一定在设定点，这就使拉力做的功W与橡皮筋的条数不成正比，而作图时纵坐标的单位长度依然将功与橡皮筋的条数按正比关系取值，这样使作出的W、v各对应点的分布与函数图像发生偏离。

【创新思维】实验误差分析是对实验结论精确程度的一种理性评价，是科学探究的重要组成部分。由上述误差分析可知，选择尽可能相同的橡皮筋，对本实验的成功探究至关重要。

【问题4】若再给你一架天平和砝码，你能利用本实验装置研究功与质量、速度间的关系吗？请说说你的设想。

【提示】我们已经知道功与速度间的关系是$W\propto v^2$，所以功与质量、速度间的关系可能是$W\propto mv^2$、$W\propto m^2v^2$、$W\propto\frac{v^2}{m}$……

【解析】用天平测出小车质量，并在小车内加不同数量的砝码以改变小车的总质量m，如课本中探究实验那样进行操作，确定橡皮筋所做的功W，测出小车相应的速度v，画出$W-mv^2$、$W-m^2v^2$、$W-\frac{v^2}{m}$等图像，观察哪种图像是过原点的倾斜直线，即可确定相应的比例关系。

【创新思维】探究结果告诉我们：橡皮筋所做的功和小车的质量与所获速度的平方的乘积成正比，即$W\propto mv^2$。

【问题5】如果提供天平、气垫导轨、数字计时器及计算机辅助设备，请设计探究功与质量、速度间定量关系的实验方法。

【提示】用气垫导轨和数字计时器，可以测出滑块经过导轨上某位置的速度。

【解析】如图1.7-4所示，滑块在气垫导轨上受重力和支持力两个力的作用，当滑

块沿导轨滑行时，滑块重力沿倾斜导轨方向的分力对滑块做功。这一分力为

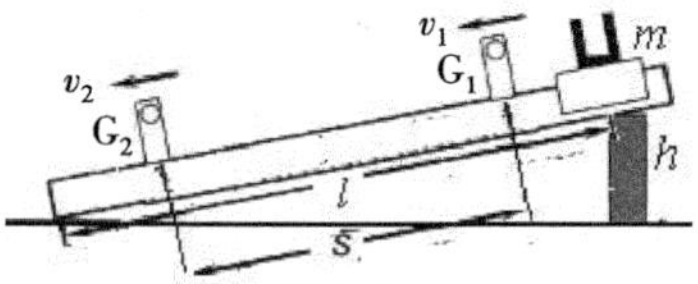

图 1.7-4

$$F_1 = \frac{mgh}{l}$$

在滑块经过两光电门的过程中，这一分力所做的功为 $W = F_1 s = \frac{mghs}{l}$。

式中 m 为滑块（连同遮光条）的质量，可用天平测出；h 为垫块的高度，l 为垫块与导轨接触点到导轨底端的距离，s 为两光电门间的距离，均可用刻度尺测出。

以 v_1、v_2 分别表示滑块经过光电门 G_1、G_2 时的速度，根据固定在滑块上的两遮光条的间距和由数字计时器显示的滑块经过光电门 G_1、G_2 的时间，即可算出 v_1、v_2。

由 m、v_1、v_2 组成的式子可能为

$m(v_2-v_1)$、$m(v_2-v_1)^2$、$m(v_2{}^2-v_1{}^2)$、$m(v_2-v_1)^3$、$m(v_2{}^3-v_1{}^3)$……

将实验数据分别代入以上各式，运用计算机辅助设备进行数据处理，即可发现功与质量、速度间的定量关系。

【创新思维】(1) 由于待测实验数据较多，物理量之间的关系又较复杂，实验数据要准确测量，同时要把 m、h、l、s 等量都进行变化。探究结果表明，功与质量、速度间存在的定量关系为

$$W = \frac{1}{2}m(v_2^2 - v_1^2) = \frac{1}{2}mv_2^2 - \frac{1}{2}mv_1^2$$

(2)实验装置变化，实验原理不变。有的实验小组将拉力传感器固定在小车上，一端与细绳相连，用拉力传感器记录小车受到拉力的大小，穿过打点计时器（交流电源频率已知）与小车尾部相连接（如图 1.7-5(1)所示）。有的实验小组利用拉力传感器的纸带和速度传感器探究功与质量、速度间定量关系（如图 1.7-5(2)所示），将拉力传感器固定在小车上，用不可伸长的细线将其通过一个定滑轮与钩码相连，记录小车受到拉力的大小。在水平桌面上相距 l 为某值的 A、B 两点各安装一个速度传感器，记录小车通过 A、B 时的速度大小。这里，实验装置改进，用拉力传感器直接显示拉力，将打点计时器和纸带换成了速度传感器。

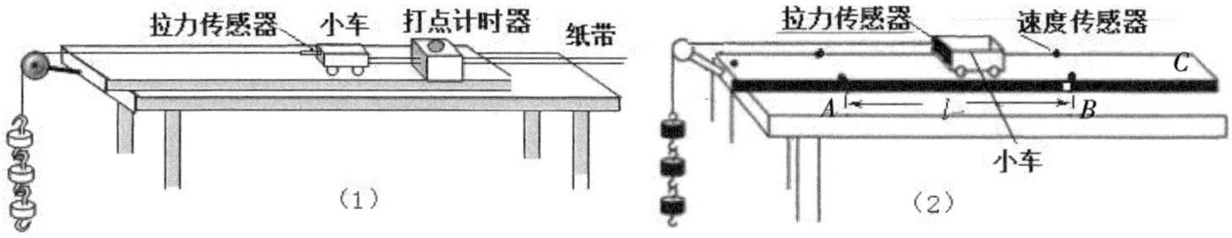

图 1.7-5

1.8 从“恒定电流”高考题看动手探究实验的重要性

物理学是自然科学的基石，是一门以实验为基础的科学。物理学家杨振宁说过，“物理学是以实验为本的科学”。达·芬奇曾经指出：“科学如果不是从实验中产生，并以一种清晰实验结束，便是毫无用处的、充满荒谬的。因为实验乃是确定性之母。”在物理学的产生和发展中，物理实验自始至终占有极其重要的地位。同样，在整个物理学科中，物理实验是精髓。

从培养新一代创新型人才出发，全面培养学生善于观察、勤于思考、敢于探索的精神，不仅仅是掌握物理知识，更应该培养学生的基本技能和观察、动手、探索能力，以及培养学生的科学态度与科学方法。在物理学习中，无论是提升能力还是提高成绩，物理实验都很重要。

时代在前进，高考的方式和内容在不断革新。高考物理实验试题从实验能力、知识结构、题型及设计性实验等四个方面提出要求，考查表现为

(1)重视基本仪器和实验原理；

(2)提升试题的综合程度；

(3)突出典型实验和增加新增实验；

(4)电学实验始终是重点；

(5)设计型实验成为热点。

高考实验题的改革方向，试图将亲手做过实验的和没有做过实验的学生区别出来，让“黑板上开机器”“纸上谈兵”式的实验教学失去优势。近几年来高考越来越体现新课标精神，实验题分两个小题：第一小题可能是实验的操作、仪器的使用，比如游标卡尺的读数、一些实验的步骤、关键实验器材的选择等，基本上都属于课内的内容；第二小题难度大一些，命题活一些，设问新一些，探究、设计性多一些，这类题多取材于课本，但不限于课内。

鉴于以上变化，我们必须在思想观念上重视物理实验，加强基本仪器使用的实践，做到真正理解实验原理。在进行基础物理实验的前提下，增加设计性和探究性实验的训练，注意实验设计、探究能力和创新能力的培养，加强对学生实验设计能力的

培养和创新思维的开发，有目的地培养学生的创新意识。

毫无疑问，高考导向的一个重要目标是提高中学生物理核心素养，因此在物理教育中，要体现这种精神。

一、从考题注重基础知识的考查看动手探究实验的重要

【问题 1】电流表、电压表、多用表和变阻器的读数和使用。

物理大纲要求"学会正确使用仪器进行观察、测量和读数"，基本仪器的读数和使用是高考实验题考查的重要内容。电学实验器材的涉及频率极高，这一方面是因为电学实验在实验题中所占比重较大；另一方面是因为在一道电学实验题中通常会涉及几种电学实验器材。

【例 1】电表的读数。

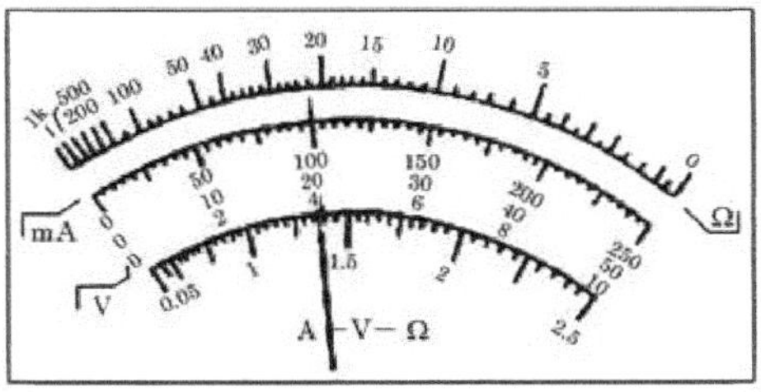

图 1.8-1

(1)(2006 年高考重庆卷)用已调零且选择旋钮指向欧姆挡"×10"位置的多用电表测某电阻阻值，根据题图 1.8-1 所示的表盘，被测电阻阻值为______Ω。若将该表选择旋钮置于 1 mA 挡测电流，则被测电流为______mA。

【解析】从指针位置读出指示数为"22"，再乘倍率，即为电阻值，即电阻值为 22×10 Ω=220 Ω。当旋钮置于 1 mA 挡时，应读中间刻度，它有 50 个刻度，最小分度是 $\frac{1}{50}=0.02\,\text{mA}$，其读数为 $I=0.02\,\text{mA}\times 20=0.40\,\text{mA}$。

(2)(2008 年高考宁夏卷)如图 1.8-2 所示，如果是用直流 10 mA 挡测量电流，则读数为______mA。

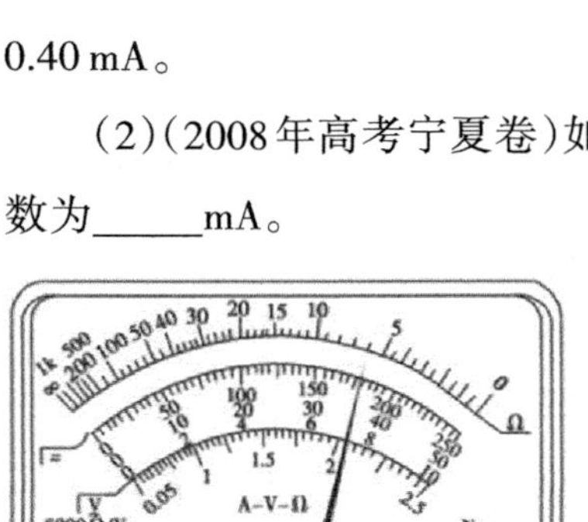

图 1.8-2

【解析】电压和电流值的刻度盘都以中间刻度盘读取，但下面对应的三组数值是对应不同量程的电压或电流时使用的，即以量程为准确定最小分度值再进行读数，用直流　10 mA 挡测量电流时，以三组数据中最底下一排数据比较方便，读数为 7.18 mA。

(3)(2018 年高考江苏卷)某同学将一只量程为 0~100 mV 的电压表并联在电流表的两端，调节电阻箱，

当电流表的示数为0.33 A时，电压表的指针位置如题图1.8-3所示，则该电流表的内阻应为_____Ω。

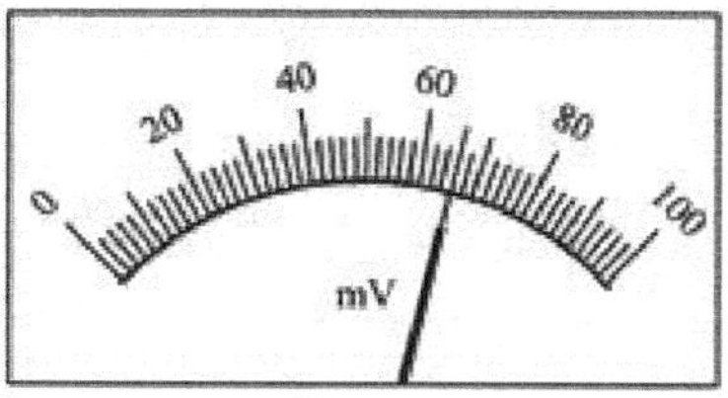

图1.8-3

【解析】

$$R_A=\frac{U_A}{I_A}=\frac{66.0\times10^{-3}\ \text{V}}{330\times10^{-3}\ \text{A}}=0.20\ \Omega$$

【创新思维】仪器、仪表的读数(测量值)是准确值加估计值，在仪器、仪表的读数中不可靠数字只保留一位，仪器或仪表中不可靠数字出现在哪一位，读数就读到哪一位。

①最小分度值是"1"的仪器，测量误差出现在下一位，下一位按十分之一估读。如电流表(或电压表)的最小分度值是0.1 A时，读数若以A为单位，则保留到小数点后第2位。

②最小分度值是"2"或"5"的仪器，测量误差出现在同一位上，同一位分别按二分之一或五分之一估读。若电压表的最小分度值为0.5 V，读数以V为单位时，应保留到小数点后第1位，因为0.1 V、0.2 V、0.3 V、0.4 V等电压值只能估读出来，也就是在小数点后第1位上出现不可靠数字。同样，若电流表的最小分度值为0.02 A，读数以A为单位时，应保留到小数点后第2位，因为这样的电流表能精确测量电流值只能是0.02A的整数倍，而对于0.01 A、0.03 A、0.05 A、…，电流值只能估读，也就是在小数点后第2位上出现了不可靠数字。应用中，对于最小分度值是"2"的仪器，读数往往读到其最小分度值的下一位。

如图1.8-4(1)所示，以按二分之一估读，因此可以认为在0.14与0.16之间，故读数为0.15 A。如图1.8-4(2)所示电压表的最小刻度为0.5 V，按五分之一估读，指针可以认为在3.5到4.0之间的五分之二，故读数为3.7 V。

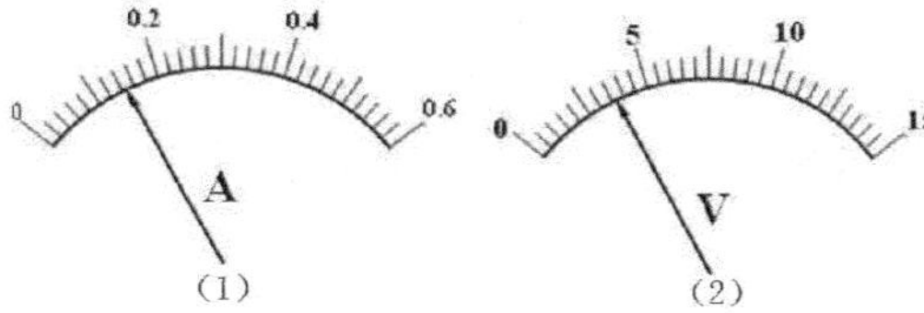

图1.8-4

【例2】(2013年高考全国新课标Ⅱ)某同学用量程为0~1 mA、内阻为120 Ω的表头所示电路改装成量程分别为1 V和1 A的多用电表。图中R_1和R_2为定值电阻，S为开关。回答下列问题：

(1)根据如图1.8-5(1)所示的电路，在如图1.8-5(2)所示的实物图上连线。

(2)开关S闭合时，多用电表用于测量________(填"电流""电压"或"电阻")；开关S断开时，多用电表用于测量________(填"电流""电压"或"电阻")。

(3)表笔A应为________色(填"红"或"黑")。

(4)定值电阻的阻值R_1=________Ω,R_2=________Ω。(结果取3位有效数字)

【解析】(1)根据图1.8-5(1)的电路图连线如图1.8-5(3)所示。

(2)开关S闭合时,电阻R_1与电流表并联,电流表量程扩大,应用于测量电流。开关S断开时,电阻R_2与电流表串联,电压表量程扩大,改装为电压表用于测量电压。

(3)电流从红表笔流进多用电表,从黑表笔流出。从电路图中表头和表笔的接法可知电流从表笔A流出,所以A为黑表笔。

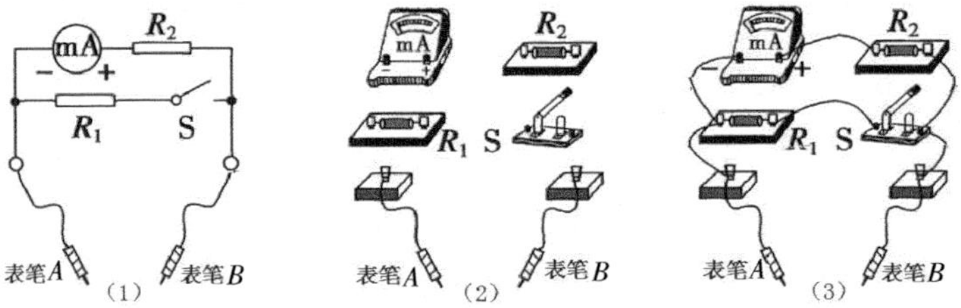

图1.8-5

(4)开关S断开时,电压量程为0~1 V,由串联电路知识,$R_V=\frac{U_V}{I_g}=\frac{1\ \text{V}}{1\times10^{-3}\ \text{A}}=1000\ \Omega$。

$R_2=R_V-R_g=1000\ \Omega-120\ \Omega=880\ \Omega$。开关S闭合时,由并联电路知识

$I_g(R_2+R_g)=(I-I_g)R_1$

$$R_1=\frac{I_g}{I-I_g}(R_2+R_g)=\frac{1\times10^{-3}\ \text{A}}{1-1\times10^{-3}\ \text{A}}\times1000\ \Omega\approx1.00\ \Omega$$

【创新思维】本题主要考查多用电表的原理、使用和电流表、电压表的原理和改装,意在考查考生应用相关电路知识分析解决实验问题的能力,解题关键在能否分清开关闭合和断开状态是串联电路还是并联电路。

【例3】(2017年高考新课标全国Ⅲ卷)如图1.8-6(1)所示为某同学组装完成的简易多用电表的电路图。图中E是电池;R_1、R_2、R_3、R_4和R_5是固定电阻,R_6是可变电阻;表头Ⓖ的满偏电流为250 μA,内阻为480 Ω。虚线方框内为换挡开关,A端和B端分别与两表笔相连。该多用电表有5个挡位,分别为:直流电压1 V挡和5 V挡,直流电流1 mA挡和2.5 mA挡,欧姆挡"×100 Ω"。

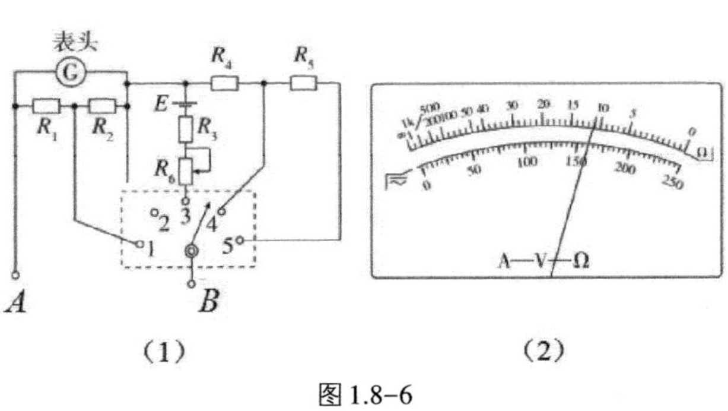

图1.8-6

(1)如图1.8-6(1)中的A端与______(填"红"或"黑")色表

笔相连接。

（2）关于R_6的使用，下列说法正确的是________（填正确答案标号）。

A. 在使用多用电表之前，调整R_6使电表指针指在表盘左端电流“0”位置。

B. 使用欧姆挡时，先将两表笔短接，调整R_6使电表指针指在表盘右端电阻“0”位置。

C. 使用电流挡时，调整R_6使电表指针尽可能指在表盘右端电流最大位置。

（3）根据题给条件可得R_1+R_2=________Ω，R_4=________Ω。

（4）某次测量时该多用电表指针位置如图1.8-6（2）所示。若此时B端是与“1”相连的，则多用电表读数为________；若此时B端是与“3”相连的，则读数为________；若此时B端是与“5”相连的，则读数为________。（结果均保留3位有效数字）

【解析】（1）与多用电表内电源正极相连的是黑表笔，答案为“黑”。

（2）R_6是可变电阻，它作为欧姆表调零的作用。使用欧姆挡时，先将两表笔短接，调整R_6使电表指针指在表盘右端电阻“0”位置，答案为B。

（3）B端与“2”相连时，是量程较小的电流表，所以

$$R_1+R_2=\frac{I_gR_g}{I_1-I_g}=\frac{0.25\times10^{-3}\ \text{A}\times480\ \Omega}{(1-0.25)\times10^{-3}\ \text{A}}=160\ \Omega$$

B端与“4”相连时，是量程较小的电压表，这时表头与R_1、R_2并联组成新表头，新表头的内阻$r=\frac{(R_1+R_2)R_g}{R_1+R_2+R_g}=\frac{160\ \Omega\times480\ \Omega}{160\ \Omega+480\ \Omega}=120\ \Omega$。

新表头的量程是1 mA，即为新表头的满偏电流，所以

$$R_4=\frac{U_1}{I_1}-r=\frac{1\ \text{V}}{1\times10^{-3}\ \text{A}}-120\ \Omega=880\ \Omega$$

（4）若此时B端与“1”相连，多用电表是量程为0~2.5 mA的电流表，则读数

$$I=\frac{2.5\ \text{mA}}{50}\times29.4=1.47\ \text{mA}$$

若此时B端是与“3”相连的，多用电表欧姆挡处在“×100 Ω”挡，则读数

$$R=11.0\ \Omega\times100=1.10\times10^3\ \Omega$$

若此时B端是与“5”相连的，多用电表是量程为0~5 V的电压表，则读数为

$$U=\frac{5\ \text{V}}{50}\times29.4=2.94\ \text{V}$$

【创新思维】会规范使用多用电表，能正确读出多用电表的示数，是解决本题的关键。在平时实验训练过程中要多注意规范操作和器材的正确使用方法，多用电表的

读数重点是分清测量的物理量不同，读数方法不同。电压、电流对应量程，电阻对应倍率。本题考查了电表的改装，要特别注意，在用电压挡和欧姆挡时，是与R_1和R_2串联再与表头内阻R_g并联，组成新的表头（电流表）。平时没有相应训练过程，就很难解好此题。

【问题2】测电阻（伏安法、半偏法、应用多用电表）。

【例4】（2015年高考全国Ⅱ卷）电压表满偏时通过该表的电流是半偏时通过该表电流的两倍。某同学利用这一事实测量电压表的内阻（半偏法），实验室提供的器材如下：

待测电压表V（量程为0~3 V，内阻约为3 000 Ω），电阻箱R_0（最大阻值为99 999.9 Ω），滑动变阻器R_1（最大阻值为100 Ω，额定电流2 A），电源E（电动势6 V，内阻不计），开关两个，导线若干。

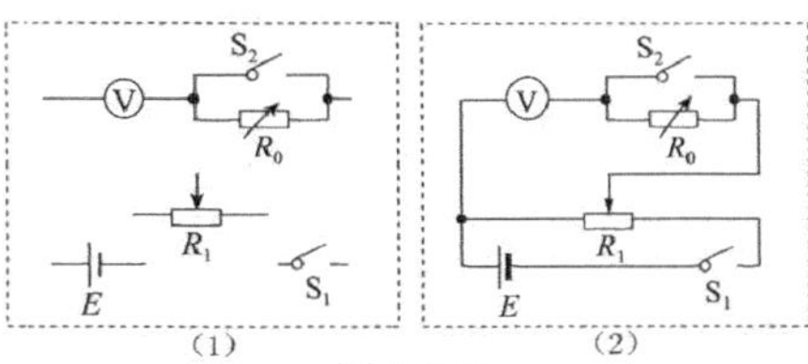

图1.8-7

（1）如图1.8-7（1）所示，虚线框内为该同学设计的测量电压表内阻的电路图的一部分，将电路图补充完整。

（2）根据设计的电路，写出实验步骤：________________。

（3）将这种方法测出的电压表内阻记为R'_V，与电压表内阻的真实值R_V相比，R_V'________R_V（填“>”“=”或“<”），主要理由是________________。

【解析】（1）因滑动变阻器阻值较小，所以选择滑动变阻器的分压式接法，实验电路图如图1.8-7（2）所示．

（2）移动滑动变阻器的滑片，以保证通电后电压表所在支路分压最小；闭合开关S_1、S_2，调节R_1，使电压表的指针满偏；保持滑动变阻器滑片的位置不变，断开S_2，调节电阻箱R_0，使电压表的指针半偏；读取电阻箱所示的电阻值，此即为测得的电压表内阻。

（3）断开S_2，调节电阻箱使电压表成半偏状态，电压表所在支路总电阻增大，分得的电压也增大；此时R_0两端的电压大于电压表的半偏电压，故测得值$R_V'>R_V$（真实值）。

【创新思维】（1）各种基本测量仪器的量程、使用测量仪器前通常都要调节零点或校正零点。

（2）正确读数，即应有正确读数的姿势，会读出仪器的最小刻度值，会从最小刻度之间估计出一位有效数字，为了减小误差，读数应在使用电表所用量程的三分之二左右处。

如果没有亲自动手测量或经历平时实验训练，没有多注意规范操作，则解题就不可能正确流畅。多用电表的操作不实践，想靠背、记忆那是绝对不可能的。

二、从考题注重实验探究的考查看动手探究实验的重要性

【问题1】电学黑箱问题，一般模式是内部结构未知的电学系统。

黑箱的种类变化多端，有纯电阻电路，纯电源电路，电阻、电源、二极管、电容等组合电路。对于“黑箱”问题，往往给出电路中的几种电学现象，通过对输入、输出信息的分析比较，合理假设，推知内部电路元件性质和电路结构。这类问题往往需要通过实际黑箱探测操作几个回合的过程，才能逐渐培养起实验探究能力。

【例5】(2012年高考全国卷)如图1.8-8(1)所示，在黑箱内有一由四个阻值相同的电阻构成的串并联电路，黑箱面板上有三个接线柱1、2、3。用欧姆表测得1、2接线柱之间的电阻为1 Ω，2、3接线柱之间的电阻为1.5 Ω，1、3接线柱之间的电阻为2.5 Ω。

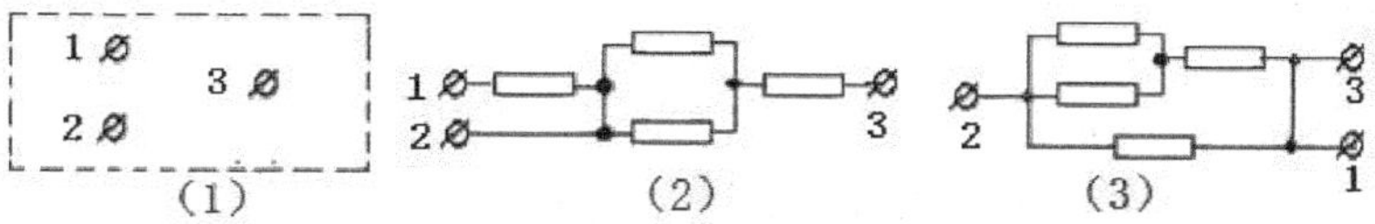

图1.8-8

(1)在虚线框中画出黑箱中的电阻连接方式；

(2)如果将1、3接线柱用导线连接起来，1、2接线柱之间的电阻为______Ω。

【解析】(1)因为1、2接线柱之间的电阻与2、3接线柱之间的电阻之和等于1、3接线柱之间的电阻，所以2为中间的结点，又因为2、3接线柱之间的电阻与1、2接线柱之间的电阻的差等于1、2接线柱之间的电阻的一半，故2、3之间有两个电阻并联，后再与第三个电阻串联，每个电阻均为1 Ω，连接方式如图1.8-8(2)所示。

(2)将1、3用导线相连后，等效电路如图1.8-8(3)所示，1、2之间的等效电阻$R=0.6\ \Omega$。

【问题2】高考题有些就是课本实验的改进实验，我们必须认真地去完成课本中的实验。

比如课本中“测绘小灯泡的伏安特性曲线”的实验，同学们有没有实践？下述实验过程：(1)电表的选择；(2)电流表、电压表的接法；(3)画出实验电路；(4)按要求将有关器材连成实验电路；(5)通过实验所得数据，正确作出小灯泡的伏安特性曲线；

(6)分析小灯泡的伏安特性曲线并得出结论。靠看视频、背结论，不动手那是难以掌握这个实验过程的。

【例6】(2016年高考新课标全国Ⅱ卷)某同学利用如图1.8–9(1)所示电路测量量程为0~2.5 V的电压表的内阻(内阻为数千欧姆)，可供选择的器材有：电阻箱R(最大阻值99 999.9 Ω)，滑动变阻器R_1(最大阻值50 Ω)，滑动变阻器R_2(最大阻值5 kΩ)，直流电源E(电动势3 V)，开关1个，导线若干。

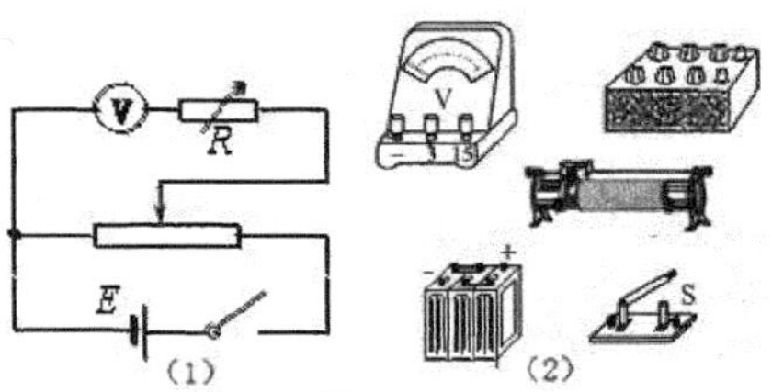

图1.8–9

实验步骤：

①按电路原理图1.8–9(1)连接线路；

②将电阻箱阻值调节为0，滑动变阻器的滑片移到与图1.8–9(1)中最左端所对应的位置，闭合开关S；

③调节滑动变阻器，使电压表满偏；

④保持滑动变阻器滑片的位置不变，调节电阻箱阻值，使电压表的示数为2.00 V，记下电阻箱的阻值。

回答下列问题：

(1)实验中应选择滑动变阻器________(填"R_1"或"R_2")。

(2)根据图1.8–9(1)所示电路将图1.8–9(2)中实物图连线。

(3)实验步骤④中记录的电阻箱阻值为630.0 Ω，若认为调节电阻箱时滑动变阻器上的分压不变，计算可得电压表的内阻为____Ω(结果保留到个位)。

(4)如果此电压表是由一个表头和电阻串联构成的，可推断该表头的满刻度电流为_____(填正确答案标号)。

A.100 μA　　B.250 μA　　C.500 μA　　D.1 mA

【解析】(1)该实验利用了半偏法测电压表内阻，实验原理为接入电阻箱时电路的总电阻减小不太大，故采用滑动变阻器为小电阻，选R_1可减小实验误差。

如图1.8–9(1)所示，利用半偏法测电压表内阻，电阻箱R=0时，设滑动变阻器电阻为R_0滑动片左边电阻为$R_{0左}$，与电压表组成并联电阻$R_{并}=\dfrac{R_V R_{0左}}{R_V+R_{0左}}$；电阻箱为某一阻值，与电压表及$R$组成并联电阻$R'_{并}=\dfrac{(R_V+R)R_{0左}}{(R_V+R)+R_{0左}}$。当取$R_V>>R_0$时，即同时满足$R_V>>R_{0左}$和$(R_V+R)>>R_{0左}$，则有$R_{并}\approx R_{0左}$，$R'_{并}\approx R_{0左}$，表明接入电阻箱时电路的总电阻没有多大影响。因此，采用滑动变阻器为小电阻，应选R_1。

(2)滑动变阻器为分压式,连接实物电路如图1.8-10所示。

(3)电压表的内阻 R_V 和 R 串联,分压为2.00 V和0.50 V,则 $R_V = 4R = 4 \times 630.0\,\Omega = 2\,520.0\,\Omega$。

(4)电压表的满偏电流

$$I_g = \frac{U_g}{R_V} = \frac{2.5\,\text{V}}{2\,520.0\,\Omega} = 1 \times 10^{-3}\,\text{A} = 1\,\text{mA}$$,故选D。

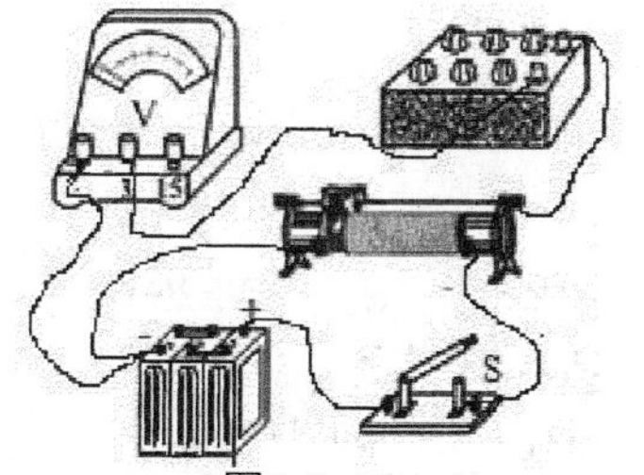
图1.8-10

【创新思维】此题考查测量电压表内阻以及电表的改装问题。实验是在课本中“半偏法”的基础上略加改编而成的,考查考生对实验原理的理解及迁移运用能力,解题关键是要掌握实验原理及实验步骤;在变阻器选择上,要从减小系统误差的角度进行分析,实物图连线也是经常做的题目,比较简单。

【问题3】考题有的来自学生实验中的纠结之处,或将同学们通过摸索采用的“殊道同归之法”予以提升而成。

【例7】(2018年高考新课标全国Ⅱ卷)某同学组装一个多用电表。可用的器材有:微安表头(量程0~100 μA,内阻900 Ω),电阻箱 R_1(阻值范围0~999.9Ω),电阻箱 R_2(阻值范围0~99 999.9Ω),导线若干。要求利用所给器材先组装一个量程为0~1 mA的直流电流表,在此基础上再将它改装成量程为0~3 V的直流电压表。组装好的多用电表有电流1 mA和电压3 V两挡。回答下列问题:

(1)如图1.8-11(1)所示,在虚线框内画出电路图并标出 R_1 和 R_2,其中*为公共接线柱,a 和 b 分别是电流挡和电压挡的接线柱__________。

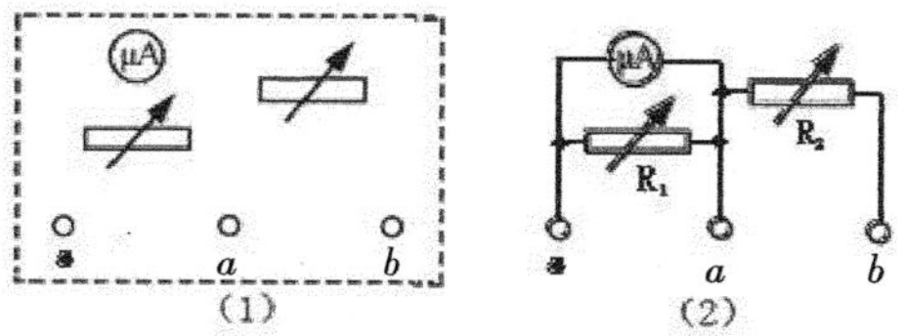
图1.8-11

(2)电阻箱的阻值 R_1 =__________Ω;R_2=__________Ω(保留到个位)。

【解析】(1)改装电流表需要并联一个电阻箱 R_1 调成比较小的电阻,构成大量程的电流表。再将改装后的电流表与另一电阻箱 R_2 串联,R_2 的阻值比较大,构成大量程的电压表,设计电路图如图1.8-11(2)所示。

(2)要改装一个量程为1 mA的直流电流表,需要在微安表两端并联一个电阻 R_1,由 $I_g R_g = (I - I_g)R_1$ 得

$$R_1 = \frac{I_g R_g}{I - I_g} = \frac{100 \times 10^{-6}\,\text{A} \times 900\,\Omega}{1 \times 10^{-3}\,\text{A} - 100 \times 10^{-6}\,\text{A}} = 100\,\Omega$$

因此,选用电阻箱 R_1 并联。改装后电流表的内阻

（2）滑动变阻器为分压式，连接实物电路如图1.8−10所示。

（3）电压表的内阻R_V和R串联，分压为2.00 V和0.50 V，则$R_V = 4R = 4 \times 630.0\,\Omega = 2\,520.0\,\Omega$。

（4）电压表的满偏电流

$$I_g = \frac{U_g}{R_V} = \frac{2.5\text{ V}}{2\,520.0\,\Omega} = 1 \times 10^{-3}\text{ A} = 1\text{ mA}$$，故选D。

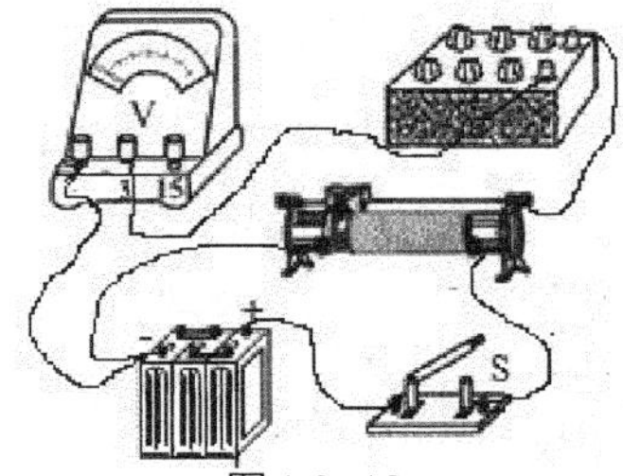

图1.8−10

【创新思维】此题考查测量电压表内阻以及电表的改装问题。实验是在课本中“半偏法”的基础上略加改编而成的，考查考生对实验原理的理解及迁移运用能力，解题关键是要掌握实验原理及实验步骤；在变阻器选择上，要从减小系统误差的角度进行分析，实物图连线也是经常做的题目，比较简单。

【问题3】考题有的来自学生实验中的纠结之处，或将同学们通过摸索采用的“殊途同归之法”予以提升而成。

【例7】（2018年高考新课标全国Ⅱ卷）某同学组装一个多用电表。可用的器材有：微安表头（量程0~100 μA，内阻900 Ω），电阻箱R_1（阻值范围0~999.9Ω），电阻箱R_2（阻值范围0~99 999.9Ω），导线若干。要求利用所给器材先组装一个量程为0~1 mA的直流电流表，在此基础上再将它改装成量程为0~3 V的直流电压表。组装好的多用电表有电流1 mA和电压3 V两挡。回答下列问题：

（1）如图1.8−11（1）所示，在虚线框内画出电路图并标出R_1和R_2，其中*为公共接线柱，a和b分别是电流挡和电压挡的接线柱__________。

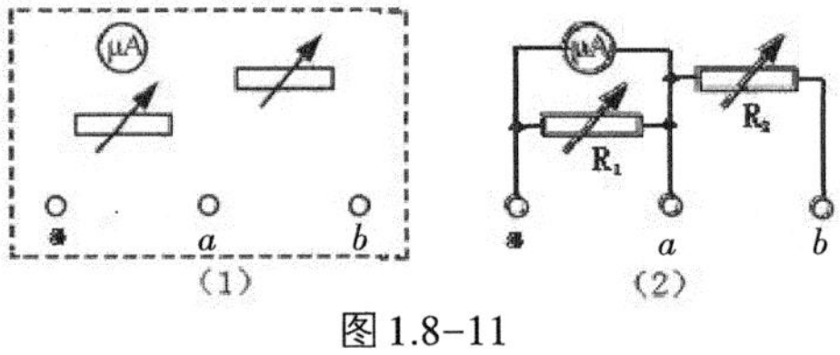

图1.8−11

（2）电阻箱的阻值R_1 =__________Ω；R_2=__________Ω（保留到个位）。

【解析】（1）改装电流表需要并联一个电阻箱R_1调成比较小的电阻，构成大量程的电流表。再将改装后的电流表与另一电阻箱R_2串联，R_2的阻值比较大，构成大量程的电压表，设计电路图如图1.8−11（2）所示。

（2）要改装一个量程为1 mA的直流电流表，需要在微安表两端并联一个电阻R_1，由$I_gR_g = (I - I_g)R_1$得

$$R_1 = \frac{I_gR_g}{I - I_g} = \frac{100 \times 10^{-6}\text{ A} \times 900\,\Omega}{1 \times 10^{-3}\text{ A} - 100 \times 10^{-6}\text{ A}} = 100\,\Omega$$

因此，选用电阻箱R_1并联。改装后电流表的内阻

整电路可知，滑动变阻器采用限流式接法，电路连线如图1.8-12(2)所示。

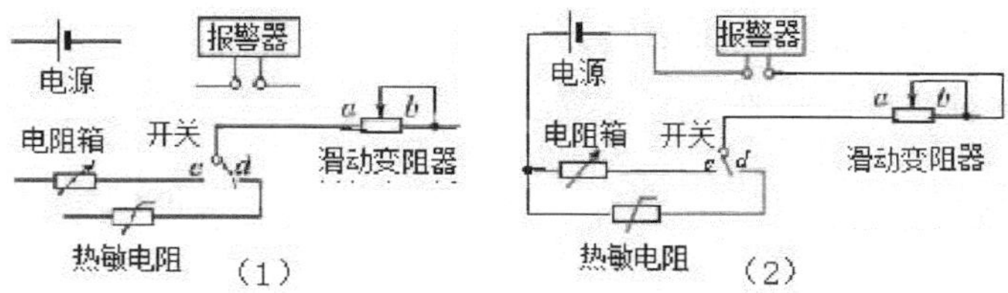

图1.8-12

(2)在室温下对系统进行调节，已知U约为18 V，I_c约为10 mA；流过报警器的电流超过20 mA时，报警器可能损坏，可知外电阻的取值范围大约是

$$\frac{18\text{ V}}{20\times10^{-3}\text{ A}}=900\ \Omega\leqslant R\leqslant\frac{18\text{ V}}{10\times10^{-3}\text{ A}}=1\,800\ \Omega$$

报警器阻值为650.0 Ω，所以滑动变阻器取值范围：250 Ω~1 150 Ω，因此，滑动变阻器应选R_2。

(3)调节步骤：

①本题采用的是等效替代法，先用变阻箱替代热敏电阻，所以变阻箱的阻值要调节到热敏电阻的临界值，即在60 ℃时阻值为650.0 Ω；为防止接通电源后流过报警器的电流超过20 mA，报警器可能损坏，滑动变阻器的滑片应置于“b”端；不能置于另一端的原因是失去滑动变阻器的保护，电路电流$I=\dfrac{18\text{ V}}{650.0\ \Omega}>20.0\text{ mA}$，报警器会损坏。

②先将开关向“c”端闭合，把变阻箱的电阻接入电路，将滑动变阻器的电阻调至报警器开始报警状态，保持滑动变阻器的阻值不变，将开关转向“d”端接到热敏电阻上，当热敏电阻的阻值是650.0 Ω时，也就是温度达到60 ℃，报警器开始报警，调试完成。

【创新思维】本题使用了等效替代法，先用电阻箱的阻值代替热敏电阻来调节电路，再接入热敏电阻时，就可以直接工作。平时缺乏动手实验的训练，热敏电阻、报警器从未见过，不太容易感知，更想不到采用这种灵活、方便、安全的操作方法。

【问题2】用发散思维打开思路，进行实验操作。

【例9】(2016年高考北京卷)某兴趣小组探究用不同方法测定干电池的电动势和内阻，他们提出的实验方案中有如下四种器材组合。为使实验结果尽可能准确，最不可取的一组器材是(　　)

A.一个安培表、一个伏特表和一个滑动变阻器

B.一个伏特表和多个定值电阻

C.一个安培表和一个电阻箱

D.两个安培表和一个滑动变阻器

【解析】A中根据闭合回路欧姆定律可得$E = U + Ir$，可测量多组数据列式求解，A正确；B中根据欧姆定律可得$E = \frac{U}{R}(r + R)$，测量多组数据可求解，B正确；C中根据欧姆定律可得，可测量多组数据列式求解，C正确；D中两个安培表和一个滑动变阻器，由于不知道滑动变阻器电阻，$E = I(R + r)$，故无法测量，D错误。

【创新思维】选修3-1　第二章“实验10：测定电池的电动势和内阻”，是高考的重点，也是难点。考题在实验原理的基础上，创设新情景，发散变换为如下三种实验方法：

方法1：用电压表、电流表、可变电阻（如滑动变阻器）连接如图1.8-13(1)所示电路测量，可以得到几组U、I的值，通过解方程组，由原理公式$E=U+Ir$，求出E、r的值。

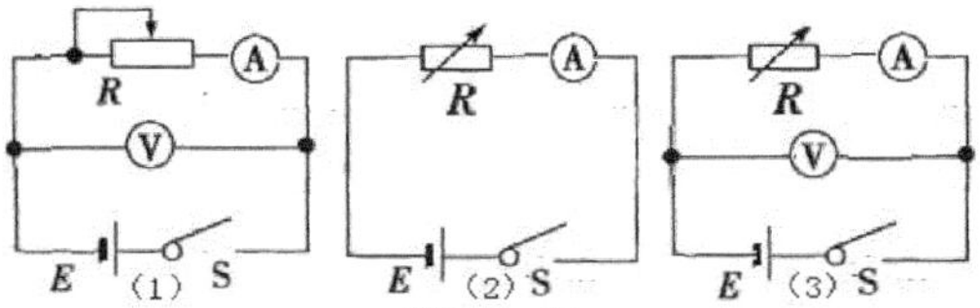

图1.8-13

方法2：用电流表、电阻箱连接如图1.8-13(2)所示电路测量，可以得到几组的值I、R，通过解方程组，由原理公式$E = IR + Ir$，求出E、r的值。

方法3：用电压表、电阻箱连接如图1.8-13(3)所示电路测量，可以得到几组U、R的值，通过解方程组，由原理公式$E = U + \frac{U}{R}r$，求出E、r的值。

“测定电池的电动势和内阻”实验，同学们不仅可以得到灵活运用闭合电路欧姆定律的训练，加深对电动势这一概念的理解，还可再一次熟悉用图像处理数据的方法，并得到电学实验中许多操作技能的训练。这一切都必须亲手做实验，不经历实验过程，连一个水果电池都未经手，思维发散怎么会流畅？上述效果怎么能达到？

四、从考题注重设计性思维的考查看动手探究实验的重要性

设计型实验已成为高考物理实验的新热点，引导学生将已掌握的物理知识和实验技能创造性地应用到新的实验情景中，根据题给条件自行选定实验原理，自行设计实验方案去探究物理现象、探索物理规律或测定物理量的值，从而考查学生对基础知识的掌握情况，以及分析和解决实际问题的能力。

设计型实验题基本源于课本，变于课本，高于课本。同学们不动手的学“实验”，结果只能是事倍功半，甚至劳而无功。

【例 10】（2018 年高考新课标全国Ⅰ卷）某实验小组利用如图 1.8–14（1）所示的电路，探究 25℃~80℃范围内某热敏电阻的温度特性，所用器材有：置于温控室（图中虚线区域）中的热敏电阻 R_T，其标称值（25℃时的阻值）为 900.0 Ω；电源 E（6 V，内阻可忽略），电压表Ⓥ（量程 0~150 mV）；定值电阻 R_0（阻值 20.0 Ω），滑动变阻器 R_1（最大阻值为 1 000 Ω）；电阻箱 R_2（阻值范围 0—999.9 Ω）；单刀开关 S_1；单刀双掷开关 S_2。实验时，先按图 1.8–16（1）连接好电路，再将温控室的温度 t 升至 80.0℃，将 S_2 与 1 端接通，闭合 S_1，调节 R_1 的滑片位置，使电压表读数为某一值 U_0；保持 R_1 的滑片位置不变，将 R_2 置于最大值，将 S_2 与 2 端接通，调节 R_2，使电压表读数仍为 U_0；断开 S_1，记下此时 R_2 的读数，逐步降低温控室的温度 t，得到相应温度下 R_2 的阻值，直至温度降到 25.0 ℃，实验得到的 R_2–t 数据见表 1.8–1。

表 1.8–1

t/℃	25.0	30.0	40.0	50.0	60.0	70.0	80.0
R_2/Ω	900.0	680.0	500.0	390.0	320.0	270.0	240.0

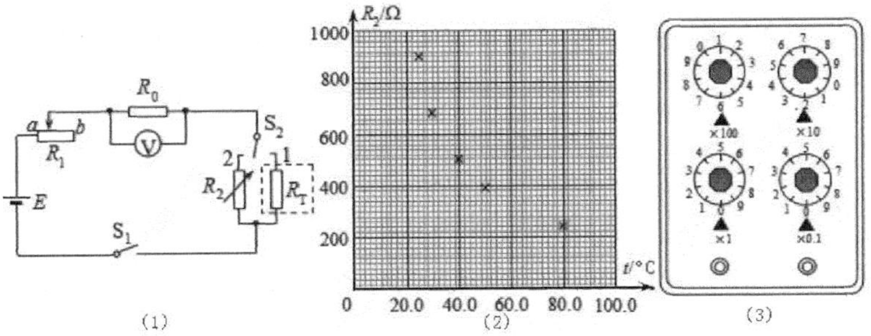

图 1.8–14

回答下列问题：

（1）闭合 S_1 前，图 1.8–14（1）中 R_1 的滑片应移动到_____填“a”或“b”）端；

（2）在图 1.8–14（2）的坐标纸上补齐数据表中所给数据点，并作出 R_2–t 曲线；

（3）由图 1.8–14（2）可得到 R_2 在 25℃~80℃范围内的温度特性，当 t=44.0℃时，可得 R_T=_____Ω；

（4）将 R_T 握于手心，手心温度下 R_2 的相应读数如图 1.8–16（3）所示，该读数为_____Ω，则手心温度为______℃。

【解析】本题主要考查研究小灯泡的伏安特性实验、利用伏安特性曲线计算实际功率及其相关的知识点，意在考查学生对小灯泡伏安特性曲线的理解和灵活运用相关知识解决实际问题的能力。

（1）图 1.8–14（1）电路中滑动变阻器采用限流式接法，在闭合 S_1 前，R_1 应该调节到接入电路部分的电阻值最大，使电路中电流最小，即图1.8–14(1)中的R_1的滑片应移到b端。

(2)将t=60 ℃和t=70 ℃对应的两组数据对应画在坐标图上，然后用平滑曲线过尽可能多的数据点画出R_2–t图像，如图1.8–15所示。

(3)根据题叙实验过程可知，测量的R_2数据等于对应的热敏电阻R_T的电阻值。由画出的R_2–t图像可知，当t=44.0 ℃时，对应的R_T=450 Ω。

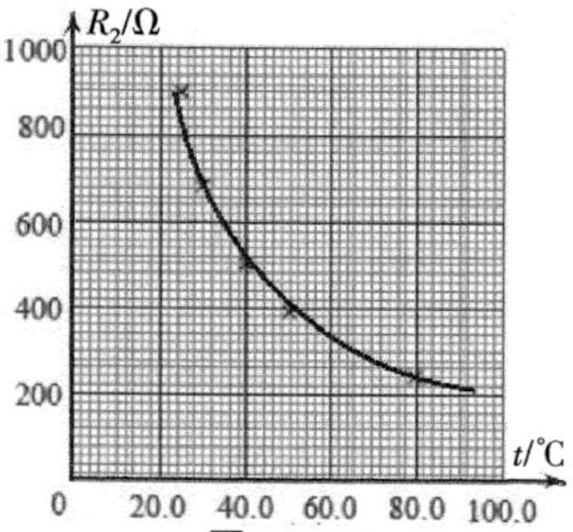

图1.8–15

(4)电阻箱不估读，其读数为

$$R = 6 \times 100\,\Omega + 2 \times 10\,\Omega + 0 \times 1\,\Omega + 0 \times 0.1\,\Omega = 620.0\,\Omega$$

由画出的R_2–t图像可知，当R_T=620.0Ω时，则手心温度t=33.0 ℃。

【创新思维】解答此题常见错误主要有：一是没有掌握滑动变阻器的分压式接法和限流式接法在开关闭合前滑动头的位置；二是没有认真阅读题述的实验过程，导致不能把电阻箱R的读数与热敏电阻阻值联系起来。毫无疑问，重视动手实验的操作，该题的常见错误自然会减少甚至不会发生。

【例11】(2019年高考全国Ⅲ卷)某同学欲将内阻为98.5 Ω、量程为0~100 μA的电流表改装成欧姆表并进行刻度和校准，要求改装后欧姆表的15 kΩ刻度正好对应电流表表盘的50 μA刻度。可选用的器材还有：定值电阻R_0(阻值14 kΩ)，滑动变阻器R_1(最大阻值1 500 Ω)，滑动变阻器R_2(最大阻值500 Ω)，电阻箱(0~99 999.9 Ω)，干电池(E=1.5 V，r=1.5 Ω)，红、黑表笔和导线若干。

(1)欧姆表设计。将图1.8–16(1)中的实物连线组成欧姆表。欧姆表改装好后，滑动变阻器R接入电路的电阻应为________Ω；滑动变阻器选________(填“R_1”或“R_2”)。

(2)刻度欧姆表表盘。通过计算，对整个表盘进行电阻刻度，如图1.8–16(2)所示。表盘上a、b处的电流刻度分别为25和75，则a、b处的电阻刻度分别为________、________。

(3)校准。红、黑表笔短接，调节滑动变阻器，使欧姆表指针指向________kΩ处；将红、黑表笔与电阻箱连接，记录多组电阻箱接入电路的电阻值及欧姆表上对应的测量值，完成校准数据测量。若校准某刻度时，电阻箱旋钮位置如图1.8–16(3)所示，则电阻箱接入的阻值为________Ω。

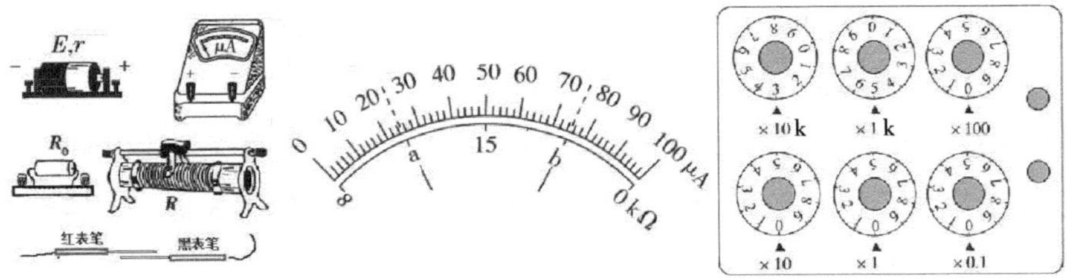

(1)　　(2)　　(3)

图 1.8-16

【解析】(1)欧姆表的内部结构需要按照电流的走向连接实物图:电流从电源的正极出发,从电流表的正接线柱流入,负接线柱流出,通过滑动变阻器,而在欧姆表外部,电流从黑表笔流出,从红表笔流入,故连线如图 1.8-17 所示。

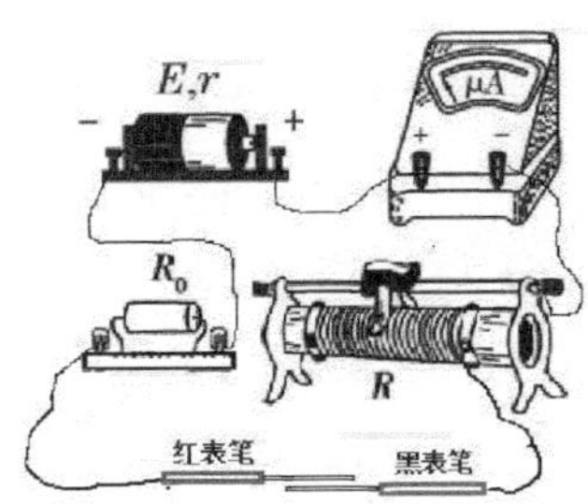

图 1.8-17

根据欧姆表的改装原理,当电流计满偏时,则有

$$I_g = \frac{E}{R_g + r + R_0 + R},得$$

$$R = \frac{E}{I_g} - R_g - r - R_0 = \frac{1.5\,\text{V}}{0.1 \times 10^{-3}\,\text{A}} - 98.5\,\Omega - 1.5\,\Omega - 14\,\Omega \times 10^3\,\Omega = 900\,\Omega$$

则为了滑动变阻器的安全,则滑动变阻器选择R_1。

(2)在a处有$\frac{1}{4}I_g = \frac{E}{R_g + r + R_0 + R + R_{xa}}$,得

$$\begin{aligned} R_{xa} &= \frac{4E}{I_g} - R_g - r - R_0 - R \\ &= \frac{4 \times 1.5\,\text{V}}{0.1 \times 10^{-3}\,\text{A}} - 98.5\,\Omega - 1.5\,\Omega - 14\,\Omega \times 10^3\,\Omega - 900\,\Omega \\ &= 45 \times 10^3\,\Omega = 45\,\text{k}\Omega \end{aligned}$$

在b处,$\frac{3}{4}I_g = \frac{E}{R_g + r + R_0 + R + R_{xb}}$,

同理解得$R_{xb} = 5\,\text{k}\Omega$。

(3)红黑表笔短接,调节滑动变阻器,使欧姆表指针指到0处,由图 1.8-16(3)可知,电阻箱接入的电阻为$R = 35\,000.0\,\Omega$。

(注:35 kΩ、35 000 Ω、35 000.00 Ω均错)

【创新思维】(1)实验题源:高中物理人教版选修3-1“恒定电流”第8节“多用电表的原理”例题和第9节“实验练习使用多用电表”中“测量定值电阻”。

（2）从欧姆表的设计过程，落实了考纲中“引导学生从‘解题’向‘解决问题’转变”的考核创新理念。解决问题的途径是多通道的，应让考生发散应对。如选择滑动变阻器中的计算，还有两条途径：

①由题意可知，欧姆表的中值电阻是15 kΩ，中值电阻与欧姆表的内阻相等，

$R_{中} = R_g' = R_g + r + R_0 + R = 15 \times 10^3\ \Omega$，所以滑动变阻器$R$接入电路的电阻

$R = 15 \times 10^3\ \Omega - 98.5\ \Omega - 1.5\ \Omega - 14 \times 10^3\ \Omega = 900\ \Omega$；

②$\frac{1}{2}I_g = \frac{E}{R_g + r + R_0 + R + R_x}$

$$R = \frac{2E}{I_g} - R_g - r - R_0 - R_x$$

$$= \frac{2 \times 1.5\ \mathrm{V}}{0.1 \times 10^{-3}\ \mathrm{A}} - 98.5\ \Omega - 1.5\ \Omega - 14 \times 10^3\ \Omega - 15 \times 10^3$$

$$= 900\ \Omega$$

（3）体现高等院校对选拔学生实验设计能力以及创新能力的考核需要。

用学过的原理去设计一个实验来测定某一物理量，用学生实验中用过的方法去设计实验完成其他物理量的测量，这些基于课本中注重设计型实验内容的提升试题，引导学生平时做实验，必须动眼又动口、动脑又动手。

【例12】（2020年高考全国Ⅱ卷）某同学要研究一小灯泡L（3.6 V，0.30 A）的伏安特性。所用器材有：电流表A_1（量程0~200 mA，内阻R_{g1}= 10.02 Ω）、电流表A_2（量程500 mA，内阻R_{g2}=1.0 Ω）、定值电阻R_0（阻值R_0=10.0Ω）、滑动变阻器R_1（最大阻值10 Ω）电源E（电动势4.5 V，内阻很小）、开关S和若干导线。该同学设计的电路如图1.8-18所示。

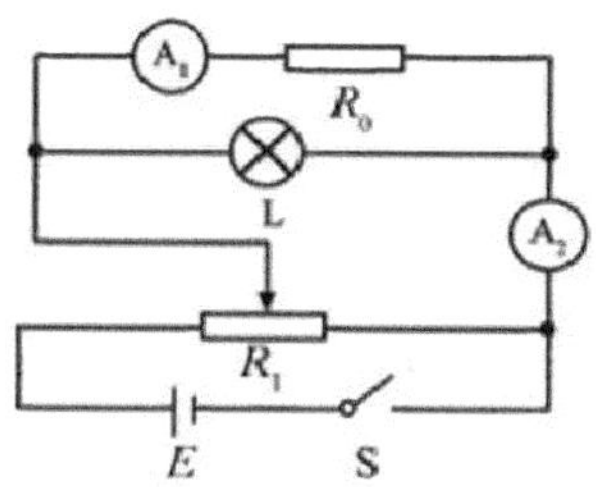

图1.8-18

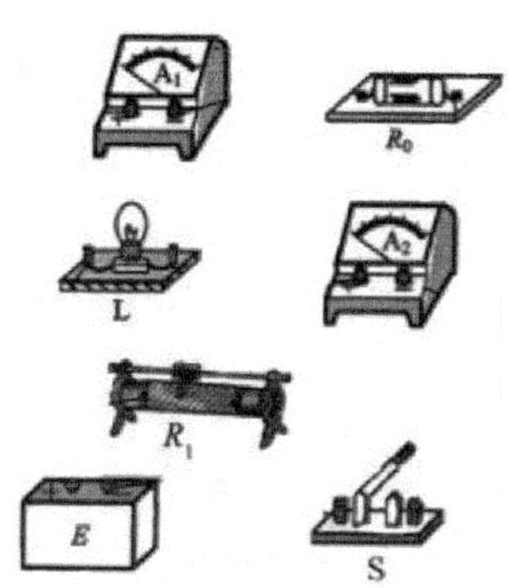

图1.8-19

（1）根据图1.8-18，在图1.8-19的实物图中连线。

(2)若I_1、I_2分别为流过电流表A_1和A_2的电流，利用I_1、I_2、R_{g1}和R_0写出：小灯泡两端的电压U=________，流过小灯泡的电流I=________。为保证小灯泡的安全，I_1不能超过__________mA。

(3)实验时，调节滑动变阻器，使开关闭合后两电流表的示数为零，逐次改变滑动变阻器滑片位置并读取相应的I_1和I_2。所得实验数据在表1.8-2中给出。

根据实验数据可算得，当I_1=173 mA时，灯丝电阻R=_____Ω(保留1位小数)。

(4)如果用另一个电阻替代定值电阻R_0，其他不变，为了能够测量完整的伏安特性曲线，所用电阻的阻值不能小于_____ Ω(保留一位小数)。

【解析】

表1.8-2

I_1/mA	32	55	85	125	144	173
I_2/mA	171	229	299	379	424	470

(1)根据电路图连接实物图如图1.8-20所示。

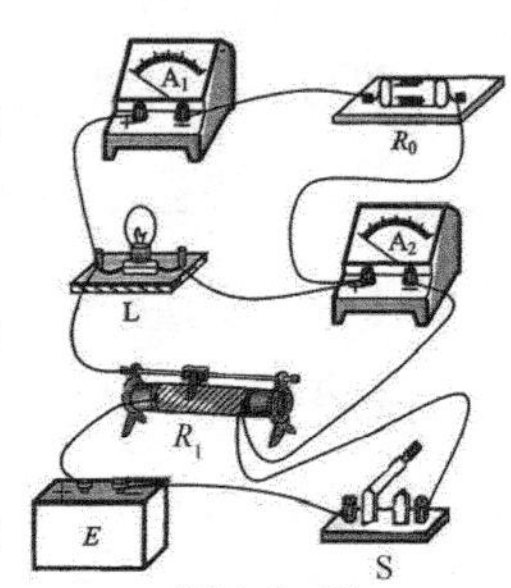

图1.8-20

(2)①根据电路图可知灯泡两端的电压为电流表A_1和R的总电压，故根据欧姆定律有$U = I_1(R_{g1} + R_0)$①；

②根据并联电路特点可知，流过小灯泡的电流为$I = I_2 - I_1$②；

③因为小灯泡的额定电压为$U_{额} = 3.6\ \text{V}$，故根据题目中已知数据代入①中可得$I_1 = \dfrac{U_{额}}{R_{g1} + R_o} = \dfrac{3.6\ \text{V}}{10.0\ \Omega + 10.0\ \Omega} = 0.18\ \text{A} =$ ，即为了保证小灯泡的安全，I_1不能超过180 mA。

(3)根据表中数据可知，当I_1=173 mA时，I_2=470 mA；根据前面的分析代入数据可知，此时灯泡两端的电压为

$$U = I_1(R_{g1} + R_0) = 0.173\ \text{A} \times (10.0\ \Omega + 10.0\ \Omega) = 3.46\ \text{V}$$

流过小灯泡的电流为$I = I_2 - I_1 = 470\ \text{mA} - 173\ \text{mA} = 297\ \text{mA} = 0.297\ \text{A}$，故根据欧姆定律可知，此时小灯泡的电阻为

$$R = \frac{U}{I} = \frac{I_1(R_{g1} + R_0)}{I_2 - I_1} = \frac{0.173\ \text{A}(10.0\ \Omega + 10.0\ \Omega)}{0.297\ \text{A}} = 11.6\ \Omega$$

(4)要测量完整的伏安特性曲线，则灯泡两端的电压至少要达到3.6 V，而电流表A不能超过其量程200 mA，此时结合①有$U_{额} \leqslant I_1(R_{g1} + R)$，

$$\therefore R \geqslant \frac{U_{额}}{I_1} - R_{g1} = \frac{3.6}{0.2} - 10.0 = 8.0\,\Omega$$

即要完整地测量小灯泡伏安特性曲线，所用电阻的阻值不能小于8.0 Ω。

【创新思维】该题源于人教版高中物理选修3–1第二章“恒定电流”第3节“欧姆定律”实验“测绘小灯泡的伏安特性曲线”。课本图2.3–4为实验电路图（如图1.8–21所示）。本试题对该实验进行了创新，用电流表A和电阻R_0改装成电压表，替代原电路中的电压表，创设更为真实的实验情境，设计一些实际问题，让学生分析解答，从“解实验题”到“解决实验中出现的问题”。

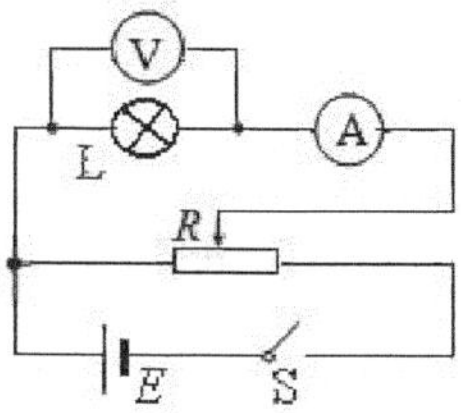

图1.8–21

五、结束语

从以上近年高考实验题的剖析不难看出，实验题中的实物连线，器材的选择，实验步骤排序、纠错、补漏，实验误差的排除、错误的纠正等，这些都是实际操作的全真模拟，是基础题。不进实验室，没有亲自动手接触器材，没有实际操作过这些实验，怎么能理论与实践相结合去做好实验题？

近年高考实验题显示，物理实验对于能力部分的要求不断提高。实验并不单纯是实验动手，物理实验能力的高低往往与学生的物理知识、思维方法的储备密切相关。要从根本上提高物理实验能力，还需要认真听取老师在实验室评讲实验，条件不具备的要创造条件，自制教具、借助仪器或仿真模拟实验。我们不只是提高实验的技能，还需在此基础上继续提升解决实验问题的创新能力和物理学科核心素养。

方法篇

创 新 思 维

2.1　创新思维是学好物理的有力法宝

新时代教育创新的目标，是为创新型国家培养大量创新型人才，这种人才不仅具有正确世界观和人生观，还具有创新精神和创新能力。新课程理念下，物理创新教育与新时代创新同频共振。

众所周知，培养创新精神和创新能力的核心是培养创新思维。因此，顺应新课程改革，加强创新思维的培养，不仅关系到个人的可持续发展，更关系到整个国家和民族的未来。

什么是创新思维？创新思维是指以新颖独创的方法解决问题的思维过程，是人类创造力的核心，是人类最活跃和最富有成果的最高级的思维形式。

具体来说，创新思维是多种思维交织而成的综合性思维，多种思维包含逻辑思维和非逻辑思维等。逻辑思维（分析与综合、比较与鉴别、归纳与演绎、形象与抽象等）是创新思维的基础，非逻辑思维（发散与集中、旁通与逆向、求异与变通、想象与直觉等）是创新思维的主体。对物理学来说，创新思维的形成过程正是物理学产生和发展的过程。物理学习中广泛应用到创新思维，因此，创新思维是我们学好物理的有力法宝。

一、分析与综合思维

所谓分析是从整体到部分，就是把复杂的事物分解为若干个组成部分来研究的思维方法。与分析相反，综合则是从部分到整体，把被研究的相互有联系的各个别部分，连贯起来考虑，从而对事物的整体有一个全面的、完全的、本质性的认识。

分析与综合，是两种方向相反、联系紧密的思维方法。分析是综合的基础，综合是分析的前导，分析离不开综合，综合也离不开分析。也就是说，分析中要综合，综合中要分析，这种关系贯穿在认识事物的全过程，对于物理学习而言，同样是一种重要的又是基本的思维方法。牛顿在《自然哲学的数学原理》中说："在自然科学里应该像在数学里一样，在研究困难的事物时，总是应当先用分析的方法，然后才用综合的方法。”

例如在解答物理问题方面，分析与综合是一种重要而又基本的方法。具体解题时，往往从题目的所求量（未知量）开始，写出题给最后一问的直接解答公式，而解答公式等号右侧有可能又出现一个或多个新的未知量，这就又要列出求解这些新的未知量的公式。

较复杂的问题所列方程可能会更多一些，直到解答公式右侧完全不出现未知量为止，这种由未知量推导到已知量的解题方法称之为分析解答法。

如果先从题给的已知量开始，找出某些已知量间关系进行运算，一直到所求的未知量与已知量间的关系式全被找出为止，这种解题的思维方法是由题给的局部条件汇总到总体认识，称之为综合解题法。

对于一些综合题，由于题叙过程较复杂，题给的已知量与未知量之间关系不能直接得到，则需要将复杂过程依照物理规律分成各个阶段，先分析各阶段运动规律，后找出各阶段间的联系，直至把各部分串联起来，这就是我们常用的先分析后综合的解题法。

【例1】如图2.1-1所示，S处的正电荷经U_1电压加速后，由A孔进入一匀强磁场后，又恰沿着竖直放置的带电平行板的边缘处C，进入板间匀强电场，最后又从另一板的边缘E处离开。如果已知正电荷的质量和电量分别为m和q，板长$DC = CA = AS = l$，板间的电压为U_2。

（1）计算正电荷离开加速电场时的末速度值v_1和磁感应强度值B。

（2）求正电荷从一极板边缘C进入板间电场，又恰从另一板边缘E飞出时的末速度v_2。

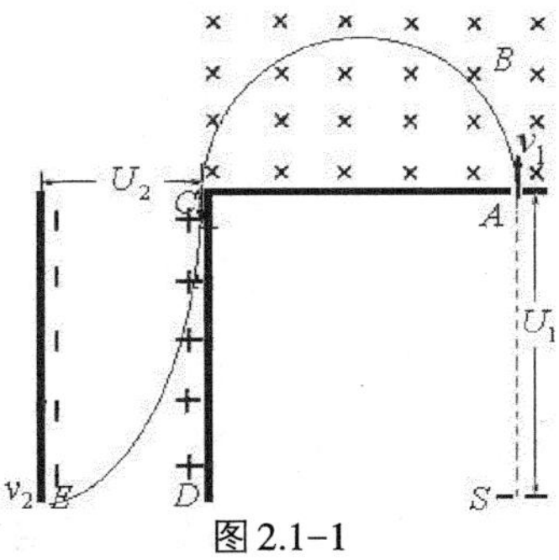

图2.1-1

【创新思维】这道题用先分析后综合的方法，将正电荷的运动过程分成几个子过程，用相应规律列式：$S\to A$的匀加速直线运动（$qU_1 = \frac{1}{2}mv_1^2$）、$A\to C$的匀速圆周运动（$Bqv_1 = \frac{mv_1^2}{l/2}$）、$C\to E$的类似平抛运动（$qU_2 = \frac{1}{2}mv_2^2 - \frac{1}{2}mv_1^2$，$\cos\theta = \frac{v_1}{v_2}$，$\theta$为$v_2$与板间夹角）。解题综合过程中，将它们串起来，题目得解。

二、比较与鉴别思维

所谓比较，是把事物加以对比确定同异关系的思维方法，通常有两类比较思维：一类是形同质异的比较，即同中求异；另一类是形异质同的比较，即异中求同。

所谓鉴别，是通过比较识别出事物的共同点和差异点。人们认识事物往往是根据事物的特性和相互关系，通过比较来实现。因此，有比较才能鉴别，要鉴别就得比较。

在中学物理学习中，比较和鉴别的思维方法被广泛运用，比较概念、比较模型、比较规律，揭示其本质的异同，分别相应处之。

【例2】如图2.1-2所示，各种情况中，a、b两点电势和电场强度是否都相同？(　　)

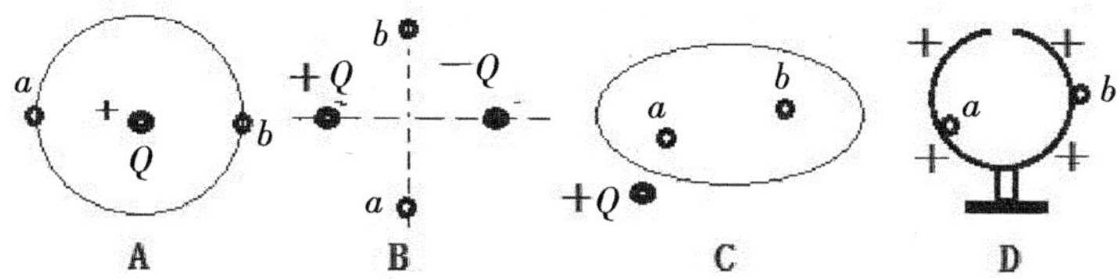

图2.1-2

A.点电荷Q的电场中，与Q距离相等的a、b两点

B.在两点电荷$+Q$、$-Q$连线中垂线等距离的a、b两点

C.点电荷Q的电场中，一个导体内部的a、b两点

D.一个绝缘空心导体，a、b分别是内壁和外壁两点

【创新思维】比较与鉴别中抓住电场线分布、电势是标量而电场强度是矢量，就能很快得到正确答案：B、C。又如，通过比较与鉴别，可以攻克难点。将重力做功与电场力做功类比，重力势能与电势能类比，讨论功能关系方面类比，所有这些思考将大大提高对电场的认知。

【例3】(2006年高考重庆卷）如题图2.1-3，带正电的点电荷固定于Q点，电子在库仑力作用下，做以O为焦点的椭圆运动。M、P、N为椭圆上的三点，M、N是椭圆短轴的端点，P点是轨道上离Q最近的点。电子在从M到达N点的过程中(　　)

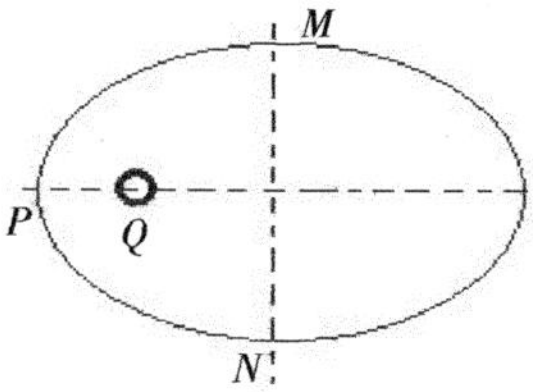

图2.1-3

A.速率先增大后减小　　B.速率先减小后增大

C.电势能先减小后增大　　D.电势能先增大后减小

【解析】根据轨迹可知：电子从M到P电场力做正功，动能增加，电势能减小；电子

从P到N电场力做负功,动能减小,电势能增加。故应选A、C。

【创新思维】本题考查带电粒子在电场中的运动,考查考生的综合分析能力,弄清库仑力对电子的做功情况是解题的关键。如果将此图与地球围绕太阳轨道比较,借用我们很熟悉的力学规律,问题就可迅速解答。

三、归纳与演绎思维

所谓归纳,是从个别到一般、特殊到普遍的逻辑思维过程。它通过许多个别的事例或分论点,然后归纳出它们所共有的特性,从而得出一个一般性的结论。归纳法可以先举事例再归纳结论,也可以先提出结论再举例加以证明。牛顿认为:“在实验物理学上,一切定理均由现象推得,用归纳法推广之。”物理学中,常见从一些个别物理现象或特殊的物理过程中,推导出普遍的一般性的结论或原理。物理概念的建立、物理规律的揭示以及物理模型的建立,很多都是采用归纳推理的思维方法。

演绎则相反,它是从一般到个别(特殊)的逻辑思维过程。即从一般的原理、定律出发,推导出事物的新结论的一种思维方法。它不仅可以使人们原有的知识得到扩展和深化,而且能够作出科学预见,为新的科学发现提供启示性的线索,使科学研究沿着正确方向前进。可以说,整个现代科学的“大厦”就是在演绎推进之下建立起来的。

演绎推理在物理实验中占有重要地位,它是获取新知识、认识新事物的一种重要方法。如高中物理选修3-2“互感和自感”,其自感电动势计算公式,就是在电磁感应现象的基础上,运用法拉第电磁感应定律,进行演绎推理的结果。自感电动势(或自感电流)的方向是这节课的一个难点,在观察实验的同时,运用反映电磁感应普遍规律的楞次定律,对自感这一特殊的电磁感应现象进行演绎推理,自感电动势的方向即对电流方向的变化起阻碍作用的方向。

在分析物理问题过程中运用归纳推理或演绎推理,一定要遵从物理过程的客观规律。

【例4】在倾角为30°的固定斜面上,静止放着的物体,被撞击后以20 m/s的初速度沿斜面上行,问5秒内行程是多少?

【创新思维】对于这个多数人都认为是很简单的问题,很快就能作出如下解答:

$a = g\sin 30° = 10\,\mathrm{m/s^2} \times 1/2 = 5\,\mathrm{m/s^2}$

$$x = v_0 t - \frac{1}{2}at^2 = 20\text{m/s} \times 5\text{s} - \frac{1}{2} \cdot 5\text{m/s}^2 \times (5\text{s})^2 = 37.5\text{m}$$

虽然用归纳思维将物体的运动视为匀减速运动，可是疏忽了斜面并非光滑这一关键条件，又混淆了路程与位移的概念，结果错误。

如果将题改为在光滑的斜面上，物体被撞击后以20 m/s的初速度沿斜面上行，问5秒内行程是多少？斜面不再存在摩擦，物体不可能中途停下来。于是解答如下：

$$a = g\sin30° = 10\text{m/s}^2 \times 1/2 = 5\text{m/s}^2$$

$$x = v_0 t - \frac{1}{2}at^2 = 20\text{m/s} \times 5\text{s} - \frac{1}{2} \times 5\text{m/s}^{-2} \times (5\text{s})^2 = 37.5\text{m}$$

结果仍然错误，原因是没有用演绎的思维，用一般的匀减速运动公式运算，没认识到这里的行程指的是路程。或在运用归纳与演绎思维时，没有明确个别与一般、特殊与普遍的不同状态，错误还会继续发生。

如上述的问题改成：在光滑的斜面上，物体被撞击后以20 m/s的初速度沿斜面上行，问物体下滑离撞击点以下50 m，物体运动了多少时间？

运用公式$x = v_0 t - \frac{1}{2}at^2$，将数值代入，即$x$=50 m，$v_0$=20 m/s，$a$=5 m/s^2，这样计算结果还是错误，原因在于此时物体已经不再是单向运动了，x已经是负位移了。正确列式代入值：$-50 = 20t - \frac{1}{2}5t^2$，结果$t$=10 s才是正确答案。

归纳和演绎这两种思维方法是相互联系、相互补充的。演绎所依据的理由正是对特殊事实的归纳，归纳的结论正是演绎的前提，即演绎离不开归纳。而归纳又必须以一般物理原理为指导，才可找出特殊事实的本质，即归纳也离不开演绎。归纳和演绎也是牛顿进行科学研究的两种主要方法。

四、形象与抽象思维

形象思维是指从具体事物的形象出发，通过实践（即观察、实验等）舍去那些偶然的、表面的因素，达到对事物的本质认识，由感性阶段发展到理性阶段。

20世纪最伟大的实验物理学家之一卢瑟福，根据α粒子散射实验建立了著名的原子行星模型，揭示了原子核式结构的本质，进而开创了原子物理的光辉时代。

抽象思维即逻辑思维，是运用概念、判断、推理反映现实的过程，是人们认识的高级阶段，和形象思维不同，它是以抽象性为其特征，撇开事物的具体形象，用抽象的概念来揭示事物的本质。形象思维和抽象思维是物理学解题方法中非常重要的两种思维方法。

物理概念在形式上是抽象的、主观的，但在内容上则是具体的、客观的。物理概念的客观性和具体性决定了物理概念本身隐含的形象性，如光线、电场线、磁感应线等，还有电路、光路、磁路等各种描述物理本质属性的模型、图像，都具有明显的形象性。物理学的观察实验，是凭借种种感性材料，通过想象、联想，运用集中概括的方法对感性材料加工，用抽象的概念去判断和推理，以达到揭示物理过程本质属性的目的。因此，形象思维和抽象思维不是相互排斥的，而是相辅相成的统一体。

【例5】在真空中的光滑水平绝缘面上有一带电小滑块，开始时滑块静止。若在滑块所在空间加一水平匀强电场E_1，持续一段时间后立刻换成与E_1相反方向的匀强电场E_2，当电场E_2与电场E_1持续时间相同时，滑块恰好回到初始位置，且具有动能E_k。在上述过程中，E_1和E_2对滑块的电场力做功分别为W_1、W_2，冲量大小分别为I_1、I_2，则(　　)

A.$I_1 = I_2$　　　　B.$4I_1 = I_2$

C.$W_1 = 0.25E_k$，$W_2 = 0.75E_k$　　　　D.$W_1 = 0.20E_k$，$W_2 = 0.80E_k$

【创新思维】根据题给条件，构建如下的物理情景(假设滑块带正电，若滑块带负电，分析方法相同)。如图2.1-4(1)(2)所示(这里实际上滑块是沿着CA方向回到原位置A，为了防止画面重叠分开图示)，$A \to B$滑块在E_1作用下加速，$B \to C \to D$滑块在E_2作用下向相反方向加速，C位置滑块速度为零。速度图像2.1-4(2)中标出的$ABCD$是与图2.1-4(1)对照，经过形象思维的处理，该题抽象的物理情景就清晰地展现在眼前，带电滑块运动的物理过程了如指掌，从而促进抽象思维与形象思维和谐统一，建立合理的物理模型。本题属于求解恒力做功和恒力冲量的问题，一般有两种方法：一是利用功和冲量的定义求解——需先求得两个过程中的电场强度，继而求得两个过程的电场力，即可求得功和冲量；二是利用动能定理和动量定理求解，除了需先求得以上的物理量之外，还需求得两个过程的末速度。

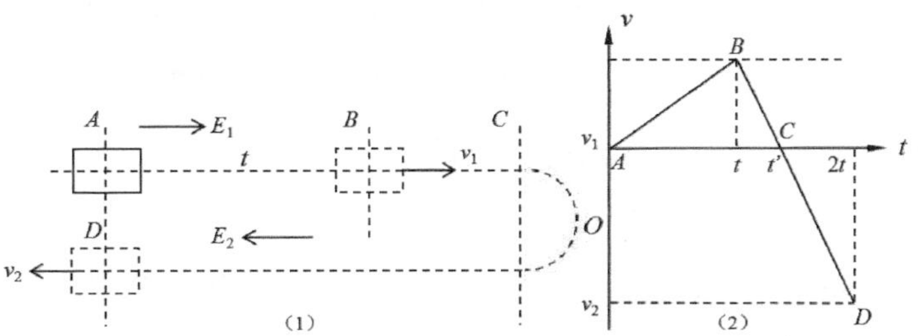

图2.1-4

【解析】用力和运动的观点求解。

前 t 内：小滑块做匀加速直线运动，

$$a_1 = \frac{qE_1}{m}, v_1 = \frac{qE_1}{m}t, s_1 = \frac{1}{2}\cdot\frac{qE_1}{m}t^2$$

后 t 内：小滑块做类竖直上抛运动，则根据题意有

$$a_2 = \frac{qE_2}{m}$$

$$s_2 = v_1 t - \frac{1}{2}\cdot\frac{qE_2}{m}t^2, s_2 = -s_1$$

解以上各式可得 $E_2 = 3E_1$。

所以，所受电场力冲量的大小 $I_2 = qE_2t = 3qE_1t = 3I_1$，

电场力所做的功 $W_2 = qE_2s_2 = 3qE_1s_1 = 3W_1$，又 $W_1 + W_2 = E_k$，

可解得 $W_1 = 0.25E_k$，$W_2 = 0.75E_k$，正确选项为C。

五、发散和集中思维

发散思维是从思索对象的某一点出发，展开想象的翅膀，由此及彼，不拘泥于一点或一条线索，产生多种不同的解决问题的办法，它的几何形态可描绘为一点发出的空间一束射线。集中思维则利用已有信息，对发散思维所得到的多种方案，进行筛选、集中，最后梳理出最佳方案的思维过程。

美国心理学家吉尔福特指出："正是发散思维中，我们看到了创造性思维的最明显的标志。"显然，发散思维是创造性思维的主旋律。

解题中的一题多解、一题多议、一题多变正是对我们发散思维能力的训练。物理概念的多角度理解，物理规律表达式的不同途径的推导，设计实验中不同方案的实现等都属发散思维训练。通过训练逐渐提升我们广阔性、灵活性和创新性思维品质，迎来思维新颖、灵活。

【例6】(2005年高考全国卷)原地起跳时，先屈腿下蹲，然后突然蹬地。从开始蹬地到离地是加速过程(视为匀加速)，加速过程中重心上升的距离为"加速距离"。离地后重心继续上升，在此过程中重心上升的最大距离称为"竖直高度"。现有下列数据：人原地起跳的"加速距离"d_1=0.50 m，"竖直高度"h_1=1.0 m；跳蚤原地上起跳的"加速距离"d_2=0.000 80 m，"竖直高度"h_2=0.10 m。假设人具有与跳蚤相等的起跳加速度，而"加速距离"仍为0.50 m，则人上跳的"竖直高度"是多少？

【创新思维】该题是人与跳蚤的原地起跳问题，这是一道有趣的与体育运动知识相结合的问题。这些题目避免了死记硬背现象，或巧设问题情境，或活用知识规律，使所学知识鲜活起来。题设的两个研究对象人和跳蚤，进行原地相似起跳。根据题意对应的物理模型，物体由静止先向上匀加速一段位移（"加速距离"），接着相当竖直上抛一段位移（"竖直距离"），末状态时速度为零。全过程可分为两个阶段，两阶段的联系是中间时刻速度，既是前一阶段的末速度，又是后一阶段的初速度。对于不同的研究对象，分为两种情况，两种情况的联系是在第一阶段人和跳蚤的加速度相等。

本题属匀变速运动，可从牛顿定律和运动学公式出发求解，也可从守恒量能量知识求解。下面罗列八种解法，是启发发散思维的训练，解法1是基本的，解法6、7、8比较简单。

解法1：运动学公式法。设人具有和跳蚤相同的加速度a，令v_1、v_2表示在这种情况下人、跳蚤离地时的速度，H、h_2表示与此相应的竖直高度，则对加速过程和离地后上升过程分别有

$v_1{}^2 = 2ad_1$ ①　　　　$v_1{}^2 = 2gH$ ②

$v_2{}^2 = 2ad_2$ ③　　　　$v_2{}^2 = 2gh_2$ ④

由①②③④式可得$H = \dfrac{h_2 d_1}{d_2} = \dfrac{0.10\ \text{m} \times 0.50\ \text{m}}{0.000\ 80\ \text{m}} = 62.5\ \text{m}$ ⑤

解法:2:利用关联量a、运动学求解法。

人:$v_1{}^2 = 2ad_1$ ①　　$v_1{}^2 = 2gH$ ②

由①②得$H = \dfrac{ad_1}{g}$ ③

跳蚤:$v_2{}^2 = 2ad_2$ ④　$v_2{}^2 = 2gh_2$ ⑤

由④⑤得$a = \dfrac{h_2 g}{d_2}$ ⑥

由③⑥得$H = \dfrac{h_2 d_1}{d_2} = \dfrac{0.10\ \text{m} \times 0.50\ \text{m}}{0.000\ 80\ \text{m}} = 62.5\ \text{m}$ ⑦

解法3:利用含t的运动学公式求解法。

设人和跳蚤加速上升时间分别为t_1和t_2，上抛时间分别为$t_1{}'$和$t_2{}'$，

跳蚤:上抛过程$h_2 = \dfrac{1}{2}gt'_2{}^2$，

$$t'_2 = \sqrt{\frac{2h_2}{g}} = \sqrt{\frac{2 \times 0.10\ \text{m}}{10\ \text{m/s}^2}} = \sqrt{0.02}\ \text{s}$$

$v_2 = gt'_2 = 10\ \text{m/s}^2 \times \sqrt{0.02\ \text{s}} = \sqrt{2}\ \text{m/s}$

加速过程 $v_2{}^2 = 2ad_2$,

所以,$a = \dfrac{v_2{}^2}{2d_2} = \dfrac{(\sqrt{2\ \text{m/s}})^2}{2 \times 0.000\,80\ \text{s}} = 0.125 \times 10^4\ \text{m/s}^2$。

人:加速过程 $d_1 = \dfrac{1}{2}at_1{}^2$,

$t_1 = \sqrt{\dfrac{2d_1}{a}} = \sqrt{\dfrac{2 \times 0.5\ \text{m}}{1\,250\ \text{m/s}^2}} = \sqrt{\dfrac{1}{1\,250}}\ \text{s}$

$v_1 = at_1 = 1\,250\ \text{m/s}^2 \times \sqrt{\dfrac{1}{1250}\ \text{s}} = \sqrt{1250}\ \text{m/s}$

由 $v_1 = gt_1'$ 得 $t_1' = \dfrac{v_1}{g} = \dfrac{\sqrt{1\,250\ \text{m/s}}}{10\ \text{m/s}^2} = \sqrt{12.5}\ \text{s}$,

所以,$H = \dfrac{1}{2}gt_1'^2 = \dfrac{1}{2} \times 10\ \text{m/s}^2 \times (\sqrt{12.5\ \text{s}})^2 = 62.5\ \text{m}$。

解法4:利用地面平均弹力,借用功能关系求解。

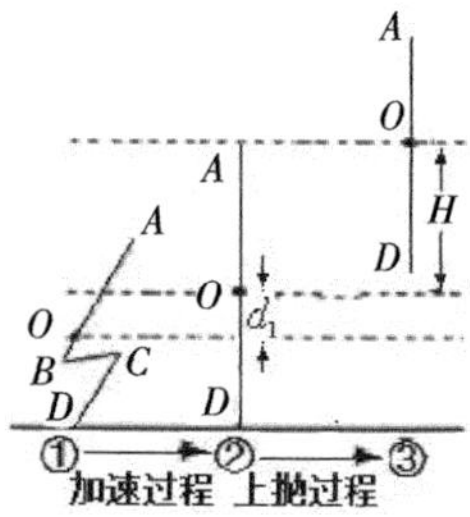

图2.1-5

以人为例,如简图2.1-5所示,图中A为人头,D为足,O为重心,①为模拟人屈腿下蹲的弯曲姿态,②为起跳离地前的直伸状态,③为上跳至最大高度时刻的直伸状态。从①→②为加速过程,②→③为上抛过程。

平均弹力做功 $F_1d_1 = m_1g(d_1 + H)$ ①

同理,跳蚤也可列式 $F_2d_2 = m_2g(d_2 + h_2)$ ②

$a = \dfrac{F_1 - m_1g}{m_1} = \dfrac{F_2 - m_2g}{m_2}$ ③

由①②③可以解得结果。

解法5:利用地面平均弹力,借用动能定理求解。

人:平均弹力做功 $(F_1 - m_1g)d_1 = \dfrac{1}{2}m_1v_1{}^2$ ①

$\dfrac{1}{2}m_1v_1{}^2 = m_1gH$ ②

同理,针对跳蚤也可列式 $(F_2 - m_2g)d_2 = \dfrac{1}{2}m_2v_2{}^2$ ③

$\dfrac{1}{2}m_2v_2{}^2 = m_2gh_2$ ④

由①②③④及解法4的③，可以解得结果。

解法6：利用合外力做功求解的方法。

人以跳蚤的加速度a原地起跳时，“竖直高度”为H，则加速上升阶段和竖直上升阶段合外力做的功的绝对值相等。

$m_1ad_1 = m_1gH$ ①

跳蚤以加速度a原地上跳，同样可列$m_2ad_2 = m_2gh_2$ ②

可以解得

$$H = \frac{h_2d_1}{d_2} = \frac{0.10\ \mathrm{m} \times 0.50\ \mathrm{m}}{0.000\,80\ \mathrm{m}} = 62.5\ \mathrm{m} \quad ③$$

解法7：利用合外力做功、借用动能定理求解的方法。

人：$W_1 = m_1ad_1 - m_1gH = \Delta E_{k1} = 0$ ①

跳蚤：$W_2 = m_2ad_2 - m_2gh_2 = \Delta E_{k2} = 0$，②

由①②解得

$$H = \frac{h_2d_1}{d_2} = \frac{0.10\ \mathrm{m} \times 0.50\ \mathrm{m}}{0.000\,80\ \mathrm{m}} = 62.5\ \mathrm{m} \quad ③$$

解法8：利用图像分析法。

人和跳蚤的速度图像如图2.1-6(1)(2)所示，加速阶段和上抛阶段的加速度分别都相等，因此，图(1)(2)中三角形相似，得

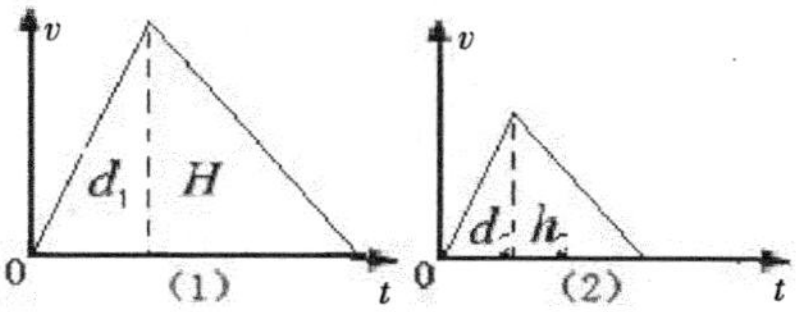

图2.1-6

$$\frac{H}{d_1} = \frac{h_2}{d_2}，于是 H = \frac{h_2d_1}{d_2} = \frac{0.10\ \mathrm{m} \times 0.50\ \mathrm{m}}{0.000\,80\ \mathrm{m}} = 62.5\ \mathrm{m}。$$

六、旁通和逆向思维

所谓旁通思维指的是在研究事物中，通过联想、类比将其他类似事物、解决问题的方法、原则迁移过来，简便有效地解决问题的一种创新性思维。

要能流畅地进行旁通思维，必须“触类”，这就要求学生去实践，在实践中得到启发；要求学生去观察，在观察中得到启迪；还要求学生去阅读，在阅读中得到启示；更要求学生去练习，在练习中得到领悟。物理学中，等效法就是旁通思维的具体运用。

所谓逆向思维指的是在解决问题时，当顺向思维暂时陷入僵局的情况下，采取由后向前，沿着相反方向思考，从而获得创新和解决问题的一种创新性思维方法。

纵观物理学发展史，逆向思维在科学探索中往往孕育着伟大的发现和创新，如物质波理论的提出。1923年，德布罗意受爱因斯坦光量子论的启发，提出既然光量子论把过去认为本质上是波的光加以粒子化，那么把问题倒过来考虑，过去认为本质上是粒子的东西，是否也具有波动性呢？1924年，他进一步提出：不只是光子才有波粒二象性，一切微观粒子，包括电子、质子和中子都具有波粒二象性。后来，电子衍射实验证明德布罗意当初提出的假设是正确的，逆向思维充分体现了创新性。

中学物理中逆向思维有着广泛应用：逆向判断、逆向推理、逆向论证等。例如如何判断静摩擦力的方向？初学者感到无从着手，对物体相对运动趋势难以“捉摸”。逆向思维：如果接触面是光滑的，物体会向什么方向运动？这个运动方向与相对运动趋势方向关系如何？从而得到这个物体相对运动趋势方向就是物体在光滑接触面上的运动方向。

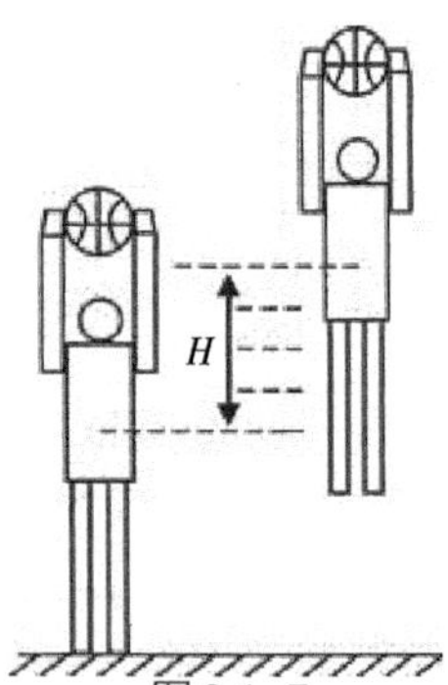

图 2.1–7

【例 7】(2019年高考全国Ⅰ卷）如图 2.1–7 所示，篮球架下的运动员原地竖直起跳扣篮，离地后重心上升的最大高度为H。上升第一个$\frac{H}{4}$所用的时间为t_1，第四个$\frac{H}{4}$所用的时间为t_2。不计空气阻力，则$\frac{t_2}{t_1}$满足（　　）

A. $1<\frac{t_2}{t_1}<2$　　B. $2<\frac{t_2}{t_1}<3$

C. $3<\frac{t_2}{t_1}<4$　　D. $4<\frac{t_2}{t_1}<5$

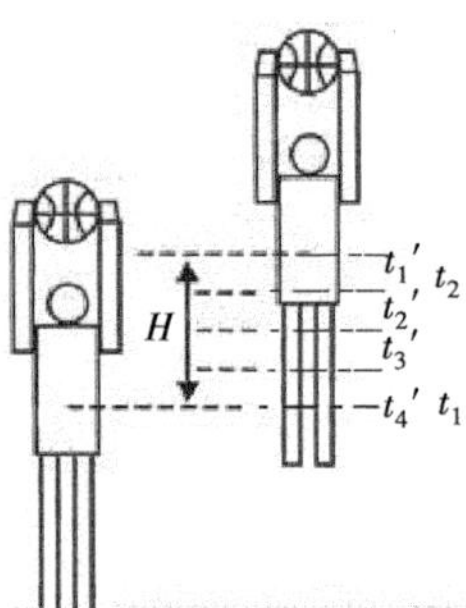

图 2.1–8

【解析】如图 2.1–8 所示，运动员原地竖直起跳的竖直上抛运动其加速度为$-g$，起跳到运动最高点，运动规律与从最高点回到触地时刻的自由落体运动规律相同。通过逆向思维，按其逆过程设运动员从上向下做自由落体运动，将H分为相等的4小段，每小段经历的时间从上到下依次为t_1'、t_2'、t_3'、t_4'，则通过相同距离的时间比为

$$t_1' : t_2' : t_3' : t_4' = 1 : (\sqrt{2}-1) : (\sqrt{3}-\sqrt{2}) : (\sqrt{4}-\sqrt{3})$$

则 $\frac{t_2}{t_1}=\frac{t_1'}{t_4'}=\frac{1}{\sqrt{4}-\sqrt{3}}=\frac{\sqrt{4}+\sqrt{3}}{(\sqrt{4}-\sqrt{3})(\sqrt{4}+\sqrt{3})}\approx\frac{2+1.73}{4-3}=3.73$

所以，C 正确。

【创新思维】本题运用逆向思维建构自由落体运动模型，借助匀变速直线运动中

通过连续相邻相等位移所用时间的比值关系解决问题，体现我们提高科学思维素养的重要性。

七、求异与变通思维

求异与变通思维是一种创新思维，就是从同一背景材料中，尽可能开拓多种思维渠道，以便从不同思维途径达到同一目标。不拘泥于常规，敢于打破惯例，让思维沿着不同方向甚至相反方向灵活、不同角度延伸、扩散，从多方面寻找答案，引出更多信息，以便能在已知的或寻常的事物中发掘出与众不同的东西。

【例8】在测额定电压为3.8 V的小灯泡的额定功率时，所用的电源电压为6 V，用一只最大量程为3 V的电压表测出了结果。其实验方法和原理如何？

【创新思维】在这个问题中设置了超越常规的条件：一是小灯泡上电压达到3.8 V时，才能从电流表读出额定电流求得结论，而电压表又不可能超过量程使用；二是电压表通常与小灯泡并联，题给小灯泡额定电压已超过电压表的最大量程，因而必须打破常规，进行求异思维、变通思维。联想到串联电压特点，采用电压表与变阻器并联测量的方法。如图2.1–9所示，当灯泡正常发光时，变阻器两端的电压只有2.2 V，可用最大量程是0~3 V的电压表测量。

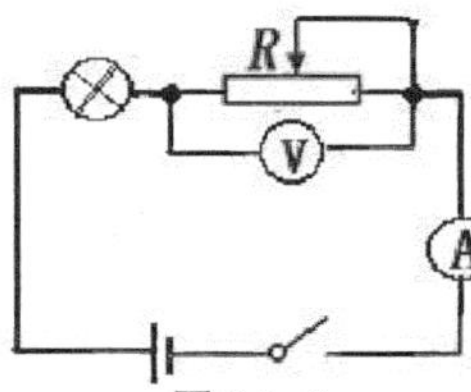

图2.1–9

【例9】如图2.1–10所示，单摆摆球的质量为m，摆长为l，将单摆摆球拉到与悬点O等高的A处由静止释放，摆球运动到最低点B时的速度大小为v，重力加速度为g，不计空气阻力。则摆球从A运动到B的过程中（　　）

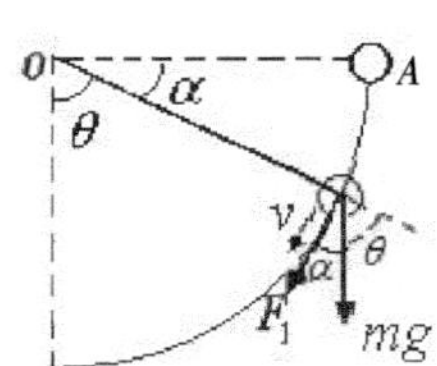

图2.1–10

A. 重力做的功为$\frac{1}{2}mv^2$

B. 重力的最大瞬时功率为$P = mg\sqrt{2gl\sin\alpha}\cos\alpha$

C. 重力的功率先增大后减小

D. 重力的最小瞬时功率为0

【解析】A. 摆球从最大位移A处由静止开始释放，摆球运动到最低点B，根据动能定理得$W_G = \frac{1}{2}mv^2$，故A正确。

B. 设摆球从A运动到B的过程中某点重力的瞬时功率最大，设此时速度方向与竖直方向的夹角为α，则有$P = mgv\cos\alpha = mg\sqrt{2gl\sin\alpha}\cos\alpha$，这不是确定值，故B错误。

C. 在A处$v=0$，$P_A=0$；在B处，$v_B\perp mg$，$P_B=0$，从$A\to B$过程中，P先增后减，故C正确。

D. 由上讨论，$P_A=0$，$P_B=0$，所以重力的最小瞬时功率为0，故D正确，选A、C、D。

【创新思维】关于过程中重力功率的讨论，B选项是用数学方法讨论功率随角度的变化的一条途径，题给答案是过程式，定量追究很繁杂，不妨算下去。

$P=mgv\cos\alpha=mg\sqrt{2gl\sin\alpha}\cos\alpha=mg\sqrt{2gl\cos\theta\sin^2\theta}$

令$y=\cos\theta\sin^2\theta=\sqrt{\frac{1}{2}(2\cos^2\theta\sin^4\theta)}=\sqrt{\frac{1}{2}(2\cos^2\theta\sin^2\theta\sin^2\theta}$

又$\because\ 2\cos^2\theta+\sin^2\theta+\sin^2\theta=2$

由基本不等式$a+b+c\geqslant3\sqrt[3]{abc}$可知，仅当$2\cos^2\theta=\sin^2\theta$，$y$有最大值，

则$2\cos^2\theta=\sin^2\theta=1-\cos^2\theta$，得$\cos\theta=\frac{\sqrt{3}}{3}$。

所以，仅当$\theta=\arccos\frac{\sqrt{3}}{3}$时，$y$及功率$P$才有最大值。从以上讨论可知，B选项的解析，运用求异与变通思维，变换思考角度，问题就快捷而解了。

八、想象与直觉思维

爱因斯坦早年间就有一个“荒诞”的想法：“如果我以真空中的光速去追随一条光线前进，那么我就应当看到，这条光线好像一个在空间里振荡着而停止不前的电磁场。”这与当时人们的认识与事实都不符，也与牛顿的经典物理和麦克斯韦方程相矛盾。然而，这种想象是一种创新性的思维，正是这种想象成了爱因斯坦相对论的起源。

想象思维是人脑对原有感知形象进行加工成新形象的心理过程。想象可分为冥想的、再生的、构成性的、替代性的和创新性的想象。特别是创新性想象，是已有感性形象，创造出具有首创、独特、新颖的全新形象，意义深远。

在物理学习中，就是要从物理语言、物理符号、物理图像及物理现象入手，不断提高想象思维能力，利用形象思维，变抽象为形象，化繁为简。

所谓直觉思维，是与形象思维、灵感思维有密切关系的思维过程，它包括直觉的判别、直觉的想象、直觉的启发。直觉的判断是人脑对客观存在的实体、现象和图景

的一种直接的理解和综合的判断。如卢瑟福从α粒子散射现象,推出原子的核式结构学说,正是这种直觉判断所显示的作用。直觉的想象指的是人脑将过去累积的"潜知",进行崭新的组合,形成新的想象。直觉的启发,是对于久思不解的问题,在偶然传来某一信息的启发下,"茅塞顿开"的思维现象。

直觉思维中预感的训练,是学术学科和日常生活中创新思维很受忽视而又极为重要的特征。机灵的预测、丰富的假说和大胆迅速地作出的试验性结论,这些是从事任何工作的思想家极其珍贵的财富。正如爱因斯坦所说:"真正可贵的因素是直觉。"

在物理学习中,无疑应该重视对直觉思维能力的培养,为此,需要夯实基础知识,强化模式的知识结构,培养勤思敢想的良好习惯,提升总体科学素质。

【例10】(1986年高考全国卷附加题)有一个平行板电容器,当两极板间为空气时,其电容为 C_0=40 pF,把它连接到一个电动势为 ε=500 V的电源上。现将一块厚度等于极板间距离的石蜡块塞进两极板间,使它充满极板间空间的一半,如图2.1-11。已知石蜡的介电常数 ε=2,求:

(1)塞入石蜡块后,电容器的电容 C。

(2)在石蜡块塞入过程中,电源所提供的电能。

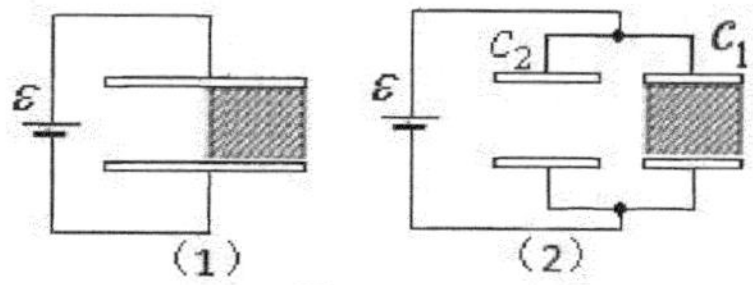

图2.1-11

【解析】(1)石蜡塞入后,电容器可视为两个平行板电容器并联。每个的极板间距离都是 d,每个极板面积都是原电容器极板面积 S 一半。因此,极板间是空气的那一半的电容

$$C_1=\frac{S/2}{4\pi kd}=\frac{C_0}{2} \quad ①$$

极板间是石蜡的那一半的电容

$$C_2=\frac{\varepsilon S/2}{4\pi kd}=\frac{\varepsilon C_0}{2} \quad ②$$

所以电容器的总电容 $C=C_1+C_2$ ③

由①②③三式,代入数值可解得 C=60皮法。

(2)电源提供的能量 W 应等于电动势和通过电源的电量的乘积。设插入石蜡前极板上的电量为 Q_0,插入后为 Q,则 $W=\varepsilon(Q-Q_0)$。

因为 $Q_0=C_0\varepsilon$, $Q=C\varepsilon$

所以得 $W=\varepsilon^2(C-C_0)$,代入数值得 $W=5.0\times10^{-6}$ J。

可是这道题比较多的解答是如下所列:

根据电容器电场的储能公式 $W=\frac{1}{2}C\varepsilon^2$,可求出石蜡塞入前后电容器电场所储的能

量 $W_0=\frac{1}{2}C_0\varepsilon^2=\frac{1}{2}\times 40\times 10^{-12}\ \mathrm{F}\times(500\ \mathrm{V})^2=5.0\times 10^{-6}\ \mathrm{J}$，

$$W=\frac{1}{2}C\varepsilon^2=\frac{1}{2}\times 60\times 10^{-12}\mathrm{F}\times(500\ \mathrm{V})^2=7.5\times 10^{-6}\ \mathrm{J}$$

电容器电场储能之差就是电源提供的能量

$$\Delta W=W-W_0=7.5\times 10^{-6}\ \mathrm{J}-5.0\times 10^{-6}\ \mathrm{J}=2.5\times 10^{-6}\ \mathrm{J}$$

【创新思维】这道题是当年高考附加题，不计入总分。其实这是抽象程度很高、思维要求灵活的一道题，特别是第(2)问。学习基础比较扎实的同学，解答时会从上述两条解题途径考虑到底选择哪一条，这就要看考生的想象思维能力了。两种解法两种答案，前者能量大，后者能量小，于是我们把思维焦点转移到分析电源所提供的电能偏大还是偏小。

后一种是石蜡塞入前后静态下电容器电场所储的能量，ΔW 是电容器所增加的能量，当然是电源提供给电容器的电能。问题是石蜡塞入过程中，电源是否另外还提供给电容器电能？可以想象，石蜡塞入，电容器电容增大，电容器充电，电量增加，板间电场变化，有一部分能量会以电磁波的形式辐射出去。同时如图 2.1-12 所示，当石蜡塞入电容器两极板间时，石蜡块与电容器上下极板相对的两表面异号极化电荷，这时电场力的作用将吸引石蜡块进入板间，人手在塞进石蜡块时需要有一个拉力，对它做负功。换言之，电容器和石蜡对人手做正功，即电场力做正功消耗电能。电源所提供的电能偏大的两个原因，一般不易很快想到。敏捷的想象思维，引起直觉思维，作出直觉判断，就不难得到正确解答。

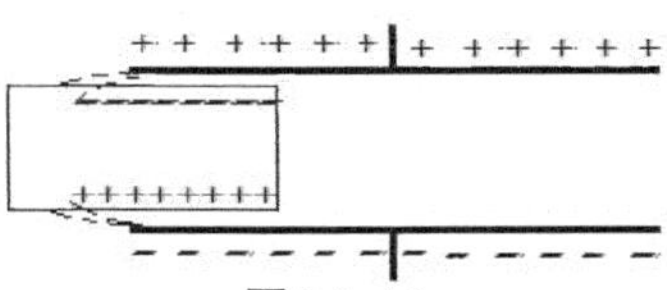
图 2.1-12

【例 11】(1989 年高考全国卷)一个质量为 m、带有电荷 $-q$ 的小物体，可在水平轨道 Ox 上运动，O 端有一与轨道垂直的固定墙。轨道处于匀强电场中，场强大小为 E，方向沿 Ox 轴正向，如图 2.1-13 所示。小物体以初速 v_0 从 x_0 点沿 Ox 轨道运动，运动时受到大小不变的摩擦力 f 的作用，且 $f<qE$；设小物体与墙碰撞时不损失机械能，且电量保持不变，求它在停止运动前所通过的总路程。

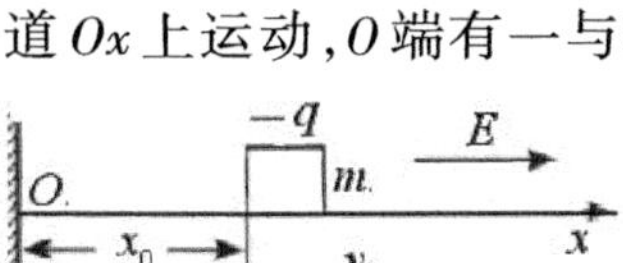

图 2.1-13

【解析】小物体受到的电场力 $F=-qE$，大小不变，方向向左；摩擦力 f 的方向与小物体运动方向相反。不管开始时小物体是沿 x 轴正方向或负方向运动，小物体在多次与墙碰撞后，最后将停止在原点 O 处。在这个过程中，电势能减少了 $\Delta\varepsilon=qEx_0$，小物体动能减少了 $\frac{1}{2}mv_0^2$。题设小物体与墙碰撞时不损失机械能，因此，小物体克服摩擦力做的功就等于所减少的动能和电势能之和，设小物体在停止前所通过的总路程为s，可列$W=fs=\frac{1}{2}mv_0{}^2+qEx_0$，解得$s=\frac{mv_0{}^2+2qEx_0}{2f}$。

【创新思维】本题如不能直觉判别出带电小物体最终应停在墙壁O处，开启此题大门的钥匙就无法找到，那只能在繁杂的数学运算中来回折腾。

【例12】(1989年高考全国卷)电阻为R的矩形导线框$abcd$，边长$ab=L$，$ad=h$，质量为m，自某一高度自由落下，通过一匀强磁场，磁场方向垂直纸面向里，磁场区域的宽度为h(如图2.1-14所示)。若线框恰好以恒定速度通过磁场，线框中产生的焦耳热是_______。(不考虑空气阻力)

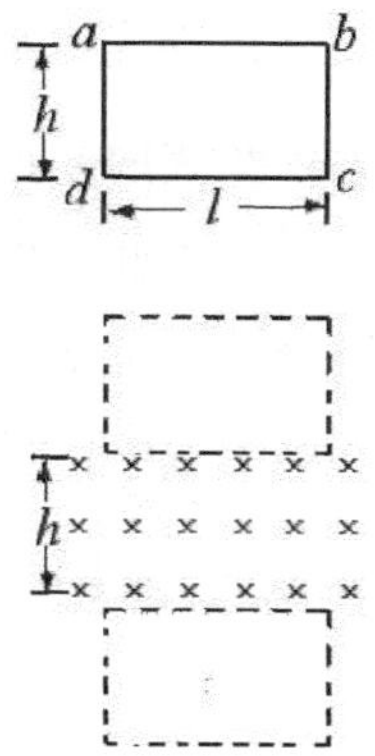

图2.1-14

【解析】(1)当导线框自高处自由下落，其下边cd进入磁场后，边cd切割磁感线，回路中产生感应电流，感应电流在磁场中受的安培力F方向向上，当F与线框重力mg大小相等时，线框匀速通过磁场，则$F=BIl=mg$，所以$I=\frac{mg}{Bl}$①

感应电动势$\varepsilon=B\frac{\Delta S}{\Delta t}$($\Delta S=hl$，$\Delta t$为线框从刚进入磁场到完全进入磁场所经历的时间)，则$\varepsilon=B\frac{\Delta S}{\Delta t}=B\frac{hl}{\Delta t}$②，又$\varepsilon=IR$③

由①②③得$\Delta t=\frac{B^2l^2h}{mgR}$ ④

Δt时间内产生的热$Q_1=I^2R\Delta t$ ⑤

由①④⑤得 $Q_1=mgh$。

线框从完全进入磁场到刚好全部离开磁场所经历的时间和产生的电流，跟先前一进入磁场的过程相同。所以产生的热量也应相同，即$Q_2=Q_1$，于是线框中产生的焦耳热$Q=Q_1+Q_2=2mgh$。

【创新思维】考生如此解析，应该说逻辑严谨、思维清晰，考生从构思到一步步解析推演，经历了不太轻松的努力。可是在分秒必争的考场上，当年分值仅3分的题，花费时间成本未免太大了。如果我们在审题时，对“若线框恰好以恒定速度通过磁场”这一题给信息，触发这样的思维：线框匀速穿过磁场，动能没有增加，重力势能减少全部转化为线框的电能，从而转化为线框的焦耳热，即$Q=2mgh$。在破题的探索中，豁然地直进或者达到问题所求目标，这就是直觉思维的威力。

2.2 中学物理解题思路和方法

高中物理课程标准和考试说明都要求：物理教学应注重理论联系实际，突出对学生的推理能力、实验能力、综合运用所学知识分析解决实际问题的能力、科学研究能力以及获取知识能力的培养。

鉴于此，解题显得十分重要。可不少学生感觉解题一看就会做，一做就做错，深感棘手。本节以必修教材的力学内容，从解题的环节和规律入手，谈谈怎样解题。

一、建网

掌握牢固的物理基础知识，建立灵活的物理知识网络，这是解题的首要环节。

（一）夯实基础

实践告诉我们只有准确地把握物理基本概念、基础知识的内涵和外延，才能正确解题。一些同学把解题困难归结为解题能力差，其实未必。

【例 1】小物块位于光滑的斜面上，斜面位于光滑的水平地面上（如图 2.2-1 所示），从地面上看，在小物块沿斜面下滑的过程中，斜面对小物块的作用力（　　）

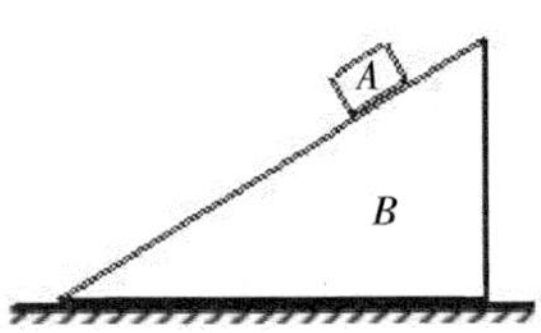

图 2.2-1

A. 垂直于接触面，做功为零

B. 垂直于接触面，做功不为零

C. 不垂直于接触面，做功为零

D. 不垂直于接触面，做功不为零

一些同学答题为 A 正确，理由是斜面对小物块的作用力垂直于接触面，作用力与物体的位移垂直，故做功为零。回答错误。

物理教材必修 2 中 P57 有“力和物体在力的方向上发生的位移，是做功的两个不可缺少的因素”，P58 有“力对物体所做的功，等于力的大小、位移的大小、力与位移夹角的余弦这三者的乘积”。课本上的表述我们是否真正理解了呢？

如图 2.2-2 所示，小物块 A 在下滑过程中和斜面之间有一对相互作用力 F 和 F'，如果把斜面B固定在水平桌面上，物体A的位移方向和弹力方向垂直，这时斜面对物块A不做功。但此题所给的条件是斜劈放在光滑的水平面上，可以自由滑动。此时弹力方向仍然垂直于斜面，但是物块A的位移方向却是从初位置指向终末位置。如图2.2–2所示，弹力和位移方向不再垂直而是成一钝角，所以弹力对小物块A做负功，即B选项正确。

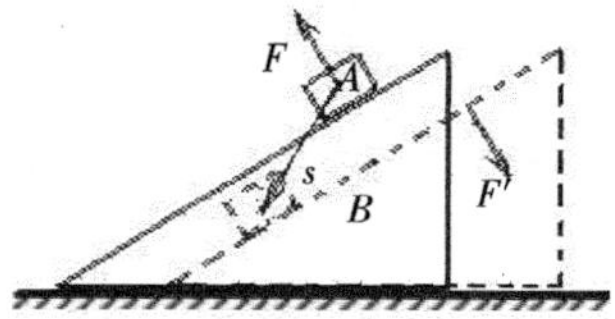

图2.2–2

（二）建知识网

1.构建知识网的重要性。

停留在夯实基础层面这还不够，因为只到这一步，我们的知识往往是孤立的、零散的，知识点分立且无序地堆积在头脑中。这样，知识点越多，头脑就越混乱，不可能顺利地用来解决问题。遇到实际问题时，很难招架，更别说针对应用了。反过来，合理地梳理自己的知识体系，将课本知识纵横联系、分类汇总，架构起网状框架，从任何一个点切入都能拓展到整个面。遇到问题时，知识网络可以让你触类旁通、举一反三地提取知识，应用知识。

2.知识网的形式。

（1）方框图式，如下列必修2第七章“机械能守恒定律”知识方框流程图（图2.2–3）。

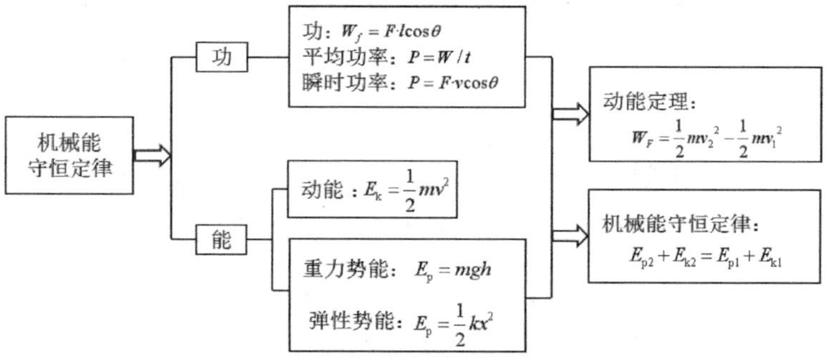

图2.2–3

（2）提纲式，如必修2第六章“万有引力与航天”第一部分“行星的运动”提纲。

行星的运动：开普勒行星运动三大定律。

①第一定律（轨道定律）：所有行星绕太阳运动的轨道都是椭圆，太阳处在椭圆的一个焦点上。

②第二定律（面积定律）：对任意一个行星来说，它与太阳的连线在相等的时间内

扫过相等的面积。推论:近日点速度比较大,远日点速度比较小。

③第三定律(周期定律):所有行星轨道的半长轴的三次方跟它的公转周期的二次方的比值都相等,即$\frac{a^3}{T^2}=k$。比值k是一个常量,其大小与做圆周运动的行星无关,只与中心天体的质量有关。推论:对围绕同一中心天体运动的行星(卫星),k都相同。

二、读审

(一)读题明意

理解题意是正确解答物理习题的前提,要迅速地理解题意,必须认真审题,这是解题关键的第一步。审题就是一字不漏地读题,理解题目中所涉及的物理现象和物理过程,以及题目中所提供的条件和待求的结果。通过审题,能在头脑里形成一个生动而清晰的物理图景,找到解决问题的简捷办法。在这之前,都要审题不止,而且题目愈难,愈要在审题上下功夫,以求突破;即使题目容易,也不能掉以轻心,熟题当作生题做。审题过程,就是破解题意的过程。因此,必须做到:咬文嚼字,理解关键字句,通过审题,抓住题目中的关键字和句,摄取题目信息。推敲弄清问题的对象是什么?研究对象与外界有哪些联系?经历了哪些物理过程?各物理过程之间有什么联系?在问题涉及的各个物理过程中,哪些量是不变的?哪些量是随其他量的变化而变化的?问题的条件是什么?哪些条件是已知的?哪些条件是未知的?题中待求的是什么?

默读题目,收集信息。圈关键词语,反复推敲、正确理解其表达的物理意义。如"变化量"与"变化率","增加了多少"与"增加到多少","5秒末"与"5秒初","前5秒内"与"第5秒内","是某量的几倍"与"比某量多几倍",表现极限情况的"刚好""恰能""至多""至少"等,应特别注意,最好在审题时做上记号。

(二)审清条件

1.梳理裸露条件。

题目中一部分题设条件是直接给出的,也就是裸露的,这是显而易见的条件。不过,需要提醒的是题目要看清,防止疏漏。

2.挖掘隐含条件。

还有一部分条件隐含在题目的字里行间,或图表之中,如果不找出和利用这些隐含条件,就会陷入“山穷水尽”的困境,将导致解题思路中断。有些隐含条件隐含得不深,挖掘起来不困难,如“光滑平面”就表示摩擦不计,“恰好不滑出板”就表示“研究物体恰好滑到板的边缘处且具有了和板同样的速度,即保持了相对静止”等。可有一些隐含条件埋藏得比较深,情景又比较新颖,挖掘起来就较困难。审题时要学会从题目中推敲、挖掘出全部隐性条件,这就需要了解这些隐含条件隐含的规律。一般来说,隐含方式的可能性有:

(1)在物理现象中隐含。题设的条件中必然反映若干物理现象,这些现象本身就包含了解题所需要的已知条件。深刻体会物理现象的含义、产生的原因和条件是获取已知条件的关键。如:“航天员在运行的宇宙飞船中”隐含航天员处于失重状态;“通信卫星”隐含卫星的运行角速度、周期与地球自转的角速度、周期相同,即同步等。

(2)在物理模型中隐含。在试题中常将理想化条件隐含在有关词语或题意中,需要运用理想模型去捕捉和挖掘。如质点都不计形状和大小,“轻质”均指不计其质量。

【例2】(创新改编题)如图2.2-4所示,小物块A与水平圆盘之间保持相对静止。若小物块A跟随圆盘做匀速圆周运动,则小物块A受到的力和转动轴$O'O''$在水平方向上,将受到的作用力分别为(　　)

A. A受重力、支持力、沿切线的摩擦力,$O'O''$不受力

B.A受重力、支持力、向心力、摩擦力,$O'O''$受与摩擦力等大、反向的作用力

C.A受重力、支持力、指向圆心的摩擦力,$O'O''$受与摩擦力等大、反向即由圆心指向小物块向外的作用力

D.A受重力、支持力,$O'O''$不受力

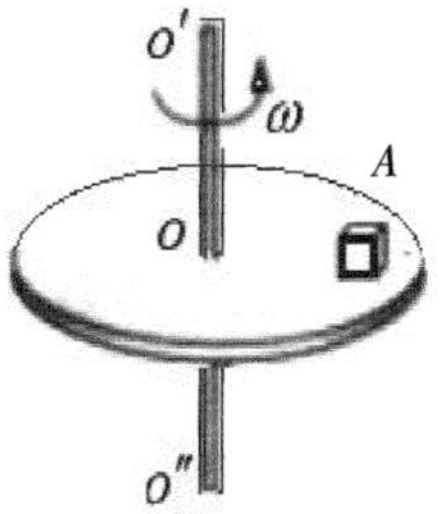

图2.2-4

【解析】小物块A随着圆盘转动若不是匀速圆周转动,摩擦力的方向也不一定沿半径方向,只有小物块A随圆盘做匀速圆周运动,所受向心力由静摩擦力提供,则方向必定指向圆心;转动轴$O'O''$在水平方向上,将受到由圆心指向小物块向外的作用力。因此,隐含条件隐藏在匀速圆周运动这一运动模型中。所以答案为C。

(3)在临界问题中隐含。所谓临界问题,是指从一种物理过程或物理状态转变为另一种物理过程或物理状态的时候,存在着分界限的现象。还有些物理量在变化过程中遵循不同的变化规律,处在不同规律交点处的取值即是临界值。临界现象是量变到质变规律在物理学中的生动表现。这种界限,通常以临界状态或临界值的形式

表现出来。物理学中的临界条件有：

①两接触物体脱离与不脱离的临界条件是：相互作用力为零。

②绳子断与不断的临界条件为：作用力达到最大值；绳子弯曲与不弯曲的临界条件为：作用力为零。如绳约束下的小球做圆周运动，恰能通过最高点隐含恰好重力提供向心力，绳的拉力为零。

③靠摩擦力连接的物体间发生与不发生相对滑动的临界条件为：静摩擦力达到最大值。

④追及问题中两物体相距最远的临界条件为：速度相等；相遇不相碰的临界条件为：同一时刻到达同一地点，速度相等。

⑤两物体碰撞过程中系统动能损失最大(即碰后动能最小)的临界条件为：两物体的速度相等。

⑥物体在运动过程中速度最大或最小的临界条件是：加速度等于零。

(4)在题图中隐含。许多物理试题的部分条件常隐含于题图中及图像的几何性质中，同学们须通过观察、分析以挖掘和发现。

【例3】如图2.2-5所示。下列各图是反映汽车以恒定牵引力从静止开始匀加速启动，最后做匀速运动的过程中，其速度随时间，加速度、牵引力和功率随速度变化的图像，其中正确的是(　　)

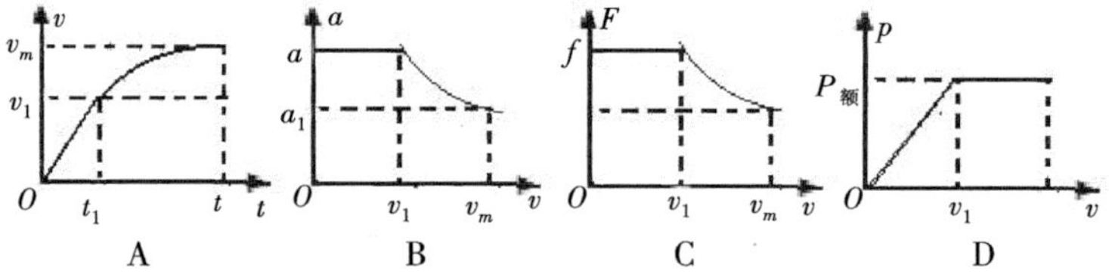

图2.2-5

【解析】汽车开始做初速度为零的匀加速直线运动，当达到额定功率时，匀加速结束，然后做加速度逐渐减小的加速运动，直至最后匀速运动。

开始匀加速时：$F-f=ma$，

设匀加速刚结束时速度为v_1，有$P_{额}=Fv_1$，

最后匀速时：$F=f$，有$P_{额}=fv_m$。

由上得：匀加速的末速度$v_1=\dfrac{P_{额}}{f+ma}$，最后匀速的速度$v_m=\dfrac{P_{额}}{f}$。

在$v-t$图像中斜率表示加速度，汽车开始加速度不变，后来逐渐减小，故A正确；

汽车运动过程中开始加速度不变，后来加速度逐渐减小，最后加速度为零，故B

错误；

汽车牵引力开始大小不变，然后逐渐减小，最后牵引力等于阻力，故C正确；

开始汽车功率逐渐增加，$P=Fv=Fat$，故为过原点直线，后来功率恒定，故D正确，选A、C、D。以上解析表明，隐含条件都隐藏在各类图像中。

(5)在人们的常识中隐含许多物理试题某些条件。由于是人们的常识而没有在题中给出，同学们须根据题意多角度分析，提取或假设适当的条件和数据，以弥补题中已知条件的不足，进而达到解题的目的。如月球的自转和公转周期均可计为27.32天，地球的自转和公转周期分别计为24小时和365天等。

3.排除干扰因素。

在题目给出的诸多条件中，有些是有用的，有些是无关的，而这些无关条件常常就是命题者有意设置的干扰条件。干扰因素往往与解题的必备条件混杂在一起，会诱骗我们误入歧途，只要我们能梳理并摒弃这些干扰条件，题目常常就能迅速顺利破解。

三、构思

(一)分层解析

1.画示意图展现物理情景。

边读题、边画图(示意草图)、边分析，既然是草图，则不求工整只求明意。具体而言，常用的示意图有矢量图，如受力分析过程的图、正交分解图和函数图像，有说明运动过程的图、状态变化的图，还有用投影法、等效法得到的示意图等。在示意图上，我们将对题目的理解简单地标注出来。有时很多计算题往往要靠画图来加深对题目的理解、审查细节以及细节之间的关系，甚至让题中的物理情景展现在眼前，把物理问题具体化、形象化。再在此基础上寻找条件间的联系，为下一步选择合适的规律列式求解做准备。

【例4】总质量为M的列车，沿水平直线轨道匀速前进，其末节车厢质量为m，中途脱钩，司机发觉时，机车已行驶距离l，于是立即关闭油门。如图2.2-6所示，设运动的阻力与质量成正比，机车的牵引力是恒定的，当列车的两部分都停止时，它们的距离是多少？

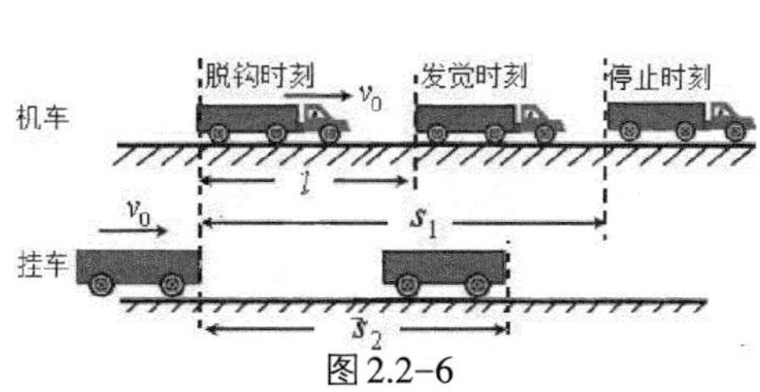

图2.2-6

【解析】对车头，脱钩后的全过程用动能定理：

$$Fl - k(M - m)gs_1 = \frac{1}{2}(M - m){v_0}^2$$

对尾车，脱钩后用动能定理得 $-kmgs_2 = -\frac{1}{2}m{v_0}^2$，

原来列车匀速前进，故 $F = kMg$，$\Delta s = s_1 - s_2$，

由以上方程解得 $\Delta s = \frac{Ml}{M - m}$。

2. 建立物理模型。

（1）什么是物理模型。所谓物理模型，就是为了形象、简捷地处理物理问题，人们经常把复杂的实际情况转化成容易接受的、简单的物理情景，从而形成经验性的规律，即把实际的研究对象或物理过程转化为理想化的物理模型。

中学物理模型可以分为物质模型和过程模型两大类。

①物质模型：必修1、2中的实体物质，如质点、木块、弹性小球、轻质弹簧等；还有实际物体在某种条件下的状态，如绳件、杆件、挂件（死结与活结问题）、绳端问题（绳子末端速度分解）、圆锥摆、传送带、斜面、“人船”问题、船过河、子弹打木块问题、“流体”模型等。

②过程模型：如果物理情景的描述在阅读后不能够直接在大脑中形成时空图像，而是再通过思维加工才形成的时空图像，就称之为“过程模型”。理想化的物理现象或过程，必修1、2中有如匀速直线运动、匀变速直线运动、追击问题、自由落体运动、竖直上抛运动、平抛运动、匀速圆周运动等。

（2）如何建立物理模型。寻找与已有信息（熟悉的知识、方法、模型）相似、相近或相联系，通过类比联想或抽象概括，或逻辑推理，或原型启发，建立起新的对应的物理模型，将新情景问题转化为常规问题就叫建立物理模型。

如图2.2-7中所示，如圆锥摆模型摆球的质量为 m，摆线长度为 l，摆动后摆线与竖直方向成 θ 角，则 $F_{向} = mg\tan\theta = m\frac{v^2}{r} = mr\omega^2$。汽车弯道、在倒立空心圆锥内表面做圆周运动的小球等，都可以以此发散。

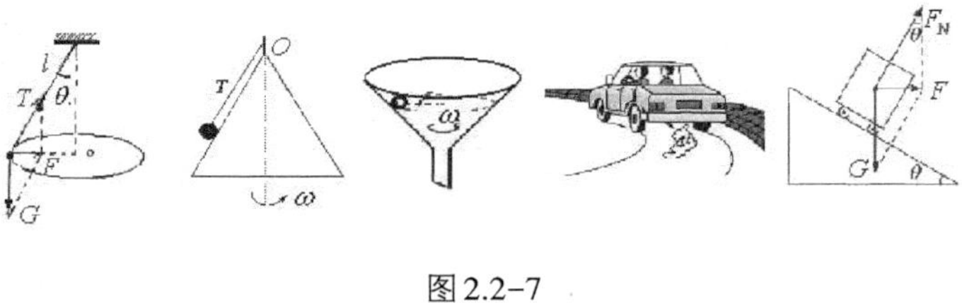

图2.2-7

【例5】绳端问题(绳子末端速度分解):如图2.2–8所示,在河岸上利用定滑轮拉绳索使小船靠岸,拉绳速度大小为v_1,当船头的绳索与水平面夹角为θ时,船的速度多大?

【解析】通常运动合成问题,都是同一物体同时参与的两个分运动的合成,而物体相对于给定参照物(一般为地面)的实际运动是合运动,实际运动的方向就是合运动的方向。本例中,船的实际运动是水平运动,它产生的实际效果可以以A点为例说明:一是沿绳的收缩OA方向的运动,二是A点绕O点沿顺时针方向的转动,所以,船的实际速度v可分解为船沿绳方向的速度v_1和垂直于绳的速度v_2,如图2.2–8(1)所示。由图可知$v=v_1/\cos\theta$。

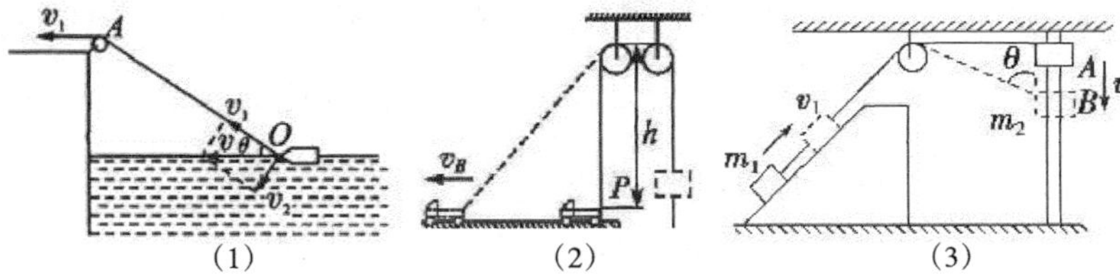

图2.2–8

除图2.2–8(1),图2.2–8(2)(3)所示情况也是同类的。另外举两例,虽然外形不同,可是实质是相同的,要用发散思维处理。

方法1:两根光滑杆互相垂直地固定在一起,上面分别穿有一个小球。小球a、b间用一细直棒相连如图2.2–9。当细直棒与竖直杆夹角为α时,求两小球实际速度之比$v_a:v_b$。

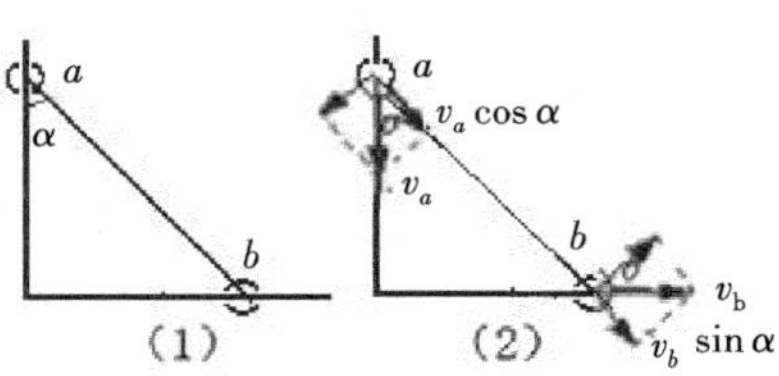

图2.2–9

【解析】a、b沿杆的分速度分别为$v_a\cos\alpha$和$v_b\sin\alpha$,$\therefore v_a:v_b=\tan\alpha:1$。

方法2:如图2.2–10所示,点光源S到平面镜M的距离为d。光屏AB与平面镜的初始位置平行。当平面镜M绕垂直于纸面过中心O的转轴以ω的角速度逆时针匀速转过30°时,垂直射向平面镜的光线SO在光屏上的光斑P的即时速度大小为_______。

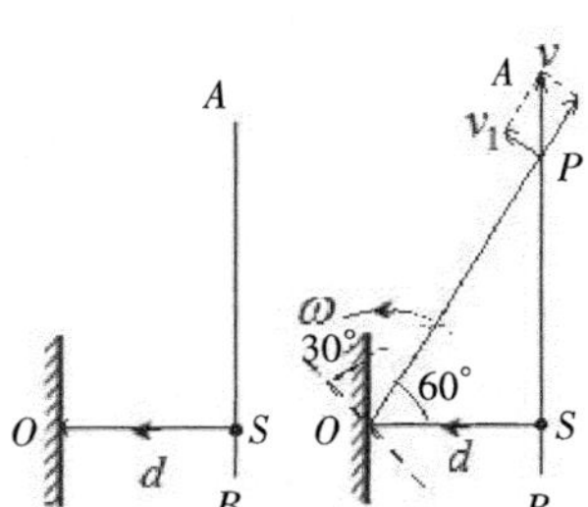

图2.2–10

【解析】当平面镜转过30°时,反射光线转过60°角,反射光线转动的角速度为平面镜转动角速度的2倍,即为2ω。将P点速度沿OP方向和垂直于OP的方向进行分解,$v_1=v\cos60^\circ$,$v_1=2\omega\cdot O\bar{P}$,解得$v=8\omega d$。

(二)展开思路

1.抓关键,展开解题思路。

明确题叙的物理图景,将它抽象成一个典型的物理模型后,继续展开已知和未知量间的内在联系,紧扣跟因果关系密切相连的物理现象和物理量。

2.思步骤,建立解题方程。

针对题中信息建立的物理模型,思考所需解决问题所应用的基本物理规律,构思解题步骤,寻找数学工具,建立相应解题方程。其中包括物理子过程的运用公式,建立铺设通向未知世界的桥梁。

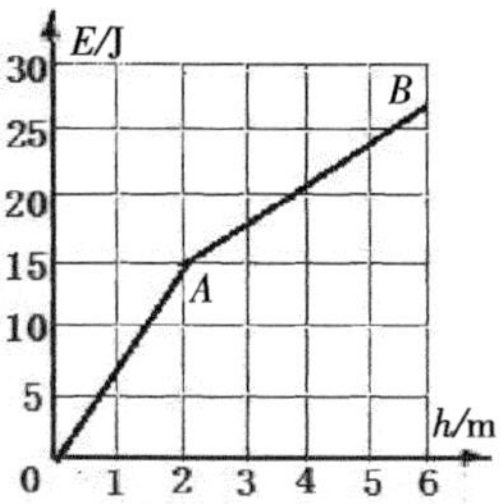

图 2.2-11

【例6】静上于地面上的物体质量为0.3 kg,某时刻物体在竖直拉力作用下开始向上运动,若取地面为零势能面,物体的机械能E和物体上升的高度h之间的关系如图2.2-11所示,不计空气阻力,取g=10 m/s^2,下列说法正确的是(　　)

A.物体在OA段重力势能增加6 J

B.物体在AB段动能增加了12 J

C.物体在h=2 m时的动能为9 J

D.物体经过OA段和AB段拉力做功之比为5∶4

【解析】A.物体在OA段重力势能增加$\Delta E_{p1}=mgh_1$=0.3 kg×10 m/s^2×2 m=6 J,故A正确。

B.物体在AB段重力势能增加$\Delta E_{p2}=mgh_2$=0.3 kg×10 m/s^2×4 m=12 J。机械能增加ΔE_2=27 J−15 J=12 J,则动能增加量为0,故B错误。

C.物体在h=2 m时的动能$E_{kA}=E_A-mgh_1$=15 J−6 J=9 J,故C正确。

D.根据功能原理知,$Fx=\Delta E$,则物体经过OA段和AB段拉力做功之比为$\dfrac{15\text{ J}}{27\text{ J}-15\text{ J}}=\dfrac{5}{4}$,D正确。故选A、C、D。

四、解答

建立相应解题方程之后,解题进入“解答”环节。解答应紧扣题问,简明扼要、有序规范。

(一)精选解法

许多物理问题往往有多种解法,当然其中存在比较简洁明了的解法。善于从多种解法中优选出最佳解法,是解题能力和技巧的反映。因此,我们应当培养一题多解,并迅速选择最优解法的能力。

1.一题多解。

"一题多解"是从多角度思考、变换方位思维、多途径寻找多种解题方法。简而言之,"一题"是载体,"多解"是途径,通过"一题多解"对比归纳,在掌握基础知识和基本技能的基础上,有目的地打破常规思维、寻求变异、广开思路、充分想象,逐步培养从不同角度、不同思路思考问题,以提高解题能力。

【例7】质量为m的物体A,以速度v_0从平台上滑到与平台等高、质量为M的静止小车B上,如图2.2-12所示。小车B放在光滑的水平面上,物体A与B之间的滑动摩擦因数为μ,将A视为质点,要使A不致从小车上滑出,小车B的长度l至少应为多少?

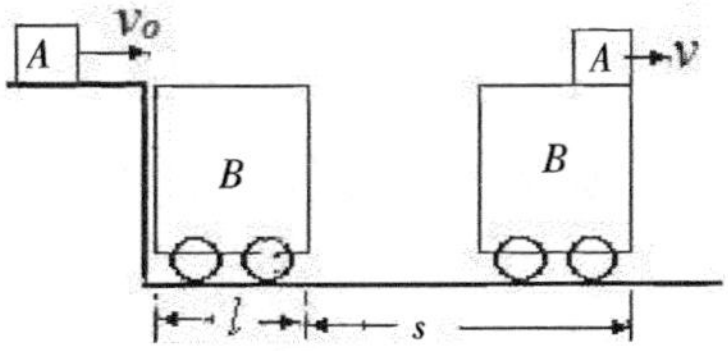

图2.2-12

【解析】解法1:动力学观点。

取向右方向为正方向,对A、B分别用牛顿第二定律:

$-\mu mg = ma_A, \mu mg = Ma_B$

应用加速度的定义式:$a_A = \dfrac{v - v_0}{t}, a_B = \dfrac{v}{t}$,

由牛顿第三定律有

$Ma_B = ma_A$

由以上各式解出$v = \dfrac{mv_0}{(M + m)}, a_A = -\mu g, a_B = \dfrac{m}{M} \cdot \mu g$ ①

由运动学公式:

对A:$v^2 - {v_0}^2 = 2a_A(l + s)$ ②

对B:$v^2 = 2a_B s$ ③

联立①②③可解得$l=\dfrac{M{v_0}^2}{2\mu g(M + m)}$。

解法2:用"相对运动"求解。

平时位移、加速度、速度都是相对地面,以地面为参照物的,本题改为以B为参照物，运用A相对于B的位移、速度和加速度来求解。取向右方向为正，则A相对B加速度$a_{AB}=a_A-a_B=\frac{-\mu mg}{m}-\frac{\mu mg}{M}=-\mu g-\frac{m}{M}\cdot\mu g$，

由运动学公式得$0-v_0{}^2=2a_{AB}l$，

$$l=\frac{-v_0{}^2}{2a_{AB}}=\frac{-v_0{}^2}{-2\mu g-2\frac{m}{M}\mu g}=\frac{Mv_0{}^2}{2(M+m)\mu g}$$

解法3：功能关系与动量守恒定律。

对A、B系统运用动量守恒定律$mv_0=(M+m)v'$　①

由功能关系得$-\mu mgl=\frac{1}{2}(M+m)v'^2-\frac{1}{2}mv_0{}^2$　②

联立①②两式，解得$l=\frac{Mv_0{}^2}{2\mu g(M+m)}$。

2.多解选优。

如果在一题多解的基础上再向前一步，将几种解法进行分析、比较，优选出最简便、最巧妙的解法，那么，你将会从题海中彻底解放出来，大大提高创造性思维能力。

（二）规范解题

1.改掉解题陋习。

解答物理问题时，应用物理公式（定理、定律、方程等）运算过程中，缺漏必要的文字说明，应用的物理规律缺少依据，如遗漏“由……定律得……”“据……定理有……”，则表述不完整。

在应用物理公式时，乱套公式，书写成字母与数字掺杂的运算式，公式变形（如重力势能写成“$E_P=hmg$”）不规范。

必要的辅助图示没有，不善于运用物理变量运算，缺漏演算过程，缺少变换环节。

物理量符号不规范，如：题目已经明确了支持力F_N、摩擦力F_f、细绳拉力F，运算过程中篡改或随意另用物理量符号N、f、T，表示已知量。

2.规范解题流程。

明确研究对象：涉及的多个物体，需针对不同问题灵活选取研究对象；

发挥图示功能：作规范必要的示意图或函数图像；

弄清图景建模：弄清研究对象所经历的物理图景，建立相应的物理模型；

规范列方程式：列字母规范的方程或方程组，有简短的文字说明；

演算过程清晰:原始公式→变化形式→代入数据;

完善正确结果:不忘单位,如有需要应加上验算讨论。

五、验讨

(一)检验结果

1.检验结果的意义。

解题得到结果不是万事大吉,验证解题答案是很重要的一步,特别是在考试过程中。因此,检验结果不可忽视。

2.检验结果的方法。

(1)检验所列的方程是否正确;

(2)分析结果的物理意义,看是否符合实际;

(3)检验计算结果及单位的书写是否正确;

(4)检查量纲是否正确,如果量纲错,结果一定错了;

(5)利用数量级估算法、特殊值假设检验法;

(6)有些题目解出一个结果后,从多个角度、多个途径、多种方法思考,即发散思维检验法。

(二)解后讨论

1.小结经验和教训。

将以前做过的题,特别是出错的题抽出来讨论,找到错因并记录下来,以作前车之鉴。

选择题。不会或者做错的选项,要说出为什么错,怎样改正才对。对的选项要问它为什么对?这样揣摩、推敲,理解水平会不断上升,错误率将很快下降。对于多项选择题,一定要训练思维的灵活性和发散性,做到不漏解、不多解、不错解。

做选择题还有一个重要的方法,就是读完题干后不要急于看选项,要先认真研究题干,心中有数之后再看选项,这样选项就有可能批量处理,直接看出对还是错。这样还可以免于被似是而非的“引诱考生上当的解”所迷惑。

综合题。综合题往往由若干子过程组合而成,这些过程并不是孤立的,它们之间存在着一定的制约关系。只要仔细分析物理过程,寻找到前后过程的联系,就能找到解题途径。

综合题中，历年考查最多的题型便是动力学问题。面对该类问题，一般有三种途径：力学观点（牛顿第二定律和运动学公式）、能量观点（动能定理、机械能守恒定律、功能关系、能量转化和守恒定律）、动量观点（动量、冲量、动量定理、动量守恒定律）。

（1）研究某一物体所受力的瞬时作用与物体运动状态的关系（或涉及加速度）时，一般用力学观点；

（2）涉及功和位移时优先考虑动能定理；

（3）若研究的对象为一系统，且它们之间有相互作用时，优先考虑能量和动量守恒定律，特别是出现相对运动的题目则优先考虑能量守恒定律。

2. 学会科学思维。

物理解题的核心在于物理思维，因此应当把解题过程作为训练物理科学思维的过程。

2.3 怎样解中学物理极值题

中学物理极值题，涉及的因素较多，过程变化较复杂，表现为综合性强、数理逻辑思维能力要求较高、难度系数较大，初学者既感兴趣又感觉棘手。随着人们对最优化、最佳效益的迫切需求，物理极值问题在中学物理中的地位日益提高，高考中出现极值题屡见不鲜。因此，我们需要加强对中学物理极值题的学习和研究。

一、解中学物理极值题的数学方法

(一)代数法

1.一元二次函数性质的应用。

运用代数法求极值，常常应用一元二次函数的一个重要性质。对于一元二次函数 $y = ax^2 + bx + c(a\neq 0)$，

如果 $a>0$，则当 $x = -\dfrac{b}{2a}$ 时，有极小值 $y_{min} = \dfrac{4ac - b^2}{4a}$；

如果 $a<0$，则当 $x = -\dfrac{b}{2a}$ 时，有极大值 $y_{max} = \dfrac{4ac - b^2}{4a}$。

解题先要应用有关物理规律列出一元二次函数式，然后依上述性质求物理极值。

【例1】一物体做斜上抛运动，初速度为 v_0、投射角为 α，试问：物体抛出后多少时间达到最大高度？最大高度是多少？(空气阻力不计)

【解析】根据合运动观点，斜上抛运动可视为水平方向的匀速直线运动和竖直方向的竖直上抛运动的合运动。

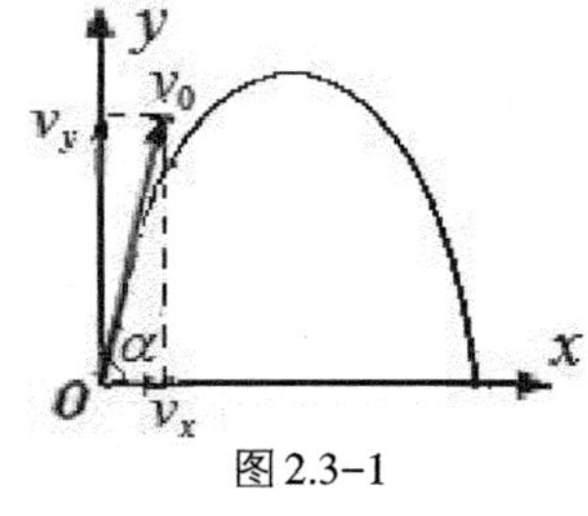

图2.3-1

高度 h 是时间 t 的二次函数，如图2.3-1所示，其中

$v_x = v_0\cos\alpha, v_y = v_0\sin\alpha$

若求物体能达到的最大高度，即求函数 h 的最大值，即

$h = -gt^2/2 + v_0\sin\alpha\cdot t$

由于二次项系数$a=-g/2<0$，则存在极大值

$$h_{max}=\frac{4ac-b^2}{4a}=\frac{4\times(-g/2)\times0-(v_0\sin\alpha)^2}{4\times(-g/2)}=\frac{{v_o}^2\sin^2\alpha}{2g}$$

故当$t=-\frac{b}{2a}=-\frac{v_0\sin\alpha}{2(-g/2)}=\frac{v_0\sin\alpha}{g}$时，$h$有极大值。

【例2】（2010年高考重庆卷）小明站在水平地面上，手握不可伸长的轻绳一端，绳的另一端有质量为m的小球，甩动手腕，使球在竖直平面内做圆周运动。球某次运动到最低点时，绳突然断掉，球飞行水平距离d后落地。如图2.3-2所示。已知握绳的手离地面高度为d，手与球之间的绳长为$3d/4$，重力加速度为g，忽略手的运动半径和空气阻力。求：

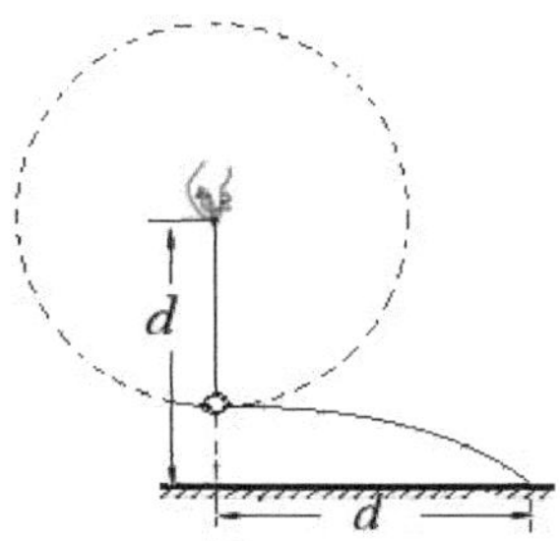

图2.3-2

（1）绳断时球的速度大小v_1和球落地时的速度大小v_2。

（2）绳能承受的最大拉力是多大？

（3）改变绳长，使球重复上述运动，若绳仍在球运动到最低点断掉，要使球抛出的距离最大，绳长应是多少？最大的水平距离为多少？

【解析】（1）绳断后球飞行时间为t，由平抛运动规律有

竖直方向$\frac{1}{4}d=\frac{1}{2}gt^2$，

水平方向$d=v_1t$，得$v_1=\sqrt{2gd}$，

由机械能守恒定律$\frac{1}{2}m{v_2}^2=\frac{1}{2}m{v_1}^2+mg(d-\frac{3}{4}d)$，得 $v_2=\sqrt{\frac{5}{2}gd}$。

（2）绳能承受的最大拉力大小为T，这也是球受到绳最大拉力大小，球做圆周运动的半径$R=3d/4$，小球运动到最低点，

$T-mg=m{v_1}^2/R$，得$T=11mg/3$。

（3）设改变的绳长为l，绳断时球的速度为v_3，绳能承受的最大拉力未变，同理

$T-mg=m{v_3}^2/l$，解得$v_3=\sqrt{8gl/3}$。

绳突然断后，球仍做平抛运动，竖直位移$d-l$，水平位移x'，飞行时间t'，根据平抛运动规律，

$d-l=gt'^2/2$，$x'=v_3t'$，解得 $x'=4\sqrt{l(d-l)/3}$。

由应用一元二次函数性质求极值的方法可得

当$l=d/2$时，水平位移可达最大，即$x_{max}=2\sqrt{3}\,d/3$。

2.配方法。

在物理极值问题中,有时并不是将未知量的表达式写成一元二次函数标准式,而是根据物理过程列出求未知量的表达式,利用“在同一算式里,加上并减去一个相同的数,其值不变”的特性,将表达式中的二次项加以变形,使一元二次函数中含有自变量x的项配成完全平方,即两个数的差的完全平方,再加上某个常数项的形式。然后进行讨论,求出极值,这种方法俗称“配方法”。

【例3】(2012年高考全国卷)一探险队员在探险时遇到一山沟,山沟的一侧竖直,另一侧的坡面呈抛物线形状。此队员从山沟的竖直一侧,以速度v_0沿水平方向跳向另一侧坡面,如图2.3-3所示。以沟底的O点为原点建立坐标系xOy,已知山沟竖直一侧的高度为$2h$,坡面的抛物线方程为$y = x^2/2h$,探险队员的质量为m。人视为质点,忽略空气阻力,重力加速度为g。

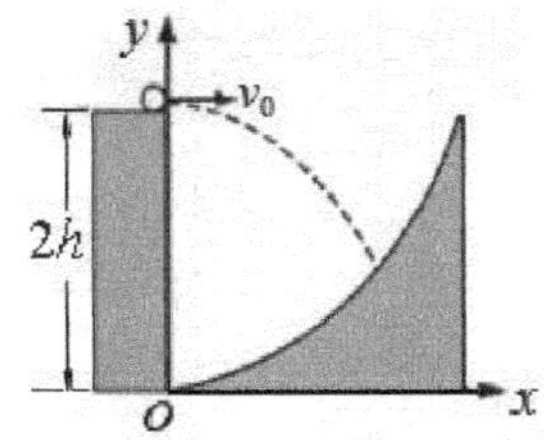

图2.3-3

(1)求此人落到坡面时的动能;

(2)此人水平跳出的速度为多大时,他落在坡面时的动能最小?动能的最小值为多少?

【解析】(1)设探险队员在空中运动的时间为t,在坡面上落点的横坐标为x,纵坐标y。由运动学公式和已知条件得

$x = v_0 t$ ①

$2h - y = \frac{1}{2}gt^2$ ②

根据题意有$y = \frac{1}{2h}x^2$ ③

由机械能守恒,落到地面时的动能为$\frac{1}{2}mv^2 = \frac{1}{2}mv_0^2 + mg(2h - y)$④,

由②得$y = 2h - \frac{1}{2}gt^2$⑤,将①③代入⑤得$t^2 = \frac{4h^2}{{v_0}^2 + gh}$⑥,

将②⑥代入④得

$\frac{1}{2}mv^2 = \frac{1}{2}m(v_0^2 + \frac{4g^2h^2}{v_0^2 + gh})$ ⑦

(2)⑦式可以改写为$v^2 = (\sqrt{v_0^2 + gh} - \frac{2gh}{\sqrt{v_0^2 + gh}})^2 + 3gh$⑧,

v^2极小的条件为⑧式中的平方项等于0,由此得$v_0 = \sqrt{gh}$⑨,

此时 $v^2 = 3gh$，则最小动能为 $(\frac{1}{2}mv^2)_{min} = \frac{3}{2}mgh$。

【创新思维】本题第二问还可以采用如下解法：由⑦式得

$$E_k = \frac{1}{2}mv^2 = \frac{1}{2}mv_0^2 + \frac{2mg^2h^2}{v_0^2 + gh}$$

令 $v_0^2 = ngh$，则 $E_k = \frac{n}{2}mgh + \frac{2mgh}{n+1} = mgh(\frac{n}{2} + \frac{2}{n+1})$。

当 $n = 1$ 时，即 $v_0^2 = gh$，探险队员的动能最小，最小值为 $E_{kmin} = \frac{3mgh}{2}$，

此时，$v_0 = \sqrt{gh}$。

3.一元二次方程判别式性质的应用。

中学数学告诉我们，一元二次方程 $ax^2 + bx + c = 0$ 的两个根

$$x_1 = \frac{-b + \sqrt{b^2 - 4ac}}{2a}, x_2 = \frac{-b - \sqrt{b^2 - 4ac}}{2a}$$

如果方程的根为实数根，则判别式 $\Delta = b^2 - 4ac \geqslant 0$，即 $b^2 \geqslant 4ac$，也就是说 b^2 的最小值应是 $4ac$，应用这一性质，可求极值。

应用判别式性质求极值时，首先应根据题意，运用物理规律建立未知量与自变量之间的函数关系 $y = f(x)$，并化成一元二次方程式，然后解不等式 $\Delta = b^2 - 4ac \geqslant 0$，可得未知物理量的极大值或极小值。

【例4】(国外中学生物理奥林匹克竞赛题)足球运动员在11米远处的罚球点准确地从球门横梁下边沿踢进一球。横梁下边沿离地高度为 h=2.5米，足球质量为 m=0.5千克，空气阻力不计，必须传递给这个足球的最小能量 E_{min} 是多少？

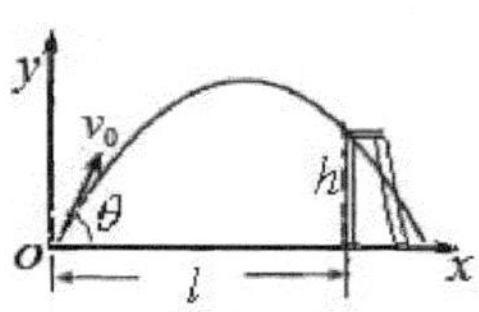

图2.3-4

【解析】如图2.3-4所示，罚球时足球的运动可以看作斜抛运动，抛射角为 θ，初速度为 v_0，射球点和球门横梁下边沿的连线与水平线的夹角为 α，射球点距球门的水平距离为 l。则

$$x = v_0\cos\theta \cdot t \quad ①$$

$$y = v_0\sin\theta \cdot t - \frac{1}{2}gt^2 \quad ②$$

由①②去 t 后得

$$y = x\tan\theta - \frac{gx^2}{2{v_0}^2\cos^2\theta} \quad ③$$

由题可知，$x = l = 11\,\text{m}$，$y = h = 2.5\,\text{m}$，

则有 $h = l \cdot \tan\theta - \frac{1}{2} \cdot \frac{gl^2}{v_0^2\cos^2\theta} = l \cdot \tan\theta - \frac{gl^2}{v_0^2} \cdot (1 + \tan^2\theta)$ ④

将 $\tan\theta$ 作为方程的未知量，则④式整理为

$gl^2\tan^2\theta - 2v_0^2 l\tan^2\theta + (gl^2 + 2v_0^2 h) = 0$

$\Delta = 4v_0^4 l^2 + 4gl^2(gl^2 + 2v_0^2 h) \geqslant 0$

可得 $E_k = \frac{1}{2}mv_0^2 \geqslant \frac{1}{2}m(gh + g\sqrt{l^2 + h^2})$，

$E_{min} = \frac{1}{2}mg(h + \sqrt{l^2 + h^2}) = \frac{1}{2} \times 0.5\,\text{kg} \times 9.8\,\text{m/s}^2 \sqrt{(11^2 + 2.5^2)} \approx 34\,\text{J}$

即这个足球的最小能量 E_{min} 是34 J。

【创新思维】物理题中常有一类有一定难度的极值问题，列出的含所求物理量的表达式常常不是一般的二次函数，这自然会使我们想到用导数的方法解答。该例题原参考解答就是用导数求解，但这已超纲，我们可用二次方程的判别式 $\Delta=b^2-4ac\geqslant0$ 来求这类极值问题。我们将含求物理量的表达式看成是方程，在方程中选定适当的物理量为未知量；通过变换使该物理量出现二次项，这样方程就变成了一元二次方程，通过判别式 $\Delta=b^2-4ac>0$ 就可求出极值。该题还可以将足球的斜上抛运动视为沿 v_0 方向的匀速直线运动和自由落体运动的合运动，应用不等式性质，简便得解。

4.特殊不等式的应用。

中学数学学过，利用几何平均数和算术平均数不等式的关系来求函数的极值。

若 x_1、x_2 为两个任意正数，若它们的算术平均数不小于它们的几何平均数，即 $\frac{x_1 + x_2}{2} \geqslant \sqrt{x_1 x_2}$。由此可知：

(1)如果 $x_1 + x_2 = c$ 是定值，则当 $x_1=x_2$ 时，它们的积有极大值

$(x_1x_2)_{max} = (\frac{c}{2})^2$

(2)如果 $x_1 \cdot x_2 = c$ 是定值，则当 $x_1=x_2$ 时，它们的和有极小值

$(x_1 + x_2)_{min} = 2\sqrt{c}$

【例5】一幅画像挂在墙上，画像的上端离地 a，下端离地为 b，当人站在画像前多远处观看时，画像对人所张视角最大？

【解析】如图2.3-5所示，设人应站在画像前 x 米处，

由题意 $\tan\alpha = \tan(\beta + \gamma) = \frac{\tan\beta + \tan\gamma}{1 - \tan\beta\tan\gamma}$，

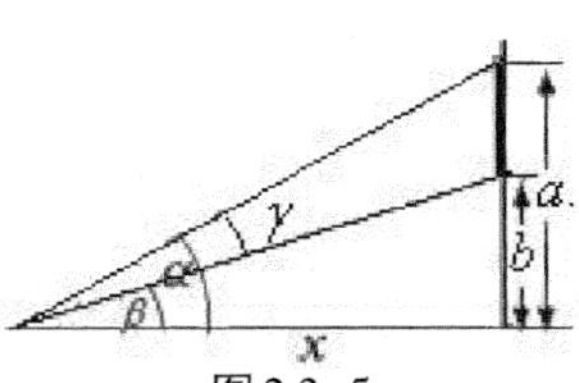

图2.3-5

整理得

$$\tan\gamma = \frac{\tan\alpha - \tan\beta}{1 + \tan\alpha \cdot \tan\beta} = \frac{\frac{a}{x} - \frac{b}{x}}{1 + \frac{a}{x} \cdot \frac{b}{x}} = \frac{a - b}{x + \frac{ab}{x}}$$

分析上式分母，根据特殊不等式的性质，$x \cdot \frac{ab}{x} = ab$（定值），$x = \sqrt{ab}$ 时，$x + \frac{ab}{x}$ 有极小值，则 $\tan\gamma$ 有极大值，γ 有极大值。所以，画像对人所张视角 γ 最大，其最大值 $\gamma_{max} = \tan^{-1}\frac{a - b}{2\sqrt{ab}}$。

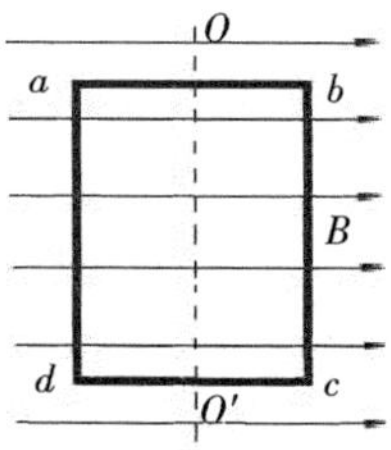

图 2.3-6

【例 6】如图 2.3-6 所示，一个矩形线圈 $abcd$ 的周长为 l，该线圈绕中心轴线 OO' 旋转，当线圈面转到与磁感应线平面内时，线圈中电流强度为 I，已知磁感应强度为 B，那么在线圈总长度不变的前提下，ad 等于多大时，它获得的电磁力矩最大。

【解析】设 $ad=l_1$，$ab = l_2$，线圈位置如图所示，此时线圈 ad 边所受电磁力矩为 $M_1 = BIl_1 \cdot ab/2 = BIl_1l_2/2$。

可见，要使 M_1 最大，在 B、I 一定时，必须使 l_1l_2 最大。又由已知条件，l_1 和 l_2 为正数，同时，$l_1 + l_2 = l/2$。

根据特殊不等式的两点推论可得：

当 $l_1 = l_2 = l/4$ 时，l_1l_2 有极大值。即当 $ad = l/4$ 时，它获得的最大电磁力矩为 $M_1 = BI \cdot \frac{l}{4} \cdot \frac{l}{8} = \frac{1}{32}BIl^2$。

（二）三角函数法

1. 正、余弦函数有界性的应用。

在三角函数中，根据正、余弦函数有界性：$|\sin x| \leqslant 1$，$|\cos x| \leqslant 1$，可得下列结论：

（1）$y = \sin x$。当 $x = 2n\pi + \frac{\pi}{2}$ 时，$y_{max} = 1$；当 $x = 2n\pi + \frac{3\pi}{2}$ 时，$y_{min} = -1$。

（2）$y = \cos x$。当 $x = 2n\pi$ 时，$y_{max} = 1$；当 $x = (2n + 1)\pi$ 时，$y_{min} = -1$。

上述各式中，n 是正整数。

中学物理中，涉及三角函数运算的地方很多，一些物理量需要用三角函数式表达，如斜抛运动中的射程 x 和射高 y：$x = \frac{v_0{}^2\sin 2\theta}{g}$，$y = \frac{v_0{}^2\sin^2\theta}{2g}$。

还有功、感生电动势的计算公式等，此类物理量求其极值时，都可以直接应用正、余弦函数有界性。有一些物理极值问题，尽管涉及三角函数，但还不能直截了当地应用正、余弦函数有界性，这就需要将有关方程进行变换，整理成恰当的三角函数表达式，然后再用有界性求极值。

鉴于物理极值问题的特点，角度变化常发生在0~90°范围内，此时，

极大值$y_{max} = \sin 90° = 1$或$y_{max} = \cos 0° = 1$；

极小值$y_{min} = \sin 0° = 0$或$y_{min} = \cos 90° = 0$。

【例7】(2012年高考新课标全国卷)拖把是由拖杆和拖把头构成的擦地工具(如图2.3-7所示)。设拖把头的质量为m，拖杆质量可以忽略；拖把头与地板之间的动摩擦因数为常数μ，重力加速度为g，某同学用该拖把在水平地板上拖地时，沿拖杆方向推拖把，拖杆与竖直方向的夹角为θ。

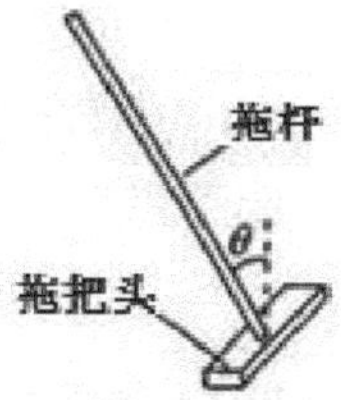

图2.3-7

(1)若拖把头在地板上匀速移动，求推拖把的力的大小。

(2)设能使该拖把在地板上从静止刚好开始运动的水平推力与此时地板对拖把的正压力的比值为λ。已知存在一临界角θ_0，若$\theta \leqslant \theta_0$，则不管沿拖杆方向的推力多大，都不可能使拖把从静止开始运动。求这一临界角的正切$\tan\theta_0$。

【解析】(1)如图2.3-8所示，设该同学沿拖杆方向用大小为F的力推拖把。将推拖把的力沿竖直和水平方向分解，按平衡条件有

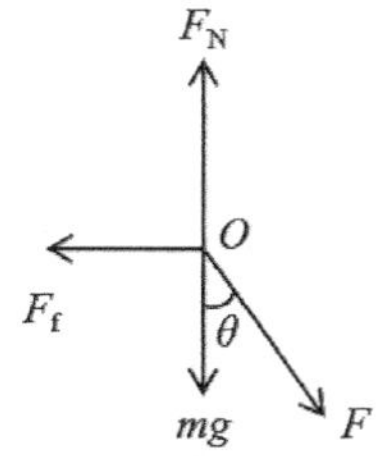

图2.3-8

$F\cos\theta + mg = F_N$ ①

$F\sin\theta = F_f$ ②

式中F_N和F_f分别为地板对拖把的正压力和摩擦力。

按摩擦定律有

$F_f = \mu F_N$ ③

联立①②③式得 $F = \dfrac{\mu}{\sin\theta - \mu\cos\theta} mg$ ④

(2)若不管沿拖杆方向用多大力都不能使拖把从静止开始运动，应有$F\sin\theta \leqslant \lambda F_N$⑤，此时①式仍成立。联立①⑤式得$\sin\theta - \lambda\cos\theta \leqslant \lambda \dfrac{mg}{F}$⑥。

现考查使上式成立的θ角的取值范围。注意到上式右边总是大于零，且当F无限大时极限为零，有$\sin\theta - \lambda\cos\theta \leqslant 0$⑦。

使上式成立的θ角满足$\theta \leqslant \theta_0$，这里$\theta_0$是题中所定义的临界角，即当$\theta \leqslant \theta_0$时，不管沿拖杆方向用多大的力都推不动拖把。临界角的正切为$\tan\theta_0 = \lambda$。

【**创新思维**】本题第(1)问是常规题，根据平衡条件，运用正交分解法求解推力。第(2)问是一种自锁现象，根据推不动的条件：推力的水平分力不大于最大静摩擦力。结合第(1)问的结果，得到λ的表达式，采用极限法，取F无限大时的情况求解。

2.$y = a\sin x + b\cos x$的变换。

在求物理极值的三角函数运算中，也常遇到$y = a\sin x + b\cos x$的情况，这就不能简单地运用正、余弦函数有界性，而首先需将$y = a\sin x + b\cos x$进行变换。

变换的方法通常是采用中学数学课本中所学过的设辅助角和辅助常数的方法，即在$y = a\sin x + b\cos x$中，设$a = k\cos\theta$①，$b = k\sin\theta$②，

联立式①②得 $a^2 + b^2 = k^2$，$k = \pm\sqrt{a^2 + b^2}$，取$k = \sqrt{a^2 + b^2}$，于是，

$y = a\sin x + b\cos x = k\sin x\cos\theta + k\cos x\sin\theta = \sqrt{a^2 + b^2} \cdot \sin(x + \theta)$

当$x + \theta = 2n\pi + \dfrac{\pi}{2}$，即$x = 2n\pi + \dfrac{\pi}{2} - \theta$时，函数$y$有极大值$y_{\max} = \sqrt{a^2 + b^2}$。

若$0° \leqslant x + \theta \leqslant 90°$，则$x + \theta = 90°$时，函数$y$有极大值$\sqrt{a^2 + b^2}$，$x + \theta = 0°$时，函数$y$有极小值0。

在运算中若能记住上述结果直接会给解题带来方便，为此，将这一性质概括如下：函数$y = a\sin x + b\cos x$，当$x = \dfrac{\pi}{2} - \arctan\dfrac{b}{a}$时，函数有极大值$y_{\max} = \sqrt{a^2 + b^2}$；当$x = \dfrac{3\pi}{2} - \arctan\dfrac{b}{a}$时，函数有极小值$y_{\min} = -\sqrt{a^2 + b^2}$。

【**例8**】重力为G的小车，在地面上用卷扬机牵引，它与地面间的动摩擦因数为μ，求牵引拖拉时用力最省的牵引角ϕ(如图2.3-9(1)所示)。

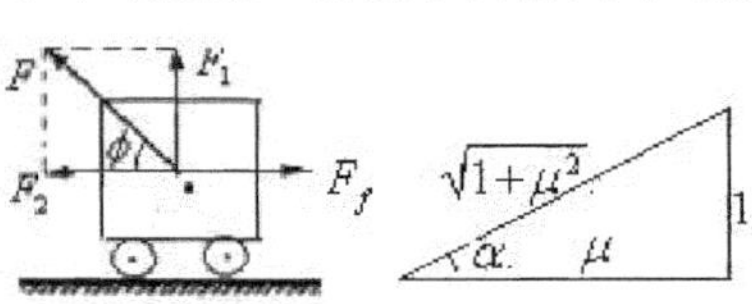

图2.3-9

【**解析**】当拖拉小车匀速运动时，小车必须满足合力为零的条件。

水平方向上，小车受牵引力的水平分力$F_2 = F\cos\phi$、摩擦力$F_f = \mu F_{N'}$($F_{N'}$为小车对地面的正压力)，可列方程

$F\cos\phi - \mu F_{N'} = 0$　①

竖直方向上，小车受重力G、牵引力的竖直分力$F_1 = F\sin\phi$和地面的弹力F_N(在数值上$F_N = F_{N'}$)，可列方程

$F_N + F\sin\phi - G = 0$　②

将②式代入①式,整理得$F = \dfrac{\mu G}{\cos\phi + \mu\sin\phi}$ ③

在③式中,分子为常数,故F值与分母值的变化有关,当分母极大时,F才有极小值。设分母$y = \cos\phi + \mu\sin\phi = 0$,

又设 $y = \sqrt{1+\mu^2}\left(\dfrac{1}{\sqrt{1+\mu^2}}\cdot\cos\phi + \dfrac{\mu}{\sqrt{1+\mu^2}}\cdot\sin\phi\right)$,

$\sin\alpha = \dfrac{1}{\sqrt{1+\mu^2}}$,$\cos\alpha = \dfrac{\mu}{\sqrt{1+\mu^2}}$,其关系如图2.3-9(2)所示,则

$$
\begin{aligned}
y &= \sqrt{1+\mu^2}\left(\frac{1}{\sqrt{1+\mu^2}}\cdot\cos\phi + \frac{\mu}{\sqrt{1+\mu^2}}\cdot\sin\phi\right) \\
&= \sqrt{1+\mu^2}\,(\sin\alpha\cdot\cos\phi + \cos\alpha\cdot\sin\phi) \\
&= \sqrt{1+\mu^2}\sin(\alpha+\phi)
\end{aligned}
$$

当$\sin(\alpha+\phi) = 1$,$\alpha + \phi = 90°$,即当

$\phi = 90° - \alpha = 90° - \arcsin\dfrac{1}{\sqrt{1+\mu^2}}$时,$y$有极大值。

$F \to F_{\min}$,如果直接运用前面所叙的三角函数性质,便得当$\phi = \pi/2 - \operatorname{arccot}(1/\mu)$时,$y = \cos\phi + \mu\sin\phi$有极大值,牵引力最小。

(三)几何法

中学物理极值问题中,如力学、几何光学里,常应用平面几何中的公理、定理,借助作图或配合适当的函数图像分析以及运用代数、三角运算求出结果,俗称为几何法。

1.常用的不等量定理的应用。

用几何法解极值题,通常是证明或求出达到某条件下的极值的一些点的轨迹。为此,需要应用平面几何中有关不等量的公理、定理,就中学物理极值问题而言,常用的不等量公理、定理,概括起来主要有几个方面:

(1)关于线段:①在所有连接两点的连线中,线段最短;②直线外一点与直线上各点连线的所有线段中,垂线段最短;③从直线外一点向直线引垂线和任意两条斜线,如果两斜线足到垂线足的距离不等,则斜线足距垂线足较远的斜线较长。

(2)关于三角形:①三角形两边之和大于第三边;②三角形任意一边大于两边之差。③在同一三角形中,如果两条边不等,它们所对应的角也不等,长边对应的角较大。

(3)关于圆:圆上的点到圆心的距离等于圆半径,圆内的点到圆心的距离小于圆半径,圆外的点到圆心的距离大于圆半径。

(4)关于面积:①边长一定的平行四边形,矩形的面积最大。周长一定的四边形中,正方形的面积最大。反之,在面积相等的所有四边形中,正方形的周长最短;②在周长一定的所有封闭平面曲线中,圆周所围的面积最大。反之,在面积相等的所有封闭平面曲线中,圆的周长最短。

【例9】甲、乙两地相距为8 m,A物体由甲地向乙地做匀加速直线运动,其初速度为零,加速度为2 m/s²;B物体由乙地出发做匀速运动,速度是4 m/s,运动方向与A物体相同,但较A早1 s时间开始运动。A追B相遇前什么时候两物体相距最远,相距多远?

【解析】由题意可知,A同向追B,A做匀加速直线运动,B做匀速直线运动。运动开始,$v_A<v_B$,A、B间距会越来越大,随着时间的推移,v_A逐渐增大,只要当v_A仍小于v_B时,A、B间距仍在增大。直到$v_A=v_B$时,A、B间距才不再增大,此时,A、B相距最远。这是由于此后v_A将大于v_B,A逐渐追近B,A、B间距将缩小。

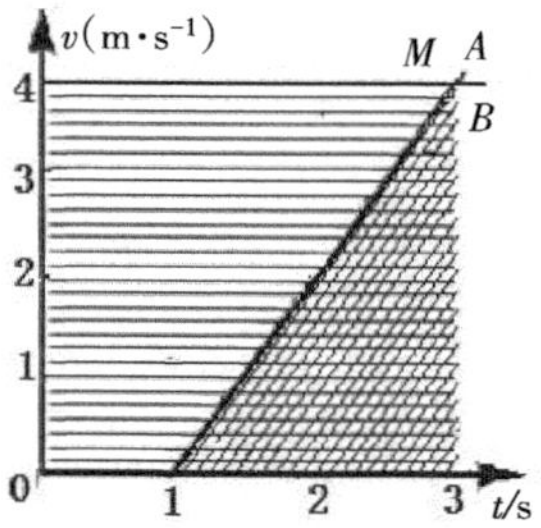

图2.3-10

如速度图像(图2.3-10)所示,斜线1A表示A物体做匀加速直线运动的速度图像,平行时间轴的直线4B表示B物体做匀速直线运动的速度图像,两直线的交点$M(3,4)$,表明B物运动3 s后,两物体速度相等,即$v_A=v_B=4$ m/s。

图中两种线条标出的面积分别表示A、B物体位移的数值,分别是s_A和s_B。可以取$t=2$ s或$t=4$ s,比较s_A和s_B,不难看出,当$t=3$ s时,s_B-s_A有最大值,即表明A、B两物体此时相距最远,相距的最大距离为

$$s_{\max}=s_o+(s_B-s_A)=8\,\text{m}+4\times 3\,\text{m}-\frac{1}{2}\times 4\times(3-1)\,\text{m}=16\,\text{m}$$

2.图解法。

利用函数图像或物理过程图景,能直观表达物理量间的关系,很方便地求出极值。

【例10】如图2.3-11所示,宽度为d的强有界磁场,磁感应强度为B,MM'和NN'是磁场左右的两条边界线。现有质量为m,电荷量为q的带电粒子沿图示方向垂直磁场射入,要使粒子不能从边界NN'射出,求粒子入射速率v的最大值。

【解析】题目中只给出粒子的电荷量为q,若带正电荷,轨迹如图2.3-11(1)所示,上方与NN'相切。根据几何知识得$R-R\cos 45^\circ=d$,

解得$R=(2+\sqrt{2})d$。

粒子在磁场中运动时由洛伦兹力提供向心力，则由牛顿第二定律得$qvB=mv^2/R$，

解得$v=(2+\sqrt{2})Bqd/m$。

粒子若带负电荷，轨迹如图2.3-11(2)所示，下方与NN'相切。同理，

$R+R\cos45^\circ=d$，又有$qvB=mv^2/R$，

解得$v=(2-\sqrt{2})Bqd/m$。

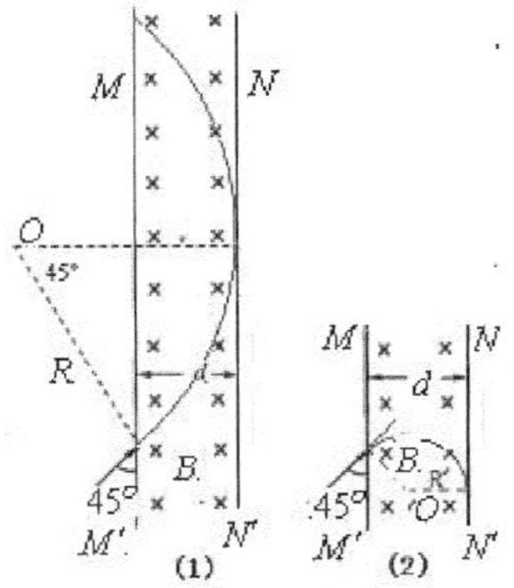

图2.3-11

【创新思维】带电粒子垂直射入匀强磁场时做匀速圆周运动，速度越大，粒子的轨迹半径越大，当轨迹恰好与边界NN'相切时，粒子恰不能从边界NN'射出，根据几何知识求出轨迹半径，由牛顿第二定律求解粒子入射速率的最大值。由于题中没有说明带电粒子的电性，则要分正、负电两种情况求解。

【例11】一闭合的直流电路中，电源电动势为E，内电阻为r，外电阻为R，则当外电阻多大时，电源的输出功率最大？(设为纯电阻电路)

【解析】如图2.3-12所示，根据闭合电路的欧姆定律画出$U-I$图像，得直角三角形，即$\triangle EOI_{短}$，过三角形斜边上取一点C作该三角形内接矩形。该矩形的面积表示电源输出功率的大小。由数学知识可知，C点为斜边中点时内接矩形面积最大，$\triangle OI'C\cong\triangle I_{短}I'C$，$\angle\alpha=\angle\beta$，$\tan\alpha=R$，$\tan\beta=r$，故$R=r$时，电源的输出功率最大。

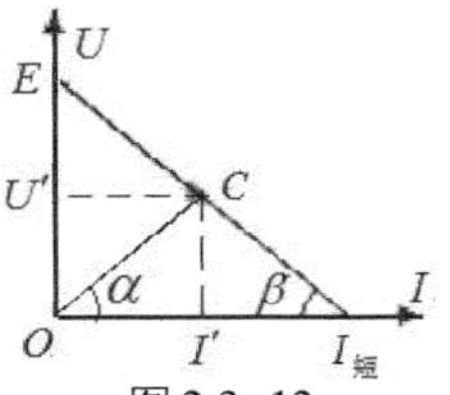

图2.3-12

【创新思维】很多极值问题可以利用我们已学过的物理图像的性质规律来求解，如v-t、x-t、F-t、U-I等图像。利用图像所代表的物理意义，可以简便、直观地求解物理极值，这道题就是利用U-I图像求解极值的。

(四)近似法

有些极值问题当采用的方法较为繁琐，甚至无法求解的时候，可以试试近似法。所谓近似法就是抓住主要因素，忽略影响不大的次要因素来处理问题的方法。

【例12】如图2.3-13(1)所示，电源电动势E，内阻r，外电路由$n\to\infty$只阻值均为R的电阻组成的电路，求R满足什么条件时电源输出最大功率？电源输出最大功率是多少？

【创新思维】通常纯电阻电路求电源输出最大功率时，其条件为$R_{外}=r$，按这样解

下去，由于$n \to \infty$，计算会十分困难。如果运用近似法，情况就大不相同。

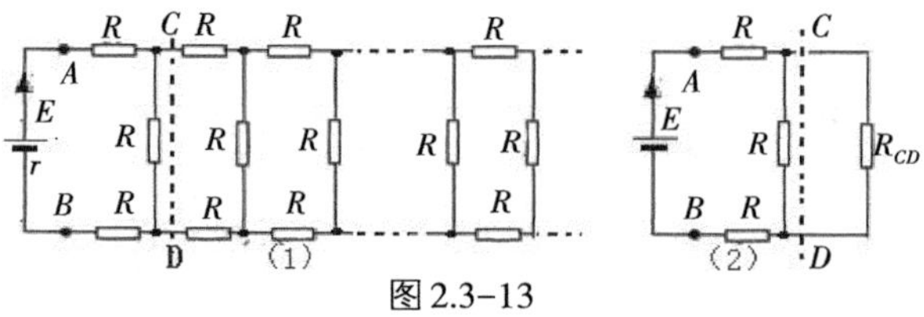

图 2.3-13

【解析】由于$n \to \infty$，当我们在CD处沿虚线把电路切开，则右边部分电路仍是无限网格，其电阻仍近似为R_{AB}，即$R_{AB} = R_{CD}$。经过这样合理的近似处理，如图 2.3-13(1)电路图可以画成如图 2.3-13(2)。

于是

$$R_{AB} = R_{CD} = 2R + \frac{RR_{CD}}{R + R_{CD}} = 2R + \frac{RR_{AB}}{R + R_{AB}}$$

整理得$R_{AB}{}^2 - 2RR_{AB} - 2R^2 = 0$，

解得$R_{AB} = (1 + \sqrt{3})R$。

恒定电流时，当$R_{AB} = r$时，电源输出功率最大，

所以，$R = (\frac{\sqrt{3} - 1}{2})r$，在此条件下，电源输出最大功率$P_{max} = \frac{E^2}{4r}$。

附推导过程：

$$P_{max} = I^2 R_{外} = \frac{E^2 R}{(R + r)^2} = \frac{E^2}{\frac{(R + r)^2}{R}} = \frac{E^2}{R + \frac{r^2}{R} + 2r}$$

由不等式$R \cdot \frac{r^2}{R} = r$(定值)，$R + \frac{r^2}{R} \geqslant 2\sqrt{R \cdot \frac{r^2}{R}}$，

$$P = \frac{E^2 R}{(R + r)^2} = \frac{4Rr}{(R + r)^2} \cdot \frac{E^2}{4r} \leqslant \frac{E^2}{4r}$$

所以，当外电阻等于内电阻，即$R = r$时，电源输出功率最大，即$P_{max} = E^2/4r$。

二、解中学物理极值题的物理方法

1.条件法。

(1)物理规律的应用。

【例 13】如图 2.3-14 所示，套在无限长的绝缘直棒上的小球，质量m=0.1 g，带q=4×10^{-4} C正电荷，小球在棒上可滑动，将此棒竖直放在互相垂直，且沿水平方向的匀强电场和匀强磁场中，电场强度E=10 N/C，磁感应强度B=0.5 T，小球与棒的动摩擦因

数μ=0.2。求：小球由静止沿棒竖直下落的最大加速度和最大速度。(g=10 m/s^2)

【解析】小球下滑过程中，根据牛顿第二定律

$$mg - \mu(qE + qvB) = ma$$

开始时小球静止，$v = 0$，a最大，即

$$a_{max} = \frac{mg - \mu qE}{m} = \frac{0.1 \times 10^{-3}\ \text{kg} \times 10\ \text{kg} - 0.2 \times 4 \times 10^{-4}\ \text{C} \times 10\ \text{N/C}}{0.1 \times 10^{-3}} = 2\ \text{m/s}$$

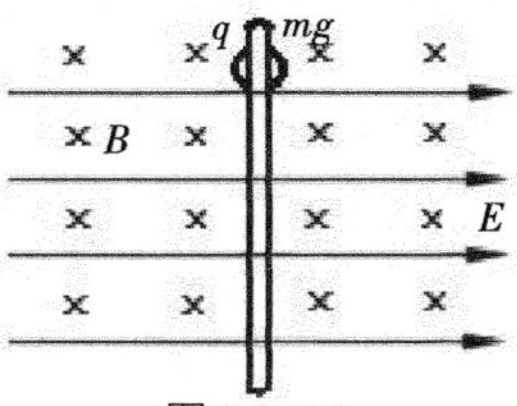

图2.3-14

小球下滑后，v将增大，产生洛伦兹力，由左手定则可知，洛伦兹力向右，故水平方向合力将增加，摩擦力增加，故a减小，当a=0时，v达到最大。即

$$mg - \mu(qE + qv_{max}B) = 0$$

$$v_{max} = \frac{mg - \mu qE}{\mu qB} = \frac{0.1 \times 10^{-3}\ \text{kg} \times 10\ \text{kg} - 0.2 \times 4 \times 10^{-4}\ \text{C} \times 10\ \text{N/C}}{0.2 \times 4 \times 10^{-4} \times 0.5} = 5\ \text{m/s}$$

【创新思维】本题以牛顿第二定律及其变化规律作为解题关键，运用定律和这些规律，准确分析物体的运动过程，并能判断洛伦兹力等各力的变化导致合力发生变化，最终引起加速度变化，求出极值。

【例14】在图2.3-15中，气缸内充满空气，气压为p_0，缸内温度为T，摩尔质量数为M。缸内有一空心铁球，质量为m、体积为V_0，气缸顶上有一面积为S的活塞，活塞重力不计，且能无摩擦地上下自由移动，为了使铁球离开缸底，在活塞上至少要加多大的外力？

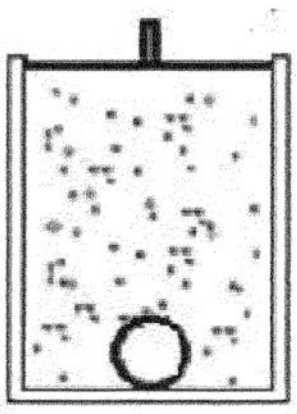
图2.3-15

【解析】铁球为什么能浮起？那是由于在活塞下压过程中，缸内空气密度增大，根据阿基米德定律，铁球所受压缩空气的浮力也增大，当$F_{浮}>G_{球}$时，铁球浮起，即$\rho_0 V_0 g>mg$，ρ_0为相应的空气密度，

整理上式得$\rho_0>\dfrac{m}{V_0}$　①

由气态方程$pV_0 = \dfrac{m'}{M}RT$（m'为球排开空气的质量）得$\rho_0 = \dfrac{m'}{V_0} = \dfrac{pM}{RT}$，　②

由①②式得$\dfrac{pM}{RT}>\dfrac{m}{V_0}$，所以$p>\dfrac{mRT}{MV_0}$，

缸内空气增加的压强$\Delta p = \dfrac{mRT}{MV_0} - p_0$，

因此，至少要施加的外力$F = \Delta p \cdot S = (\dfrac{mRT}{MV_0} - P_0) \cdot S$。

【创新思维】该题极值的求解需要运用一系列物理规律，如密度公式、物体平衡、气态方程、压强公式等，离开物理规律的掌握和应用，就无法找到极值。

(2)临界条件的利用。

在分析常见物理极值问题的极值产生条件时，有一种属于产生极值的临界条件情况。中学物理中，斜面上物体受最大静摩擦力时的最大倾角、水的密度最大时的温度(一个大气压下为4℃)、产生全反射现象的临界角、光电效应中的极限频率、原子核物理中的临界质量等，都是产生极值的临界条件。解答这类题，通常临界条件比较明显，难度不大。然而很多情况临界条件是隐蔽的，试题描述的物理过程中，并没有标明什么情况下处于临界状态，这就需要在审题时去寻找临界条件，比较困难了。

【例15】如图2.3-16所示，在磁感应强度B=1 T的匀强磁场中，放置两个同心金属圆环，内、外环半径分别为r_1=10 cm、r_2=30 cm，两环进入如图电路，电源电动势ε=2 V，内阻r=0.5 Ω，电路保险丝电阻R_0=0.3 Ω，它的熔断电流I_m=1 A，金属棒长为L，沿半径方向放置在两环上，其电阻与长度成正比，金属棒总电阻r_0=0.3 Ω。今使金属棒以角速度ω沿顺时针方向，以环心O为轴，在环上匀速转动。设圆环、导线电阻及环与棒接触电阻均不计。试问：当开关合上时，要使保险丝不熔断，ω应在什么范围内？

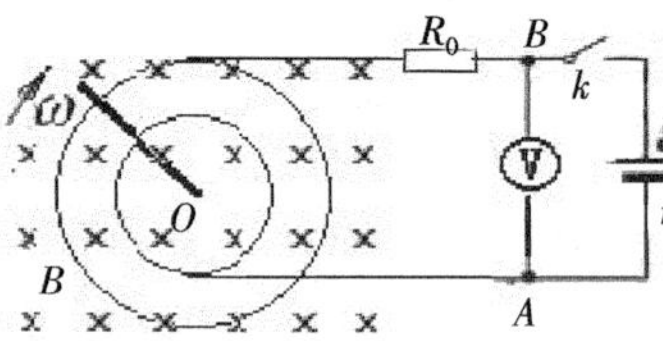

图2.3-16

【解析】很明显，熔断电流I_m就是寻找ω范围的临界条件。金属棒产生的感应电动势

$$\varepsilon_{感} = \frac{1}{2}Br_2^{\ 2}\omega - \frac{1}{2}Br_1^{\ 2}\omega$$

电路总电阻$R_{总} = R_0 + \frac{r_0}{L}l + r$ ，$l = r_2 - r_1$。

ω较小时，$\varepsilon_{感}<\varepsilon$，$\varepsilon - \varepsilon_{感} = I_m R_{总}$，

$$\varepsilon - \frac{1}{2}B\omega_1(r_2^{\ 2} - r_1^{\ 2}) = I_m(R_0 + \frac{r_0}{L}l + r) \quad ①$$

ω较大时，$\varepsilon_{感}>\varepsilon$，$\varepsilon_{感} - \varepsilon = I_m R_{总}$，

$$\frac{1}{2}B\omega_2(r_2^{\ 2} - r_1^{\ 2}) - \varepsilon = I_m(R_0 + \frac{r_0}{L}l + r) \quad ②$$

代入数值于①得ω_1 = 25 rad/s，代入数值于②得ω_2 = 75 rad/s。故当开关合上时，要使保险丝不熔断，ω取值范围应是25 rad/s<ω<75 rad/s。

【例16】AB两物体的质量分别为4千克和5千克，叠放在水平光滑桌面上，原来处

于静止状态。如用F=18 N的水平力拉B物时，如图2.3-17(1)所示，则A与B刚好要发生相对滑动；如用F'水平力拉A物时，如图2.3-17(2)所示，使A与B刚好要发生相对滑动，则拉力F'的大小为多少？(g=10 m/s^2)

【解析】(1)如图2.3-17(3)所示，用F拉B，与A一起做匀加速直线运动，则产生共同加速度a_1。A受B的静摩擦力F_{f1}产生加速度a_1，即$a_1=\dfrac{F_{f1}}{m_1}$。

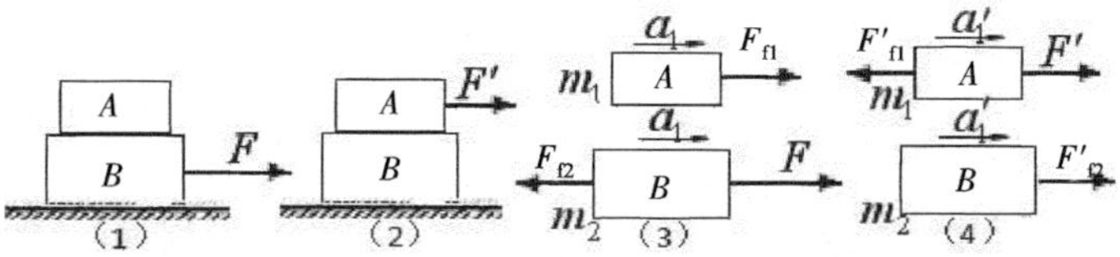

图2.3-17

由于静摩擦力有一最大值，相应有一最大值$a_{1\max}=\dfrac{F_{f1\max}}{m_1}$，

又$F_{f1\max}=\mu m_1 g$，故$a_{1\max}=\mu g$。

如果A、B加速度不相等时，使$a_1>a_{1\max}$，A、B间出现相对滑动，因此，$a_1=a_{1\max}$是相对滑动的临界条件。

对B物而言$F-F_{f2}=m_2a_1$，

又从临界条件$a_1=a_{1\max}$，$F_{f1\max}=F_{f2\max}$，

可见$F=F_{f2}+m_2a_1=F_{f2\max}+m_2a_{1\max}=m_1a_{1\max}+m_2a_{1\max}=\mu(m_1+m_2)g$，

代入值得$\mu=\dfrac{F}{(m_1+m_2)g}=\dfrac{18\text{ N}}{(4\text{ N/kg}+5\text{ N/kg})\times 10\text{ kg}}=0.2$。

(2)如图2.3-17(4)所示，用F'拉A，对照过程进行类似讨论。

对A物而言，$F'-F'_{f1}=m_1a'_1$，

对B物而言，$F'_{f2}=m_2a'_1$，

因，$F'_{f1}=F'_{f2}$，故，$F'_{f2}=m_2a'_1=\mu m_1 g$，这是$A$、$B$两物体相对滑动的临界条件。

因此，$F'=m_1a'_1+F'_{f1}=m_1a'_1+m_2a'=(m_1+m_2)a'_1=(m_1+m_2)\cdot\dfrac{\mu m_1 g}{m_2}$，

代入值得$F'=(4\text{ kg}+5\text{ kg})\times\dfrac{0.2\times 4\text{ kg}\times 10\text{ m/s}^2}{5\text{ kg}}=14.4\text{ N}$。

【创新思维】条件法是中学物理中常见的且很重要的一种求极值的方法，归纳起来为上述两种类型。无论哪一种类型，其关键在于如何应用物理概念和物理规律以及各种物理极值临界状态，去寻找产生极值的条件，抓住它，问题就迎刃而解了。

实践表明,条件法解题,有助于我们对试题描述的物理过程的认识。如前面例15,显然是一道难度较大的物理极值题,但运用条件法分析题目,就能达到巩固概念、扩大视野的目的。

2.实验法。

(1)直接运用物理实验。

我们在必修2第七章"机械能守恒定律"中已经知道,当物体从高处运动到低处时,重力做正功,重力势能减少。重力势能减少的数量等于重力做的功。实验告诉我们,如果让物体自由下落或自由下滑,相对而言,物体定会运动到重力势能最小为止,人们把它描述为势能极小原理。

应用势能极小原理,也是一种求极值的方法,如数学中有这样一道题:在 $\triangle ABC$ 中,$\angle A$、$\angle B$ 和 $\angle C$ 所相对的边为 a、b、c,如果 c 边长为定值,a、b 边长之和也为定值,求 $\triangle ABC$ 面积最大时,a、b 边的长,如图2.3-18(1)所示。

我们用实验法求解。实验装置如图2.3-18(2)所示,一根细线两端固定在 A、B 两点,设 $AB=c$,线长为 $a+b$,将一挂有砝码的动滑轮套在线上。实验时,无论将滑轮移动至偏离细线中点的任何位置,动滑轮都要滑到最低位置,相对而言即势能极小位置。显然,此时 h 最大,且 $AC=BC$,由于边长 c 一定,对于 $\triangle ABC$,其高 h 最大,于是面积最大。因此得出答案:当 $AC=BC$ 时,即 $a=b$,$\triangle ABC$ 的面积最大。可见,物理实验法也能解决数学极值问题。

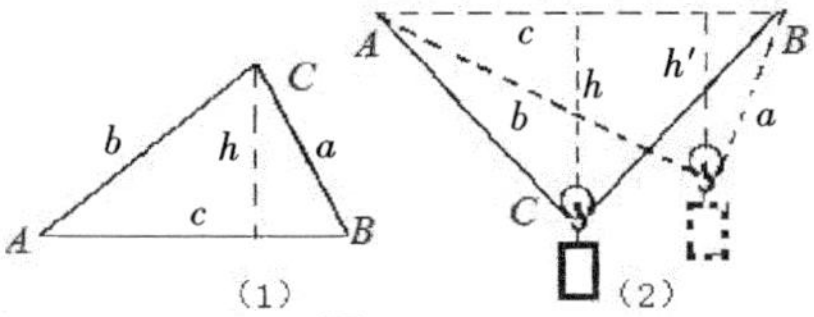

图2.3-18

【例 17】如图2.3-19所示,将细绳绕过两定滑轮 A 和 B,绳的两端各挂一个重为 G 的砝码,AB 的中点 C 处挂一个重为 Q 的小球,且 $Q<2G$,AB 间的距离为 $2L$,把 Q 从静止放开,求小球能下降的最大位移 h。(滑轮与细绳的质量、滑轮与细绳间的摩擦力均不计)

【解析】选小球 Q 和两砝码 G 构成的整体为研究对象,该整体的速率从零开始逐渐增为最大,紧接着从最大又逐渐减小为零,如图所示在整个过程中,只有重力做功,机械能守恒。

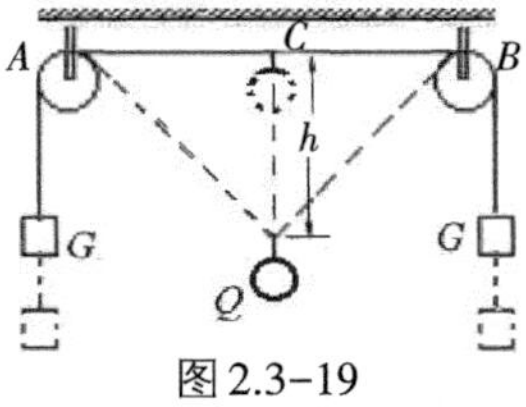

图2.3-19

因重为 Q 的小球可能下降的最大距离为 h,所以重为 G 的两砝码分别上升的最大距离均为 $\sqrt{h^2+L^2}-L$,考虑到整体初、末位置的速率均为零,故根据机械能守恒定律知,重为 Q 的小球重力势能的减少量等于重为 G 的两砝码重力势能的增加量,即 $Qh=2G(\sqrt{h^2+L^2}-L)$,解得

$$h=\frac{4GLQ}{4G^2-Q^2}$$

【创新思维】该题常常被误解为是静力学问题，G球抵达最低点，并不是平衡点。若尽量减小摩擦，实验数据就越靠近由势能极小原理运算的结果。用实验法求物理极值，屡见不鲜。例如，利用弹簧秤进行二力合力最大、最小值的探究，利用倾角可调的斜面测定最大静摩擦力，利用电路测得保险丝的最大熔断电流，使用光电效应实验研究金属的极限频率等。还有一些寻找物理量最佳点的探究性实验，都是求极值。

(2)间接运用物理实验。

【例 18】假设有一条公路，路径呈凸的闭曲线MN，高压线沿此公路走向经过。今在路旁建造变电房，向附近居民点A、B供电，为了尽可能减少输电线长度，以达到减少输电线上电能的损耗。试问，变电房应造在哪里？如图 2.3-20(1)所示。

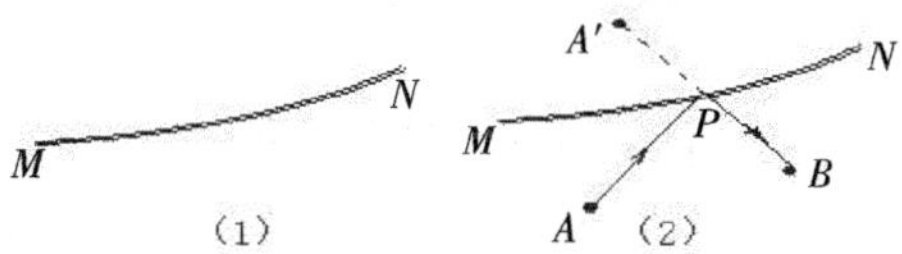

图 2.3-20

【解析】由题意可知，要减少输电线上电能损耗，就得尽可能采用最短输电线供电，就是取最短距离架线。设P为变电房地址，居民点A、B到P的距离最短，即$AP+PB$最短。P点在何处？这一极值题若用数学法求解则明显较难。

用实验法求解，设计一个光学模拟实验，如图 2.3-20(2)所示，根据公路走向形状做一个缩小的反光柱面模型，柱面底的形状MN与公路路径相似，将其放在桌面上，并在桌面上按比例标出实际居民点的模拟位置A和B，然后在A点放一点光源，从B点观察柱面，可看见光源A经柱面发射所成的虚像A'，由此可找到发射光线在柱面上的反射点P的位置。最后按原比例还原，可得变电房应建的实际位置。

【创新思维】中学物理中，也有从物理实验得出的规律来求物理极值，将实验规律移植到被讨论的物理极值题中去求解。如几何光学中的光的反射、折射定律是两条实验定律，费马定律指出：符合反射、折射定律的光是沿着最短光程或所需最短时间的路径传播的。如果将光线的传播与质点的运动相类比，就可以利用这两条实验定律来解决一些运动学中的极值问题。

2.4 揭示解题关键的物理技巧

解题的关键在哪里？关键在于明确题设物理情景，建立正确的解题方程。如何揭示解题关键？创新思维已经给了很多方法。我们从物理学科本身的角度，探寻解题切入点，揭示解题关键的技巧。

一、正确巧选参考系

我们在研究运动学问题时，习惯于选取地球或相对于地面静止的物体作为参考系，可实际上灵活巧妙选取参照系，往往能很快找到解题入口。

例如，一列火车做匀加速直线运动，已知车头和车尾通过某路标时的速度为v_1和v_2，则该列车的中点在通过该路标时的速度多大？

此题常规思考取静止的地面（路标）为参考系，可火车不能视为质点，思路被卡住。如果选取火车为参考系，逆向思维帮助我们找到突破口。这样，路标相对火车朝相反方向做匀加速直线运动，设路标相对车头、车尾和列车中点B的速度分别是v_1'、v_2'和v_B'，$v_1=v_1'$、$v_2=v_2'$、$v_B=v_B'$，设火车长为l，则可列式$v_2'^2 - v_1'^2 = 2al$①，$v_B'^2 - v_1'^2 = 2a(l/2)$②，由①②得列车的中点通过该路标时的速度$v_B = v_B' = \sqrt{(v_1^2 + v_2^2)/2}$，问题得以快捷解决。

【例1】一条小船在河流中逆流航行，航行中在某处有一救生圈从船上掉到水中，经时间t才发现，便立即将小船掉头，在离救生圈落水处下游s处捞起救生圈，问水流速度多大？

【解析】若以河岸为参考系，则运动过程如图2.4-1所示，O为救生圈落水点，A为船调头点，A'为调头时刻救生圈的位置。设船在静水中的速度为v_0，水的流速为v，船到A点的时间为t（即救生圈从O点漂到A'的时间），小船调头后顺流航行（由A到B）的时间为t'。由图可列出方程，$vt + vt' = s$，

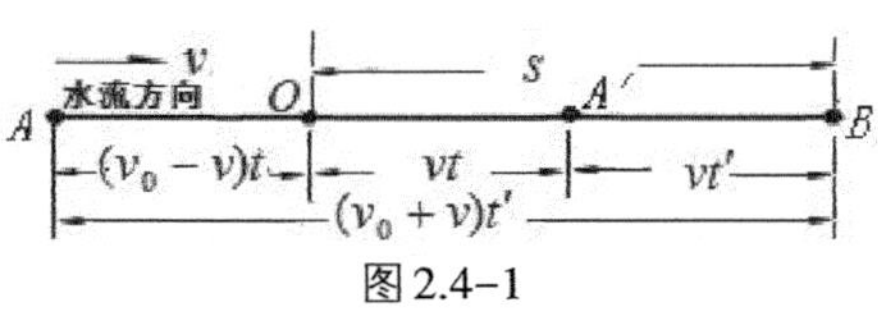

图2.4-1

$(v_0+v)t'=vt'+vt+(v_0-v)t$，解得 $v=s/2t$。

【创新思维】若以流水为参考系，则救生圈掉入水中，位置不动，小船在 A、O 间往返时间相等，即 $t=t'$，故 $s=v(t+t')=2vt$，得 $v=s/2t$。显然，此种解法要简单得多。

【例 2】海面上一艘鱼雷快艇发现一敌舰在斜前方逃窜，它的方位在快艇正东偏北 α 角，航速 v_1，方向正北，如图 2.4-2(1)所示，鱼雷在水中的速度为 v_2($v_2>v_1$)。试问快艇应以多大角度发射鱼雷，才能命中敌舰？

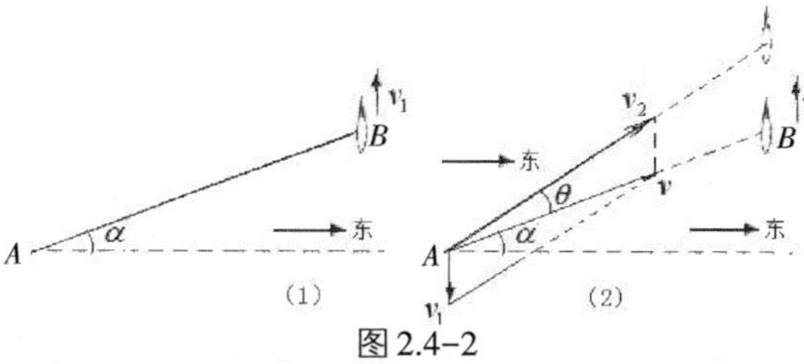

图 2.4-2

【解析】以敌舰 B 为参考系，鱼雷 A 除了相对海面的速度 v_2，还具有相对敌舰 B 一个方向相反的速度，其大小为 v_1，于是鱼雷 A 相对敌舰 B 的速度为它们的合速度 v，如图 2.4-2(2)所示。由正弦定理列方程

$$\frac{v_1}{\sin\theta}=\frac{v_2}{\sin(90^\circ+\alpha)}$$

解得鱼雷发射角 $\theta=\arcsin(\frac{v_1}{v_2}\cdot\cos\alpha)$。

【创新思维】上述解法是以敌舰 B 为参考系。比较常规方法有选取海面作参考系，根据鱼雷击中敌舰的条件，可先列方程组：$x=s\cos\theta$①，$x=v_2\cos(\alpha+\theta)\cdot t$②，$y=v_1t+s\sin\alpha$③，$y=v_2\sin(\alpha+\theta)t$④，再去解方程组求 θ，但这种方法解题要艰难得多。

二、巧用整体法和隔离法

在解答物理问题时，往往会遇到有相互作用的两个物体组成的系统或两个以上的物体所组成的比较复杂的系统。分析和解答时，确定研究对象是关键。对系统内的物体逐个隔离进行分析的方法称为隔离法，把整个系统作为一个对象进行分析的方法称为整体法。

通常，不要求讨论系统内部情况时，首选整体法，解题过程简明、快捷；要讨论系统内部情况时，运用隔离法。实际应用中，两种方法往往是交替运用。

【例 3】(1990 年高考全国卷)用轻质细绳把两个质量未知的小球悬挂起来，如图 2.4-3 所示，今对小球 a 持续施加一个向左偏下 30°角的恒力，并对小球 b 持

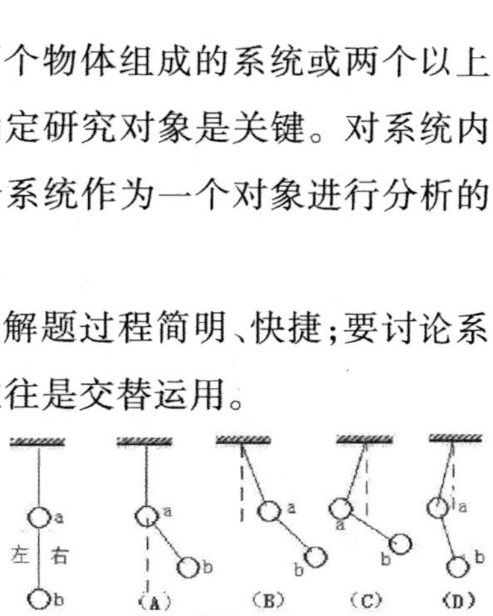

图 2.4-3

续施加一个向右偏上30°角的同样大的恒力，最后达到平衡时，如下图中正确的是(　　)

【解析】 解法1：用隔离法求解。

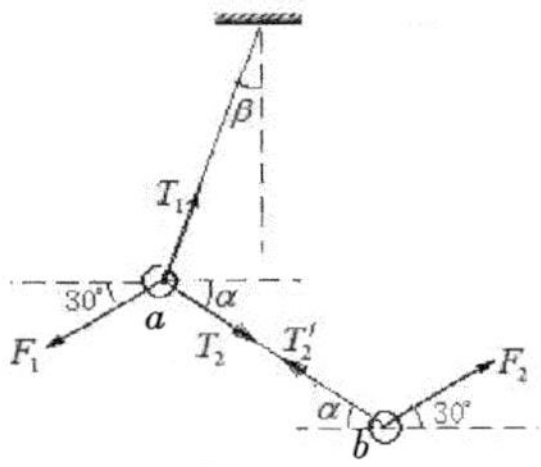

图2.4-4

对 a、b 小球进行受力分析，任选一图如C图进行受力分析，如图2.4-4所示，，列出两小球水平方向的平衡方程(β 为上段绳与竖直方向夹角，α 为下段绳子与水平方向夹角)：

对 a：$F_1\cos30^\circ = T_1\sin\beta + T_2\cos\alpha$，

对 b：$F_2\cos30^\circ = T_2'\cos\alpha = T_2\cos\alpha$，($\because T_2' = T_2$)

又 $\because F_1 = F_2$，$\therefore T_1\sin\beta = 0$，而 $T_1 \neq 0$，$\therefore \beta = 0$，故只有A图正确。

解法2：用整体法求解。

以 a、b 两球及连接 a、b 球间的绳为一系统，因为施加在 a、b 两球上的两个恒力 F 等值反向，所以这两个力的合力为零，整个系统处于静止状态，由于它们所受重力是竖直向下的，所以连接悬挂点及 a 球的那段绳也必然是竖直的(或者说由于整体在水平方向上受力平衡，故连接悬挂点的细绳是竖直的)。因此选A。

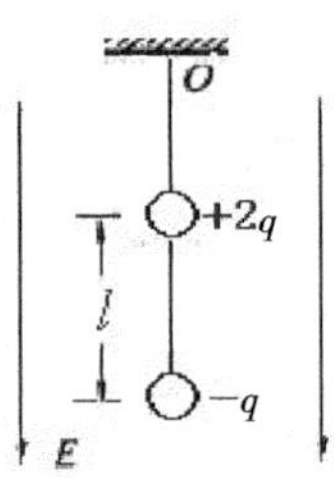

图2.4-5

【创新思维】 显然这道题用隔离法分析比较繁难，用整体法判断却显得轻松。1991年高考全国卷如图2.4-5所示，在场强为 E，方向竖直向下的匀强电场中，有两个质量均为 m 的带电小球，电量分别为 $+2q$ 和 $-q$，两球用长为 l 的绝缘细线相连，另用绝缘细线系住带正电的小球悬挂于 O 点而处于平衡状态，重力加速度为 g。求细线对悬点 O 的作用力。同样，这道题也可以将两个小球和连接两个小球的细线看做一个整体，以整体为研究对象，一眼就可得出结果：$2mg + qE$。

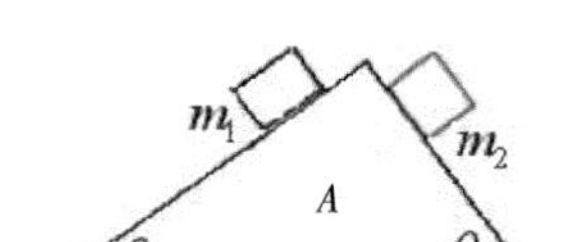

图2.4-6

【例4】(1988年高考全国卷)如图2.4-6所示，在粗糙水平面上有一个三角形木块 A，在它的两个粗糙斜面上分别放两个质量 m_1 和 m_2 的木块，$m_1>m_2$。已知三角形木块和两个物体都是静止的，则粗糙水平面对三角形木块(　　)

A. 有摩擦力作用，摩擦力方向水平向右

B. 有摩擦力作用，摩擦力方向水平向左

C. 有摩擦力作用，但摩擦力方向不能确定，因为 m_1、m_2、θ_1、θ_2 的数值并未给出

D. 以上结论都不对

【解析】 由于三物体均静止，故可将三物体视为一个整体，它静止于水平面上，在水平方向上无外力作用，因此，不存在摩擦力作用，故选D。

【创新思维】该题若先分别对两个物体和三角形木块进行受力分析，然后对m_1、m_2建立受力平衡方程以及对三角形木块建立水平方向受力平衡方程求解，那就太复杂了。这里运用整体法求解，解题过程简单明快。

三、独立支路法——等效电路的一种简捷作法

直流电路中经常遇到混联电路问题。当混联电路的画法不合规范时，在进行电路计算前，必须弄清电路中各电阻是怎样连接的，将形式较复杂的不易被辨认的混联电路用一个串并联关系明显的电路来等效，即画出等效电路。独立支路法就是画等效电路的一种简捷作法，这种方法的原则如下。

(1)独立支路的条数和选择方法的确定原则：在外电路，电流总是从电源正极开始，沿着电势降低的方向流动，在不重复经过同一电阻的原则下，有几条路可以流回负极，就算有几条支路。

(2)选择最佳方案的依据：在选择独立支路时，应在选独立支路条数尽可能多的情况下比较，其中包含的电阻尽可能多的独立支路为最佳方案。

(3)剩余电阻在等效电路中位置的确定方法：未包含在独立支路内的其他剩余电阻的接法，根据它们两端在独立支路上的电势高低来决定。

【例5】画出如图2.4-7(1)所示的等效电路。

【解析】根据上述的三条原则，作等效电路的步骤如下：

(1)确定独立支路条数的选择方案。

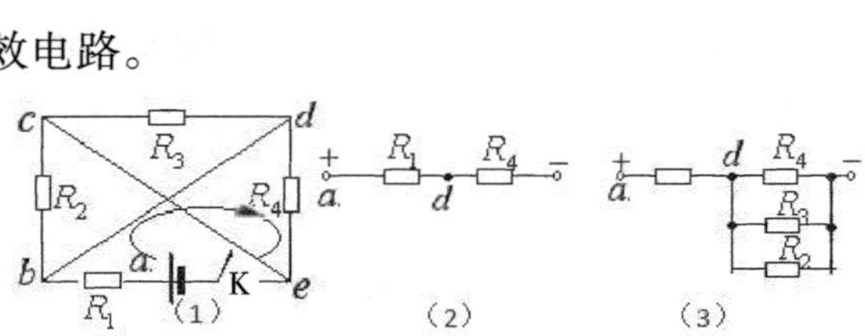

图2.4-7

分析电流在各点电势的高低，由图2.4-7(1)可知，U_a最高，U_e最低，$U_b=U_d$，$U_c=U_e$。所以U_a高于U_b(或U_d)，U_d(或U_b)高于U_c或者U_e。因为R_1在干路上，所以独立支路只有一条，选择方案有三种：(+)→R_1→R_2→(−)；(+)→R_1→R_4→(−)；(+)→R_1→R_3→(−)。

(2)选择最佳方案。由于上述三种方案电阻个数相同，因此三种方案均可。若选第二种则如图2.4-7(2)。

(3)根据第三条原则，确定剩余电阻R_2、R_3的位置，因为$U_b=U_d$，$U_c=U_e$，所以以R_2、R_3与R_4并联，作图如图2.4-7(3)所示。

以上独立支路法的程序不复杂，是否掌握了？下面通过如图2.4-8(1)所示电路

图，对照如图2.4–8(2)(3)(4)所示程序，自我检测一下对独立支路法的运用掌握得如何。

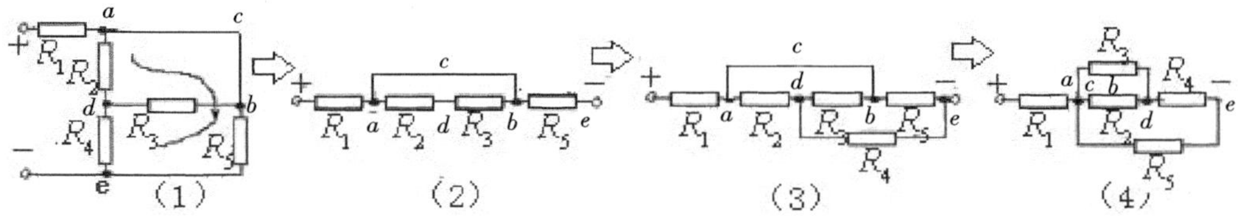

图2.4–8

四、物理对称法

物理学中充满优美和谐的对称美，如对称的结构、对称的作用、对称的电路、对称的物和像等，还有物理过程在时间上和空间上的对称性、物理量在分布上的对称性及作用效果的对称性等。

从科学思维方法的角度来讲，对称性最突出的功能是启迪和培养我们的直觉思维能力。用对称性解题的关键是敏锐地找出并抓住事物在某一方面的对称性，这些对称性往往就是通往答案的捷径。

【例6】两平行竖直光滑墙M、N相距为d，高为h，今有一小球在墙顶沿垂直墙的方向水平抛出，要求球落地的位置与抛出时的位置在同一竖直线上，问初速度v_0应为多大？设小球与墙碰后弹出的速度大小不变。

【思路】由于要求球落地时的位置与抛出时在同一竖直线上，因而球在完成竖直高度所用时间内，恰好完成$2n$次碰撞。由于平抛的初速度大小不会因碰撞而改变，所以球与竖直墙每次相碰的时间间隔相等，且在竖直方向的位移满足1∶3∶5的关系。竖直墙之间的部分抛物线，每碰一次相当于一个平抛运动，这个平抛要外推一个原平抛在单位时间(即两次碰撞的时间间隔)内的位移，因而平抛在水平方向位移应恰为M、N间距离的整数倍。如图2.4–9所示。

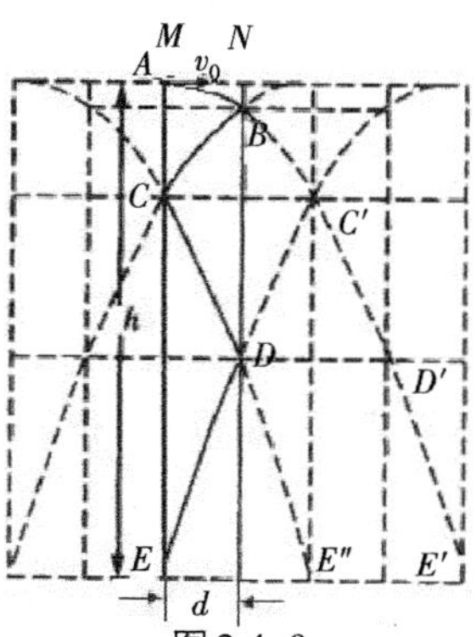

图2.4–9

利用假设法将碰撞过程中的部分抛物线，补为完整的抛物线形式，再由水平速度不变，即碰撞时间相同这一点，找出各抛物线之间的关系。

【解析】球从M墙顶上A点平抛后，与N墙碰撞时间为t，若没有N墙，其轨迹为抛物线$ABC'D'E'$。现有墙N，但碰后弹出的速度大小不变，它将沿BC轨迹。BC与BC'轨迹是关于N

墙对称的曲线,若补齐 BC 轨迹,则应以 N 墙为对称轴,向右外推一个时间 t 的位移的平抛运动。与此相同,再过时间 t 与 M 墙碰于 C 点,若要补齐 CD 轨迹,则应以 M 墙为对称轴向左外推 $2t$ 时间内的位移而形成的抛物线,如图 2.4-9。依此,可以分别找出相碰后部分轨迹所对应的抛物线。因物体最终要落在 M 墙下,因而球与墙碰的次数必为偶次。设球落到地上与 M 墙碰了 n 次,则满足 $EE'=2nd$ 的关系,落地的时间 $t=\sqrt{2h/g}$,所以平抛物体的初速度 $v_0=2nd/\sqrt{2h/g}=2nd\sqrt{g/2h}$,式中 $n=1,2,3,\cdots$

【创新思维】(1)发散思考。如果只有 M 墙,在离地面高为 h、离竖直光滑墙的水平距离为 s_1 处,有一小球以 v_0 的速度向墙水平抛出,如图 2.4-10 所示。小球与墙碰撞后落地,不计碰撞过程中的能量损失,也不考虑碰撞的时间,则落地点到墙的距离 s_2 为多少?

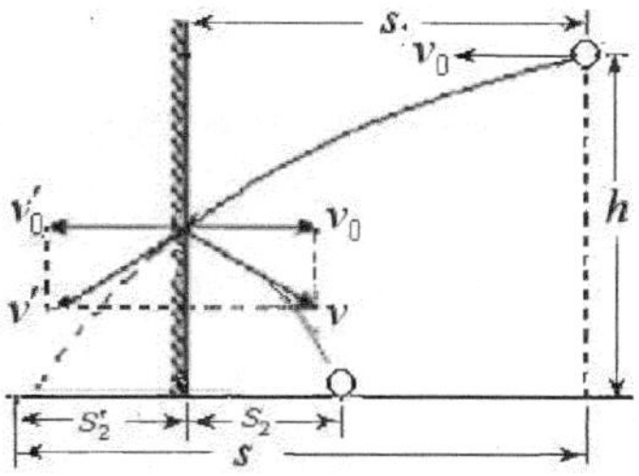

图 2.4-10

同样,用对称性解题。小球撞墙的速度 v 斜向下,其水平分量为 v_0,由于碰撞无能量损失,故碰撞后小球的速度大小不变,v' 与 v 关于墙面对称,故 v' 的水平分量仍为 v_0,故 s_2 等于小球没有撞墙时的水平位移 s_2',所以 $s_2=s-s_1$,s 为平抛运动的整个位移,由 $s=v_0t$,$h=\dfrac{1}{2}gt^2$,有

$$s=v_0\sqrt{\frac{2h}{g}},s_2=v_0\sqrt{\frac{2h}{g}}-s_1$$

(2)对称思考。由于碰撞无能量损失,故反弹速度与原速度关于墙面对称,用平抛运动全程求解是本题的一个亮点。

【例 7】如图 2.4-11 所示,P 为一块均匀的半圆形薄电阻合金片,先将它按图 2.4-11(1)方式接在电极 A、B 之间,测得它的电阻为 R,然后再将它按图 2.4-11(2)的方式接在电极 C、D 之间,这时,P 的电阻为______。

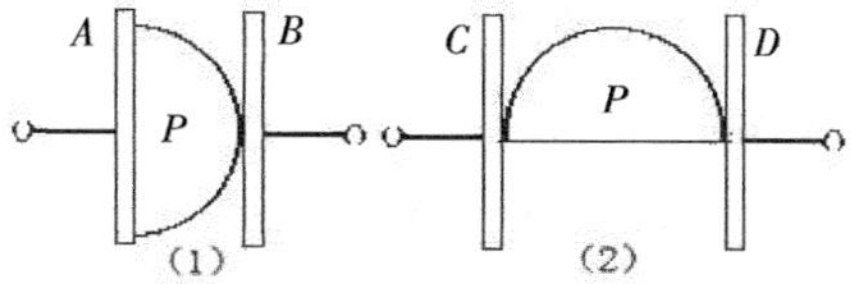

图 2.4-11

【解析】用对称法处理,设一个 1/4 圆薄金属片的电阻为 R_0,图 2.4-11(1)为两个 1/4 圆薄金属片并联,$R_1=R_0/2=R$;图 2.4-11(2)为两个 1/4 圆薄金属片串联,$R_2=2R_0=4R$,故答案为:$4R$。

【创新思维】本题考查对电阻串并联特点的掌握和运用,变通识别图 2.4-11(1)为并联,图 2.4-11(2)为串联是本题的关键。

【例 8】如图 2.4-12(1)所示,在 x 轴上方存在着垂直于纸面向里、磁感应强度为 B 的匀强磁场。一个不计重力的带电粒子从坐标原点 O 处以速度 v 进入磁场,粒子进入磁场时的速度方向垂直于磁场且与x轴正方向成120°角，若粒子穿过y轴正半轴后在磁场中到x轴的最大距离为a，则该粒子的比荷和所带电荷的正负是(　　)

A.$3v/2aB$，正电荷　　B.$v/2aB$，正电荷

C.$3v/2aB$，负电荷　　D.$v/2aB$，负电荷

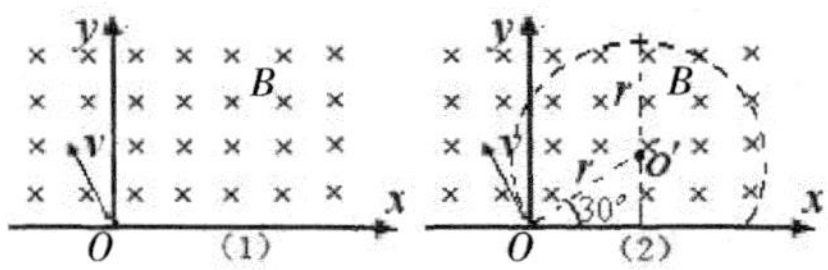

图2.4-12

【解析】粒子穿过y轴正半轴，由左手定则可判断粒子带负电，根据带电粒子在有界磁场中运动的对称性，作出粒子在磁场中运动轨迹如图2.4-12(2)所示，由图中几何关系可得

$r + r\sin 30^\circ = a$，解得$r = 2a/3$，

由$r = \dfrac{mv}{qB}$，得$\dfrac{q}{m} = \dfrac{3v}{2aB}$，则正确选项为C。

五、物理实验法

物理实验不只是提供实验的结果，更重要的是告诉我们实验的构思方法和研究物理问题的思路。高中物理中常用的物理实验法有：

(1)控制变量法。控制其中的若干个量，改变另一个量从而得出结论。比如：测定影响滑动摩擦力大小的因素，先控制压力不变，改变接触面的粗糙程度。

(2)类比法。将一类事物的某些相同方面进行比较，以另一事物的正确或谬误证明这一事物的正确或谬误。比如：学习分子的动能时，将它与物体的动能进行类比；学习功率时，将它与速度进行类比。

(3)转换法。对于一些看不见、摸不着的现象或不易直接测量的物理量，通常用一些非常直观的现象去认识或用易测量的物理量间接测量。比如：物体发生形变或运动状态改变可证明一些物体受到力的作用，马德堡半球实验可证明大气压的存在。

(4)替代法。用已知的标准量去代替未知的待测量，以保持状态和效果相同，从而推导出待测量的方法叫替代法。

(5)累积法。将微小量累积后测量求平均值的方法，能减小相对误差。

(6)留迹法。有些物理现象转瞬即逝，如运动物体所处的位置、轨迹或图像等，用留迹法记录下来，以便从容地测量、比较和研究。如在“测定匀变速直线运动的加速度”“验证牛顿第二运动定律”“验证机械能守恒定律”等实验中，就是通过纸带上打出的点记录小车(或重物)在不同时刻的位置(位移)及所对应的时刻，从而可从容计算

小车在各个位置或时刻的速度。

(7)放大法。在现象变化或待测物理量十分微小的情况下,往往采用放大法。根据实验的性质和放大对象的不同,放大所使用的物理方法也各异。

(8)模型法、补偿法、理想化法等。

物理实验法对一些疑难问题的解答起着重要作用。

【例9】有两个完全相同的齿轮A、B,A固定不转,B绕A顺时针转动,当B在A的右侧时,B上的标志箭头刚好竖直向上,如图2.4-13所示,问当B转动到A的左侧的虚线位置时,其标志箭头所指方向是(　　)

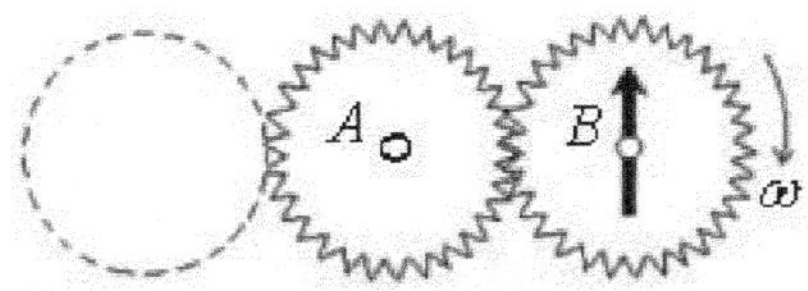

图2.4-13

A.向上　B.向下　C.向左　D.向右

【解析】B绕A运动可以视为B"自转"半圈,加上B绕A"公转"半圈,于是标志箭头所指方向是向上,A正确。

【创新思维】如果用两个硬币按照图示亲手转动一下,正确的答案呈现。

【例10】如图2.4-14(1)所示,一根长为$2L$的轻质硬棒,左端可绕过O点的光滑水平轴转动,棒的中点及右端分别固定两个完全相同的小球A、B。现把棒拉到水平位置,无初速度释放。两棒转至竖直位置时,两球的速度各为多少?

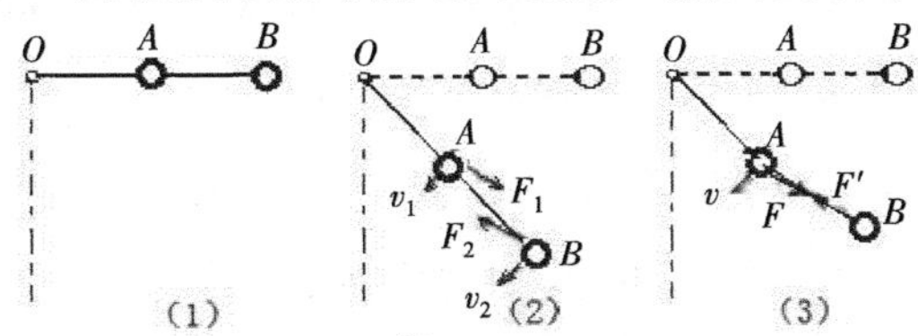

图2.4-14

【解析】通常这道题会如下解答:由机械能守恒定律,对A球有

$mgL = \frac{1}{2}mv_1^{\ 2}$,解得$v_1 = \sqrt{2gL}$,

对B球有$mg2L = \frac{1}{2}mv_2^{\ 2}$,

解得$v_2 = 2\sqrt{gL}$,这个结果对不对呢?

根据硬棒转动的角速度相等,$\omega_1 = \omega_2$,而计算结果$v_1 : v_2 = 1 : \sqrt{2}$,显然,答案有误,可错误在哪里?下面来分析:$v_1 : v_2 = (\omega_1 \cdot L):(\omega_2 \cdot 2L) = 1 : 2$这个问题,刚才我们在运用机械能守恒定律时,是以单个小球为研究对象的。对于A球,B球通过棒的作用力未必沿着棒的方向,于是讨论单个小球时,机械能就未必守恒了。硬棒AB对A球、B球的作用力,分别是F_1和F_2。如图2.4-14(2)所示,F_1对A球做负功,A球机械能就会减少,F_2对B球做正功,B球的机械能就会增加。从整体来看机械能守恒,正确解答如下:

$$mg2L + mgL = \frac{1}{2}mv_1^{\ 2} + \frac{1}{2}mv_2^{\ 2} = \frac{1}{2}mv_1^{\ 2} + \frac{1}{2}m(2v_1)^2$$

得 $v_1 = \sqrt{\frac{6gL}{5}}, v_2 = 2v_1 = 2\sqrt{\frac{6gL}{5}}$。

【创新思维】如果用一根尺寸相同且不会伸长的细绳替代硬棒再做这个实验，摆动过程中，立即展现如图2.4-13(3)所示，即 B 球滞后 A 球的现象，细绳 AB 段不在 OA 的延长线上，细绳 AB 的作用力 F 对 A 球做负功，F 的反作用力对 B 球做正功，这不是昭然若揭了吗？

六、物理估算法

依据一定的物理概念和规律，运用物理方法和近似计算方法，对所求物理量的数量级或物理量的取值范围，进行大致的推算，这就是物理估算法。其特点重在"理"，次在"数"，它要求我们在分析和解决问题时，要善于抓住事物的本质特征和影响事物发展的主要因素，忽略次要因素，从而使问题得到简捷的解决，迅速获得合理的结果。中学物理中常用的估算法主要有：常数法，从与题目相关的常数来寻找物理规律，从而找出解决问题的突破口；理想模型法，突出主要矛盾，忽略次要矛盾，将研究对象抽象为理想化模型，如匀变速运动模型、匀速圆周运动模型、分子大小模型、理想气体模型等，使问题得以解决；还有近似计算法、平均值法、小角度三角函数的近似值法等，将复杂的问题引向简明的思路。

解决估算问题的基本环节：

(1)建立物理模型：需要解题者将抽象的物理问题具体化到一个简单的理想化的物理模型中，这是解决估算问题的前提。

(2)寻找已知条件：估算题的已知条件通常不能在题目中直接读出来，而是要根据所建立的模型，去寻找已知量。题设条件可能是来自生活经验或平时物理学习中的积累。

(3)对应物理规律：从已经学过的物理规律中提取对解决这个问题有用的物理规律或公式，估算题不仅是我们直觉思维能力的集中表现，而且在科学研究和工程技术中具有极其重要的意义。卡文迪许由估算求出了地球的密度。首先，他将地球看成是半径为 R 的均匀球体，其体积为 $V = \frac{4}{3}\pi R^3$，设质量为 m 的小物体在地球表面所受重力为mg，则$mg = G\frac{Mm}{R^2}$，则地球的平均密度应为$\rho = \frac{M}{V} = \frac{3g}{4\pi GR}$。此式中有圆周率$\pi$、重力加速度$g$、地球半径$R$和万有引力恒量$G$四个常数或恒量，将它们的约定数值代入上式，则

$$\rho = \frac{3g}{4\pi GR} = \frac{3 \times 9.8\ \mathrm{m/s^2}}{4 \times 3.14 \times 6.67 \times 10^{-11}\ \mathrm{N\cdot m^2/kg^2} \times 6.4 \times 10^6\ \mathrm{m}} = 5.5 \times 10^3\ \mathrm{kg/m^3}$$

即得到地球的平均密度约为$5.5\times10^3\ \mathrm{kg/m^3}$。

【例11】（1984年高考全国卷）如图2.4-15所示，在真空中速度为$u = 6.4 \times 10^7\ \mathrm{m/s}$的电子束连续地射入两平行极板之间。极板长度$l = 8.0 \times 10^{-2}\ \mathrm{m}$，间距$d=5.0\times10^{-3}\ \mathrm{m}$。两极板不带电时，电子束将沿两极板之间的中线通过。在两极板上加一50 Hz的交变电压$V = V_0\sin\omega t$，如果所加电压的最大值V_0超过某一值V_C时，将开始出现以下现象：电子束有时能通过两极板，有时间断，不能通过。

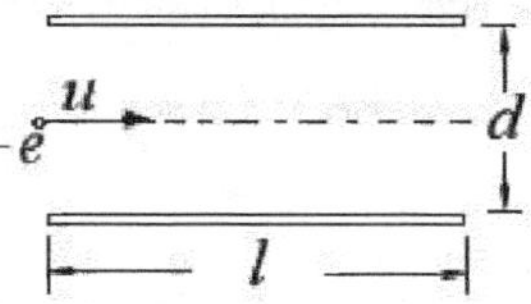

图2.4-15

（1）求V_C的大小；

（2）求V_0为何值才能使通过时间$\Delta t_{通}$跟间断时间$\Delta t_{断}$之比$\Delta t_{通}:\Delta t_{断}=2:1$。

【解析】（1）电子通过平行极板的时间$\frac{l}{u} \approx 10^{-9}\ \mathrm{s}$，交变电压的周期$T = 10^{-2}\ \mathrm{s}$，可见，$\frac{l}{u} \ll T$，因此，电子通过平行极板时，极板间的电压从场强可看作是恒定不变的。电子进入平行极板中间后，其运动沿水平方向为匀速运动，沿竖直方向为匀加速运动。设电子束刚好不能通过平行极板的电压为V_C，电子经过平行极板的时间为t，所受的电场力为F，则：

$$t = \frac{l}{u}①,\ \frac{d}{2} = \frac{1}{2}at^2②,\ a = \frac{F}{m} = \frac{eV_C}{md}③$$

由①②③式可得$V_C = \frac{mu^2d^2}{el^2}$，代入数值得$V_C = 91\ \mathrm{V}$。

（2）因为$\Delta t_{通}=2\Delta t_{断}$，所以$V_C = V_0\sin\frac{\pi}{3}$④

由此得$V_0 = \frac{V_C}{\sin\frac{\pi}{3}}$，代入数值得$V_0 = \frac{91\ \mathrm{V}}{\sqrt{3}/2} \approx 105\ \mathrm{V}$。

【创新思维】该题从表面条件来看，由于极板间加的是交变电压，电场变化，电子在板间的加速度也变化，中学物理不涉及。但是，通过数量级的估算，可得电子通过极板间所用的时间远小于交变电压的周期。因此，这样的近似估算，即电子经过极板

间的时间内，电场来不及变化，相当于电场恒定，电子做类平抛运动。

【例 12】(2001 年高考上海卷)(1)1791 年，“米”被定义为：在经过巴黎的子午线上，取从赤道到北极长度的一千万分之一。请由此估算地球的半径 R。(答案保留二位有效数字)

(2)太阳与地球的距离为 1.5×10^{11} m，太阳光以平行光束入射到地面。地球表面 2/3 的面积被水面所覆盖，太阳在一年中辐射到地球表面水面部分的总能量 W 约为 1.87×10^{24} J。设水面对太阳辐射的平均反射率为 7%，而且将吸收到的 35% 能量重新辐射出去。太阳辐射可将水面的水蒸发(设在常温、常压下蒸发 1 kg 水需要 2.2×10^{6}J 的能量)，而后凝结成雨滴降落到地面。

a. 估算整个地球表面的年平均降雨量(以 mm 表示，球面积为 $4\pi R^2$)。

b. 太阳辐射到地球的能量中只有约 50% 到达地面，W 只是其中的一部分。太阳辐射到地球的能量没能全部到达地面，这是为什么？请说明二个理由。

【解析】(1)由题知地球周长的 1/4 等于 1 m 的一千万倍，所以 $2\pi R/4 = 1.00 \times 10^{7}$ m，解得 $R = 6.37 \times 10^{6}$ m。

(2)a. 设太阳在一年中辐射到地球水面部分的总能量 $W=1.87\times10^{24}$ J，凝结成雨滴年降落到地面水的总质量 $m = W \times (1 - 0.07) \times (1 - 0.35)/(2.2 \times 10^{6}\ \text{J/kg}) = 5.14 \times 10^{17}$ kg。

使地球表面覆盖一层水的厚度

$$h = \frac{m}{s\rho} = \frac{m}{4\pi R^2 \rho} = \frac{5.14 \times 10^{17}\ \text{kg}}{4 \times 3.14 \times (6.37 \times 10^{5}\ \text{m})^2 \times 1.00 \times 10^{3}\ \text{kg/m}^3} = 1.0\ \text{m}$$
$$= 1.0 \times 10^{3}\ \text{mm}$$

整个地球表面年平均降雨量约为 1.0×10^{3} mm。

b. 大气层的吸收、大气层的散射或反射、云层遮挡等。

【例 13】(2007 年高考北京卷)如图 2.4-16 所示为高速摄影机拍摄的子弹穿透苹果瞬间的照片，该照片经放大后分析出，在曝光时间内，子弹影像前后错开的距离约为子弹长度的 1%~2%。已知子弹飞行速度约为 500 m/s，由此可估算出这幅照片的曝光时间最接近(　　)

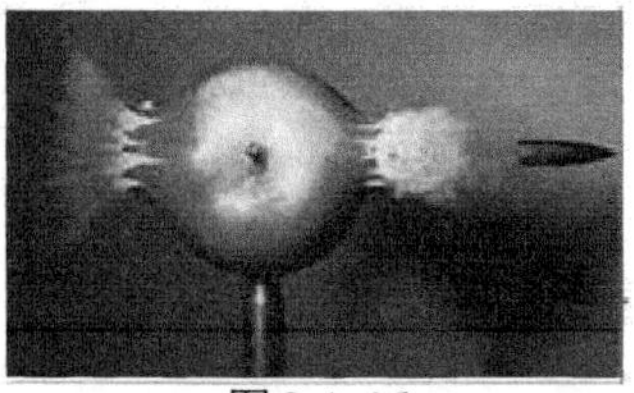

图 2.4-16

A. 10^{-3} s　　B. 10^{-6} s　　C. 10^{-9} s　　D. 10^{-12} s

【解析】苹果大小一般为 10 cm，子弹的长度约为 5 cm，则曝光时间内子弹移动的距离为

$x = 5 \times 10^{-2}\ \mathrm{m} \times 1 \times 10^{-2} = 5 \times 10^{-4}\ \mathrm{m}$,

曝光时间 $t = \dfrac{x}{v} = \dfrac{5 \times 10^{-4}\ \mathrm{m}}{500\ \mathrm{m/s}} = 1 \times 10^{-6}\ \mathrm{s}$,所以B正确。

【创新思维】确定曝光时间内物体的位移的大小是本题的关键,而物体的位移则需要通过估算。

【例14】(2014年高考新课标全国Ⅱ卷)2012年10月,奥地利极限运动员菲利克斯·鲍姆加特纳乘气球升至约39 km的高空后跳下,经过4分20秒到达距地面约1.5 km高度处,打开降落伞并成功落地,打破了跳伞运动的多项世界纪录。重力加速度的大小g取10 m/s²。

(1)若忽略空气阻力,求该运动员从静止开始下落至1.5 km高度处所需的时间及其在此处速度的大小。

(2)实际上,物体在空气中运动时会受到空气的阻力,高速运动时所受阻力的大小可近似表示为$f=kv^2$,其中v为速率,k为阻力系数,其数值与物体的形状、横截面积及空气密度有关。已知该运动员在某段时间内高速下落的$v-t$图像如图2.4-17。若该运动员和所带装备的总质量m=100 kg,试估算该运动员在达到最大速度时所受阻力的阻力系数。(结果保留1位有效数字)

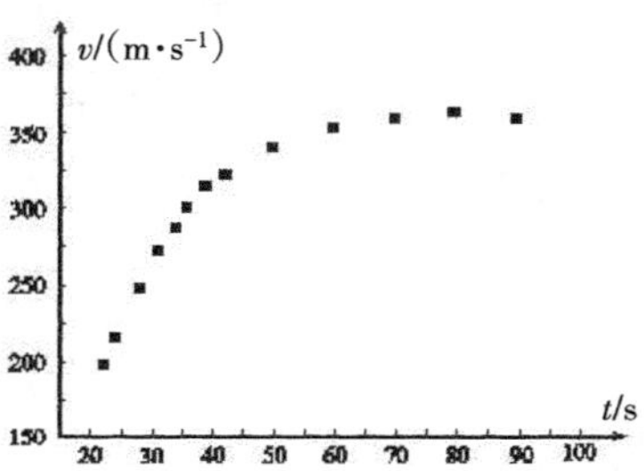

图2.4-17

【解析】(1)设该运动员从开始自由下落至1.5 km高度处的时间为t,下落距离为h,在1.5 km高度处的速度大小为v,根据运动学公式有

$v = gt$ ①,$h = \dfrac{1}{2}gt^2$ ②

据题意有$h = 39 \times 10^3\ \mathrm{m} - 1.5 \times 10^3\ \mathrm{m} = 37.5 \times 10^3\ \mathrm{m}$ ③

联立①②③得t=87 s④,$v=8.7\times10^2$ m/s ⑤

(2)该运动员达到最大速度v_{max}时,加速度为零,

根据牛顿第二定律有$mg = kv^2{}_{max}$ ⑥

由所给的$v-t$图像可读出$v_{max} \approx 360$ m/s ⑦

由⑥⑦式得k=0.008 kg/m。

【创新思维】这类题目题型灵活,知识覆盖面广,综合性强,不管以何种内容或形式为载体的估算类习题,都能有效地考查我们理论联系实际的能力和估测能力,所以受到很多高考命题专家的青睐。根据物理规律建立估算关系或信息联系,估算结果的数量级必须正确,有效数字取1~2位即可。对身边的物理要有感知,熟悉常用的近似计算公式和物理常数。如公交车速度、地球质量的数量级、人造卫星周期等。灵活运用物理知识对具体问题进行合理的估算，是我们科学素养和学习潜能的体现。

图 2.4–18

【例 15】（2018 年浙江选考）土星最大的卫星叫“泰坦”（如图 2.4–18 所示），每 16 天绕土星一周，其公转轨道半径为 1.2×10^6 km。已知引力常量 $G=6.67\times10^{-11}$ $(N\cdot m^2/kg^2)$，则土星的质量约为（　　）

A. 5×10^{17} kg　　B. 5×10^{26} kg

C. 7×10^{33} kg　　D. 4×10^{36} kg

【解析】由万有引力定律提供向心力和牛顿第二定律得

$G\dfrac{Mm}{r^2}=m(\dfrac{2\pi}{T})^2r$，整理并代入值（$\pi^2$ 估算为 10）得

$$M=\frac{(2\pi)^2r^3}{GT^2}=\frac{4\times10\times(1.2\times10^9\ \mathrm{m})^3}{6.67\times10^{-11}\ \mathrm{N\cdot m^2/kg^2}\times(16\times24\times3\,600\ \mathrm{s})^2}\approx5\times10^{26}\ \mathrm{kg}$$

估算 M 的数量级，可得 B 选项正确。

【例 16】（2019 年高考全国 I 卷）最近，我国为“长征九号”研制的大推力新型火箭发动机联试成功，这标志着我国重型运载火箭的研发取得突破性进展。若某次实验中该发动机向后喷射的气体速度约为 3 km/s，产生的推力约为 4.8×10^6 N，则它在 1 s 时间内喷射的气体质量约为（　　）

A. 1.6×10^2 kg　　B. 1.6×10^3 kg　　C. 1.6×10^5 kg　　D. 1.6×10^6 kg

【解析】设发动机在时间 t s 内，喷射出质量为 m 的气体，根据动量定理 $Ft=mv$ 可知，在 1s 内喷射出气体的质量为 $m_0=\dfrac{m}{t}=\dfrac{F}{v}=\dfrac{4.8\times10^6\ \mathrm{N}}{3\,000\ \mathrm{m/s}}=1.6\times10^3\ \mathrm{kg}$，故选 B。

【创新思维】这道题是一道估算题，在具体分析时要将气体（发动机）喷射前视为静止，且不计重型运载火箭喷出气体的重力及空气阻力。

七、等效法

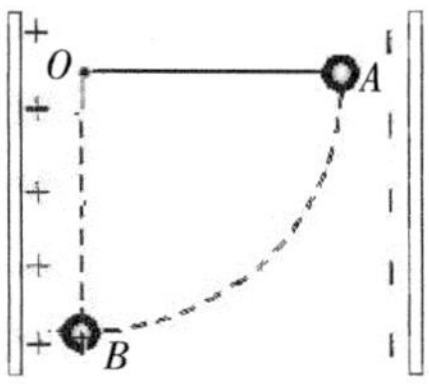

图 2.4–19

等效思想是物理学研究的基本思路之一，也是物理解题中运用广泛的一种方法，俗称等效法。

【例 17】如图 2.4–19 所示，把一个带正电荷 $q=8\times10^{-7}$ C 的小球用细线悬挂在两块面积很大的竖直平行板间的 O 点，小球质量为 $m=2$ g，悬线长 $l=6$ cm，两板间的电场强度 $E=2.5\times10^4$ N/C，小球自悬线水平的 A 点由静止开始向下运动，到达 O 点正下方的 B 点时速度刚好为零，此后一直在 A、B 间来回摆动，求摆动过程中小球的最大速度。(g 取 10 m/s²)

【解析】电荷受到的电场力

$F = qE = 8 \times 10^{-7}\ \text{C} \times 2.5 \times 10^{4}\ \text{N/C} = 2 \times 10^{-2}\ \text{N}$

电荷受到的重力 $G = mg = 2 \times 10^{-3}\ \text{kg} \times 10\ \text{m/s}^2 = 2 \times 10^{-2}\ \text{N}$。

这两个恒定力场可等效成大小为 $\sqrt{2}\,mg$，方向与 OB 成 $\theta = 45°$ 斜向下的恒力场，如图 2.4-20(1)所示。由于在 A、B 点小球速度为零，我们可以将图 2.4-20(1)顺时针旋转 45°，如图 2.4-20(2)，则可见这个等效恒力场就相当于重力加速度为 $\sqrt{2}\,g$ 的一个重力场。由动能定理可列

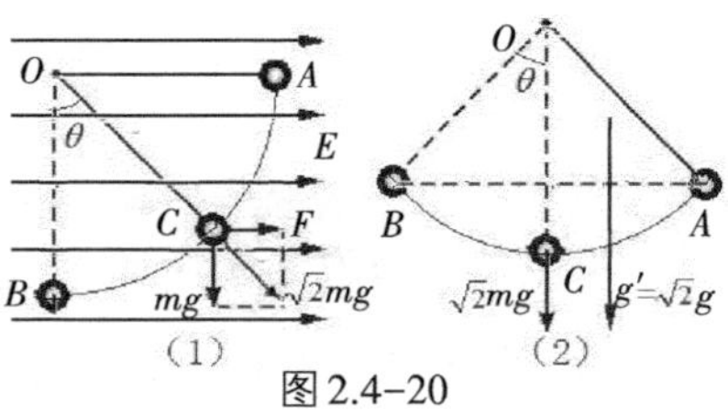

图 2.4-20

$\sqrt{2}\,mg(l - l\cos\theta) = \dfrac{1}{2}mv_{\max}{}^2$，解得

$v_{\max} = \sqrt{2\sqrt{2}\,gl(1 - \cos 45°)} = \sqrt{2 \times 1.4 \times 10\ \text{m/s}^2 \times 0.06\ \text{m} \times (1 - 1.4/2)} = 0.71\ \text{m/s}$

【创新思维】如果按常规解法比较复杂，这里用等效法从“等效力场”为突破口，解答就简捷得多。

【例 18】导线电阻为 R，做成一个闭合圆环，半径为 r，一直导线以速度 v 运动，如图 2.4-21(1)所示，环放在磁感应强度为 B 的匀强磁场中，直导线电阻不计，当直导线运动到圆心处的瞬间，直导线中的电流强度多大？

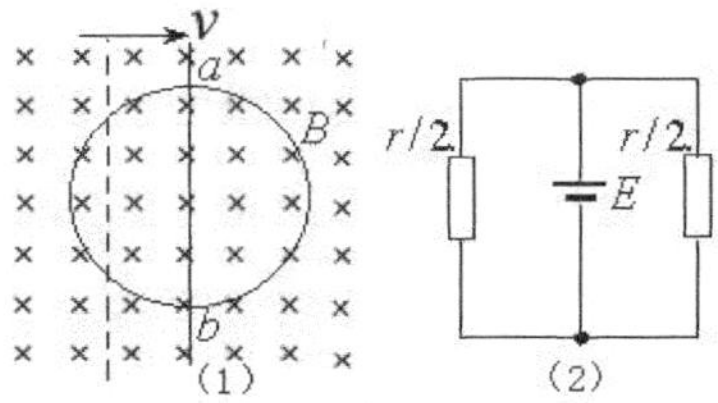

图 2.4-21

【解析】直导线 ab 以速度 v 运动，在磁场中切割磁感应线产生感应电动势，经过圆心位置瞬间，产生磁感应电动势 $E = B \cdot 2r \cdot v$。

直导线经过圆心处的瞬间，圆环的总电阻，相当两个半圆环并联的电阻，即 $R_{总} = R/4$，直导线中的电流强度 $I = \dfrac{E}{R_{总}} = \dfrac{B \cdot 2r \cdot v}{R/4} = \dfrac{8Brv}{R}$。

【创新思维】等效法将图 2.4-21(1)等效成图 2.4-21(2)，电路结构一目了然。

【例 19】(2016 年高考新课标全国 Ⅰ 卷)一含有理想变压器的电路如图 2.4-22 所示，图中电阻 R_1、R_2 和 R_3 的阻值分别为 3Ω、1Ω 和 4Ω，A 为理想交流电流表，U 为正弦交流电压源，输出电压的有效值恒定。当开关 S 断开时，电流表的示数为 I；当 S 闭合时，电流表的示数为 $4I$。该变压器原、副线圈匝数比为(　　)

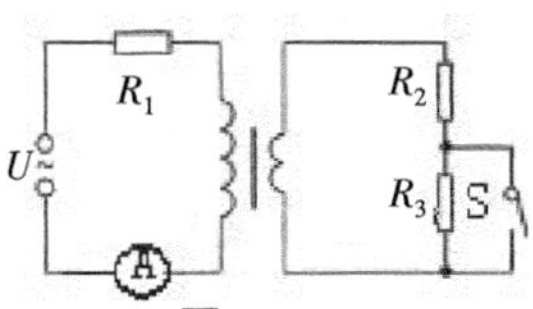

图 2.4-22

A.2　　B.3　　C.4　　D.5

【解析】解法1(常规解法):开关S闭合前后,原、副线圈两端电压分别为U_1、U_2和U_1'、U_2',电流分别为I_1、I_2和I_1'、I_2'。该变压器原、副线圈匝数比为

$$k=\frac{n_1}{n_2}=\frac{U_1}{U_2}=\frac{I_2}{I_1}\text{或}k=\frac{n_1}{n_2}=\frac{U_1'}{U_2'}=\frac{I_2'}{I_1'}\quad ①$$

当开关S断开时,原线圈两端电压$U_1=U-I_1R_1=U-IR_1$　②

副线圈的电压$U_2=I_2(R_2+R_3)=kI(R_2+R_3)$　③

由①②③得$U=IR_1+k^2I(R_2+R_3)$　④

当开关S闭合时,原线圈两端电压$U_1'=U-I_1'R_1=U-4IR_1$⑤,副线圈的电压$U_2'=I_2'R_2=4kIR_2$　⑥

由①⑤⑥得$U=4IR_1+4k^2IR_2$　⑦

由④⑦得$IR_1+k^2I(R_2+R_3)=4IR_1+4k^2IR_2$　⑧

化简、整理得$k=\sqrt{\frac{3R_1}{R_3-3R_2}}=\sqrt{\frac{3\times 3}{4-3\times 1}}=3$。

故A、C、D错误,选项B正确。

解法2:(等效法)该变压器原、副线圈匝数比为$k=\frac{n_1}{n_2}$①,变压器和副线圈负载电阻看成一个等效电阻,当开关S闭合时,等效电阻$R_1'=k^2(R_2+R_3)$②,当开关S闭合时,等效电阻$R_2'=k^2R_2$③,由欧姆定律

$$I=\frac{U}{R_1+R_1'}=\frac{U}{R_1+k^2(R_2+R_3)}=\frac{U}{3+k^2(1+4)}\quad ④$$

同理,$4I=\frac{U}{R_1+R_2'}=\frac{U}{R_1+k^2R_2}=\frac{U}{3+k^2\cdot 1}$　⑤

由⑤÷④解得$k=3$,故选项B正确。

【创新思维】(1)比较两种解法,显然常规解法耗时太多,如果用副线圈的电压$U_2=\frac{U_I}{k}=\frac{U-IR_1}{k}$及$U_2'=\frac{U_I'}{k}=\frac{U-4IR_1}{k}$参与求解,会让我们来回折腾。等效法解题比较明快,但问题是等效的方法掌握得怎么样,这里变压器电路中的等效电阻是否了解,没有拓展的学习,就无法达到快捷解题的境界。

(2)变压器电路中的等效电阻。如图2.4-23(1)所示,理想变压器原、副线圈匝数比$k=\frac{n_1}{n_2}=\frac{U_1}{U_2}=\frac{I_2}{I_1}$。副线圈的负载电路为纯电阻电路,其负载总电阻为$R$,则可以将整个变压器及整个纯电阻电路等效为一个电阻R',如图2.4-23(2)虚线框内所示。

根据欧姆定律$R=\dfrac{U_2}{I_2}$，①$R'=\dfrac{U_1}{I_1}$　②

②÷①得$\dfrac{R'}{R}=\dfrac{U_1/I_1}{U_2/I_2}=\dfrac{U_1}{U_2}\cdot\dfrac{I_2}{I_1}=k\cdot k=k^2$，所以$R'=k^2R=(\dfrac{n_1}{n_2})^2R$。

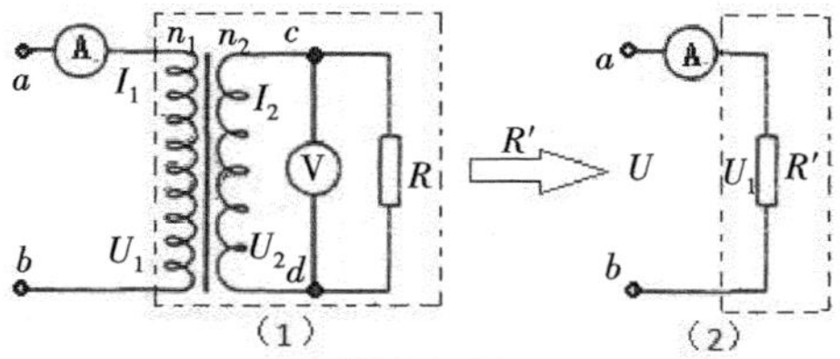

图2.4-23

八、极限假设分析法（定性分析、定量分析和综合分析）

在解题中，由于物理过程涉及的因素较多，过程较复杂，学生一时难以洞察其变化规律从而做出相应的正确判断。但如果将问题中的变化外推到它的极限情境，即某种物理模型，或者某种物理状态和过程，再进行分析，问题就会朝着有利于迅速、准确解答的方向发展。所谓"极限假设分析法"，就是把物理量呈单调变化的物理现象或过程推向极限考虑，通过对极限状态的分析、判断，使物理过程进行的情况迅速暴露出来。这种思维方法使人们能从错综复杂的诸多因素的"纠缠"中解脱出来，达到化难为易，快速解决物理问题的目的。下例解析中令$N=0$，小物体虽然与锥体表面接触，但彼此之间没有作用力，这种极端状态下的速度v_b，就是小物体是否在锥体表面的分水岭，这一步是极限假设分析法的关键步骤。

【例20】（1983年高考全国卷）一个光滑的圆锥体固定在水平的桌面上，其轴线沿竖直方向，母线与轴线之间的夹角$\theta=30°$（图2.4-24所示）。一条长度为l的绳（质量不计），一端固定在圆锥体的顶点A处，另一端拴着一个质量为m的小物体（物体可看作质点，绳长小于圆锥体的母线）。物体以速率v绕圆锥体的轴线做水平匀速圆周运动。（要求说明每问解法的根据）

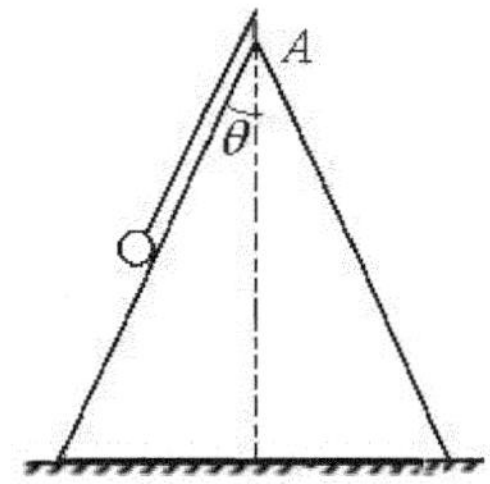

图2.4-24

（1）当$v=\sqrt{\dfrac{1}{6}gl}$时，求绳对物体的拉力；

（2）当$v=\sqrt{\dfrac{3}{2}gl}$时，求绳对物体的拉力。

【解析】题目要求考生说明每问解法的根据，物体做水平匀速圆周运动有两种可能：一种如图2.4-25（1）所示，物体与锥体表面为接触状态；一种如图2.4-25（2）所示，物体与锥体表面为不接触状态。

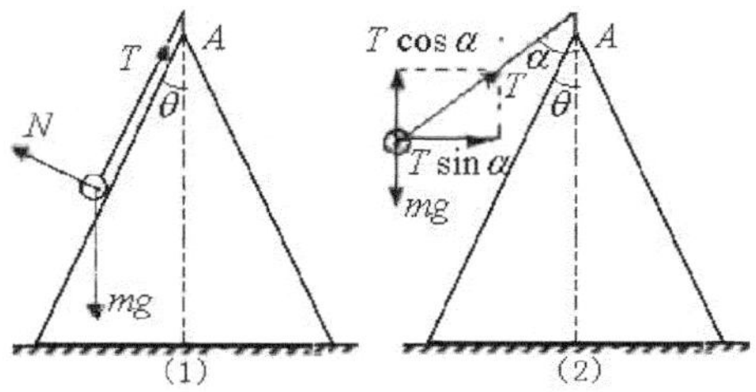

图2.4–25

当接触时，物体受力如图2.4–25(1)所示，T是绳对物体的拉力，N是支持力，mg是重力，物体与锥面间无摩擦。将力沿水平方向和竖直方向分解，由牛顿定律得

$T\sin\theta - N\cos\theta = m\dfrac{v^2}{l\sin\theta}$　①

$T\cos\theta + N\sin\theta = mg$　②

由①②两式消去T，可得N跟v的关系$N = mg\sin\theta - m\dfrac{v^2\cos\theta}{l\sin\theta}$　③

在θ给定后，v越大，N就越小，当$v = \sqrt{\dfrac{gl\sin^2\theta}{\cos\theta}}$时，$N = 0$，令$v_b$表示这个速率，并将$\theta$=30°代入可得$v_b = \sqrt{\dfrac{\sqrt{3}}{6}gl}$　④

因为N是支持力，最小等于0，所以当$v>v_b$时，物体不再与锥面接触。

(1)当$v = \sqrt{\dfrac{1}{6}gl}$时，因为$v<v_b$，所以物体与圆锥面接触，由①②式消去$N$可得

$T = m\dfrac{v^2}{l} + mg\cos\theta = m\dfrac{gl/6}{l} + \dfrac{\sqrt{3}}{2}mg = \dfrac{1 + 3\sqrt{3}}{6}mg$

(2)当$v = \sqrt{\dfrac{3}{2}gl}$时，因为$v>v_b$，所以物体与圆锥面不接触，这时物体只受重力和绳子拉力作用，如图2.4–25(2)所示。用α表示绳与圆锥体轴线之间的夹角，将力沿水平方向和竖直方向分解，按牛顿定律得

$T\sin\alpha = m\dfrac{v^2}{l\sin\alpha}$　⑤

$T\cos\alpha = mg$　⑥

将$v = \sqrt{\dfrac{3}{2}gl}$代入⑤式，

⑤⑥两式消去α，可得$2T^2 - 3mgT - 2m^2g^2 = 0$　⑦

解此方程，得 T=2mg。

【例21】(1988年高考全国卷)两物体A和B,质量分别为m_1和m_2,互相接触放在光滑的水平面上,如图2.4-26所示。对物体A施以水平的推力F,则物体A对物体B的作用力等于(　　)

A.$m_1F/(m_1+m_2)$　　B.$m_2F/(m_1+m_2)$

C.F　　D.m_2F/m_1

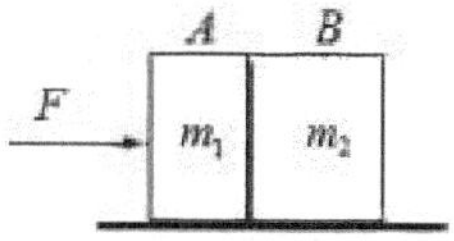

图2.4-26

【解析】设$m_1=0$时,推力F将直接作用于m_2,A对B的作用力应等于F,符合这一结果的选项是B和C;又设$m_1\to\infty$时,加速度$a=0$,则此时A和B只接触而无相互作用,相互作用力为零。则只有B项正确,于是本题应选B。

【创新思维】这道题可以用一般的方法解答,可是要想在有限的时间内快速正确解答就应用极端假设分析法为宜。

【例22】(2014年高考安徽卷)如图2.4-27所示,一倾斜的匀质圆盘绕垂直于盘面的固定对称轴以恒定的角速度ω转动,盘面上离转轴距离2.5 m处有一小物体与圆盘始终保持相对静止。物体与盘面间的动摩擦因数为$\sqrt{3}/2$(设最大静摩擦力等于滑动摩擦力),盘面与水平面的夹角为30°,g取10 m/s^2,则ω的最大值是(　　)

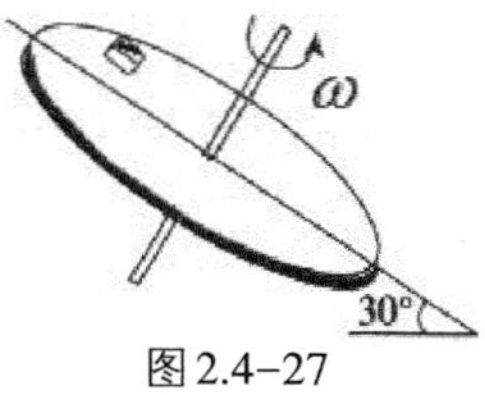

图2.4-27

A.5 rad/s　　B.3 rad/s　　C.1.0 rad/s　　D.0.5 rad/s

【解析】由于小物体随匀质圆盘做圆周运动,其向心力由小物体受到的指向圆心的合力提供,在最下端时指向圆心的合力最小。根据牛顿第二定律得

$\mu mg\cos30^\circ - mg\sin30^\circ = mr\omega^2$

代入数值解得$\omega=1.0$ rad/s。

【创新思维】要使小物体与圆盘始终保持相对静止,应用极限假设分析法,最大静摩擦力和小物体重力的下滑分力的合力作为向心力,必须抓住关键:小物体是在圆盘的最高点还是在最低点,千万不可受示意图误导。若在最高点,极限假设临界情况下,转速较大时静摩擦力指向圆心,

$f_{max} + mg\sin30^\circ = mr{\omega_1}^2$ ①

转速较小时静摩擦力背离圆心,

$mg\sin30^\circ - f = mr{\omega_2}^2$ ②

若在最低点,极端假设临界情况下,物体能做圆周运动则静摩擦力一定指向圆心,

$f_{max} - mg\sin30^\circ = mr{\omega_3}^2$ ③,所以$f_{max}>mg\sin30^\circ$。

比较①②③式可知，ω_1虽然大于ω_3，小物体能正常通过最高点却不能正常通过最低点，显然，$\omega_3>\omega_2$。因此，在小物体与圆盘始终保持相对静止前提下，小物体运动到最低点最容易滑动，以至于最先达到最大静摩擦力，其角速度的大小选C。

九、关联法

一些难度大的试题，所叙的物理情景不明显，造成解题所需的条件被隐含，让学生不好下手。解题时运用关联法，通过一些关联的关键词句，揭示那些隐含条件，获得解题突破口。

【例23】原来静止在光滑水平桌面上的木块，被水平方向射来的子弹击中，当子弹进入木块深度为2 cm时，木块相对于桌面移动1 cm，然后子弹与木块以共同的速度运动，则子弹和木块摩擦产生的内能与子弹损失的动能之比为多少？

【创新思维】题问涉及内能、动能，自然想到应用动量、动量守恒定律，其中关键量是速度，可是子弹初速度未知，子弹与木块的共同速度也未知，它们的质量又未知，似乎缺少条件难以求解。仔细审题，从关联的关键词句中，把隐含条件挖掘出来。

（1）题干中，"水平方向""子弹和木块摩擦"隐含着子弹和木块的相互摩擦力$f=f'$。

（2）题干中，木块"原来静止""然后子弹与木块以共同的速度运动"隐含着子弹对木块的摩擦力做正功$W_1=f\cdot s_1$，提供动能增加，即$W_1=\Delta E_{k1}$。

（3）题干中，"子弹损失的动能"隐含着木块的摩擦阻力对子弹做负功的值等于子弹损失的动能，即$W_2=f'\cdot s_2=\Delta E_{k2}$。

（4）题干中，"当子弹进入木块深度为2 cm时，木块相对于桌面移动1 cm"隐含着子弹相对的位移$s_2=3\,\text{cm}$。

从关联中挖掘出隐含条件后，就很轻松列出功能关系$\Delta E_{k2}=\Delta E_{k1}+\Delta E$（式中$\Delta E$即子弹和木块摩擦的内能），轻松得出此题答案。

【解析】为了便于分析，画出示意图（如图2.4-28所示），图中一些量：子弹和木块的质量分别为m、M，子弹初速度为v_0，子弹与木块的共同速度为v，子弹进入木块的深度为d，木块前进距离s_1，子弹前进距离s_2，子弹对木块的摩擦力f，木块对子弹的阻力f'。

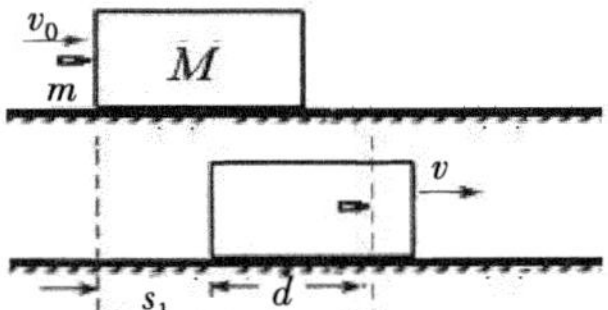

图2.4-28

根据能的转换、守恒定律，该题子弹损失的动能一部分转化为木块的动能，另一部分转化为子弹和木块的内能，即

$\Delta E_{k2}=\Delta E_{k1}+\Delta E$,则

$$\frac{\Delta E}{\Delta E_{k2}}=\frac{\Delta E_{k2}-\Delta E_{k1}}{\Delta E_{k2}}=\frac{(f's_2-fs_1)}{f's_2}=\frac{s_2-s_1}{s_2}=\frac{3-1}{3}=\frac{2}{3}$$

十、综合法

运用分析与综合思维,解题中先从题给的已知量入手,根据某些已知量间公式关系进行运算,最后综合求出待求量。综合的途径有两个:一是逐个推出解题相关的未知量,直到题剩下仅有所求的未知量;二是先分别列出相关未知量公式,然后综合列出题求量的总表达式,代入数值算出结果。这种解题由题给的局部条件汇总得到总体的方法,称综合法。

【例24】(1990年高考全国卷)用销钉固定的活塞把水平放置的容器分隔成A、B两部分,其体积之比为$V_A:V_B=2:1$,如图2.4-29所示。起初A中有温度为127 ℃、压强为1.8×10^5 Pa的空气,B中有温度为27 ℃、压强为2×10^5 Pa的空气。现拔出销钉,使活塞可以无摩擦地移动(无漏气),由于容器壁缓慢导热,最后气体都变到室温27 ℃,活塞也停止移动,求最后A中气体的压强。

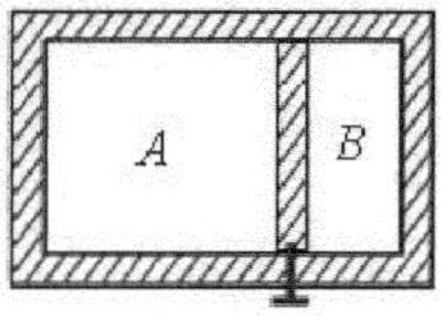

图2.4-29

【解析】分别对A、B两部分气体列气态方程,再由A、B体积关系及变化前后体积之和不变、压强相等列方程,联立求解。

(1)A中气体:

初态:$P_A=1.8\times10^5\text{Pa}$,$V_A$、$T_A=400\text{ K}$

末态:$P'_A=P$、V'_A,$T'_A=T=300\text{ K}$

根据理想气体状态方程:$\dfrac{P_AV_A}{T_A}=\dfrac{PV'_A}{T}$ ①

(2)B中气体:

初态:$P_B=1.2\times10^5\text{Pa}$,$V_B$、$T_B=300\text{ K}$

末态:$P'_B=P$、V'_B、$T'_B=T=300\text{ K}$

根据理想气体状态方程:$\dfrac{P_BV_B}{T_B}=\dfrac{PV'_B}{T}$ ②

(3)相关条件:$V_A:V_B=2:1$③,$V'_A+V'_B=V_A+V_B$④

①+②得 $\frac{P_A V_A}{T_A}+\frac{P_B V_B}{T_B}=\frac{P}{T}(V_A'+V_B')$⑤

将③④代入⑤得 $P=T(\frac{2P_A}{3T_A}+\frac{P_B}{3T_B})$，

代入数值得到最后A中气体的压强 $P=1.3\times10^5\text{Pa}$。

2.5 揭示解题关键的数学技巧

解题的关键在哪里？除了运用创新思维、物理技巧外，应用到的数学技巧比较多。常用的方法有很多，这里主要介绍比较法、图像法、极值法、比例法、微元法等。

一、比较法

对一些有关联的物理问题，用比较的方法分析它们的共同性和各自的特殊性，找出内在联系，使解题简便。

【例1】如图2.5-1所示，各种情况球质量相等，悬线等长且偏角均为θ。图2.5-1(1)水平方向有细线系拉小球，图2.5-1(2)则为水平拉线被剪断瞬间，图2.5-1(3)中球做圆锥摆运动，图2.5-1(4)中球靠在斜面上，斜面与悬线平行。分析各图，设图2.5-1(1)(2)(3)(4)中悬线张力分别是T_1、T_2、T_3、T_4，则悬线张力将是(　　)

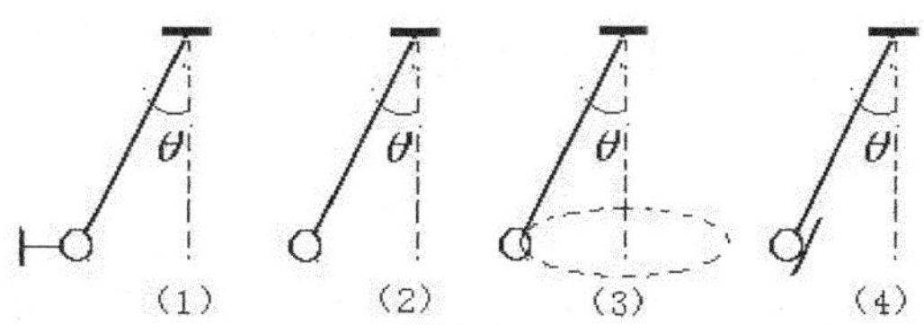

图2.5-1

A.$T_1=T_2=T_3=T_4$　　　　B.$T_1=T_4$，$T_2=T_3$

C.$T_1<T_2$，$T_4>T_3$　　　　D.$T_3>T_4$，$T_1>T_2$

【解析】比较四个小球的运动状态，可知图2.5-1(1)与2.5-1(3)是类似的，图2.5-1(2)与2.5-1(4)是类似的。于是只需要比较图2.5-1(1)和2.5-1(2)。设小球质量为m，则悬线张力分别为

$T_1=mg/\cos\theta$，$T_2=mg\cdot\cos\theta$，故$T_1>T_2$，又 $T_3=mg/\cos\theta$，$T_4=mg\cdot\cos\theta$，$T_3>T_4$，所以，选项D正确。

【例2】(2019年高考新课标全国Ⅰ卷)在星球M上将一轻质弹簧竖直固定在水平桌面上，把物体P轻放在弹簧上端，P由静止向下运动，物体的加速度a与弹簧的压缩量x间的关系如图2.5-2中实线所示。在另一星球N上用完全相同的弹簧，改用物体Q完成同样的过程，其a-x关系如图中虚线所示，假设两星球均为质量均匀分布的

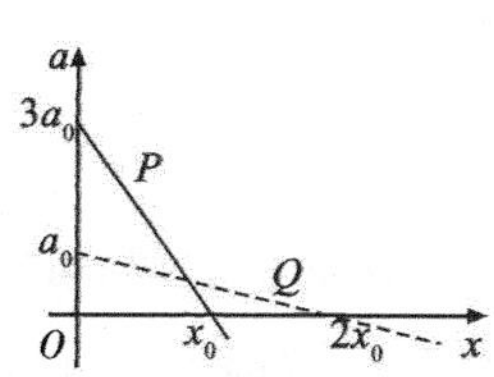

图2.5-2

球体。已知星球M的半径是星球N的3倍，则(　　)

A.M与N的密度相等

B.Q的质量是P的3倍

C.Q下落过程中的最大动能是P的4倍

D.Q下落过程中弹簧的最大压缩量是P的4倍

【解析】A.由$a-x$图像可知，加速度沿竖直向下方向为正方向，根据牛顿第二定律有$mg-kx=ma$，变形式为$a=g-\frac{k}{m}x$，该图像的斜率为$-\frac{k}{m}$，纵轴截距为重力加速度g。根据图像的纵轴截距可知，两星球表面的重力加速度之比为$\frac{g_M}{g_N}=\frac{3a_0}{a_0}=\frac{3}{1}$。

又因为在某星球表面上的物体所受重力和万有引力相等，$G\frac{Mm'}{R^2}=m'g$，即该星球的质量$M=\frac{gR^2}{G}$。又因为$M=\rho\frac{4\pi R^3}{3}$，联立得$\rho=\frac{3g}{4\pi RG}$。

故两星球的密度之比为$\frac{\rho_M}{\rho_N}=\frac{g_M}{g_N}\cdot\frac{R_N}{R_M}=1:1$，故A正确。

B.当物体在弹簧上运动过程中，加速度为0的一瞬间，其所受弹力和重力二力平衡$mg=kx$，即$m=\frac{kx}{g}$。结合$a-x$图像可知，当物体P和物体Q分别处于平衡位置时，弹簧的压缩量之比为$\frac{x_P}{x_Q}=\frac{x_0}{2x_0}=\frac{1}{2}$，故物体$P$和物体$Q$的质量之比为$\frac{m_P}{m_Q}=\frac{x_P}{x_Q}\cdot\frac{g_N}{g_M}=\frac{1}{6}$，故B错误。

C.物体P和物体Q分别处于各自的平衡位置(a=0)时，它们的动能最大。根据$v^2=2ax$，结合$a-x$图像面积的意义可知：物体P的最大速度满足$v_P^2=2\cdot\frac{1}{2}\cdot3a_0\cdot x_0=3a_0x_0$，物体$Q$的最大速度满足$v_Q^2=\alpha\cdot\frac{1}{2}\cdot a_0\cdot2x_0=2a_0x_0$，则两物体的最大动能之比

$$\frac{E_{kQ}}{E_{kP}}=\frac{\frac{1}{2}m_Qv_Q^2}{\frac{1}{2}m_Pv_P^2}=\frac{m_Q}{m_P}\cdot\frac{v_Q^2}{v_P^2}=4$$，C正确。

D.物体P和物体Q分别在弹簧上做简谐运动，由平衡位置(a=0)可知，物体P和Q振动的振幅A分别为x_0和$2x_0$，即物体P所在弹簧最大压缩量为$2x_0$，物体Q所在弹簧最大压缩量为$4x_0$，则Q下落过程中，弹簧最大压缩量是P物体最大压缩量的2倍，D错

误，故本题选A、C。

二、图像法

图像能形象地表达物理规律，能直观地描述物理过程，能鲜明地表示物理量之间的依赖关系。因此，运用图像解题在中学物理中应用十分广泛。

运用图像解题是一种重要的解题方法，在运用图像解题的过程中，如果能分析有关图像所表达的物理意义，抓住图像的斜率、截距、交点、面积、临界点等几个要点，往往可以方便、简明、快捷地解题。例如：在v-t图像中斜率表示物体运动的加速度，在x-t图像中斜率表示物体运动的速度，两个物体的位移图像的交点表示它们"相遇"等。

【例3】（2004年高考广东、广西卷）如图2.5-3所示，真空室内存在匀强磁场，磁场方向垂直于图中纸面向里，磁感应强度的大小B=0.60 T，磁场内有一块平面感光干板ab，板面与磁场方向平行，在距ab的距离l = 16 cm处，有一个点状的α放射源S，它向各个方向发射α粒子，α粒子的速度都是v = 3.0 × 10^6 m/s，已知α粒子的电荷量与质量之比q/m= 5.0 × 10^7 C/kg，现只考虑在图纸平面中运动的α粒子，求ab上被α粒子打中的区域的长度。

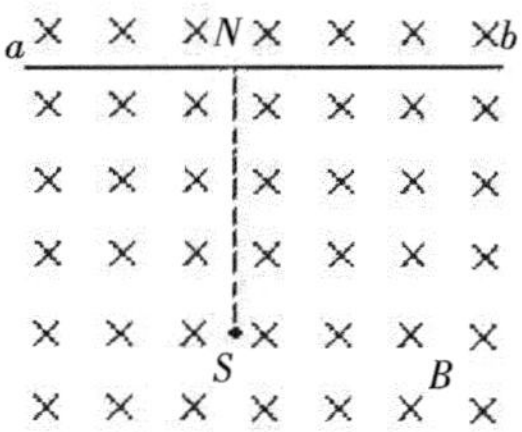

图2.5-3

【思路】此题中α粒子的初速度方向不确定，不同的初速度方向对应不同的运动轨迹（圆周），由于α粒子的初速度大小相等，所以它们的圆半径大小相等，且圆心分布在以点S为圆心，以运动圆周为半径大小的圆周上。

【解析】如图2.5-4所示，α粒子带正电，故在磁场中沿逆时针方向做匀速圆周运动，用R表示轨道半径，有

$$qvB = m\frac{v^2}{R} \text{①}，由此得 R = \frac{v}{(\frac{q}{m})B},$$

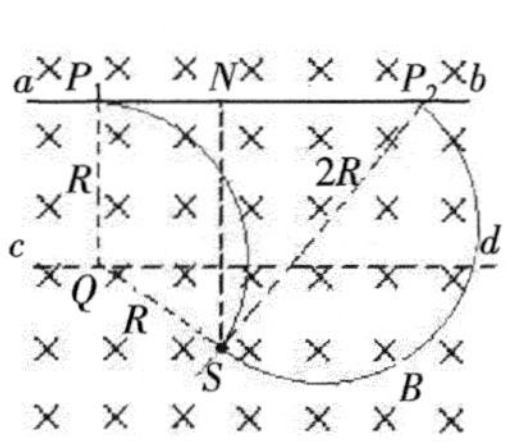

图2.5-4

代入数值得R=10 cm，可见$2R > l > R$。

因朝不同方向发射的α粒子的圆轨道都过S点，由此可知，某一圆轨迹在图中N左侧与ab相切，则此切点P_1就是α粒子能打中的左侧最远点，为确定P_1点的位置可作平行于ab的直线cd，cd到ab的距离为R，以S点为圆心，R为半径，作弧交cd于Q点，过Q作ab的垂线，它与ab的交点即为P_1。

由勾股定理得$NP_1 = \sqrt{R^2 - (l - R)^2}$②

再考虑N的右侧，任何a粒子在运动中离S点的距离不可能超过$2R$，以$2R$为半径、S点为圆心作圆，交ab于N右侧的P_2点，此即右侧能打到的最远点。由图中几何关系得

$NP_2 = \sqrt{(2R)^2 - l^2}$③，$P_1P_2 = NP_1 + NP_2$④，代入数值得$P_1P_2 = 20\,\text{cm}$。

【创新思维】由题意可知，从放射源S射出的α粒子，其轨迹为一系列半径均为R的圆周，转向同为逆时针，这些圆的圆心均在以放射源S为圆心且半径与粒子轨迹半径R相同的圆周上，依照这几个要点可作大致图像。

由图可知，ab感光干板被α粒子击中的左端点在P_1点（轨迹与板的切点），右端点在P_2点（P_2S=$2R$），再由题意根据简单的几何关系得ab上被α粒子打中的区域的长度P_1P_2。

【例4】（1986年高考题）在有空气阻力的情况下，以初速度v_1竖直上抛一物体，经过时间t_1到达最高点。又经过时间t_2，物体由最高点落回到抛出点，这时物体的速度为v_2，则（　　）

A.v_2=v_1，t_2=t_1　　B.v_2>v_1，t_2>t_1　　C.v_2<v_1，t_2t2<t_1

D.v_2>v_1，t_2<t_1　　E.v_2<v_1，t_2>t_1

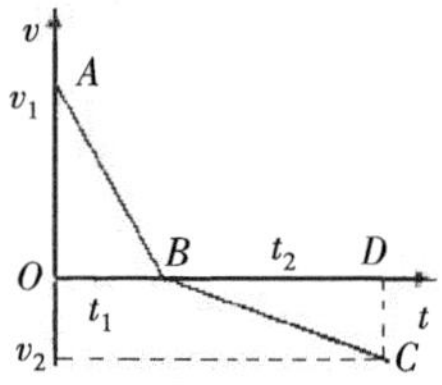

图2.5-5

【创新思维】（1）这道题可以运用牛顿定律和运动学公式列方程组求解，但是比较复杂。若用图解法就比较简单，作图v-t图像，如图2.5-5所示，AB为上升过程，加速度为a_1，BC为下落过程，加速度为a_2，a_1>a_2，$S_{\Delta ABO} = S_{\Delta CBD}$，表示上抛和下落高度相等。由图可知，$t_2$>$t_1$，$v_2$<$v_1$，故选E。

（2）如果将题稍加改动：一质量为m的小球以v_0竖直上抛，运动中受到的空气阻力与球速度成正比，试问球经过多长时间落回抛出点？变形题涉及的已经不是匀变速运动，纯属于非匀变速运动，只能用微元法或微积分知识求解，已超中学物理范围。然而通过图像法，利用v-t、f-t图像，就可另辟蹊径。

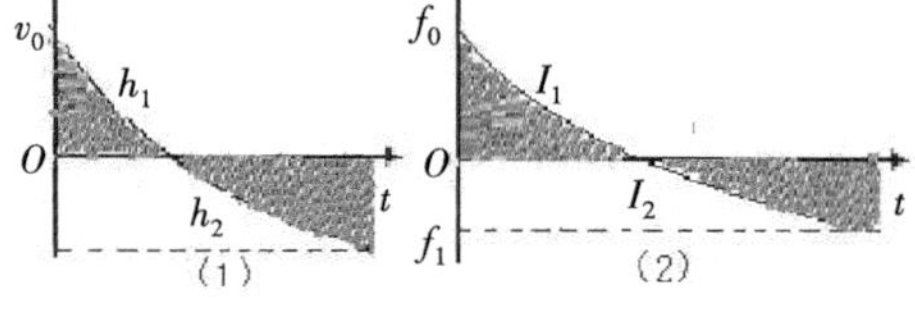

图2.5-6

【解析】根据题意该运动是非匀变速运动，作如图2.5-6(1)的$v-t$图像，图像横坐标上下阴影部分面积分别表示上升和下降的高度。由于空气阻力f与球速v成正比，即$f = kv$，k是比例系数，可作相似的如图2.5-6(2)$f-t$图像，图像横坐标上下阴影部分面积分别表示空气阻力的冲量，整个过程空气阻力的冲量的矢量和为0。

取向下方向为正方向，由全过程运用动量定理可得

$mgt = \Delta p = mv_t - (-mv_0) = 0$，解得$t = \dfrac{v_0 + v_t}{g}$。

【例5】(1993年高考全国卷)图2.5-7中A、B是一对中间开有小孔的平行金属板，两小孔的连线与金属板面相垂直，两极板的距离为l。两极板间加上低频交流电压，A板电势为零，B板电势$U = U_0\cos\omega t$。现有一电子在t=0时穿过A板上的小孔射入电场。设初速度和重力的影响均可忽略不计。则电子在两极板间可能(　　)

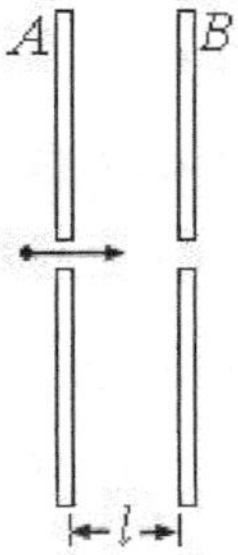

图2.5-7

A.以AB间的某一点为平衡位置来回振动

B.时而向B板运动，时而向A板运动，但最后穿出B板

C.一直向B板运动，最后穿出B板，如果ω小于某个值ω_0，l小于某个值l_0

D.一直向B板运动，最后穿出B板，而不论ω、l为任何值

【解析】作出B板电势差U随时间变化的图像，如图2.5-8(1)所示，电子射入电场后的加速度$a = eu/ml_0$，则$a\propto u$，据此作出$a-t$图像，如图2.5-8(2)所示。定性分析可知，电子刚刚进入电场时，初速度为零，加速度大，其速度图像对应点切线斜率大，图像陡峭，加速度小处速度图像对应点切线斜率小，图像平缓，可以定性画出电子进入电场后的速度图像，即$v-t$图像，如图2.5-8(3)所示。

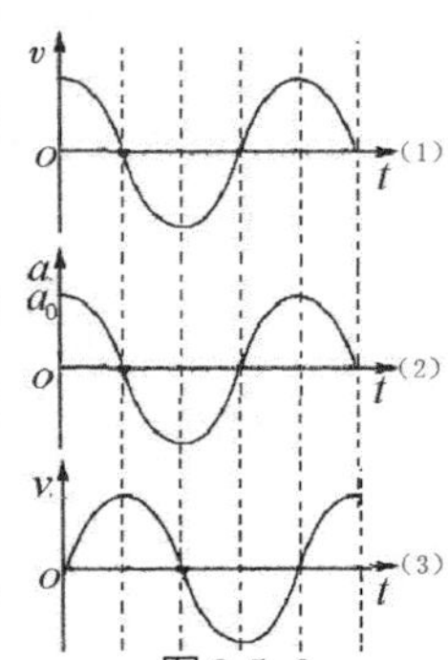

图2.5-8

速度图像的“面积”可表示电子射入电场的位移，0时刻，电子位于A板小孔处，速度为零。0→T/4，电子向右加速到速度最大；T/4→T/2，加速度反向，速度减小到零，电子前进的位移设为s；T/2→3T/4，电子向左加速到速度最大；3T/4→T，加速度又向右，速度又减小到零。如果板间距$l = l_0$，电子返回到A板小孔处，在两板间来回做简谐振动。如果板间距$l>l_0$，则电子以AB间的某一点(l_0/2处)为平衡位置来回做简谐振动，A正确。

如果板间距$l<l_0$，一直向B板运动，最后穿出B板；如果ω小于某个值ω_0，根据$T = 2\pi/\omega$，ω越小，则T越大，在T/2内位移将越大。当$\omega = \omega_0$，在T/2内电子位移的对应值为l'，当$l<l'$时，电子一直向B板运动，最后穿出B板，C正确。

【创新思维】题设初速度和重力的影响均可忽略不计，应领会电子初速度为0，重力不计，电子只受电场力，所以电子做变加速直线运动。本题的易错点就在部分同学思维定式地认为物体运动的方向由力的方向决定，而忽略了物体的运动是由速度与合外力共同决定。该题如果不用图像法进行分析，解题将会在抽象世界里越转越糊涂。

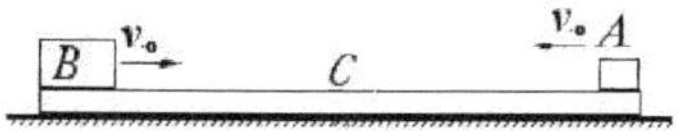

图2.5-9

【例6】(2017年高考新课标全国Ⅲ卷)如图2.5-9所示，两个滑块A和B的质量分别为m_A=1 kg和m_B=5 kg，放在静止于水平地面上的木板的两端，两者与木板间的动摩擦因数均为μ_1=0.5；木板的质量为m=4 kg，与地面间的动摩擦因数为μ_2=0.1。某时刻A、B两滑块开始相向滑动，初速度大小均为v_0=3 m/s。A、B相遇时，A与木板恰好相对静止。设最大静摩擦力等于滑动摩擦力，取重力加速度大小g=10 m/s²。求：

(1)B与木板相对静止时，木板的速度；

(2)A、B开始运动时，两者之间的距离。

【解析】解法1：常规解法 。

(1)滑块A和B在木板上滑动时，木板也在地面上滑动。设A、B和木板所受的摩擦力大小分别为f_1、f_2和f_3，A和B相对于地面的加速度大小分别是a_A和a_B，木板相对于地面的加速度大小为a_1。在滑快B与木板达到共同速度前有

$f_1 = \mu_1 m_A g$①，$f_2 = \mu_1 m_B g$②，$f_3 = \mu_2(m + m_A + m_B)g$③

由牛顿第二定律得

$f_1 = m_A a_A$④，$f_2 = m_B a_B$⑤，$f_2 - f_1 - f_3 = m a_1$⑥

设在t_1时刻，B与木板达到共同速度，其大小为v_1。由运动学公式有

$v_1 = v_0 - a_B t_1$⑦，$v_1 = a_1 t_1$⑧

联立①②③④⑤⑥⑦⑧式，代入已知数据得$v_1 = 1\text{m/s}$⑨。

(2)在t_1时间间隔内，B相对于地面移动的距离为$s_B = v_0 t_1 = \frac{1}{2}a_B t_1^2$⑩。

设在B与木板达到共同速度v_1后，木板的加速度大小为a_2，对于B与木板组成的体系，由牛顿第二定律有$f_1 + f_3 = \left(m_B + m\right)a_2$⑪。

由①②④⑤式知，$a_A = a_B$，再由⑦⑧式可知，B与木板达到共同速度时，A的速度大小也为v_1，但运动方向与木板相反。由题意知，A和B相遇时，A与木板的速度相同，设其大小为v_2，设A的速度大小从v_1变到v_2所用时间为t_2，则由运动学公式，对木板有$v_2 = v_1 - a_2 t_2$⑫，对A有$v_2 = -v_1 + a_A t_2$⑬。

在t_2时间间隔内，B（以及木板）相对地面移动的距离为$s_1 = v_1t_2 - \frac{1}{2}a_2t_2{}^2$⑭，

在(t_1+t_2)时间间隔内，A相对地面移动的距离为$s_1 = v_0(t_1 + t_2) - \frac{1}{2}a_A(t_1 + t_2)^2$⑮。

A和B相遇时，A与木板的速度恰好相同。因此A和B开始运动时，两者之间的距离为$s_0 = s_A + s_1 + s_B$⑯。联立以上各式，并代入数据得$s_0 = 1.9\,\text{m}$。

【创新思维】本题主要考查多过程问题，要特别注意运动过程中摩擦力的变化情况，A、B相对木板静止的运动时间不相等，应分阶段分析，前一阶段的末状态即后一阶段的初状态。

解法2：图像法，用速度—时间图线求解。

滑块A和滑块B在木板C上滑动时，木板C也在地面上滑动，设A和B与木板C间的动摩擦力大小分别为f_A、f_B，木板C与地面间的动摩擦力大小为f_D，A、B、木板C相对地面的加速度的大小分别为a_A、a_B和a_C。在滑块B与木板C达到共同速度前，如图2.5-10所示，对块、板进行受力分析。

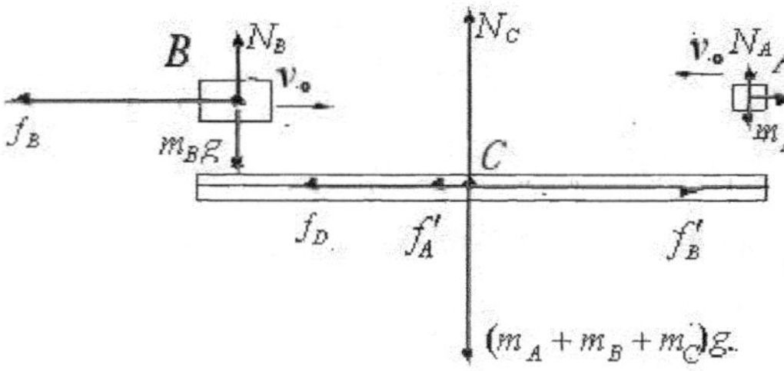

图2.5-10

对于木块A：

$f_A = \mu_1m_Ag = 0.5 \times 1\,\text{kg} \times 10\,\text{m/s}^2 = 5\,\text{N}$

$a_A = \mu_1g = 0.5 \times 10\,\text{m/s}^2 = 5\,\text{m/s}^2$，方向向右。

对于木块B：

$f_B = \mu_1m_Bg = 0.5 \times 5\,\text{kg} \times 10\,\text{m/s}^2 = 25\,\text{N}$

$a_B = \mu_1g = 0.5 \times 10\,\text{m/s}^2 = 5\,\text{m/s}^2$，方向向左。

对于木板C，地对板的摩擦力$f_D = \mu_2(m_A + m_B + m)g = 0.1 \times (1\,\text{kg} + 5\,\text{kg} + 4\,\text{kg}) \times 10\,\text{m/s}^2 = 10\,\text{N}$，板的加速度$a_C = \dfrac{f_B - f_A - f_D}{m_C} = \dfrac{25\,\text{N} - 5\,\text{N} - 10\,\text{N}}{4\,\text{kg}} = 2.5\,\text{m/s}^2$，方向向右。根据$a_A$、$a_B$和$a_C$加速度值，画出三者速度—时间图像（如图2.5-11所示）。

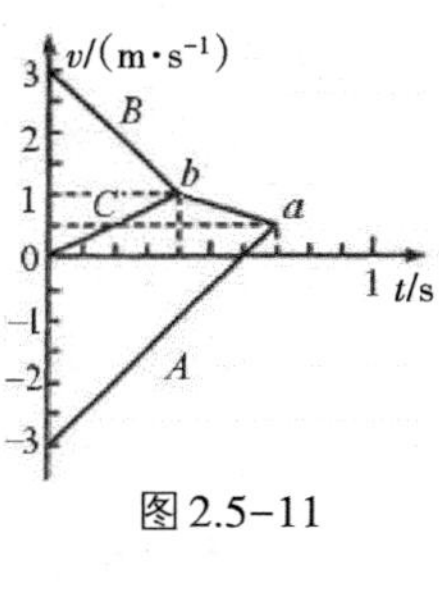

图2.5-11

$f_B>f_A$，B、C同向运动，设B块与C板经t_1加速到v_1，

$v_1 = v_0 - a_Bt_1 = a_Ct_1$，代入数值得$t_1$=0.4 s，$v_1$=1 m/s。

此后B、C仍相对静止，因为B、C的加速度

$$a_2=\frac{f_A+f_D}{m_B+m_C}=\frac{5\,\mathrm{N}+10\,\mathrm{N}}{5\,\mathrm{kg}+4\,\mathrm{kg}}=\frac{5\,\mathrm{N}}{3\,\mathrm{kg}}<\mu_1 g$$

由图像可知，B、C相对静止以同一加速度经t_2从b状态到a状态。A先向左匀减速到速度为零，后向右匀加速，到图中状态a三者速度相同，

$$v_2=-v_0+a_A(t_1+t_2)=v_1-a_2t_2$$

代入数值得t_2=0.3 s，v_2=0.5 m/s。

木块A在全过程的位移

$$x_A=\frac{-v_0+v_2}{2}(t_1+t_2)=\frac{-3\,\mathrm{m/s}+0.5\,\mathrm{m/s}}{2}\times(0.4\,\mathrm{s}+0.3\,\mathrm{s})=-0.875\,\mathrm{m}$$

$$x_B=\frac{v_0+v_1}{2}t_1+\frac{v_1+v_2}{2}t_2=\frac{3\,\mathrm{m/s}+1\,\mathrm{m/s}}{2}\times0.4\,\mathrm{s}+\frac{1\,\mathrm{m/s}+0.5\,\mathrm{m/s}}{2}\times0.3\,\mathrm{s}$$
$$=1.025\,\mathrm{m}$$

A、B开始运动时，两者之间的距离$\left|x_A\right|+x_B=0.875\,\mathrm{m}+1.025\,\mathrm{m}=1.9\,\mathrm{m}$。

【创新思维】本题是板块模型运动问题，解法1属常规解法，由于该题涉及过程多而且抽象，三个物体间摩擦力的变化情况较复杂，计算位移出现时间的二次方，运算量较大。要特别注意运动过程中摩擦力的变化，A、B相对木板静止状态的运动时间不相等，应分阶段分析，前一阶段的末状态即后一阶段的初状态。解法2运用图像法，把复杂的物理过程展现在v–t图像上，显得直观形象。

三、极值法

【例6】(2011年高考北京卷)如图2.5–12所示电路，电源内部电阻不可忽略，开关S闭合后，在变阻器R_0的滑动端向下滑动的过程中，则(　　)

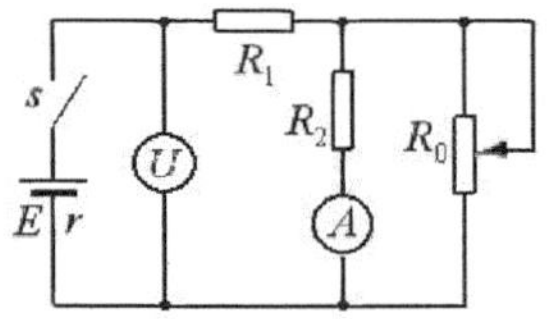

图2.5–12

A. 电压表与电流表的示数都减小

B. 电压表与电流表的示数都增大

C. 电压表的示数增大，电流表的示数减小

D. 电压表的示数减小，电流表的示数增大

【解析】滑动变阻器向下滑动，R_0接入电路的阻值减小，整个回路总电阻减小，总电流强度增加，因此内电压升高，路端电压降低，电压表示数减小，B、C错误；同样R_1分得的电压也增加，这样R_0与R_2并联后分得的电压减小，即加在R_2上的电压减小，流过R_2的电流减小，也就是电流表的示数减小，D错误，A正确。

【创新思维】如果用极值法，将滑动变阻器向下滑到最下端，取极值(最小)，则R_2

和电流表被短路，电流表示数减小到零；又由于外电路的电阻减小，所以电压表示数也减小，故A正确。极值法是不是带来快捷？还有一类高考题，如果运用极值法，会变难为易。

【例7】(2011年高考福建卷)如图2.5-13所示，一不可伸长的轻质细绳跨过定滑轮后，两端分别悬挂质量为m_1和m_2的物体A和B。若滑轮有一定大小，质量为m且分布均匀，滑轮转动时与绳之间无相对滑动，不计滑轮与轴之间的摩擦。设细绳对A和B的拉力大小分别为F_1和F_2，已知下列四个关于F_1的表达式中有一个是正确的，请你根据所学的物理知识，通过一定的分析，判断正确的表达式是(　　)

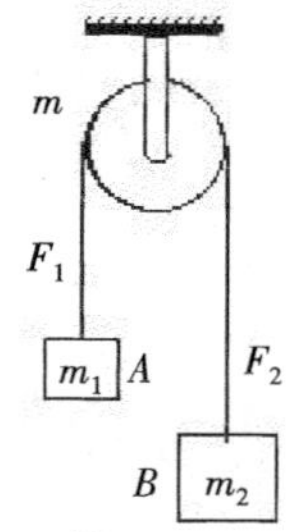

图2.5-13

A.$F_1 = \dfrac{(m + 2m_2)m_1 g}{m + 2(m_1 + m_2)}$　　B.$F_1 - \dfrac{(m + 2m_1)m_2 g}{m + 4(m_1 + m_2)}$

C.$F_1 = \dfrac{(m + 4m_2)m_1 g}{m + 2(m_1 + m_2)}$　　D.$F_1 = \dfrac{(m + 4m_1)m_2 g}{m + 4(m_1 + m_2)}$

【解析】极值法1：

设滑轮的质量为零(最小值)，即看成轻滑轮，若物体B的质量较大，由整体法根据牛顿第二定律有$m_2 g - m_1 g = (m_1 + m_2)a$，可得加速度$a = \dfrac{m_2 - m_1}{m_1 + m_2}g$，隔离物体$A$，根据牛顿第二定律可得$F_1 = \dfrac{2m_1 m_2}{m_1 + m_2}g$，将$m = 0$代入四个选项，可得选项C是正确，故选C。

极值法2：

利用特殊值，即设滑轮的质量$m = 0$，且$m_1 = m_2$，则$F_1 = m_1 g = m_2 g$，分析以上四个选项，得C正确。

四、比例法

数学中的比例关系在解决物理问题中经常被运用，俗称比例法。这种方法往往可以简洁、明快地揭示解题突破口。如“2.1　创新思维是学好物理的法宝”例6例举了八种解法，不妨再用比例法试试看。

从比例法考虑，初速度为零的匀加速直线运动，人和跳蚤加速阶段，末速度的平方与位移成正比，$\frac{{v_1}^2}{{v_2}^2}=\frac{d_1}{d^2}$①，人和跳蚤上抛阶段，上升最大高度又与初速度的平方成正比，$\frac{H}{h_2}=\frac{{v_1}^2}{{v_2}^2}$②，由①②得人上跳的“竖直高度”$H=\frac{h_2d_1}{d_2}=\frac{0.10\,\text{m}\times0.50\,\text{m}}{0.000\,80\,\text{m}}=$ 62.5 m显然，比例法使得揭示解题突破口变得简单明了。

【例8】如图2.5–14所示，BC为均匀直杆，质量是0.4 kg，B端与活动转轴相连，C端用轻绳AC系住，绳A端固定在墙上。求绳AC的拉力和B点对杆的作用力大小和方向。

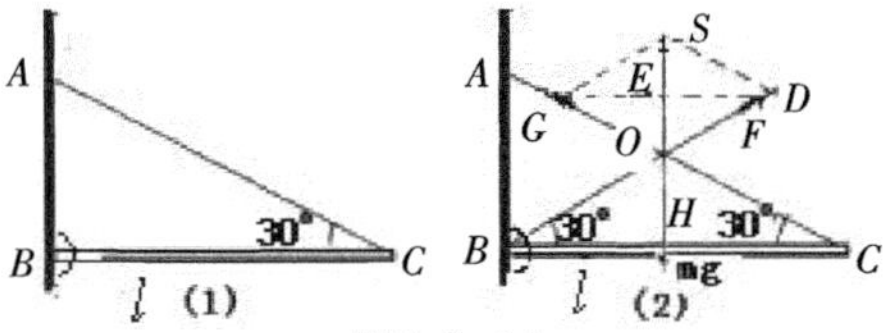

图2.5–14

【解析】杆BC可以看成只受三个力作用：重力$G=mg$，绳拉力T，B对杆的作用力F。以上三力不是平行力，由三力平衡可知三个力必相交于一点，如图2.5–14(2)所示。

由作图可直接得出F方向与水平成30°角。由共点力平衡作平行四边形$GODS$。

因$\angle GOD=2\times60°=120°$，所以$GO=SO=DO$，得$F=mg=T=0.4\,\text{kg}\times10\,\text{m/s}^2=4\,\text{N}$。

【创新思维】此题选用三力平衡原理，求B对杆和绳拉杆的作用力大小和方向。也可以选B、C端为转轴用力矩平衡法计算，还可以运用比较简单的数学工具，即相似三角形对应边成比例来计算。由图可知，$\triangle OFE\backsim\triangle OBH$，则$\frac{F}{mg/2}=\frac{OB}{OH}=\frac{(\sqrt{3}/3)l}{(3\sqrt{3})l/2}=2$，$F=mg=0.4\,\text{kg}\times10\,\text{m/s}^2=4\,\text{N}$，同理，$T=mg=0.4\,\text{kg}\times10\,\text{m/s}^2=4\,\text{N}$。

【例9】(2005年高考全国I卷)把火星和地球绕太阳运行的轨道视为圆周。由火星和地球绕太阳运动的周期之比可求得(　　)

A. 火星和地球的质量之比

B. 火星和太阳的质量之比

C. 火星和地球到太阳的距离之比

D. 火星和地球绕太阳运行速度大小之比

【解析】根据开普勒行星运动定律$\frac{R^3}{T^2}=k$可知，当中心天体是同一个天体时，此k值一样，则$k=\frac{{r_{地}}^3}{{T_{地}}^2}=\frac{{r_{火}}^3}{{T_{火}}^2}$，整理得$\frac{r_{火}}{r_{地}}=\sqrt[3]{\frac{{T_{火}}^2}{{T_{地}}^2}}$；

或者由万有引力定律等于向心力，$G\frac{Mm}{r^2}=m\frac{v^2}{r}=m\frac{4\pi^2}{T^2}r$，$T^2=\frac{4\pi^2r^2}{GM}$，则

$$\frac{T_{火}^{\ 2}}{T_{地}^{\ 2}}=\frac{\dfrac{4\pi^2 r_{火}^{\ 3}}{GM}}{\dfrac{4\pi^2 r_{地}^{\ 3}}{GM}}=\frac{r_{火}^{\ 3}}{r_{地}^{\ 3}}$$，整理得 $\frac{r_{火}}{r_{地}}=\sqrt[3]{\frac{T_{火}^{\ 2}}{T_{地}^{\ 2}}}$，所以C项正确；

又由圆周运动公式 $v=\frac{2\pi r}{T}$，得 $\frac{v_{火}}{v_{地}}=\frac{r_{火}}{r_{地}}\cdot\frac{T_{地}}{T_{火}}$，所以D项正确；

由动力学知识列方程，行星的质量会消去，无法求出行星质量，也无法求出太阳的质量。所以，A、B项均错。

【创新思维】此题不难，提问方式有特色，具有一定的开放性和区分度。对于程度较好的学生只需经过分析、不需计算就能给出正确答案，对于程度中等生虽然也能给出正确答案，但可能要列出算式来进行计算，用去较多时间。

五、类比法

类比法是常见而重要的一种数学思想方法，它是立足于已有知识基础上，为进一步认识事物的一种有效的试探性方法。

类比法在高中物理解题中，有时用来解决难题。方法是展开知识建构，把未知的物理问题和已知熟悉的物理问题类比推理，寻找类比原型、要素，找出它们相似或相近处，其中包括数学表达式上的相似处和物理图像上的相似处，建立模型化繁为简、变难为易，攻克新题。

【例10】如图2.5-15所示，半径为 R 的光滑凹球面容器固定在地面上，有一小物块在与容器最低点 P 相距 l 的 C 点（$l<R$），由静止无摩擦滑下，则物块自静止下滑到第二次通过 P 点时所经历的时间是多少？

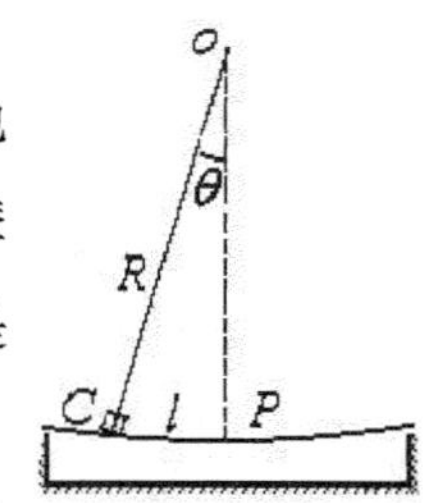

图2.5-15

【创新思维】小物块在光滑凹球面上的运动比较复杂，属于中学物理竞赛题范畴，运用微元法进行变加速运动求解，比较繁琐。运用类比法，将它与单摆运动类比，运用熟知的单摆模型处理，便有轻车熟路之感。

【解析】将上述装置类比为单摆模型，由单摆的周期公式

$T=2\pi\sqrt{\frac{l}{R}}$，得 $t=\frac{3}{4}T=\frac{3}{4}\cdot 2\pi\sqrt{\frac{R}{g}}$。

若此装置放在以加速度 a 向上运动的实验舱中，比较两种情况可得此时单摆的重力加速度 $g'=g+a$，经类比推理可得

$$t' = \frac{3}{4}T' = \frac{3}{4} \cdot 2\pi\sqrt{\frac{R}{g'}} = \frac{3}{2}\pi\sqrt{\frac{R}{g+a}}$$

【例 11】(国外竞赛题改编)如图 2.5-16 所示,在一个湖岸为直线的很大的湖中,一只船停在距离湖岸 6 km 的 B 处,B 离岸 C 处的距离为 12.8 km. 如果船的速度大小为 4 km/h,人沿湖岸步行,速度为 v_1=5 km/h。那么船上的人要去 C 处,试问人在何处登岸再步行,抵 C 处所用时间最少?

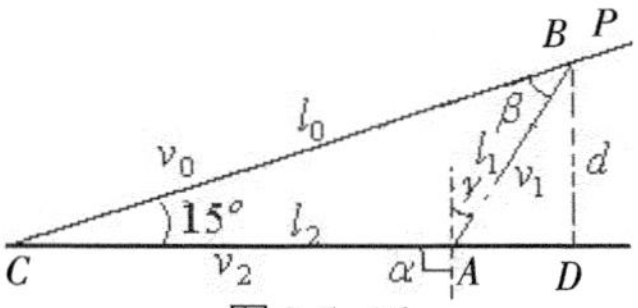

图 2.5-16

【创新思维】这道题是国外的一道竞赛题改编过来的,原题难度更大,可是选用类比法或者巧选参考系,难度就大为降低。下面运用类比法,将人乘船运动和人沿湖岸跑的运动分别与光在水中和空气中传播相类比,把人的运动学问题类比为光的全反射问题,这样可以借助光的全反射实验定律解题,让我们借题拓宽自己的思路。

【解析】光在水平面上折射是以时间为极小值的路径传播,此题求运动最短时间问题,我们把这个问题通过类比,将它转化为光的折射问题,发生全反射。

类比为光学问题后,登岸地点可视为光的入射点,人离船上岸,因为 $v_2>v_1$,可视为光从光密介质到光疏介质。同时,$\alpha = 90°$,可视为全反射。根据折射定律,

$\sin\alpha \cdot v_1 = \sin\gamma \cdot v_2$

$\sin\alpha = \sin 90° = 1$,所以 $\sin\gamma = 4/5$,又

$$AD = d \cdot \tan\gamma = d \cdot \frac{\sin\gamma}{\sqrt{1-\sin^2\gamma}} = 6\,\text{km} \times \frac{4/5}{\sqrt{1-(4/5)^2}} = 8\,\text{km}$$

所以,$l_2 = \sqrt{{l_0}^2 - d^2} - AD = \sqrt{(12.8\,\text{km})^2 - (8\,\text{km})^2} \approx 10\,\text{km}$。

可见,人在 CD 之间离 C 10 km 的 A 处登岸再步行,到达 C 处所用时间最少。如果人步行速度小于船速,即为 $v_2<v_1$,这类似于光从光疏介质到光密介质,便不产生全反射现象,则光由 B 直线到 C 的路径为最小,时间最短。与此类比,人乘船直接由 B 开向 C 处所用时间最少。

【例 12】如图 2.5-17 所示,有一竖直放置足够长的圆柱形磁铁,在其外部产生一个中心辐射的磁场(磁场水平向外,辐射半径为 R)。设一个与磁铁同轴的圆形铝环,在圆铝环周围处的磁感应强度大小为 $B = \frac{k}{r}$,圆铝环通过磁场由静止开始下落,下落过程中环平面始终水平,已知圆铝环半径为 $r(R>r)$、电阻率为 ρ,密度为 ρ_0,当地的重力加速度为 g。试求:

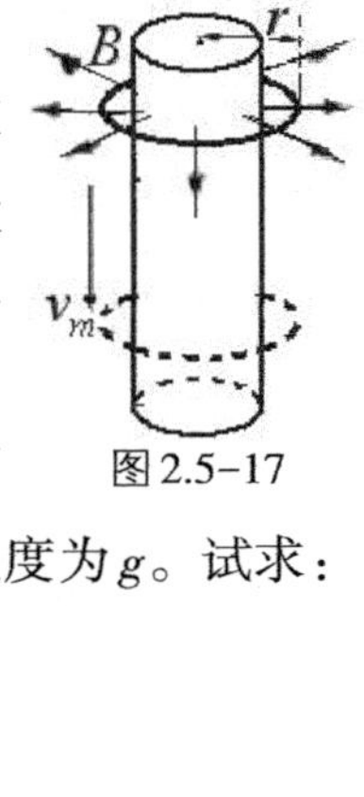

图 2.5-17

(1)圆铝环下落的速度为v时的电功率多大?

(2)圆铝环下落的最终速度v_m多大?

(3)如果从开始到下落高度为h时,速度最大,经历的时间为t,这一过程中圆铝环中电流的有效值I_0多大?

【解析】(1)由题意知圆铝环所在处磁感应强度为$B=\frac{k}{r}$①,

圆铝环的有效切割长度为其周长,即$l=2\pi r$②,

圆铝环的电阻$R_0=\rho\frac{l}{S}=\rho\cdot\frac{2\pi r}{S}$③,

圆铝环速度为v时,切割磁感线产生的电动势$E=Blv=2k\pi v$④,

圆铝环中的电流$I=\frac{E}{R_0}=\frac{kvS}{\rho r}$⑤,

圆铝环速度为v时电功率$P=I^2R_0$⑥,

联立以上各式解得$P=\frac{2\pi Sk^2v^2}{\rho r}$⑦。

(2)当圆铝环加速度为零时,有最大速度v_m,此时安培力$F=BIl=\frac{2\pi Sk^2v_m}{\rho r}$⑧,

由平衡条件可知$mg=F$⑨,

由题意知圆铝环的质量$m=\rho_0\cdot S\cdot 2\pi r$⑩,

联立⑧⑨⑩解得$v_m=\frac{\rho\rho_0 gr^2}{k^2}$⑪。

(3)由能量守恒定律得$mgh=\frac{1}{2}mv_m{}^2+I_0{}^2R_0t$⑫,

解得$I_0=S\sqrt{\frac{\rho_0}{\rho t}\left[gh-\frac{1}{2}\left(\frac{\rho\rho_0 gr^2}{k^2}\right)^2\right]}$。

【创新思维】在普通高中教科书中,只涉及直导线切割磁感应线的感生电动势及安培力的计算问题,对于本题是一个圆环切割磁感应线,研究的是圆周导体曲线切割磁感应线感生电动势及安培力的计算问题,超出了高中的学习范围。怎样破解此类问题呢?类比法给我们一条通道,即寻找类比要素,进行类比推理,转“曲”为“直”。我们面临将一个未知的陌生的物理模型,转换为已知的熟悉的物理模型,把曲线切割转换成直线切割的问题。

如何转换?我们由微元理论将圆环分成n个小段,圆环长$l=2\pi r$,每小段$\Delta l=l/n$,n足够大,小线段可视为直线段,且都与磁场的磁感应线垂直。这样,就把超纲的物理模型类比为简单可求的物理模型,如图2.5–18所示,圆环转换为一根直导线。

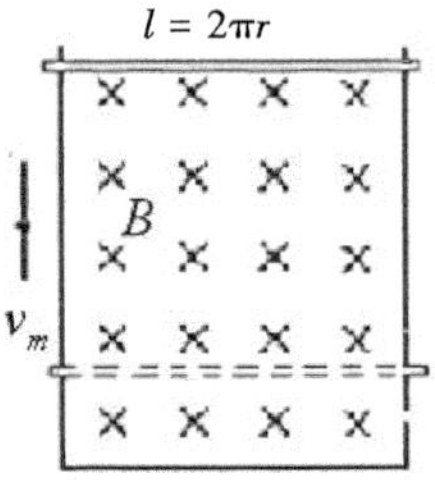

图2.5–18

每小段的感应电动势$\Delta E = B\cdot\Delta l\cdot v$,方向均相同(俯视顺时针方向),则直导线$l$的总电动势$E = n\Delta E = Blv$。

每小段所受到的安培力$\Delta F = BI\Delta l$,方向也相同(竖直向上),则直导线l受到的总安培力$F = n\Delta F = BIl$。类比结果,圆环的总电动势$E = Blv$,受到的总安培力$F = BIl$。

六、微元法

中学物理学习中,微元法是一种常用的数学方法,课本(人教版)中微元法思想时有渗透。微元法作为高中物理的一种重要物理方法,应用于解题时,其解题思路可概括为:

(1)选取"微元",用以量化元事物或元过程。中学物理中常用的微元有时间元、位移元、面积元、体积元、质量元等。

(2)视元事物或元过程为恒定,运用相应的规律给出待求量对应的微元表达式。

(3)在微元表达式的定义域内,利用数学微积分知识,将平均变化问题转化为瞬时变化问题,采取分割、近似、求和、取极限等步骤,限制"变化"所需的时间或空间来把变化的事物或变化的过程转化为不变的事物或不变的过程。从对事物的极小部分(微元)分析入手,达到解决事物整体的目的。

【例13】用一大小不变的力F拉着物体沿一半径为R的圆周运动一周,力F方向始终沿切线方向,求F所做的功。

【解析】此题属于变力做功问题,若套用公式$W=FL$,由于运动一周的位移为0,则$W=0$。但实际情况是:变力F始终与运动方向相同,变力F始终作为动力做功,因此在物体运动一周过程中,变力F应该做正功。进行计算处理时,可用微元法将曲线分成无限个微元段Δl。每一微元段由于无限小,都可以看成是直线,从而在每一微元段内,可看成是恒力F在做功,$W' = F\cdot\Delta l$,总功为各个微元段做功的代数和,$W' = \sum W = \sum(F\cdot\Delta l) = F\sum\Delta l = F\cdot 2\pi R$。

【例14】如图2.5–19所示,某行星围绕太阳C沿椭圆轨道运行。它的近日点A离太阳的距离为a,行星经过近日点时的速率为v_A,行星的远日点B离太阳的距离为b,求它经过远日点时速度的大小是多大?

【解析】采用微元法求解,设行星经过近日点A时,向前运动了极短时间Δt,根据微元思想，在极短时间内，可将行星的运动视为匀速圆周运动，线速度为v_A，半径为a，可得行星在Δt时间内扫过的面积$S_a = \frac{1}{2}v_A \cdot \Delta t \cdot a$；同理，设行星经过远日点$B$时，向前运动了极短时间$\Delta t$，行星在$\Delta t$时间内扫过的面积$S_b = \frac{1}{2}v_B \cdot \Delta t \cdot b$。

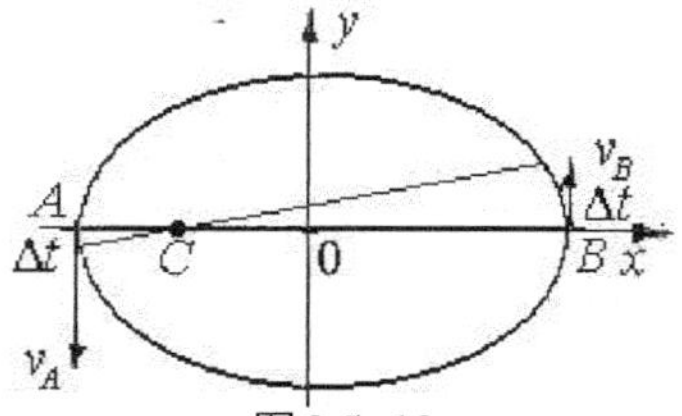

图2.5-19

根据开普勒第二定律可得$S_a = S_b$，即

$$\frac{1}{2}v_A \cdot \Delta t \cdot a=\frac{1}{2}v_B \cdot \Delta t \cdot b$$

解得行星经远日点时的速率$v_B = \frac{a}{b}v_A$，故选C。

【创新思维】该题还可以从万有引力提供向心力的角度，运用比例法求解。

【例15】（2006年高考江苏卷）如图2.5-20所示，顶角θ=45°的金属导轨MON固定在水平面内，导轨处在方向竖直、磁感应强度为B的匀强磁场中。一根与ON垂直的导体棒在水平外力作用下以恒定速度v_0沿导轨MON向右滑动，导体棒的质量为m，导轨与导体棒单位长度的电阻均匀为r。导体棒与导轨接触点为a和b，导体棒在滑动过程中始终保持与导轨良好接触。t=0时，导体棒位于顶角O处，求：

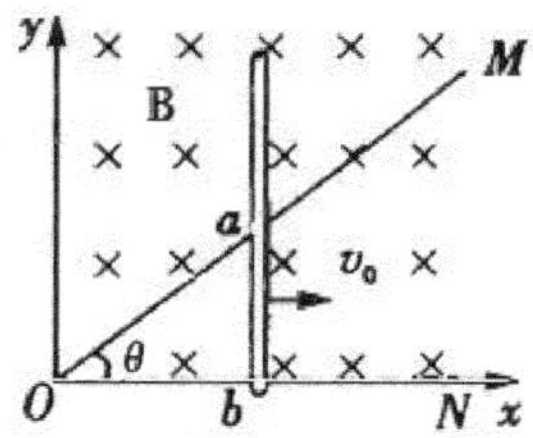

图2.5-20

（1）t时刻流过导体棒的电流强度I和电流方向。

（2）导体棒做匀速直线运动时水平外力F的表达式。

（3）导体棒在$0 \sim t$时间内产生的焦耳热Q。

（4）若在t_0时刻将外力F撤去，导体棒最终在导轨上静止时的坐标x。

【解析】（1）经时间t，导体棒位移$x = v_0 t$①，

导体棒有效长度$l = x$②，

导体棒电动势$E = Blv_0$③，

回路总电阻$R = \left(l + x + \sqrt{l^2 + x^2}\right) \cdot r$④，

$I = \frac{E}{R}$ ⑤

①②③④⑤联立解得$I = \frac{Bv_0}{\left(2 + \sqrt{2}\right) \cdot r}$⑥，电流方向$b \to a$。

(2) $F = IlB = \dfrac{B^2 v_o{}^2 t}{(2+\sqrt{2})r}$

(3) 在 t 时刻，$R' = v_0 rt, P = I^2R'$，

联立解得 $P = \dfrac{B^2 v_0^3 t}{\left(2+\sqrt{2}\right)^2 r}$。

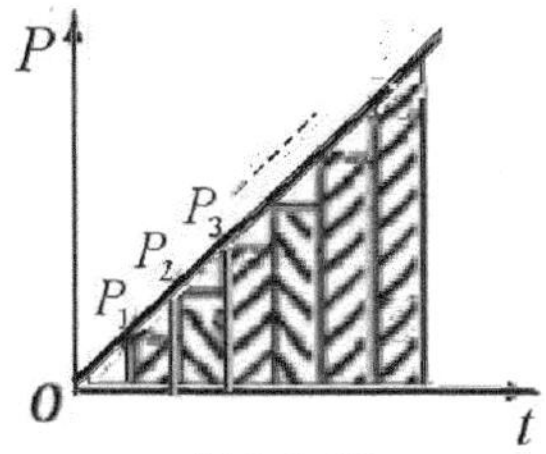

图 2.5–21

P–t 为正比例函数关系，作出其图像，如图 2.5–21，把时间 t 无限小等分，每份 Δt 内 $Q = P_1\Delta t_1 + P_2\Delta t_2 + P_3\Delta t_3\cdots\cdots$ 当 $\Delta t \to 0$，图线在 t 时间内所围面积

$$Q = \frac{1}{2}Pt = \frac{B^2 v_0^3 t^2}{2\left(2+\sqrt{2}\right)^2 r}$$

(4) 撤去外力后，设任意时刻 t 导体棒的坐标为 x，速度为 v，将停止前时间无限小等分，每份为 Δt，由动量定理得

$F_1\Delta t_1 + F_2\Delta t_2 + ,\cdots = mv_0$ ①

$F_1 = I_1B_1l_1, F_2 = I_2B_2l_2, \cdots F_n = I_nBl_n$ ②

$I_1 = \dfrac{Bv_1}{\left(2+\sqrt{2}\right)r},\ I_2 = \dfrac{Bv_2}{\left(2+\sqrt{2}\right)r},\ I_3 = \dfrac{Bv_3}{\left(2+\sqrt{2}\right)r}\cdots$ ③

把② ③代入上式①得

$$\frac{B^2 v_1\Delta t_1 l_1}{\left(2+\sqrt{2}\right)r} + \frac{B^2 v_2\Delta t_2 l_2}{\left(2+\sqrt{2}\right)r} + \cdots + \frac{B^2 v_n\Delta t_n l_n}{\left(2+\sqrt{2}\right)r} = mv_0$$

整理得 $\dfrac{B^2}{\left(2+\sqrt{2}\right)r}\left(v_1\Delta t_1 l_1 + v_2\Delta t_2 l_2 + \cdots v_n\Delta t_n l_n\right) = mv_n$ ④

当 $\Delta t \to 0$ 时，棒扫过的面积

$S = v_1\Delta t_1 l_1 + v_2\Delta t_2 l_2 + \cdots v_n\Delta t_n l_n$ ⑤

将⑤代入④ 得 $\dfrac{B^2 S}{\left(2+\sqrt{2}\right)r} = mv_0$，即 $S = \dfrac{\left(2+\sqrt{2}\right)rmv_0}{B^2}$ ⑥

又知 $S = \dfrac{\left(x_0 + x\right)\left(x - x_0\right)}{2}$ ⑦

$x_0 = v_0 t_0$ ⑧

将⑥⑦⑧联立得 $x = \sqrt{\dfrac{2\left(2+\sqrt{2}\right)rmv_0}{B^2} + v_0^2 t_0^2}$。

【**创新思维**】该题中导体棒在斜导轨上运动，随着导体棒的运动，导体棒的有效长度随之变化，电阻、电动势、安培力也随之变化，如果直接利用有关公式计算无法得出结果，但这里运用的是过程微元法，将物体运动的过程分成很多小等份，它们均具有整体对象的基本特征。这解决了"研究过程的选择"，再辅以力学、电磁学知识，问题迎刃而解。

【**例16**】半径为R的均质圆环，质量为m，在光滑水平面上以角速度ω匀速转动，求环中张力。

【**解析**】如图2.5-22所示，环为刚性环，水平面为光滑平面，环上各点做匀速圆周运动。取环上一小段弧长Δl，其所对应的圆心角为θ。

$\Delta l = \theta R$　①

其受张力的合力如图，$F = 2T\sin\dfrac{\theta}{2}$②，

张力充当向心力$F = \Delta m\omega^2 R$③，

一小段圆环质量$\Delta m = \dfrac{m\Delta l}{2\pi R}$④，

联立①②③④得$T = \dfrac{mR\theta\omega^2}{4\pi\sin\dfrac{\theta}{2}}$⑤，

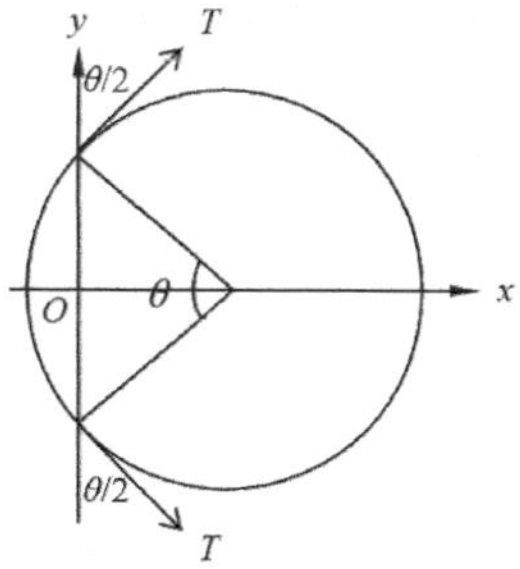

图2.5-22

当$\theta \to 0$时，$\sin\dfrac{\theta}{2} = \dfrac{\theta}{2}$，所以，环中张力$T = \dfrac{mR\omega^2}{2\pi}$。

【**创新思维**】截取环的微小的一段进行受力分析，利用向心力公式列出方程，再借助于近似公式求解，得出结论。该题运用的微元法是对象微元法，主要解决研究对象难以选择的情形，通常的做法是将实体模型分为很多等份，它们均具有整体对象的基本特征。研究其中一份，运用物理规律，辅以数学方法求解，由此求出整体受力或运动情况。

【**例17**】如图2.5-23所示，两平行的光滑金属导轨相距为L，导轨左端用导线连在一起，整个装置垂直处于磁感应强度为B的匀强磁场中。另有一长也为L的金属棒垂直放在导轨上，现给金属棒一向右的水平初速度。若已知金属棒从开始运动到停止的这段时间内，通过金属棒的电量为q，试求该段时间内金属棒所受安培力的冲量。

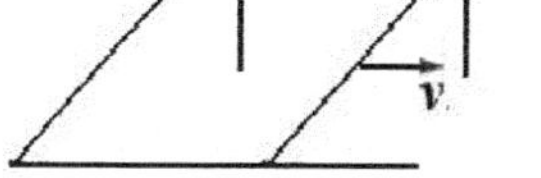

图2.5-23

【**解析**】由于电磁感应现象，金属棒受向左安培力作用而做减速运动。由于安培

力的大小为$F = \frac{B^2L^2v}{R}$,随着金属棒速度的减小而减小,所以我们无法直接运用冲量的定义式进行计算。对此我们可以把金属棒的整个运动时间,分割成若干段极短的时间Δt_1、$\Delta t_2 \cdots \Delta t_n$,在其中的每一段时间内,可以认为安培力不变。这样在其中Δt_1时间内,安培力的冲量$I_1 = F_1 \cdot \Delta t_1 = BI_1L \cdot \Delta t_1 = Bq_1L$。

同理,在其中Δt_2时间内,安培力的冲量$I_2 = F_2 \cdot \Delta t_2 = Bq_2L$。对所有段时间求和,可得整个过程中安培力的冲量为

$$I = I_1 + I_2 + \cdots + I_n = BL(q_1 + q_2 + \cdots + q_n) = BqL$$

【创新思维】微元法是经常用到的一种“化变为恒”的方法,对于求解各种变化量有着广泛的运用。

2.6 新课标下新高考的有效举措

新课程标准(简称新课标)是国家课程的纲领性文件,是国家对基础教育课程的基本规范和质量要求。新版教材作为课程改革的主要载体和课程资源,是新课标的演绎。高考作为高中教育教学导向和指挥棒,对高中的课程改革起着非常重要的支持与促进作用。新高考改革必然与高中课程改革相适应,全面体现新课标的精神。因此,我们要面对并把握好"校本课程架构与实施、学生选科与走班制管理、学生综合素质培养与评价、学生生涯规划指导等一系列政策"。

在"三新"(新课标、新课本、新高考)的背景下,用新思维领悟新课标,用新视角学习新课本,用新思路迎接新高考,让高考复习更加高效。

一、回归课本,夯实基础;检索考点,查漏补缺

1.回归课本,夯实基础。

课本不仅是教与学的原本,也是高考命题的基石,近几年的物理高考试题,尤其是选择题,大多是源于课本,高于课本,变于课本,试卷命题的立足点仍是紧扣课本。因此,进入临考阶段更需要回归课本,突出主干知识。主干知识占考题80%以上,是高考命题的重点。高考计算题和部分选择题,都是以上述主干知识为命题素材。

高中物理知识,包括必考5个模块,选考2个模块(考生必须从2个选考模块中选择1个模块作为自己的考试内容)。复习时,就要立足课本,突出主干。主要精力需聚焦于概念和规律上,尤其要关注主干知识所涉及的一些热点。如动量是物理学中最重要的概念之一,动量守恒定律是与能量守恒定律同等重要的基本物理规律,动量概念涉及力学、热学、电磁学、光学、近代物理等十分广阔的领域,从火箭发射,到宏观大量的实际问题,还延伸到微观气体压强的解释、光子动量的概念等。

如2018年高考物理试题,各套试卷中考试内容比例、分数权重和较难的试题所考查的内容,都是主干内容。全国I卷第16题考查库仑定律,全国Ⅱ卷第17题考查光电效应,全国Ⅲ卷第14题考查第一个人工放射性核素,第24题考查质谱仪的基本原理

等,这些情境都源于课本、源于生活,但情境不拘泥于课本,在设问方式上进行创新。

主干知识,是高频考点、重点考查,是保持稳定。对于非主干知识,要准确掌握概念的内涵和外延、基本规律的适用范围及多种表达形式等,并能熟练应用它们解决实际问题。这些知识一般以选择题的形式出现,由于琐碎,需细品课本,理解本质,加强记忆。课本中的"小发明""小制作""小实验"不要无视,一些题目的背景材料就来源于此。

【例1】(2020年高考全国I卷)在一柱形区域内有匀强电场,柱的横截面积是以O为圆心,半径为R的圆,AB为圆的直径,如图2.6-1所示。质量为m,电荷量为q ($q>0$) 的带电粒子在纸面内自A点先后以不同的速度进入电场,速度方向与电场的方向垂直。已知刚进入电场时速度为零的粒子,自圆周上的C点以速率v_0穿出电场,AC与AB的夹角$\theta=60^\circ$,运动中粒子仅受电场力作用。

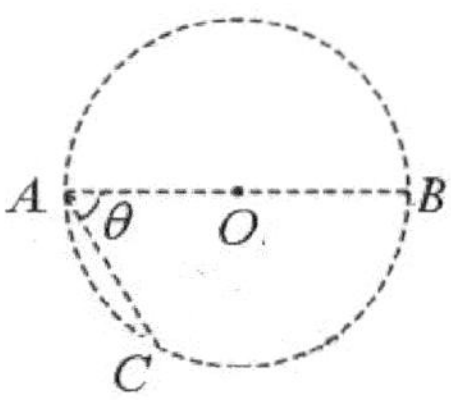

图2.6-1

(1)求电场强度的大小;

(2)为使粒子穿过电场后的动能增量最大,该粒子进入电场时的速度应为多大?

(3)为使粒子穿过电场前后动量变化量的大小为mv_0,该粒子进入电场时的速度应为多大?

【解析】(1)粒子初速度为0,由C点射出电场,故电场方向与AC平行,由A指向C。

由几何关系和电场强度的定义知

$AC=R$ ①

$F=qE$ ②

由动能定理有$F\cdot AC=\frac{1}{2}m{v_0}^2$③,

联立①②③式得$E=\frac{m{v_0}^2}{2qR}$④。

(2)如图2.6-2(1)所示,由几何关系知$AC\perp BC$,故电场中的等势线与BC平行。作与BC平行的直线与圆相切于D点,与AC的延长线交于P点,则自D点从圆周上穿出的粒子的动能增量最大。

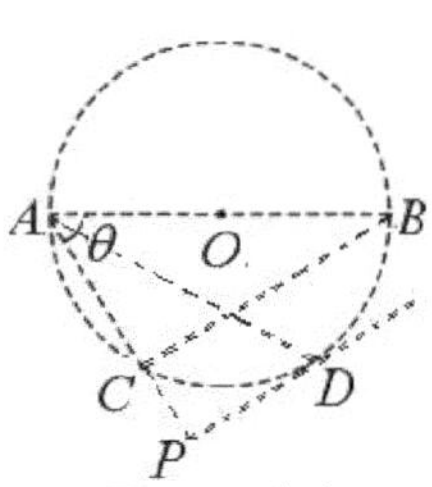

图2.6-2(1)

由几何关系知$\angle PAD=30^\circ$,$AP=\frac{3}{2}R$,$DP=\frac{\sqrt{3}}{2}R$⑤。

设粒子以速度v_1进入电场时动能增量最大,在电场中运动的时间为t_1。粒子在AC方向做加速度为a的匀加速运动,运动的距离等于AP;在垂直于AC的方向上做匀速运动,运动的距离等于DP。由牛顿第二定律和

运动学公式有

$F = ma$ ⑥

$AP = \frac{1}{2}at_1^{\ 2}$ ⑦

$DP = v_1t_1$ ⑧

联立②④⑤⑥⑦⑧式得 $v_1 = \frac{\sqrt{2}}{4}v_0$。

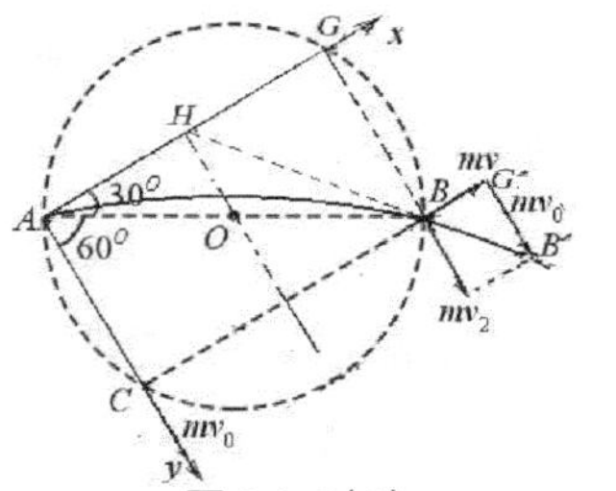

图 2.6-2(2)

(3)粒子在电场中运动时，x 方向上是速度为 v 的匀速直线运动，有 $x = \sqrt{3}R = vt$，y 方向上为初速度为零的匀加速直线运动，有 $y = R = \frac{1}{2}at^2$。

$v = 0$ 时，粒子在 y 方向上为初速度为零的匀加速直线运动，从 C 点穿过电场的速度为 v_0，粒子在电场中做类平抛运动，从 B 点穿过电场的速度 y 方向的分量 $v_2 = v_0$。

经 B 点的合速度的方向，即类平抛运动轨迹过 B 点的切线方向，其反向延长线交 x 轴于 H，$GH = \frac{\sqrt{2}}{2}R$，由几何知识可知，$\triangle BG'B' \approx \triangle HGB$，则 $\frac{BG'}{G'B'} = \frac{HG}{GB}$，所以，$v = \frac{\sqrt{3}}{2}v_0$。

【创新思维】本题体现基础性的特点，考查的知识点有电场、动能、动量等，考查的运动形式有匀速直线运动、匀变速直线运动和类平抛运动，都是主干知识；运用的规律都是高中物理中的核心规律：牛顿运动定律、动能定理、动量定理。本题还体现创新性的特点，凸显素养的考查：坐标的选择与粒子运动剖析的对应，粒子穿过电场后的动能最大增量的位置与等势面间距最大状态的对应，粒子穿过电场前后动量变化量大小都为 mv_0 的位置与电场力做功及电场范围圆周上 A、B 两点的对应；类平抛运动的分、合运动在解题推理中的有机融合；解法多渠道，如运用牛顿运动学理论、能量、动量观点等。

【例 2】(2020 年高考新课标Ⅱ卷)管道高频焊机可以对由钢板卷成的圆管的接缝实施焊接。焊机的原理如图 2.6-3 所示，圆管通过一个接有高频交流电源的线圈，线圈所产生的交变磁场使圆管中产生交变电流，电流产生的热量使接缝处的材料熔化将其焊接。焊接过程中所利用的电磁学规律的发现者为(　　)

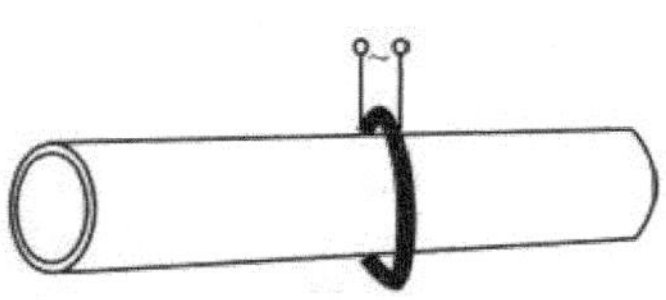
图 2.6-3

A. 库仑　　B. 霍尔　　C. 洛伦兹　　D. 法拉第

【解析】由题意可知，圆管为金属导体，导体内部自成闭合回路，且有电阻，当周围的线圈中产生交变磁场时，就会在圆管导体内部感应出涡电流，电流通过圆管电阻要发热。该过程利用的原理是电磁感应现象，其发现者为法拉第。故选D。

2.检索考点，查漏补缺。

2020年，现有高考体系的考试大纲和考试大纲的说明不再修订，参考2019年版考试大纲和考试大纲的说明，实施普通高中新课程的省份不再制订考试大纲。因此，应比较课本或考纲知识内容表的目录，面对106个知识点（Ⅰ级要求73个，Ⅱ级要求33个），回忆主要内容，"变厚为薄"，把抽象的概念和规律具体化，并以力、热、电、光、近代物理五条主线将知识点串起来，构成知识网络。从整体的角度抓纲举目，以达到融会贯通的境界。

这一过程，不可忘记"盘点浏览"，梳理各部分典型题目的解题思路、步骤；特别要翻阅考卷，看一年来做过的错题或不会做的题，检视自己曾出现过的失误，找到自己知识的漏洞、思维方式的偏差，不让同类的错误在高考中重犯。

【例3】（2020年高考新课标全国Ⅲ卷）如图2.6-4所示，水平放置的圆柱形光滑玻璃棒左边绕有一线圈，右边套有一金属圆环，圆环初始时静止。将图中开关S由断开状态拨至连接状态，电路接通的瞬间，可观察到（　　）

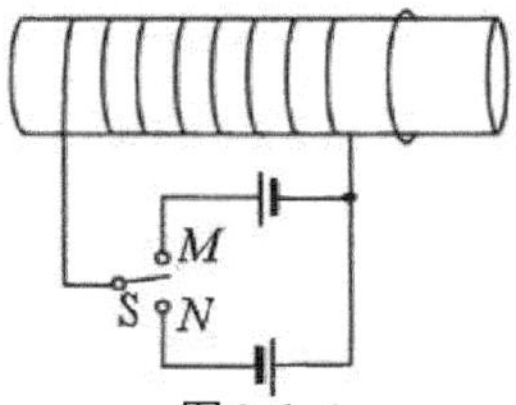

图2.6-4

A.拨至M端或N端，圆环都向左运动

B.拨至M端或N端，圆环都向右运动

C.拨至M端时圆环向左运动，拨至N端时向右运动

D.拨至M端时圆环向右运动，拨至N端时向左运动

【解析】无论开关S拨至哪一端，当把电路接通一瞬间，左边线圈中的电流从无到有，电流在线圈轴线上的磁场从无到有，从而引起穿过圆环的磁通量突然增大，根据楞次定律（增反减同），右边圆环中产生了与左边线圈中方向相反的电流，异向电流相互排斥，故选B。

二、品尝真题，思索创新；总结方法，提升能力

1.品尝真题，思索创新。

研究全国卷，体验近年高考风格，了解全国试卷脉搏。选做近几年的高考真题，因为它覆盖着大部分高考的知识和能力，从中可以得到新意。例如电磁感应中的"滑杆问题"，是高考的热点。纵观近年高考题，所给的物理条件不断延伸、变更、拓展，其

物理情境内涵丰富、变化万千。滑杆运动的导轨时而为平行直线，时而为交叉直线，时而为曲线或圆环等；运动平面可以在水平面、竖直面、斜面上；滑杆由运动的单导体棒，变化为双导体棒水平联动、竖直联动，或者水平、竖直联动，甚至双导体棒又由匀速运动变化为变速运动；导体棒也可以由固定长度变为长度随时间变化的可变量，还可以由导体棒变化为导体框、螺旋桨叶片、航天飞缆，甚至变化为导电流体；导体棒运动的空间由匀强磁场变为随时间均匀变化的匀强磁场，由给定的理想磁场变为地磁场等。可见，高考题不断创新，需要加强创新思维的训练，灵活应变。如图 2.6–5 所示，让我们一览导体棒部分变化的情景。

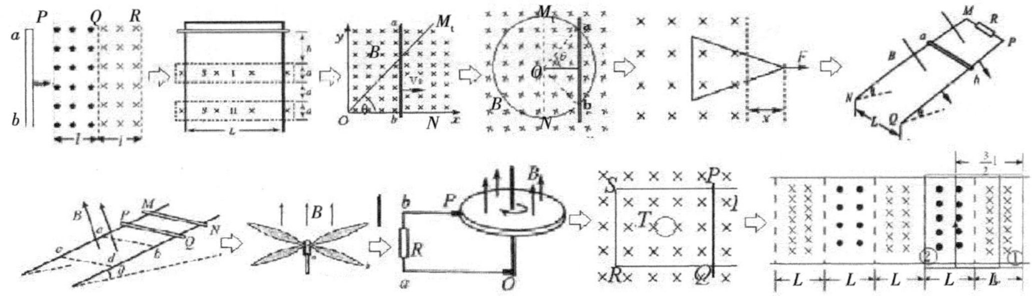

图2.6–5

又如，近年来对于提取信息能力的考查力度有所加强，图像、图表、数据列表形式题目的比重逐年增加。

2. 总结方法，提升能力。

高考解题强调分步得分，更注重对试题中所包含的物理过程的分析。因此，解题步骤要规范，题中没有给的物理量要有设定，字母表达的物理量要符合“规范”，学会运用学科语言、物理规律和公式来解答问题，题中用到的公式、定理、定律要说明依据；每一步要思考清楚，做到既准确、又简练。选择题更是需要独立思考，将自己的答案与参考答案对照分析。从历年高考题中选出来的参考样题，自然反映命题者的思路。我们认真练它，不仅会显著提高创新能力，而且使我们更接近高考命题，了解命题的意图，提高应试能力。这种题难度比较适中，认真对待它，还可练出状态，很有价值。

高考把对能力的考核放在首要位置，将五种能力和实验能力进行整合，着重考查考生逻辑推理、信息加工、模型建构等关键能力，引导考生培育支撑终身发展、适应时代要求的能力和综合素质，最终注重对考生创新思维和创新能力的考查。如 2018 年高考题通过设置真实的问题情境，将物理学的基本概念、规律与国家经济社会发展、科学技术进步联系起来，考查考生灵活运用物理知识和方法解决实际问题的能力。如全国Ⅰ卷第20题以人类第一次直接探测到来自双中子星合并的引力波为素材，要求考生利用高中所学物理知识解决相关的实际问题。全国Ⅱ卷第15题贴近生活，要求考生估算鸡蛋坠落对地面产生的冲击力。北京卷以跳台滑雪、中国天眼等为素材创设情境命题等。

【例4】(2019年高考新课标全国Ⅲ卷)如图2.6-6所示，在坐标系的第一和第二象限内存在磁感应强度大小分别为$B/2$和B、方向均垂直于纸面向外的匀强磁场。一质量为m、电荷量为$q(q>0)$的粒子垂直于x轴射入第二象限，随后垂直于y轴进入第一象限，最后经过x轴离开第一象限。粒子在磁场中运动的时间为(　　)

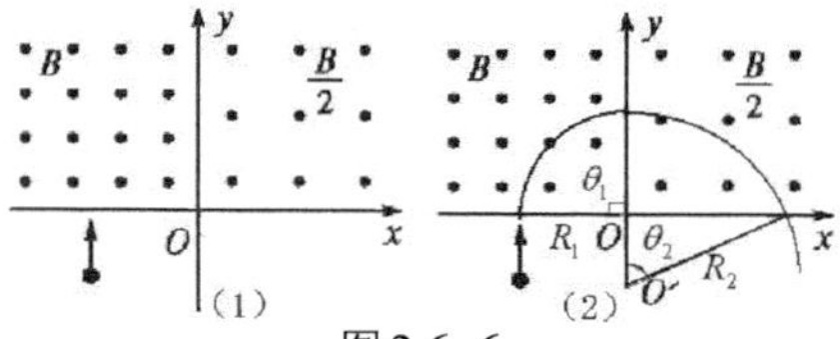

图2.6-6

A.$\frac{5\pi m}{6qB}$　　B.$\frac{7\pi m}{6qB}$　　C.$\frac{11\pi m}{6qB}$　　D.$\frac{13\pi m}{6qB}$

【解析】由洛伦兹公式、圆周运动规律及牛顿第二定律$qvB=\frac{mv^2}{R}=mR\frac{4\pi^2}{T^2}$得

$R=\frac{mv}{qB}$，$R_2=2R_1$

又得$T=\frac{2\pi m}{qB}$，

由数学知识可知$\cos\theta_2=\frac{R_2-R_1}{R_2}=\frac{1}{2}$，则$\theta_2=\frac{\pi}{3}$。

于是，粒子在磁场中运动的时间$t=\frac{T_1}{4}+\frac{T_2}{6}=\frac{1}{4}\cdot\frac{2\pi m}{qB}+\frac{1}{6}\cdot\frac{2\pi m}{qB/2}=\frac{7\pi m}{6qB}$。

因此，正确答案为B。

【创新思维】近几年高考题中并不少见与该题相近的题，如2015年全国Ⅱ卷第19题、2017年全国Ⅲ卷第24题。新题总是以新姿态出现，不过我们应当看到万变不离其宗，抓住带电粒子在电磁场中的运动规律这个“宗”，问题就好办了。

三、联系实际，关注热点；科学育人，提升素养

1.联系实际，关注热点。

物理高考大纲明确指出，注重理论联系实际，注意物理与科学技术、社会和经济发展的联系，注意物理知识在生产、生活等方面的广泛应用。因此，复习阶段需要关

注中国古代科技文明、当代科技成果和未来科技的发展趋势，了解科技和社会发展的新动向，掌握新概念、新理论、新技术、新方法。需要学会处理资讯、资料，能读、看懂图像，并能从图表资料中找到规律。关注科学技术、社会、经济和生态环境的协调发展。联系生活实际，让物理融入生活，从生活走向物理，体会物理生活价值，体现学以致用。例如，2018年高考全国Ⅱ卷第16题利用我国自主建造的世界最大口径射电望远镜所发现的毫秒脉冲星作为背景，考查学生对万有引力、匀速圆周运动等规律的理解和应用。2018年天津卷以中国散裂中子源、"张衡一号"卫星、我国自行研制的新一代大型喷气式客机C919、真空管道超高速列车等为素材。在分析问题的过程中，学生需要根据题给情境利用所学知识建立相应的物理模型，考查学生的模型建构能力。

【例5】（2020年高考天津卷）手机无线充电是比较新颖的充电方式。如图2.6-7所示，电磁感应式无线充电的原理与变压器类似，通过分别安装在充电基座和接收能量装置上的线圈，利用产生的磁场传递能量。当充电基座上的送电线圈通入正弦式交变电流后，就会在邻近的受电线圈中感应出电流，最终实现为手机电池充电。在充电过程中（　　）

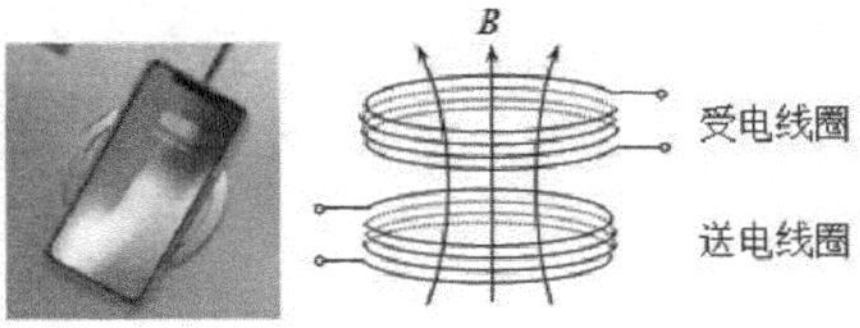

图2.6-7

A.送电线圈中电流产生的磁场呈周期性变化

B.受电线圈感应电流产生的磁场恒定不变

C.送电线圈和受电线圈通过互感现象实现能量传递

D.手机和基座无须导线连接，这样传递能量没有损失

【解析】A、B选项。由于送电线圈输入的是正弦式交变电流，是周期性变化的，因此产生的磁场也是周期性变化的，受电线圈中感应出周期性变化的电流，产生周期性变化的磁场。A正确，B错误。

C.根据变压器原理，原、副线圈是通过互感现象实现能量传递，因此送电线圈和受电线圈也是通过互感现象实现能量传递。C正确。

D.手机与机座无须导线连接就能实现充电，但磁场能量有一部分以电磁波辐射的形式损失掉，因此这样传递能量是有能量损失的。D错误。故选A、C。

【创新思维】高考增加紧密联系科技、生产、生活等方面的实际情境，突出情境的时代性，强调情境与考查内容的有机结合，引导考生学以致用，衔接新高考背景下物理学习的目标。

2.科学育人，提升素养。

高中物理课程标准中的课程目标，将学科育人的"三维目标"整合、提升为物理学科核心素养，即包含物理观念、科学思维、科学探究、科学态度与责任四个维度。我国教育部门已经认识到培养学生各个学科的核心素养的重要性，并在题目设置中增加了与学科核心素养有关的题目。近两年的高考物理命题具有这些特点：回归经典模型，注重核心知识的考查；基于核心知识，考查思维探究能力；重视实验探究，考查关键能力；用理论知识解决实际问题，不忘教育的本质。因此，在课堂上老师立足学科来强化其教育功能，通过合理地引导，让学生构建起物理观念，学会思考，学会探究，在实践过程中验证自己的猜想，培养严谨认真的科学态度与责任感。2018年高考物理命题严格遵循考试大纲，聚焦学科主干知识，突出关键能力的考查，彰显素质教育的鲜明导向，引导考生能力培养和核心素养的提升。

高考大纲体现了新课标下高考改革的方向，显示稳中求进、稳中求改、稳中求新的原则，加强了对学生思想素质、社会意识及科学素养的引导，更加注意转变以知识为本的理念，强化了能力立意的命题思想。高考考题体现了这种精神，在注重"双基"的基础上更进一步讲究基本方法；强调认知方法和过程；以现实问题立意，强调知识的应用性。

【例6】（2020年高考全国Ⅰ卷）一匀强磁场的磁感应强度大小为B，方向垂直于纸面向外，其边界如图2.6-8中虚线所示，ab弧为半圆，ac、bd与直径ab共线，ac间的距离等于半圆的半径。一束质量为m、电荷量为q（$q>0$）的粒子，在纸面内从c点垂直于ac射入磁场，这些粒子具有各种速率。不计粒子之间的相互作用，在磁场中运动时间最长的粒子其运动时间为（　　）

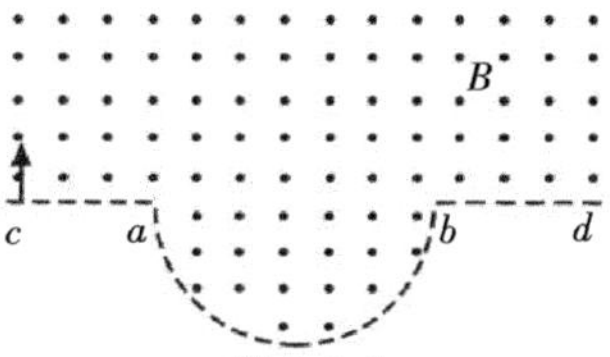

图2.6-8

A.$\dfrac{7\pi m}{6qB}$　　B.$\dfrac{5\pi m}{4qB}$　　C.$\dfrac{4\pi m}{3qB}$　　D.$\dfrac{3\pi m}{2qB}$

【解析】带电粒子在匀强磁场中运动，其运动轨迹为圆周，由洛伦兹力提供向心力，

$qBv = \dfrac{mv^2}{r}$

粒子在磁场中的周期$T = \dfrac{2\pi r}{v}$，

解得$T = \dfrac{2\pi m}{qB}$。

粒子在磁场中运动的时间$t = \dfrac{\theta}{2\pi} \cdot T = \dfrac{\theta m}{qB}$，$\theta$为带电粒子在匀强磁场中运动轨

迹所对的圆心角，则粒子在磁场中运动的时间与速度无关，轨迹对应的圆心角θ越大，运动时间越长。采用放缩圆解决该问题，如图2.6–9所示粒子垂直ac射入磁场，则轨迹圆心必在ac直线上，将粒子的轨迹半径由零逐渐放大。当半径$r\leqslant 0.5R$和$r\geqslant 1.5R$时，粒子分别从ac、bd区域射出，磁场中的轨迹为半圆，运动时间等于半个周期。当$0.5R<r<1.5R$时，粒子从半圆边界射出，将轨迹半径从$0.5R$逐渐放大，粒子射出位置从半圆顶端向下移动，轨迹圆心角从π逐渐增大，当轨迹半径为R时，轨迹圆心角最大，然后再增大轨迹半径，轨迹圆心角减小，因此当轨迹半径等于R时轨迹圆心角最大，即轨迹对应的最大圆心角，如图2.6–10所示。

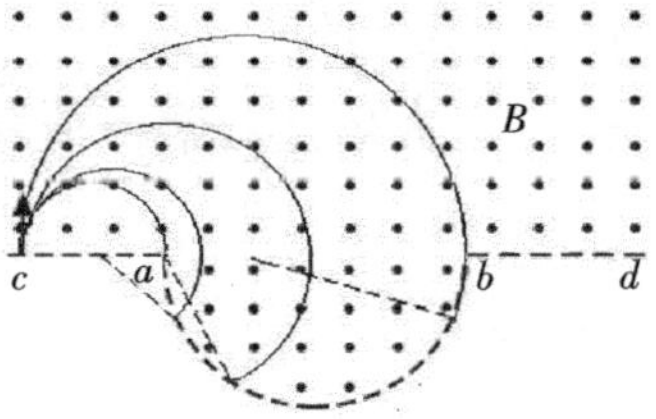

图2.6–9

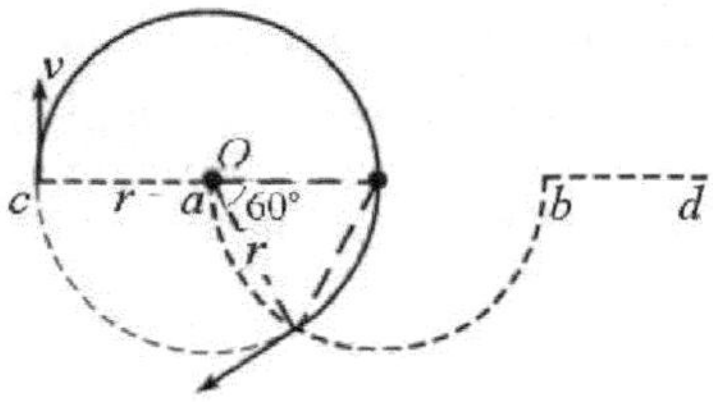

图2.6–10

$$\theta=\pi+\frac{\pi}{3}=\frac{4}{3}\pi$$

粒子运动最长时间为$t=\frac{\theta}{2\pi}\cdot T=\frac{4\pi/3}{2\pi}\cdot\frac{2\pi m}{qB}=\frac{4\pi m}{3qB}$，所以选C。

【创新思维】带电体在磁场中的临界问题的处理基本思路：

（1）思运动：画轨迹，定圆心，求半径；

（2）找联系：轨道半径、磁感应强度与运动速度相联系，偏转角、圆心角、弦切角与运动时间相联系，在磁场中运动的时间与周期相联系；

（3）用规律：牛顿第二定律和圆周运动的规律，特别是周期公式、半径公式等。

四、强化实验、立足课内；注重方法，学会探究

1.强化实验，立足课内。

考纲中有12个学生实验。其中2个练习使用实验：练习使用多用电表，传感器的应用；6个测量验证性实验：验证力的平行四边形定则，验证牛顿运动定律，验证机械能守恒定律，验证动量守恒定律，测定金属的电阻率（同时练习使用螺旋测微器），测定电源的电动势和内阻；4个研究探索性实验：研究匀变速直线运动，探究弹力和弹簧伸长的关系，探究动能定理，测绘小灯泡的伏安特性曲线。对于这些分组实验，能明

确实验目的，理解实验原理和方法，控制实验条件；会使用仪器，观察、分析实验现象，记录、处理实验数据，并得出结论，能对结论进行分析和评价；能发现问题、提出问题，并制订解决方案。对于那些在物理发展史中占有重要地位的实验，比如测定电子比荷、电量的实验、质谱仪、光的干涉、霍尔效应、磁悬浮、电子显微镜等，可以采用根据事件找考点、根据考点找习题的策略复习。

实验包括学生实验、演示实验、小实验及设计实验。考纲要求掌握的仪器，一定要实际操作，熟练掌握其使用和读数方法。

2.注重方法，学会探究。

不断总结出实验的常用方法，并能处理新物理情境下的实验问题。如在电学实验中，可总结出三条原则：安全性、准确性、方便性。从近年试卷结构来看，实验题分两种层次，第一个层次是实验的操作和步骤、实验器材的选择和使用，基本上都属于思维能力一般的内容。第二个层次难度大，命题形式灵活，考查角度多变，设问方式新颖，常为设计性实验题。这类题通常设计一个新的实验情境，考查一项或几项实验能力和技巧。实验所用的器材、原理及方法，都包含于考纲规定的实验中。要求考生按题给要求研究物理现象、探索物理规律或测定物理量的值，设计、选择实验方案和器材，创造性地重新组合中学物理的设计性实验，达到实验目的。这类题多取材于课本中的学生实验，又有所加深、提升和变化。

用实验中学过的实验方法去设计或处理未遇到过的实验问题，是高考实验的趋势。高考物理实验题已从简单地背诵、记忆转向考查实验的思想、方法和原理的理解上，加强了对基本实验方法的迁移和灵活运用能力的考查。如近十几年来电学设计性实验题频繁出现，从电路图选择到实验数据读取以及实验步骤的完善和数据处理，甚至误差分析都有所涉及。其中实验原理是实验的核心，实验装置和方法上的创新是高考物理实验命题的方向。

在冲刺阶段，要深挖课本中实验的设计思想，学会探究，从新视角思考能否用其他方法、器材完成同一实验或类似实验。多角度思考问题，灵活地运用学过的理论、实验方法和仪器去处理其他一些比较简单的实验，包括简单的设计性实验。

例如，近十年高考中，电阻测量题不间断，不断涌现测电阻的新方法和新思路。同样是测量一个电阻，被测量的导体不同、题设的实验条件不同，则采取的实验手段不同、实验操作过程不同。如用闭合电路的欧姆定律设计实验测电源内阻（和电动势），用串联电路知识设计实验测电压表内阻，用并联电路知识设计实验测电流表内阻，测电阻丝或其他导体的电阻等。这类实验题内容广泛、变化多端，可谓常考常新。

【例7】(2020年高考新课标Ⅲ卷)已知一热敏电阻当温度从10℃升至60℃时阻值从几千欧姆降至几百欧姆,某同学利用伏安法测量其阻值随温度的变化关系。所用器材:电源E、开关S、滑动变阻器R(最大阻值为20 Ω、电压表(可视为理想电表)和毫安表(内阻约为100 Ω)。

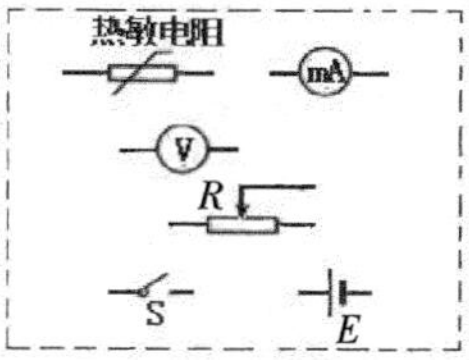

图2.6-11

(1)如图2.6-11所示,在答题卡上所给的器材符号之间连线,组成测量电路图。

(2)实验时,将热敏电阻置于温度控制室中,记录不同温度下电压表和毫安表的示数,计算出相应的热敏电阻阻值。若某次测量中电压表和毫安表的示数分别为5.5 V和3.0 mA,则此时热敏电阻的阻值为____kΩ(保留2位有效数字)。实验中得到的该热敏电阻阻值R随温度t变化的曲线如图2.6-12(1)所示。

(3)将热敏电阻从温控室取出置于室温下,测得达到热平衡后热敏电阻的阻值为2.2 kΩ。由如图2.6-12(1)求得,此时室温为____℃(保留3位有效数字)。

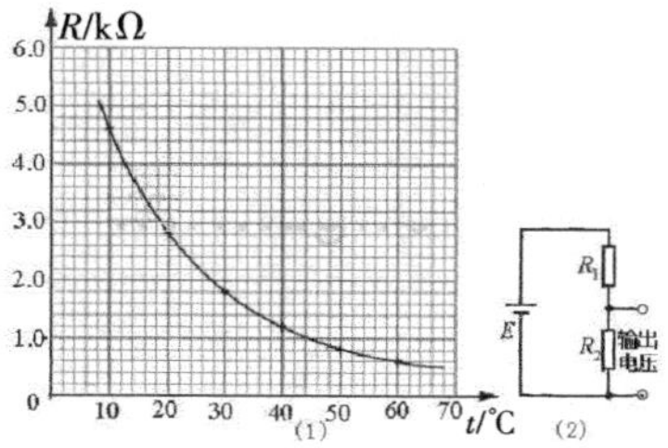

图2.6-12

(4)利用实验中的热敏电阻可以制作温控报警器,其电路的一部分如图2.6-12(2)所示。图中,E为直流电源(电动势为10 V,内阻可忽略);当图中的输出电压达到或超过6.0 V时,便触发报警器(图中未画出)报警。若要求开始报警时环境温度为50℃,则图中___(填“R_1”或“R_2”)应使用热敏电阻,另一固定电阻的阻值应为___kΩ(保留2位有效数字)。

【解析】(1)为满足“测量电阻需要测量多组数据减小误差”的隐性要求,滑动变阻器采用分压式。电压表可视为理想电表,$I_V = 0$,所以用电流表外接,此时,$I_A = I_V + I_t \approx I_t$,又因$U_V = U_t$,故$R_{测} = \dfrac{U_V}{I_A} = \dfrac{U_t}{I_t} = R_{真}$。连线如图2.6-13所示。

(2)由部分电路欧姆定律得

$$R = \frac{U}{I} = \frac{5.5}{0.3 \times 10^{-3}} \approx 1.8 \times 10^3\ \Omega$$

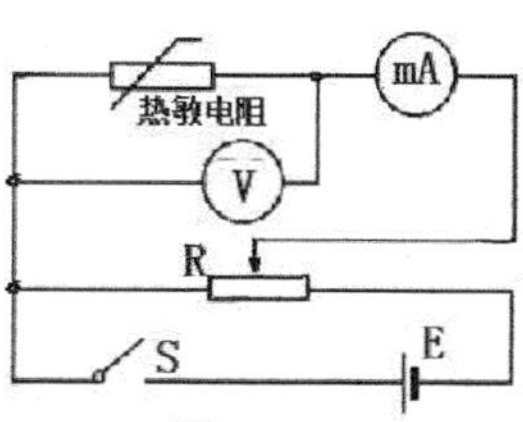

图2.6-13

(3)由图2.6-12(1)直接可读出该电阻的阻值为2.2 kΩ所对应的温度为25.5℃。

(4)温度升高时,该热敏电阻阻值减小,分得电压减少。而温度高时要求输出电压升高,以触发报警,所以,R_1为热敏电阻。由图线可知,温度为50℃时,R_1=0.8 kΩ,由欧姆定律可得$E= I(R_1+ R_2)$,$U =IR_2$,触发报警时的最小输出电压U为6.0 V,由前二式得另一固定电阻的阻值$R_2=\frac{R_1U}{E+U}=\frac{0.8\,\mathrm{k\Omega}\times 6\,\mathrm{V}}{10\,\mathrm{V}-6\,\mathrm{V}}=1.2\,\mathrm{k\Omega}$。

2018年全国Ⅰ卷第23题以热敏电阻的温度特性为情境，考查考生对小灯泡伏安特性曲线的理解和灵活运用相关知识解决实际问题的能力；2018年全国Ⅲ卷测量某待测电阻R_x的阻值；2018年天津卷第9(3)题要求画出测量待测电阻阻值的实验电路图，判断实验值和真实值的大小并分析原因；2018年全国Ⅱ卷第22题要求考生根据实验目的和所给器材，改装电流表和电压表，设计实验电路，较好地反映考生的基本实验能力。2018年北京卷要求考生分析说明利用伽利略“斜面实验”检验小球速度随时间均匀变化的理由，2018年江苏卷第11题考查重力加速度的测量，对考生的探究能力要求都较高。

2.7　如何跟进高考题创新

高考把对能力的考核放在首要位置，将大纲五种能力（理解能力、推理能力、分析综合能力、应用数学方法处理物理问题能力和实验能力等）整合为创新能力，试题注重对考生创新思维的考查，近年高考充分反映了这一点。新课标强调从生活走向物理，从物理走向社会，密切科学、技术与社会之间的联系，改变学科本位和机械式学习方式，试题创新思维的含量逐年增大，这是基于学生核心素养培养目标的一项举措。那么，面对高考题的创新，我们又怎么跟进呢？

一、回归课本

从近几年的高考试题我们不难发现高考命题的一个重要规律：高考试题在课本中都能找到试题源，即试题原型或相关内容。高考命题一个不变的原则就是“源于课本，又高于课本”。因此，我们必须重视课本知识，挖掘其更深层次的内容，变化、深化、优化课本例题、习题，充分发挥课本上的典型例题、习题的作用。

例如，2019年北京高考理综卷物理学科命题，客观题有半数源于课本（13、14、15、17题），主观题的21、22和23（1）题均源于课本。这些试题或源于课本中的正文，或源于课本中的习题，且所有素材在课本中均有不同程度的涉及。

【例1】（2017年高考全国Ⅰ卷）扫描隧道显微镜（STM）可用来探测样品表面原子尺寸上的形貌，为了有效隔离外界振动对STM的扰动，在圆底盘周边沿其径向对称地安装若干对紫铜薄板，并施加磁场来快速衰减其微小振动，如图2.7–1所示。无扰动时，按下列四种方案对紫铜薄板施加恒磁场（如图2.7–2所示）；出现扰动后，对于紫铜薄板上下及其左右振动的衰减最有效的方案是（　　）

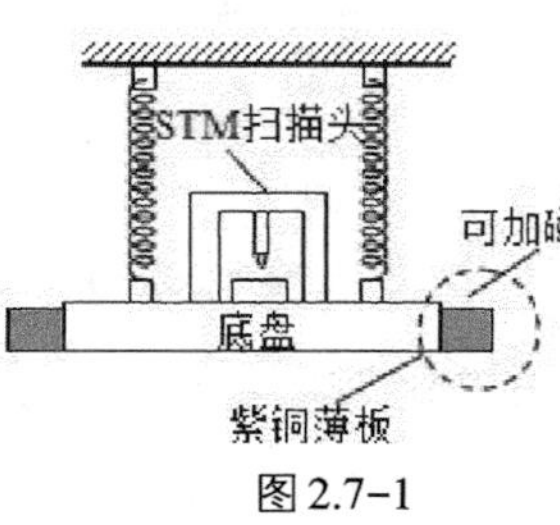

图2.7–1

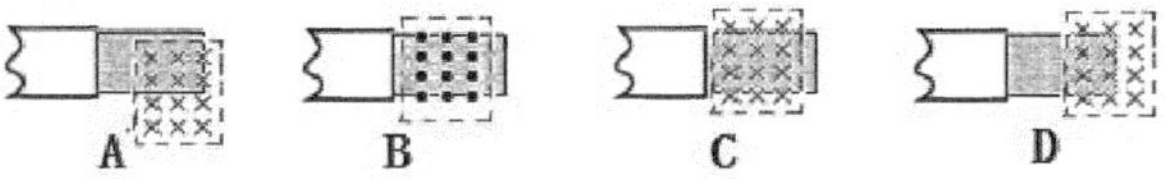

图2.7-2

【解析】紫铜薄板上下振动时，通过薄板的磁通量会发生变化，薄板上产生感应电流，方向可由楞次定律判断，相应的安培力总是阻碍薄板振动。B、C、D选项中均不会引起磁通量变化，而A选项，无论紫铜薄板上下及其左右振动，均会引起磁通量变化，电磁阻尼的效果最好，故选A。

【创新思维】该题题干中，扫描隧道显微镜(STM)是大学物理学习范畴，命题者把它作为背景材料，将高中物理涡流中的电磁阻尼知识与之巧妙无缝衔接，精心设计成这一道题景新颖、设计精妙的创新性考题。

人教版高中物理选修3-2 P27“思考与讨论”，还有P27图4.7-5以及P28图4.7-11，都涉及电磁感应的实际应用——电磁阻尼的分析。人教版高中物理必修1绪论中P3图0-7、选修3-5的封面都出现关于扫描隧道显微镜(STM)的图片。

【例2】(2019年高考北京卷)雨滴落到地面的速度通常仅为几米每秒，这与雨滴下落过程中受到空气阻力有关。雨滴间无相互作用且雨滴质量不变，重力加速度为g。

(1)质量为m的雨滴由静止开始，下落高度h时速度为v，求这一过程中克服空气阻力所做的功W。

(2)将雨滴看作半径为r的球体，设其竖直落向地面的过程中所受空气阻力$f=kr^2v^2$，其中v是雨滴的速度，k是比例系数。

a.设雨滴的密度为ρ，推导雨滴下落趋近的最大速度v_m与半径r的关系式；

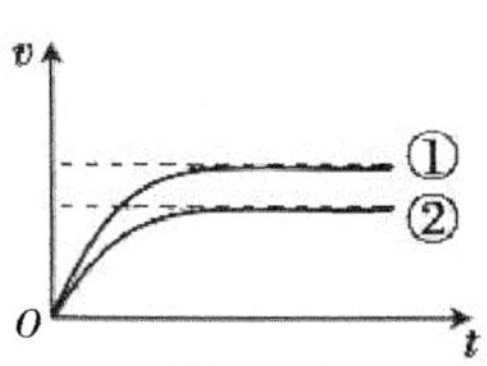

图2.7-3

b.如图2.7-3所示，画出了半径为r_1、r_2($r_1>r_2$)的雨滴在空气中无初速度下落的$v-t$图线，其中________对应半径为r_1的雨滴(选填①②)；若不计空气阻力，请在图中画出雨滴无初速度下落的$v-t$图像。

(3)由于大量气体分子在各方向运动的概率相等，其对静止雨滴的作用力为零。将雨滴简化为垂直于运动方向面积为S的圆盘，证明：圆盘以速度v下落时受到的空气阻力$f\propto v^2$(提示：设单位体积内空气分子数为n，空气分子质量为m_0)。

【解析】(1)根据动能定理$mgh-W=\frac{1}{2}mv^2$，可得$W=mgh-\frac{1}{2}mv^2$。

(2)a.根据牛顿第二定律$mg-f=ma$，得$a=g-\frac{kr^2v^2}{m}$，

当加速度为零时，雨滴趋近于最大速度 v_m，雨滴质量 $m=\frac{4}{3}\pi r^3\rho$，

由 $a=0$ 可得，雨滴最大速度 $v_m=\sqrt{\frac{4\pi\rho g}{3k}r}$。

b. 填"①"，如果不计阻力，那么雨滴就是做自由落体运动，在图像中，只有初始速度为零时的加速度才是 g，所以不计阻力的加速直线与曲线相切，如图 2.7-4 中斜线所示。

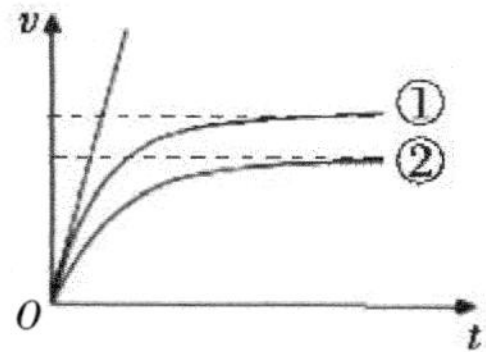

图 2.7-4

(3) 根据题设条件：大量气体分子在各方向运动的概率相等，其对静止雨滴的作用力为零。以下只考虑雨滴下落的定向运动，简化的圆盘模型如图 2.7-5 所示。设空气分子与圆盘碰撞前后相对速度大小不变，在 Δt 时间内，与圆盘碰撞的空气分子质量为 $\Delta m=Sv\Delta tnm_0$。

以 F 表示圆盘对气体分子的作用力，根据动量定理，有

$F\Delta t\propto\Delta m\cdot v$，得 $F\propto nm_0Sv^2$。

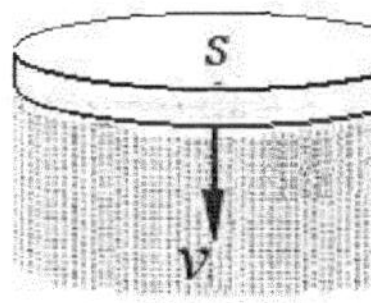

图 2.7-5

由牛顿第三定律，可知圆盘所受空气阻力 $f\propto v^2$。采用不同的碰撞模型，也可得到相同结论。

【创新思维】 以"雨滴下落"为背景素材设计问题，考查了考生的模型建构能力、科学推理论证能力以及宏微观结合的思想方法。试题先后涉及两种模型，分别是第(2)问将雨滴简化为球体模型求其下落的终极速度，第(3)问将雨滴简化为圆盘模型，证明其下落过程中的阻力与速度平方成正比。试题将宏观的空气阻力与微观视角的空气分子与圆盘碰撞相结合，很好地体现了宏观与微观相结合的思想方法。

人教版高中物理必修1 P35 栏目"说一说"，v-t 图像描述的是加速度逐渐减小的加速运动；人教版高中物理必修1 P60"科学漫步"栏目，课本涉及流体阻力、流速与阻力的关系、雨滴下落阻力问题等，无不表明该题命题素材完全源于课本。

二、题景新颖

不断变换命题手法，让命题新鲜、题景新颖。考生面对考题，显然从未见过，考生必经通过阅读、分析、推理、演绎才能探索出解题思路。这样，试卷的难度大大提高，有利于高校选拔合格人才。

以江苏高考图像题型选择题为例来看看题景如何演变，此类题分为识图题或作

图题两类，识图题画出图像，要求考生识别、理解，作图题要求考生选择正确的图像，此类题只要把题干作为作图题去做即可。

【例3】（2010年高考江苏卷）空间有一沿x轴对称分布的电场，其电场强度E随x变化的图像如图2.7-6(1)所示。下列说法正确的是（　　）

A.O点的电势最低　　B.x_2点的电势最高

C.x_1和$-x_1$两点的电势相等　　D.x_1和x_3两点的电势相等

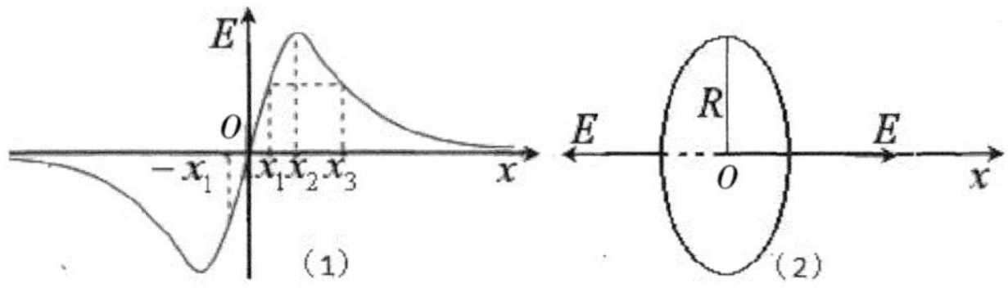

图2.7-6

【解析】题叙的是一个均匀带电圆环形成的电场，图示是沿垂直环面轴线上的电场分布图像（如图2.7-6(2)所示）。在圆环中心，场强为零；在无穷远处，场强也为零，因此在圆环轴线上，存在一点场强最大。场强必然是随着到圆心距离的增加先增大后减小的非单调函数。另外，场强E为正，则场强方向为沿x轴的正方向，场强E为负，则场强方向为沿x轴的负方向，于是可画出沿x轴对称分布的电场线，并以O点为中心指向正、负方向。那么沿电场线电势降落最快，故O点电势最高，A错误，B错误。场强是变量，可用微元法得电势差与场强关系$U=E\Delta x$，可用$E-x$图像面积表示电势差，得x_1、$-x_1$两对称点的电势相等，即$\phi_{x1}=\phi_{-x1}$，则C正确；x_1和x_3两点场强大小相等，电势不相等，D错。故选C。

【创新思维】本题描述电场的方式新颖，能否分析出本题素材是均匀带电圆环的电场是解题关键。这就需要从科学思维方法的高度，拓展电场相关知识的内在联系，推理电场对称性特征，得出结论。$E-x$图像表达的电场是一种创新，下面再例举随后几年江苏关于图像的高考题，请同学们比较体会。

【例4】（2012年高考江苏卷）将一只皮球竖直向上抛出，皮球运动时受到空气阻力的大小与速度的大小成正比，如图2.7-7所示。下列描绘皮球在上升过程中加速度大小a与时间t关系的图像，可能正确的是（　　）

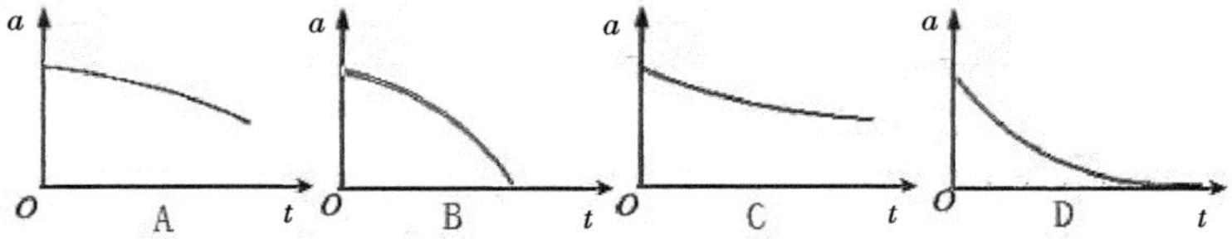

图2.7-7

【解析】由题意可知，空气阻力$f = Nv$（N为比例系数），皮球加速度

$$a = g + \frac{f}{m} = g + \frac{Nv}{m},$$

图像斜率$k = \frac{\Delta a}{\Delta t} = \frac{N}{m} \cdot \frac{\Delta v}{\Delta t}$，于是$k \propto a$，$a$逐渐减小，$k$逐渐减小，排除A、B选项。

由题意可知，皮球为上升过程，上升达最大高度$a = g$，显然a不可能为0，故选C。

【创新思维】本题考查a–t图像，这类图像一般接触不多，考生比较生疏，很难找到a、t的函数关系。我们能不能定性比较四幅图像a的变化规律呢？一看图像斜率的变化趋势，二看图像在横坐标上的截距，问题就迎刃而解了。

【例5】（2018年高考江苏卷）从地面竖直向上抛出一只小球，小球运动一段时间后落回地面。忽略空气阻力，该过程中，如图2.7 8所示，小球的动能E_k与时间t的关系图像是（　　）

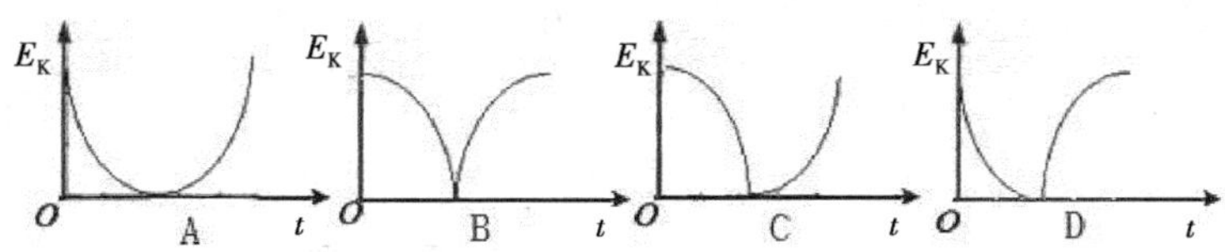

图2.7–8

【解析】本题考查动能的概念和E_k–t图像，意在考查考生的推理能力和分析能力。小球做竖直上抛运动时，速度$v = v_0 - gt$，根据动能$E_k = \frac{1}{2}mv^2$，得$E_k = \frac{1}{2}m(v_0 - gt)^2$，故A正确。

【例6】（2019年高考江苏卷）一匀强电场的方向竖直向上，t=0时刻，一带电粒子以一定初速度水平射入该电场，电场力对粒子做功的功率为P，不计粒子重力，如图2.7–9所示则P–t关系图像是（　　）

【解析】由于带电粒子在电场中做类平抛运动，在电场力方向上做匀加速直线运动，加速度为qE/m，经过时间t，电场力方向速度为$(qE/m)t$，功率为$P = Fv = qE \times \frac{qE}{m}t$，所以$P$与$t$成正比，故A正确。

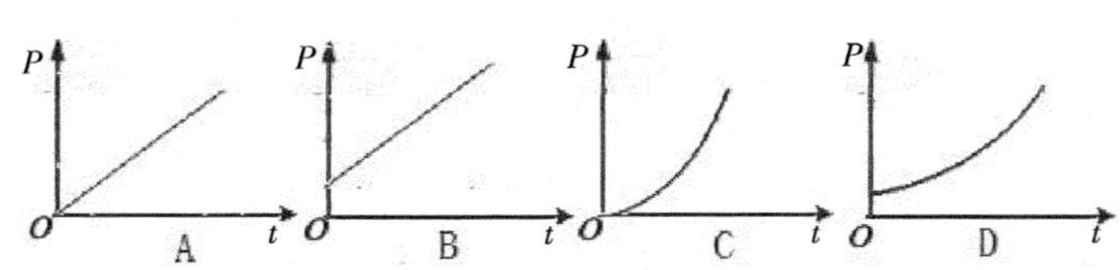

图2.7–9

【创新思维】图像问题不论遇上什么新颖的面孔，我们只要抓住图像的本质就迎刃而解了。就是说，分析图像的斜率、截距、面积、交点等的物理意义，从图像过渡到真实的物理情景，运用相应物理规律破解问题。另外，在图像问题的解答中，要逐渐培养自己的发散思维能力，并善于总结、成功迁移。

三、陈题出“新”

不断变换命题手法，让其命题新鲜，陈题出“新”。

陈题的来源在哪里？一类是来自课本中的原题或原题变形。源于课本，高于课本；另一类来自历届高考题、竞赛题或模拟题变形。如伏安法测电阻是高中电学实验的一个重要内容，是高考的热点。从1978年恢复高考以来，全国卷中“测量电阻”实验题占电学实验题2/3，考查的要点和形式千变万化，请看下例。

【例7】(1997年高考全国卷)某电压表的内阻在20千欧～50千欧之间，现要测量其内阻，实验室提供下列可选用的器材：待测电压表V(量程0~3 V)、电流表A_1(量程0~200 μA)、电流表A_2(量程0~5 mA)、电流表A_3(量程0~0.6 A)、滑动变阻器R(最大阻值1 kΩ)、电源ε(电动势4 V)、电键K。

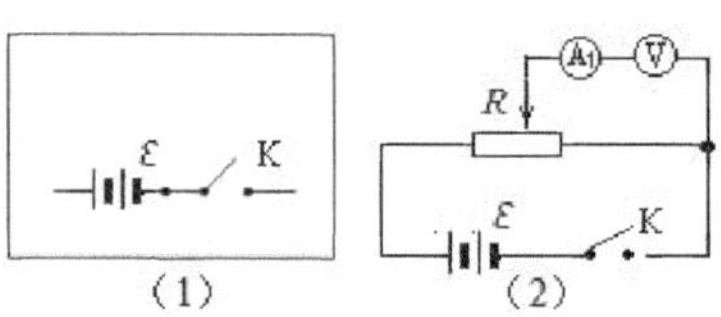

图2.7-10

(1)所提供的电流表中，应选用__________(填写字母代号)。

(2)为了尽量减小误差，要求测多组数据。如图2.7-10(1)所示，试在方框中画出符合要求的实验电路图(其中电源和电键及连线已画出)。

【解析】(1)根据欧姆定律可求出通过待测电压表的最大电流为

$$I_{max}=\frac{U}{R_x}=\frac{3}{20}\text{mA}=150\ \mu\text{A}$$，故电流表应选A_1。

(2)根据欧姆定律可知，应将待测电压表V与电流表A_1串联成为测量电路；由于滑动变阻器的总电阻远小于待测电压表的内阻，所以变阻器应采用分压式接法，电路图如图2.7-10(2)所示。考题在电流表量程满足测量精度条件下，采用电压表和电流表串联的形式直接测量电压表的内阻，再看下面几道例题。

【例8】(2006年高考全国Ⅰ卷)现要测量某一电压表的内阻，给定的器材有：待测电压表(量程0~2 V，内阻约为4 kΩ)；电流表mA(量程0~1.2 mA，内阻约500 Ω)；直流电源E(电动势约2.4 V，内阻不计)；固定电阻3个：R_1=4 000 Ω，R_2=10 000 Ω，R_3=15 000 Ω；电键S及导线若干。要求测量时两电表指针偏转均超过其量程的一半。

(1)试从3个固定电阻中选用1个，与其他器材一起组成测量电路，并在如图2.7-11(1)虚线框内画出测量电路的原理图。(要求电路中各器材用题中给定的符号标出)

(2)电路接通后，若电压表读数为U，电流表读数为I，则电压表内阻R_V=________。

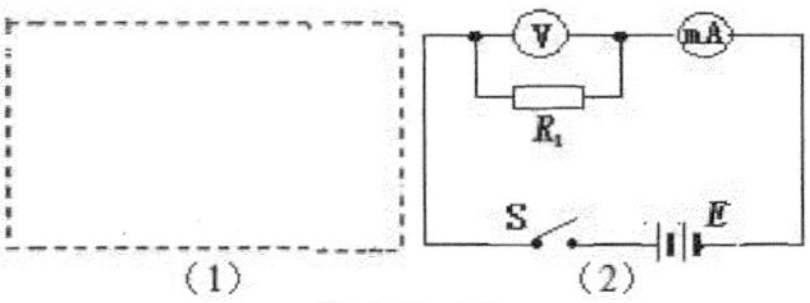

图2.7-11

【解析】(1)要测量电压表的内阻，需将电压表连入电路中，由于其内阻太大，为满足题目要求，需给电压表并联一电阻，根据并联特点，选择的固定电阻的阻值应与伏特表阻值差不多，这样伏特表和电流表的偏转均超过其量程的一半，读数精确性比较大，所以选择R_1。电路如图2.7-11(2)所示。

(2)设电压表内阻为R_1，由串并联电阻特点及题给条件可得

$$\frac{U}{R_v}+\frac{U}{R_1}=I，则R_V=\frac{R_1U}{R_1I-U}。$$

【创新思维】该题对电压表内阻的测量原理图，实质为伏安法测电阻的原理图，然而不同的是待测电阻为电压表的内阻。课本中伏安法是对普通电阻、电源内阻的测量，而高考题扩充到对电流表、电压表内阻的测量，甚至发散到热敏电阻、特殊元件二极管的电阻。电阻测量考题的创新还表现为实验方法拓展，如从伏安法到伏阻法、安阻法、伏伏法、安安法等，此外还衍生到半偏法、电桥法、替代法等。

【例9】(2017年高考全国Ⅱ卷)某同学利用如图2.7-12(1)所示的电路测量一微安表(量程为0~100 μA，内阻大约为2 500 Ω)的内阻。可使用的器材有：两个滑动变阻器R_1、R_2(其中一个阻值为20 Ω，另一个阻值为2 000 Ω)；电阻箱R_Z(最大阻值为99 999.9 Ω)；电源E(电动势约为1.5 V)；单刀双掷开关S_1和S_2，C、D分别为两个滑动变阻器的滑片。

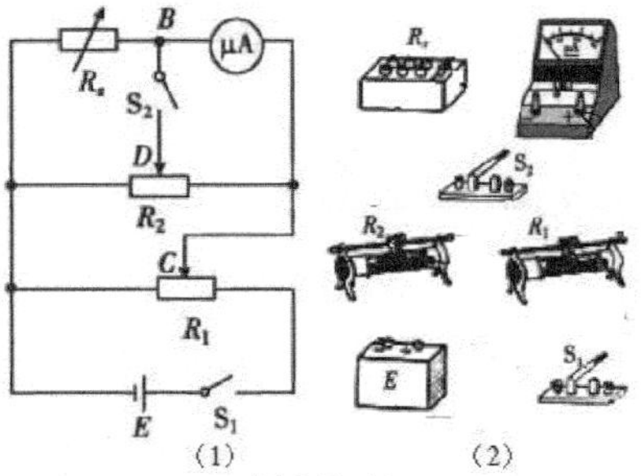

图2.7-12

(1)按原理图将图2.7-12(2)中的实物连线。

(2)完成下列填空：

①R_1的阻值为________Ω(填“20”或“2 000”)。

②为了保护微安表，开始时将R_1的滑片C滑到接近图2.7-12(1)中的滑动变阻器的________端(填“左”或“右”)对应的位置；将R_2的滑片D置于中间位置附近。

③将电阻箱置于阻值R_Z = 2 500.0 Ω，接通S_1。将R_1的滑片置于适当位置，再反复调节R_2的滑片D的位置、最终使得接通S_2前后，微安表的示数保持不变，这说明S_2接通前B与D所在位置的电势________(填“相等”或“不相等”)。

④将电阻箱R_Z和微安表位置对调，其他条件保持不变，发现将电阻箱阻值置于$R_Z' = 2\,601.0\ \Omega$时，在接通S_2前后，微安表的示数也保持不变。待测微安表的内阻为__________Ω(结果保留到个位)。

(3)写出一条提高测量微安表内阻精度的建议。

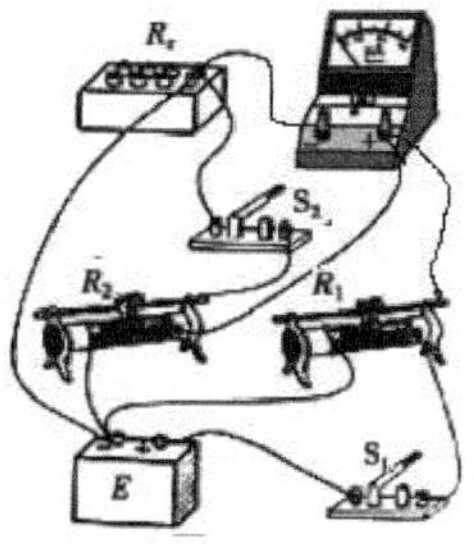

图2.7–13

【解析】(1)实物连线如图2.7–13所示：

(2)①滑动变阻器R_1要接成分压电路，则要选择最大阻值较小的滑动变阻器，即20 Ω的；

②为了保护微安表，开始时将R_1的滑片C滑到接近图2.7–12(1)中滑动变阻器的左端，确保滑动变阻器R_1的输出电压为零；

③将电阻箱阻值置于$R_Z = 2\,500.0\ \Omega$时，接通S_1；将R_1的滑片置于适当位置，再反复调节R_2的滑片D的位置；最终使得接通S_2前后，微安表的示数保持不变，这说明S_2接通前后在BD中无电流流过，可知B与D所在位置的电势相等；设滑片D两侧电阻分别为R_{21}和R_{22}，则$\frac{R_{21}}{R_{22}} = \frac{R_Z}{R_{\mu A}}$①。

④将电阻箱和微安表位置对调，其他条件不变，发现将电阻箱阻值置于$R_Z' = 2\,601.0\ \Omega$时，在接通S_2前后，微安表的示数也保持不变。说明B与D所在位置的电势相等，同理$\frac{R_{21}}{R_{22}} = \frac{R_{\mu A}}{R_Z'}$②。

联立①②两式解得待测微安表的内阻为$R_{\mu A} = \sqrt{R_Z \cdot R_Z'} = \sqrt{2\,500\ \Omega \times 2\,601\ \Omega} = 2\,550\ \Omega$__________Ω(结果保留到个位)。

(3)为了提高测量精度，调节R_1上的分压，尽可能使微安表接近满量程，这样可以在S_2闭合前后判断微安表的示数变化时更加准确。

【创新思维】此题实质上是“电桥电路”测量电阻的一种方法，搞清电桥平衡的条件：对角线电阻乘积相等，即可轻易解出待测电阻值；知道分压电路中滑动变阻器选择的原则及实物连线的注意事项。

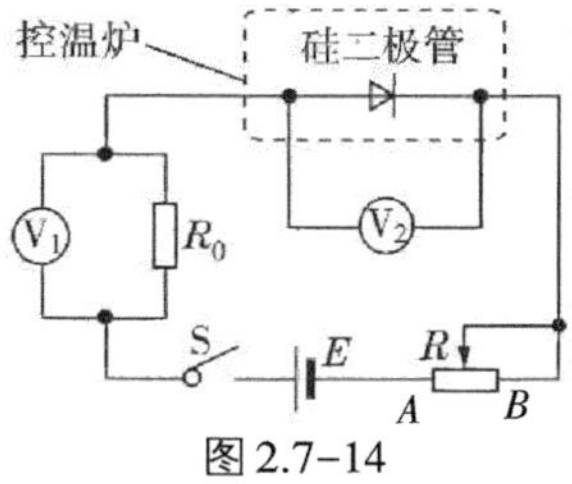

图2.7–14

【例10】(2019年高考全国Ⅱ卷)某小组利用图2.7–14所示的电路，研究硅二极管在恒定电流条件下的正向电压U与温度t的关系。图中V_1和V_2为理想电压表，R为滑动变阻器，R_0为定值电阻(阻值100 Ω)，S为开关，E为电源。实验中二极管置于控温炉内，控温炉内的温度t由温度计(图中未画出)测出。图2.7–15所示是该小组在恒定电流为50.0 μA时

得到的某硅二极管 U–I 关系曲线。

回答下列问题：

（1）实验中，为保证流过二极管的电流为50.0 μA，应调节滑动变阻器 R，使电压表 V_1 的示数为 U_1=__________mV；根据图2.7–15可知，当控温炉内的温度 t 升高时，硅二极管正向电阻________（填“变大”或“变小”），电压表 V_1 示数________（填“增大”或“减小”），此时应将 R 的滑片向______（填“A”或“B”）端移动，以使 V_1 示数仍为 U_1。

（2）由图2.7–15可以看出 U 与 t 呈线性关系，硅二极管可以作为测温传感器，该硅二极管的测温灵敏度为 $\left|\frac{\Delta U}{\Delta t}\right|$=_____$\times10^{-3}$V/℃（保留2位有效数字）。

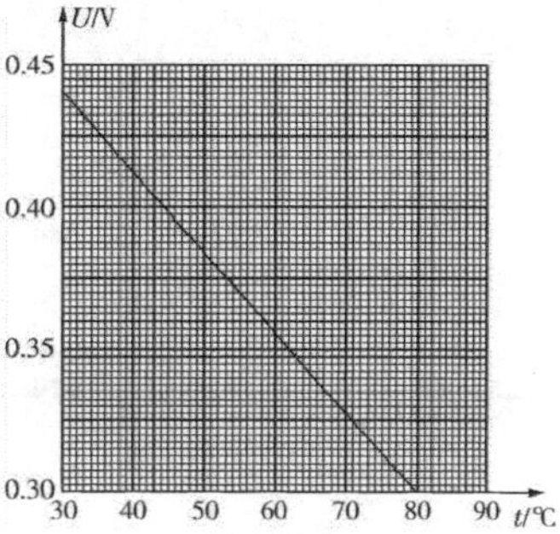

图2.7–15

【解析】（1）$U_1=IR_0=100\ \Omega\times50.0\times10^{-6}\ \text{A}=5.00\times10^{-3}\ \text{V}=5.00\ \text{mV}$。由 $R=U/I$，I 不变，温度升高，U 减小，故 R 减小；由于 R 变小，总电阻减小，电流增大；R_0 两端电压增大，即 V_1 表示数变大，只有增大电阻才能使电流减小，故滑动变阻器向右，即向 B 端调节。

（2）由图可知，$\frac{\Delta U}{\Delta t}=\frac{0.44\ \text{V}-0.30\ \text{V}}{80\ ℃-30\ ℃}=2.8\times10^{-3}\ \text{V/℃}$。

【创新思维】该题是对伏安法测电阻原始实验的创新，实验研究硅二极管在恒定电流条件下的正向电压 U 与温度 t 的关系，要确保电流恒定，温度变化硅二极管的电阻也变化，这就需要调节滑动变阻器使电流恒定，随之需将电压表V与定值电阻 R_0 等效视为电流表。

该题与2018年高考新课标Ⅰ卷第23题相似（参看“1.8　从近年‘恒定电流’高考题看动手探究实验的重要性”例10），陈题是用替代法测量热敏电阻的阻值，并绘制其阻值随温度变化的图像以确定热敏电阻的温度特性，进而制成温度传感器。其实，这就是新题直接改编自陈题，近年来这类情况较为多见。因此，我们在练习高考题时需要研学，细细体会试题设计的思路和方法，不仅会提高解答高考题的能力，更会提升物理学科素养的水平。

【例11】（2020年高考新课标Ⅰ卷）某同学用伏安法测量一阻值为几十欧姆的电阻 R_x，所用电压表的内阻为1 kΩ，电流表内阻为0.5 Ω。该同学采用两种测量方案，一种是将电压表跨接在如图2.7–16所示电路的 O、P 两点之间，另一种是跨接在 O、Q 两点之间。测量得到如图2.7–17所示的两条 U–I 图线，其中 U 与 I 分别为电压表和电流表的示数。回答下列问题：

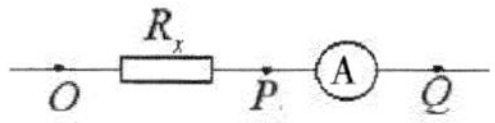

图2.7–16

（1）如图2.7–17所示中标记为Ⅱ的图线是采用电压表跨接在__________（填“O、P”或“O、Q”）两点的方案测量得到的。

（2）根据所用实验器材和如图2.7–17所示可判断，由图线__________（填“Ⅰ”或“Ⅱ”）__________得到的结果更接近待测电阻的真实值，结果为__________Ω（保留1位小数）。

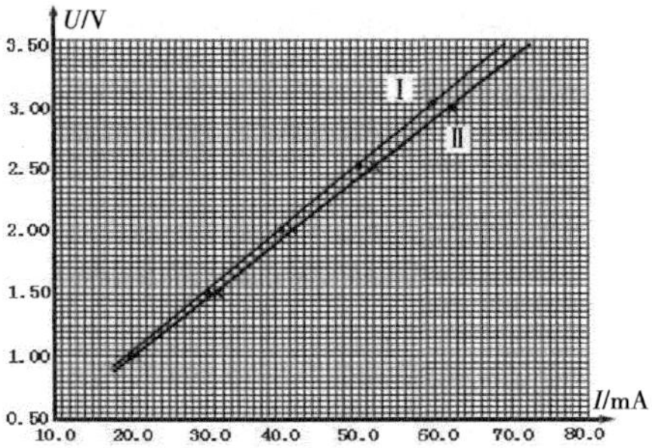

图2.7–17

（3）考虑到实验中电表内阻的影响，需要对（2）中得到的结果进行修正，修正后待测电阻的阻值为__________Ω（保留1位小数）。

【解析】（1）若将电压表接在O、P之间（电流表外接法），根据欧姆定律可知

$$I=\frac{U}{R_V}+\frac{U}{R_x}，则U=\frac{R_xR_V}{R_x+R_V}\cdot I$$

根据一次函数关系可知对应斜率即所测得的电阻为

$$R_{测(外)}=\frac{R_xR_V}{R_x+R_V}=\frac{R_V}{R_x+R_V}R_x \quad ①$$

若将电压表接在O、Q之间（电流表内接法），电流表分压为

$U_A=IR_A$

根据欧姆定律可知$R_x=\dfrac{U-IR_A}{I}$，解得$U=I(R_x+R_A)$。

根据一次函数可知对应斜率为$(R+R_A)$，即所测得的电阻为

$R_{测(内)}=R_x+R_A \quad ②$

比较①②式可知，$R_{测(外)}$比R_x小，$R_{测(内)}$比R_x大。

比较U–I图线可知，图线Ⅱ斜率小。

综上可知，Ⅱ图线是（电流表外接法）采用电压表跨接在O、P之间。

（2）两种接法误差的比较。

$$外接法：\Delta_外=\left|R_{测(外)}-R_x\right|=\left|\frac{R_V}{R_x+R_V}R_x-R_x\right|=\frac{R_x^2}{R_x+R_V} \quad ③$$

$$内接法：\Delta_内=\left|R_{测(内)}-R_x\right|=\left|R_x+R_A-R_x\right|=R_A \quad ④$$

通过图像斜率大致估算待测电阻为50 Ω左右，题给$R_V=1000\,\Omega$，$R_A=0.5\,\Omega$。

代入数值到③④得$\Delta_外\approx2.5\,\Omega$，$\Delta_内=0.5\,\Omega$，可见$\Delta_内<\Delta_外$。于是，图线Ⅰ误差小，

其结果更接近待测电阻的真实值。结果根据图像可得 $R_x=\dfrac{\Delta U}{\Delta I}=\dfrac{3\,\text{V}-1\,\text{V}}{(59.6-20)\times10^{-3}\,\text{A}}=50.5\,\Omega$。

(3)考虑电流表内阻，则修正后待测电阻 $R_x'=R_x-r_A=50.5-0.5=50.0\,\Omega$。

【创新思维】(1)该题考查伏安法测电阻实验的原理和误差分析，是基础知识，试题情景源于课本。(2)考查高于课本，追求核心素养：利用欧姆定律探求两种接法造成的误差，并求出真实阻值；不仅从题干，还能从 $U\text{-}I$ 图线中摄取隐含条件进行分析、推理。(3)同学们在学习“伏安法测电阻”实验的过程中，把理论分析与熟记实验结论结合起来，即“大内小外”：阻值大的电阻测定适合选用电流表内接法，阻值小的电阻测定适合选用电流表外接法，且 $R_{测(内)}=R_x+R_A>R_x$，测量值大于真实值；$R_{测(外)}=\dfrac{R_xR_A}{R_x+R_A}<R_x$，测量值小于真实值。这样就能快速解答该题。

四、条件更“隐”

挖掘题中隐含条件是解题的难点，通常隐含条件不是十分隐蔽，如题中的一些关键词：表现极值的关键用语，如最大最小、刚好、至少等，则隐含着相应的极值；表现理想化的用语，如轻质杠杆、光滑斜面等。紧扣关键词，隐含条件自然容易挖掘。还有隐含在物理学常识中，如中学生的体重约为50 kg，一个鸡蛋的质量约50克等，从生活常识中适当弥补一些解题所需的条件。

高考题将已知条件隐避得越来越深，主要隐含在物理规律、图线、数学关系、实验技巧中。如弹簧问题、天体运动、能量与动量、力电综合题等高考压轴题，信息容量大、隐含条件多，挖掘难度大大增加。平时通过不断训练、不断总结，力求提高自己创新思维灵活度，那么挖掘隐含条件的能力就越强。

【例12】如图2.7-18所示为某一游戏的局部简化示意图。D 为弹射装置，AB 是长为21 m的水平轨道，倾斜直轨道 BC 固定在竖直放置的半径为 R=10 m的圆形支架上，B 为圆形的最低点，轨道 AB 与 BC 平滑连接且在同一竖直平面内。某次游戏中，无动力小车在弹射装置 D 的作用下，以 v_0=10 m/s的速度滑上轨道 AB，并恰好能冲到轨道 BC 的最高点。已知小车在轨道 AB 上受到的摩

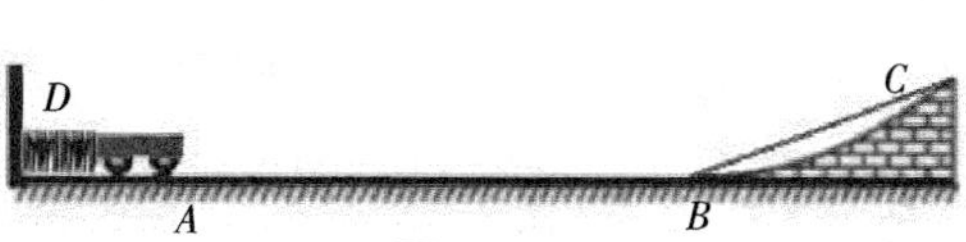

图2.7-18

擦力为其重量的0.2倍，轨道BC光滑，则小车从A到C的运动时间是(　　)

A. 5 s　　　B. 4.8 s　　　C. 4.4 s　　　D. 3 s

【解析】小车从A到B加速度为$a_1 = \mu g = 0.2 \times 10\ \mathrm{m/s^2} = 2\ \mathrm{m/s^2}$，

$$L_{AB} = v_0 t_1 - \frac{1}{2}a_1 t_1{}^2$$

解得t_1=3 s，t_1'=7 s（舍去）。

从B到C运动时，由机械能守恒定律$mgh = \frac{1}{2}mv_B{}^2$，又$v_B{}^2 = v_0{}^2 - 2a_1 L_{AB}$，

由以上二式得$h = 0.8\ \mathrm{m}$。

圆弧对应的圆心角$\cos\theta = \dfrac{R-h}{R} = \dfrac{10\ \mathrm{m} - 0.8\ \mathrm{m}}{10\ \mathrm{m}} = 0.92$，

由半角公式$\sin\dfrac{\theta}{2} = \sqrt{\dfrac{1-\cos\theta}{2}} = \sqrt{\dfrac{1-0.92}{2}} = 0.2$，

$$L_{BC} = \frac{h}{\sin\frac{\theta}{2}} = \frac{0.8\ \mathrm{m}}{0.2} = 4\ \mathrm{m}$$

$$t_2 = \frac{L_{BC}}{v_B/2} = \frac{4\ \mathrm{m}}{4/2\ \mathrm{m/s}} = 2\ \mathrm{s},$$

所以，小车从A到C的运动时间$t = 5\ \mathrm{s}$，故选A。

【创新思维】(1)t_1求解比较简单，下面讨论t_2的求法。如果数学功底较好，那么就可以从数学角度，借助一个平面几何模型寻求隐含条件，求出距离和角度，答题时间就会大大减少。

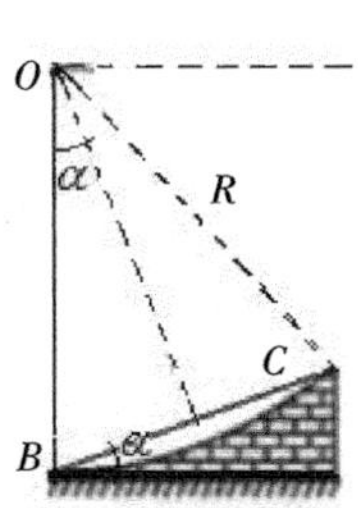

图2.7-19

如图2.7-19所示，设BC与水平面的夹角为α，则上滑的加速度$a_2 = g\sin\alpha$，由平面几何知识得$L_{BC} = 2R\sin\alpha$。

又由$L_{BC} = \frac{1}{2}a_2 t_2{}^2$，得

$$t_2 = \sqrt{\frac{2L_{BC}}{a_2}} = \sqrt{\frac{2\cdot 2R\sin\alpha}{g\sin\alpha}} = \sqrt{\frac{4R}{g}} = \sqrt{\frac{4\times 10\ \mathrm{m}}{10\ \mathrm{m/s^2}}} = 2\ \mathrm{s}$$

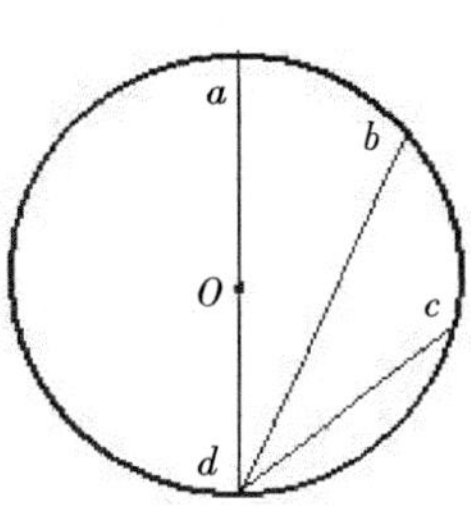

图2.7-20

(2)我们若注意解题方法的积累，审题时，发散思维会顿生解题灵感，脑海里很快浮现过去做过的一道常见力学证明题，借用该题物理模型，成功寻求隐含条件，迅速答题。该题的物理模型如图2.7-20所示，一个物体分别沿着竖直面内的同一圆周、不同光滑弦静止下滑，到达圆周最低点的时间相等，即等于沿着竖

直直径方向自由落下的时间。则

$$t_2=\sqrt{\frac{4R}{g}}=\sqrt{\frac{4\times10\ \mathrm{m}}{10\ \mathrm{m/s^2}}}=2\ \mathrm{s}$$

五、概念升华

近几年高考选择题、填空题大量考查基础知识概念，强调物理思想，淡化繁杂的数学运算。

【例 13】(2018 年高考全国 I 卷)如图 2.7-21 所示，abc 是竖直面内的光滑固定轨道，ab 水平，长度为 $2R$；bc 是半径为 R 的四分之一的圆弧，与 ab 相切于 b 点。一质量为 m 的小球，始终受到与重力大小相等的水平外力的作用，自 a 点从静止开始向右运动，重力加速度大小为 g。小球从 a 点开始运动到其轨迹最高点，机械能的增量为(　　)

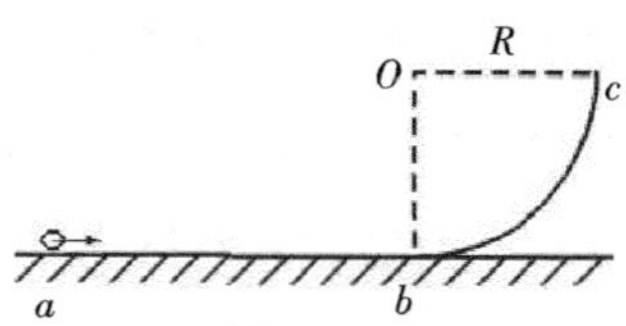

图 2.7-21

A. $2mgR$　　B. $4mgR$　　C. $5mgR$　　D. $6mgR$

【解析】设小球到 C 点的速度大小为 v_C，$A\to C$ 过程中，$F\cdot 3R-mgR=\frac{1}{2}mv_C{}^2$①，又 $F=mg$②，解①②得 $v_c=2\sqrt{gR}$。

球离开 C 后，如图 2.7-22 所示，在水平方向做初速度为零的匀加速直线运动，竖直方向在重力作用力下做竖直上抛运动，加速度大小均为 g，竖直方向到其轨迹最高点时所需时间 $t=v_c/g=2\sqrt{R/g}$，达到高度 $h=v_c{}^2/2g=2R$，水平方向位移 $x=\frac{1}{2}at^2=2R$，水平方向速度 $v=at=g\cdot2\sqrt{R/g}=2\sqrt{gR}$。

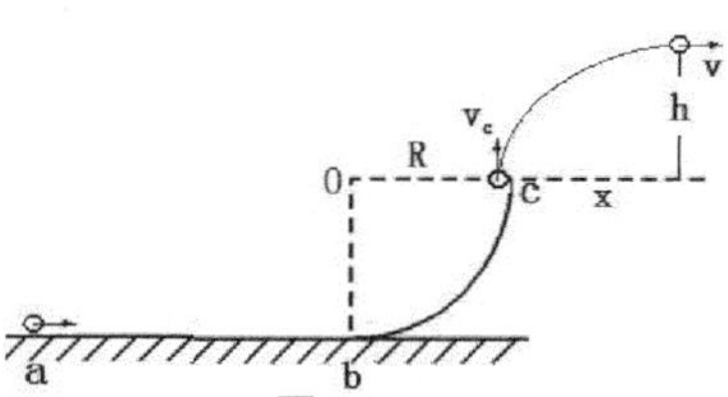

图 2.7-22

选地面为零势能面，则小球从 A 点开始运动到其轨迹最高点，机械能的增量为

$$\Delta E=E-0=\frac{1}{2}mv^2+mg(R+h)=5mgR$$

或者由功能关系 $\Delta E=F\cdot5R=5mgR$，所以选项 C 正确。

【创新思维】此题将运动的合成与分解、动能定理、功能关系有机结合。小球从 C 点离开固定轨道的运动，容易产生思维定势，误认为是竖直上抛运动，水平方向仍在力 F 的作用下，做初速度为零的匀加速直线运动，对此往往概念不清。此题难度较大，能力要求较高。

六、实验题"活"

实验是培养学生创新精神和实践能力的重要载体，也是培养学生核心素养的一个重要落点。从近年高考物理实验题来看，基于核心素养培养的视角加强物理实验考查，已是高考考试内容改革的重要方面。

实验题分两个小题，第一题(试卷22题)往往是基础性实验，主要是仪器的操作使用、读数，器材选择等，素材基本立足于课本和考试大纲，属于要求一般的内容。

第二题(试卷23题)难度较高，命题形式灵活，考查角度多变，设问方式新颖，常为设计性实验题。这类题少数取材于课本中的学生实验，不少实验是考生从未做过的实验，这些实验基于学过的实验理论、方法，又有所拓展、延伸。卷面上已形成"一力""一电"的实验考查格局，突出考查考生的探究能力和创新意识。

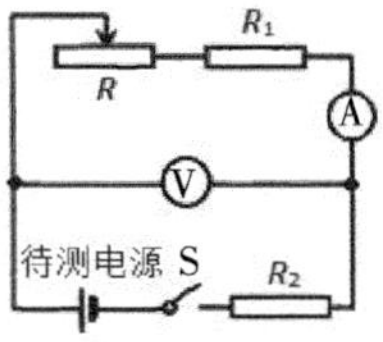

图2.7-23

【例14】(2016年高考四川卷)用如图2.7-23所示电路测量电源的电动势和内阻。实验器材：待测电源(电动势约3 V，内阻约2 Ω)，保护电阻R_1(阻值10 Ω)和R_2(阻值5 Ω)，滑动变阻器R，电流表A，电压表V，开关S，导线若干。实验主要步骤：

(1)将滑动变阻器接入电路的阻值调到最大，闭合开关；

(2)逐渐减小滑动变阻器接入电路的阻值，记下电压表的示数U和相应电流表的示数I；

(3)以U为纵坐标，I为横坐标，作$U-I$图线(U、I都用国际单位)；

(4)求出U-I图线斜率的绝对值k和在横轴上的截距a。

回答下列问题：

(1)电压表最好选用_____；电流表最好选用_____。

A.电压表(0~3 V，内阻约15 kΩ)　　B.电压表(0~3 V，内阻约3 kΩ)

C.电流表(0~200 mA，内阻约2 Ω)　　D.电流表(0~30 mA，内阻约2 Ω)

(2)滑动变阻器的滑片从左向右滑动，发现电压表示数增大。两导线与滑动变阻器接线柱连接情况是_____。

A.两导线接在滑动变阻器金属杆两端接线柱

B.两导线接在滑动变阻器电阻丝两端接线柱

C.一条导线接在滑动变阻器金属杆左端接线柱，另一条导线接在电阻丝左端接线柱

D. 一条导线接在滑动变阻器金属杆右端接线柱，另一条导线接在电阻丝右端接线柱

(3)选用 k、a、R_1 和 R_2 表示待测电源的电动势 E 和内阻 r 的表达式 E=______，r=______，代入数值可得 E 和 r 的测量值。

【解析】(1) 测电源的电动势和内阻的原理为闭合电路的欧姆定律，实际测量时电压表的分流作用会引起系统误差，为了减小系统误差，故选择电压表时要尽量用内阻较大的电压表，A 正确；由于通过电流表的最大电流约为

$$I = \frac{E}{R_1 + R_2 + r} = \frac{3\,\text{V}}{10\,\Omega + 5\,\Omega + 2\,\Omega} = 0.176\,\text{A} = 176\,\text{mA}$$

C 正确，故应选 A、C。

(2)滑动变阻器的滑片从左向右滑动，发现电压表示数增大，说明外电路的电阻变大。

①A 选项两导线都接在金属杆两端上，接入电阻为 0，A 错；

②B 选项若两导线都接电阻丝两端，接入电阻为最大阻值，不会变化，B 错；

③C 选项滑动变阻器电阻接入电路部分阻值增大，则两导线与滑动变阻器接线柱连接情况是一条导线接在滑动变阻器金属杆左端接线柱，另一条导线接在电阻丝左端接线柱，C 对；

④D 选项一导线接金属杆右端，一导线接电阻丝右端，则滑片右移阻值减小，D 错。

故应选 C。

(3)由 $E = U + I(r + R_2)$，得 $U = -I(r + R_2) + E$，对比伏安特性曲线可知，图像斜率大小的绝对值 $k = r + R_2$，图像与横轴的截距为电压表短路时的电流 $a = \dfrac{E}{r + R_2}$，因此电源的内阻 $r = k - R_2$；令 $U = 0$，得 $a = I_0 = \dfrac{E}{r + R_2} = \dfrac{E}{k}$，则 $E = ka$。

【创新思维】该题源于课本，高于课本，其表现：

(1)加了两个保护电阻，改进了课本上“测量电源的电动势和内阻”的实验；

(2)仪器的选择要考虑电压表的分流作用产生的实验误差因素，选择电压表时要尽量用内阻较大的电压表，就是为了减小误差；

(3)将等效电源引入考题，把电池和相连接的电阻 R_2 整体视为一个新电源，这时新电源的电动势 E 就是新电源的开路电压，新电源的内阻 r 就是新电源两端（将电动

势短路而保留电源内阻)电路的总电阻,即 $r+R_2$。

【例 15】(2019 年高考全国Ⅲ卷)甲乙两位同学设计了利用数码相机的连拍功能测重力加速度的实验。实验中,甲同学负责释放金属小球,乙同学负责在小球自由下落的时候拍照。已知相机每间隔 0.1 s 拍 1 幅照片。

(1)若要从拍得的照片中获取必要的信息,在此实验中还必须使用的器材是_______(填正确答案标号)。

A.米尺　　B.秒表　　C.光电门　　D.天平

(2)简述你选择的器材在本实验中的使用方法。答:________________。

(3)实验中两同学由连续 3 幅照片上小球的位置 a、b 和 c,得到 ab=24.5 cm、ac=58.7 cm,则该地的重力加速度大小为 g=__________$\mathrm{m/s^2}$。(保留 2 位有效数字)

【解析】(1)题给每幅照片相隔的时间 T=0.1 s,由匀变速直线运动重要推论式 $\Delta h = gT^2$,得 $g = \dfrac{\Delta h}{T^2}$。显然测重力加速度必须测定高度差 Δh,因此,使用的器材中必须使用测量长度的米尺,选 A。

(2)为了减小 Δh 的误差,让读数尽量准确,需要将米尺竖直放置,使小球下落时尽量靠近米尺。

(3)根据逐差法可得 $\Delta h = gT^2$,则

$$g = \frac{h_{bc} - h_{ab}}{T^2} = \frac{(h_{ac} - h_{ab}) - h_{ab}}{T^2} = \frac{h_{ac} - 2h_{ab}}{T^2} = \frac{(58.7\,\mathrm{m} - 2 \times 24.5\,\mathrm{m})}{(0.1\,\mathrm{s})^2} = 9.7\,\mathrm{m/s^2}$$

【创新思维】这道题的原型是课本中用频闪照相、打点计时器来测定加速度,现在用数码相机的连拍功能替代传统手段。实验的创新之处是利用生活用品用于探究匀变速直线运动规律,解决测定重力加速度的实际问题。题目源于课本,高于课本。考题重在考查考生的物理学科素养——科学探究和科学思维,我们应当引起足够的重视。

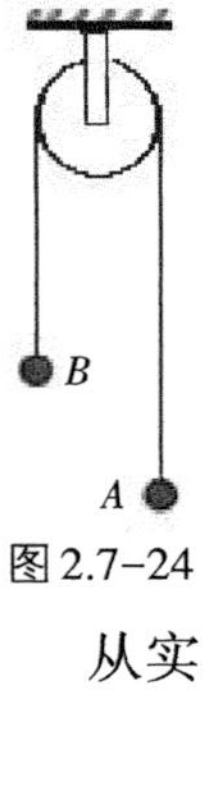

图 2.7-24

【例 16】(2020 年高考全国Ⅱ卷)一细绳跨过悬挂的定滑轮,两端分别系有小球 A 和 B,如图 2.7-24 所示。一实验小组用此装置测量小球 B 运动的加速度。令两小球静止,细绳拉紧,然后释放小球,测得小球 B 释放时的高度 h_0=0.590 m,下降一段距离后的高度 h=0.100 m;由 h_0 下降至 h 所用的时间 T=0.730 s。由此求得小球 B 加速度的大小为 a=______$\mathrm{m/s^2}$。(保留 3 位有效数字)

从实验室提供的数据得知,小球 A、B 的质量分别为 100.0 g 和 150.0 g,当地重力加

速度大小为 g=9.80 m/s²。根据牛顿第二定律计算可得小球 B 加速度的大小为 a'=___________ m/s²。(保留3位有效数字)

可以看出 a' 和 a 有明显差异,除实验中的误差外,写出一条可能产生这一结果的原因:____。

【解析】小球 B 下降过程中做匀加速直线运动,下降高度

$\Delta h = h_0 - h = \frac{1}{2}aT^2$,代入数据解得 h=1.84 m/s²。

对两球分别进行受力分析,运用牛顿第二定律列式得

$$T - m_A g = m_A a_A = m_A a'$$

$$m_B g - T = m_B a_B = m_B a'$$

联立以上二式得

$$a' = \frac{(m_B - m_A)}{(m_A + m_B)}g = \frac{150\,\text{kg} - 100\,\text{kg}}{150\,\text{kg} + 100\,\text{kg}} \times 9.8\,\text{m/s}^2 = 1.96\,\text{m/s}^2$$

理论值 a' 和实验值 a 有明显差异的原因可能是在实际的操作中滑轮与轴之间不光滑,或者滑轮的质量不可忽略。

【创新思维】本题是一道实验填空题,难度不大,可给定实验装置,要求考生综合一系列物理概念和规律,构建物理模型达到实验目的,这是一种创新。

【例17】(2019年高考全国I卷)某同学要将一量程为250 μA的微安表改装为量程为0~20 mA的电流表。该同学测得微安表内阻为1 200 Ω,经计算后将一阻值为 R 的电阻与该微安表连接,进行改装。然后利用一标准毫安表,根据图2.7-25(1)所示电路对改装后的电表进行检测(虚线框内是改装后的电表)。

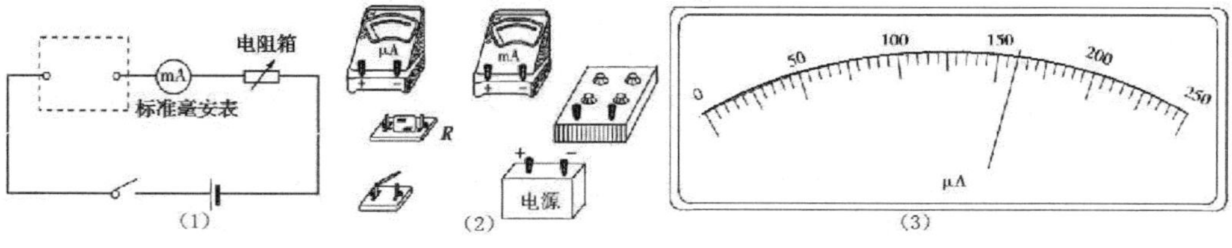

图2.7-25

(1)根据图2.7-25(1)和题给条件,将2.7-25(2)中的实物电路连接。

(2)当标准毫安表的示数为16.0 mA时,微安表的指针位置如图2.7-25(3)所示,由此可以推测出改装的电表量程不是预期值,而是___________。(填正确答案标号)

A.18 mA　　B.21 mA　　C.25 mA　　D.28 mA

(3)产生上述问题的原因可能是___________。(填正确答案标号)

A.微安表内阻测量错误，实际内阻大于1 200 Ω

B.微安表内阻测量错误，实际内阻小于1 200 Ω

C.R值计算错误，接入的电阻偏小

D.R值计算错误，接入的电阻偏大

(4)要达到预期目的，无论测得的内阻值是否正确，都不必重新测量，只需要将阻值为R的电阻换为一个阻值为kR的电阻即可，其中k=________。

【解析】(1)电表改装时，微安表应与定值电阻R并联接入虚线框内，则实物电路连接如图2.7-26所示。

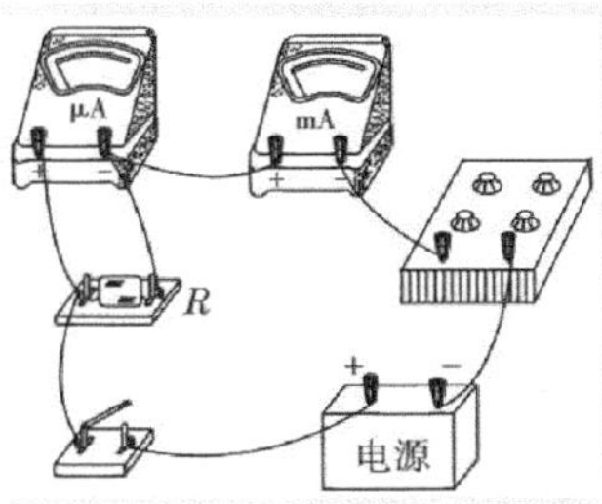

图2.7-26

(2)由标准毫安表与改装表的读数可知，改装后的电流表实际量程被扩大的倍数为

$$n=\frac{16\ \text{mA}}{160\times10^{-3}\ \text{mA}}=100$$倍。故当原微安表表盘达到满偏时，实际量程为

$250\times10^{-3}\ \text{mA}\times100=25\ \text{mA}$，故本小题选C。

(3)将微安表改装为电流表需要并联一个电阻，如图2.7-25所示，由(2)可知，改装后的电流表实际量程大于理论值，即

$I_gR_g=(I-I_g)R$，得$I=\left(1+\frac{R_g}{R}\right)I_g$

改装后的量程偏大的原因可能是原微安表内阻测量值偏小，即电表实际内阻R_g真实值大于1 200 Ω；或者因为定值电阻R的计算有误，计算值偏大，实际接入定值电阻R阻值偏小。故本小题选A、C。

(4)由于接入电阻R时，改装后的表实际量程为0~25 mA，故满足$I_gR_g=(25-I_g)R$；要想达到预期目的，即将微安表改装为量程为0~20 mA电流表，应满足$I_gR_g=(20-I_g)kR$，其中$I_g=250\ \mu\text{A}=0.25\ \text{mA}$，联立解得$k\approx1.25$或$k=\frac{99}{79}$。

【创新思维】这道题的题源是人教版高中物理选修3-1 P51第二章“恒定电流”第四节“串联电路和并联电路”例题2。这道题的特点：(1)命题素材贴近实验真实情景；(2)难度逐问上升，不同程度的考生各得其所；(3)多角度、多方位地对考生的实验探究能力进行考查。

升华篇

高考专题

3.1　专题一：直线运动与牛顿定律应用解题

一、知识精要

本专题知识点在高考题中题型灵活，题境常新，且经常综合其他知识点出题。单独考查的题型一般为选择题，综合考查的题型多为压轴题，有时也在其他计算题中占据解决问题的关键点。所以本专题是每一位考生必须熟练掌握的内容。

二、范例精析

【例1】如图3.1-1所示，一个静止在光滑平面上的物体，在水平外力F_1的作用下从A开始运动，经t时间撤去F_1，同时加以与F_1相反的外力F_2，又经过相同的时间t，物体恰好回到出发点A，则

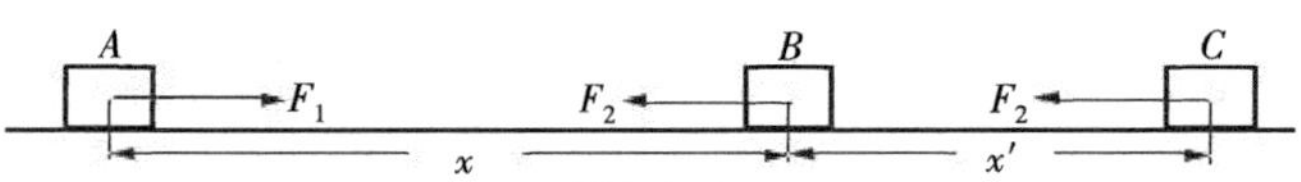

图3.1-1

(1)求在这一过程中力的比F_1/F_2。

(2)设从A到B运动的时间为t，从B到C运动的时间为t'；从A到B运动的距离为x，从B到C运动的距离为x'；从A到B，经B位置时速度的大小为v，从B到C，再从C回到A，经A位置时速度的大小为v'。求：①$\frac{x}{x'}$；②$\frac{t}{t'}$；③$\frac{v}{v'}$。

【解析】由题意可知，A为物体初态位置，B为撤去F_1同时加反向的F_2时物体的位置，C为物体暂停位置。

$x=\frac{1}{2}a_1t^2$①，$-x=vt-\frac{1}{2}a_2t^2$②，$a_1=\frac{F_1}{m}$③，$a_2=\frac{F_2}{m}$④，又$v=a_1t=\frac{F_1}{m}t$⑤

综上各式，得题叙过程中力的比$\frac{F_1}{F_2}=\frac{1}{3}$。

(2)$v = a_1 t = a_2 t'$⑥,又$\frac{F_1}{F_2} = \frac{ma_1}{ma_2} = \frac{a_1}{a_2} = \frac{1}{3}$,所以$\frac{t}{t'} = \frac{a_2}{a_1} = \frac{3}{1}$⑦

因$x = \frac{v}{2}t$⑧,$x' = \frac{v}{2}t'$,故$\frac{x}{x'} = \frac{t}{t'} = \frac{3}{1}$⑨

从$B \to C \to A$的整个过程可认为是加速度向左的匀减速直线运动,从B到C运动的时间为$t' = t/3$,从C到B的时间也为$t/3$,则再从B回到A的时间也为$t/3$。经过A时的速度为v'。

由$-v' = v - a_2 t = a_1 t - a_2(3t') = a_2 t' - 3a_2 t' = -2a_2 t' = -2v$,得$\frac{v}{v'} = \frac{1}{2}$。

【例2】水平放置的平行板电容器两板的中点A处,有一个电量为q、质量为m的正电荷处于平衡状态,现将板间电场强度突然由E_1增强到E_2,电荷向上做匀加速直线运动,经过时间t,到达某一位置B,突然又将电容器两板间的电场强度E_2反向,正电荷立即匀减速向上运动,恰不碰及上板C而继续向下到原位置A的时间也为t。求:(1)电容器极板间电场强度E_1/E_2;(2)板间距d。

【解析】(1)如图3.1-2所示,

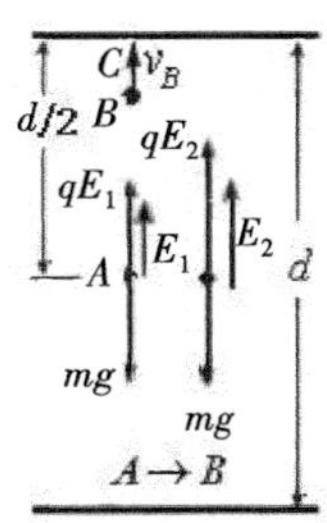

图3.1-2

平衡在A处时,$qE_1 = mg$ ①

E_1增强到E_2时,电荷从$A \to B$,以a_1做竖直向上的匀加速直线运动,

$a_1 = \frac{qE_2 - mg}{m}$ ②

上升经B处$v_B = a_1 t$ ③

$A \to B$的距离$s = \frac{1}{2}a_1 t^2$ ④

由①②④得$s = \frac{1}{2} \cdot \frac{qE_2 - qE_1}{m} \cdot t^2$ ⑤

如图3.1-3所示,电荷从$B \to C \to A$,一直以加速度a_2做匀减速直线运动,

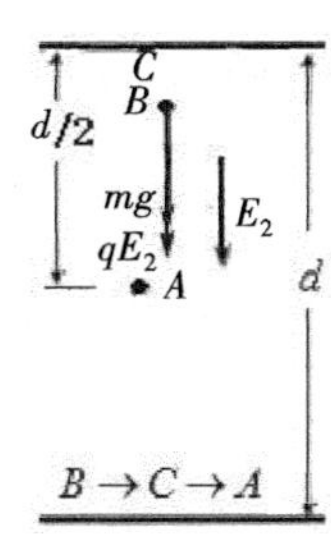

图3.1-3

$a_2 = \frac{qE_2 + mg}{m}$ ⑥

这一过程的位移$-s = v_B t - \frac{1}{2}a_2 t^2$ ⑦

由①②③⑥⑦得 $-s = \frac{qE_2 - qE_1}{m}t \cdot t - \frac{1}{2}\frac{qE_2 + qE_1}{m}t^2$ ⑧

由⑤⑧得$\frac{E_1}{E_2} = \frac{1}{2}$ ⑨

(2)设从B到C的距离为s',由运动学公式得$v_B{}^2 = 2a_1s = 2a_2s'$　⑩

$s' + s = d/2$　⑪

又由⑤得$s = \frac{1}{2} \cdot \frac{qE_2 - qE_1}{m} \cdot t^2 = \frac{qE_1}{2m}t^2 = \frac{1}{2}gt^2$　⑫

由②⑥⑩得$s' = \frac{a_1}{a_2}s = \frac{\frac{qE_2 - qE_1}{m}}{\frac{qE_2 + qE_1}{m}} = \frac{1}{3}s$　⑬

综合⑪⑫⑬得$d = 2(s' + s) = 2 \cdot \frac{4}{3} \cdot \frac{1}{2}gt^2 = \frac{4}{3}gt^2$。

【创新思维】本题与前一题都运用了整体法处理匀减速直线运动,这种方法是用合运动思想透彻理解匀变速直线运动的一种方法。

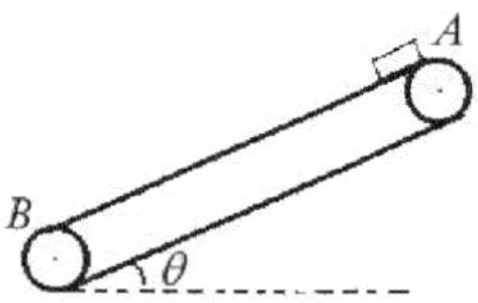

图3.1-4

【例3】如图3.1-4所示,传送带与水平面夹角为θ=37°,并以v_0=10 m/s的速度匀速运动,在传送带的A端,无初速度地放一质量为1 kg的小物体,若已知该物体与传送带间的动摩擦因数μ=0.5,A、B距离s=16 m(假设最大静摩擦力与滑动摩擦力相等,g=10 m/s²,cos37°=0.8)。求:

(1)当传送带沿BA方向运动时,物块从A端运动到B端的时间。

(2)当传送带沿AB方向运动时,物块从A运动到B需多少时间?

(3)当传送带沿AB方向运动时,物块从A端运动到B端的过程中物块和传送带间由于摩擦而产生的热量。

【解析】(1)传送带沿BA方向运动(传送带轮顺时针转动),此时物体所受传送带的摩擦力为沿平行斜面向上,由牛顿第二定律得

$mg\sin\theta - \mu mg\cos\theta = ma_1$①,代入数值得$a_1$=2 m/s²,

由位移时间关系公式$s = \frac{1}{2}a_1t^2$,得$t = \sqrt{\frac{2s}{a_1}} = \sqrt{\frac{2 \times 16\ \text{m}}{2\ \text{m/s}^2}} = 4\ \text{s}$②

(2)传送带沿AB方向运动(传送带轮逆时针转动)。

开始阶段,物体以a_2加速至与传送带相同速度v_1,此时所受传送带的摩擦力为沿平行斜面向下,由牛顿第二定律$mg\sin\theta + \mu mg\cos\theta = ma_2$,得

$a_2 = g\sin\theta + \mu g\cos\theta = 10\ \text{m/s}^2 \times 0.6 + 0.5 \times 10\ \text{m/s}^2 \times 0.8 = 10\ \text{m/s}^2$ ③

又$v_1 = v_0 = a_2t_1 = 10\ \text{m/s}$　④

物体以a_2加速至与传送带相等速度v_1相应的时间$t_1 = \frac{v_1}{a_2} = \frac{10\ \text{m/s}}{10\ \text{m/s}^2} = 1\ \text{s}$　⑤

相应的位移$s_1 = \frac{v_1}{2}t_1 = \frac{10\ \text{m/s}}{2} \times 1\ \text{s} = 5\ \text{m}$ ⑥

后续阶段，5 m<16 m，所以物体加速到10 m/s时仍未到达B点，物体还会继续加速，此时所受传送带的摩擦力方向发生突变，改为沿平行斜面向上，由牛顿第二定律，与①式相同得加速度a_1=2 m/s²，物体继续做初速度为v_1的匀加速运动，

$s_2 = s - s_1 = v_1t_2 + \frac{1}{2}a_1t_2^2$ ⑦

代入数值得物体到B需时间t_2=1 s，故物体经历的总时间$t = t_1+t_2$=1 s+1 s=2 s。

（3）物体和传送带间由于摩擦而产生的热量等于滑动摩擦力的大小与相对路程的乘积。

物体与传送带的相对路程Δx=6 m。

产生热量为$Q = f \cdot \Delta x = \mu mg\cos 37° \cdot \Delta x = 0.5 \times 1\ \text{kg} \times 10\ \text{m/s}^2 \times 0.8 \times 6\ \text{m} = 24\ \text{J}$。

【创新思维】本题关键是明确物体的运动规律，然后结合牛顿第二定律与运动学公式联立求解；第二问注意摩擦力方向的变化，即突变的分析；第三问摩擦力做功中摩擦的距离是指相对位移，即实实在在相对摩擦的长度。

【例4】如图3.1-5所示，一平板车质量M=100 kg，停止在水平路面上，车身的平板离地面的高h=1.25 m，一质量m=50 kg的小物块置于小车的平板上，它到车尾端的距离b=1.00 m，与平板间的动摩擦因数$\mu = 0.20$。今对平板车施加一水平方向的恒力，使小车向右行驶，结果物块从车板上滑落，物块刚离开车板的时刻，车向前行驶距离s_0=2.0 m，求物块落地时落地点到车尾的距离s。（不计路面与平板车间以及轮轴间的摩擦，取g=10 m/s²）求：

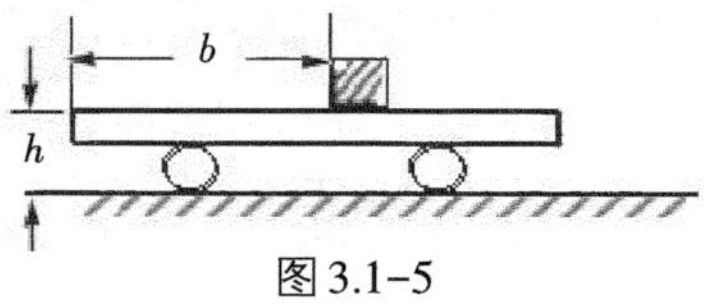

图3.1-5

（1）物块在平板上滑动时的加速度大小及方向。

（2）物块落地时，落地点到车尾的水平距离s。

【解析】（1）以m为研究对象进行分析，m在车板上的水平方向只受一个摩擦力f的作用，$f=\mu mg$，根据牛顿第二定律知$f = \mu mg = ma_1$，得$a_1 = \mu g = 0.20 \times 10\ \text{m/s}^2 = 2\ \text{m/s}^2$，方向与运动方向相同。

（2）如图3.1-6所示，m做匀加速直线运动，在车板上从A点到B点，

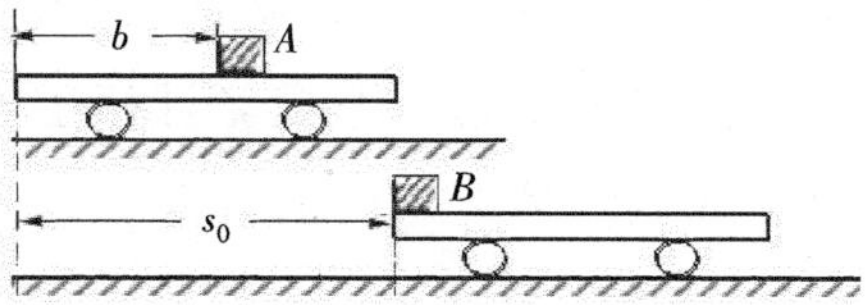

图3.1-6

$s_{AB} = s_0 - b = 2.00\ \text{m} - 1.00\ \text{m} = 1.00\ \text{m}$，到$B$点的速度

$$v_B = \sqrt{2a_1s_{AB}} = \sqrt{2 \times 2\ \mathrm{m/s^2} \times 1.00\ \mathrm{m}} = 2\ \mathrm{m/s}$$

物块在平板车上运动时间为$t_1 = v_B/a_1 = \dfrac{2\ \mathrm{m/s}}{2\ \mathrm{m/s^2}} = 1\ \mathrm{s}$

在相同时间里平板车向前行驶的距离s_0=2.0 m，则有$s_0 = \dfrac{1}{2}a_2t_1{}^2$，所以平板车的加速度

$$a_2 = \frac{2s_0}{t_1{}^2} = \frac{2 \times 2\ \mathrm{m}}{(1\ \mathrm{s})^2} = 4\ \mathrm{m/s^2}$$

此时平板车的速度为

$$v_2 = a_2t_1 = 4\ \mathrm{m/s^2} \times 1\ \mathrm{s} = 4\ \mathrm{m/s}$$

如图3.1–7所示，m从B处滑落时，以v_B为初速度做平抛运动，落到C的水平距离为s_1，下落时间为t_2，

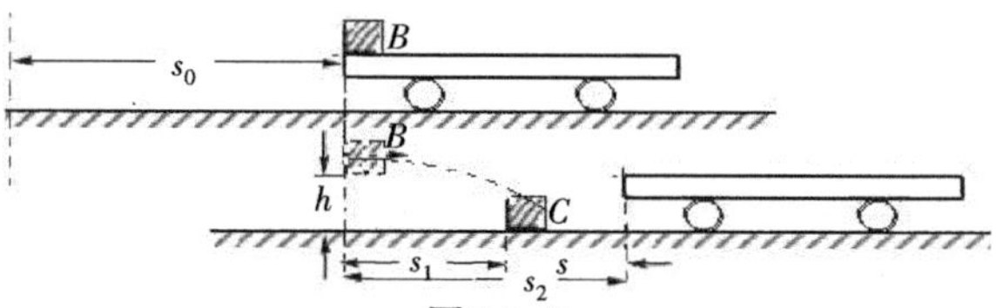

图3.1–7

$$h = \frac{1}{2}gt_2{}^2$$

$$t_2 = \sqrt{\frac{2h}{g}} = \sqrt{\frac{2 \times 1.25\ \mathrm{m}}{10\ \mathrm{m/s^2}}} = 0.5\ \mathrm{s}$$

则$s_1 = v_Bt_2 = 2\ \mathrm{m/s} \times 0.5\ \mathrm{s} = 1\ \mathrm{m}$

对平板车M，在m未滑落之前，水平方向受二力作用，即F和物块对平板车的摩擦力f，二者方向相反，平板车加速度为a_2，由牛顿第二定律得$F-f=Ma_2$，

则有$F = Ma_2+f$=100 kg × 4 m/s^2 + 0.2 × 50 kg × 10 m/s^2=500 N。

当m从平板车的B点滑落以后，平板车水平方向只受F作用，而做加速度为a_3的匀加速运动，由牛顿第二定律得$F=Ma_3$，即$a_3 = \dfrac{F}{M} = \dfrac{500\ \mathrm{N}}{100\ \mathrm{kg}} = 5\ \mathrm{m/s^2}$。

平板车在物块离开车板到滑落地面这段时间前进的距离

$$s_2 = v_2t_2 + \frac{1}{2}a_3t_2{}^2 = 4\ \mathrm{m/s} \times 0.5\ \mathrm{s} + \frac{1}{2} \times 5\ \mathrm{m/s^2} \times (0.5\ \mathrm{s})^2 = 2.625\ \mathrm{m}$$

物块落地时，落地点到车尾的水平距离 $s = s_2 - s_1 = 2.625\ \mathrm{m} - 1\ \mathrm{m} = 1.625\ \mathrm{m}$。

【创新思维】该题涉及相对运动过程，应从受力分析入手，正确揭示运动情况，熟练运用运动学基本公式解题，该题难度较大。

【例5】（2017年全国新课标Ⅰ卷）真空中存在电场强度大小为E_1的匀强电场，一带电油滴在该电场中竖直向上做匀速直线运动，速度大小为v_0。在油滴处于位置A时，将电场强度的大小突然增大到某值，但保持其方向不变。持续一段时间t_1后，又突然将电场反向，但保持其大小不变；再持续同样一段时间后，油滴运动到B点。重力

加速度大小为g。

(1)求油滴运动到B点时的速度。

(2)求增大后的电场强度的大小；为保证后来的电场强度比原来的大，试给出相应的t_1和v_0应满足的条件。已知不存在电场时，油滴以初速度v_0做竖直上抛运动的最大高度恰好等于B、A两点间距离的两倍。

【解析】(1)设油滴质量和电荷量分别为m和q，油滴速度方向向上为正。油滴在电场强度大小为E_1的匀强电场中做匀速直线运动，故电场力的方向向上。在$t=0$时，电场强度突然从E_1增加至E_2时，油滴做竖直向上的匀加速运动，加速度方向向上，大小a_1满足

$qE_2 - mg = ma_1$ ①

油滴在时刻t_1的速度为$v_1 = v_0 + a_1t_1$ ②

电场强度在时刻t_1突然反向，油滴做匀变速直线运动，加速度方向向下，大小a_2满足

$qE_2 + mg = ma_2$ ③

油滴在时刻$t_2=2t_1$的速度为$v_2 = v_1 - a_2t_1$ ④

由①②③④式得$v_2 = v_0 - 2gt_1$ ⑤

(2)由题意，在$t=0$时刻前有$qE_1 = mg$ ⑥

油滴从$t=0$到时刻t_1的位移为$s_1 = v_0t_1 + \frac{1}{2}a_1t_1^2$ ⑦

油滴在从时刻t_1到时刻$t_2=2t_1$的时间间隔内的位移为$s_2 = v_1t_1 - \frac{1}{2}a_2t_1^2$ ⑧

由题给条件有$v_0^2 = 2g(2h)$ ⑨

式中h是B、A两点之间的距离。

若B点在A点之上，依题意有$s_1 + s_2 = h$ ⑩

由①②③⑥⑦⑧⑨⑩式得$E_2 = \left[2 - 2\frac{v_0}{gt_1} + \frac{1}{4}(\frac{v_0}{gt_1})^2\right]E_1$ ⑪

为使$E_2>E_1$，应有$2 - 2\frac{v_0}{gt_1} + \frac{1}{4}(\frac{v_0}{gt_1})^2>1$ ⑫

即当$0<t_1<(1 - \frac{\sqrt{3}}{2})\frac{v_0}{g}$⑬，或$t_1>(1 + \frac{\sqrt{3}}{2})\frac{v_0}{g}$ ⑭才是可能的，

条件⑬式和⑭式分别对应于$v_2>0$和$v_2<0$两种情形。

若B在A点之下，依题意有$s_1 + s_2 = -h$ ⑮

由①②③⑥⑦⑧⑨⑮式得$E_2 = \left[2 - 2\frac{v_0}{gt_1} - \frac{1}{4}(\frac{v_0}{gt_1})^2\right]E_1$　⑯

为使$E_2>E_1$,应有$2 - 2\frac{v_0}{gt_1} - \frac{1}{4}(\frac{v_0}{gt_1})^2>1$　⑰

即$t_1>(\frac{\sqrt{5}}{2} + 1)\frac{v_0}{g}$　⑱

另一解为负,不符合题意,舍去。

【创新思维】本题考查牛顿第二定律及匀变速直线运动的规律。虽然基本知识、规律比较简单,但物体运动的过程比较多,注意该运动分析研究分三个过程:

①匀速直线运动:在E_1电场中,带电油滴在平衡二力(重力和电场力)作用下,处在平衡状态;②匀加速直线运动:带电油滴升经A点时刻,电场强度立即由E_1增大到E_2,油滴立即向上做匀加速直线运动;③匀变速直线运动:电场强度大小不变,方向由竖直向上立即变为竖直向下,带电油滴先向上做匀减直线运动,到速度减为零,而后向下做匀加速直线运动到B点。

对每一个过程,认真分析其受力及运动情况,注意各过程间的联系,应用相应物理规律解题。

【例6】(2020年高考全国Ⅰ卷)我国自主研制了运-20重型运输机。飞机获得的升力大小F可用$F = kv^2$描述,k为系数,v是飞机在平直跑道上的滑行速度,F与飞机所受重力相等时的v称为飞机的起飞离地速度。已知飞机质量为1.21×10^5 kg时,起飞离地速度为66 m/s;装载货物后质量为1.69×10^5 kg,装载货物前后起飞离地时的k值可视为不变。

(1)求飞机装载货物后的起飞离地速度;

(2)若该飞机装载货物后,从静止开始匀加速滑行1 521 m起飞离地,求飞机在滑行过程中加速度的大小和所用的时间。

解析:(1)设飞机装载货物前质量为m_1,起飞离地速度为v_1,装载货物后质量为m_2,起飞离地速度为v_2,重力加速度为g。

空载起飞时,升力正好等于重力,则$kv_1{}^2 = m_1g$　①

满载起飞时,升力正好等于重力,则$kv_2{}^2 = m_2g$　②

由上①②式解得$v_2 = 78$ m/s　③

(2)设飞机滑行距离为s,滑行过程中加速度的大小为a,所用的时间为t,由匀变速直线运动公式

$v_2{}^2 - 0 = 2ax$ ④

$v_2 = at$ ⑤

由上③④⑤式解得 $a = 2\ \text{m/s}^2$，$t = 39\ \text{s}$。

【创新思维】本试题命题源于人教版高中物理必修1 P43第二章第5节“问题与练习3”，试题突出主干知识、贴近现代科技。求解本题的关键在于理解升力 $F = kv^2$ 和重力相等时的速度为起飞离地速度，可正确求出第一问，然后应用匀变速直线运动规律即可正确求出第二问。

【例7】（2019年高考全国Ⅱ卷）一质量为 m=2 000 kg的汽车以某一速度在平直公路上匀速行驶。行驶过程中，司机忽然发现前方100 m处有一警示牌，立即刹车。刹车过程中，汽车所受阻力大小随时间变化可简化为图3.1−8（1）中的图线。图3.1−8（1）中，$0 \sim t_1$ 时间段为从司机发现警示牌到采取措施的反应时间（这段时间内汽车所受阻力已忽略，汽车仍保持匀速行驶），$t_1 = 0.8\ \text{s}$；$t_1 \sim t_2$ 时间段为刹车系统的启动时间，$t_2 = 1.3\ \text{s}$；从 t_2 时刻开始汽车的刹车系统稳定工作，直至汽车停止，已知从 t_2 时刻开始，汽车第1 s内的位移为24 m，第4 s内的位移为1 m。

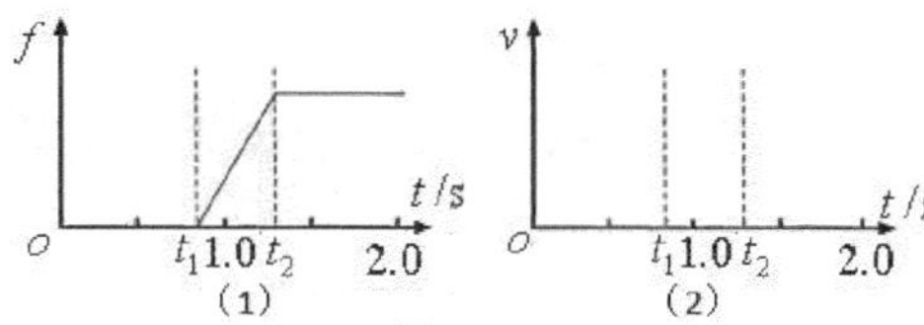

图3.1−8

（1）在图3.1−8（2）中定性画出从司机发现警示牌到刹车系统稳定工作后汽车运动的 v−t 图线。

（2）求 t_2 时刻汽车的速度大小及此后的加速度大小。

（3）求刹车前汽车匀速行驶时的速度大小及 $t_1 \sim t_2$ 时间内汽车克服阻力做的功；司机发现警示牌到汽车停止，汽车行驶的距离约为多少？（以 $t_1 \sim t_2$ 时间段始末速度的算术平均值替代这段时间内汽车的平均速度）

【解析】（1）v−t 图像如图3.1−9所示。

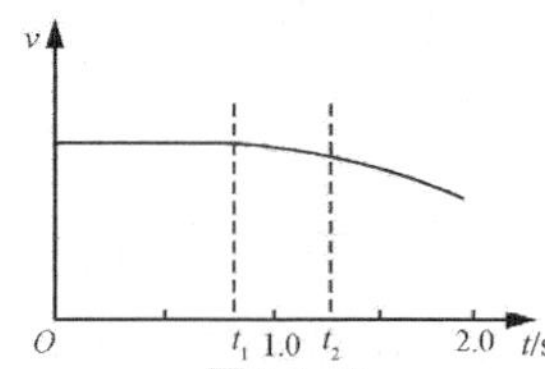

图3.1−9

（2）设刹车前汽车匀速行驶时的速度大小为 v_1，则 t_1 时刻的速度也为 v_1，t_2 时刻的速度为 v_2，在 t_2 时刻后汽车做匀减速运动，设其加速度大小为 a，取 $\Delta t = 1\ \text{s}$，设汽车在 $t_2 + (n - 1)\Delta t \sim t_2 + n\Delta t$ 内的位移为 s_n，n=1，2，3，⋯

若汽车在 $t_2 + 3\Delta t \sim t_2 + 4\Delta t$ 时间内未停止，它在 $t_2 + 3\Delta t$ 时刻的速度为 v_3，在 $t_2 + 4\Delta t$ 时刻的速度设为 v_4，由运动学有

$s_1 - s_4 = 3a(\Delta t)^2$ ①

$s_1 = v_2\Delta t - \dfrac{1}{2}a(\Delta t)^2$ ②

$v_4 = v_2 - 4a\Delta t$　③

联立①②③式，代入已知数据解得 $v_4 = -\frac{17}{6}$ m/s　④

这说明在 $t_2 + 4\Delta t$ 时刻前，汽车已经停止，因此①式不成立。

由于在 $t_2 + 3\Delta t \sim t_2 + 4\Delta t$ 内汽车停止，由运动学公式

$v_3 = v_2 - 3a\Delta t$　⑤

$v_3{}^2 = 2as_4$　⑥

联立②⑤⑥，代入已知数据解得 $a = 8\ \text{m/s}^2, v_2 = 28\ \text{m/s}$　⑦

或者 $a = \frac{288}{25}\ \text{m/s}^2, v_2 = 29.76\ \text{m/s}$　⑧

但由⑧式数据代入⑤式，得 $v_3 = v_2 - 3a\Delta t = 29.76\ \text{m/s} - 3 \times \frac{288}{25}\ \text{m/s}^2 \times 1\ \text{s} < 0$，不合题意，舍去。

(3)设汽车的刹车系统稳定工作时，汽车所受阻力的大小为 f_1，由牛顿定律有

$f_1 = ma$　⑨

在 $t_1 \sim t_2$ 时间内，阻力对汽车冲量的大小为 $I = \frac{1}{2} f_1(t_2 - t_1)$　⑩

由动量定理有 $I = mv_1 - mv_2$　⑪

由动能定理，在 $t_1 \sim t_2$ 时间内，汽车克服阻力做的功为 $W = \frac{1}{2}mv_1{}^2 - \frac{1}{2}mv_2{}^2$　⑫

联立⑦⑨⑩⑪⑫式，代入已知数据解得 $v_1 = 30\ \text{m/s}$⑬，$W = 1.16 \times 10^5\ \text{J}$　⑭

从司机发现警示牌到汽车停止，汽车行驶的距离 s 约为

$s = v_1 t_1 + \frac{1}{2}(v_1 + v_2)(t_2 - t_1) + \frac{v_2{}^2}{2a}$　⑮

联立⑦⑬⑮，代入已知数据解得 $s = 87.5$ m。⑯

【创新思维】本题结合图像考查了动能定理、动量定理、牛顿第二定律的综合应用，意在考查考生的综合分析能力和推理能力，渗透考查考生的科学思维。涉及的物理过程比较复杂，弄清楚运动情况和受力情况是关键；如题给信息“汽车第1 s内的位移为24 m，第4 s内的位移为1 m”的解读至关重要，如果盲目套用 $x_1 - x_4 = 3a(\Delta t)^2$ 计算加速度，就会掉入陷阱。应该记得在学习匀减速运动做过练习题的教训，一定要注意运动停止的时刻或者运动的倒退点。这里刹车问题就要先判断停车时刻，然后才能选用合适的公式解答。研究匀减速运动，还可以运用逆向思维解题，从停止时刻倒过去视为初速度为零的匀加速运动进行剖析。

3.2 专题二:曲线运动与万有引力应用解题

一、知识精要

曲线运动和万有引力定律是高考命题的热点内容。曲线运动常与机械能、电场、磁场相结合作为压轴题出现,卫星问题更是历年高考都有涉及。这类试题难度较大,本专题把常考题型加以变换,点拨思路,总结方法,帮助同学们熟练掌握并灵活运用相关规律分析、解决此类问题。

相关重要公式(如图 3.2-1 所示):

$$F_{向} = ma = m\frac{v^2}{r} = m\omega^2 r = m\frac{4\pi^2}{T^2}r = G\frac{Mm}{r^2}$$

$$mg = G\frac{Mm}{R^2} \rightarrow g = G\frac{M}{R^2} \rightarrow GM = gR^2\text{(黄金代换公式)}$$

$$a = \frac{GM}{r^2} = \frac{GM}{(R+h)^2}$$

$$v = \sqrt{\frac{GM}{r}} = \sqrt{\frac{GM}{R+h}}$$

$$T = 2\pi\sqrt{\frac{r^3}{GM}} = 2\pi\sqrt{\frac{(R+h)^3}{GM}}$$

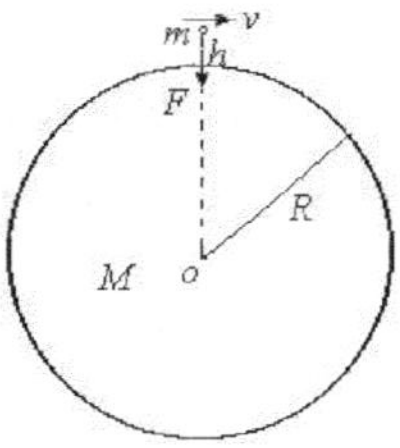

图 3.2-1

二、范例精析

【例 1】如图 3.2-2 所示,有一辆质量为 1.2 t 的小汽车驶上半径为 50 m 的圆弧形拱桥,试问:

(1)汽车到达桥顶时的速度为 10 m/s,对桥的压力是多大?

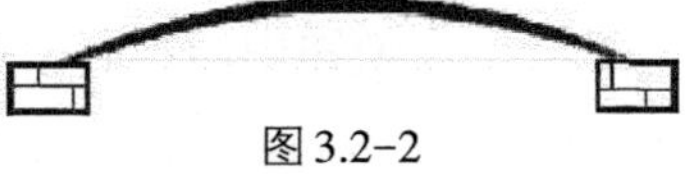
图 3.2-2

(2)汽车以多大的速度经过桥顶时恰好对桥没有压力作用而腾空?

(3)设想拱桥的半径增大到与地球半径一样,那么汽车要在这样的桥面上腾空,速度要多大?(重力加速度 g 取 10 m/s²,地球半径 R 取 6.4×10^3 km)

【解析】(1)根据牛顿第二定律:$mg-F_N=m\frac{{v_1}^2}{r}$,解得

$F_N=mg-m\frac{{v_1}^2}{r}=1.2\times10^3\ \text{kg}\times(10\ \text{m/s}^2-\frac{(10\ \text{m/s})^2}{50\ \text{m}})=9.6\times10^3\ \text{N}$

根据牛顿第三定律,车在过桥顶时对桥的压力 $F_N'=F_N=9.6\times10^3$ N。

(2)根据牛顿第二定律:$mg=m\frac{{v_2}^2}{r}$,

解得车腾空的最小速度 $v_2=\sqrt{gr}=\sqrt{10\ \text{m/s}^2\times50\ \text{m}}=10\sqrt{5}$ m/s。

(3)根据牛顿第二定律:$mg=m\frac{{v_3}^2}{R}$,

解得车腾空的最小速度 $v_3=\sqrt{gR}=\sqrt{10\ \text{m/s}^2\times6.4\times10^6\ \text{m}}=8\times10^3$ m/s。

【例2】(2017年高考新课标Ⅰ卷)发球机从同一高度向正前方依次水平射出两个速度不同的乒乓球(忽略空气的影响)。速度较大的球越过球网,速度较小的球没有越过球网,其原因是(　　)

A.速度较小的球下降相同距离所用的时间较多

B.速度较小的球下降相同距离时在竖直方向上的速度较大

C.速度较大的球通过同一水平距离所用的时间较少

D.速度较大的球在相同时间间隔内下降的距离较大

【解析】乒乓球做平抛运动,竖直方向做自由落体运动,水平方向做匀速直线运动,竖直方向下落时间 $t=\sqrt{\frac{2h}{g}}$,与水平方向运动无关,所以A错误;球在竖直方向上的下落速度 $v=\sqrt{2gh}$,下降相同距离时在竖直方向上的下落速度相等,所以B错误;速度大的球先过球网,即同样的时间速度大的球水平位移大,或者同样的水平位移速度大的球用时少,所以C正确;竖直方向下落距离 $h=\frac{1}{2}gt^2$,相同时间间隔内球下降的竖直距离一定相等,所以D错误。故本题选C。

【创新思维】本题重点要理解题意,本题考查平抛运动水平方向和竖直方向的运动规律。理论知识简单,但由题意分析出水平方向运动的特点,这有点难度。

【例3】发射地球同步卫星时,先将卫星发射至近地圆轨道1,此时速度、加速度、机械能分别为 v_1、a_1、E_1;然后经点火突然加速至 v_2,使其沿椭圆轨道2运行,此时加速

度、机械能分别为 a_2、E_2；最后到远地点再次点火，点火前速度、加速度、机械能分别为 v_3、a_3、E_3，火箭点火再次加速至 v_4，将卫星送入同步圆轨道3，此时加速度、机械能分别为 a_4、E_4。轨道1、2相切于 Q 点，轨道2、3相切于 P 点，如图3.2-3所示，当卫星分别在1、2、3轨道上正常运行时，比较下列 v_1、v_2、v_3、v_4，a_1、a_2、a_3、a_4，E_1、E_2、E_3、E_4，T_1、T_2、T_3 各量的大小。

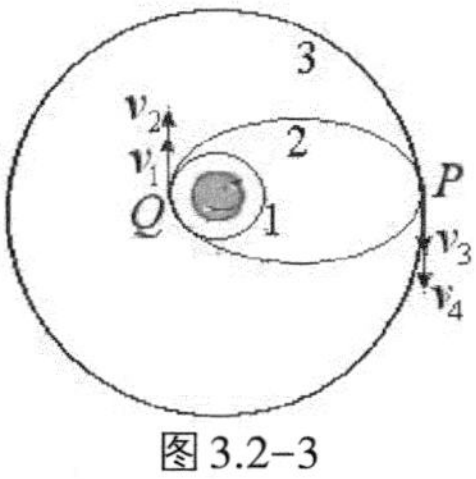

图3.2-3

【**解析**】(1)关于速度：比较 v_1、v_4，分别是圆周轨道1和圆周轨道3的线速度，由 $v=\sqrt{\frac{GM}{r}}$，$r_1<r_3$，则 $v_1>v_4$，比较 v_1、v_2，远离地球需要加速，点火后肯定比点火前速度大，则 $v_1<v_2$。同理，$v_3<v_4$。

比较 v_2、v_3，卫星从 Q 到 P，仅受地球引力作用，卫星克服引力做功，速度要减小，因此，$v_2>v_3$。综上所述，$v_2>v_1>v_4>v_3$。

(2)关于加速度：比较 a_1、a_2，这是卫星在 Q 位置点火前后的加速度，应当注意，点火后卫星做的不是圆周运动，不能都用 $a=v^2/R$ 来计算加速度。卫星在点火前后都在 Q 位置，都是引力作为合外力，充当向心力，因此引力相同，故 $a_1=a_2$。

比较 a_3、a_4，跟 Q 位置同理，在 P 位置，$a_3=a_4$，比较 a_2、a_3，卫星受到地球引力产生加速度，Q 点离地球比 P 点离地球近，可见，$a_2>a_3$。综上所述，$a_1=a_2>a_3=a_4$。

(3)关于机械能：卫星在 Q 位置点火前后的机械能分别为 E_1 和 E_2，点火后卫星得到火药燃烧释放的化学能，机械能增加，因此，$E_1<E_2$。同理，卫星在 P 位置点火前后的机械能 E_3 和 E_4 的大小是 $E_3<E_4$。比较 E_2、E_3，卫星在 $Q\to P$ 只有地球引力做功，机械能守恒，则 $E_2=E_3$。

两次点火，会有更多的化学能转变为机械能，可见，$E_1<E_4$。综上所述，$E_1<E_2=E_3<E_4$。

(4)关于周期：根据开普勒第三定律，所有行星绕太阳运行半长轴的三次方和公转周期二次方的比值都相等，对应绕地球运行的卫星同样适用，即 $\frac{R_1^{\ 3}}{T_1^{\ 2}}=\frac{R_2^{\ 3}}{T_2^{\ 2}}=\frac{R_3^{\ 3}}{T_3^{\ 2}}$，根据 $R_3>R_2>R_1$，可得 $T_3>T_2>T_1$。

【**例4**】如图3.2-4所示是放置在竖直平面内游戏滑轨的模拟装置，滑轨由四条粗细均匀的金属杆组成：水平直轨 AB，半径分别为 R_1=1.0 m和 R_2=3.0 m的弧形轨道 APC 和 BQD，倾斜直轨 CD 长为 L=6 m，AB、CD 与两圆形轨道相切，其中倾斜

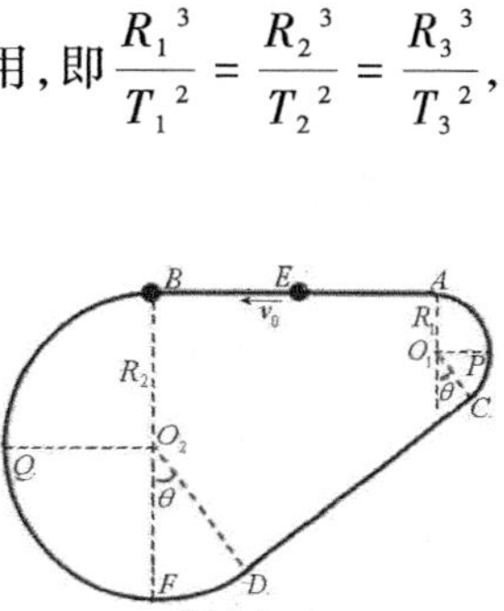

图3.2-4

直轨 CD 部分表面粗糙，动摩擦因数 $\mu = 1/6$，其余各部分表面光滑。一质量为 m=2 kg 的滑环套在滑轨上，从 AB 的中点 E 处以 v_0=10 m/s 的初速度水平向左运动。已知：$\theta = 37°$，sin37°=0.6，cos37°=0.8（取 g=10 m/s²）。求：

（1）滑环第一次通过圆 O_2 的最低点 F 处时对轨道的压力；

（2）滑环在克服摩擦力做功过程中所经过的总路程。

【解析】（1）滑环第一次由 E 到 F 点过程由机械能守恒定律：

$$\frac{1}{2}mv_0^{\ 2} + mg \cdot 2R_2 = \frac{1}{2}mv^2 \quad ①$$

在 F 点，满足 $F_N - mg = \frac{mv^2}{R_2}$　②

由①②解得 $F_N = 166.7$ N

由牛顿第三定律知，滑环对轨道压力为166.7 N，方向竖直向下。

（2）滑环在每次经过 DC 段时克服摩擦力做功，机械能转化为内能，最终滑环在圆 O_2 底部做往复运动，到 D 点等高线时速度为0。设滑环克服摩擦力做功经过的路程为 s，则由功能关系得 $\frac{1}{2}mv_0^{\ 2} + mgR_2(1 + \cos\theta) = \mu mg\cos\theta \cdot s$，解得 $s = 78$ m。

【创新思维】第二问滑环运动过程的正确分析是关键。滑环克服摩擦力做功是一个行程递减的过程，从运动学分析十分困难，从能量分析运用功能关系就相当简单巧妙。

【例5】（2019年高考新课标Ⅱ卷）2019年1月，我国“嫦娥四号”探测器成功在月球背面软着陆，在探测器“奔向”月球的过程中，用 h 表示探测器与地球表面的距离，F 表示它所受的地球引力，能够描述 F 随 h 变化关系的图像（如图3.2-5）是（　　）

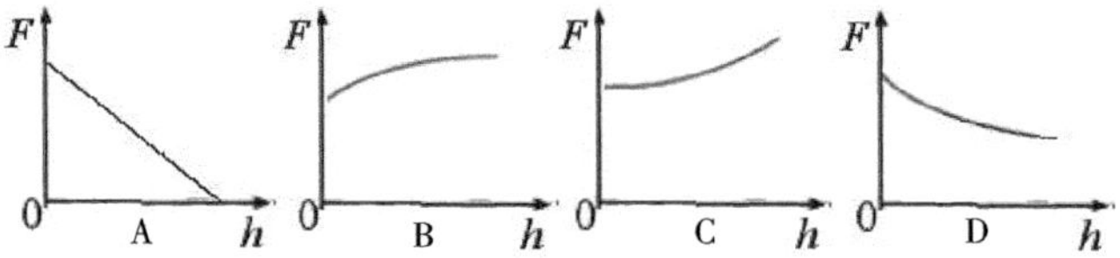

图3.2-5

【解析】根据万有引力定律可得 $F = \frac{GMm}{(R+h)^2}$，

F 随 h 的增大而非线性减小，且当 h=0，F≠0，故选D项正确。

【例6】（2017年高考北京卷）利用引力常量 G 和下列某一组数据，不能计算出地球质量的是（　　）

A. 地球的半径及重力加速度(不考虑地球自转)

B. 人造卫星在地面附近绕地球做圆周运动的速度及周期

C. 月球绕地球做圆周运动的周期及月球与地球间的距离

D. 地球绕太阳做圆周运动的周期及地球与太阳间的距离

【解析】A. 在地球表面附近,在不考虑地球自转的情况下,物体所受重力等于地球对物体的万有引力,有 $\frac{GMm}{R^2}=mg$,可得 $M=\frac{gR^2}{G}$,能求出地球质量,故不选 A;

B. 根据万有引力提供卫星、月球、地球做圆周运动的向心力,由 $\frac{GMm}{R^2}=\frac{mv^2}{R}$,$vT=2\pi R$,解得 $M=\frac{v^3T}{2\pi G}$,能求出地球质量,故不选 B;

C. 由 $\frac{GMm_月}{r^2}=m_月(\frac{2\pi}{T_月})^2r$,解得 $M=\frac{4\pi^2r^3}{GT_月^2}$,能求出地球质量,故不选 C;

D. 由 $\frac{GM_日M}{r_日^2}=M(\frac{2\pi}{T_日})^2r_日$,消去两边的 M,不能求出地球质量,故选 D。

【创新思维】利用万有引力定律求天体质量时,只能求"中心天体"的质量,无法求"环绕天体"的质量。

【例 7】(2017 年高考新课标Ⅱ卷)如图 3.2-6 所示,海王星绕太阳沿椭圆轨道运动,P 为近日点,Q 为远日点,M、N 为轨道短轴的两个端点,运行的周期为 T_0。若只考虑海王星和太阳之间的相互作用,则海王星在从 P 经过 M、Q 到 N 的运动过程中(　　)

A. 从 P 到 M 所用的时间等于 $T_0/4$

B. 从 Q 到 N 阶段,机械能逐渐变大

C. 从 P 到 Q 阶段,速率逐渐变小

D. 从 M 到 N 阶段,万有引力对它先做负功后做正功

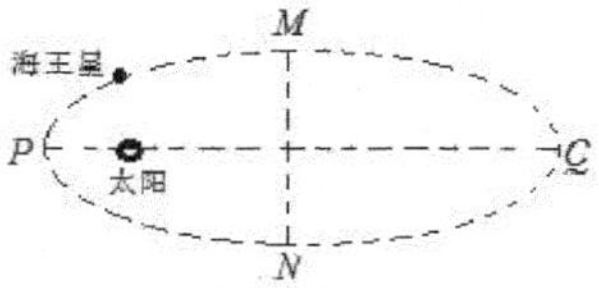

图 3.2-6

【解析】从 P 到 Q 的时间为 $T_0/2$,根据开普勒行星运动第二定律可知,从 P 到 M 运动的平均速率大于从 M 到 Q 运动的平均速率,可知 P 到 M 所用的时间小于 $T_0/4$,选项 A 错误;海王星在运动过程中只受太阳的引力作用,故机械能守恒,选项 B 错误;根据开普勒行星运动第二定律可知,从 P 到 Q 阶段,速率逐渐变小,选项 C 正确;从 M 到 N 阶段,万有引力对它先做负功后做正功,选项 D 正确;故选 C、D。

【创新思维】此题主要考查学生对开普勒行星运动定律的理解;关键是知道离太阳越近的位置行星运动的速率越大;远离太阳运动时,引力做负功,动能减小,引力势

能增加，机械能不变。

【例 8】(2017年高考新课标Ⅲ卷)2017年4月，我国成功发射的“天舟一号”货运飞船与“天宫二号”空间实验室完成了首次交会对接，对接形成的组合体仍沿“天宫二号”原来的轨道(可视为圆轨道)运行。与“天宫二号”单独运行时相比，组合体运行的(　　)

A.周期变大　　B.速率变大　　C.动能变大　　D.向心加速度变大

【解析】根据万有引力提供向心力有 $\frac{GMm}{r^2}=m(\frac{2\pi}{T})^2r=\frac{mv^2}{r}=ma$，可得周期 $T=2\pi\sqrt{\frac{r^3}{GM}}$，速率 $v=\sqrt{\frac{GM}{r}}$，向心加速度 $a=\frac{GM}{r^2}$，对接前后，轨道半径不变，则周期、速率、向心加速度均不变。

根据 $E_k=\frac{1}{2}mv^2$，速率不变，质量变大，则动能变大，C正确，A、B、D错误。

【创新思维】万有引力与航天试题，涉及的公式和物理量比较多，理解万有引力提供做圆周运动的向心力，适当选用公式 $\frac{GMm}{r^2}=m\omega^2r=m(\frac{2\pi}{T})^2r=\frac{mv^2}{r}=ma$，是解题的关键。要知道周期、线速度、角速度、向心加速度只与轨道半径有关，但动能还与卫星的质量有关。

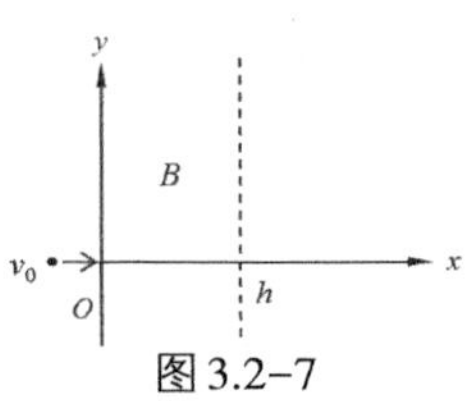

图 3.2-7

【例 9】(2020年高考全国Ⅱ卷)如图3.2-7所示，在 $0\leqslant x\leqslant h$，$-\infty<y<+\infty$ 区域中存在方向垂直于纸面的匀强磁场，磁感应强度 B 的大小可调，方向不变。一质量为 m、电荷量为 q ($q>0$)的粒子以速度 v_0 从磁场区域左侧沿 x 轴进入磁场，不计重力。

(1)若粒子经磁场偏转后穿过 y 轴正半轴离开磁场，分析说明磁场的方向，并求在这种情况下磁感应强度的最小值 B_m；

(2)如果磁感应强度大小为 $B_m/2$，粒子将通过虚线所示边界上的一点离开磁场，求粒子在该点的运动方向与 x 轴正方向的夹角及该点到 x 轴的距离。

【解析】(1)由题意，粒子刚进入磁场时应受到方向向上的洛伦兹力，因此磁场方向垂直于纸面向里。设粒子进入磁场中做圆周运动的半径为 R。根据洛伦兹力公式和圆周运动规律，有

$$qv_0B=m\frac{{v_0}^2}{m}\quad ①$$

由此可得

$R=\dfrac{mv_0}{qB}$　②

粒子穿过y轴正半轴离开磁场，其在磁场中做圆周运动的圆心在y轴正半轴上，半径应满足$R\leqslant h$③。

由题意，当磁感应强度大小为B_m时，粒子的运动半径最大，由此得$B_m=\dfrac{mv_0}{qh}$④。

(2)若磁感应强度大小为$B_m/2$，粒子做圆周运动的圆心仍在y轴正半轴上，由②④式可得，此时圆弧半径为$R'=2h$⑤。

粒子会穿过图3.2-8中P点离开磁场，运动轨迹如图3.2-7所示。设粒子在P点的运动方向与x轴正方向的夹角为α，由几何关系

$\sin\alpha=\dfrac{h}{2h}=\dfrac{1}{2}$⑥，则$\alpha=\dfrac{\pi}{6}$⑦

由几何关系可得，P点与x轴的距离为

$y=R'(1-\cos\alpha)=2h(1-\cos\alpha)$　⑧

联立⑦⑧式得$y=(2-\sqrt{3})h$。

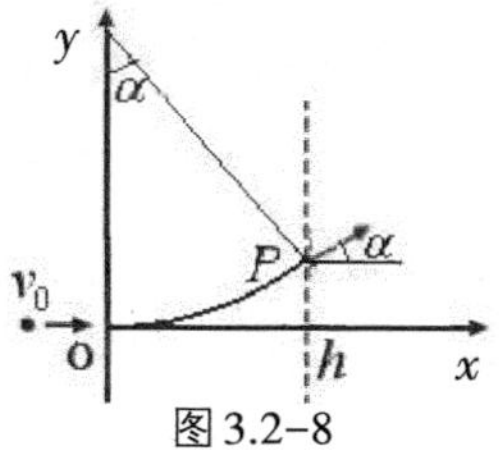

图3.2-8

【创新思维】带电粒子在匀强磁场中做匀速圆周运动的模型，同学们应该是十分熟悉的。可是该题通过粒子入射速度不变，磁感应强度大小变化造成圆周运动半径变化，巧妙设问一些空间量的变化，以达到考查考生的模型推理和构建能力，正是该题创新之处。其实这就是入射速度和入射点都不变的条件下，带电粒子运动圆半径变化的动态缩放圆模型，如图3.2-9所示。

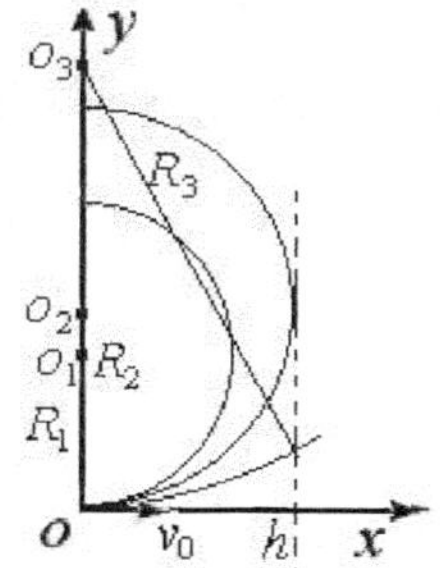

图3.2-9

3.3 专题三：动量与机械能综合应用（一）

一、知识精要

功能关系、能量守恒、动量定理和动量守恒是历年高考的重点内容，考查重点仍放在分析问题和解决问题的能力上。因此，在第二轮复习中，还是应在熟练掌握基本概念和规律的同时，注重分析综合能力的培养，训练从能量、动量角度分析问题的思维方法。

1. 动能定理。

动能定理给解题带来便捷，同学们一定有体会吧！

如图3.3–1所示过程，物体在位移s_1、s_2、s_3、s_4阶段，先后相应在F_1、F_2、F_3、F_4作用下，经光滑的平面落到竖直高度为h的平地上，那么落地的速度是多大呢？如果运用动能定理列式

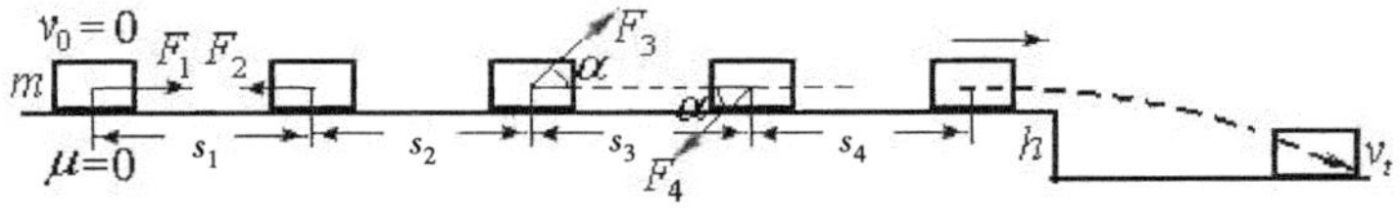

图3.3–1

$F_1s_1 - F_2s_2 + F_3s_3\cos\alpha - F_4s_4\cos\alpha + mgh = \frac{1}{2}mv_t^2$，求解不就一蹴而就了吗？

2. 动量定理。

如图3.3–2所示过程，在光滑的平面上物体在极短时间段t_1、t_2、t_3、t_4，先后相应在F_1、F_2、F_3、F_4作用下运动，求其末速度v_t。

运用动量定理列式$F_1t_1 - F_2t_2 + F_3t_3\cos\alpha - F_4t_4\cos\alpha = \Delta P = mv_t$，同样，动量定理给解题带来方便。

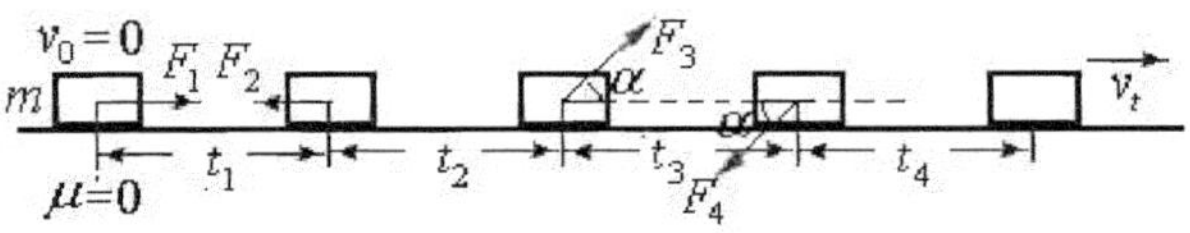

图3.3–2

二、范例精析

【例1】如图3.3-3所示，有一个质量为$m=1$ kg静止于光滑平面上A位置的物体，在水平拉力F_1的作用下，经过时间t运动到B位置，突然撤去拉力F_1，同时换一个反向力F_2，物体又经过相同时间t回到出发点A，此时动能为32 J，试问：

(1)物体从A到B外力F_1做的功W_1？物体从B回到A外力F_2做的功W_2？

(2)物体从A到B外力F_1对物体的冲量I_1？物体从B回到A外力F_2对物体的冲量I_2？

【解析】

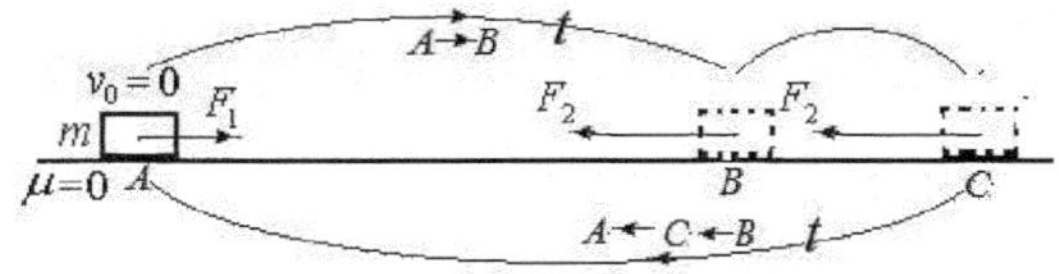

图3.3-3

(1)$S=\frac{1}{2}a_1t^2=\frac{1}{2}\cdot\frac{F_1}{m}t^2$　①

$-S=v_1t-\frac{1}{2}\cdot a_1t^2=v_1t-\frac{1}{2}\cdot\frac{F_2}{m}t^2$　②

由①②解得$F_2=3F_1$，

A到B，$W_1=F_1\cdot s$，

B回到A，$W_2=-F_2\cdot(-s)=F_2s$，

从A到B，又从B回到A，

$E_{kt}=W_1+W_2=F_1s+F_2s=4F_1s=4W_1$，$\therefore W_1=8\text{ J}$，$W_2=24\text{ J}$

(2)A到B，$I_1=\Delta P_1=mv_1-0$　③

$E_{k1}=\frac{1}{2}mv_1{}^2=W_1$　④

由③④解得$I_1=4\text{ N}\cdot\text{s}$，与$F_1$同向。

B回到A，$I_2=\Delta P_2=mv_2-(-mv_1)$　⑤

$E_{k2}=\frac{1}{2}mv_2{}^2=W_2$　⑥

由⑤⑥解得$I_2=12\text{ N}\cdot\text{s}$，与$F_2$同向。

【创新思维】我们容易忽视动能和动量间关系，即$E_k=\frac{1}{2}mv^2=\frac{mmv^2}{2m}=\frac{p^2}{2m}$或$P=\sqrt{2mE_k}$。如果能记住它，往往会给解题带来很大的方便。

【例2】(2017年高考江苏卷)一小物块沿斜面向上滑动，然后滑回到原处。物块初动能为E_{k0}，与斜面间的动摩擦因数不变，则该过程中，物块的动能E_k与位移的关系图线(如图3.3-4所示)是(　　)

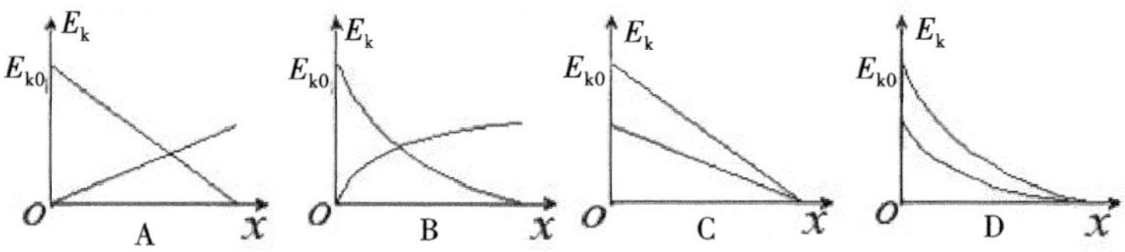

图 3.3-4

【解析】设斜面的倾角为α，物块的质量为m，取沿斜面向上为位移正方向；根据动能定理可得：上滑过程中，$0 - E_{k0} = -(mg\sin\alpha + F_f)x$得$E_{k0} = (mg\sin\alpha + F_f)x$①。

同理，设下滑过程中滑回到原处时的动能为E_k'，由动能定理得

$E_k' - 0 = (mg\sin\alpha - F_f)x$，$E_k' = (mg\sin\alpha - F_f)x$②，显然$E_{k0} > E_k' \neq 0$，故A、B错。

又由①②可得，在E_k-x图像中，上滑、下滑阶段图线的斜率均恒定，图线均为直线，则选项D错误，故C正确。

【创新思维】本题考查动能定理及识图能力，根据动能定理写出E_k-x图像的函数关系，从而得出图像斜率描述的物理意义。

【例3】(2001年高考北京、内蒙古、安徽卷)如图3.3-5所示，A、B是静止在光滑的水平地面上两块长木板。A的左端和B的右端相接触，两板的质量皆为M=2.0 kg，长度皆为L=1.0 m，C是一质量为m_C=1.0 kg的小物块，现给C一初速度v_0=2.0m/s，从B板的左端向右滑动。C与A、B之间的动摩擦因数皆为μ=0.10。取重力加速度g=10 m/s^2。试问：最后A、B、C各以多大的速度做匀速运动？

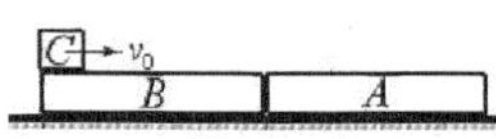

图 3.3-5

【解析】如图3.3-6所示。

(1)先假设C在板B上移动x距离后，停在B上。这时A、B、C三者的速度相等，设为v，由动量守恒得$m_C v_0 = (m_C + 2M)v$①。在此过程中，木板B的位移为s，小木块C的位移为$s+x$，由功能关系得

对C有 $-\mu m_C g(s + x) = \frac{1}{2}m_C v^2 - \frac{1}{2}m_C {v_0}^2$　②

此时A、B是个整体有 $\mu m_C gs = \frac{1}{2}\cdot 2Mv^2$　③

②③相加得 $-\mu m_C gx = \frac{1}{2}\cdot(m_C + 2M)v^2 - \frac{1}{2}m_C {v_0}^2$　④

解①④两式得 $x = \dfrac{M{v_0}^2}{\mu(2M + m)g} = \dfrac{2\,\text{kg} \times (2\,\text{m/s})^2}{0.1 \times 5\,\text{kg} \times 10\,\text{m/s}^2} = 1.6\,\text{m}$。

x比B板的长度l大，这说明小物块C不会停在B板上，而要滑到A板上去。

(2)如图3.3-6所示,C滑到A板上后。

设C刚滑到A板上的速度为v_1,此时A、B板的速度为v_2,则由动量守恒得值得

$m_c v_0 = m_c v_1 + 2Mv_2$⑤

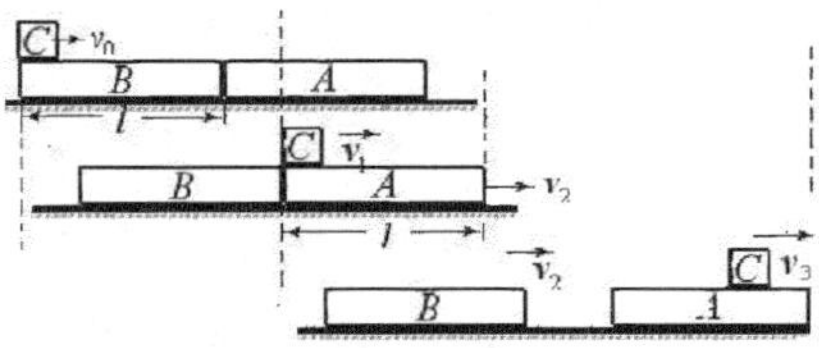
图3.3-6

由动能定理得

$$-\mu m_C gl = \frac{1}{2}m_C {v_1}^2 + \frac{1}{2}\cdot 2M{v_2}^2 - \frac{1}{2}m_C {v_0}^2 \quad ⑥$$

联立⑤⑥代入数据整合得 $4v_2 + v_1 = 2$⑦,

$4{v_2}^2 + {v_1}^2 = 2$⑧,

进一步计算⑦⑧得

$$v_1 = \frac{2+\sqrt{24}}{5} = 1.38\ \text{m/s}⑨, v_2 = \frac{8-\sqrt{24}}{20} = 0.155\ \text{m/s} \quad ⑩$$

当滑到A板之后,B板即以v_2=0.155 m/s做匀速运动,而C板是以v_1=1.38 m/s的初速度在A上向右运动。

(3)设C板在A板上移动了y距离后停止在A板上,此时C板和A板的速度为v_3,由动量守恒得$mv_1 + Mv_2 = (m+M)v_3$⑪,

由动能定理得

$$-\mu m_c gy = \frac{1}{2}(m_c + M){v_3}^2 - \frac{1}{2}m_c {v_1}^2 - \frac{1}{2}\cdot M{v_2}^2 ⑫$$

联立⑪⑫代入数值计算得$v_3 = 0.563$ m/s, $y = 0.50$ m。

y比A板的长度小,故小物块C确实是停在A板上。

综上所述,最后A、B、C的速度分别为0.563 m/s、0.155 m/s、0.563 m/s。

【创新思维】以A、B、C组成的系统为研究对象,所受外力为零,因此系统动量守恒,可是C最后是停在B上,还是停留在A上?或是C滑出板A造成三者都相互分离。这一碰撞类型问题显得复杂就在于需要论证。题给的方法是从小物块C在动量交换中滑动的距离来讨论,同学们,是不是还有别的方法呢?

【例4】(2016年高考上海卷)如图3.3-7所示,粗糙水平面上,两物体A、B以轻绳相连,在恒力F作用下做匀速运动。某时刻轻绳断开,A在F牵引下继续前进,B最后静止。则在B静止前,A和B组成的系统动量________(选填“守恒”或“不守恒“)。在B静止后,A和B组成的系统动量______(选填“守恒”或“不守恒“)。

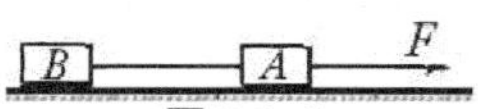
图3.3-7

【解析】轻绳断开前,A、B做匀速运动,系统受到的拉力F和摩擦力平衡,合外力等于零,所以系统动量守恒;当轻绳断开B静止之前,A、B系统的受力情况不变,即F -

$f_A - f_B = 0$,所以系统的动量依然守恒;当B静止后,系统的受力情况发生改变,即$F - f_A = m_A a$,系统合外力不等于零,系统动量不守恒。

【创新思维】本题先通过匀速运动分析A、B整体的合外力,再分析轻绳断开后A、B整体的合外力,只要合外力为零,系统动量守恒,反之不守恒。

【例5】(2017年高考新课标Ⅲ卷)一质量为2 kg的物块在合外力F的作用下从静止开始沿直线运动。F随时间t变化的图线如图3.3–8所示,则(　　)

A.t=1 s时物块的速率为1 m/s

B.t=2 s时物块的动量大小为4 kg·m/s

C.t=3 s时物块的动量大小为5 kg·m/s

D.t=4 s时物块的速度为零

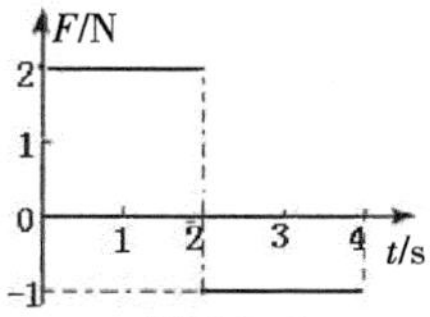

图3.3–8

【解析】由动量定理$Ft = mv$,解得$v = \frac{Ft}{m} = \frac{2 \times 1}{2} = 1\text{m/s}$,A正确;$F$–$t$图线与时间轴所围面积表示冲量,所以$t$=2 s时物块的动量大小为$p$=2×2=4 kg.m/s,B正确;$t$=3 s时物块的动量大小$p' = 2 \times 2 - 1 \times 1 = 3\text{kg·m/s}$,C错误;$t$=4 s时物块的动量大小为$p'' = 2 \times 2 - 1 \times 2 = 2\text{kg·m/s}$,速度不为零,D错误。故选A、B。

【创新思维】求变力的冲量是动量定理应用的重点,也是难点。F–t图线与时间轴所围面积表示冲量。

【例6】(2017年高考新课标Ⅰ卷)将质量为1.00 kg的模型火箭点火升空,50 g燃烧的燃气以大小为600 m/s的速度从火箭喷口在很短时间内喷出。在燃气喷出后的瞬间,火箭的动量大小为(喷出过程中重力和空气阻力可忽略)(　　)

A. 30 kg·m/s　　　　B. 5.7×10^2 kg·m/s

C. 6.0×10^2 kg·m/s　　　　D. 6.3×10^2 kg·m/s

【解析】设火箭的质量(不含燃气)为m_1,燃气的质量为m_2,根据动量守恒,$m_1v_1 = m_2v_2$,解得火箭的动量为$p = m_1v_1 = m_2v_2$=30 kg·m/s,所以A正确,B、C、D错误。

【创新思维】在模型火箭点火升空的问题中,明确火箭的质量含不含燃气,如果火箭的质量含燃气的质量,那么在燃气喷出后的瞬间,模型火箭的动量大小为$p_1 = (M - m)v_1 = Mv_1 - mv_1$,50 g燃烧的燃气的动量大小为$p_2 = mv_2$。燃气喷出时间很短,整个火箭燃气系统动量守恒,则$p_1 = p_2 = mv_2 = 50 \times 10^{-3} \times 600 = 30\text{kg·m/s}$,本题火箭的质量含不含燃气质量,运用动量守恒定律,不影响解题。可是火箭的质量含不含燃气质量,在燃气喷出后瞬间火箭的动量单独运算时,列式是不同的,在其他火箭发射问题的分析中请注意。

【例7】(2016年高考新课标Ⅲ卷)如图3.3-9所示，水平地面上有两个静止的小物块a和b，其连线与墙垂直，a和b相距l，b与墙之间也相距l；a的质量为m，b的质量为$3m/4$，两物块与地面间的动摩擦因数均相同，现使a以初速度v_0向右滑动，此后a与b发生弹性碰撞，但b没有与墙发生碰撞。重力加速度大小为g，求物块与地面间的动摩擦因数满足的条件。

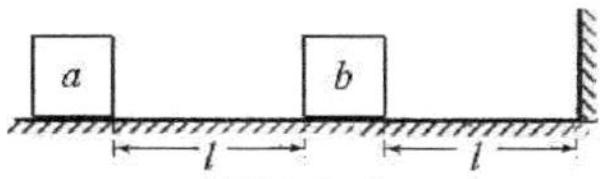

图3.3-9

【解析】设物块与地面间的动摩擦因数为μ，若要物块a、b能够发生碰撞，应有

$\mu mgl<\frac{1}{2}mv_0{}^2$，即$\mu<\frac{v_0{}^2}{2gl}$，

设在a、b发生弹性碰撞前的瞬间，a的速度大小为v_1，由能量守恒可得

$$\frac{1}{2}mv_0{}^2 = \frac{1}{2}mv_1{}^2 + \mu mgl$$

设在a、b碰撞后的瞬间，a、b的速度大小分别为v_1'、v_2'，根据动量守恒和机械能守恒定律可得$mv_1 = mv_1' + \frac{3}{4}mv_2'$，

$\frac{1}{2}mv_1{}^2 = \frac{1}{2}mv_1'^2 + \frac{1}{2}\cdot\frac{3}{4}mv_2'^2$，联立解得$v_2' = \frac{8}{7}v_1$，

b没有与墙发生碰撞，根据功能关系可知$\frac{1}{2}\cdot\frac{3}{4}mv_2'^2 \leqslant \mu\cdot\frac{3}{4}mgl$，故有$\mu \geqslant \frac{32v_0{}^2}{113gl}$。

综上所述，a与b发生碰撞，但b没有与墙发生碰撞的条件是$\frac{32v_0{}^2}{113gl} \leqslant \mu \leqslant \frac{v_0{}^2}{2gl}$。

【例8】(2015年高考新课标Ⅰ卷)如图3.3-10所示，在足够长的光滑水平面上，物体A、B、C位于同一直线上，A位于B、C之间。A的质量为m，B、C的质量都为M，三者都处于静止状态，现使A以某一速度向右运动，求m和M之间满足什么条件才能使A只与B、C各发生一次碰撞。设物体间的碰撞都是弹性的。

图3.3-10

【解析】A向右运动与C发生第一次碰撞，碰撞过程中，系统的动量守恒、机械能守恒，设速度方向向右为正，开始时A的速度为v_0，第一次碰撞后C的速度为v_{C1}，A的速度为v_{A1}，由动量守恒定律和机械能守恒得

$mv_0 = mv_{A1} + Mv_{C1}$ ①

$\frac{1}{2}mv_0{}^2 = \frac{1}{2}mv_{A1}{}^2 + \frac{1}{2}Mv_{C1}{}^2$ ②

联立①②式得 $v_{A1}=\dfrac{m-M}{m+M}v_0$③，

$$v_{C1}=\frac{2m}{m+M}v_0 \quad ④$$

如果 $m>M$，第一次碰撞后，A 与 C 速度同向，且 A 的速度小于 C 的速度，不可能与 B 发生碰撞；如果 $m=M$，第一次碰撞后，A 停止，C 以 A 碰前的速度向右运动，A 不可能与 B 发生碰撞，所以只需要考虑 $m<M$ 的情况。

第一次碰撞后，A 反向运动与 B 发生碰撞，设与 B 发生碰撞后，A 的速度为 v_{A2}，B 的速度为 v_{B1}，同样有

$$v_{A2}=\frac{m-M}{m+M}v_{A1}=\left(\frac{m-M}{m+M}\right)^2v_0 \quad ⑤$$

根据题意，要求 A 只与 B、C 各发生一次碰撞，应有 $v_{A2}\leqslant v_{C1}$⑥，

联立⑤式得 $m^2+4mM-M^2\geqslant 0$⑦，

解得 $m\geqslant(\sqrt{5}-2)M$⑧。

另一解 $m\leqslant-(\sqrt{5}+2)M$ 舍去，所以 m 和 M 应满足的条件为

$$(\sqrt{5}-2)M\leqslant m<M \quad ⑨$$

【例9】（2019年高考全国Ⅲ卷）静止在水平地面上的两小物体 A、B，质量分别为 $m_A=1.0\ \text{kg}$，$m_B=4.0\ \text{kg}$；两者之间有一被压缩的微型弹簧，A 与其右侧的竖直墙壁距离 $l=1.0\ \text{m}$，如图3.3-11所示。某时刻，将压缩的微型弹簧释放，使 A、B 瞬间分离，两物块获得的动能之和为 $E_k=10.0\ \text{J}$。释放后，A 沿着与墙壁垂直的方向向右运动。A、B 与地面之间的动摩擦因数均为 $\mu=0.20$。重力加速度取 $g=10\ \text{m/s}^2$。A、B 运动过程中所涉及的碰撞均为弹性碰撞且碰撞时间极短。

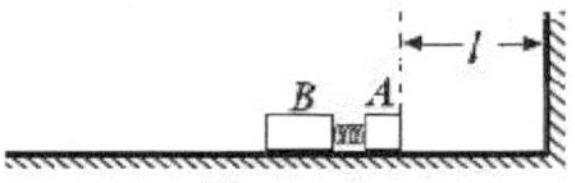

图3.3-11

（1）求弹簧释放后瞬间 A、B 速度的大小；

（2）物块 A、B 中的哪一个先停止？该物块刚停止时 A 与 B 之间的距离是多少？

（3）A 和 B 都停止后，A 与 B 之间的距离是多少？

【解析】（1）设弹簧释放瞬间 A 和 B 的速度大小分别为 v_A、v_B，以向右为正，由动量守恒定律和题给条件有

$$m_Av_A-m_Bv_B=0 \quad ①$$

$$E_k=\frac{1}{2}m_Av_A^{\ 2}+\frac{1}{2}m_Bv_B^{\ 2} \quad ②$$

联立①②式并代入题给数据得

$v_A = 4.0\ \text{m/s}, v_B = 1.0\ \text{m/s}$　③

（2）A、B两物块与地面间的动摩擦因数相等，因而两者滑动时加速度大小相等，设为a。假设A和B发生碰撞前，已经有一个物块停止，此物块应为弹簧释放后速度较小的B。设从弹簧释放到B停止所需时间为t，B向左运动的路程为s_B，则有

$\mu m_B g = m_B a$　④

$s_B = v_B t - \dfrac{1}{2}at^2$　⑤

$v_B - at = 0$　⑥

在时间t内，A可能与墙发生弹性碰撞，碰撞后A将向左运动，碰撞并不改变A的速度大小，所以无论此碰撞是否发生，A在时间t内的路程s_A都可表示为

$s_A = v_A t - \dfrac{1}{2}at^2$　⑦

联立③④⑤⑥⑦式并代入题给数据得

$s_A = 1.75\ \text{m}, s_B = 0.25\ \text{m}$　⑧

这表明在时间t内A已与墙壁发生碰撞，但没有与B发生碰撞，此时A位于出发点右边0.25 m处。B位于出发点左边0.25 m处，两物块之间的距离为

$s=0.25\ \text{m}+0.25\ \text{m}=0.50\ \text{m}$　⑨

（3）t时刻后A将继续向左运动，假设它能与静止的B碰撞，碰撞时速度的大小为v_A'，由动能定理有

$\dfrac{1}{2}m_A v_A'^2 - \dfrac{1}{2}m_A v_A^2 = -\mu m_A g\left(2l + s_B\right)$　⑩

联立③⑧⑩式并代入题给数据得$v_A' = \sqrt{7}\ \text{m/s}$⑪。

故A与B将发生碰撞。设碰撞后A、B的速度分别为v_A''和v_B''，由动量守恒定律与机械能守恒定律有

$m_A\left(-v_A'\right) = m_A v_A'' + m_B v_A''$　⑫

$\dfrac{1}{2}m_A v_A'^2 = \dfrac{1}{2}m_A v_A''^2 + \dfrac{1}{2}m_B v_B''^2$　⑬

联立⑪⑫⑬式并代入题给数据得

$v_A'' = \dfrac{3\sqrt{7}}{5}\ \text{m/s},\quad v_B'' = -\dfrac{2\sqrt{7}}{5}\ \text{m/s}$　⑭

这表明碰撞后A将向右运动，B继续向左运动。设碰撞后A向右运动距离为s_A'时停止，B向左运动距离为s_B'时停止，由运动学公式

$v_A''^2 = 2as_A', v_B''^2 = 2as_B'$ ⑮

由④⑭⑮式及题给数据得

$s_A' = 0.63\,\text{m}, \quad s_B' = 0.28\,\text{m}$

s_A'小于碰撞处到墙壁的距离。由上式可得两物块停止后的距离

$s' = s_A' + s_B' = 0.91\,\text{m}$

3.4　专题四:动量与机械能综合应用(二)

一、知识精要

动量守恒定律与机械能守恒、能量转化、电磁感应等相关知识的综合应用,是每年高考不可回避的考查重点,考查的难点将集中于复杂物理过程的分析、动量守恒条件的判定,参与作用的系统(研究对象)灵活选取等方面,要重视并掌握这类题的解题思路、方法。

二、范例精析

【例1】(2007年高考江苏卷)如图3.4-1所示,一轻绳吊着粗细均匀的棒,下端离地面高H,上端套着一个细环。棒和环的质量均为m,相互间最大静摩擦力等于滑动摩擦力$kmg(k>1)$。断开轻绳,棒和环自由下落。假设棒足够长,与地面发生碰撞时,触地时间极短,无动能损失。棒在整个运动过程中始终保持竖直,空气阻力不计。求:

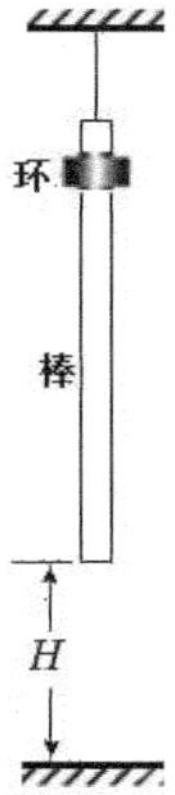

图3.4-1

(1)棒第一次与地面碰撞弹起上升过程中,环的加速度;

(2)从断开轻绳到棒与地面第二次碰撞的瞬间,棒运动的路程s;

(3)从断开轻绳到棒和环都静止,摩擦力对环及棒做的总功W。

【解析】(1)设棒第一次上升过程中,环的加速度为$a_{环}$,由牛顿第二定律得

$kmg - mg = ma_{环}$

解得$a_{环} = (k-1)g$,方向竖直向上。

(2)设棒第一次落地的速度大小为v_1,

由机械能守恒得$\frac{1}{2}2mv_1^2 = 2mgH$,解得$v_1 = \sqrt{2gH}$。

设棒弹起后的加速度为$a_{棒}$，由牛顿第二定律得$a_{棒} = -(k + 1)g$，棒第一次弹起的最大高度为$H_1 = -\frac{v_1^2}{2a_{棒}}$，解得$H_1 = \frac{H}{k + 1}$。

棒运动的路程为$s = H + 2H_1 = \frac{k + 3}{k + 1}H$。

(3)解法1：棒第一次弹起经过t_1时间，与环达到相同速度v_1'，

环的速度$v_1' = -v_1 + a_{环}t_1$①

棒的速度$v_1' = v_1 + a_{棒}t_1$②

由①②得$t_1 = \frac{1}{k}\sqrt{\frac{2H}{g}}$③。

又环的位移$h_{环1} = -v_1t_1 + \frac{1}{2}a_{环}t_1{}^2$④

棒的位移$h_{棒1} = v_1t_1 + \frac{1}{2}a_{棒}t_1{}^2$⑤

环第一次相对棒的位移为$x_1 = h_{环1} - h_{棒1}$⑥

由③④⑤⑥得$x_1 = -\frac{2H}{k}$⑦。

棒环达共同速度v_1'后，相当于以v_1'竖直上抛一起至地：$v_2^2 - v_1'^2 = 2gh_{棒1}$⑧，解得

$v_2 = \sqrt{\frac{2gH}{k}}$　⑨

同理，环第二次相对棒的位移为

$x_2 = h_{环2} - h_{棒2} = -\frac{2H}{k^2}$

…

$x_n = -\frac{2H}{k^n}$　⑩

环相对棒的总位移为$x = x_1 + x_2 + \cdots + x_n = -(\frac{2H}{k} + \frac{2H}{k^2} + \cdots + \frac{2H}{k^n})$构成了首项为$x_1 = -\frac{2H}{k}$，公比为$q = \frac{1}{k}$的等比数列，因为题中给定$k>1$，所以公比$q<1$，可得$x = \frac{x_1}{1 - \frac{1}{k}} = -\frac{2H}{k - 1}$⑪。

从断开轻绳到棒和环都静止，摩擦力对环和棒做的总功为

$W = kmgx = -\frac{2kmgH}{k-1}$ ⑫

解法2:设环相对棒滑动距离为l,

根据能量守恒$mgH + mg(H + l) = kmgl$,

摩擦力对棒及环做的总功为$W = -kmgl$,

解得$W = -\frac{2kmgH}{k-1}$。

解法3:设杆与地面第一次碰撞后到环与杆相对静止的过程中,环与杆的相对位移的大小为x_1,杆与地面第二次碰撞后相应的相对位移大小为x_2,以此类推,杆与地面第n次碰撞后相应的相对位移大小为x_n。由于断开轻绳后,环与杆减少的势能转化为动能,杆被弹起,环与杆在空中相对运动的过程中,相对运动的动能通过克服相互作用的滑动摩擦力做功而全部转化为内能,则有$2mgH = kmgx_1$。

在此过程中,环的重力势能的减少又转化为环与杆运动的动能,通过杆的第二次反弹,环与杆发生相对运动再次转化为内能,则有

$mgx_1 = kmgx_2$,依此类推,可得$mgx_2 = kmgx_3 \cdots mgx_{n-1} = kmgx_n$。

由此可得$x_1 = \frac{2H}{k}$,$x_2 = \frac{x_1}{k} = \frac{2H}{k^2} \cdots x_n = \frac{x_{n-1}}{k} = \frac{2H}{k^n}$。

设开始细线剪断到停止运动为止,环与杆的相对位移的大小为x,则有

$x = x_1 + x_2 + \cdots + x_n$(以下解法同解法1)

【创新思维】巧妙运用物体间相对运动过程中的能量变化,即相对运动过程中相对运动的动能,通过克服滑动摩擦力做功,转化为内能,是该种解法的关键。

【例2】(1997年高考全国卷)质量为m的钢板与直立轻质弹簧上端连接,弹簧下端固定在地上。平衡时,弹簧的压缩量为x_0,如图3.4-2所示。物块从钢板正上方距离为$3x_0$的A处自由落下,打在钢板上并立刻与钢板一起向下运动,但不粘连,它们到达最低点后又向上运动。已知物块质量也为m时,它们恰能回到O点,若物块质量为$2m$,仍从A处自由落下,则物块与钢板回到O点时,还具有向上的速度,求物块向上运动到最高点与O点的距离。

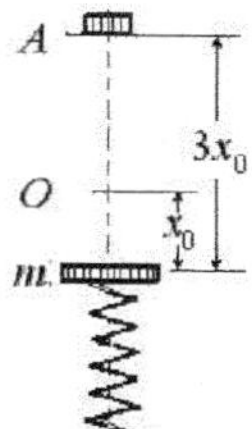

图3.4-2

【解析】物块从$3x_0$位置自由落下,则有

$mg \cdot 3x_0 = \frac{1}{2}mv_0^2$ ①

v_0为物块与钢板碰撞时的速度。因为碰撞时间极短,内力远大于外力,钢板与物块组成的系统动量守恒。设v_1为两者碰撞后共同速度,$mv_0 = 2mv_1$②。

两者以 v_1 向下运动恰返回 O 点，说明此位置速度为零。运动过程中机械能守恒。设接触位置弹性势能为 E_p，则 $E_P+\frac{1}{2}(2m){v_1}^2=2mgx_0$③。

同理，$2m$ 物块与 m 物块有相同的物理过程，碰撞中动量守恒

$2mv_0=3mv_2$　④

所不同的是 $2m$ 物块与钢板碰撞返回 O 点速度不为零，设为 v，则

$E'_P+\frac{1}{2}(3m){v_2}^2=3mgx_0+\frac{1}{2}(3m)v^2$　⑤

因为两次碰撞时间极短，弹性形变未发生变化，$E_P=E'_P$⑥。

由①得 ${v_0}^2=6gx_0$⑦，由②得 $v_1=\frac{1}{2}v_0$⑧，由④得 $v_2=\frac{2}{3}v_0$⑨

由③⑤⑥得 $2mgx_0-\frac{1}{2}(2m){v_1}^2=3mgx_0+\frac{1}{2}(3m)v^2-\frac{1}{2}(3m){v_2}^2$⑩，

将⑦⑧⑨代入⑩，解得 $v^2=\frac{1}{6}{v_0}^2$⑪。

由于 $2m$ 物块与钢板过 O 点时弹力为零。两者加速度相同为 g，之后钢板被弹簧牵制，则其加速度大于 g，所以与物块分离，物块以 v 竖直上抛。

根据运动学公式 ${v_t}^2-{v_0}^2=2as$，则有 $0-v^2=-2gh$⑫，

由⑦⑪⑫得物块向上运动到最高点与 O 点的距离为

$$h=\frac{v^2}{2g}=\frac{{v_0}^2}{6}\cdot\frac{1}{2g}=\frac{6gx_0}{6}\cdot\frac{1}{2g}=\frac{x_0}{2}$$

【创新思维】这是一道综合性很强的高考题，考查了机械能守恒、动量守恒、能量转化守恒等多个知识点，是一个多运动过程的问题。关键问题是分清楚每一个过程，找到相应解决问题的规律，建立过程的物理模型。当年考生错误很多，以该题的第一个过程即物块与钢板的作用过程为例，有的考生将物块自由下落撞击钢板的速度 v_0，当作它们共同向下的速度；有的考生从 $\frac{1}{2}m{v_0}^2=\frac{1}{2}(2m){v''_1}^2$ 求得 v'_1；还有的从 $mg\cdot 3x_0=\frac{1}{2}\cdot 2m(v'_1)^2$ 求得 v'_1。将 v'_1 当作它们共同向下的速度，完全不领会物块与钢板碰撞的子过程。可见，细致分析物理过程，寻找隐含条件是关键。本题涉及弹簧，画好位置草图至关重要。

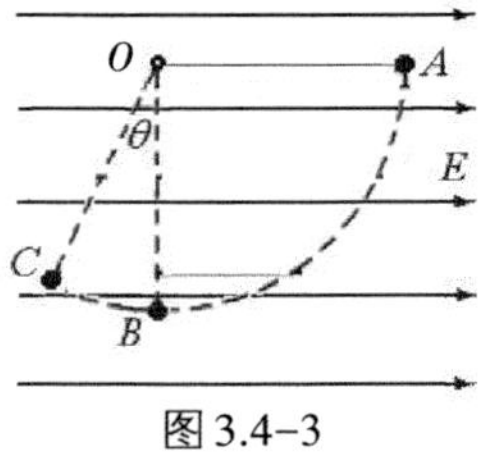

图 3.4-3

【例 3】如图 3.4-3 所示，在方向水平向右的匀强电场中，一不可伸长的绝缘细线的一端固定于 O 点，另一端连着一个带电量为 q、质量为 m 的带正电荷的小球，把小球拉起至细线与场强平

行的A位置，然后无初速度释放。已知小球摆到最低点的另一侧，线与竖直方向的最大夹角为$\theta = 30°$，线长为l，求：

（1）电场强度E的大小；

（2）小球经过最低点时速度大小；

（3）小球的最大动能；

（4）现把小球拉至A位置给一个竖直向下的初速度v_0，要使小球能做完整的圆周运动，v_0须满足的条件；

（5）如果将小球换成带等量的负电荷，在同样的位置A点释放后小球开始摆动的动能。

解析：（1）由动能定理$W_G + W_E = \Delta E_k$，

$mgl\cos\theta - qEl(1 + \sin\theta) = 0$

解得$E = \dfrac{mg\cos\theta}{q(1 + \sin\theta)} = \dfrac{mg \cdot \sqrt{3}/2}{q \cdot 3/2} = \dfrac{\sqrt{3}\,mg}{3q}$。

（2）由动能定理 $mgl - qEl = \dfrac{1}{2}mv_B{}^2$

$$v_B = \sqrt{2gl - \frac{2\sqrt{3}}{3}gl} = \sqrt{\frac{2(3 - \sqrt{3})}{3}gl}$$

（3）如图3.4-4所示，此时$\theta' = 30°$，$\dfrac{qE}{mg} = \dfrac{\sqrt{3}}{3}$，依题意由动能定理得

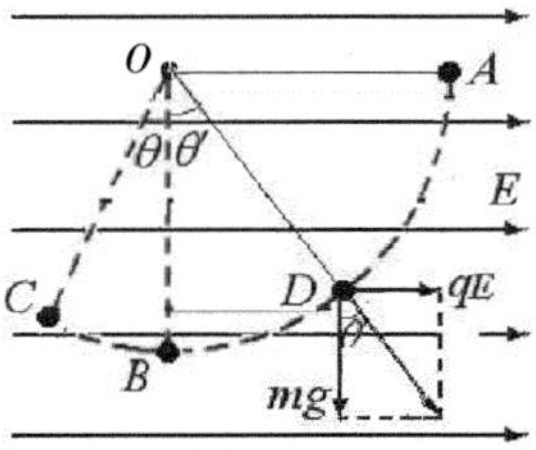

图3.4-4

$$E_{km} = \frac{1}{2}mv_D{}^2 = mgl\cos\theta' - qE(1 - \sin\theta')$$
$$= mgl \cdot \sqrt{3}/2 - qE(1 - 1/2) = (\sqrt{3}/3)mgl = qEl$$

或者从复合场分析，空间呈现的复合场强的方向沿着OD方向，小球无初速度释放从A经D时速度最大，依题意由动能定理

$$E_{km} = F \cdot \frac{l}{2} = \sqrt{(mg)^2 + (qE)^2} \cdot \frac{l}{2} = \frac{\sqrt{3}}{3}mgl = qEl$$

（4）如图3.4-5所示，小球能做完整的圆周运动的条件，必须是小球在D'点的最小速度v_D'应满足下列关系

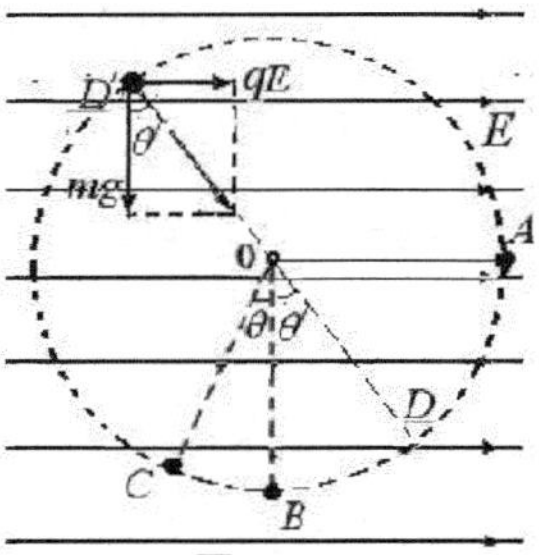

图3.4-5

$F = mv_D'{}^2/l$

$$F = \sqrt{(mg)^2 + (qE)^2} = \frac{2\sqrt{3}}{3}mg = 2qE$$

所以，由以上二式得 $v_D'^2 = \frac{2\sqrt{3}}{3}gl = \frac{2qE}{m}l$，

相应在 A 点竖直向下的初速度 v_0，应满足下列关系

$-mgl\cos30° - qEl(1 + \sin30°) = \frac{1}{2}mv_D^2 - \frac{1}{2}mv_0^2$

解得 $v_0 = \sqrt{\frac{8\sqrt{3}}{3}gl}$ 或 $v_0 = \sqrt{\frac{8qE}{m}l}$。

（5）如图3.4-6所示，将小球换带等量的负电荷释放后，小球先沿电场力与重力的合力方向做匀加速直线运动，到细线被拉直，由于在极短的时间内细线被拉紧，小球受到细线拉力的冲量作用，沿绳子方向的分速度 v_2（法向分量）突然减小为零，切向分量 $v_1 = v_H\cos\theta'$①

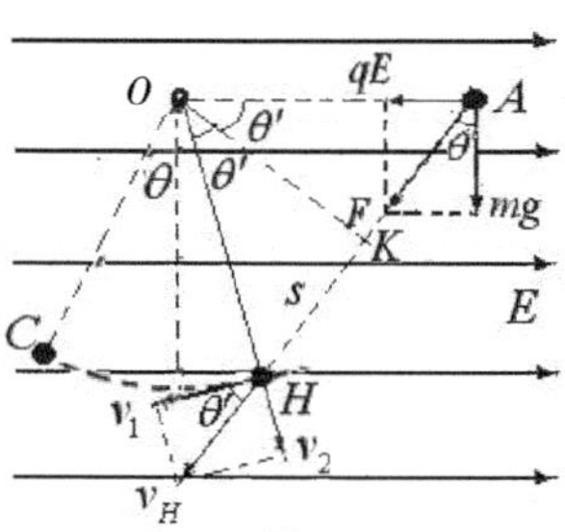

图3.4-6

$\theta' = \theta = 30°$　②

$F = \sqrt{(mg)^2 + (qE)^2} = \frac{2\sqrt{3}}{3}mg = 2qE$　③

由动能定理　$W = F \cdot s = \frac{1}{2}mv_H^2$ ④

$s = AH = 2l\sin\theta' = 2l\sin30° = l$ ⑤

由②③④⑤得 $v_H^2 = \frac{4}{3}\sqrt{3}gl$ ⑥

由①⑥得 $v_1^2 = (\frac{\sqrt{3}}{2}v_H)^2 = \sqrt{3}gl$，

小球抵 H 开始摆动时的动能 $E_{kH} = \frac{1}{2}mv_1^2 = \frac{1}{2}m \cdot \sqrt{3}gl = \frac{\sqrt{3}}{2}mgl$。

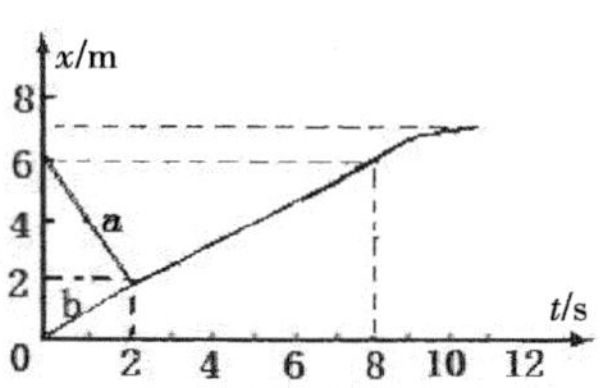

图3.4-7

【例4】（2015年高考新课标Ⅱ卷）滑块 a、b 沿水平面上同一条直线发生碰撞，碰撞后两者粘在一起运动；经过一段时间后，从光滑路段进入粗糙路段。两者的位置 x 随时间 t 变化的图像如图3.4-7所示。求：

（1）滑块 a、b 的质量之比；

（2）整个运动过程中，两滑块克服摩擦力做的功与因碰撞而损失的机械能之比。

【解析】（1）设 a、b 的质量分别为 m_1、m_2，a、b 碰撞前的速度分别为 v_1、v_2。由题给图像得

$v_1 = -2$ m/s　①

$v_2 = 1$ m/s　②

a、b发生完全非弹性碰撞，碰撞后两滑块的共同速度为v。

由题给图像得$v=\frac{2}{3}$ m/s ③

由动量守恒定律得$m_1v_1+m_2v_2=(m_1+m_2)v$ ④

联立①②③④式得$m_1:m_2=1:8$ ⑤。

(2)由能量守恒得，两滑块因碰撞而损失的机械能为

$$\Delta E=\frac{1}{2}m_1v^2+\frac{1}{2}m_2v^2-\frac{1}{2}(m_1+m_2)v^2 \quad ⑥$$

由图像可知，两滑块最后停止运动。由动能定理得，两滑块克服摩擦力所做的功为

$$W=\frac{1}{2}(m_1+m_2)v^2 \quad ⑦$$

联立⑥⑦式，并代入题给数据得$W:\Delta E=1:2$。

【例5】(2017年高考新课标Ⅱ卷)如图3.4-8所示，半圆形光滑轨道固定在水平地面上，半圆的直径与地面垂直。一小物块以速度v从轨道下端滑入轨道，并从轨道上端水平飞出，小物块落地点到轨道下端的距离与轨道半径有关，此距离最大时，对应的轨道半径为(重力加速度大小为g)(　　)

A.$\frac{v^2}{16g}$　　B.$\frac{v^2}{8g}$　　C.$\frac{v^2}{4g}$　　D.$\frac{v^2}{2g}$

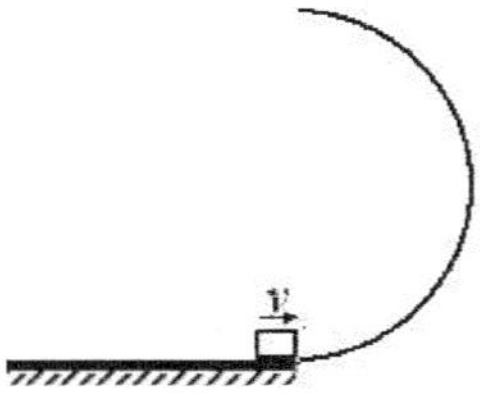

图3.4-8

【解析】物块由最低点到最高点有$\frac{1}{2}mv^2=2mgr+\frac{1}{2}mv_1^2$，

物块做平抛运动

$x=v_1t$，$t=\sqrt{\frac{4r}{g}}$，联立解得$x=\sqrt{\frac{4v^2}{g}r-16r^2}$。

根据一元二次函数关于极值的重要性质，当$r=\frac{\frac{4v^2}{g}}{2\times 16}=\frac{v^2}{8g}$时，$x$最大，故选B。

【创新思维】此题主要考查平抛运动，解题时设法找到物块的水平射程与圆轨道半径的函数关系，即可通过数学知识讨论；此题同时考查考生运用数学知识解决物理问题的能力。

【例6】(2011年高考上海卷)如图3.4-9(1)(2)所示，磁铁A、B的同名磁极相对放置，置于水平气垫导轨上。A固定于导轨左端，B的质量$m=0.5$ kg，可在导轨上无摩擦滑

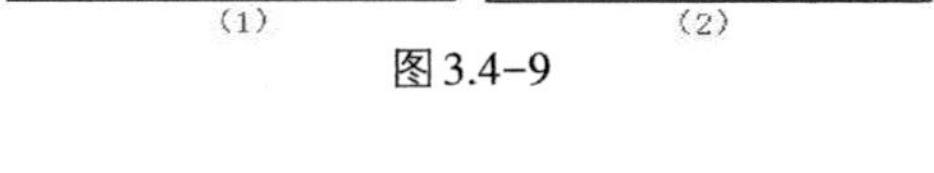

图3.4-9

动。将B在A附近某一位置由静止释放，由于能量守恒，可通过测量B在不同位置处的速度，得到B的势能随位置x的变化规律，见图3.4–10(3)中曲线I。若将导轨右端抬高，使其与水平面成一定角度(如图3.4–9(2)所示)，则B的总势能曲线如图3.4–10(3)中Ⅱ所示，将B在$x=20.0\ \mathrm{cm}$处由静止释放，求：(解答时必须写出必要的推断说明，取$g=9.8\ \mathrm{m/s^2}$)

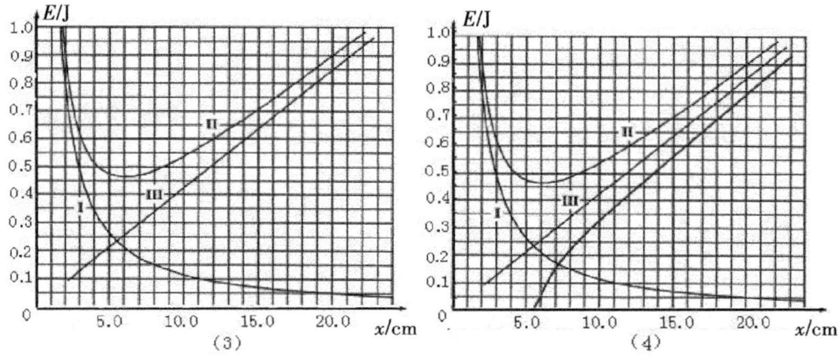

图3.4–10

(1)B在运动过程中动能最大的位置；

(2)运动过程中B的最大速度和最大位移；

(3)图3.4–10(3)中直线Ⅲ为曲线Ⅱ的渐近线，求导轨的倾角；

(4)若A、B异名磁极相对放置，导轨的倾角不变，在图3.4–10(3)上画出B的总势能随x的变化曲线。

【解析】

(1)势能最小处动能最大。由图线Ⅱ得$x=6.1\ \mathrm{cm}$(在5.9～6.3 cm均视为正确)。

(2)由图读得释放处势能$E_p=0.90\ \mathrm{J}$，此即B的总能量。由于运动中总能量守恒，因此在势能最小处动能最大，由图像得最小势能为0.47 J，则最大动能为

$E_{km}=0.9\ \mathrm{J}-0.47\ \mathrm{J}=0.43\ \mathrm{J}$(在0.42～0.44 J间均视为正确)

最大速度$v_m=\sqrt{\dfrac{2E_{km}}{m}}=\sqrt{\dfrac{2\times 0.43\ \mathrm{J}}{0.5\ \mathrm{kg}}}=1.31\ \mathrm{m/s}$。($v_m$在1.29～1.33 m/s均为正确)

x=20.0 cm处的总能量为0.90 J，最大位移由E=0.90 J的水平直线与曲线Ⅱ的左侧交点确定，由图中读出交点位置为x=2.0 cm，因此，最大位移

$\Delta x=20.0-2.0=18.0\ \mathrm{cm}$ (Δx在17.9~18.1 cm均视为正确)

(3)渐近线Ⅲ，表示B的重力势能随位置变化关系，即

$E_p=mgx\sin\theta=kx$

$$\therefore \sin\theta = \frac{k}{mg}$$

由图读出直线斜率 $k = \dfrac{0.85 - 0.30}{20.0 - 7.0} = 4.23 \times 10^{-2}\ \text{J/cm}$。

$\theta = \sin^{-1}\left(\dfrac{k \times 10^2}{mg}\right) = \sin^{-1}\dfrac{4.23\ \text{J/m}}{0.5\ \text{kg} \times 9.8\ \text{m/s}^2} = 59.7^\circ$($\theta$在$59^\circ$~$61^\circ$均视为正确)

(4)若异名磁极相对放置，A、B间相互作用势能为负值，总势能如图3.4–10(4)中曲线Ⅲ下方曲线。

【创新思维】本题考查包括重力势能、磁场能和动能在内的能量守恒，其中，总势能包括重力势能和磁极间相互作用势能即磁场能，还要读图和作图，有一定难度，难点在于：

(1)关于渐近线，有的同学比较生疏，不懂渐近线是什么，即使知道渐近线是曲线的趋势线，对本题来说也难知道渐近线是重力势能线。

(2)把曲线Ⅱ转化为答案中曲线Ⅲ下方曲线，把重力势能与磁场能之和转化为二者之差也不容易，此题高考中从来没有出现过，无疑是创新。

【例7】(2017年高考新课标Ⅰ卷)一质量为8.00×10^4 kg的太空飞船从其飞行轨道返回地面。飞船在离地面高度1.60×10^5 m处以7.5×10^3 m/s的速度进入大气层，逐渐减慢至速度为100 m/s时下落到地面。取地面为重力势能零点，在飞船下落过程中，重力加速度可视为常量，大小取为9.8 m/s^2。(结果保留2位有效数字)

(1)分别求出该飞船着地前瞬间的机械能和它进入大气层时的机械能；

(2)求飞船从离地面高度600 m处至着地前瞬间的过程中克服阻力所做的功，已知飞船在该处的速度大小是其进入大气层时速度大小的2.0%。

【解析】(1)飞船着地前瞬间的机械能为 $E_{k0} = \dfrac{1}{2}mv_0{}^2$①

式中，m和v_0分别是飞船的质量和着地前瞬间的速率，由①式和题给数据得

$E_{k0} = 4.0 \times 10^8\text{J}$　②

设地面附近的重力加速度大小为g，飞船进入大气层时的机械能为

$E_h = \dfrac{1}{2}mv_h{}^2 + mgh$　③

式中，v_h是飞船在高度1.60×10^5 m处的速度大小，由③式和题给数据得

$E_h = 2.4 \times 10^{12}\text{J}$　④

(2)飞船在高度$h' = 600$ m处的机械能为

$$E_{h'}=\frac{1}{2}m(\frac{2.0}{100}v_{h'})^2+mgh'\quad ⑤$$

由功能原理得 $W=E_{k'}-E_{k0}$⑥

式中，W是飞船从离地面高度600 m处至着地前瞬间的过程中克服阻力所做的功，由②⑤⑥式和题给数据得 $W=9.7\times10^8$ J。

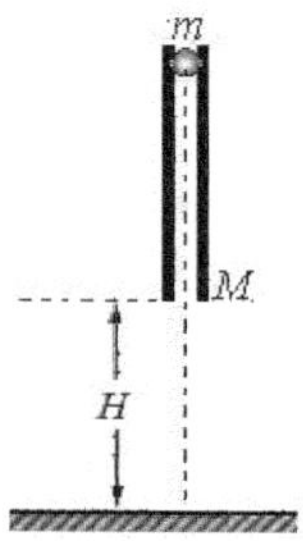

图3.4-11

【例8】（2020年高考全国Ⅱ卷）如图3.4-11所示，一竖直圆管质量为M，下端距水平地面的高度为H，顶端塞有一质量为m的小球。圆管由静止自由下落，与地面发生多次弹性碰撞，且每次碰撞时间均极短；在运动过程中，管始终保持竖直。已知$M=4m$，球和管之间的滑动摩擦力大小为$4mg$，g为重力加速度的大小，不计空气阻力。

（1）求管第一次与地面碰撞后的瞬间，管和球各自的加速度大小；

（2）管第一次落地弹起后，在上升过程中球没有从管中滑出，求管上升的最大高度；

（3）管第二次落地弹起的上升过程中，球仍没有从管中滑出，圆管长度应满足的条件。

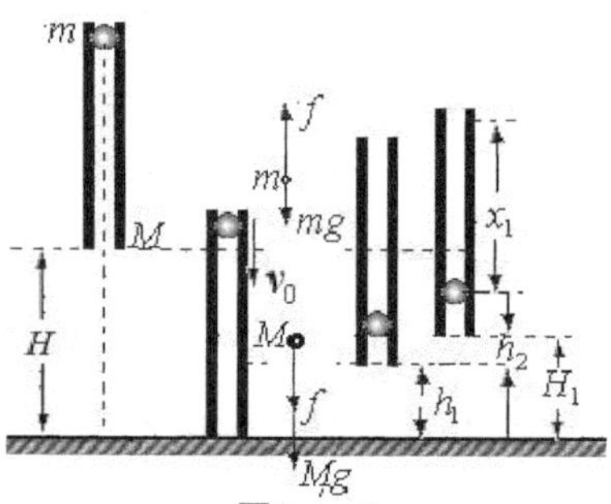

图3.4-12

【解析】如图3.4-12所示。（1）管第一次落地弹起的瞬间，小球仍然向下运动。设此时管的加速度大小为a_1，方向向下；球的加速度大小为a_2，方向向上；球与管之间的摩擦力大小为f，由牛顿运动定律有

$$Mg+f=Ma_1\quad ①$$

$$f-mg=ma_2\quad ②$$

联立①②式并代入数据，得$a_1=2g$，$a_2=3g$③。

（2）管第一次碰地前与球的速度大小相同。由运动学公式，碰地前瞬间它们的速度大小均为$v_0=\sqrt{2gH}$④，方向均向下。管弹起的瞬间，管的速度反向，球的速度方向依然向下。

设自弹起时经过时间t_1，管与小球的速度刚好相同。取向上为正方向，由运动学公式

$$v_0-a_1t_1=-v_0+a_2t_1\quad ⑤$$

联立③④⑤式得 $t_1=\frac{2}{5}\sqrt{\frac{2H}{g}}$　⑥。

设此时管下端的高度为h_1，速度为v，由运动学公式可得

$h_1 = v_o t_1 - \dfrac{1}{2}a_1 t_1{}^2$ ⑦

$v = v_0 - a_1 t_1$ ⑧

由③④⑥⑧式可判断此时$v>0$。此后，管与小球将以加速度g减速上升h_2，到达最高点。由运动学公式$h_2 = \dfrac{v^2}{2g}$⑨。

设管第一次落地弹起后上升的最大高度为H_1，则$H_1 = h_1 + h_2$⑩

联立③④⑥⑦⑧⑨⑩式可得$H_1 = \dfrac{13}{25}H$⑪。

(3)设第一次弹起过程中球相对管的位移为x_1。从管和小球开始下落到上升至最大高度H_1，这一过程中，由动能定理$Mg(H - H_1) + mg(H - H_1 + x_1) - 4mgx_1 = \Delta E_k = 0$⑫，

联立⑪⑫式并代入数据得$x_1 = \dfrac{4}{5}H$⑬。

同理可推得，管与球从再次下落到第二次弹起至最高点的过程中，球与管的相对位移为$x_2 = \dfrac{4}{5}H_1$⑭，设圆管长度为L，管第二次落地弹起后的上升过程中，球仍没有从管中滑出的条件是

$x_1 + x_2 \leqslant L$ ⑮

联立⑪⑬⑭⑮式，L应满足条件为$L \geqslant \dfrac{152}{125}H$⑯。

【创新思维】板、块模型运动多为水平和斜面情景，本题设计在竖直方向，将自由落体运动和竖直上抛运动与板块问题有机结合在一起，是传统板块问题的创新。本题有着广阔的思考空间，牛顿力学、动量理论和机械能守恒定律等三大主干知识，都是打开解题通道的有力武器。本题解析中的简图是剖析题叙物理过程的帮手，若用整个过程运动的速度图像解题，也是一种好方法。如图3.4-13所示，图中OA为管、球自由下落，A、B为管的反弹速度，AC为球向下减速，CD为球向上加速，DE为管、球共速上抛至最高点，EJ为第二次下落、弹起至最高点的全过程。

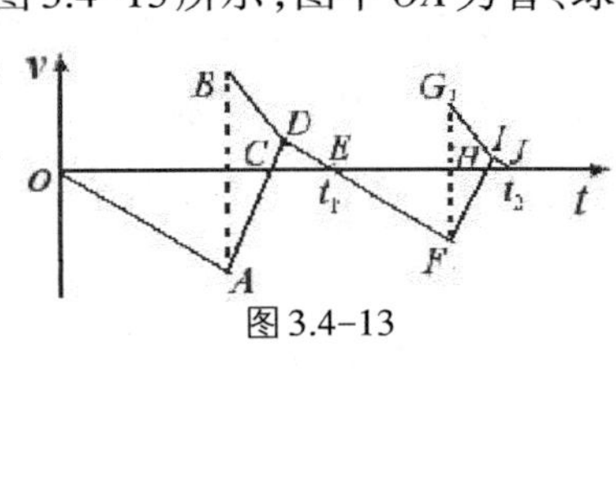

图3.4-13

3.5　专题五:高考中的摩擦力问题

一、知识精要

1.摩擦力产生的条件。

2.摩擦力的特点:

(1)作用效果:总是阻碍物体的相对运动或相对运动趋势;

(2)大小:滑动摩擦力的大小与正压力的大小成正比,即 $F_f=\mu F_N$;动摩擦因数 μ 与相互接触的两个物体的材料和接触面的情况有关;

(3)方向的判定:跟接触面相切,并跟物体的相对运动或相对运动趋势的方向相反。

3.摩擦力大小的计算和方向的判定。

(1)静摩擦力方向的判定。静摩擦力的效果总是起着阻碍物体间相对运动趋势的作用,它的方向总是跟接触面相切,始终跟物体间相对运动趋势的方向相反。但是,静摩擦力的方向并不总与物体的运动方向相反,它可能与物体的运动方向相同,还可能与物体的运动方向成任意夹角。静摩擦力是在物体相互接触、挤压、有相对运动趋势的前提下产生的一种被动力。它的大小(及方向)与物体所受其他力的情况及运动状态有关。当物体处于平衡状态时,可利用平衡条件来确定摩擦力的方向。

(2)滑动摩擦力大小、方向的确定。当互相接触的两个物体之间发生相对运动时,在接触面间就可能产生阻碍相对运动的滑动摩擦力作用,其计算公式为 $F_f=\mu F_N$。当 μ、F_N 一定时,F_f 是一定值,它与接触面大小及物体的运动状态无关。当 μ、N 未知时,滑动摩擦力 F_f 往往可通过物体的平衡条件或牛顿运动定律求解。滑动摩擦力的方向与物体间相对运动方向相反。

4.摩擦力突变的临界问题。

滑动摩擦力的大小与正压力 F_f 成正比,即 $F_f=\mu F_N$,方向与相对滑动方向相反。

静摩擦力 $0<F_f\leq F_{fmax}$,最大静摩擦力 F_{fmax} 与接触面间的弹力 F_N 成正比,一般稍大于滑动摩擦力,有时也用滑动摩擦力近似代替。方向与相对滑动趋势方向相反。静摩擦力大小一般利用平衡条件或牛顿定律计算。用假设法:假设光滑,此时物体的运动状态是否与给定状态相矛盾,若此时物体发生了相对运动,则证明静摩擦力存在,而且此时物体发生相对运动的方向就是相对运动趋势的方向,且与接触面相切,大小受最大静摩擦力限制。

5.摩擦力做功问题。

(1)静摩擦力可对物体做正功,也可做负功,还可不做功,关键是看物体受到的静摩擦力和它运动方向的关系。当物体在静摩擦力方向上有位移时,静摩擦力就要对物体做功。

(2)滑动摩擦力做功的特点:①既可对物体做正功,也可对物体做负功,还可以对物体不做功;②滑动摩擦力做功跟实际移动的路径相关;③在只有一对相互作用的滑动摩擦力做功的过程中,它们做的功可用滑动摩擦力的大小与两物体相对滑动的长度的乘积来表示,即 $W = fl$ (l 为两物体间的相对路程),它等于系统机械能的损失。

二、范例精析

1.摩擦力产生的条件问题

【例1】(2011年高考安徽卷)一质量为 m 的物块恰好静止在倾角为 θ 的斜面上。现对物块施加一个竖直向下的恒力 F,如图3.5-1所示,则物块( )

A.仍处于静止状态　　B.沿斜面加速下滑

C.受到的摩擦力不变　　D.受到的合外力增大

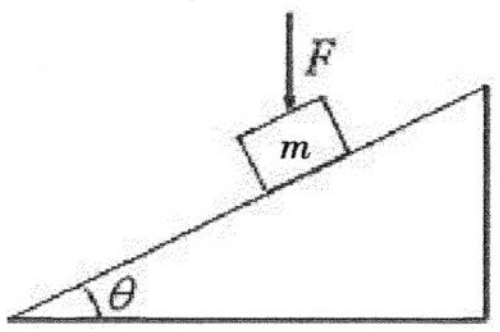

图3.5-1

【解析】由于质量为 m 的物块恰好静止在倾角为 θ 的斜面上,说明斜面对物块的作用力与物块的重力平衡,斜面与物块的动摩擦因数 $\mu = \tan\theta$。对物块施加一个竖直向下的恒力 F,使得物块所受合力仍然为零,故物块仍处于静止状态,A正确,B、D错误。摩擦力由 $mg\sin\theta$ 增大到 $(F + mg)\sin\theta$,C错误。故选A。

【变式1】(2012年高考安徽卷)如图3.5-2所示,放在固定斜面上的物块以加速度 a 沿斜面匀加速下滑,若在物块上再施加一竖直向下的恒力 F,则( )

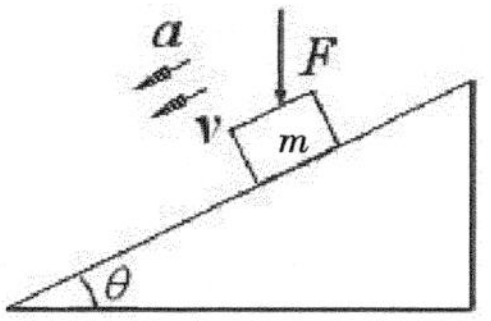

图3.5-2

A. 物块可能匀速下滑

B. 物块仍以加速度 a 匀加速下滑

C. 物块将以大于 a 的加速度匀加速下滑

D. 物块将以小于 a 的加速度匀加速下滑

【解析】设斜面倾角为 θ，由于质量为 m 的物块在倾角为 θ 的斜面上匀加速下滑，说明物块所受的摩擦力小于物块的重力的下滑力，即 $mg\sin\theta>\mu mg\cos\theta$，则斜面与物块的动摩擦因数 $\mu<\tan\theta$。

此时 $mg\sin\theta - \mu mg\cos\theta = ma$，

其加速度为 $a = g\sin\theta - \mu g\cos\theta$。

对物块施加一个竖直向下的恒力 F，把 F 沿斜面和垂直斜面进行分解，可得 $F\sin\theta$ 和 $F\cos\theta$，根据 $\mu<\tan\theta$ 这个条件可知 $\mu F\cos\theta<F\sin\theta$，此时沿斜面方向的加速度为

$(mg\sin\theta - \mu mg\cos\theta) + (F\sin\theta - \mu F\cos\theta) = ma'$

由于 $F\sin\theta - \mu F\cos\theta>0$，所以物块所受合力变大而质量不变，故 $a' > a$，即物块将以更大的加速度加速下滑。答案应选 C。

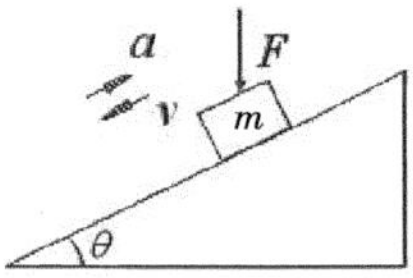

图 3.5-3

【变式 2】如果将变式 1 的 m 物块改为恰好在倾角为 θ 的斜面上匀减速下滑，现对物块施加一个竖直向下的恒力 F，如图 3.5-3 所示。则物块的加速度将（　　）

A. 变大　　B. 变小　　C. 不变　　D. 不能确定

【解析】由于质量为 m 的物块在倾角为 θ 的斜面上匀减速下滑，说明物块所受的摩擦力大于物块的重力的下滑分力，即 $\mu mg\cos\theta>mg\sin\theta$，则斜面与物块的动摩擦因数 $\mu>\tan\theta$。此时的加速度为

$\mu mg\cos\theta - mg\sin\theta = ma, a = \mu g\cos\theta - g\sin\theta$

对物块施加一个竖直向下的恒力 F，把 F 沿斜面和垂直斜面进行分解，可得 $F\sin\theta$ 和 $F\cos\theta$，根据 $\mu>\tan\theta$ 这个条件可知 $\mu F\cos\theta>F\sin\theta$，根据牛顿第二定律可知，此时沿斜面方向的加速度为

$(\mu mg\cos\theta - mg\sin\theta) + (\mu F\cos\theta - F\sin\theta) = ma'$

由于 $\mu F\cos\theta - F\sin\theta>0$，即木块受到的沿斜面向上的合力变大，故 $a'>a$，即物体将以更大的加速度减速下滑。答案应选 A。

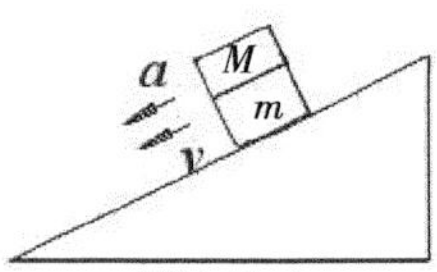

图 3.5-4

【变式 3】如果变式 1 的物块 m 在倾角为 θ 的斜面上仍匀加速下滑，但现在物块上方改为再放一个质量为 M 的物块，取重力加速度

为g且两木块之间没有发生滑动,如图3.5-4所示。那么物块的运动情况又将是如何呢?是不是相当于在原来物块重力mg的基础上再加Mg呢?

【解析】如图3.5-5所示,质量为m的物块在倾角为θ的斜面上匀加速下滑,说明物块所受的摩擦力小于物块的重力的下滑分力,即$mg\sin\theta>\mu mg\cos\theta$,则斜面与物块的动摩擦因数数$\mu<\tan\theta$,此时的加速度为

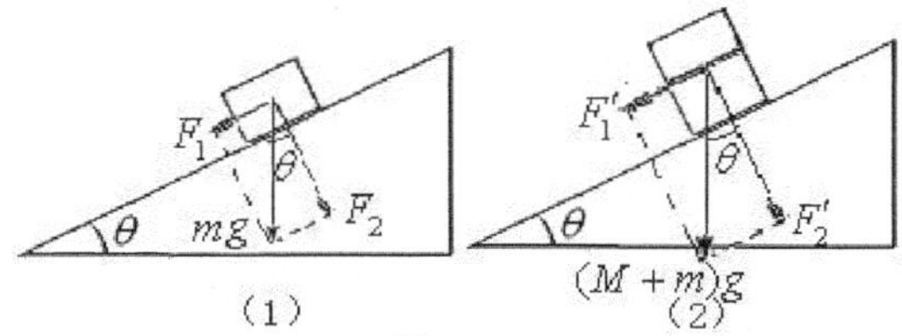

图3.5-5

$$mg\sin\theta - \mu mg\cos\theta = ma$$

$$a = g\sin\theta - \mu g\cos\theta$$

在物块上方再放一个物块时,把物块的重力Mg沿斜面和垂直斜面进行分解,可得$Mg\sin\theta$和$Mg\cos\theta$,根据$\mu<\tan\theta$这个条件可知$\mu Mg\cos\theta<Mg\sin\theta$。把两木块看成一个整体,可知使物体下滑的合力$(m+M)g\sin\theta$仍大于物体受到的沿斜面向上的摩擦力$\mu(M+m)g\cos\theta$,故两物块将仍然处于匀加速下滑状态,此时沿斜面方向的加速度为a',

$$(M+m)g\sin\theta - \mu(M+m)g\cos\theta = (M+m)a'$$

所以物块所受合力变大而质量也变大,故$a=a'$,即物块将以不变的加速度加速下滑,相当于在原来物块重力mg的基础上再加Mg,物体质量变大了。

【变式4】(2013年高考新课标Ⅱ卷)如图3.5-6所示,在固定斜面上的一物块受到一外力F的作用,F平行于斜面向上。若要物块在斜面上保持静止,F的取值应有一定范围,已知其最大值和最小值分别为F_1和F_2($F_2>0$)。由此可求出( )

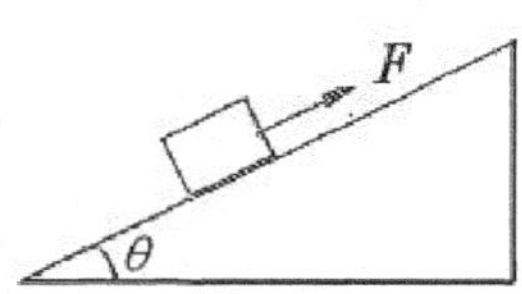

图3.5-6

A.物块的质量　　B.斜面的倾角

C.物块与斜面间的最大静摩擦力　　D.物块对斜面的正压力

【解析】 本题关键是明确拉力最大和最小的两种临界状况。物块受与斜面平行的外力F作用,而在斜面上静止,此时摩擦力的大小和方向将随F的变化而变化。

设斜面倾角为θ,当静摩擦力平行斜面向下时,拉力最大,物块有上行趋势,由平衡条件

$F_1-mg\sin\theta-F_{\text{fmax}}=0$ ①

当静摩擦力平行斜面向上时,拉力最小,物块有下行趋势,由平衡条件$F_2-mg\sin\theta+F_{\text{fmax}}=0$ ②,联立解得$F_{\text{fmax}}=(F_1-F_2)/2$,故选项C正确。

另 $F_N = mg\cos\theta$，$F_1 + F_2 = 2mg\sin\theta$，$m$ 和 θ 均未知，所以不能求出物块的质量、斜面的倾角和物块对斜面的压力。A、B、D 均错误，故选 C。

【变式 5】（2011 年高考海南卷）如图 3.5-7(1)所示，粗糙的水平地面上有一斜劈，斜劈上一物块正在沿斜面以速度 v_0 匀速下滑，斜劈保持静止，则地面对斜劈的摩擦力（　　）

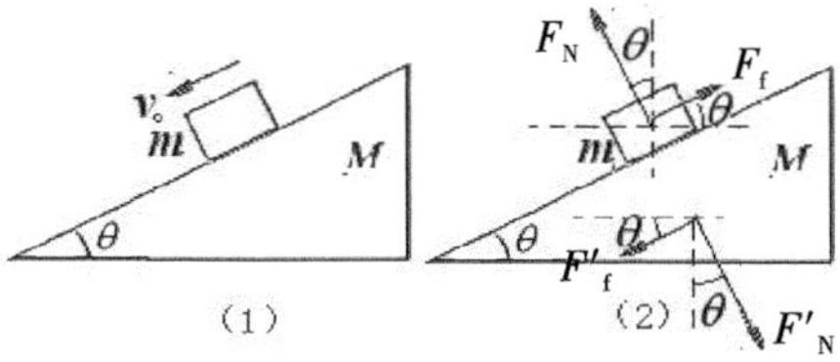

图 3.5-7

A. 等于零

B. 不为零，方向向右

C. 不为零，方向向左

D. 不为零，v_0 较大时方向向左，v_0 较小时方向向右

【解析】解法 1（隔离法）：如图 3.5-7(2)所示，设物块质量为 m，斜劈质量为 M，斜劈倾角为 θ，分别对物块和斜劈受力分析。

对于 m，因匀速下滑，根据平衡条件

$F_f = mg\sin\theta$，$F_N = mg\cos\theta$，$F_f\cos\theta = F_N\sin\theta$

由牛顿第三定律有 $F'_f = F_f$，$F'_N = F_N$，

对于 M，则有 $F'_f\cos\theta = F'_N\sin\theta$，根据平衡条件，地面对斜劈的摩擦力等于零。故选 A。

解法 2（整体法）：选物块和斜劈为研究对象，由于系统的加速度等于零，合力等于零，故系统在水平方向的合力等于零。因此地面对斜劈的摩擦力等于零，故 A 正确。

【创新思维】显然，解法 2 大大简化了解题过程，提高了解题速度和效率。其实，在整个高中物理中，利用整体思想不仅可以快速准确地解决系统平衡态问题，在解决许多非平衡态问题时也起到事半功倍的效果。

【变式 6】如图 3.5-8 所示，楔形物块 a 固定在水平地面上，在其斜面上静止着小物块 b。现用大小一定的力 F 分别沿不同方向作用在小物块 b 上，小物块 b 仍保持静止，则 a、b 之间的静摩擦力一定增大是（　　）

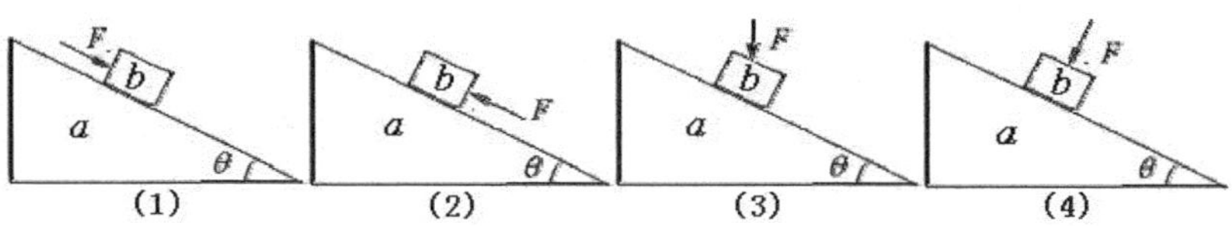

图 3.5-8

A.①③　　B.②④　　C.②③　　D.③④

【解析】不加力 F 时，对物块进行受力分析，将重力分解，根据平衡条件得出

$F_f = mg\sin\theta$

(1)图：$F_{f1}=mg\sin\theta+F$，故摩擦力一定增大。

(2)图：如果$F<mg\sin\theta$，$F_{f2}=mg\sin\theta-F$，则摩擦力变小。如果$F\geqslant mg\sin\theta$，$F_{f2}=F-mg\sin\theta$，由于不知道F的大小，所以摩擦力变化不确定，F_{f2}可能增大，可能减小，也可能大小不变。

(3)图：物块下滑的合力为$(mg+F)\sin\theta$，小物块b仍保持静止状态，则物块受到的沿斜面向上的摩擦力增大。

(4)图：下滑力不变，物块b仍处静止状态，则物块受的沿斜面向上的摩擦力F_{f4}不变。因此A正确。

【变式7】物体在水平推力F的作用下静止于斜面上，如图3.5-9所示，若稍稍增大推力F，物体仍保持静止，则(　　)

A.物体所受合外力增大

B.物体所受合外力变小

C.物体对斜面的压力增大

D.斜面对物体的摩擦力一定增大

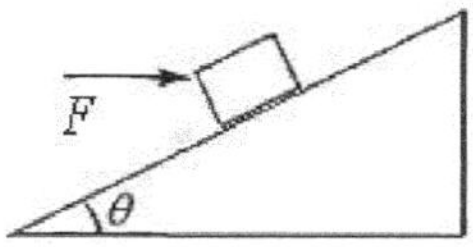

图3.5-9

【解析】A、B选项：物体始终处于静止状态，所以所受的合力始终为零，故A、B错误。

C.作图3.5-10(摩擦力未画出)。受力分析得

$F_N=mg\cos\theta+F\sin\theta$，压力增大，故C正确。

D.①$F\cos\theta=G\sin\theta$，$\therefore F_f=0$；

②$F\cos\theta>G\sin\theta$，F_f沿斜面向下，则有

$F\cos\theta=G\sin\theta+F_f$，$F$增大则$F_f$增大；

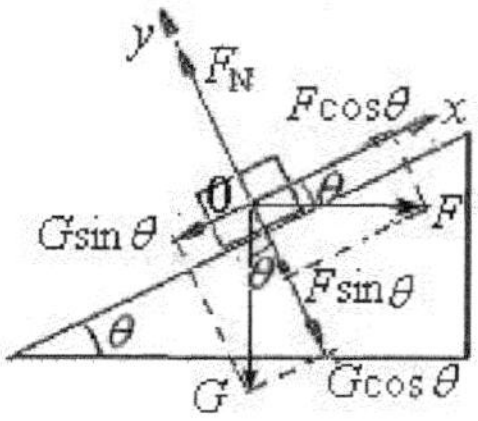

图3.5-10

③$F\cos\theta<G\sin\theta$，F_f沿斜面向上，则有$F\cos\theta+F_f=G\sin\theta$，$F$增大则$F_f$减少。因为初始摩擦力方向不确定，所以$F_f$的变化情况有可能一直变大，有可能先变小后变大。因此D错，选C。

【创新思维】本题应抓住平衡条件：只要物体处于平衡状态，合力始终为零；同时，物体受摩擦力情况的分析，需要抓住初始状态的不确定的情况讨论，这是本题难点所在。

2.摩擦力的特点。

【例2】(2006年高考全国Ⅱ卷)如图3.5-11，位于水平桌面上的物块P，由跨过定滑轮的轻绳与物块Q相连，

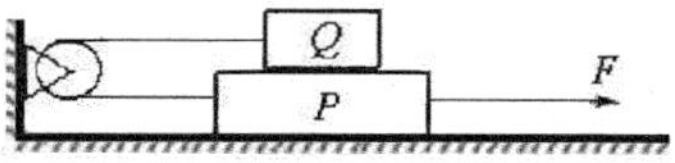

图3.5-11

从滑轮到P和到Q的两段绳都是水平的，已知Q与P之间以及P与桌面之间的动摩擦因数都为μ，两物块的质量都是m，滑轮质量、滑轮轴上的摩擦不计，若用一水平向右的力F拉P使它做匀速运动，则F的大小为（　　）

A. $4\mu mg$　　B. $3\mu mg$　　C. $2\mu mg$　　D. μmg

【解析】对Q物块，设跨过定滑轮的轻绳拉力为T，木块Q与P间的滑动摩擦力

$F_f = \mu mg$　①

根据共点力平衡条件 $T = F_f$ ②

对木块P受力分析，在水平方向上P受拉力F，Q对P向左的摩擦力F_f，地面对P向左的摩擦力F_f'，根据共点力平衡条件有 $F = F_f + F_f' + T$③

地面对P物体向左的摩擦力 $F_f' = \mu(2m)g$ ④

由①～④式可以解得 $F = 4\mu mg$，故选A。

3. 摩擦力大小计算和方向的判断。

【例3】如一质量m=20 kg的钢件，架在两根完全相同的、平行的长直圆柱上，如图3.5–12所示，钢件的重心与两柱等距，两柱的轴线在同一水平面内，圆柱的半径r=0.025 m，钢件与圆柱间的滑动摩擦系数μ=0.20，两圆柱各绕自己的轴线做转向相反的转动，角速度ω=40 rad/s，若沿平行于柱轴方向施加力推着钢件做速度为v_0=0.05 m/s的匀速运动，推力是多大？设钢件左右受光滑槽限制（图中未画出），不发生横向运动。

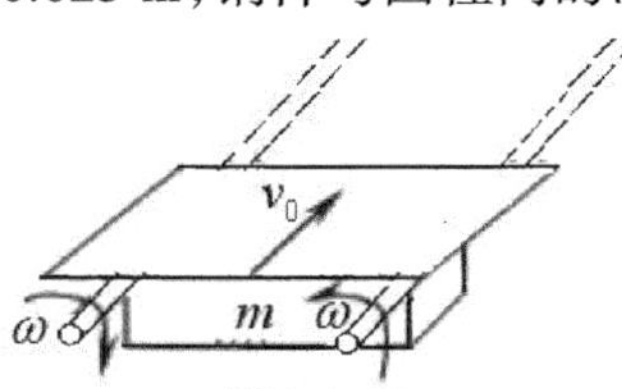

图3.5–12

【解析】每根圆柱所受的压力等于$mg/2$，所以每根圆柱对钢件的滑动摩擦力大小为F_f=$\mu mg/2$ =20 N，F_f的方向应该跟圆柱和钢件接触的部分，相对钢件速度的方向相同。

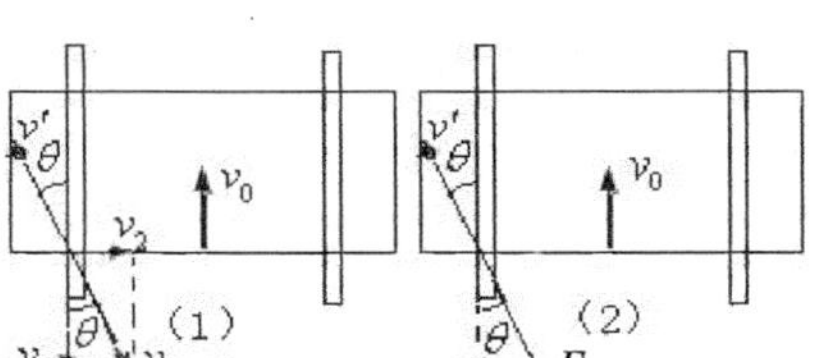

图3.5–13

以俯视图（如图3.5–13所示）左圆柱为例，将钢件作为参照物，圆柱与钢件接触的部分，一方面有沿圆柱轴线的速度，大小为v_1 = 0.05 m/s，方向与v_0相反，另一方面有垂直于圆柱轴线的速度，大小为$v_2 = \omega r = 40 \times 0.025 = 1$ m/s，方向水平向右。

所以圆柱与钢件接触的部分的速度v与轴线方向的夹角θ满足

$$\cot\theta = \frac{v_1}{v_2} = \frac{0.05\text{ m/s}}{1\text{ m/s}} = 0.05$$

$$\cos\theta = \frac{v_1}{v} = \frac{v_0}{\sqrt{v^2{}_0 + (r\omega)^2}}, \because v_1 << v_2, \therefore \cos\theta \approx \cot\theta = 0.05$$

钢件相对于左边圆柱的相对运动速度为v'，受到的摩擦力F_f方向与左圆柱轴线的夹角也是θ，根据力的平衡，推力$F = 2F_f\cos\theta = 2 \times 20 \times 0.05 = 2\,N$。

【创新思维】解决本题的关键是能洞察圆柱与钢件接触部分的运动特点，即钢件一方面有沿圆柱轴线的运动速度，另一方面有垂直于圆柱轴线方向的运动速度。只有知道合运动速度的方向，才可根据摩擦力的方向与物体间相对运动的方向相反，而得知摩擦力的方向，最后根据力学平衡求出推力。

4.摩擦力突变的临界问题。

【例4】如图3.5–14所示，长木板OP的O端有固定转动轴，P端放一个重G的物块，物块与木板间的动摩擦因数为μ（最大静摩擦力视为$f_m=\mu F_N$），将P端缓慢提起，使木板倾角α由0逐渐增大，设木板足够长，则铁块受到的摩擦力f随角度α的变化图线可能正确的是如图3.5–15中的(　　)

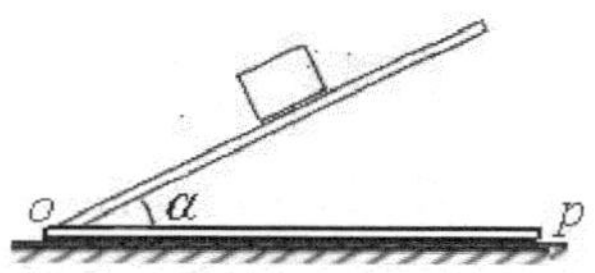

图3.5–14

【解析】开始物体跟长木板相对静止，当长木板缓慢提起，上面的物块可视为速度恒为零而保持静止，物块受到的摩擦力是静摩擦力，则由力的平衡得摩擦力的大小等于重力在斜面上的向下分量$f = f_{静} = mg\sin\alpha$，f–α图线应是正弦曲线相对应的部分，摩擦力随α增大而增大，当α增大到某一值时，摩擦力到达最大静摩擦$f_{静}=f_{动}$之后，静摩擦突变成滑动摩擦$f = f_{滑} = \mu mg\cos\alpha$，

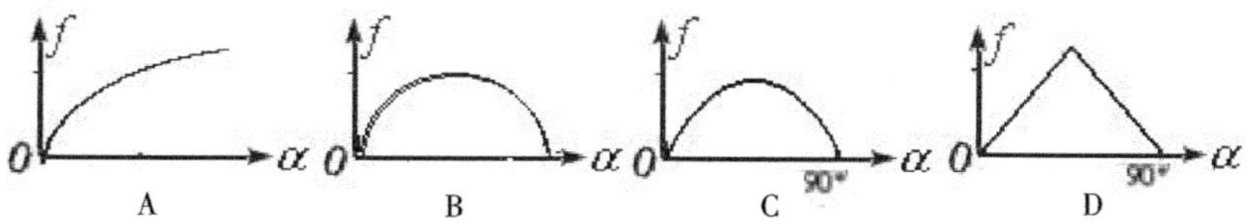

图3.5–15

此后物块受到的滑动摩擦力$f_{滑}$随角度α的增大而减小。$f - \alpha$图线应是余弦曲线相对应的部分。当α增大到90°时，由于正压力减为0，此时滑动摩擦力为0。把静摩擦和动摩擦两段函数画出来之后就是C图。

【创新思维】翻转长木板的整个过程中，摩擦力从无到有，再从有到无。$f_{静} = mg\sin\alpha$，随着α的增大$f_{静}$增大，直到增至最大静摩擦力，物块开始滑动，此时为临界转折点，摩擦力从“静”变为“滑”。摩擦力的多变在这道题中有了充分的展现，我们要好好体会摩擦力随着力和运动状态的变化而变化的应变性。

5.摩擦力做功问题。

【例5】（2014年高考新课标Ⅱ卷）一物体静止在粗糙水平地面上，现用一大小为F_1的水平拉力拉动物体，经过一段时间后其速度变为v。若将水平拉力的大小改为

F_2，物体从静止开始经过同样的时间后速度变为$2v$。对于上述两个过程，用W_{F1}、W_{F2}分别表示拉力F_1、F_2所做的功，W_{f1}、W_{f2}分别表示前后两次克服摩擦力所做的功，则（　　）

A.$W_{F2}>4W_{F1}$，$W_{f2}>2W_{f1}$　　　　B.$W_{F2}>4W_{F1}$，$W_{f2}=2W_{f1}$

C.$W_{F2}<4W_{F1}$，$W_{f2}=2W_{f1}$　　　　D.$W_{F2}<4W_{F1}$，$W_{f2}<2W_{f1}$

【解析】因物体均做匀变速直线运动，由运动学公式得前后两个过程的平均速度是2倍关系，那么位移$x=t$也是2倍关系，若$W_{f1}=fx$，则$W_{f2}=f\cdot 2x$故$W_{f2}=2W_{f1}$；由动能定理$W_{F1}-fx=\frac{1}{2}mv^2$和$W_{F2}-f\cdot 2x=\frac{1}{2}m(2v)^2$，得$W_{F2}=4W_{F1}-2fx<4W_{F1}$，C正确。

6.综合题。

【例6】（2013年高考全国Ⅱ卷）一长木板在水平地面上运动，在$t=0$时刻将一相对于地面静止的物块轻放到木板上，以后木板运动的速度—时间图像如图3.5-16所示，已知物块与木板的质量相等，物块与木板间及木板与地面间均有摩擦，物块与木板间的最大静摩擦力等于滑动摩擦力，且物块始终在木板上。取重力加速度的大小$g=10\ \mathrm{m/s^2}$，求：

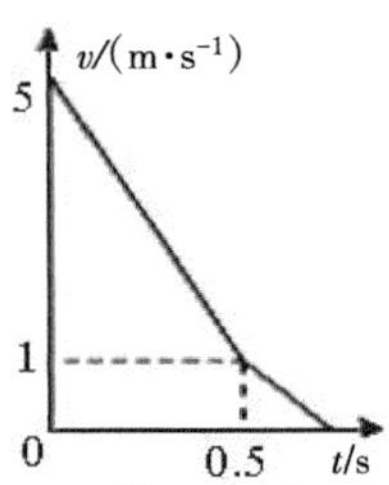

图3.5-16

（1）物块与木板间、木板与地面间的动摩擦因数；

（2）从$t=0$时刻到物块与木板均停止运动时，物块相对于木板的位移的大小。

【解析】从$v-t$图像中获取速度及加速度信息。根据摩擦力提供加速度，且不同阶段的摩擦力不同，利用牛顿第二定律列方程求解。（1）从$t=0$时开始，木板与物块之间的摩擦力使物块加速，使木板减速，此过程一直持续到物块和木板具有共同速度为止。

由图可知，在$t_1=0.5\ \mathrm{s}$时，物块和木板的速度相同。设$t=0$到$t=t_1$时间间隔内，物块和木板的加速度大小分别为a_1和a_2，则

$$a_1=\frac{v_1}{t_1}\quad ①$$

$$a_2=\frac{v_0-v_1}{t_1}\quad ②$$

式中$v_0=5\ \mathrm{m/s}$、$v_1=1\ \mathrm{m/s}$分别为木板在$t=0$、$t=t_1$时速度的大小。

设物块和木板的质量为m，物块和木板间、木板与地面间的动摩擦因数分别为μ_1、μ_2，由牛顿第二定律得

$$\mu_1 mg=ma_1\quad ③$$

$(\mu_1+2\mu_2)mg=ma_2$　④

联立①②③④式得

$\mu_1=0.20$　⑤

$\mu_2=0.30$　⑥

（2）在t_1时刻后，地面对木板的摩擦力阻碍木板运动，物块与木板之间的摩擦力改变方向。设物块与木板之间的摩擦力大小为f，物块和木板的加速度大小分别a_1'和a_2'，则由牛顿第二定律得

$f = ma_1'$⑦，$2\mu_2mg-f=ma'_2$　⑧

设$f<\mu_1mg$，则$a_1' = a_2'$；由⑤⑥⑦⑧式得$f=\mu_2mg>\mu_1mg$，与假设矛盾。故$f=\mu_1mg$⑨。

由⑦⑨式知，物块加速度的大小a_1'等于a_1；物块的$v-t$图像如图3.5-17中点两条倾斜虚线所示。

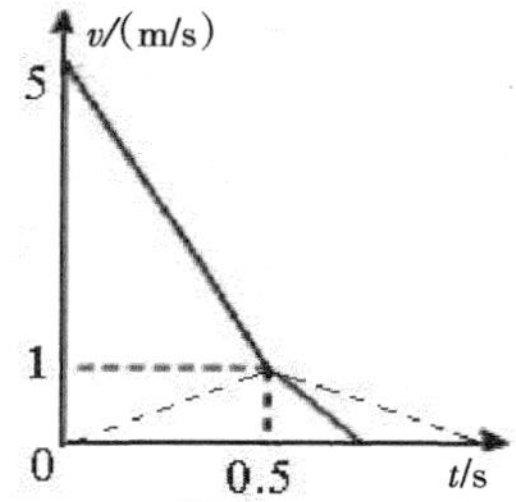

图3.5-17

由运动学公式可推知，物块和木板相对于地面的运动距离分别为

$s_1=2\times\frac{v_1^2}{2a_1}$⑩，$s_2=\frac{v_0+v_1}{2}t_1+\frac{v_1^2}{2a'_2}$　⑪

物块相对于木板的位移的大小为$s=s_2-s_1$　⑫

联立①⑤⑥⑧⑨⑩⑪⑫式得$s=1.125$ m。

【例7】（2014年高考新课标Ⅰ卷）公路上行驶的两汽车之间应保持一定的安全距离。当前车突然停止时，后车司机可以采取刹车措施，使汽车在安全距离内停下而不会与前车相碰。通常情况下，人的反应时间和汽车系统的反应时间之和为1 s，当汽车在晴天干燥沥青路面上以108 km/h的速度匀速行驶时，安全距离为120 m。设雨天时汽车轮胎与沥青路面间的动摩擦因数为晴天时的2/5，若要求安全距离仍为120 m，求汽车在雨天安全行驶的最大速度。

【解析】设路面干燥时，汽车与地面的动摩擦因数为μ_0，刹车时汽车的加速度大小为a_0，安全距离为s，反应时间为t_0，由牛顿第二定律和运动学公式得

$\mu_0mg=ma_0$　①

$s=v_0t_0+\frac{v_0^2}{2a_0}$　②

式中，m和v_0分别为汽车的质量和刹车前的速度。

设在雨天行驶时，汽车与地面的动摩擦因数为μ，依题意有$\mu=\frac{2}{5}\mu_0$③。

设在雨天行驶时汽车刹车的加速度大小为a，安全行驶的最大速度为v，由牛顿第二定律和运动学公式得

$\mu mg=ma$ ④

$s=vt_0+\frac{v^2}{2a}$ ⑤

联立①②③④⑤式并代入题给数据得v=20 m/s。

【例8】(2017年高考新课标Ⅱ卷)为提高冰球运动员的加速能力，教练员在冰面上与起跑线距离s_0和s_1($s_1<s_0$)处分别设置一个挡板和一面小旗，如图3.5-18所示。训练时，让运动员和冰球都位于起跑线上，教练员将冰球以初速度v_0击出，使冰球在冰面上沿垂直于起跑线的方向滑向挡板；冰球被击出的同时，运动员垂直于起跑线从静止出发滑向小旗。训练要求当冰球到达挡板时，运动员至少到达小旗处。假定运动员在滑行过程中做匀加速运动，冰球到达挡板时的速度为v_1。重力加速度大小为g。求：

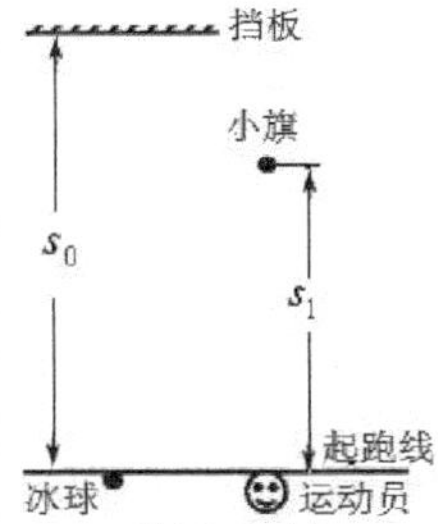

图3.5-18

(1)冰球与冰面之间的动摩擦因数；

(2)满足训练要求的运动员的最小加速度。

【解析】(1)设冰球与冰面间的动摩擦因数为μ，则冰球在冰面上滑行的加速度

$a_1=\mu g$ ①

由速度与位移的关系知 $-2a_1s_0=v_1^2-v_0^2$ ②

联立①②得 $\mu=\frac{a_1}{g}=\frac{v_0^2-v_1^2}{2gs_0}$ ③

(或由 $-\mu mgs_0=\frac{1}{2}mv_1^2-\frac{1}{2}mv_0^2$，得 $\mu=\frac{v_0^2-v_1^2}{2gs_0}$)

(2)设运动员的最小加速度为a，冰球运动时间为t，则 $t=\frac{v_0-v_1}{\mu g}$ ④

又 $s_1=\frac{1}{2}at^2$ ⑤

由③④⑤得 $a=\frac{s_1(v_0+v_1)^2}{2s_0^2}$。

【创新思维】该题主要考查匀变速直线运动基本规律的应用；分析物理过程中，抓住运动员和冰球之间的关联，并能灵活选取运动学公式是解题的关键，难度中等。

【例9】(2020年高考浙江选考卷)小明将如图3.5-19所示的装置放在水平地面

上，该装置由弧形轨道、竖直圆轨道、水平直轨道AB和倾角$\theta=37°$的斜轨道BC平滑连接而成。质量$m=0.1$ kg的小滑块从弧形轨道离地高$H=1.0$ m处静止释放。已知$R=0.2$ m，$L_{AB}=L_{BC}=1.0$ m，滑块与轨道AB和BC间的动摩擦因数均为$\mu=0.25$，弧形轨道和圆轨道均可视为光滑，忽略空气阻力。

(1)求滑块运动到与圆心O等高的D点时对轨道的压力；

(2)通过计算判断滑块能否冲出斜轨道的末端C点；

(3)若滑下的滑块与静止在水平直轨道上距A点x处的质量为$2m$的小滑块相碰，碰后一起运动，动摩擦因数仍为0.25，求它们在轨道BC上到达的高度h与x之间的关系。(碰撞时间不计，$\sin37°=0.6$，$\cos37°=0.8$)

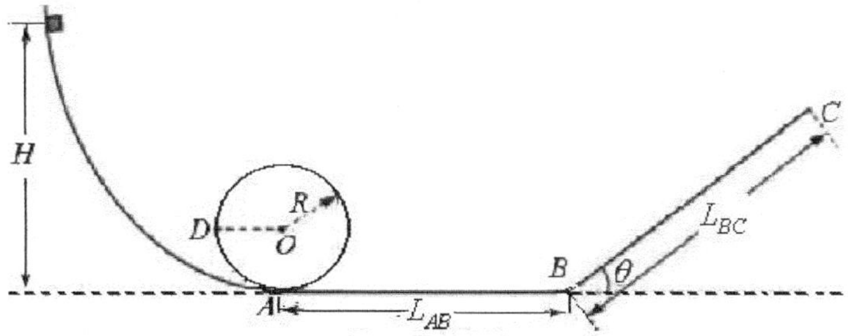

图3.5-19

【解析】(1)由机械能守恒定律$mgH=mgR+\frac{1}{2}mv_D{}^2$，得

$$v_D=\sqrt{2g(H-R)}=\sqrt{2\times10\,\mathrm{m/s^2}(1\,\mathrm{m}-0.2\,\mathrm{m})}=4\,\mathrm{m/s}$$

由牛顿第二定律得

$$F_N=\frac{mv_D{}^2}{R}=\frac{0.1\,\mathrm{kg}\times(4\,\mathrm{m/s})^2}{0.2\,\mathrm{m}}=8\,\mathrm{N}$$

由牛顿第三定律得，滑块运动到D点时对轨道的压力$F'_N=F_N=8\,\mathrm{N}$，方向水平向左。

(2)能在斜轨道上到达的最高点为C'点，由功能关系

$$mgH=\mu mgL_{AB}+\mu mgL_{BC'}\cos\theta+mgL_{BC'}\sin\theta$$

得$L_{BC'}=\frac{15}{16}\,\mathrm{m}<1.0\,\mathrm{m}$，故不会冲出。

(3)滑块运动到距A点x处的速度为v，由动能定理

$$mgH-\mu mgx=\frac{1}{2}mv^2$$

碰撞后的速度为v'，由动量守恒定律$mv=3mv'$

由上二式得$v'^2=\frac{2}{9}(H-\mu x)$。

设碰撞后滑块滑到斜轨道的高度为h，由动能定理得

$$-3\mu mg(L_{AB}-x)-3\mu mg\frac{h}{\tan\theta}-3mgh=0-\frac{1}{2}(3m)v'^2$$

将v'^2代入上式得

$$h=\frac{1}{6}x-\frac{5}{48}\text{m}\quad\left(\frac{5}{8}\text{m}<x\leqslant 1\text{m}\right)$$

$$h=0\left(0\leqslant x\leqslant\frac{5}{8}\text{m}\right)$$

3.6　专题六:高考中的弹簧问题

一、知识精要

物理试卷中的弹簧试题频频出现,几乎每年高考都对这种模型有所涉及,甚至作为压轴题加以考查。弹簧试题之所以备受青睐,首先,由于弹簧的特性及与其相连物体构成的系统的运动状态具有很强的综合性和隐蔽性;其次,弹簧在伸缩过程中涉及力和加速度,简谐运动,功能关系,动量和能量问题中的物理概念、物理规律、物理情景;最后,弹簧试题不仅能全方位考查考生分析物理过程,厘清物理解题思路,也能培养考生物理思维品质和反映考生的学习潜能。因而,弹簧试题就成为高考命题的重点、难点、热点。

二、范例精析

1. 弹簧试题中的平衡问题。

(1)单体问题。

【例1】(1991年全国高考题)一物体从某一高度自由落下,落在直立于地面的轻质弹簧上,如图3.6-1所示,在A点,物体开始与弹簧接触,到B点时,物体速度为零,然后被弹回。下列说法中正确的是(　　)

A. 物体从A下降到B的过程中,动能不断变小

B. 物体从B上升到A的过程中,动能不断变大

C. 物体从A下降到B,以及从B上升到A的过程中,速率都是先增大,后减小

D. 物体在B点时,所受合力为零

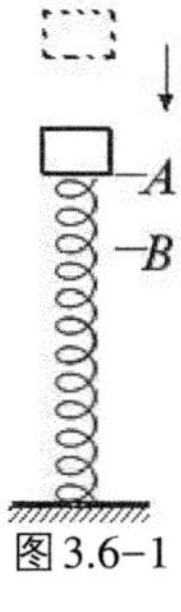

图3.6-1

【解析】物体落在直立于地面的轻质弹簧上后,其平衡点在A和B之间,物体在平衡点所受合力为0,速度最大。因此,C正确。

(2)连接体问题 。

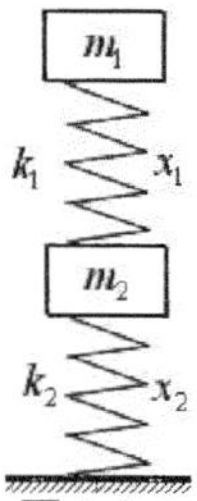

图3.6-2

【例2】(1999年全国高考题)如图3.6-2所示,两个木块质量分别为m_1和m_2,两轻质弹簧的劲度系数分别为k_1和k_2,上面木块压在上面的弹簧上(但不拴接),整个系统处于平衡状态,现缓慢向上提上面的木块,直到它刚离开上面的弹簧,在此过程中下面木块移动的距离为(　　)

A. m_1g/k_1　　B. m_2g/k_1　　C. m_1g/k_2　　D. m_2g/k_2

【解析】解法1:未向上提上面的木块时,将m_1和m_2隔离,分别对它们进行受力分析。m_1受到两个力作用,如图3.6-3(1)(2)所示,重力$G_1=m_1g$,劲度系数为k_1的弹簧对m_1的作用力$F_1=k_1(x_{10}-x_1)$,x_{10}是k_1弹簧的原长,x_1是未向上提上面的木块时k_1弹簧的长度。根据力的平衡条件得

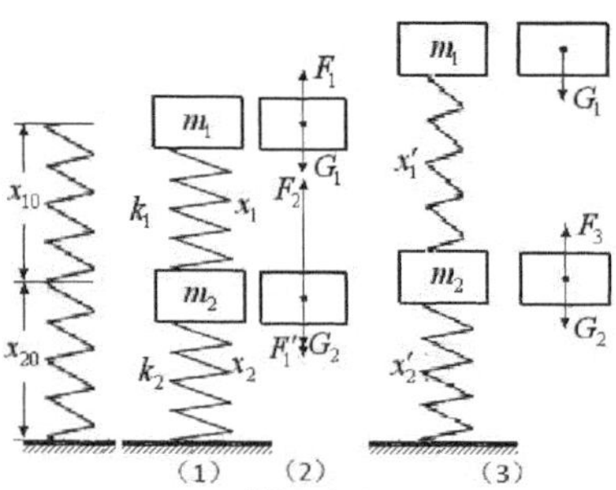

图3.6-3

$k_1(x_{10}-x_1)=m_1g$　①

m_2受到三个力作用,如图3.6-3(2)所示,重力$G_2=m_2g$,劲度系数为k_1的弹簧对m_2的作用力$F_1'=F_1=k_1(x_{10}-x_1)$,方向竖直向下,劲度系数为k_2的弹簧原长是x_{20},未向上提上面木块时k_2弹簧的长度是x_2,根据力的平衡条件得

$k_2(x_{20}-x_2)=m_2g+k_1(x_{10}-x_1)$　②

m_1离开k_1弹簧后,m_2受到两个力作用,如图3.6-3(3)所示,重力$G_2=m_2g$,劲度系数为k_2的弹簧对m_2的作用力$F_3=k_2(x_{20}-x_2')$,x_2'是m_1离开k_1弹簧后k_2弹簧的长度。根据力的平衡条件得

$k_2(x_{20}-x_2')=m_2g$　③

解①②③三式得$x_2'-x_2=m_1g/k_2$,这就是下面木块在这一过程中移动的距离,故C选项正确。

解法2:(整体法)由于弹簧是轻质弹簧,弹簧的重力不计,因此可将m_1和m_2当作一个整体压在劲度系数为k_2的弹簧上,未向上提m_1时,整个系统受到两个力作用。如图3.6-4(1)所示,重力$G=(m_1+m_2)g$,劲度系数为k_2的弹簧对m_1、m_2组成的整体的作用力$F_2=k_2(x_{20}-x_2)$,根据力的平衡条件得

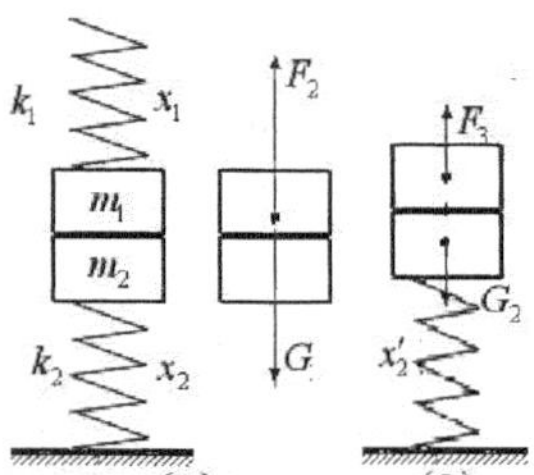

图3.6-4

$k_2(x_{20}-x_2)=(m_1+m_2)g$　④

x_2是未向上提m_1时,劲度系数为k_2的弹簧的长度。

m_1离开弹簧后,m_2受到两个力作用,如图3.6-4(2)所示。重力$G_2=m_2g$,劲度系数为k_2的弹簧对m_2作用力$F_3=k_2(x_{20}-x_2')$,

x_2'是m_1离开k_1弹簧后k_2弹簧的长度。根据力的平衡条件得

$k_2(x_{20}-x_2')=m_2g$　⑤

解④⑤式得$x_2'-x_2=m_1g/k_2$，这就是下面木块在这一过程中移动的距离，故C选项正确。

【创新思维】①选用整体法来分析求解，这使得初看起来较复杂的问题，很快就迎刃而解了。②对于面接触的物体，在接触面间弹力变为零时，它们将要分离。抓住相互接触物体分离的这一条件，就可顺利解答相关问题。

（3）弹簧中的临界状态问题。

【例3】如图3.6-5所示，轻质弹簧上端固定，下端连接一质量为m的重物，先由托盘托住m，使弹簧比自然长度缩短L，然后由静止开始以加速度a匀加速向下运动。已知$a<g$，弹簧劲度系数为k，求经过多少时间托盘M将与m分开？

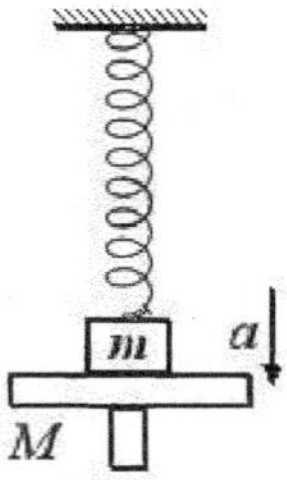

图3.6-5

【解析】当托盘与重物分离的瞬间，托盘与重物虽接触但无相互作用力，此时重物只受到重力和弹簧的作用力，在这两个力的作用下，当重物的加速度也为a时，重物与托盘恰好分离。由于$a<g$，故此时弹簧必为伸长状态，然后由牛顿第二定律和运动学公式求解。

根据牛顿第二定律得$mg-kx=ma$　①

由①得$x=\dfrac{m(g-a)}{k}$，

由运动学公式得$L+x=\dfrac{1}{2}at^2$　②

联立①②式得$\dfrac{kL+m(g-a)}{k}=\dfrac{1}{2}at^2$　③

解得$t=\sqrt{\dfrac{2[kL+m(g-a)]}{ka}}$。

【创新思维】本题属于牛顿运动定律中的临界状态问题。求解本类题型的关键是找出临界条件，同时还要从宏观上把握其运动过程，分析出分离瞬间弹簧的状态。我们还可这样探索：若将此题条件改为“已知$a>g$”，情况又如何呢？

2.弹簧试题中的非平衡问题。

这类问题主要指弹簧在相对位置发生变化时，所引起的力、加速度、速度、功、能等其他物理量发生变化的情况。如1991、1993高考题中均有属此类试题。

【**例4**】(2004年高考全国Ⅱ卷)如图3.6-6所示,四个完全相同的弹簧都处于水平位置,它们的右端受到大小皆为F的拉力作用,而左端的情况各不相同:①中弹簧的左端固定在墙上,②中弹簧的左端受大小也为F的拉力作用,③中弹簧的左端拴一小物块,物块在光滑的桌面上滑动,④中弹簧的左端拴一小物块,物块在有摩擦的桌面上滑动。若认为弹簧的质量都为零。以l_1、l_2、l_3、l_4依次表示四个弹簧的伸长量,则有(　　)

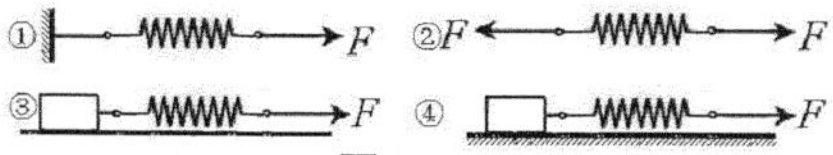

图3.6-6

A.$l_2>l_1$　　B.$l_4>l_3$　　C.$l_1>l_3$　　D.$l_2=l_4$

【**错解**】由于③中弹簧的左端拴一小物块,物块在光滑的桌面上滑动,而④中弹簧的左端拴一小物块,物块在有摩擦的桌面上滑动,所以有 $l_4>l_3$,即B选项正确。

【**解析**】本题实际上是判断四种情景下弹簧所受弹力的大小。由于弹簧的质量不计,所以不论弹簧做何种运动,弹簧各处的弹力大小都相等。因此这四种情况下弹簧的弹力都是F,即四个弹簧的伸长量$x=F/k$相等,则四个弹簧的伸长量都相等。所以只有D选项正确。

【**创新思维**】命题者将常见的四种不同的物理情景放在一起,让考生判别弹簧的伸长量的大小,不少考生不假思考地选择B。没有良好思维习惯的学生是不能正确解答本题的。其实无论什么情况,轻质弹簧中的弹力等于作用在弹簧上的力。

3.利用弹簧特性解题。

(1)对称性:简谐运动的对称性在弹簧问题上有广泛的应用,因此在解决关于位移、速度、加速度及力的变化问题时,经常用到。

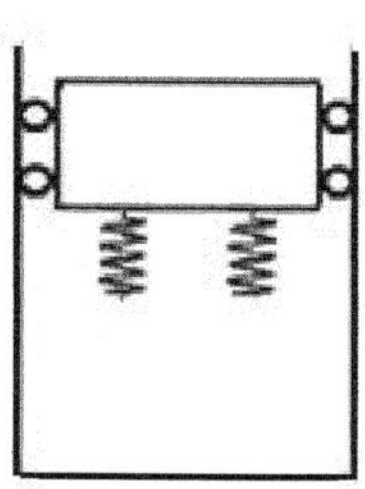
图3.6-7

【**例5**】(2001年高考上海卷)如图3.6-7所示,一升降机在箱底装有若干个弹簧,设在某次事故中,升降机吊索在空中断裂,忽略摩擦力,则升降机在从弹簧下端触地后直到最低点的一段运动过程中(　　)

A.升降机的速度不断减小

B.升降机的加速度不断变大

C.先弹力做的负功小于重力做的正功,然后弹力做的负功大于重力做的正功

D.到最低点时,升降机加速度的值一定大于重力加速度的值

【**解析**】弹簧从触地至压缩到最低点的过程中,升降机受到的弹力F方向向上且不断增大,当弹力等于升降机的重力G时,升降机达最大速度;在此刻前,有$F<G$,升降机做加速度(方向向下)减小的加速运动;在此刻后,有$F>G$,升降机做加速度(方向向上)增大的减速运动,故C正确。又由简谐运动的对称性可知,当升降机减速到弹

簧刚好触地时的速度大小时,向上的加速度等于弹簧刚好触地时的加速度大小,弹簧触地瞬间 $a=g$,$v\neq0$,到最低点时 $v=0$,弹簧最短时,此时升降机的加速度 a 最大,大于 g,则D正确。故选C、D。

(2)惰性(弹簧的弹力不能突变,只能渐变,弹力的变化需要一定的时间)。

【例6】(2001年高考上海卷)如图3.6-8(1)所示,一质量为 M 的物体系于长度分别为 l_1、l_2 的两根细线上,l_1 的一端悬挂在天花板上,与竖直方向夹角为 θ,l_2 水平拉直,物体处于平衡状态,现将 l_2 线剪断,求剪断瞬间物体的加速度。

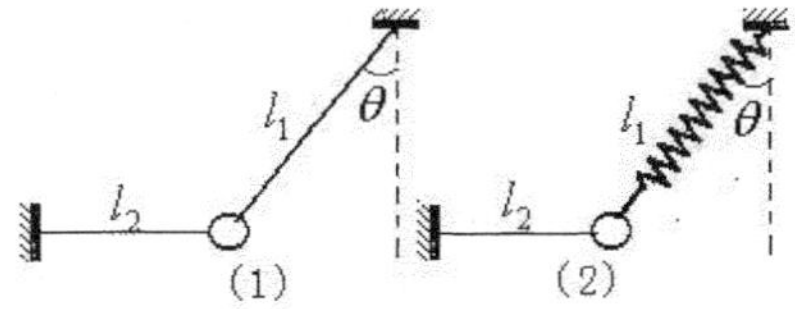

图3.6-8

(1)下面是某同学对该题的一种解法:

【解析】设 l_1 线上的拉力为 T_1,l_2 线上的拉力为 T_2,重力为 mg,物体在三力作用下保持平衡,则有

$T_1\cos\theta=mg$,$T_1\sin\theta=T_2$,$T_2=mg\tan\theta$

剪断线的瞬间,T_2 突然消失,物体即在 T_2 反方向上获得加速度,因为 $mg\tan\theta=ma$,所以加速度 $a=g\tan\theta$,方向在 T_2 反方向。

你认为这个结果正确吗?请对该解法做出评价并说明理由。

(2)若将图(1)中细线 l_1 改为长度相同、质量不计的轻质弹簧,如图3.6-8(2)所示,其他条件不变,求解的步骤和结果与(1)完全相同,即 $a=g\tan\theta$,你认为这个结果正确吗?请说明理由。

【解析】(1)结果不正确,在剪断 l_2 前,物体受三力作用平衡,如图3.6-9(1)所示,当剪断 l_2 的瞬间,T_2 突然消失,线 l_1 的张力发生突变,物体受力如图。故有 $mg\sin\theta=ma$,解得 $a=g\sin\theta$。

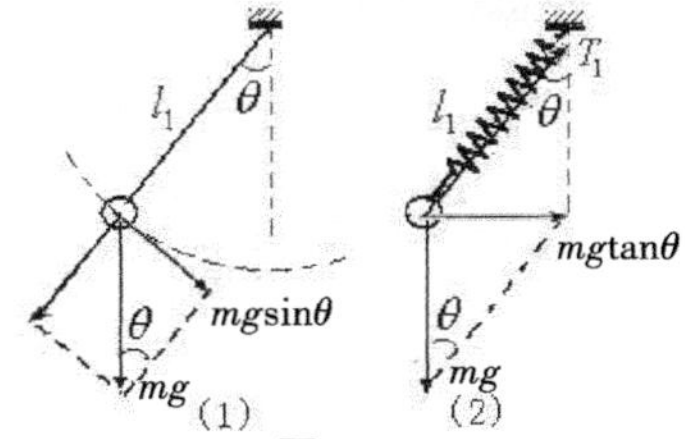

图3.6-9

(2)结果正确,如图3.6-9(2)所示,因为当剪断 L_2 的瞬间,虽然 T_2 突然消失,但 l_1 弹簧的长度来不及发生变化,其上的弹力不发生突变,故有 $mg\tan\theta=ma$,解得 $a=g\tan\theta$。

【创新思维】轻质弹簧具有质量和重力可忽略、能受拉力和压力、发生形变需要时间的积累且弹力不能突变的特点,俗称弹簧具有惰性。轻绳也是理想模型,它具有质量和重力可忽略,但是只能受拉力、伸长忽略且绳中的弹力可以突变的特点。

4.与弹簧有关的动量、功能关系以及相关知识的综合问题。

(1)弹簧竖直放置。

【例7】(2018年高考新课标Ⅰ卷)如图3.6-10所示,轻质弹簧的下端固定在水平桌面上，上端放有物块P，系统处于静止状态，现用一竖直向上的力F作用在P上，使其向上做匀加速直线运动，以x表示P离开静止位置的位移，在弹簧恢复原长前，下列表示F和x之间关系的图像（图3.6-11）可能正确的是（　　）

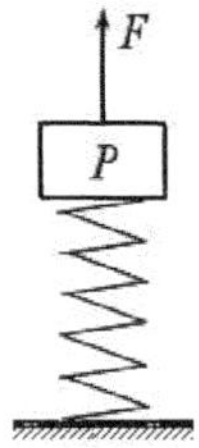

图3.6-10

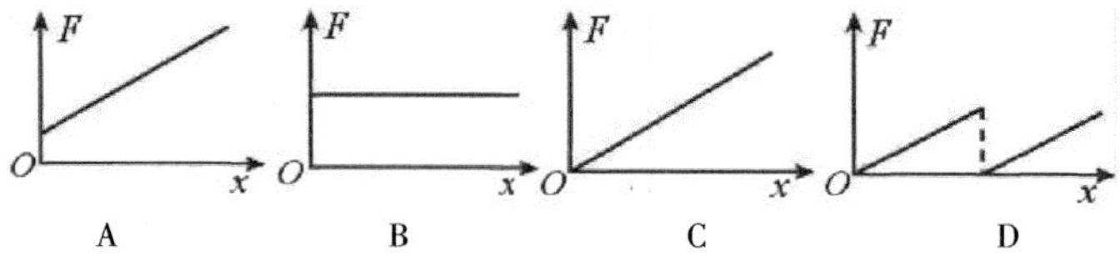

图3.6-11

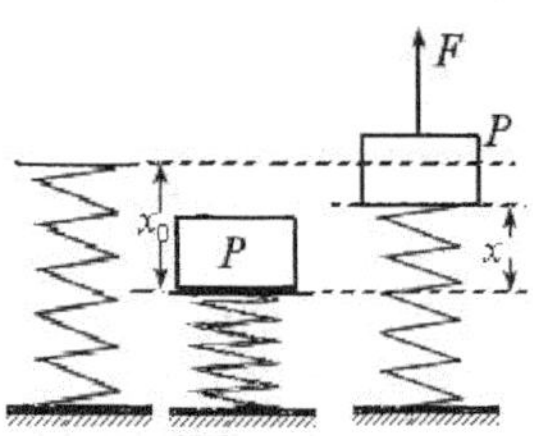

图3.6-12

【解析】如图3.6-12所示，设轻质弹簧初态形变量为x_0，P离开静止位置的位移x，此时弹力F'，由题意可知$F' = k(x_0 - x)$①，$kx_0 = mg$②。

由牛顿定律，$F + F' - mg = ma$ ③

联立解得$F = ma + kx$ ④，对比题给图像，选A。

（2）弹簧水平放置。

【例8】（2009年高考浙江卷）如图3.6-13所示，在光滑绝缘水平面上放置3个电荷量均为$q(q>0)$的相同小球，小球之间用劲度系数均为k_0的轻质弹簧绝缘连接。当三个小球处在静止状态时，每根弹簧长度为，已知静电力常量为k，若不考虑弹簧的静电感应，则每根弹簧的原长为（　　）

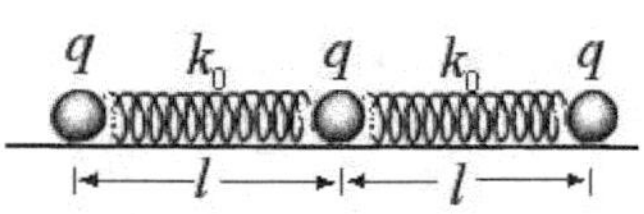

图3.6-13

A.$l + \dfrac{5kq^2}{2k_0l^2}$　　B.$l - \dfrac{kq^2}{k_0l^2}$　　C.$l - \dfrac{5kq^2}{4k_0l^2}$　　D.$l - \dfrac{5kq^2}{2k_0l^2}$

【解析】如图3.6-14所示，第三个小球在水平方向上受三个力的作用，它们的关系是$F = F_{13} + F_{23}$，即

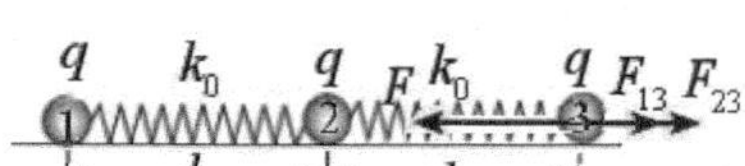

图3.6-14

$$k_0x = k\frac{q^2}{l^2} + k\frac{q^2}{(2l)^2}, x = \frac{5kq^2}{4k_0l^2}$$

则每根弹簧的原长 $l_0 = l - x = l - \dfrac{5kq^2}{4k_0l^2}$。所以，选项C正确。

（3）弹簧系统放置在斜面上的运动状态分析。

【例9】（2005年高考全国Ⅲ卷）如图3.6-15所示，在倾角为θ的光滑斜面上有两个用轻质弹簧相连接的物块A、B，它们的质量分别为

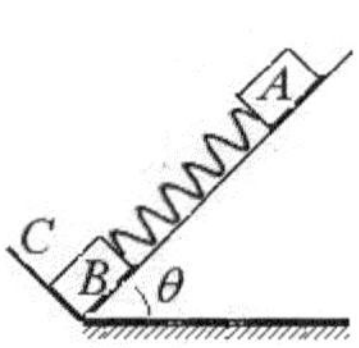

图3.6-15

m_A、m_B，弹簧的劲度系数为k，C为一固定挡板，系统处于静止状态。现开始用一恒力F沿斜面方向拉物块A使之向上运动，求物块B刚要离开C时物块A的加速度a和从开始到此时物块A发生的位移d。已知重力加速度为g。

【解析】令x_1表示未加F时弹簧的压缩量，由胡克定律和牛顿定律可知

$m_A g\sin\theta = kx_1$　①

令x_2表示B刚要离开C时弹簧的伸长量，a表示此时A的加速度，由胡克定律和牛顿定律可知：

$kx_2 = m_B g\sin\theta$　②

$F - m_A g\sin\theta - kx_2 = m_A a$　③

由②③式可得$a = \dfrac{F - \left(m_A + m_B\right)g\sin\theta}{m_A}$　④

由题意$d = x_1 + x_2$　⑤

由①②⑤式可得$d = \dfrac{\left(m_A + m_B\right)g\sin\theta}{k}$。

【创新思维】本例是弹簧模型在运动和力上的应用，求解时要抓住两个关键："物块B刚要离开C"的条件和弹簧由压缩状态变为伸长状态，其形变量与物块A位移的关系。

5.弹簧模型在力学中的综合应用。

【例10】(2000年高考全国卷)在原子核物理中，研究核子与核子关联的最有效途径是"双电荷交换反应"，这类反应的前半部分过程和下述力学模型类似。如图3.6-16所示，两个小球A和B用轻质弹簧相连，在光滑的水平直轨道上处于静止状态。在它们左边有一垂直于轨道的固定挡板P，右边有一小球C沿轨道以速度v_0射向B球，C与B发生碰撞并立即结成一个整体D，在它们继续向左运动的过程中，当弹簧长度变到最短时，长度突然被锁定，不再改变。然后，A球与挡板P发生碰撞，碰后A、D都静止不动，A与P接触而不粘连。过一段时间，突然解除锁定(锁定及解除锁定均无机械能损失)，已知A、B、C三球的质量均为m。

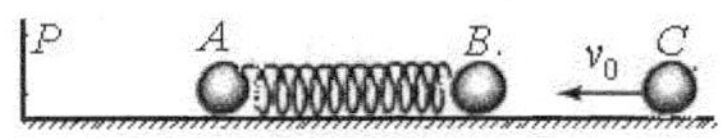

图3.6-16

(1)求弹簧长度刚被锁定后A球的速度；

(2)求在A球离开挡板P之后的运动过程中，弹簧的最大弹性势能。

【解析】(1)C与B相碰撞并结合成D，设D速度为v_1，则有$mv_0 = (m + m)v_1$，得$v_1 = v_0/2$。D向左压弹簧到最短被锁定，设此时速度为v_2，则有

$2mv_1 = 2mv_0/2 = (2m + m)v_2$,得$v_2 = v_0/3$。

可见,此时A球速度是$v_2 = v_0/3$。

(2)弹簧被压到最短并被锁定后,弹簧获得的弹性势能

$$E_P = \frac{1}{2}(2m){v_1}^2 - \frac{1}{2}(3m){v_2}^2 = \frac{1}{12}m{v_0}^2$$

撞击P板后直到弹簧解除锁定前,A、D动能都减为零,三球系统的机械能在这段时间内只限于弹性势能$E_P = \frac{1}{12}m{v_0}^2$。

弹簧解除锁定后,弹簧逐渐伸长,当弹簧刚恢复到自然长度时,由于A尚未动,则弹性势能此刻全部转变成D的动能,设这时D的速度为v_3,则有

$$\frac{1}{2}(2m){v_3}^2 = E_P,即\frac{1}{2}(2m){v_3}^2 = \frac{1}{12}m{v_0}^2,得v_3 = \frac{\sqrt{3}}{6}v_0$$

以后弹簧被拉长,A离开P板开始做变加速运动,而D则同时开始做变减速运动,当A的速度增大到与正在减小的D的速度相等时,弹簧伸至最长,设此时速度为v_4,这时弹簧所获得的弹性势能E_p'为最大。

由动量守恒,有$2mv_3 = 3mv_4$,得$v_4 = \frac{2}{3}v_3 = \frac{\sqrt{3}}{9}v_0$。

由能量守恒,有$E_P' = \frac{1}{2}(2m){v_3}^2 - \frac{1}{2}(3m){v_4}^2$,得$E_P' = \frac{1}{36}m{v_0}^2$,$E_P'$即为所求。

【创新思维】2000年的高考压轴题,妙在命题者暗设机关、巧布干扰。只有当考生全面读懂、领会题意,并在头脑中建立起非常清晰的物理图景和过程,充分运用两个守恒定律,化难为易,才能予以识破。此题有多种解法。

【例11】(2003年高考全国卷)

(1)如图3.6-17(a)所示,在光滑水平长直轨道上,放着一个静止的弹簧振子,它由一轻质弹簧两端各连接一个小球构成,两小球质量相等,现突然给左端小球一个向右的速度u_0,求弹簧第一次恢复到自然长度时,每个小球的速度。

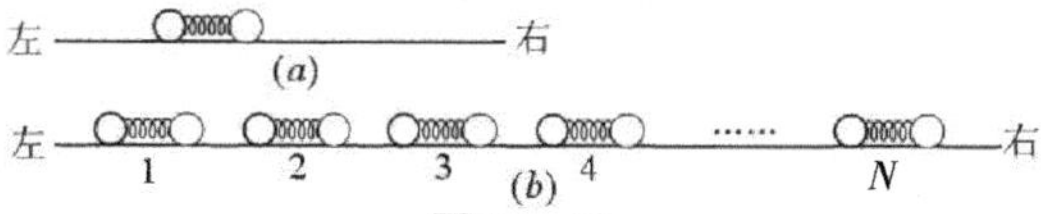

图3.6-17

(2)如图3.6-17(b)所示,将N个这样的振子放在该轨道上,最左边的振子被压缩至弹簧为某一长度后锁定,静止在适当位置上,这时它的弹性势能为E_0,其余的振子间都有一定距离,现解除对振子1的锁定,任其自由运动,当它第一次恢复到自然长度时,刚好与振子2碰撞,此后,继续发生一些碰撞,设一个振子被碰后都是在弹簧第

一次恢复到自然长度时与下一振子相碰,求所有可能的碰撞都发生后,每个振子弹性势能的最大值。已知本题两球相碰时,速度交换,即一球碰后的速度等于另一球碰前的速度。

【解析】(1)设每个小球质量为m,以u_1、u_2分别表示弹簧恢复到自然长度时左右两端小球的速度,由动量守恒定律和能量守恒定律有

$mu_1 + mu_2 = mu_0$(以向右为速度正方向)

$\frac{1}{2}mu_1^2 + \frac{1}{2}mu_2^2 = \frac{1}{2}mu_0^2$

解得$u_1 = u_0, u_2 = 0$或$u_1 = 0, u_2 = u_0$。

由于振子从初始状态到弹簧恢复到自然长度的过程中,弹簧一直是压缩状态,弹性力使左端小球持续减速,使右端小球持续加速,因此应该取解$u_1 = 0, u_2 = u_0$。

(2)以v_1、v_1'分别表示振子1解除锁定后弹簧恢复到自然长度时左右两小球的速度,规定向右为速度的正方向,由动量守恒定律和能量守恒定律有

$mv_1 + mv_1' = 0$(以向右为正方向)

$\frac{1}{2}mv_1^2 + \frac{1}{2}mv_1'^2 = E_0$

解得$v_1 = \sqrt{\frac{E_0}{m}}, v_1' = -\sqrt{\frac{E_0}{m}}$,或$v_1 = -\sqrt{\frac{E_0}{m}}, v_1' = \sqrt{\frac{E_0}{m}}$。

在这一过程中,弹簧一直是压缩状态,弹性力使左端小球向左加速,右端小球向右加速,故应取解$v_1 = -\sqrt{\frac{E_0}{m}}, v_1' = \sqrt{\frac{E_0}{m}}$。

振子1与振子2碰撞后,由于交换速度,振子1右端小球速度变为0,左端小球速度仍为v_1,此后两小球都向左运动,当它们向左的速度相同时,弹簧被拉伸至最长,弹性势能最大,设此时速度为v_{10},根据动量守恒定律,$2mv_{10} = mv_1$。

用E_1表示最大弹性势能,由能量守恒有$\frac{1}{2}mv_{10}^2 + \frac{1}{2}mv_{10}^2 + E_1 = \frac{1}{2}mv_1^2$,

解得$E_1 = \frac{1}{4}E_0$。

振子2被碰后瞬间,左端小球速度为$\sqrt{\frac{E_0}{m}}$,右端小球速度为0,以后弹簧被压缩,当弹簧再恢复到自然长度时,根据(1)题结果,左端小球速度$v_2 = 0$,右端小球速度$v_2' = \sqrt{\frac{E_0}{m}}$,与振子3碰撞,由于交换速度,振子2右端小球速度变为0,振子2静止,弹

簧为自然长度，弹性势能$E_2=0$，同样分析可得$E_2=E_3=\cdots=E_{N-1}=0$。

振子N被碰后瞬间，左端小球速度为$v'_{N-1}=\sqrt{\dfrac{E_0}{m}}$，右端小球速度为0，弹簧为自然长度，此后两小球都向右运动，弹簧被压缩，当它们向右的速度相同时，弹簧被压缩至最短，弹性势能最大，此设速度为v_{N0}，根据动量守恒定律，$2mv_{N0}=mv'_{N-1}$。

用E_N表示最大弹性势能，根据能量守恒定律，有

$$\frac{1}{2}mv_{N0}{}^2+\frac{1}{2}mv_{N0}{}^2+E_N=\frac{1}{2}mv_{N-1}{}^2$$

解得$E_N=\dfrac{1}{4}E_0$。

【创新思维】用一根轻质弹簧两端各连接一个小球（或滑块），构成一个弹簧双振子，将其放置在光滑的水平面上，设置一些物理情景，组成一道渗透动量、机械能、运动学等方面知识的题目能考查解题能力、鉴别我们的思维品质。

这一题和前面一题表明，动量问题曾经不止一次在高考中成为压轴题，难度可以想象。今天将这些题选来作为例题，是想给读者研究、借鉴，以求抛砖引玉之效。

【例12】（2005年高考全国卷）如图3.6-18所示，质量为m_1的物体A经一轻质弹簧与下方地面上的质量为m_2的物体B相连，弹簧的劲度系数为k，A、B都处于静止状态。一条不可伸长的轻绳绕过轻滑轮，一端连物体A，另一端连一轻挂钩。开始时各段绳都处于伸直状态，A上方的一段绳沿竖直方向。现在挂钩上挂一质量为m_3的物体C并从静止状态释放，已知它恰好能使B离开地面但不继续上升。若将C换成另一个质量为(m_1+m_3)的物体D，仍从上述初始位置由静止状态释放，则这次B刚离地时D的速度的大小是多少？已知重力加速度为g。

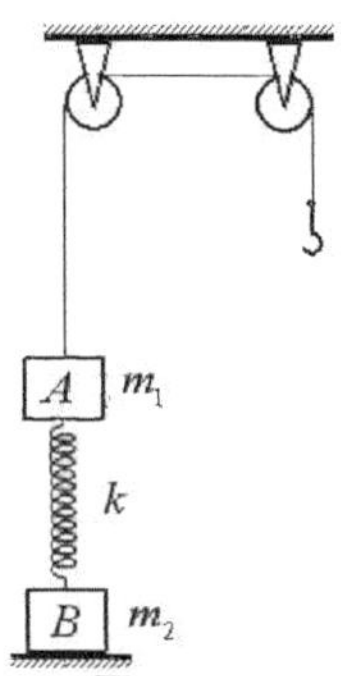

图3.6-18

【解析】开始时，A、B静止平衡，设弹簧的压缩量为x_1，$kx_1=m_1g$，挂C后，当B刚要离地时，设弹簧伸长量为x_2，有$kx_2=m_2g$，此时，A和C速度均为零。从挂C到此时，根据机械能守恒定律弹簧弹性势能的改变量为$\Delta E=m_3g(x_1+x_2)-m_1g(x_1+x_2)$。

将C换成D后，当B刚离地时弹簧势能的增量与前一次相同，由能量关系得

$$\frac{1}{2}(m_3+m_1)v^2+\frac{1}{2}m_1v^2=(m_3+m_1)g(x_1+x_2)-m_1g(x_1+x_2)-\Delta E$$

联立以上各式可以解得$v=\sqrt{\dfrac{2m_1(m_1+m_2)g^2}{k(2m_1+m_3)}}$。

【创新思维】弄清物理过程是解本题的关键。开始A、B静止，属于平衡现象。挂C

后是一个运动过程,但不是匀变速,先加速后减速,可考虑用功能关系列方程,A的重力势能增加,C的重力势能减少,还有弹簧的弹性势能变化(可设为增加)(弹性势能的增加即为外力做了多少功或者为系统重力势能的减少,整个系统机械能还是守恒的)。该过程的末状态,B刚要离地但并没有离地,仍静止,还是一个平衡现象。

一般情况下,匀变速运动列方程可从牛顿运动定律和运动学公式出发,而非匀变速运动则从动量和能量两条途径考虑。换D后的过程,仍是非匀变速,且最后A、D还有速度。两个物体减少的重力势能,除让弹簧弹性势能变化外,两个物体的动能也增加。同样此题有多种解法。

【例13】(2016年高考新课标Ⅱ卷)如图3.6–19所示。小球套在光滑的竖直杆上。轻质弹簧一端固定于O点,另一端与小球相连。现将小球从M点由静止释放,它在下降的过程中经过了N点。已知在M、N两点处,弹簧对小球的弹力大小相等,且$\angle ONM<\angle 0MN<\pi/2$,在小球从$M$点运动到$N$点的过程中(　　)

A. 弹力对小球先做正功后做负功

B. 有两个时刻小球的加速度等于重力加速度

C. 弹簧长度最短时,弹力对小球做功的功率为零

D. 小球到达N点时的动能等于其在M、N两点的重力势能差

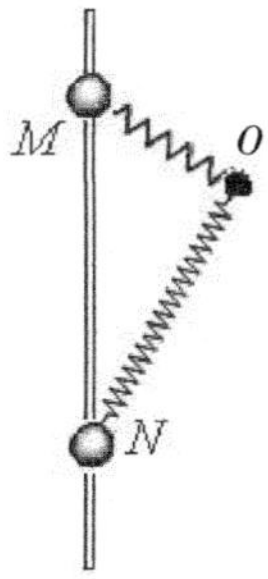

图3.6–19

【解析】因M和N两点处弹簧对小球的弹力大小相等,且$\angle ONM<\angle 0MN<\pi/2$,知小球在$M$处时弹簧处于压缩状态,在$N$处时弹簧处于伸长状态,则弹簧的弹力对小球先做负功后做正功再做负功,选项A错误;当弹簧水平时,小球在竖直方向受到的力只有重力,加速度为g,当弹簧处于原长位置时,小球只受重力,加速度为g,则有两个时刻小球的加速度大小等于g,选项B正确;弹簧长度最短时,即弹簧水平,弹力方向与速度方向垂直,弹力对小球做功的功率为零,选项C正确;由动能定理得$W_F+W_G=\Delta E_K$,因小球在M和N两点处弹簧对小球的弹力大小相等,弹性势能相等,则表明弹力做功$W_F=0$,选项D正确。故选B、C、D。

【创新思维】对于小球从M点运动到N点的过程,分成哪几个阶段,每个阶段弹簧长度如何变化?从而导致弹力如何变化?弹力做功、弹性势能如何变化?抓住这些变化,连锁推理,该题就迎刃而解了。

综上可知,弹簧试题的确是培养、训练我们物理思维和鉴别、开发我们的学习潜能的经典试题。弹簧与相连物体构成的系统所表现出来的运动状态的变化,需要我们充分运用物理概念和规律(牛顿第二定律、动能定理、机械能守恒定律、动量定理、

动量守恒定律)，如计算弹簧形变量、求物体加速度、求物体初速度、计算弹力对物体的冲量、求弹簧的弹性势能、解与气体实验定律有关的试题、解关于弹簧振子的试题等。

3.7　专题七：高考中的传送带类问题

一、知识精要

传送带在现代应用中非常广泛，以传送带为真实情境的物理问题，它既能训练科学思维，又能联系科学、生产和生活实际，因而这种类型试题具有生命力，当然也是高考命题专家所关注的。由于“传送带类问题”属于涉及力、运动、能量等比较综合的模型，这类试题大都具有物理情景模糊、条件隐蔽、过程复杂等特点，是历年高考考查的热点。

二、范例精析

1.物体在（水平、倾斜、变形）传送带上的相对运动问题。

【例 1】（2006年高考全国I卷）如图3.7–1所示，一水平的浅色长传送带上放置一煤块（可视为质点），煤块与传送带之间的动摩擦因数为μ。初始时，传送带与煤块都是静止的。现让传送带以恒定的加速度a_0开始运动，当其速度达v_0后，便以此速度做匀速运动，经过一段时间，煤块在传送带上留下了一段黑色痕迹后，煤块相对于传送带不再滑动。求此黑色痕迹的长度。

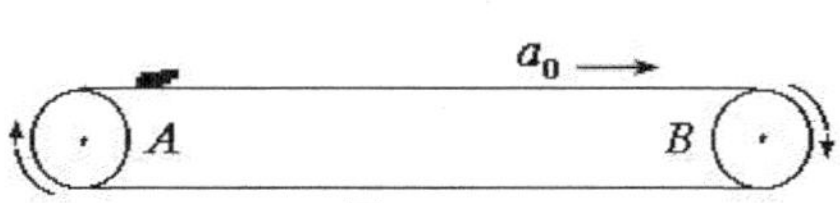

图3.7–1

【解析】解法1：根据“传送带上有黑色痕迹”可知，煤块与传送带之间发生了相对滑动，煤块的加速度a小于传送带的加速度a_0。根据牛顿运动定律，可得$a = \mu g$。

设经历时间为t，传送带由静止开始加速到v_0，煤块则由静止加速到v，有

$v_0 = a_0 t, v = at$

由于$a<a_0$，故$v<v_0$，煤块继续受到滑动摩擦力的作用。再经过时间t'，煤块的速度由v增加到v_0，有 $v_0 = v + at'$，此后，煤块与传送带运动速度相同，相对于传送带不再

滑动，不再产生新的痕迹。设在煤块的速度从0增加到v_0的整个过程中，传送带和煤块移动的距离分别为s_0和s，有

$$s_0 = \frac{1}{2}a_0t^2 + vt', s = \frac{v_0^2}{2a}$$

传送带上留下的黑色痕迹的长度$l = s_0 - s$，

由以上各式得$l = \dfrac{{v_0}^2(a_0 - \mu g)}{2\mu a_0 g}$。

【创新思维】本解法的思路是整体分析两物体的运动情况，分别对两物体的全过程求位移。

解法2：第一阶段，传送带由静止开始加速到速度v_0，设经历时间为t，煤块加速到v，有

$v_0 = a_0 t$　①

$v = at = \mu gt$　②

传送带和煤块的位移分别为s_1和s_2，

$s_1 = \dfrac{1}{2}a_0t^2$　③

$s_2 = \dfrac{1}{2}at^2 = \dfrac{1}{2}\mu gt^2$　④

第二阶段：煤块继续加速到v_0，设经历时间为t'，有$v_0 = v + \mu gt'$　⑤

传送带和煤块的位移分别为s_3和s_4，有

$s_3 = v_0t'$　⑥

$s_4 = vt' + \dfrac{1}{2}\mu gt'^2$　⑦

传送带上留下的黑色痕迹的长度

$l = s_1 + s_3 - s_2 - s_4$

由以上各式得黑色痕迹的长度$l = \dfrac{{v_0}^2\left(a_0 - \mu g\right)}{2\mu a_0 g}$。

【创新思维】本解法的思路是分两段分析两物体的运动情况，分别对两个物体的两个阶段求位移，最后再找相对位移关系。

解法3：传送带加速到v_0，有$v_0 = a_0t$　①

传送带相对煤块的速度$v = \left(a_0 - \mu g\right)t$　②

传送带加速过程中，传送带相对煤块的位移（相对初速度为零，相对加速度是

$a_0-\mu g)$，

$$l_1=\frac{1}{2}\left(a_0-\mu g\right)t^2$$

传送带匀速运动过程中，传送带相对煤块的位移[相对初速度为$(a_0-\mu g)t$，相对加速度是μg，

$$l_2=\frac{(a_0-\mu g)^2t^2}{2\mu g}$$

整个过程中传送带相对煤块的位移即痕迹长度

$$l=\frac{1}{2}(a_0-\mu g)t^2+\frac{(a_0-\mu g)^2t^2}{2\mu g} \quad ③$$

由以上各式得黑色痕迹的长度$l=\dfrac{v_0{}^2(a_0-\mu g)}{2\mu a_0g}$。

【创新思维】本解法思路是用相对速度和相对加速度求解。关键是先选定参考系再选择过程，然后对过程进行分析，找准相对初、末速度，相对加速度。

解法4：$v-t$图像法。作出煤块、传送带的图线如图3.7-2所示，图中标斜线的三角形的面积，即为煤块相对于传送带的位移，也即传送带上留下的黑色痕迹的长度。

$$l=\frac{1}{2}v_0\cdot\Delta t \quad ①$$

$$\Delta t=t_2-t_1=\frac{v_0}{\mu g}-\frac{v_0}{a_0} \quad ②$$

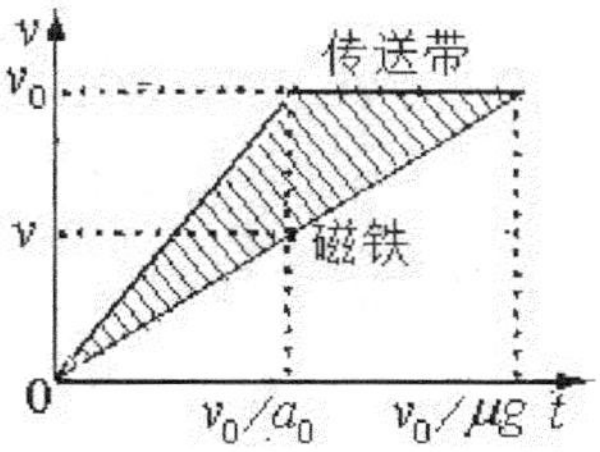

图3.7-2

由①②得

$$l=\frac{1}{2}v_0\left(\frac{v_0}{\mu g}-\frac{v_0}{a_0}\right)=\frac{v_0{}^2(a_0-\mu g)}{2\mu a_0g} \quad ③$$

解得黑色痕迹的长度$l=\dfrac{v_0{}^2(a_0-\mu g)}{2\mu a_0g}$。

【创新思维】(1)题目设计巧妙，难度较高。题叙“经过一段时间，煤块在传送带上留下一段黑色痕迹后，煤块相对于传送带不再滑动”，这就说明第一阶段传送带的加速度a_0大于煤块的加速度μg。当传送带速度达到v_0时，煤块速度$v<v_0$，此过程中传送带的位移大于煤块的位移。接下来煤块还要继续加速到v_0，传送带以v_0做匀速运动。两阶段的物体与传送带位移之差即为痕迹长度。

(2)该题考生出现很多错误：①漏掉第二阶段，只将第一阶段位移之差作为痕迹长度；②将煤块两阶段的总位移作为痕迹长度；③用第一阶段的相对位移与第二阶段

的煤块位移之和作为痕迹长度；④分 $a_0>\mu g$、$a_0=\mu g$、$a_0<\mu g$ 三种情况讨论；⑤认为煤块最终减速到零。

(3)在速度—时间图像中，图线与其所对应的时间轴所包围图形的面积可以用来表示该段时间内的位移。用图像法求解，方法不易想到，但往往快捷。

2.物体在传送带上运动过程中功能关系和能的转化问题。

解决系统能量转化问题的方法：明确传送带和物体的运动情况——求出物体在传送带上的相对位移，进而求出摩擦力对系统所做的总功——明确能量分配关系，由能量守恒定律建立方程求解。

【例2】(2003年高考全国卷)一传送带装置示意如图3.7-3所示，其中传送带经过 AB 区域时是水平的，经过 BC 区域时变为圆弧形(圆弧由光滑模板形成，未画出)，经过 CD 区域时是倾斜的，AB 和 CD 都与 BC 相切。现将大量质量均为 m 的小货箱一个一个在 A 处放到传送带上，放置时初速度为零，经传送带运送到 D 处，D 和 A 的高度差为 h。稳定工作时传送带速度不变，CD 段上各箱等距排列，相邻两箱的距离为 L。每个箱子在 A 处投放后，在到达 B 之前已经相对于传送带静止，且以后也不再滑动(忽略经 BC 段时的微小滑动)。已知在一段相当长的时间 T 内，共运送小货箱的数目为 N。这装置由电动机带动，传送带与轮子间无相对滑动，不计轮轴处的摩擦。求电动机的平均输出功率 P。

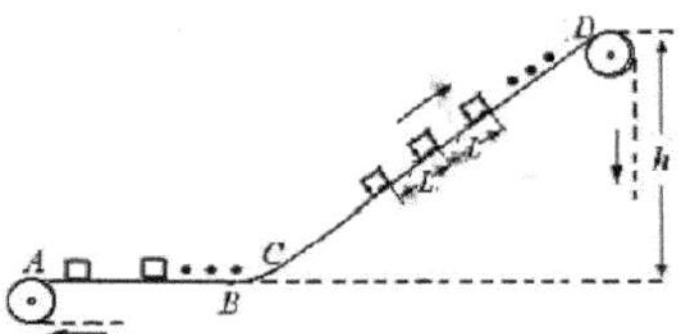

图3.7-3

【解析】以地面为参考系(下同)，设传送带的运动速度为 v_0，在水平段运输的过程中，小货箱先在滑动摩擦力作用下做匀加速运动，设这段路程为 s，所用时间为 t，加速度为 a，则对小箱有 $s=\frac{1}{2}at^2$①，

$v_0=at$　②

在这段时间内，传送带运动的位移为 $s_0=v_0t$③，

由以上可得 $s_0=2s$④。

用 F_f 表示小箱与传送带之间的滑动摩擦力，则传送带对小箱做功为

$W_1=F_fs=\frac{1}{2}mv_0^2$　⑤

传送带克服小箱对它的摩擦力做功 $W_0=F_fs_0=2\times\frac{1}{2}mv_0^2=mv_0^2$⑥

两者之差就是克服摩擦力做功发出的热量 $Q=\frac{1}{2}mv_0^2$⑦

可见，在小箱加速运动过程中，小箱获得的动能与发热量相等。

T时间内，电动机输出的功为 $W = PT$ ⑧

此功用于增加小箱的动能、势能以及克服摩擦力发热，即

$W = \frac{1}{2}Nmv_0{}^2 + Nmgh + NQ$ ⑨

已知相邻两小箱的距离为L，所以$v_0T=NL$ ⑩

联立⑦⑧⑨⑩，得$P = \frac{Nm}{T}(\frac{N^2L^2}{T^2} + gh)$。

【创新思维】本题初看起来描述比较冗长、复杂，通过分析，可以发现题中传送带的水平段的作用是使货箱加速，直到货箱与传送带有相同的速度，使货箱加速的作用力来自货箱与传送带之间的滑动摩擦力。了解到这一点还不够，还必须知道在使货箱加速的过程中，箱与传送带间是有相对滑动的，尽管传送带作用于货箱的摩擦力跟货箱作用于传送带的摩擦力是一对作用力与反作用力，大小相等，方向相反，但在拖动货箱的过程中，货箱与传送带移动的位移是不同的，因此作用于货箱的摩擦力做的功与传送带克服摩擦力做的功是不同的。如果不明白这个过程，就不会分别去找货箱跟传送带运动的位移。虽然掌握了匀变速直线运动的公式，但不一定会活学活用。而在此过程中，不管货箱获得的动能还是摩擦产生的热，这些能量最终都来自电动机做的功。

传送带的倾斜段的作用是把货箱提升h。在这个过程中，传送带有静摩擦力作用于货箱，同时货箱还受重力作用，这两个力对货箱都做功，但货箱的动能并没有变化。因为摩擦力对货箱做的功正好等于货箱克服重力做的功，后者增大了货箱在重力场中的势能。同时，在这个过程中传送带克服静摩擦力亦做功，这个功与摩擦力对货箱做的功相等，因为两者间无相对滑动，所以货箱增加的重力势能亦来自电动机。

3. 与传送带相关的极值问题。

求解极值问题的基本方法之一：明确物理过程——让制约极值出现的物理量变化起来（即动态分析），找出极值出现的条件——求解讨论。

【例3】（2005年高考江苏卷）水平传送带被广泛地应用于机场和火车站，用于对旅客的行李进行安全检查。如图3.7-4为一水平传送带装置示意图，绷紧的传送带AB始终保持v=1 m/s的恒定速率运行，一质量为m=4 kg的行李无初速度地放在A处，传送带对行李的滑动摩擦力使行李开始做匀加速直线运动，随后行李又以与传送

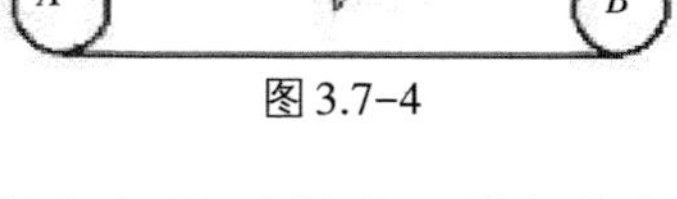

图3.7-4

带相等的速率做匀速直线运动。设行李与传送带间的动摩擦因数μ=0.1，AB间的距离l=2.0 m，g取10 m/s^2。

（1）求行李刚开始运动时所受的滑动摩擦力大小与加速度大小。

（2）求行李做匀加速直线运动的时间。

（3）如果提高传送带的运行速率，行李就能被较快地传送到B处，求行李从A处传送到B处的最短时间和传送带对应的最小运行速率。

【解析】（1）滑动摩擦力$F=\mu mg$，代入题给数值，得F=4 N，

由牛顿第二定律，得 $F=ma$，代入数值，得a=1 m/s^2。

（2）设行李做匀加速运动的时间为t_1，行李加速运动的末速度为v=1 m/s。

则$v=at_1$，代入数值得t_1=1s，匀速运动的时间为t_2，

$$t_2 = (l - \frac{1}{2}at_1{}^2)/v = (2\,\mathrm{m} - \frac{1}{2} \times 1\,\mathrm{m/s^2} \times (1\,\mathrm{s})^2)/1 = 1.5\,\mathrm{s}$$

运动的总时间为$t = t_1 + t_2 = 1\,\mathrm{s} + 1.5\,\mathrm{s} = 2.5\,\mathrm{s}$。

（3）行李从A处匀加速运动到B处时，传送时间最短。则$l = \frac{1}{2}at^2{}_{\min}$，代入数值得$t_{\min} = 2\,\mathrm{s}$。

传送带对应的最小运行速率$v_{\min} = at_{\min}$，代入数值得$v_{\min} = 2\,\mathrm{m/s}$。

【创新思维】（1）物体在传送带上运动时的极值问题，不论是极大值，还是极小值，都发生在物体速度与传送带速度相等的时刻。（2）传送带传送物体时，物体的加速度大小是确定的，之所以存在最短传送时间，就是因为传送带可以取恰当的值使物体在这段距离上一直做匀加速运动。如果传送带的速度小于这个值，物体在这段距离上必定经历加速和匀速两个阶段，运动的时间就不会最短。因此，应注意分析物体在传送带上运动时极值出现的条件。

4.传送带与动量、能量守恒定律相关的问题。

【例4】如图3.7–5所示，水平传送带AB长L=8.3 m，质量为M=1 kg的木块随传送带一起$v_1 = 2\,\mathrm{m/s}$的速度向左匀速运动（传送带的传送速度恒定），木块与传送带间的动摩擦因数$\mu = 0.5$。当木块运动至最左端A点时，一颗质量为m=20 g的子弹以v_0=300 m/s水平向右的速度正对射入木块并穿出，穿出速度u=50 m/s，以后每隔1 s就有一颗子弹射向木块，设木块沿AB方向的长度可忽略，子弹射穿木块的时间极短，且每次射入点各不相同，g=10m/s^2。问：

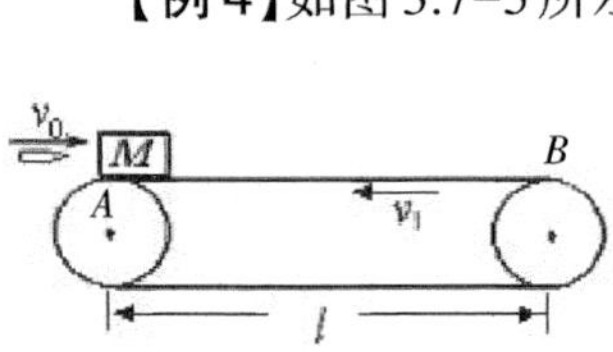

图3.7–5

(1)在被第二颗子弹击中前，木块向右运动离A点的最大距离是多少?

(2)木块在传送带上最多能被多少颗子弹击中?

(3)木块在传送带上的最终速度多大?

(4)在被第二颗子弹击中前，木块、子弹和传送带这一系统所产生的热能是多少?

【解析】(1)由动量守恒定律$mv_0 - Mu = mv + Mv$，得$v = 3\,\text{m/s}$，

对木块由动能定理$\mu Mgs_1 = \frac{1}{2}Mv^2$，代入数值得$s_1 = 0.9\,\text{m}$。

(2)对木块由动量定理$\mu Mgt_1 = Mv$，代入数值得$t_1 = 0.6\,\text{s}$。

木块速度减为0后再向左匀加速运动，经t_2速度增为v_1，

$t_2 = \frac{v_1}{\mu g} = \frac{2}{0.5 \times 10}\,\text{s} = 0.4\,\text{s}$，这时正好第二颗子弹射入，

$s_2 = \frac{1}{2}at_2{}^2 = \frac{1}{2}\cdot \mu gt_2{}^2 = \frac{1}{2} \times 0.5 \times 10 \times (0.4)^2\,\text{m} = 0.4\,\text{m}$

所以两颗子弹射中木块的时间间隔内木块的总位移为

$s = s_1 - s_2 = 0.9\,\text{m} - 0.4\,\text{m} = 0.5\,\text{m}$

第15颗子弹射入后的总位移为7.5 m，第16颗子弹射入后，木块将从B点落下，所以木块在传送带上最多能被16颗子弹击中。

(3)第16颗子弹射入后，木块向右运动$s_3 = 8.3\,\text{m} - 7.5\,\text{m} = 0.8\,\text{m}$

对木块由动能定理$\mu Mgs_3 = \frac{1}{2}M(v^2 - v_t{}^2)$，

代入数值得木块在传送带上的最终速度$v_t = 1\,\text{m/s}$。

(4)子弹射向木块过程，所产生的热能

$Q_1 = \frac{1}{2}mv_0{}^2 + \frac{1}{2}Mv_1^2 - \frac{1}{2}Mv^2 - \frac{1}{2}mu^2$，代入数值得$Q_1 = 872.5\,\text{J}$。

木块向右减速运动到0时，相对位移

$\Delta s_1 = v_1t_1 + s_1 = 2\,\text{m/s} \times 0.6\,\text{s} + 0.9\,\text{m} = 2.1\,\text{m}$

这一过程所产生的热能为$Q_2 = f\Delta s_1 = 5\,\text{N} \times 2.1\,\text{s} = 10.5\,\text{J}$，

木块向左加速运动到v_1时，相对位移$\Delta s_2 = vt_2 - s_2 = 2\,\text{m/s} \times 0.4\,s - 0.4\,\text{m} = 0.4\,\text{m}$，

这一过程所产生的热能$Q_3 = f\Delta s_2 = 5\,\text{N} \times 0.4\,\text{s} = 2\,\text{J}$，

整个过程系统所产生的热能$Q = Q_1 + Q_2 + Q_3 = 872.5\,\text{J} + 10.5\,\text{J} + 2\,\text{J} = 885\,\text{J}$。

【创新思维】分析物理过程必须重视物体的受力情况和初始条件，力求细致；具有重复性的物理过程，必须找到它们的共性：如每一颗子弹穿过木块后木块的运动情况

完全相同，向右发生的位移也相同，这是解题的技巧所在。

5.传送带综合问题。

解决传送带的综合问题，应从以下四个方面入手：

（1）分析系统中各个研究对象的运动情况，包括明确物理过程，形成完整的物理情景。

（2）把握传送带上物体的运动特征：滑动摩擦力作用、伴随热量产生、相对运动、共速等。

（3）灵活地运用牛顿定律、运动学公式、动量定理、动量守恒定律、功能关系、能的转化和守恒定律。

（4）注意分析隐含条件、临界条件和极值出现的条件，注意从系统着眼分析问题等。

【例5】（2004年高考全国卷）一小圆盘静止在桌布上，位于一方桌水平桌面的中央。桌布的一边与桌的AB边重合，如图3.7-6所示，已知盘与桌布间的动摩擦因数为μ_1，盘与桌面间的动摩擦因数为μ_2。现突然以恒定加速度a将桌布抽离桌面，加速度的方向是水平且垂直于AB边。若圆盘最后未从桌面掉下，则加速度a满足的条件是什么？（g为重力加速度）

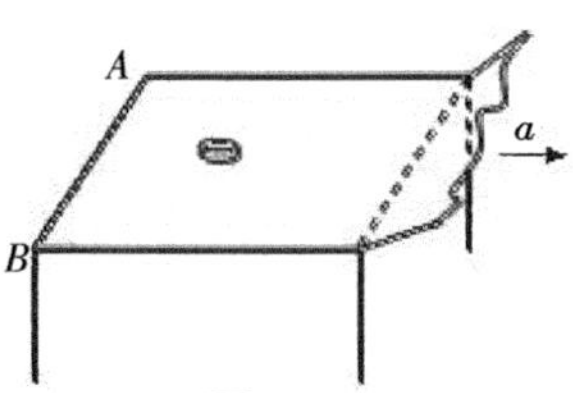

图3.7-6

【解析】设圆盘的质量为m，桌长为l，在桌布从圆盘下抽出的过程中，盘的加速度为a_1，对盘在桌布上有

$\mu_1 mg = ma_1$　①

桌布抽出后，盘在桌面上做匀减速运动，以a_2表示加速度的大小，在桌面上有

$\mu_2 mg = ma_2$　②

设盘刚离开桌布时的速度为v_1，移动的距离为x_1，离开桌布后在桌面上再运动距离x_2后便停下，有

$v_1^2 = 2a_1x_1$　③

$v_1^2 = 2a_2x_2$　④

盘没有从桌面上掉下的条件是$x_2 \leqslant \frac{1}{2}l - x_1$⑤。

设桌布从盘下抽出所经历时间为t，在这段时间内桌布移动的距离为x，有

对桌布$x = \frac{1}{2}at^2$　⑥

对盘 $x_1 = \frac{1}{2}a_1t^2$ ⑦

而 $x = \frac{1}{2}l + x_1$ ⑧

由以上各式解得 $a \geqslant \frac{\mu_1 + 2\mu_2}{\mu_2}\mu_1 g$。

【创新思维】此题是一道与相对运动有关的动力学的综合题,以日常生活中抽取桌布为情景进行设计。运动现象大家都熟悉,可是运动情景较复杂,物理过程较繁,干扰因素较多。因此,剖析物理过程是关键。把繁杂的物理过程梳理为几个子过程,便可以化繁为简,轻易破题。几个子过程:

过程①:桌布从突然以恒定加速度a开始抽动至圆盘刚离开桌布这段时间内做匀加速运动的过程;

过程②:圆盘从静止开始在桌布上做匀加速运动至刚离开桌布的过程;

过程③:圆盘离开桌布后在桌面上做匀减速直线运动的过程。

如果能将抽象的子过程展现在情景示意简图中,解题难度会急剧下降。如图3.7-7所示,几个物理量具体分析如下:

位移:开始时,桌布、圆盘在桌面上的位置如图3.7-7甲,圆盘位于桌面的中央$l/2$位置,过程①由于桌布要从圆盘下抽出,圆盘与桌布的位置如图3.7-7乙所示。圆盘向右加速运动的位移为x_1,桌布向右加速运动的位移为$\frac{1}{2}l + x_1$。过程②③圆盘对地位移之和为半个桌面长l。圆盘在布上运动的过程中,圆盘位移和布位移两者之差也等于半个桌面长。因盘未从桌面掉下,故盘做减速运动直到停下所运动的距离为x_2,不能超过$\frac{1}{2}l - x_1$,如图3.7-7丙所示。

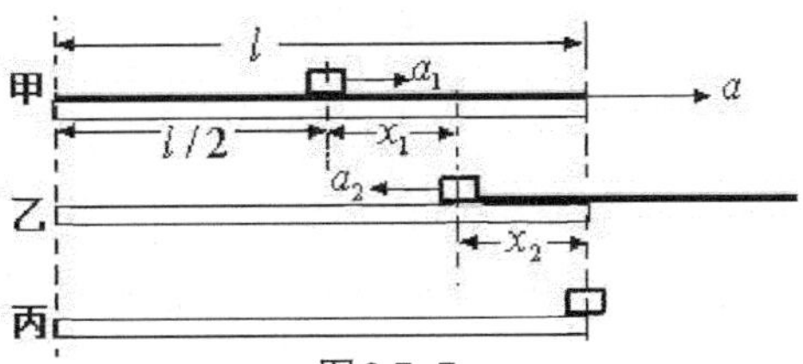

图3.7-7

速度:过程②③的衔接是盘在桌布上运行的末速度,即在桌上运动的初速度;加速度:从开始抽动至圆盘刚离开桌布这段时间内,桌布做匀加速运动的加速度为a,此过程中,桌布与圆盘之间必有相对滑动,圆盘在桌布上在摩擦力作用下加速度为a_1,小于桌布的加速度a,两者方向相同。圆盘离开桌布后,就在桌面上做加速度为a_2的减速运动直到停止。

解决这类在摩擦力作用下的相对运动问题时,除正确分析各物体运动情况外,寻找并建立各个物体位移之间的关系、各个阶段速度之间的关系是顺利解题的要素。

该题可以从不同角度求解，同学们可拓宽思路，运用多种解法训练创新思维。

【例6】（2020年高考全国Ⅲ卷）如图3.7-8所示，相距$L = 11.5\,\text{m}$的两平台位于同一水平面内，二者之间用传送带相接。传送带向右匀速运动，其速度的大小v可以由驱动系统根据需要设定。质量m=10 kg的载物箱（可视为质点）以初速度v_0=5.0 m/s自左侧平台滑上传送带。载物箱与传送带间的动摩擦因数μ= 0.10，重力加速度取g =10 m/s²。

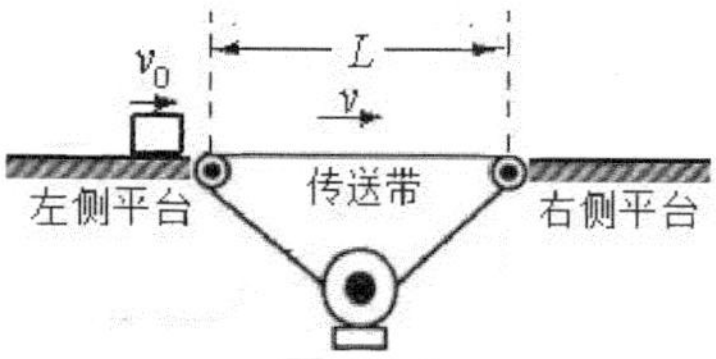

图3.7-8

（1）若v=4.0 m/s，求载物箱通过传送带所需的时间；

（2）求载物箱到达右侧平台时所能达到的最大速度和最小速度；

（3）若v=6.0 m/s，载物箱滑上传送带$\Delta t = \frac{13}{12}$s后，传送带速度突然变为零。求载物箱从左侧平台向右侧平台运动的过程中，传送带对它的冲量。

【解析】（1）传送带的速度为v=4.0 m/s时，载物箱在传送带上先做匀减速运动，设其加速度大小为a，由牛顿第二定律有

$\mu mg = ma$　①

设载物箱滑上传送带后匀减速运动的距离为s_1，由运动学公式有

$v^2 - {v_0}^2 = -2as_1$　②

联立①②式，代入题给数据得s_1=4.5 m　③

因此，载物箱在到达右侧平台前，速度先减小至v，然后开始做匀速运动。设载物箱从滑上传送带到离开传送带所用的时间为t_1，做匀减速运动所用的时间为t_1'，由运动学公式有

$v = v_0 - at_1'$　④

$t_1 = t_1' + \frac{L - s_1}{v}$　⑤

联立①③④⑤式并代入题给数据得t=2.75 s　⑥

（2）当载物箱滑上传送带后一直做匀减速运动时，到达右侧平台时的速度最小，设为v_1；当载物箱滑上传送带后一直做匀加速运动时，到达右侧平台时的速度最大，设为v_2。由动能定理有

$-\mu mgL = \frac{1}{2}m{v_1}^2 - \frac{1}{2}m{v_0}^2$　⑦

$\mu mgL = \frac{1}{2}m{v_2}^2 - \frac{1}{2}m{v_0}^2$　⑧

由⑦⑧式并代入题给条件得到$v_1 = \sqrt{2}$ m/s、$v_2 = 4\sqrt{3}$ m/s　⑨

(3)传送带的速度为v=6.0 m/s时，由于$v_0<v<v_2$，载物箱先做匀加速运动，加速度大小仍为a，设载物箱做匀加速运动通过的距离为s_2，所用时间为t_2，由运动学公式有

$v = v_0 + at_2$　⑩

$v^2 - {v_0}^2 = 2as_2$　⑪

联立⑩⑪式并代入题给数据得

$t_2 = 1.0$ s　⑫

$s_2 = 5.5$ m　⑬

因此载物箱加速运动1.0 s、向右运动5.5 m时，达到与传送带相同的速度。此后载物箱与传送带共同匀速运动$(\Delta t - t_2)$时间后，传送带突然停止。设载物箱匀速运动通过的距离为s_3，有$s_3 = (\Delta t - t_2)v$⑭。

由①⑫⑬⑭式可知，$\frac{1}{2}mv^2 > \mu mg(L - s_2 - s_3)$，即载物箱运动到右侧平台时速度大于零，设为$v_3$. 由运动学公式有${v_3}^2 - v^2 = -2a(L - s_2 - s_3)$⑮。

设载物箱通过传送带的过程中，传送带对它的冲量为I，由动量定理有$I = m(v_3 - v_0)$⑯，联立①⑫⑬⑭⑮⑯式并代入题给数据，得I=0。

【创新思维】本题在考查动量、能量、牛顿运动定律以及运动学公式的基础上，进而考查考生综合力学规律处理问题的能力，充分体现新颖性、综合性和科学性，是一道很好的高考题。

(1)处理第(1)问的关键是分析清楚载物箱在传送带上的运动过程，区分载物箱相对地面和相对传送带的相对运动，然后通过运动学公式求解。

(2)第(2)问应通过载物箱在传送带上的运动分析，弄清匀加速为滑动摩擦力向前、匀减速为滑动摩擦力向后，理清当其到达右侧平台时速度最大与最小时的情形，最后应用动能定理求解。

(3)第(3)问的解题关键是通过分析载物箱的运动，求出载物箱到右侧平台时的速度，最后由动量定理求解该过程中传送带对载物箱的水平冲量。

3.8　专题八:带电粒子在电磁场中的运动（并列场）

一、知识精要

带电粒子在电磁场中的运动,涉及的考题往往综合性较强、过程复杂、情景抽象,数学水平要求较高。我们把此类问题分成两个专题,帮助同学们复习。本专题针对粒子先后通过不同区域单独存在的电场E、磁场B、重力场g的组合场问题,简称并列场问题。带电粒子受到的重力不远小于电场力或磁场力时,粒子作为带电体,在重力场中就要考虑重力。

二、范例精析

【例1】(2017年高考新课标Ⅰ卷)在一静止点电荷的电场中,任一点的电势φ与该点到点电荷的距离r的关系如图3.8-1所示。电场中四个点a、b、c和d的电场强度大小分别E_a、E_b、E_c和E_d。点a到点电荷的距离r_a与点a的电势φ_a已在图中用坐标(r_a,φ_a)标出,其余类推。现将一带正电的试探电荷由a点依次经b、c点移动到d点,在相邻两点间移动的过程中,电场力所做的功分别为W_{ab}、W_{bc}和W_{cd}。下列选项正确的是(　　)

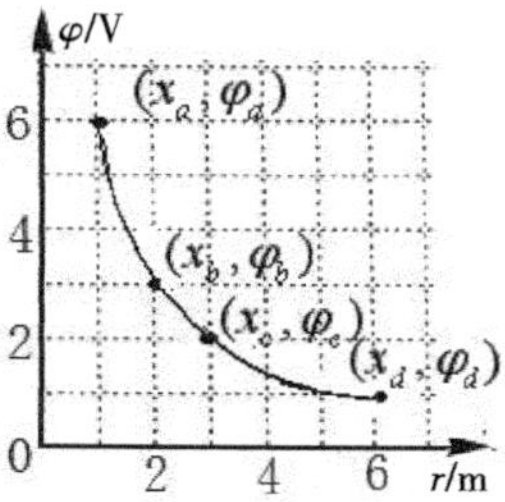

图3.8-1

A. $E_a:E_b=4:1$　　B. $E_c:E_d=2:1$　　C. $W_{ab}:W_{bc}=3:1$　　D. $W_{bc}:W_{cd}=1:3$

【解析】由图可知,a、b、c、d到点电荷的距离分别为1 m、2 m、3 m、6 m,由点电荷的场强公式$E=k\dfrac{Q}{r^2}$,得$\dfrac{E_a}{E_b}=\dfrac{{r_b}^2}{{r_a}^2}=\dfrac{4}{1}$,$\dfrac{E_c}{E_d}=\dfrac{{r_d}^2}{{r_c}^2}=\dfrac{4}{1}$,故A正确,B错误;

电场力做功$W=qU$,a与b、b与c、c与d间的电势差分别为3 V、1 V、1 V,所以$\dfrac{W_{ab}}{W_{bc}}=\dfrac{qU_{ab}}{qU_{bc}}=\dfrac{3}{1}$,$\dfrac{W_{bc}}{W_{cd}}=\dfrac{qU_{bc}}{qU_{cd}}=\dfrac{1}{1}$,故C正确,D错误。所以选A、C。

【创新思维】本题主要考查识图能力，点电荷场强及电场力做功的计算。

【例2】(2013年高考浙江卷)“电子能量分析器”主要由处于真空中的电子偏转器和探测板组成。偏转器是由两个相互绝缘、半径分别为R_A和R_B的同心金属半球面A和B构成，A、B为电势值不等的等势面，其过球心的截面如图3.8-2所示。一束电荷量为e、质量为m的电子以不同的动能从偏转器左端M的正中间小孔垂直入射，进入偏转电场区域，最后到达偏转器右端的探测板N，其中动能为E_{k0}的电子沿等势面C做匀速圆周运动到达N板的正中间，忽略电场的边缘效应。

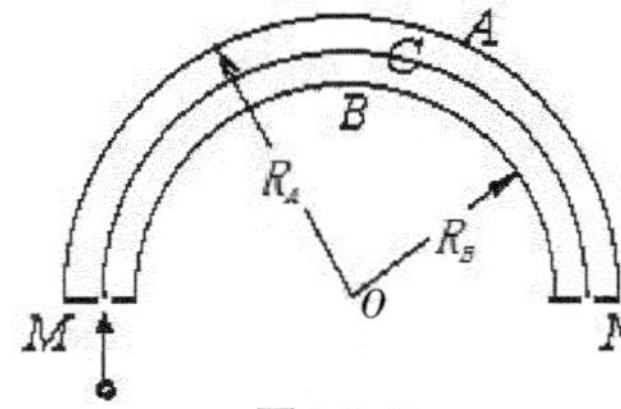

图3.8-2

(1)判断半球面A、B的电势高低，并说明理由；

(2)求等势面C所在处电场强度E的大小；

(3)若半球面A、B和等势面C的电势分别为ϕ_A、ϕ_B和ϕ_C，则到达N板左、右边缘处的电子，经过偏转电场前、后的动能改变量$\Delta E_{k左}$和$\Delta E_{k右}$分别为多少？

(4)比较$|\Delta E_{k左}|$和$|\Delta E_{k右}|$的大小，并说明理由。

【解析】(1)电子(带负电)做圆周运动，电场力方向指向球心，电场方向从B指向A，B板电势高于A板。

(2)据题意，电子在电场力作用下做圆周运动，考虑到圆轨道上的电场强度E大小相同，$eE = \frac{mv^2}{R}$，$E_{k0} = \frac{1}{2}mv^2$，$R = \frac{R_A + R_B}{2}$，联立解得$E = \frac{2E_{k0}}{eR} = \frac{4E_{k0}}{e(R_A + R_B)}$。

(3)电子运动时只有电场力做功，据动能定理有$\Delta E_k = qU$。

对到达N板左边缘的电子，电场力做正功，动能增加，有$\Delta E_{k左} = e(\phi_B - \phi_C)$，

对到达N板右边缘的电子，电场力做负功，动能减小，有$\Delta E_{k右} = e(\phi_A - \phi_C)$。

(4)根据电场线的特点，等势面B与C之间的电场强度大于C与A之间的电场强度，考虑到等势面间距相等，有$\left|\phi_B - \phi_C\right| > \left|\phi_A - \phi_C\right|$，即$\left|\Delta E_{k左}\right| > \left|\Delta E_{k右}\right|$。

【例3】(2017年高考新课标Ⅲ卷)如图3.8-3所示，空间存在方向垂直于纸面(xOy平面)向里的磁场。在$x \geq 0$区域，磁感应强度的大小为B_0；$x<0$区域，磁感应强度的大小为λB_0(常数$\lambda>1$)。一质量为m、电荷量为$q(q>0)$的带电粒子以速度v_0从坐标原点O沿x轴正向射入磁场，此时开始计时，当粒子的速度方向再次沿x轴正向时，求(不计重力)

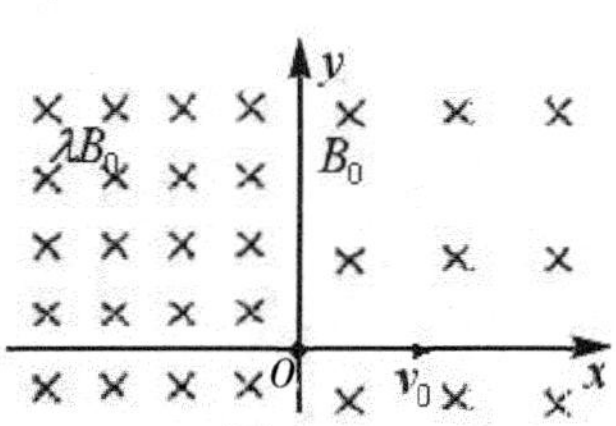

图3.8-3

(1)粒子运动的时间；

(2)粒子与O点间的距离。

【解析】(1)如图3.8-4所示，在匀强磁场中，带电粒子做圆周运动。设在$x \geq 0$区域，圆周半径为R_1；在$x<0$区域，圆周半径为R_2。由洛伦兹力公式及牛顿定律得

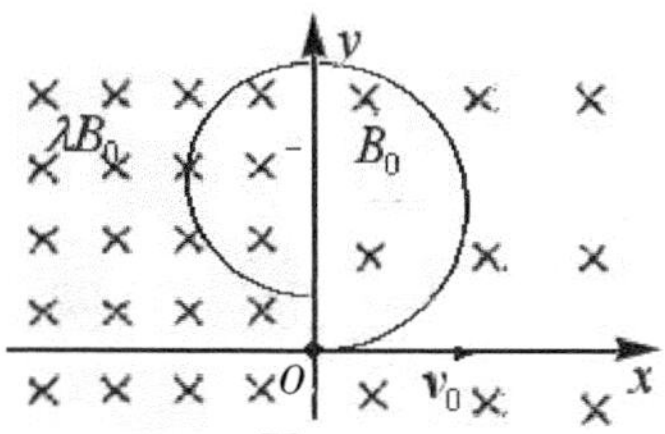

图3.8-4

$$qv_0B_0 = \frac{mv_0^{\ 2}}{R_1} \quad ①$$

$$qv_0(\lambda B_0) = \frac{mv_0^{\ 2}}{R_2} \quad ②$$

粒子速度方向转过180°时，所用时间$t_1 = \frac{\pi R_1}{v_0}$③

粒子再转过180°时，所用时间$t_2 = \frac{\pi R_2}{v_0}$④

联立①②③④式得，所求时间$t_0 = t_1 + t_2 = \frac{\pi m}{qB_0}(1 + \frac{1}{\lambda})$。

(2)由几何关系及①②式得，所求距离

$$d = 2\left(R_1 - R_2\right) = \frac{2mv_0}{qB_0}\left(1 - \frac{1}{\lambda}\right)$$

【例4】(2017年高考新课标Ⅱ卷)如图3.8-5(1)所示，虚线所示的圆形区域内存在一垂直于纸面的匀强磁场，P为磁场边界上的一点，大量相同的带电粒子以相同的速率经过P点，在纸面内沿不同的方向射入磁场，若粒子射入的速度为v_1，这些粒子在磁场边界的出射点分布在六分之一圆周上；若粒子射入速度为v_2，相应的出射点分布在三分之一圆周上，不计重力及带电粒子之间的相互作用，则$v_2 : v_1$为(　　)

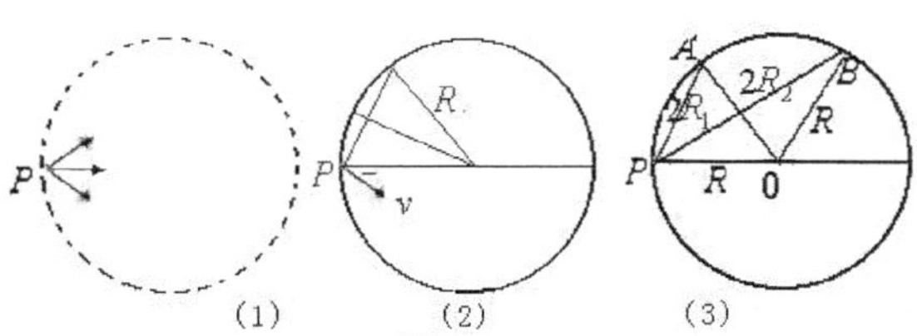

图3.8-5

A. $\sqrt{3} : 2$　　B. $\sqrt{2} : 1$　　C. $\sqrt{3} : 1$　　D. $3 : \sqrt{2}$

【解析】当粒子在磁场中运动半周时，打到圆形磁场的位置最远，则当粒子射入速度为v_1，如图3.8-5(2)所示。由几何知识可知，粒子运动的轨道半径为$R_1 = R\cos60° = R/2$；同理如图3.8-5(3)所示，若粒子射入的速度为v_2，粒子运动的轨道半径为

$$R_2 = R\cos30° = \sqrt{3}R/2$$

根据$r = \frac{mv}{qB}$，$r \propto v$，则$v_2 : v_1 = r_2 : r_1 = \sqrt{3} : 1$，故选C。

【**创新思维**】此题是带电粒子在有界磁场中的运动问题，解题关键是要画出粒子运动的轨迹草图，知道能打到最远处的粒子运动的弧长是半圆周，结合几何关系即可求解。

【**例 5**】如图 3.8-6 所示，在 $y>0$ 的区域内有沿 y 轴正方向的匀强电场，在 $y<0$ 的区域内有垂直坐标平面向里的匀强磁场。一电子（质量为 m、电量为 $-e$）从 y 轴上 A 点以沿 x 轴正方向的初速度 v_0 开始运动。当电子第一次穿越 x 轴时，恰好到达 C 点；当电子第二次穿越 x 轴时，恰好到达坐标原点；当电子第三次穿越 x 轴时，恰好到达 D 点。C、D 两点均未在图中标出。已知 A、C 点到坐标原点的距离分别为 d、$2d$。不计电子的重力。求

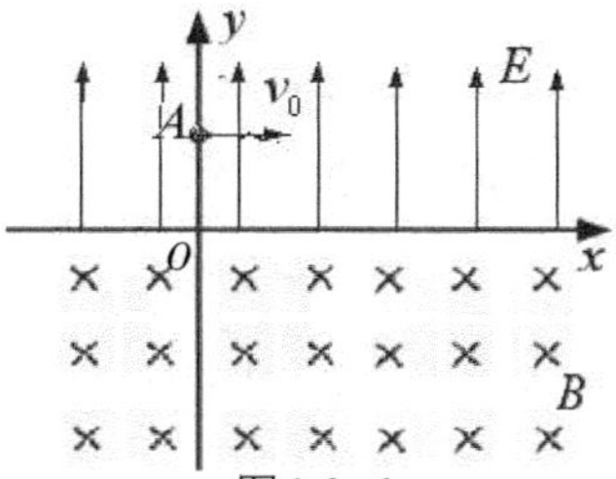

图 3.8-6

（1）电场强度 E 的大小；

（2）磁感应强度 B 的大小；

（3）电子从 A 运动到 D 经历的时间 t。

解析：如图 3.8-7 所示．

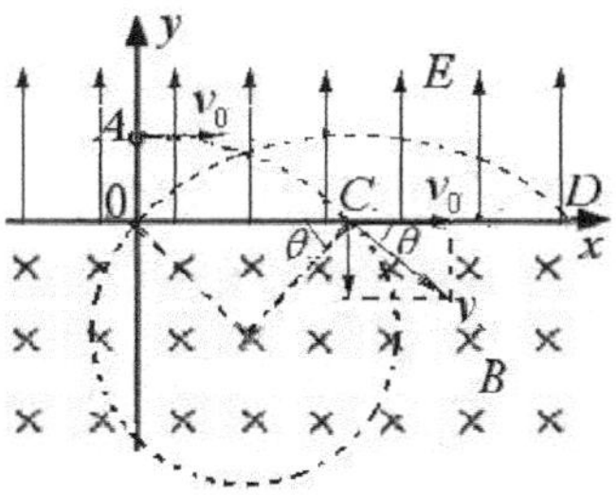

图 3.8-7

（1）电子在电场中做类平抛运动，设电子从 A 到 C 的时间为 t_1，

$2d = v_0t_1$①，$d = \frac{1}{2}at_1^{\ 2}$②，$a = \frac{eE}{m}$ ③

联立①②③求出 $E = \frac{mv_0^{\ 2}}{2ed}$④。

（2）设电子进入磁场时的速度为 v，v 与 x 轴的夹角为 θ，则 $\tan\theta = \frac{at_1}{v_0}$ ⑤

由①②得 $v_0 = at_1$ ⑥

由⑤⑥得 $v = \sqrt{2}\,v_0$⑦。

电子进入磁场后做匀速圆周运动，洛伦兹力提供向心力，根据牛顿第二定律有 $evB = m\frac{v^2}{r}$⑧，由轨迹图可知 $r = \sqrt{2}\,d$⑨，由⑦⑧⑨可求出 $B = mv_0/ed$⑩。

（3）由抛物线的对称关系，电子在电场中运动的时间为 $3t_1 = 6d/v_0$⑪，电子在磁场中运动的时间为 $t_2 = \frac{3}{4}T = \frac{3}{4}\cdot\frac{2\pi m}{Be} = \frac{3\pi d}{2v_0}$⑫，电子从 A 运动到 D 经历的时间为 $t =$

$3t_1+t_2=\dfrac{3d(4+\pi)}{2v_0}$。

【创新思维】该题解题思路：

（1）分析电子的运动情况：电子在电场中，受到竖直向下的电场力而做类平抛运动（或匀变速曲线运动），进入磁场后做匀速圆周运动，画出轨迹。根据牛顿第二定律和运动学公式研究电子在电场中的类平抛运动，即可求出电场强度E。

（2）由上题结果，求出电子进入磁场中的速度v的大小，以及v与x轴的夹角，由几何知识求出圆周运动的半径，由牛顿第二定律和向心力求磁感应强度B。

（3）根据电场中抛物线的对称关系，可见电子在电场中运动的时间为$3t_1=6d/v_0$，根据轨迹的圆心角求出磁场中运动时间，即可得到总时间。

【例6】如图3.8-8所示，大量质量为m、电荷量为$+q$的粒子，从静止开始经极板A、B间加速后，沿中心线方向水平进入两平行金属板C、D间的偏转电场，再飞出偏转电场后进入右侧的有界匀强磁场，最后从磁场左边界飞出。在水平极板改变电性的条件下，粒子又从上方沿着对称路径回到出发点。已知A、B相距l_0，其间电压为U_0；极板C、D长为l_0，间距为l_0，其间电压也为U_0；磁场的磁感应强度大小为B，方向垂直纸面向里，磁场的左边界与C、D右端相距也为l_0，且与中心线垂直（重力忽略不计）求：

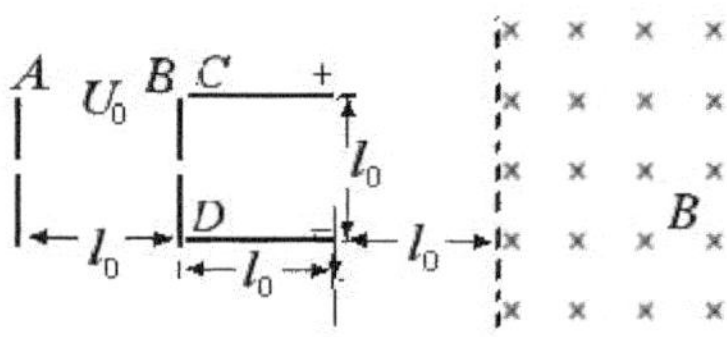

图3.8-8

（1）粒子进入偏转电场时的初速度v_0；

（2）粒子在偏转电场中的侧向位移y；

（3）粒子进入磁场的速度v、$\tan\theta$（θ为粒子出偏转电场的速度与水平方向夹角）；

（4）磁场的磁感应强度B；

（5）从发出点到回归的周期时间T；

（6）比较加和不加偏转电场，带电粒子在磁场中做圆周运动，粒子进出磁场位置之间的距离。

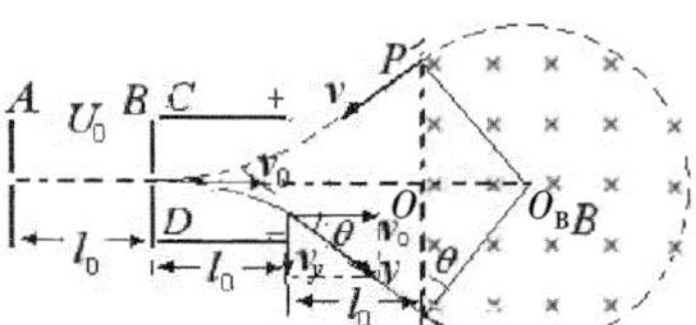

图3.8-9

【解析】如图3.8-9所示，

（1）初速度v_0。$qU_0=\dfrac{1}{2}mv_0{}^2v_0=\sqrt{\dfrac{2qU_0}{m}}$　①

（2）侧向位移y。$y=\dfrac{1}{2}at^2=\dfrac{1}{2}\dfrac{qU_0}{ml_0}\left(\dfrac{l_0}{v_0}\right)^2=\dfrac{qU_0}{2m}\cdot\dfrac{l_0}{\dfrac{2qU_0}{m}}=\dfrac{l_0}{4}$　②

（3）进入磁场的速度 v、$\tan\theta$。$qU_0+\frac{1}{4}qU_0=\frac{1}{2}mv^2$，$v=\sqrt{\frac{5qU_0}{2m}}$③；

v 的反向延长线与 v_0 入射线交点等分中心线，$\therefore \tan\theta=\frac{y}{l_0/2}=\frac{l_0/4}{l_0/2}=\frac{1}{2}$④

（4）磁场的磁感应强度 B。$OP=\frac{1}{4}l_0+\frac{1}{2}l_0=\frac{3}{4}l_0$，

$$R=\sqrt{(OP)^2+(OO_B)^2}=\sqrt{(\frac{3}{4}l_0)^2+(\frac{3}{8}l_0)^2}=\frac{3\sqrt{5}}{8}l_0 \quad ⑤$$

又 $R=\frac{mv}{qB}=\frac{m}{qB}\cdot\sqrt{\frac{5qU_0}{2m}}$　⑥

由⑤⑥得 $B=\frac{4}{3l_0}\cdot\sqrt{\frac{2mU_0}{q}}$　⑦

（5）从发出点到回归的周期。

$$T=2(t_1+t_2+t_3)+t_4$$
$$=2(\frac{l_0}{v_0/2}+\frac{l_0}{v_0}+\frac{l_0}{v_0})+\frac{\pi m}{qB}+\frac{2\pi m}{qB}\cdot\frac{\theta}{2\pi}\cdot 2$$
$$=l_0\sqrt{\frac{m}{2qU_0}}[\ 8+\frac{3}{4}(\pi+2\arctan\frac{1}{2})\ ] \quad ⑧$$

（6）比较加与不加偏转电场，带电粒子在磁场中做圆周运动入射点到出射点间距离。加偏转电场，粒子进出磁场的速度 $v=v_0/\cos\theta$⑨

粒子在磁场中做圆周运动的半径

$R=\frac{mv}{qB}=\frac{mv_0}{qB\cos\theta}$　⑩

加偏转电场，粒子进出磁场位置间距

$$PP'=2R\cdot\cos\theta=\frac{2mv_0}{qB}=\frac{2m}{q}\cdot\sqrt{\frac{2qv_0}{m}}\Big/\frac{4}{3l}\sqrt{\frac{2mv_0}{q}}=\frac{3}{2}l。$$

不加偏转电场，粒子沿着水平方向进入有界磁场，在磁场中做圆周运动的半径 $R'=\frac{mv_0}{qB}$，此时出磁场的点在沿 PP' 线之上的 P'' 点（如图3.8-10所示），粒子进出磁场位置之间的距离

$OP''=2R'=\frac{2mv_0}{qB}$，同理 $OP''=\frac{3}{2}l$。

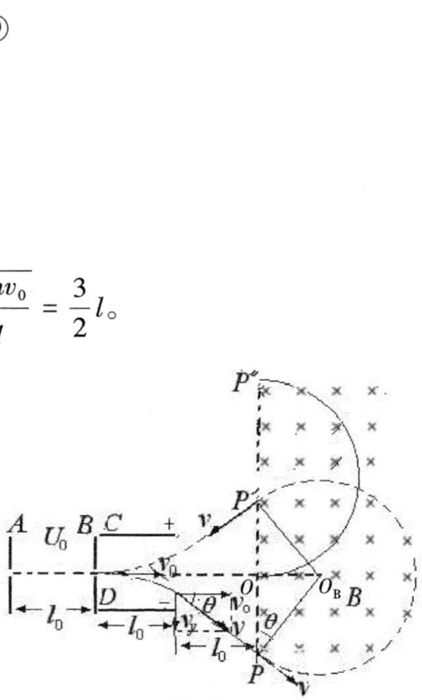

图3.8-10

因此，加或不加偏转电场，带电粒子在磁场中做圆周运动，粒子进出磁场位置之间的距离都相等。

【例7】(2012年高考江苏卷)如图3.8-11所示，待测区域中存在匀强电场和匀强磁场，根据带电粒子射入时的受力情况可推测其电场和磁场。图中装置由加速器和平移器组成，平移器由两对水平放置、相距为l的相同平行金属板构成，极板长度为l、间距为d，两对极板间偏转电压大小相等、电场方向相反。质量为m、电荷量为$+q$的粒子经加速电压U_0加速后，水平射入偏转电压为U_1的平移器，最终从A点水平射入待测区域。不考虑粒子受到的重力。

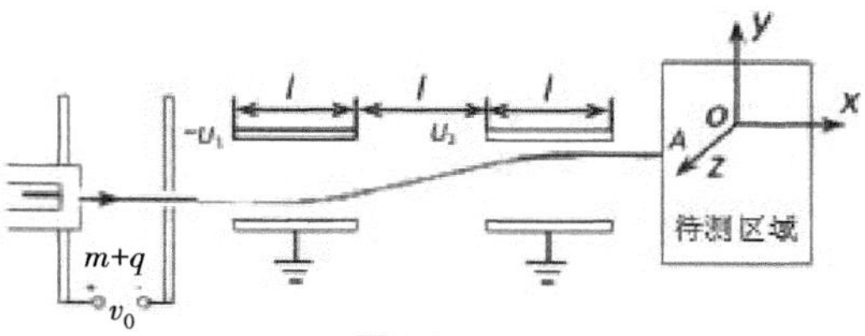

图3.8-11

(1)求粒子射出平移器时的速度大小v_1；

(2)当加速电压变为$4U_0$时，欲使粒子仍从A点射入待测区域，求此时的偏转电压U；

(3)已知粒子以不同速度水平向右射入待测区域，刚进入时的受力大小均为F。现取水平向右为x轴正方向，建立如图3.8-11所示的空间直角坐标系。保持加速电压为U_0不变，移动装置使粒子沿不同的坐标轴方向射入待测区域，粒子刚射入时的受力大小如表3.8-1所示。请推测该区域中电场强度和磁感应强度的大小及可能的方向。

表3.8-1

射入方向	y	$-y$	z	$-z$
受力大小	$\sqrt{5}F$	$\sqrt{5}F$	$\sqrt{7}F$	$\sqrt{3}F$

【解析】(1)设粒子射出加速器的速度为v_0，

动能定理$qU_0=\frac{1}{2}mv_0{}^2$，由题意得$v_1=v_0$，即$v_1=\sqrt{\frac{2qU_0}{m}}$。

(2)在第一个偏转电场中，设粒子的运动时间为t，

加速度的大小$a=\frac{qU_1}{md}$，

在离开时，竖直分速度$v_y=at$，

竖直位移$y_1=\frac{1}{2}at^2$，

水平位移$l=v_1t$，

粒子在两偏转电场间做匀速直线运动，经历时间也为t，

竖直位移 $y_2 = v_y t$，

由题意知，粒子竖直总位移 $y = 2y_1 + y_2$，

解得 $y = \dfrac{U_1 l^2}{U_0 d}$，

则当加速电压为 $4U_0$ 时，$U = 4U_1$。

(3)a. 由沿 x 轴方向射入时的受力情况可知：B 平行于 x 轴且 $E = \dfrac{F}{q}$。

b. 由沿 y 轴方向射入时的受力情况可知：E 与 xOy 平面平行，$F^2 + f^2 = (\sqrt{5}F)^2$，则 $f = 2F$ 且 $f = qv_1B$，解得 $B = \dfrac{F}{q}\sqrt{\dfrac{2m}{qU_0}}$。

c. 如图 3.8–12(1)所示，设电场方向与 x 轴方向夹角为 α。若 B 沿 x 轴方向，粒子沿 z 轴方向射入时的受力情况得

$(f + F\sin\alpha)^2 + (F\cos\alpha)^2 = (\sqrt{7}F)^2$ ①

若粒子沿 z 轴负方向射入时，粒子的受力如图 3.8–12(2)所示，得

$(F\sin\alpha - f)^2 + (F\cos\alpha)^2 = (\sqrt{3}F)^2$ ②

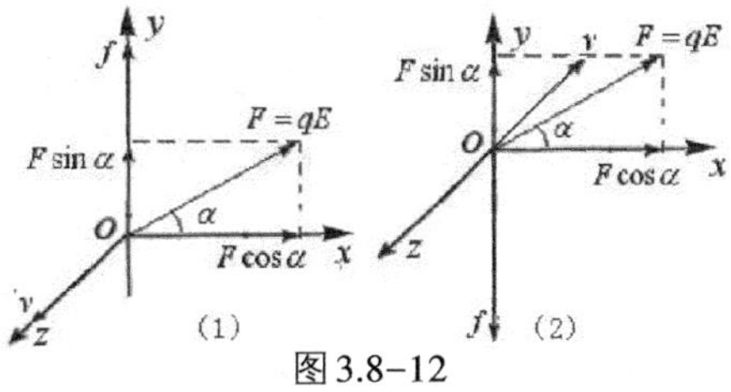

图 3.8–12

由①②得 E 与 xOy 平面平行且与 x 轴方向的夹角 α 为 30°或 150°。

同理，若 B 沿 x 轴负方向，可得 E 与 xOy 平面平行且与 x 轴方向的夹角 α 为−30°或−150°。

【创新思维】该题联系实际把电场和磁场结合起来，考查空间想象能力和用数学处理物理问题的能力，这是一大亮点。第(3)问是三维复合场中带电粒子匀速直线的问题，这一问具有相当的开放性，需要考生就不同的射入方向、受力大小，展开多次空间想象和深入分析，难度较大。

【例 8】(2018 年高考全国Ⅰ卷)如图 3.8–13 所示，在 $y>0$ 的区域存在方向沿 y 轴负方向的匀强电场，场强大小为 E；在 $y<0$ 的区域存在方向垂直于 xOy 平面向外的匀强磁场。一个氕核 ${}_1^1\mathrm{H}$ 和一个氘核 ${}_1^2\mathrm{H}$ 先后从 y 轴上 $y=h$ 点以相同的动能射出，速度方向沿 x 轴正方向。已知 ${}_1^1\mathrm{H}$ 进入磁场时，速度方向与 x 轴正方向的夹角为 60°，并从坐标原点 O 处第一次射出磁场。${}_1^1\mathrm{H}$ 的质量为 m，电荷量为 q，不计重力。求

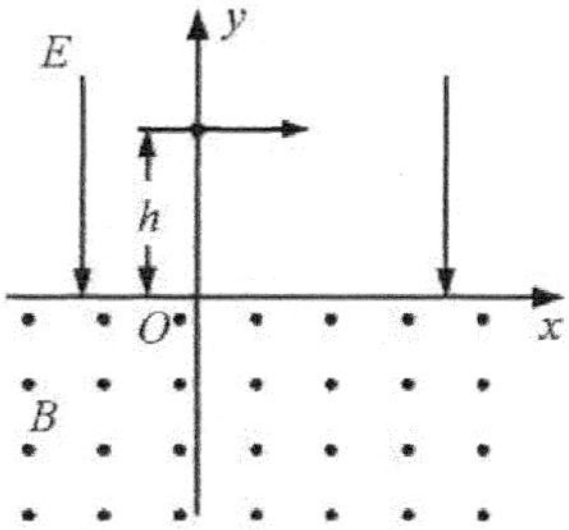

图 3.8–13

(1) ${}_1^1\mathrm{H}$ 第一次进入磁场的位置到原点 O 的距离；

(2)磁场的磁感应强度大小；

(3)$^{1}_{1}$H第一次离开磁场的位置到原点O的距离。

【解析】(1)$^{1}_{1}$H在电场中做类平抛运动，在磁场中做圆周运动，运动轨迹如图3.8-14所示，设$^{1}_{1}$H在电场中的加速度大小为a_1，初速度大小为v_1，它在电场中的运动时间为t_1，第一次进入磁场的位置到原点O的距离为s_1。由运动学公式有

$s_1=v_1t_1$ ①

$h=\frac{1}{2}a_1t_1^{\ 2}$ ②

由题给条件，$^{1}_{1}$H进入磁场时速度的方向与x轴正方向夹角$\theta_1=60°$。H进入磁场时速度的y分量的大小为

$a_1t_1=v_1\tan\theta_1$ ③

联立以上各式得$s_1=\frac{2\sqrt{3}}{3}h$④。

(2)$^{1}_{1}$H在电场中运动时，由牛顿第二定律有$qE=ma_1$⑤。

设$^{1}_{1}$H进入磁场时速度的大小为v_1'，由速度合成法则有

$v_1'=\sqrt{v_1^{\ 2}+(a_1t_1)^2}$ ⑥

设磁感应强度大小为B，$^{1}_{1}$H在磁场中运动的圆轨道半径为R_1，由洛伦兹力公式和牛顿第二定律有$qv_1'B=\frac{mv_1'^{\,2}}{R_1}$⑦。

由几何关系得$s_1=2R_1\sin\theta_1$⑧，联立以上各式得$B=\sqrt{\frac{6mE}{qh}}$⑨。

(3)设$^{2}_{1}$H在电场中沿x轴正方向射出的速度大小为v_2，在电场中的加速度大小为a_2，由题给条件得$\frac{1}{2}(2m)v_2^{\ 2}=\frac{1}{2}mv_1^{\ 2}$⑩。

由牛顿第二定律有$qE=2ma_2$⑪，设$^{2}_{1}$H第一次射入磁场时的速度大小为v_2'，速度的方向与x轴正方向夹角为θ_2，入射点到原点的距离为s_2，在电场中运动的时间为t_2。由运动学公式有

$s_2=v_2t_2$ ⑫

$h=\frac{1}{2}a_2t_2^{\ 2}$ ⑬

$v_2'=\sqrt{v_2^{\ 2}+(a_2t^2)^2}$ ⑭

$\sin\theta_2=\frac{a_2t_2}{v_2'}$ ⑮

联立以上各式得$s_2 = s_{11}, \theta_2 = \theta_{11}, v_2' = \frac{\sqrt{2}}{2} v_1'$ ⑯。

设$_1^2H$在磁场中做圆周运动的半径为R_2，由⑦⑯式及粒子在匀强磁场中做圆周运动的半径公式得$R_2 = \frac{(2m)v_2'}{qB} = \sqrt{2} R_1$ ⑰。

所以出射点在原点左侧。设$_1^2H$进入磁场的入射点到第一次离开磁场的出射点的距离为s_2'，由几何关系有$s_2' = 2R_2\sin\theta_2$ ⑱。

联立④⑧⑯⑰⑱式得，$_1^2H$第一次离开磁场时的位置距原点O为$s_2' - s_2 = \frac{2\sqrt{3}}{3}(\sqrt{2} - 1)h$。

【创新思维】此题与2004年高考全国卷第25题情景类似，都是带电粒子在匀强电场中做类平抛运动后进入匀强磁场中做匀速圆周运动，此题可认为是由两个课本例题或习题组合而成。求解思路：

（1）明确组合场中的几个场的性质，包括方向、强弱和范围等；

（2）分析带电粒子通过不同场区的运动情况及特性；

（3）画粒子的运动轨迹，判定粒子相应的运动；

（4）注意在不同场区的交界点，前一个区域运动的末速度就是下一个区域运动的初速度。

3.9 专题九:带电粒子在电磁场中的运动（叠加场）

一、知识精要

本专题分析带电粒子通过电场E、磁场B、重力场g同在的空间,或其中任意两个场同在的空间问题(场多数恒定,少有交变E、B),概称叠加场问题。通常有五种情况:

(1)粒子(计重力)在E、g中运动,运用牛顿运动定律、运动学规律或动能定理求解。

(2)粒子(不计重力)在E、B中运动,若$F_{电} = F_{洛}$,粒子匀速直线运动;若$F_{电} \neq F_{洛}$,采用动能定理求解。

(3)粒子(计重力)在E、B和g中运动,若做匀速圆周运动,则$F_{电} = G$,洛伦兹力提供向心力$F_{洛} = F_{向}$,采用二力平衡和圆周运动相关知识求解;若做匀速直线运动,则$F_{电}$、$F_{洛}$和G的合力为零,宜用共点力平衡求解。

(4)粒子(计重力)在g、B中运动,采用动能定理求解。

(5)粒子在运动空间中存在交变电场E或磁场B,则分析中加入交变场的作用。

二、范例精析

【例 1】(2009年高考四川卷)如图3.9-1所示,粗糙程度均匀的绝缘斜面下方O点处有一正点电荷,带负电的小物体以初速度v_1从M点沿斜面上滑,到达N点时速度为零,然后下滑回到M点,此时速度为v_2($v_2<v_1$)。若小物体电荷量保持不变,$OM=ON$,则(　　)

图3.9-1

A. 小物体上升的最大高度为$\frac{v_1^{\ 2} + v_2^{\ 2}}{4g}$

B. 从N到M的过程中,小物体的电势能逐渐减小

C.从M到N的过程中，电场力对小物体先做负功后做正功

D.从N到M的过程中，小物体受到的摩擦力和电场力均是先增大后减小

【解析】设斜面倾角为θ、上升过程沿斜面运动的最大距离为L。因为$OM=ON$，则M、N两点电势相等，小物体从M到N、从N到M电场力做功均为0。上滑和下滑经过同一个位置时，垂直斜面方向上电场力的分力相等，则经过相等的一小段位移在上滑和下滑时，电场力分力导致增加的摩擦力所做的功均为相等的负功，所以上滑和下滑过程克服电场力产生增加的摩擦力所做的功相等，即$W_1' = W_2'$。在上滑和下滑过程，对小物体应用动能定理分别有

$$-mgl\sin\theta - \mu mgl\cos\theta - W_1' = -\frac{mv_1^{\ 2}}{2} \quad ①$$

$$mgl\sin\theta - \mu mgl\cos\theta - W_2' = \frac{mv_2^{\ 2}}{2} \quad ②$$

①-②得$h_{\max} = l\sin\theta = \dfrac{v_1^{\ 2} + v_2^{\ 2}}{4g}$，所以A对。

由$OM=ON$，可知电场力对小物体先做正功后做负功，电势能先减小后增大，B、C错；从N到M的过程中，小物体受到的电场力垂直斜面的分力先增大后减小，而重力分力不变，则摩擦力先增大后减小，在此过程中小物体到O的距离先减小后增大，根据库仑定律可知小物体受到的电场力先增大后减小，D对。

【例2】（2017年高考新课标Ⅰ卷）如图3.9-2所示，空间某区域存在匀强电场和匀强磁场，电场方向竖直向上（与纸面平行），磁场方向垂直于纸面向里，三个带正电的微粒a、b、c电荷量相等，质量分别为m_a、m_b、m_c。已知在该区域内，a在纸面内做匀速圆周运动，b在纸面内向右做匀速直线运动，c在纸面内向左做匀速直线运动。下列选项正确的是（　　）

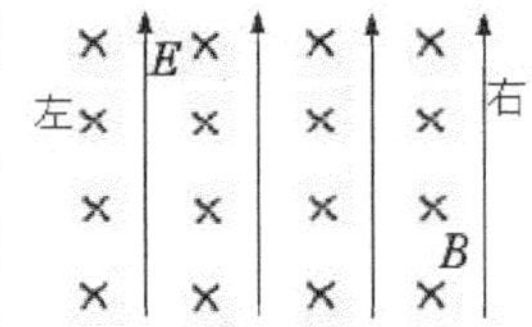

图3.9-2

A.$m_a > m_b > m_c$　　　　B.$m_b > m_a > m_c$

C.$m_c > m_a > m_b$　　　　D.$m_c > m_b > m_a$

【解析】由题意知，

$m_a g = qE, m_b g = qE + qvB, m_c g + qvB = qE$

所以$m_b > m_a > m_c$，故B正确，A、C、D错误。

【创新思维】三种场力同时存在时，分析需从运动条件入手，做匀速圆周运动：$m_a g = qE$；两个做匀速直线运动：合外力应为零，这里洛伦兹力方向的判断是关键。

【例3】(例2变式题)如图3.9-3(1)所示,在某一空间,存在竖直向下的匀强电场和垂直向里的匀强磁场,其中有三个质点,a质点在竖直面内做匀速圆周运动,b质点在竖直面内向右做匀速直线运动,c质点在竖直面内向左做匀速直线运动。它们带有等量同种电荷,$q_A = q_B = q_C$,试问:

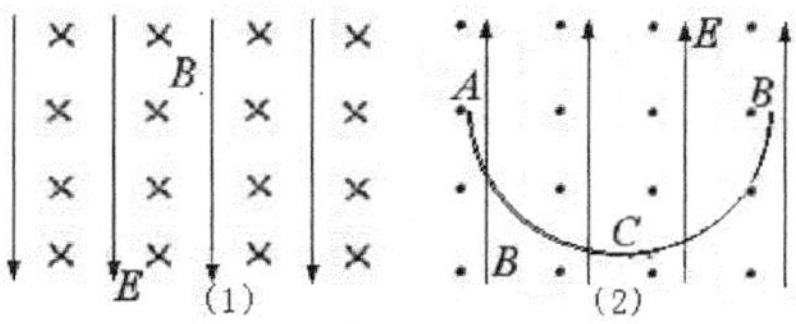

图3.9-3

(1)它们带何种电荷。

(2)质点a的绕行方向。

(3)比较三质点质量m_A、m_B、m_C的大小关系。

(4)如图3.9-3(2)所示,如果把匀强电场改为竖直向上,把匀强磁场改为垂直纸面向外,再引入一个带电小球d,让它从静止开始自A沿曲线ACB运动到B点时,速度为零,C是轨迹的最低点,在C点机械能是否最大?球d运动到B点后,是不是静止?还是沿着原路径返回?

【解析】(1)a质点在竖直方向受重力和电场力平衡,洛伦兹力提供向心力,电场力向上,质点带负电。

(2)质点做匀速圆周运动,运用左手定则,大拇指指向为洛伦兹力提供向心力的方向,则其余四指指向为负电荷运动的反方向,得a质点沿顺时针方向运动。

(3)a质点在竖直面内做匀速圆周运动,洛伦兹力作为向心力,则应有

$m_a g = qE$　①

b质点受力平衡,有$m_b g + qvB = qE$②,c质点受力平衡,有$m_c g = qE + qvB$③。

解得电场$m_c g>m_a g>m_b g$,即三质点质量$m_c>m_a>m_b$。

(4)带电小球开始自A沿曲线运动,表明受到电场力方向的向上但小于重力或者电场力方向向下,又由运动曲线表明洛伦兹力方向朝上,则小球带负电。

根据动能定理,洛伦兹力不做功,在A点到B点的过程中,动能变化为零,则电场力做功为零,因为该电场是匀强电场,A、B两点等电势,所以A、B两点位于同一高度。小球运动到C点电场力做功最大,则速度最大,在C点机械能最大;带电小球在B点的状态与A点的状态(速度为零,电势能相等)完全相同,如果右侧仍有同样的电场、磁场的叠加区域,小球就不会静止,而是在B点右侧重现前面的曲线运动到与B点等高的D点,不可能沿原路径返回至A点。

【例4】一个质量m= 0.001 kg,带电量q=1×10^{-3} C带正电荷的小球和一个质量为m的不带电小球相距l=0.2 m,放在绝缘光滑

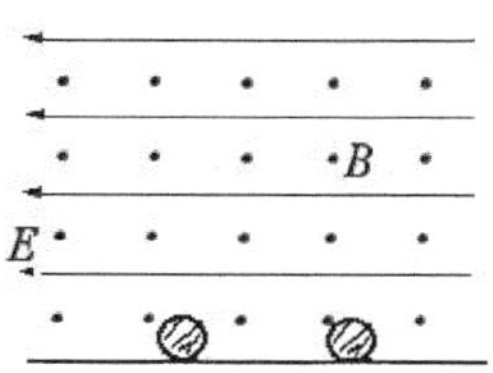

图3.9-4

水平面上，当加上如图3.9-4所示的匀强电场和匀强磁场后，($E=1\times10^3$ N/C，$B=0.5$ T))，带电小球开始运动与不带电小球相碰，并粘在一起为一体，问：

(1)两球碰后速度多大？

(2)从两球碰后到两球离开水平面，还要前进多远？(取g=10 m/s^2)

【解析】带电小球在电场力作用下加速运动，与不带电的小球碰撞两球合为一体，碰撞前小球的速度可以用动能定理求出，电场力做的功等于小球动能的增量；也可以利用牛顿第二定律和运动学公式求出。两球碰撞过程中受电场力，但比起两球碰撞的作用力小得多，碰撞时间又很短，可认为动量守恒，两球碰撞后速度继续增大，增大到某一数值洛伦兹力与重力平衡，两球离开水平面，应该注意，碰撞后与碰撞前应用动能定理的研究对象不同。

(1)两球碰撞前由动能定理：

$$Eql=\frac{1}{2}m{v_1}^2$$

$$\therefore v_1=\sqrt{\frac{2Eql}{m}}=\sqrt{\frac{2\times10^3\ \text{N/C}\times10^{-3}\ \text{C}\times0.2\ \text{m}}{0.001}}=20\ \text{m/s}$$

两球碰撞动量守恒：

$$mv_1=2mv_2$$

$$\therefore v_2=\frac{v_1}{2}=\frac{20\ \text{m/s}}{2}=10\ \text{m/s}$$

(2)两球离开水平面时，对水平面无压力，即洛仑兹力与重力平衡

$$qv_3B=2mg,\ \therefore v_3=\frac{2mg}{qB}=\frac{2\times0.001\times10}{0.5\times10^{-3}}\ \text{m/s}=40\ \text{m/s}$$

碰后到两球离开水平面，由动能定理$\frac{1}{2}\cdot2m{v_3}^2-\frac{1}{2}\cdot2m{v_2}^2=Eqs$得，

$$s=\frac{m({v_3}^2-{v_2}^2)}{Eq}=\frac{0.001\ \text{kg}\times((40\ \text{m/s})^2-(10\ \text{m/s})^2)}{10^3\ \text{N/C}\times10^{-3}\ \text{C}}=1.5\ \text{m}$$

【创新思维】解决这类问题与解决力学题目方法类似，不同之处是多了电场力和洛伦兹力。因此，带电粒子在复合场中的运动问题，除了利用力学三大观点(动力学观点、能量观点、动量观点)来分析外，还要注意电场和磁场对带电粒子的作用特点。

【例5】如图3.9-5所示，水平地面上有一辆固定有长为l的竖直光滑绝缘管的小车，管的底部有一质量m=0.2 g、电荷量$q=8\times10^{-5}$ C的小球，小球的直径比管的内径略小。在管口所在水平面MN的下方存在着垂直纸面向里、磁感应强度为B_1=15 T的匀

强磁场，MN面的上方还存在着竖直向上、场强E=25 V/m的匀强电场和垂直纸面向外、磁感应强度B_2=5 T的匀强磁场。现让小车始终保持v=2 m/s的速度匀速向右运动，以带电小球刚经过场的边界PQ为计时的起点，测得小球对管侧壁的弹力F_N随上升高度h变化的关系如图3.9-5(2)所示。g取10 m/s²，π取3.14，不计空气阻力。求：

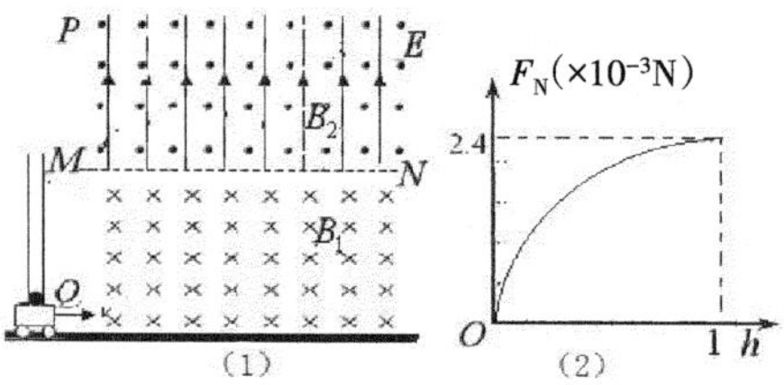

图3.9-5

(1)小球刚进入磁场B_1时的加速度大小a；

(2)绝缘管的长度l；

(3)小球离开管后再次经过水平面MN时距管口的距离Δx。

【解析】如图3.9-6所示，(1)以小球为研究对象，竖直方向小球受重力和恒定的洛伦兹力f，故小球在管中竖直方向做匀加速直线运动，加速度设为a，则

$$a=\frac{f-mg}{m}=\frac{qvB_1-mg}{m}=\frac{8\times10^{-5}\ \text{C}\times2\ \text{m/s}\times15\ \text{T}-2\times10^{-4}\ \text{kg}\times10\ \text{m/s}^2}{2\times10^{-4}\ \text{kg}}$$
$$=2\ \text{m/s}^2$$

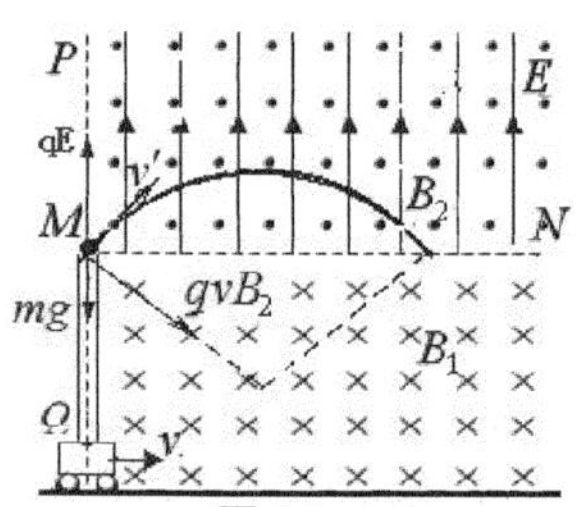

图3.9-6

(2)在小球运动到管口时，F_N=2.4×10⁻³ N，

设v_1为小球竖直分速度由$F_N=qv_1B_1$，

则$v_1=\dfrac{F_N}{qB_1}=\dfrac{2.4\times10^{-3}\ \text{N}}{8\times10^{-5}\ \text{C}\times15\ \text{T}}=2\ \text{m/s}$

由$v_1^2=2al$，得$l=\dfrac{v_1^2}{2a}=\dfrac{(2\ \text{m/s})^2}{2\times2\ \text{m/s}^2}=1\ \text{m}$

(3)小球离开管口进入复合场，其中qE=2×10⁻³ N，mg=2×10⁻³ N，故电场力与重力平衡，小球在复合场中做匀速圆周运动，合速度

$v'=\sqrt{v^2+v_1^2}=\sqrt{(2\ \text{m/s})^2+(2\ \text{m/s})^2}=2\sqrt{2}\ \text{m/s}$，与$MN$成45°角，

轨道半径为$R=\dfrac{mv'}{qB_2}=\dfrac{2\times10^{-4}\ \text{kg}\times2\sqrt{2}\ \text{m/s}}{8\times10^{-5}\ \text{C}\times5\ \text{T}}=\sqrt{2}\ \text{m}$。

根据带电粒子进出直线边界匀强磁场具有的对称性，小球离开管口开始计时，到再次经过MN所通过的水平距离$s_1=\sqrt{2}R=\sqrt{2}\cdot\sqrt{2}\ \text{m}=2\ \text{m}$，

对应时间$t=\dfrac{1}{4}T=\dfrac{\pi m}{2qB_2}=\dfrac{\pi\cdot2\times10^{-4}\ \text{kg}}{2\times8\times10^{-5}\ \text{C}\times5\ \text{T}}=\dfrac{\pi}{4}\ \text{s}$，

小车运动距离为$s_2=vt=2\times\dfrac{\pi}{4}\ \text{m}=\dfrac{\pi}{2}\ \text{m}$，

球离开管后再次经过水平面MN时距管口的距离

$\Delta s = s_1 - s_2 = 2\,\text{m} - \frac{\pi}{2}\,\text{m} \approx 0.43\,\text{m}$。

【创新思维】本题考查了带电粒子在复合场中的运动，对复合场的理解和运动过程的分析是解决此类问题的关键。第一问中实际速度方向斜向右上方；第二问通过弹力求解出竖直分速度，然后根据运动学公式求解；第三问关键在画出运动轨迹。

【例6】（2017年高考新课标Ⅱ卷）如图3.9-7所示，两水平面（虚线）之间的距离为H，其间的区域存在方向水平向右的匀强电场。自该区域上方的A点将质量为m、电荷量分别为q和$-q$（$q>0$）的带小球M、N先后以相同的初速度沿平行于电场的方向射出。小球在重力作用下进入电场区域，并从该区域的下边界离开。已知N离开电场时的速度方向竖直向下；M在电场中做直线运动，刚离开电场时的动能为N刚离开电场时动能的1.5倍。不计空气阻力，重力加速度大小为g。求：

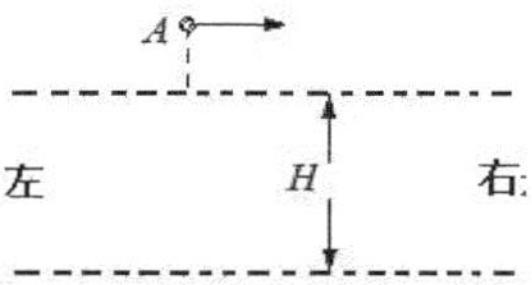

图3.9-7

（1）M与N在电场中沿水平方向的位移之比；

（2）A点距电场上边界的高度；

（3）该电场的电场强度大小。

【解析】（1）设带电小球M、N抛出初速度均为v_0，则它们进入电场时的水平速度仍为v_0；M、N在电场中的运动时间t相等，电场力作用下产生的加速度沿水平方向，大小均为a，在电场中沿水平方向的位移分别为s_1和s_2。由运动公式可得

$v_0 - at = 0$ ①

$s_1 = v_0 t + \frac{1}{2}at^2$ ②

$s_2 = v_0 t - \frac{1}{2}at^2$ ③

联立①②③解得$\frac{s_1}{s_2} = \frac{3}{1}$ ④

（2）设A点距离电场上边界的高度为h，小球下落h时在竖直方向的分速度为v_y，则

$v_y^2 = 2gh$ ⑤

$H = v_y t + \frac{1}{2}gt^2$ ⑥

因为M在电场中做匀加速直线运动，则$\frac{v_0}{v_y} = \frac{s_1}{H}$⑦

由①②⑤⑥⑦可得$h=\frac{1}{3}H$⑧。

(3)设电场强度为E，小球M进入电场后做直线运动，则$\frac{v_0}{v_y}=\frac{qE}{mg}$，$a=\frac{qE}{m}$⑨

设M、N离开电场时的动能分别为E_{k1}、E_{k2}，由动能定理：

$$E_{k1}=\frac{1}{2}m(v_0^2+v_y^2)+mgH+qEs_1 \quad ⑩$$

$$E_{k2}=\frac{1}{2}m(v_0^2+v_y^2)+mgH+qEs_2 \quad ⑪$$

由已知条件$E_{k1}=1.5E_{k2}$⑫，联立④⑤⑥⑦⑧⑨⑩⑪⑫解得$E=\frac{mg}{\sqrt{2}q}$。

【创新思维】此题是带电小球在电场及重力场的复合场中的运动问题，关键是分析小球的受力情况以及在水平、竖直方向的运动性质，搞清物理过程，灵活选取物理规律列方程。

【例7】如图3.9-8(1)所示，在两块水平金属极板间加有电压U构成偏转电场，一束比荷为$q/m=10^6$ C/kg带正电的粒子流(重力不计)，以速度$v_0=10^4$ m/s沿水平方向从金属极板正中间射入两板。粒子经电场偏转后进入一具有理想边界的半圆形变化磁场区域，O为圆心，区域直径AB长度为$L=1$ m，AB与水平方向成45°角。区域内有按如图3.9-8(2)所示规律周期性变化的磁场，已知$B_0=0.5$ T，磁场方向以垂直于纸面向外为正。粒子经偏转电场后，恰好从下极板边缘O点与水平方向成45°斜向下射入磁场。求：

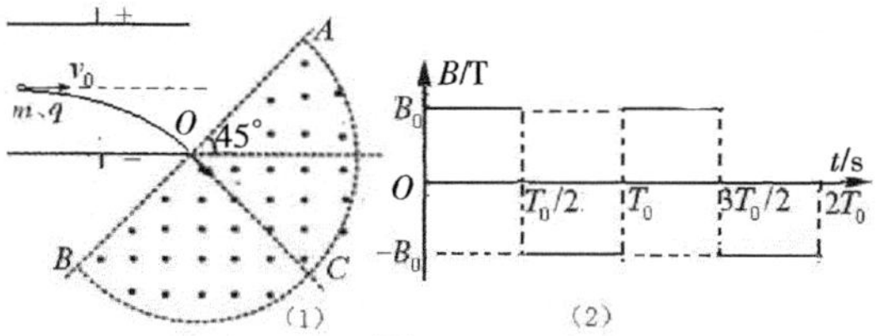

图3.9-8

(1)两金属极板间的电压U是多大？

(2)若$T_0=0.5$ s，求$t=0$时刻射入磁场的带电粒子，在磁场中运动的时间和离开磁场的位置。

(3)要使所有带电粒子通过O点后的运动过程中不再从AB两点间越过，求出磁场的变化周期T_0应满足的条件。

【解析】(1)粒子在电场中做类平抛运动，从O点射出时速度$v=\sqrt{2}v_0$，

$q\frac{U}{2}=\frac{1}{2}m(\sqrt{2}v_0)^2-\frac{1}{2}mv_0^2$，代入数据得$U=100$ V。

(2)$T=\frac{2\pi m}{B_0q}$，$\frac{T}{2}=\frac{\pi m}{B_0q}=\frac{\pi}{0.5\times10^6}$ s $=2\pi\times10^{-6}$ s$<\frac{T_0}{2}$

$$R=\frac{m\sqrt{2}\,v_0}{B_0 q}=\frac{\sqrt{2}\times 10^4}{0.5\times 10^6}\ \text{m}=0.02\sqrt{2}\ \text{m}$$

粒子在磁场中经过半周从OB中穿出，粒子在磁场中运动时间$t=\frac{T}{2}=2\pi\times 10^{-6}\ \text{s}$，射出点在$OB$间，距$O$点$0.04\sqrt{2}\ \text{m}$。

(3)粒子运动周期$T=\frac{2\pi m}{B_0 g}=4\pi\times 10^{-6}\ \text{s}$，粒子在$t$=0时刻射入时，粒子从$OB$间射出，粒子在$t=T_0/2$时刻射入时，粒子从$OA$间射出。

如图3.9-9，粒子若不从AB边界射出，磁场的变化周期T_0应小于粒子运动周期T，定量关系须从临界条件入手，即粒子到OB边界前磁场换向，以O_2为圆心从D点开始逆时针做圆周运动，抵达边界E恰与边界相切，而后远离边界，$O_2E\perp OE$（边界线），$O_2E=O_2D=O_1D=OO_1=R$，得临界时$\theta=5\pi/6$，应满足$\frac{T_0}{2}<\frac{\theta}{2\pi}T$，得$T_0<\frac{\pi}{3}\times 10^{-5}\ \text{s}$。

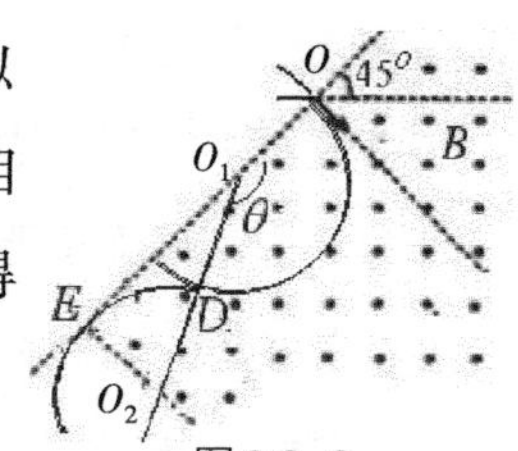

图3.9-9

【创新思维】该题创新之处在于将恒定磁场巧换为周期性变化的磁场。第二问是过渡。看第三问的设计：粒子不再从AB间越过，求其磁场的变化周期T_0应满足的条件。这使题目难度陡然上升，关键在极值临界条件的寻找，不仅需要对带电粒子在磁场中的运动了如指掌，还要有运用几何、极值等数学知识解决问题的能力。

3.10　专题十：电路中能的转化和守恒

一、知识精要

电磁感应综合问题往往涉及力学、电学等多个知识点，突出考查考生理解能力、综合分析能力，尤其是从实际问题中抽象概括构建物理模型的创新能力。本专题主要讲解具有反电动势电路中的能量转化守恒问题。

1. 纯电阻电路中负载只有电阻，电路消耗的电能全部转换为内能。

(1)部分电路：$U = IR$，$I = \frac{U}{R}$；

(2)闭合电路：$E = IR + Ir$，$I = \frac{E}{R + r}$。

2. 非纯电阻电路中，负载除了电阻外，电路还存在电解槽、被充电的电池、电动机、电感线圈等元件。

电路消耗的电能一部分转换为内能，还有一部分要克服反电动势做功。即非静电力将电能转化为其他形式能量，比如电动机输出的机械功、电池充电时的有效功、通电自感现象中电能转化为磁场能、电解槽将电能转化为化学能等。

(1)部分电路：$U = IR + E_{反}$，$I = \frac{U - E_{反}}{R}$；

(2)闭合电路：$E = IR + Ir + E_{反}$，$I = \frac{E - E_{反}}{R + r}$。

如图3.10-1所示的电路中，电源电动势E、内阻r，导体ab接入电路的电阻为R，导轨间的有效长度长为l。接通电源，导体ab在安培力$F_{安}$作用下向右运动，以速度v切割磁感线产生感应电动势——反电动势，$E_{反} = Blv$，电路中的电流$I = \frac{E - E_{反}}{R + r}$减小，导体$ab$受到的安培力减小，表明反电动势阻碍了导体的运动。在含有反电动势的

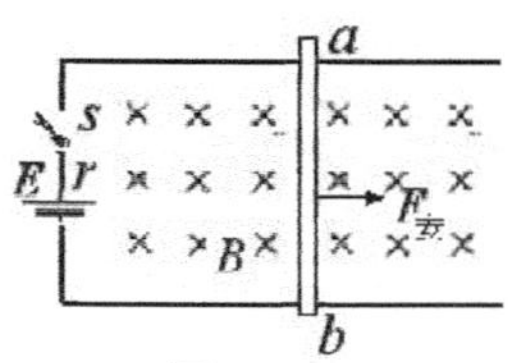

图3.10-1

电路中,电流 $I = \frac{E - E_{反}}{R + r}$,或写成 $I(R + r) = E - E_{反}$,改写成能量式 $IE = IE_{反} + I^2(R + r)$,表明电源消耗的总能量一部分通过电阻产生焦耳热,另一部分转化为机械能(克服反电动势做功)。

3.关于电动机的反电动势问题。

(1)电动机只有在转动时才会出现反电动势(线圈转动切割磁感线产生感应电动势);

(2)线圈转动切割磁感线产生感应电动势的方向与电动机电源电动势的方向一定相反,故称为反电动势;

(3)有了反电动势,电动机才有可能把电能转化为机械能,它输出的机械功率 $P = E_{反}I$;

(4)电动机工作时两端电压为 $U = E_{反} + Ir$(r 是电动机线圈的电阻),电动机的总功率为 $P = UI$,发热功率为 $P_{内} = I^2r$,常规情况下,$E_{反}>Ir$。

(5)当电动机通电转动时,转子切割磁感线产生反电动势,电流减小。动力矩减小,当动力矩等于阻力矩时电动机带动负载稳定运转。如果电动机工作时由于机械阻力过大而停止转动,这时反电动势不存在,则 $I = \frac{U}{r}$,电阻很小的线圈直接接在电源两端,电流会很大,极易烧毁电动机。

4.安培力做功及对应的能量转化关系(详见例6)。

二、范例精析

【例1】(1986年高考全国卷)图3.10–2中 $abcd$ 是一个固定的U形金属框架,ab 和 cd 边都很长,bc 边长为 l,框架的电阻可不计,ef 是放置在框架上与 bc 平行的导体杆,它可在框架上自由滑动(摩擦可忽略),它的电阻为 R。现沿垂直于框架平面的方向加一恒定的匀强磁场,磁感应强度为 B,方向垂直于纸面向里。已知当以恒力 F 向右拉导体杆 ef 时,导体杆最后匀速滑动。求匀速时的速度。

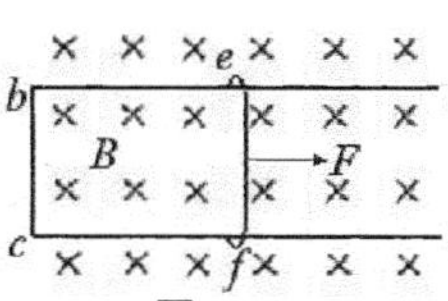

图3.10–2

【解析】回路中产生感应电动势 $E = Blv$①

回路产生感应电流 $I = E/R$②

安培力为 $F' = IlB$③

匀速运动时导体杆所受合力应等于零，外力 $F = F'$④

由①②③④解得 $v = \dfrac{FR}{B^2l^2}$。

【创新思维】这道题比较简单，不涉及反电动势。在恒定外力作用下导体杆 ef 向右加速运动，导体杆 ef 因切割磁感线而产生感应电动势，回路中产生感应电流，磁场对感应电流的安培力阻碍导体杆 ef 向右运动，导体杆 ef 的加速度减小、速度增大、电动势增大、电流增大、安培力增大，直到安培力与恒定外力相等时导体杆 ef 就做匀速运动。

【例2】（2017年高考江苏卷）如图3.10-3所示，两条相距 d 的平行金属导轨位于同一水平面内，其右端接一阻值为 R 的电阻。质量为 m 的金属杆静止在导轨上，其左侧矩形匀强磁场区域 $MNPQ$ 的磁感应强度大小为 B、方向竖直向下。当该磁场区域以速度 v_0 匀速地向右扫过金属杆后，金属杆的速度变为 v。导轨和金属杆的电阻不计，导轨光滑且足够长，杆在运动过程中始终与导轨垂直且两端与导轨保持良好接触。求：

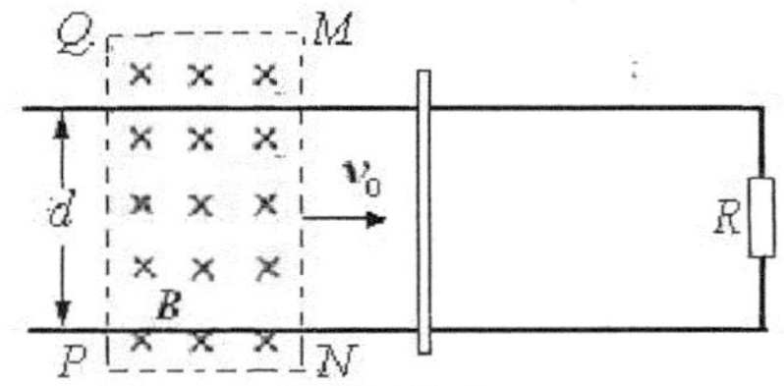

图3.10-3

（1）MN 刚扫过金属杆时，杆中感应电流的大小 l；

（2）MN 刚扫过金属杆时，杆的加速度大小 a；

（3）PQ 刚要离开金属杆时，感应电流的功率 P。

【解析】（1）感应电动势 $E = Bdv_0$，

感应电流 $I = E/R$，

解得 $I = Bdv_0/R$。

（2）安培力 $F = BId$，由牛顿第二定律 $F = ma$，解得 $a = B^2d^2v_0/mR$。

（3）金属杆切割磁感线的速度 $v' = v_0 - v$，则

感应电动势 $E = Bd(v_0 - v)$，电功率 $P = E^2/R$，解得

$$P = \frac{B^2d^2(v_0 - v)^2}{R}$$

【创新思维】该题仍为没有涉及反电动势电路的能量转换和守恒问题，解题关键在于导体切割磁感线产生电动势 $E = Blv$，切割的速度 v 是导体与磁场的相对速度，分析这类问题，通常思路是先电后力再功能。

【例3】（多选）锂电池因能量高、环保无污染而被广泛使用在手机等电子产品中。

现用充电器为一手机锂电池充电,等效电路如图3.10–4所示,充电器电源输出电压为U,输出电流为I,手机电池的内阻为r,下列说法正确的是(　　)

A. 电能转化为化学能的功率为$UI - I^2r$

B. 充电器输出的电功率为$UI + I^2r$

C. 电池产生的热功率为I^2r

D. 充电器的充电效率为$\frac{Ir}{U} \times 100\%$

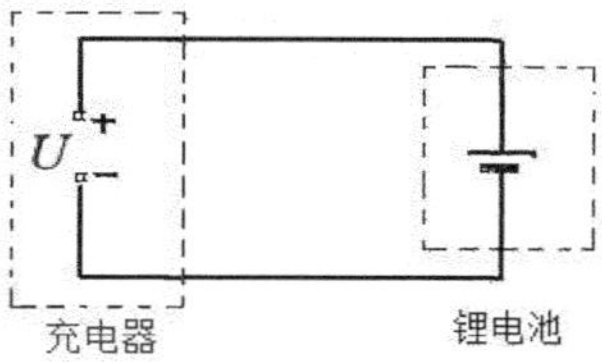

图3.10–4

【解析】电能转化为化学能的功率为$UI - I^2r$;充电器输出的电功率为UI。因此,A正确,B错误。

电池产生的热功率为I^2r;充电器的充电效率为$\frac{U - Ir}{U} \times 100\%$。因此,C正确,D错误。故选A、C。

【例4】如图3.10–5所示是一提升重物用的直流电动机工作时的电路图。电动机内电阻R_M=1 Ω,电路中另一电阻R_0=4 Ω,直流电路电源电动势E=10 V,电源内阻r=0,理想电压表示数U_V=6 V。试求:

(1)通过电动机的电流;

(2)电动机输出的机械功率;

(3)若电动机匀速竖直向上提升重物,重物的质量m=0.5 kg,求提升速度多大?(g取10 m/s²)

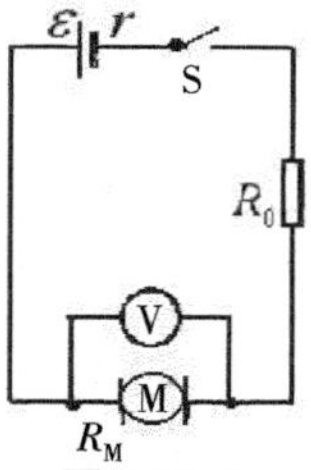

图3.10–5

【解析】(1)通过电动机的电流

$$I = \frac{U_{R_0}}{R_0} = \frac{E - U_V}{R} = \frac{10\,V - 6\,V}{4\,\Omega} = 1\,A$$

(2)电动机输出的机械功率:

电源总功率$P = IE$=10 W,

电阻R_0消耗的电功率$P_{R_0} = I^2R_0 = (1\,A)^2 \times 4\,\Omega = 4\,W$,

电动机消耗的电功率$P_M = IU_V = 1\,A \times 6\,V = 6\,W$,

电动机生成的热功率$P_{M内} = I^2R_M = (1\,A)^2 \times 1\,\Omega = 1\,W$。根据能量转化和守恒定律可知,电源和电动机组成的回路消耗的电能E_M,显然等于回路产生的内能$E_{M内}$与电动机输出的机械能$E_{M出}$之和。

所以,电动机的输出功率$P_{M出} = P_M - P_{M内} = 6\,W - 1\,W = 5\,W$。

(3)$P_{M出} = Fv = mgv$,所以电动机提升重物的速度

$$v=\frac{P_{\text{M出}}}{mg}=\frac{5\,\text{W}}{0.5\,\text{kg}\times 10\,\text{m/s}^2}=1\,\text{m/s}$$

【创新思维】正常工作时的电动机会产生反电动势,其方向与电源电动势的方向相反,这时电源需要克服反电动势做功。电源提供电路的总能量中,一部分通过线圈的电阻产生焦耳热,另一部分转化为机械能,总能量是守恒的。

【例5】如图3.10-6所示电路,两根竖直的光滑金属导轨,上端接有开关和电源,下端有一短小横档,其上水平搁着一段金属杆与导轨接触良好,构成一个简单的电路。已知电源电动势为E,内阻为r,导轨间有一匀强磁场垂直于导轨平面,磁感应强度为B。金属杆质量为m,长度为l,电阻为R,导轨电阻不计。请回答:

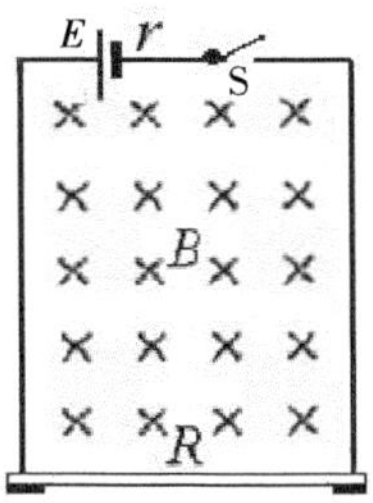

图3.10-6

(1)金属杆上升的最大加速度a_{m}。

(2)金属杆上升的最大速度v_{m}。

(3)金属杆达到最大速度,电源输出功率$P_{\text{源出}}$。

(4)金属杆达到最大速度后Δt时间内电路中能量是否守恒?

【解析】(1)$a_{\text{m}}=\dfrac{BIl-mg}{m}=\dfrac{B\dfrac{El}{R+r}}{m}-g=\dfrac{BEl}{m(R+r)}-g$

(2)$BI_0l=mg$,$B\dfrac{E-Blv_{\text{m}}}{R+r}l=mg$,$BEl-B^2l^2v_{\text{m}}=mg(R+r)$

$\therefore v_{\text{m}}=\dfrac{BEl-mg(R+r)}{B^2l^2}$

(3)$P_{\text{出}}=I_0U=\dfrac{mg}{Bl}\left(E-\dfrac{mg}{Bl}\cdot r\right)$

(4)Δt时间内,消耗电源的化学能$\Delta E_{\text{化}}=I_0E\Delta t=\dfrac{mg}{Bl}E\Delta t$,

整个电路生热　$Q_{\text{热}}=I_0{}^2(R+r)\Delta t=\dfrac{m^2g^2}{B^2l^2}(R+r)\Delta t$,

金属杆机械能增加

$$\Delta E_{\text{机}}=mgv_{\text{m}}\Delta t=mg\cdot\frac{BEl-mg(R+r)}{B^2l^2}\cdot\Delta t$$

$$=\frac{mgBEl\Delta t}{B^2l^2}-\frac{m^2g^2(R+r)\Delta t}{B^2l^2}=\frac{mgE\Delta t}{Bl}-\frac{m^2g^2(R+r)\Delta t}{B^2l^2}=\Delta E_{\text{化}}-Q_{\text{热}}$$

则$\Delta E_{\text{机}}+Q_{\text{热}}=\Delta E_{\text{化}}$,机械能增加和整个电路生热正好等于电源消耗的电能,表明电路中能量守恒。图3.10-6中的金属杆实质上就相当图3.10-5中的电动机M,将电能转换成机械能。

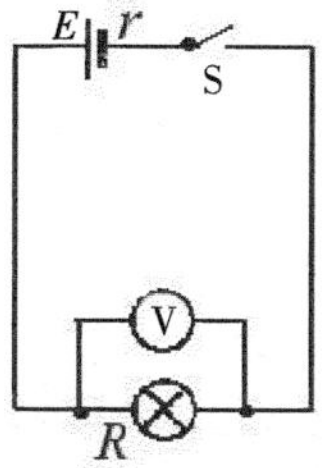

图3.10-7

【**创新思维**】如图3.10-7所示电路，能量消耗只有内能时，

$$IE = I^2R + I^2r \rightarrow E = IR + Ir \rightarrow I = \frac{E}{R + r}$$

可见闭合电路欧姆定律适用此电路，而如图3.10-6所示电路，有机械能产生的电路就不可用，这种电路的负载已经不只是电阻了，电路存在反电动势，是非纯电阻电路，闭合电路欧姆定律已经不适用了。

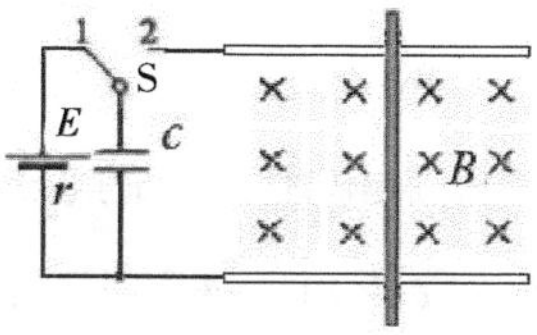

图3.10-8

【**例6**】(2011年高考江苏卷)如图3.10-8所示，水平面内有一平行金属导轨(足够长)，导轨光滑且电阻不计，阻值为R的导体棒垂直于导轨放置，且与导轨接触良好。导轨所在空间存在匀强磁场，匀强磁场与导轨平面垂直。$t = 0$时，将开关S由1掷向2，分别用q、i、v和a表示电容器所带的电荷量、棒中的电流、棒的速度大小和加速度大小，则如图3.10-9所示的图像中正确的是(　　)

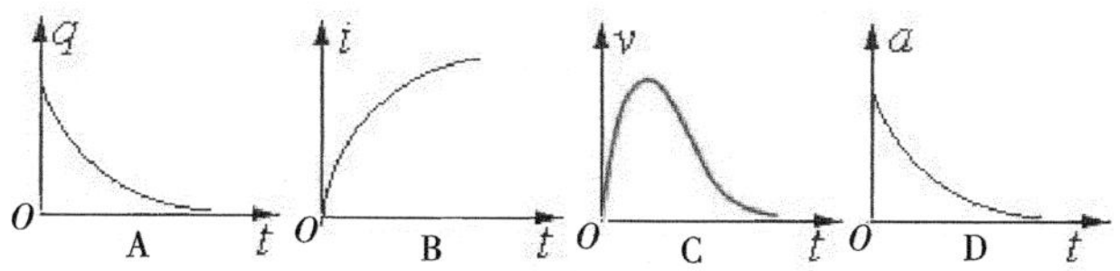

图3.10-9

【**解析**】通过分析导体棒的运动情况求解，开关S由1掷到2，电容器放电，在电路中产生放电电流。导体棒通有电流后会受到向右的安培力作用，向右加速运动。导体棒将切割磁感线，产生感应电动势，此感应电动势将电容器的电压抵消一些，随着速度增大，感应电动势增大，则回路中的电流减小，导体棒所受的安培力减小，加速度减小。因导轨光滑，所以在有电流通过棒的过程中，棒是一直加速运动(变加速)。当感应电动势等于电容器的电压时，电路中无电流，导体棒不受安培力，做匀速运动。

A. 当棒匀速运动后，棒因切割磁感线有电动势，所以电容器两端的电压能稳定在某个不为0的数值，则由$Q=CU$知，电容器的电量应稳定在某个不为0的数值，不会减少到0。这时电容器的电压等于棒的电动势，棒中无电流，故A错误。

B. 由于通过棒的电流是按指数递减的，最后电流减至零，故B错误。

C. 导体棒先做加速度减小的变加速运动，由于电容器放电产生电流使得导体棒受安培力运动，当感应电动势等于电容器的电压时，电路中无电流，导体棒不受安培力时，导体棒做匀速运动。故v-t图像曲线后应是直线，故C错误。

D. 根据上面分析可知，杆的加速度逐渐减小直到为零，故D正确。所以选D。

【创新思维】本题关键在分析电容器放电过程以及导体棒受力情况，从而分析其运动情况。

【例7】（2017年高考北京卷）发电机和电动机具有装置上的类似性，源于它们机理上的类似性。直流发电机和直流电动机的工作原理可以简化为如图3.10-10所示的情景。

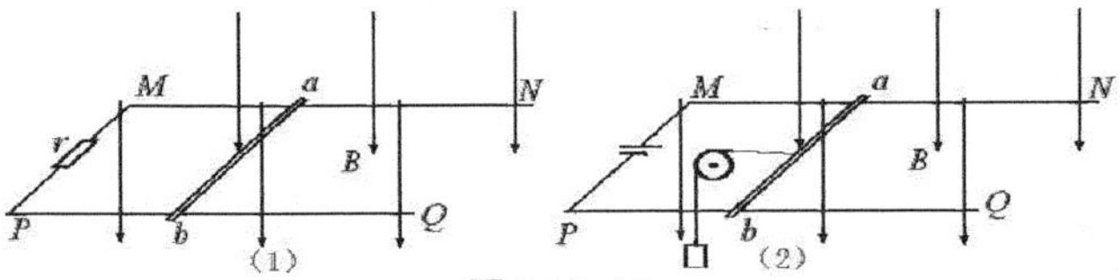

图3.10-10

在竖直向下的磁感应强度为B的匀强磁场中，两根光滑平行金属轨道MN、PQ固定在水平面内，相距为L，电阻不计。电阻为R的金属导体棒ab垂直于MN、PQ放在轨道上，与轨道接触良好，以速度v（v平行于MN）向右做匀速运动。

图3.10-10（1）轨道端点MP间接有阻值为r的电阻，导体棒ab受到水平向右的外力作用。图3.10-10（2）轨道端点MP间接有直流电源，导体棒ab通过滑轮匀速提升重物，电路中的电流为I。

（1）求在Δt时间内，图3.10-10（1）“发电机”产生的电能和图3.10-10（2）“电动机”输出的机械能。

（2）从微观角度看，导体棒ab中的自由电荷所受洛伦兹力在上述能量转化中起着重要作用。为了方便，可认为导体棒中的自由电荷为正电荷。

a.请在图3.10-11（1）和图3.10-11（2）的导体棒ab中，分别画出自由电荷所受洛伦兹力的示意图。

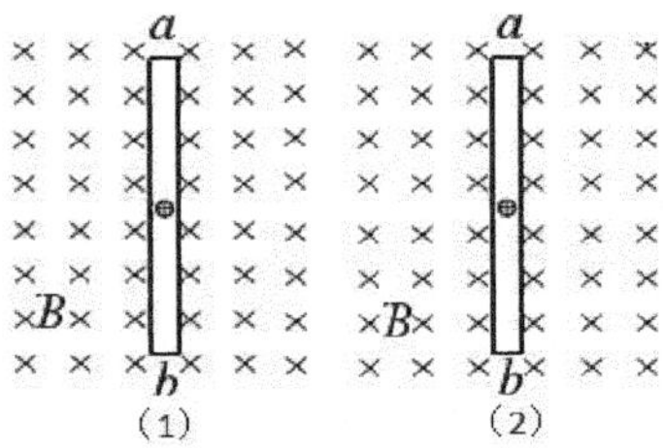

图3.10-11

b.我们知道，洛伦兹力对运动电荷不做功。那么，导体棒ab中的自由电荷所受洛伦兹力是如何在能量转化过程中起作用的呢？请以图3.10-10（2）“电动机”为例，通过计算分析说明。

【解析】（1）图3.10-10（1），电路中的电流$I_1=\dfrac{BLv}{R+r}$，

棒ab受到的安培力$F_1=BI_1L$，

在Δt时间内，“发电机”产生的电能等于棒ab克服安培力做的功$E_{电}=F_1\cdot v\Delta t=\dfrac{B^2L^2v^2\Delta t}{R+r}$。

图3.10-10（2）中，棒ab受到的安培力$F_2=BIL$，

在Δt时间内，“电动机”输出的机械能等于安培力对棒ab做的功

$E_{机} = F_2 \cdot v\Delta t = BILv\Delta t$

(2)a. 如图 3.10–12(1)所示，棒 ab 向右运动，由左手定则可知其中的正电荷受到 $b \to a$ 方向的洛伦兹力 f_1，在该洛伦兹力作用下，正电荷沿导体棒运动形成感应电流，有沿 $b \to a$ 方向的分速度，受到向左的洛伦兹力 f_2 作用；如图 3.10–12(2)所示，在电源形成的电场作用下，棒 ab 中的正电荷沿 $a \to b$ 方向运动，受到向右的洛伦兹力 f_2' 作用，该洛伦兹力使导体棒向右运动，正电荷具有向右的分速度，又受到沿 $b \to a$ 方向的洛伦兹力 f_1' 作用。

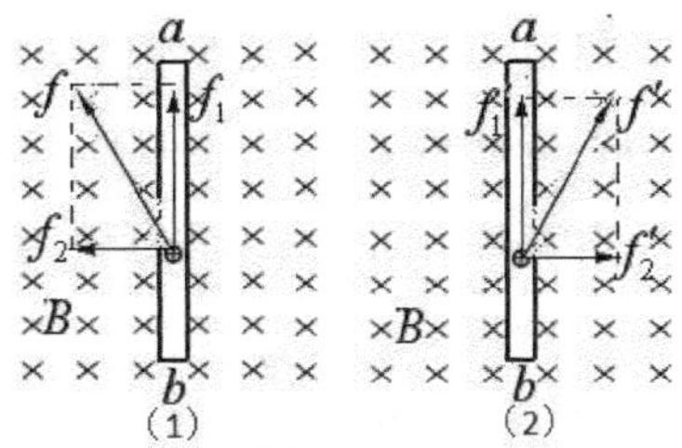

图 3.10–12

b. 设自由电荷的电荷量为 q，沿导体棒定向移动的速率为 u。

如图 3.10–12(2)所示，沿棒方向的洛伦兹力 $f_1' = qvB$，做负功 $W_1 = -f_1' \cdot u\Delta t = -qvBu\Delta t$。

垂直棒方向的洛伦兹力 $f_2' = qvB$，做正功 $W_2 = f_2' \cdot v\Delta t = quBv\Delta t$，所示 $W_1 = -W_2$，即导体棒中一个自由电荷所受的洛伦兹力做功为零。

f_1' 做负功，阻碍自由电荷的定向移动，宏观上表现为“反电动势”，消耗电源的电能；f_2' 做正功，宏观上表现为安培力做正功，使机械能增加。大量自由电荷所受洛伦兹力做功的宏观表现是将电能转化为等量的机械能，在此过程中洛伦兹力通过两个分力做功起到“传递能量”的作用。

【创新思维】洛伦兹力永不做功，本题看似洛伦兹力做功，实则是将两个方向的分运动结合起来，所做正、负功和为零。

【例 8】(2019 年高考全国Ⅲ卷)(多选)如图 3.10–13 所示，方向竖直向下的匀强磁场中有两根位于同一水平面内的足够长的平行金属导轨，两相同的光滑导体棒 ab、cd 静止在导轨上。t=0 时，棒 ab 以初速度 v_0 向右滑动。运动过程中，ab、cd 始终与导轨垂直并接触良好，两者速度分别用 v_1、v_2 表示，回路中的电流用 I 表示，总电阻用 $R_{总}$ 表示。下列如图 3.10–14 所示的图像中，可能正确的是(　　)

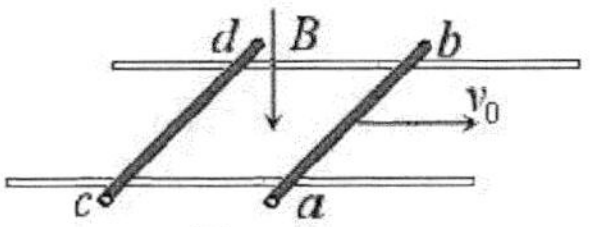

图 3.10–13

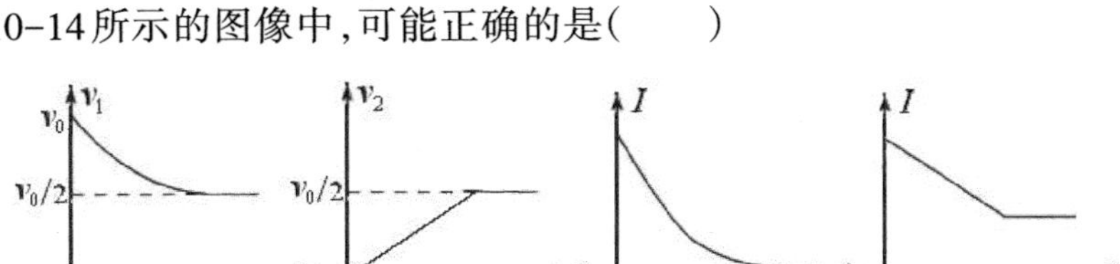

图 3.10–14

【解析】ab 棒以初速度 v_0 向右滑动，切割磁感线产生感应电动势 $E_1= BLv_1$，进而在回路中产生感应电流，这个电流通过 ab 棒，ab 棒就会受到方向与 v_0 方向相反的安培力而做减速运动，速度减小。这个电流通过 cd 棒，cd 棒就会受到方向与 v_0 方向相同的安培力的作用而做加速运动，速度增大。cd 棒一旦运动起来，它也会切割磁感线产生感应电动势 $E_2= BLv_2$，由右手定则可知，这两个电动势一顺一反，即 E_1 为电动势，E_2 为反电动势，则回路中的电流为

$$I = \frac{E_1 - E_2}{R_{总}} = \frac{Blv_1 - Blv_2}{R_{总}} = \frac{Bl \cdot \Delta v}{R_{总}}$$

随着 v_1 减小、v_2 的增大，它们之间的速度差 $\Delta v = v_1 - v_2$ 越来越小，当 $v_1 = v_2 = v'$ 时，$\Delta v = 0$，回路中电流为零，两棒加速度均变为零，两棒此后以共同速度做匀速运动。两相同的光滑导体棒 ab、cd 组成的系统，在足够长的平行金属导轨上运动时不受外力作用，由动量守恒定律 $mv_0 = mv_1 + mv_2 = 2mv'$，

解得共同速度 $v' = v_0/2$。

如图 3.10-15 所示，故选项 A、C 正确，B、D 错误。

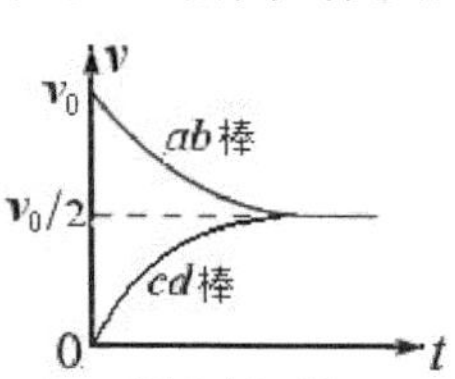

图 3.10-15

3.11 专题十一：电磁感应全覆盖

一、知识精要

电磁感应是电磁学的重要基础，更是高考物理试题的热点和难点。电磁感应试题应用楞次定律、法拉第电磁感应定律，联系电场、磁场、恒定电流、力学等知识。因此，这类题往往可以成为学科内的大综合题，难度大、分值高、区分度大，在高考中经常作为压轴题。

二、范例精析

（一）回路磁通量变化类型：$E=\dfrac{\Delta\phi}{\Delta t}$

【问题1】线圈面积S不变，磁感应强度均匀变化：$E=n\dfrac{\Delta\phi}{\Delta t}=n\dfrac{\Delta B\cdot S}{\Delta t}=n\dfrac{\Delta B}{\Delta t}\cdot S$。

【例1】固定的n=10匝线圈，其面积为S=100 cm^2，电阻为R=0.1Ω，环中磁场变化规律如图3.11-1所示，且磁场方向垂直环面向里，在t_1到t_2时间内，环中感应电流的方向如何？通过金属环的电量为多少？

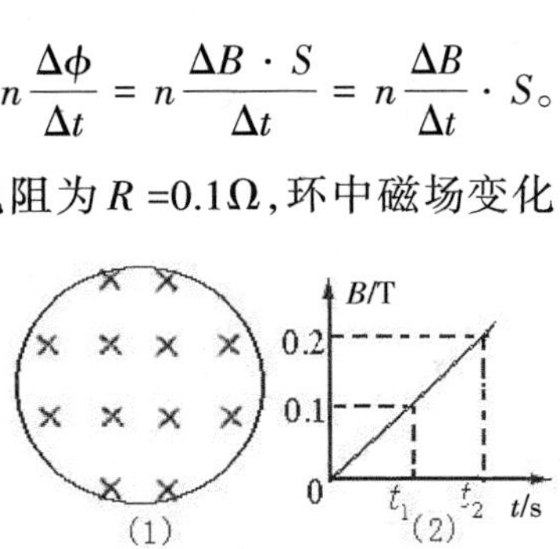

图3.11-1

【解析】（1）由楞次定律，可以判断金属环中感应电流方向为逆时针方向。

（2）由图可知：磁感应强度的变化率为

$$\frac{\Delta B}{\Delta t}=\frac{B_2-B_1}{t_2-t_1}$$

线圈中的磁通量的变化率$\dfrac{\Delta\phi}{\Delta t}=\dfrac{\Delta B}{\Delta t}\cdot S=\dfrac{B_2-B_1}{t_2-t_1}\cdot S$，

环中形成感应电流$I=\frac{nE}{R}=\frac{n\Delta\phi/\Delta t}{R}=\frac{n\Delta\phi}{R\Delta t}$,

通过金属环的电量$Q=I\Delta t$,

解得$Q=\frac{n(B_2-B_1)S}{R}=\frac{10\times(0.2-0.1)\times10^{-2}}{0.1}=0.1\,C$。

【创新思维】由楞次定律可判断感应电流的方向,感应电量可如下推导:

$$Q=I\Delta t=\frac{nE}{R}\Delta t=\frac{n\Delta\phi}{\Delta tR}\Delta t=\frac{n\Delta\phi}{R}$$

可见,感应电量仅由电路电阻和磁通量变化量决定,与发生磁通量变化的时间无关。

【问题2】磁感应强度B不变,线圈面积变化:$E=n\frac{B\Delta S}{\Delta t}=nB\frac{\Delta S}{\Delta t}$。

【例2】(2006年高考全国I卷)如图3.11-2所示,在匀强磁场中固定放置一根串接一电阻R的直角形金属导轨aOb(在纸面内),磁场方向垂直纸面朝里,另有两根金属导轨c、d分别平行于Oa、Ob放置。保持导轨之间接触良好,金属导轨的电阻不计。现经历以下四个过程:①以速率v移动d,使它与Ob的距离增大一倍;②再以速率v移动c,使它与Oa的距离减小一半;③然后再以速率$2v$移动c,使它回到原处;④最后以速率$2v$移动d,使它也回到原处。设上述四个过程中通过电阻R的电量的大小依次为Q_1、Q_2、Q_3和Q_4,则(　　)

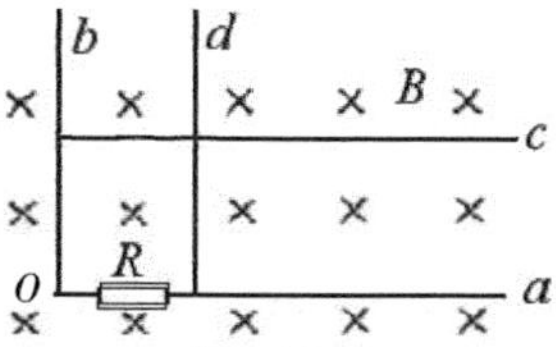

图3.11-2

A. $Q_1=Q_2=Q_3=Q_4$　　B. $Q_1=Q_2=2Q_3=2Q_4$

C. $2Q_1=2Q_2=Q_3=Q_4$　　D. $Q_1\neq Q_2=Q_3\neq Q_4$

【解析】设开始导轨d与Ob的距离为x_1,导轨c与Oa的距离为x_2,由法拉第电磁感应定律知,移动c或d时产生的感应电动势$E=\frac{\Delta\phi}{\Delta t}=\frac{B\Delta S}{\Delta t}$,

通过导体R的电量$Q=I\Delta t=\frac{E}{R}\Delta t=\frac{B\Delta S}{R}$。

由上式可知,通过导体R的电量与导体d或c移动的速度无关,由于B与R为定值,其电量取决于所围成面积的变化(如图3.11-3所示)。

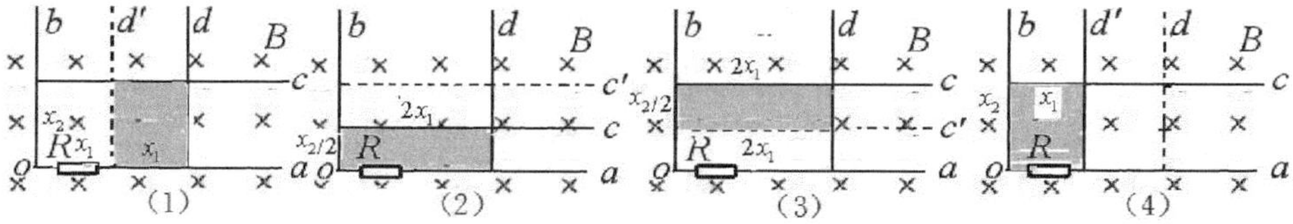

图3.11-3

①若导轨 d 与 Ob 距离增大一倍，即由 x_1 变为 $2x_1$，则所围成的面积增大了 $\Delta S_1=x_1\cdot x_2$；

②若导轨 c 再与 Oa 距离减小一半，即由 x_2 变为 $\frac{x_2}{2}$，则所围成的面积又减小了 $\Delta S_2=\frac{x_2}{2}\cdot 2x_1=x_1\cdot x_2$；

③若导轨 c 再回到原处，此过程面积的变化为 $\Delta S_3=\Delta S_2=\frac{x_2}{2}\cdot 2x_1=x_1\cdot x_2$；

④最后导轨 d 又回到原处，此过程面积的变化为 $\Delta S_4=x_1\cdot x_2$。

由于 $\Delta S_1=\Delta S_2=\Delta S_3=\Delta S_4$，通过电阻 R 的电量是相等的，$Q_1=Q_2=Q_3=Q_4$，则选 A。

【创新思维】本题考查综合分析能力，难度较大。解题要求熟练掌握法拉第电磁感应定律，明确电量只取决于磁通量的变化。若借图像分析，难度大为降低。

【问题3】B、S 均不变，线圈绕过线圈平面内的某一轴转动时，计算式为

$$E=n\frac{BS\cos\phi_2-BS\cos\phi_1}{\Delta t}=nBS\frac{\cos\phi_2-\cos\phi_1}{\Delta t}$$

（二）导体切割磁感线类型（滑杆类问题）

基本公式：$E=Blv$，v 与 B 成 θ 角时，$E=BLv\sin\theta$。v 为平均或瞬时值时，对应的是平均电动势或瞬时感应电动势。

【问题1】单导体棒的滑杆问题。

1.单导体棒在含电源闭合电路上的滑杆问题。

【例3】如图3.11-4所示水平放置的光滑导轨 MN、PQ 上放有长为 l、电阻为 R、质量为 m 的金属棒 ab，导轨左端接有内阻不计、电动势为 E 的电源组成回路，整个装置放在竖直向上的匀强磁场 B 中，导轨电阻不计且足够长，并与电键S串联。当闭合电键后，求金属棒可达到的最大速度。

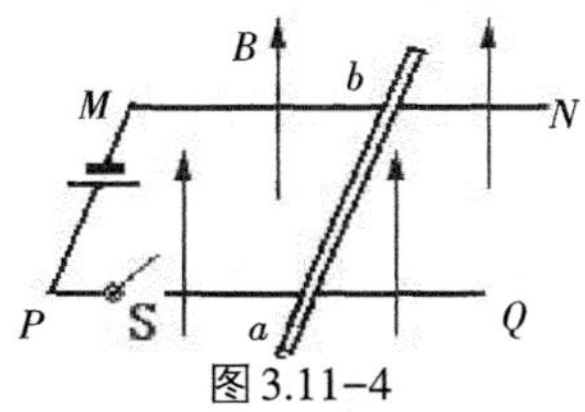

图3.11-4

【解析】闭合电键后，金属棒在安培力的作用下向右运动。当棒的速度为 v 时，产生的感应电动势与电源电动势反向，从而导致电路中电流减小，安培力减小，棒的加速度减小，即棒做的是一个加速度越来越小的加速运动。当加速度为零时，棒的速度达到最大值，棒产生的感应电动势与电源电动势大小相等，回路中电流为零，此后棒将以这个最大速度做匀速运动。棒速度最大时，由 $Blv_m=E$，得 $v_m=E/(Bl)$。

【创新思维】本题的稳定状态是金属棒最后的匀速运动；稳定条件是金属棒的加

速度为零、安培力为零。此时，棒的感应电动势与电源电动势大小相等、方向相反。

2.单导体棒在外力作用下从静止开始运动的滑杆问题。

【例4】（1992年高考全国卷）如图3.11−5（1）所示，导线框 $abcd$ 固定在竖直平面内，bc 段的电阻为 R，其他电阻均可忽略。ef 是一电阻可忽略的水平放置的导体杆，杆长为 l，质量为 m，杆的两端分别与 ab 和 cd 保持良好接触，又能沿它们无摩擦地滑动。整个装置放在磁感应强度为 B 的匀强磁场中，磁场方向与框面垂直。现用一恒力 F 竖直向上拉 ef，当 ef 匀速上升时，其速度的大小为多少？

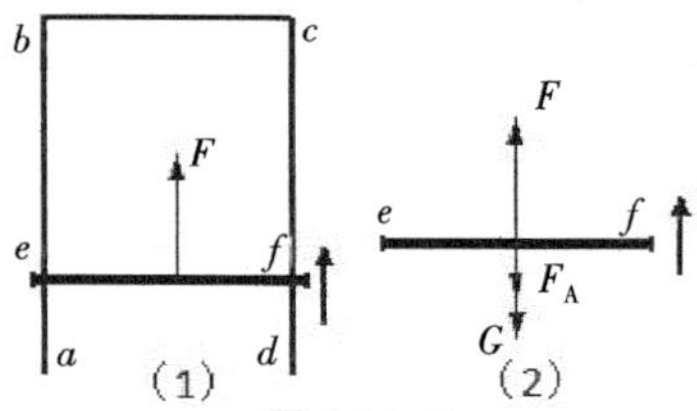

图3.11−5

【解析】解法1：从力的角度分析。如图3.11−5（2）所示，当杆 ef 向上运动时，杆中产生感应电动势。若杆向上运动的速度为 v，感应电动势为

$E = Blv$　①

回路中的电流 $I = E/R$②

不论磁场的方向如何，安培力的方向总是向下。杆的平衡方程为

$F = BIl + mg$　③

解①②③式得 $v = \dfrac{R(F - mg)}{B^2l^2}$④。

解法2：从能量角度分析。当导体棒 ef 以最大速度匀速运动以后，拉力做功消耗的能量 W_F 等于棒重力势能的增加 ΔE_P 和 bc 部分产生的热量 Q 之和。设棒匀速运动的时间为 t，则有

$Fvt = mgvt + Q$　⑤

$Q = I^2Rt = \left[(Blv)/R\right]^2Rt$　⑥

由⑤⑥式得 $v = \dfrac{R(F - mg)}{B^2l^2}$。

3.在外力作用下具有初速度的单导体棒的滑杆问题。

【例5】（2004年高考江苏卷）如图3.11−6所示，U形导线框 $MNQP$ 水平放置在磁感应强度 B=0.2 T的匀强磁场中，磁感线方向与导线框所在平面垂直，导线 MN 和 PQ 足够长，间距为0.5 m，横跨在导线框上的导体棒 ab 的电阻 r=1.0 Ω，接在 NQ 间的电阻 R=4.0 Ω，电压表为理想电表，其余电阻不计。若导体棒在水平外力作用下以速度 v=2.0 m/s向左做匀速直线运动，不计导体棒与导线框间

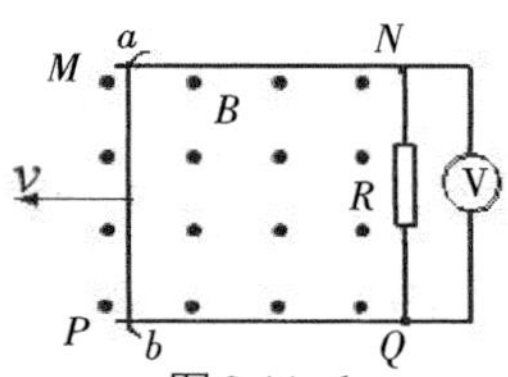

图3.11−6

的摩擦。

(1)通过电阻R的电流方向如何？

(2)电压表的示数为多少？

(3)若某一时刻撤去水平外力，则从该时刻起，在导体棒运动1.0 m的过程中，通过导体棒的电荷量为多少？

【解析】(1)由右手定则，导体棒中电流方向$b\to a$，则通过电阻R的电流方向$N\to Q$。

(2)感应电动势$E = Blv$①

设电路中的电流为I，由闭合电路欧姆定律得$I = \frac{E}{R + r}$②

又电压表的示数等于电阻R两端的电压值$U = IR$③

综合①②③式，得$U = \frac{BlvR}{R + r}$④

代入数值，得U=0.16 V⑤。

(3)撤去水平外力后，导体棒将在安培力的作用下，做减速运动。设在导体棒运动x=1.0 m的过程中，导体棒中产生的感应电动势的平均值为$\bar{E}$，

由法拉第电磁感应定律，得$\bar{E} = \frac{Blx}{\Delta t}$⑥

由闭合电路欧姆定律，得$I = \frac{\bar{E}}{R + r}$⑦

设通过导体棒的电荷量为Q，则有$Q = I\Delta t$⑧

综合⑥⑦⑧式，得$Q = \frac{Blx}{R + r}$⑨

代入数值，得$Q=2.0\times10^{-2}$ C。

4.导体棒长由“定长”变化为“变长”的滑杆问题。

【例6】如图3.11-7所示，顶角$\theta=45^\circ$的金属导轨MON固定在水平面内，导轨处在方向竖直、磁感应强度为B的匀强磁场中。一根与ON垂直的导体棒在水平外力作用下以恒定速度v_0沿导轨MON向右滑动，导体棒的质量为m，导轨与导体棒单位长度的电阻均为r。导体棒与导轨接触点的a和b处，导体棒在滑动过程中始终保持与导轨良好接触。t=0时，导体棒位于顶角O处，求：

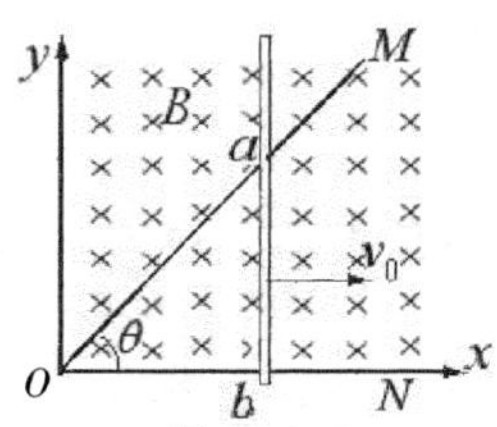

图3.11-7

(1)导体棒做匀速直线运动时水平外力F的表达式。

(2)导体棒在t时刻消耗的电功率以及导体棒在0 ~ t时间内产生的焦耳热Q。

(3)若在t_0时刻将外力F撤去,导体棒最终在导轨上静止时的坐标x。

【解析】该题与2006年高考江苏卷19题类似,解法请参考本书“2.5揭示解题关键突破口的数学技巧”例15。

【例7】(2002年高考全国、广东、广西、河南卷)如图3.11-8所示,半径为R、单位长度电阻为λ的均匀导电圆环固定在水平面上,圆环中心为O。匀强磁场应垂直水平面向下,磁感强度为B。平行于直径MON的导体杆,沿垂直于杆的方向向右运动。杆的电阻可以忽略不计,杆与圆环接触良好。某时刻,杆的位置如图,$\angle aOb=2\theta$,速度为v。求此时刻作用在杆上的安培力的大小。

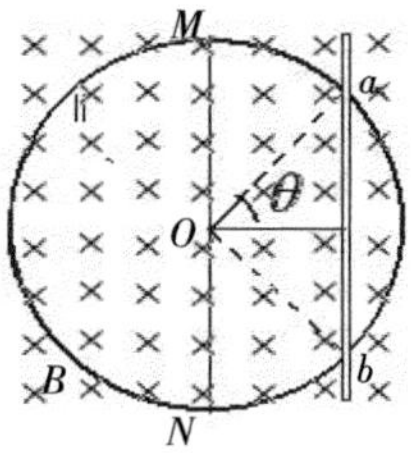
图3.11-8

【解析】此时导体杆切割磁感应线的有效长度$l = 2R\sin\theta$,

相应导体杆产生的感应电动势$E = Blv = 2BRv\sin\theta$,

导体ab作为电源,回路总电阻$r = r_1r_2/(r_1 + r_2)$,其中

$r_1 = 2\pi R\lambda(2\pi - 2\theta)/2\pi = 2R\lambda(\pi - \theta)$,$r_2 = 2\pi R\lambda \cdot 2\theta/2\pi = 2R\lambda\theta$

所以,$r = 2R\lambda(\pi - \theta)\theta/\pi$,

流经ab的总电流$I = E/r$,

此时刻作用在杆上的安培力$F = BIl = \dfrac{2\pi vB^2R}{\lambda} \cdot \dfrac{\sin^2\theta}{\theta(\pi - \theta)}$。

【创新思维】本题把感应电动势、安培力、物体的运动、直流电路等知识巧妙结合在一起,是一道综合性很强的试题,知识容量大,设问灵活。综合考查分析、推理能力和图形转换能力,历来是高考命题的重点和热点。

5.导体棒由“平动”变化为“转动”的滑杆问题。

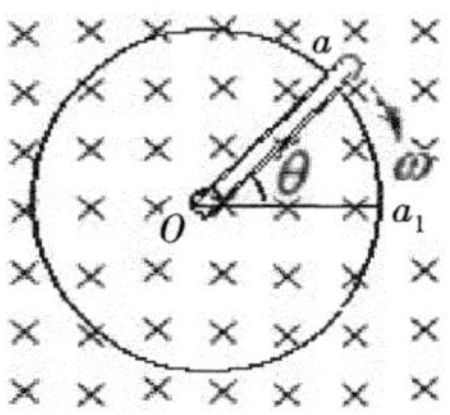
图3.11-9

【例8】如图3.11-9所示,长度为l的金属杆Oa,O端为固定转轴,在磁感应强度为B的匀强磁场中,在垂直于B的平面内按顺时针方向以角速度ω做匀速转动。试求金属棒产生的感应电动势大小。

【解析】解法1:若导体在磁场中绕着导体上的某一点转动时,导体上各点的线速度不同,用$E = Bl\bar{v}$,$\bar{v} = \dfrac{1}{2}l\omega$计算,得$E = \dfrac{1}{2}Bl^2\omega$。

解法2:根据法拉第电磁感应定律变成“感应电动势大小等于直线导体在单位时间内切割磁感线的条数”来计算,如图3.11-9所示位置开始计时,经过时间Δt,导体位置由Oa转到Oa_1,转过的角度$\Delta\theta = \omega\Delta t$,则导体扫过的面积$\Delta S = \dfrac{1}{2}l^2\Delta\theta = \dfrac{1}{2}l^2\omega\Delta t$,

切割的磁感线条数(即磁通量的变化量)$\Delta\phi = B\Delta S = \frac{1}{2}Bl^2\omega\Delta t$，

单位时间内切割的磁感线条数(即为磁通量的变化率)等于感应电动势的大小，

即$E = \frac{\Delta\phi}{\Delta t} = \frac{\frac{1}{2}Bl^2\omega\Delta t}{\Delta t} = \frac{1}{2}Bl^2\omega$

6. 导体棒由单棒变化为导体框的滑杆问题。

【例9】(2007年高考山东卷)用相同导线绕制的边长为L或$2L$的四个闭合导体线框，以相同的速度匀速进入右侧匀强磁场，如图3.11-10所示。在每个线框进入磁场的过程中，M、N两点间的电压分别为U_a、U_b、U_c和U_d。下列判断正确的是(　　)

A. $U_a<U_b<U_c<U_d$　　B. $U_a<U_b<U_d<U_c$

C. $U_a=U_b<U_c=U_d$　　D. $U_b<U_a<U_d<U_c$

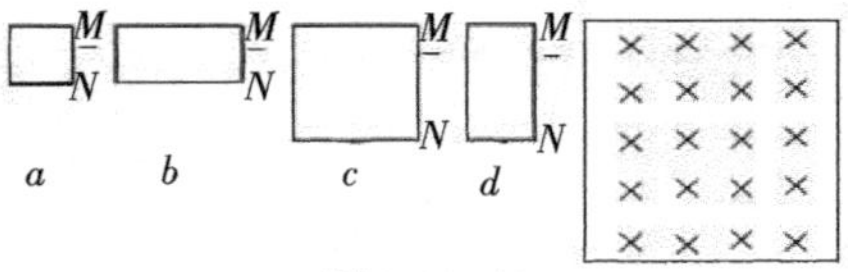

图3.11-10

【解析】线框进入磁场后切割磁感线，a、b产生的感应电动势是c、d产生的电动势的一半，而不同线框的电阻不同，设a、b、c、d线框的电阻分别为$4r$、$6r$、$8r$、$6r$，则

$$U_a = Blv\cdot\frac{3r}{4r} = \frac{3Blv}{4},\ U_b = Blv\cdot\frac{5r}{6r} = \frac{5Blv}{6},\ U_c = B\cdot 2lv\cdot\frac{6r}{8r} = \frac{3Blv}{2},\ U_d = B\cdot 2lv\cdot\frac{4r}{6r} = \frac{4Blv}{3}$$

所以选B。

【创新思维】如果导体框形状变化不规则，问题怎么处理？抓住不规则导体棒切割磁感线的有效长度，即垂直切割的等效长度。

7. 导体棒由金属导体变化为导电流体的滑杆问题。

磁场中的可导电流体，可以等效为一段切割磁感应线的导体。

【例10】(2001年高考全国卷)电磁流量计广泛应用于测量可导电流体(如污水)在管中的流量(在单位时间内通过管内横截面的流体的体积)。为了简化，假设流量计是如图3.11-11所示的横截面长方形的一段管道，其中空部分的长、宽、高分别为图中的a、b、c，流量计的两端与输送液体的管道相连接(图中虚线)。如图3.11-11所示流量计的上下两面是金属材料，前后两面是绝缘材料，现于流量计所在处加磁感应强度为B的匀强磁场，磁场方向垂直于前后两面。当导电液体稳定地流经流量计时，在管外将流量计上、下两表面分别与一串接了电阻R的电流表的两端连接，I表示测得的电流值。已知流体的电阻率为ρ，不

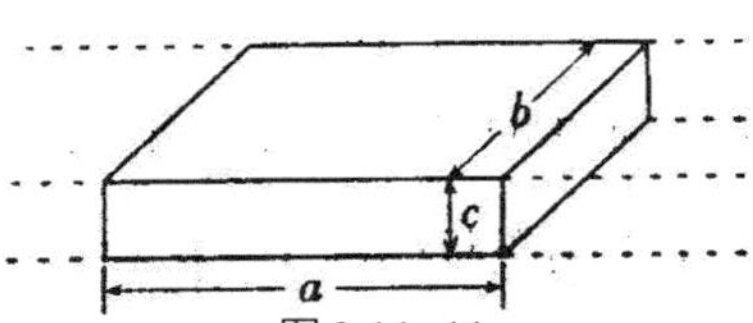

图3.11-11

计电流表的内阻,则可求得流量为(　　)

A. $\frac{I}{B}(bR+\rho\frac{c}{a})$　　B. $\frac{I}{B}(aR+\rho\frac{b}{c})$

C. $\frac{I}{B}(cR+\rho\frac{a}{b})$　　D. $\frac{I}{B}(R+\rho\frac{bc}{a})$

【思路】流体中有长度为c的液体导体切割磁感线相当于电源,感应电动势为$\varepsilon=Bcv$,内阻为$r=\rho\cdot\frac{c}{ab}$,外电路电阻为R。由$I=\frac{\varepsilon}{R+r}$和流量$Q=bcv$,可得$Q=\frac{I}{B}(bR+\rho\frac{c}{a})$。选项A正确。

【解析】解法1:从分析电磁流量计工作机理的角度来考虑。

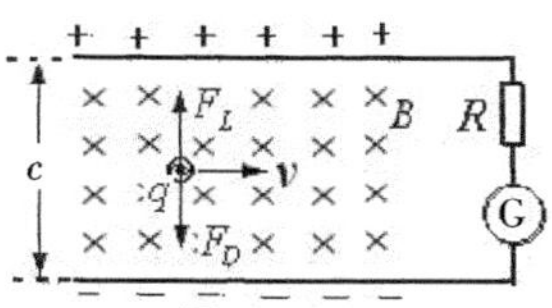

图3.11-12

如图3.11-12所示,设电荷导电液体中的自由电荷电量为q,流速为v。当导电液体流经流量计的匀强磁场区域时,电荷在洛伦兹力的作用下,向上、下两面金属管道壁运动,形成电势差,建立电场,电荷又受到电场力,阻止电荷向上下两壁运动,随着电场的增强,洛伦兹力和电场力大小相等时,达到动态平衡。上下两壁建立恒定电势差,当外电路断路时,两表面间电势差达到最大,对于整个电路而言得到恒定的电动势,即

电荷受到洛伦兹力$F_L=qvB$①

电荷受到的电场力$F_D=qE$②

$F_L=F_D$得$E=vB$③

电源电动势$\varepsilon=Ec=vBc$④。

根据电阻定律,电源内阻$r=\rho\frac{c}{ab}$⑤

由闭合电路欧姆定律得$I=\frac{\varepsilon}{R+r}=\frac{vBc}{R+\rho c/ab}$⑥

流速为$v=\frac{I}{Bc}(R+\rho c/ab)$⑦

流量为$Q=Sv=bc\frac{I}{Bc}(R+\rho c/ab)=\frac{I}{B}(bR+\rho c/a)$,故选A。

解法2:从将电磁流量计的可导电流体等效为一段切割磁感应线导体的角度来考虑。

图3.11-13

如图3.11-13所示,当导电液体稳定地流经流量计时,相当长为c的导体切割磁感应线,设导电液体稳定时的流速为v,即导体的速度。流体的流量

$Q = abc/t = vt \cdot bc/t = bcv$ ①

由法拉第电磁感应定律$\varepsilon = Bcv$②

又由闭合电路欧姆定律$I = \dfrac{\varepsilon}{R + r} = \dfrac{vBc}{R + \rho c/ab}$③

式中内阻$r = \rho \dfrac{c}{ab}$④

由①②③④得$Q = \dfrac{I}{B}(bR + \rho c/a)$，故选A。

解法3：从能量角度来考虑。

如图3.11–13所示，当导电液体稳定地流经流量计时，相当于在外界压力F作用下克服磁场对导电流体的作用力F'，匀速推动导电流体流动。

则外力大小$F= F'=BcI$ ①，而导电流体又相当长为c的导体做切割磁感应线运动，成为电源，其感应电动势和内阻分别为$\varepsilon = Bcv$②，$r = \rho \dfrac{c}{ab}$③，

根据能量守恒定律，单位时间内外力所做的功，等于流量计作为电源的闭合电路单位时间内所消耗的电功，$Fv = \dfrac{\varepsilon^2}{R + \rho c/ab}$④，

将①②③代入④，得$BcI \cdot v = \dfrac{(Bcv)^2}{R + \rho c/ab}$，

则流量$Q = \dfrac{I}{B}(bR + \rho c/a)$，故选A。

【创新思维】这是一道理论与实际相结合的题，考查阅读理解、提取信息的能力，考生需要从题中读到流量的概念，知道流量为单位时间内流过管内横截面流体的体积，由此推断出流量等于流速与横截面积的乘积，从而过渡到求流速，进而求流量。

【问题2】双导体棒的滑杆问题。

1.两棒的初速度不为零，运动方向上又无安培力之外的力作用的问题。

【例11】(2004年高考天津卷)如图3.11–14所示，MN、GH为平行导轨，AB、CD为跨在导轨上的两根横杆，导轨和横杆均为导体。有匀强磁场垂直于导轨所在的平面，方向如图，用I表示回路的电流。则(　　)

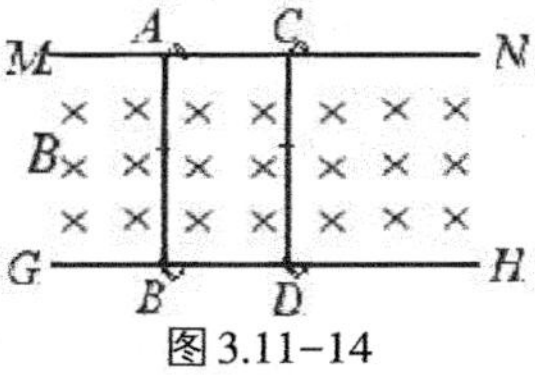

图3.11–14

A.当AB不动而CD向右滑动时，$I \neq 0$且沿顺时针方向

B.当AB向左、CD向右滑动且速度大小相等时，$I = 0$

C.当AB、CD都向右滑动且速度大小相等时，$I = 0$

D.当AB、CD都向右滑动，且AB速度大于CD时，$I \neq 0$且沿逆时针方向

【**解析**】当AB不动而CD向右滑动时，$I \neq 0$，但电流方向为逆时针，A错；当AB向左，CD向右滑动时，两杆产生的感应电动势同向，故$I \neq 0$，B错；当AB和CD都向右滑动且速度大小相等时，则两杆产生的感应电动势等值反向，故$I=0$，C正确；当AB和CD都向右滑动，且AB速度大于CD时，$I \neq 0$，但方向为顺时针，D错误。故选C。

2. 两棒之一具有初速度的运动问题。

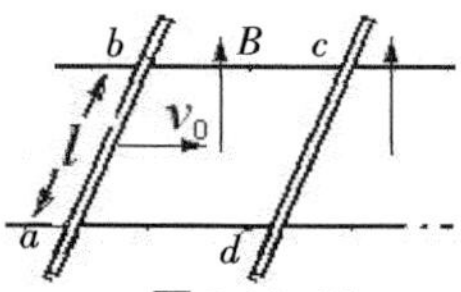

图3.11-15

【**例12**】（2001年高考春招北京、内蒙古、安徽卷）两根足够长的固定的平行金属导轨位于同一水平面内，两导轨间的距离为l。导轨上面横放着两根导体棒ab和cd，构成矩形回路，如图3.11-15所示，两根导体棒的质量皆为m，电阻皆为R，回路中其余部分的电阻可不计。在整个导轨平面内都有竖直向上的匀强磁场，磁感应强度为B。设两导体棒均可沿导轨无摩擦地滑行，开始时棒cd静止，棒ab有指向棒cd的初速度v_0。若两导体棒在运动中始终不接触，求：

（1）在运动中产生的焦耳热最多是多少？

（2）当ab棒的速度变为初速度的3/4时，cd棒的加速度是多少？

【**解析**】（1）ab棒向cd棒运动时，回路产生感应电流。ab棒受安培力减速，cd棒受安培力加速。两棒等速为v，回路不产生感应电流，同做匀速运动。

由动量守恒，有$mv_0 = 2mv$，得$v = v_0/2$①

由能量守恒，此过程中产生热量$Q = \frac{1}{2}mv_0{}^2 - \frac{1}{2}(2m)v^2 = \frac{1}{4}mv_0{}^2$②

（2）设ab棒的速度变为初速度的3/4时，cd棒的速度为v'，则由动量守恒$mv_0 = m\frac{3}{4}v_0 + mv'$，得$v' = v_0/4$③

此时回路中感应电动势$\varepsilon = (\frac{3}{4}v_0 - v')Bl = \frac{v_0}{2}Bl$④

感应电流$I = \frac{E}{2R}$⑤

此时cd棒所受的安培力$F = BIl$⑥

cd棒的加速度$a = \frac{F}{m}$⑦

由以上各式得$a = \frac{B^2l^2v_0}{4mR}$。

【**创新思维**】第一问，两棒组成的系统在运动过程中合外力是不是为0或者内力远大于外力，是确定两棒的末速度、找到运用动量守恒解题的关键，之后分析得到系统动能的减少即转化为回路的焦耳热；第二问，是动生电动势、动量守恒定律、牛顿第二定律及闭合电路欧姆定律综合的力电综合问题，属于难题。

3.初速度为0，运动方向上有安培力之外的恒力作用下的问题。

【例13】（2003年高考全国卷）如图3.11-16所示，两根平行的金属导轨，固定在同一水平面上，磁感应强度B=0.50 T的匀强磁场与导轨所在平面垂直，导轨的电阻很小，可忽略不计。导轨间的距离$l = 0.20$ m。两根质量均为$m = 0.10$ kg的平行金属杆甲、乙可在导轨上无摩擦地滑动，滑动过程中与导轨保持垂直，每根金属杆的电阻为$R = 0.50\ \Omega$。在t=0时刻，两杆都处于静止状态。现有一与导轨平行、大小为0.20 N的恒力F作用于金属杆上，使金属杆在导轨上滑动。若经过t=5.0 s，金属杆甲的加速度为$a = 1.37\ \mathrm{m/s^2}$，问此时两金属杆的速度各为多少？

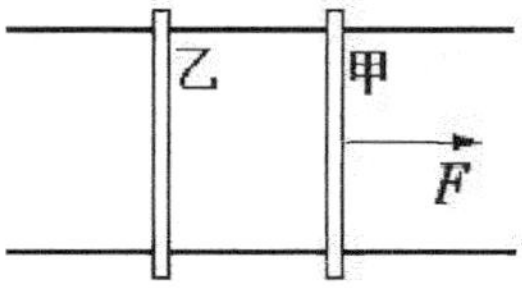

图3.11-16

【解析】设任一时刻t两金属杆甲、乙之间的距离为x，速度分别为v_1和v_2，经过很短的时间Δt，杆甲移动距离$v_1\Delta t$，杆乙移动距离$v_2\Delta t$，回路面积改变量

$\Delta s = \left[(x - v_2\Delta t + v_1\Delta t\right]l - lx = (v_1 - v_2)l\Delta t$ ①

由法拉第电磁感应定律，回路中的感应电动势$E = B\Delta S/\Delta t$②

由闭合电路欧姆定律，回路中电流$I = E/(2R)$③

对甲由牛顿第二定律，有$F - BIl = ma$④

由于作用于杆甲和杆乙的安培力总是大小相等、方向相反，所以两杆的动量变化量（t=0时为0）等于外力F的冲量$Ft = mv_1 + mv_2$⑤

联立以上各式解得$v_1 = \dfrac{1}{2}\left[(Ft)/m + (2R)(F - ma)/(B^2l^2)\right]$

$v_2 = \dfrac{1}{2}\left[(Ft)/m - (2R)(F - ma)/(B^2l^2)\right]$

代入数据得$v_1 = 8.15\ \mathrm{m/s}$，$v_2 = 1.85\ \mathrm{m/s}$。

【创新思维】本题必须先根据楞次定律，判出杆甲在F作用下运动时，乙杆也在其后同向运动。

4.双棒涉及图像问题。

【例14】（2019年高考新课标Ⅱ卷）如图3.11-17所示，两条光滑平行金属导轨固定，所在平面与水平面夹角为θ，导轨电阻忽略不计。虚线ab、cd均与导轨垂直，在ab与cd之间的区域存在垂直于导轨所在平面的匀强磁场。将两根

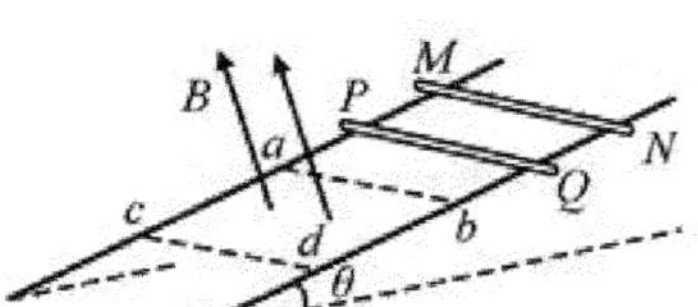

图3.11-17

相同的导体棒 PQ、MN 先后自导轨上同一位置由静止释放，两者始终与导轨垂直且接触良好。已知 PQ 进入磁场时加速度变小恰好为0，从 PQ 进入磁场开始计时，到 MN 离开磁场区域为止，流过 PQ 的电流随时间变化的图像如图3.11–18所示，可能正确的是(　　)

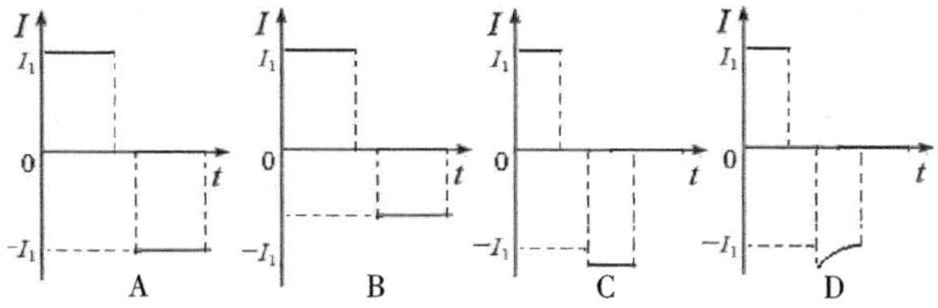

【解析】刚进入磁场时，加速度为零，则，$mg\sin\theta = BI_1l$，$I_1 = \dfrac{mg\sin\theta}{Bl}$，即电流恒定；且由题意知，$MN$ 刚进入磁场时与 PQ 刚进入磁场时速度相同。有两种情况：

情况1：若 MN 刚进入磁场时，PQ 已离开磁场区域，则对 MN，由 $mg\sin\theta = BI_2l$，$I_2 = \dfrac{mg\sin\theta}{Bl}$ 及右手定则知，通过 PQ 的电流大小不变，方向相反，故 I–t 图像中A正确B错误。

情形2：若 MN 刚进入磁场时，PQ 未离开磁场区域，由于两导体棒速度相等，产生的电动势等大、反向，故电流为 O，但两棒在重力作用下均加速直至 PQ 离开磁场，此时 MN 为电源，$\varepsilon = Blv$，$I' = \dfrac{E}{R} = \dfrac{Blv'}{R}$，由于此时 MN 的速度比刚进入磁场时的速度大，相应感应电流 $I' > I_1{}'$，根据牛顿第二定律 $BI'l - mg\sin\theta = ma'$，得 $a = \dfrac{B^2l^2}{mR}v - g\sin\theta$，$MN$ 作减速运动，电流方向相反且逐渐减小，I–t 图像中C错误D正确。故选A、D。

5.将双棒切割模型演变成金属框和导体棒相对运动的问题。

【例15】(2020年高考新课标Ⅰ卷)(多选)如图3.11–19所示，U形光滑金属框 $abcd$ 置于水平绝缘平台上，ab 和 dc 边平行，和 bc 边垂直。ab、dc 足够长，整个金属框电阻可忽略。一根具有一定电阻的导体棒 MN 置于金属框上，用水平恒力 F 向右拉动金属框，运动过程中，装置始终处于竖直向下的匀强磁场中，MN 与金属框保持良好接触，且与 bc 边保持平行。经过一段时间后(　　)

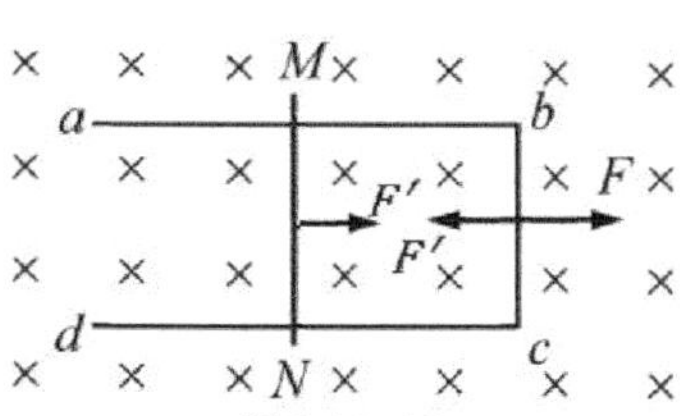

图3.11–19

A.金属框的速度大小趋于恒定值

B.金属框的加速度大小趋于恒定值

C.导体棒所受安培力的大小趋于恒定值

D.导体棒到金属框 be 边的距离趋于恒定值

【解析】由 bc 边切割磁感线产生电动势，形成电流，使得导体棒 MN 受到向右的安培力，做加速运动，bc 边受到向左的安培力，向右做加速运动。当 MN 运动时，金属框的 bc 边和导体棒 MN 一起切割磁感线，设导体棒 MN 和金属框的速度分别为 v_1、v_2，则

电路中的电动势 $E = BL(v_2 - v_1)$，

电路中的电流 $I = \frac{E}{R} = \frac{BL(v_2 - v_1)}{R}$，

金属框受到的安培力 $F' = \frac{B^2L^2(v_2 - v_1)}{R}$，与运动方向相反，

导体棒 MN 受到的安培力 $F' = \frac{B^2L^2(v_2 - v_1)}{R}$，与运动方向相同。

设导体棒 MN 和金属框的质量分别为 m_1、m_2 则

对导体棒 MN，$F = \frac{B^2L^2(v_2 - v_1)}{R} = m_1a_1$，

对金属框，$F - \frac{B^2L^2(v_2 - v_1)}{R} = m_2a_2$，

初始速度均为0，则 a_1 从0开始逐渐增加，a_2 从 F/m^2 开始逐渐减小。当 $a_1=a_2$ 时，相对速度 $v_2 - v_1 = \frac{FRm_1}{2B^2L^2(m_1 + m_2)}$，于是相对速度大小恒定。

综上可得，金属框的加速度趋于恒定值，安培力也趋于恒定值，B、C选项正确；金属框的速度会一直增大，导体棒到金属框 bc 边的距离也会一直增大，A、D选项错误。故选B、C。

【创新思维】双金属框在匀强磁场中相对运动的实例很多，可是该题设置通过拉动金属框使其 bc 边切割磁感应线产生感应电流导致导体棒 MN 运动，巧妙地考查双棒切割模型，鉴别考生构建（还原）物理模型的能力。

能否从实际案例中构建（还原）物理模型，发现物理规律，这是解题的核心关键。因此，首先需要弄清物理过程：开始阶段，棒和框的速度差增大，回路中产生的感应电动势增大，感应电流增大，棒和框所受的安培力都增大，棒的加速度增大，框的加速度减小，当两者的加速度相等时，速度之差不变，感应电流不变，安培力不变，棒和框做加速度相同的匀加速运动。开始运动时，框做加速度减小的加速度运动，棒做加速度增大的加速运动，最终做加速度相同的加速运动。

导体棒和金属框整个运动过程用速度时间 $v-t$ 图像描述，如图1.1-20所示。金属框的加速度大小趋于恒定值，导体棒所受安培力的大小趋于恒定值；金属框的速度会一直增大，导体棒到金属框 bc 边的距离也会一直增大。

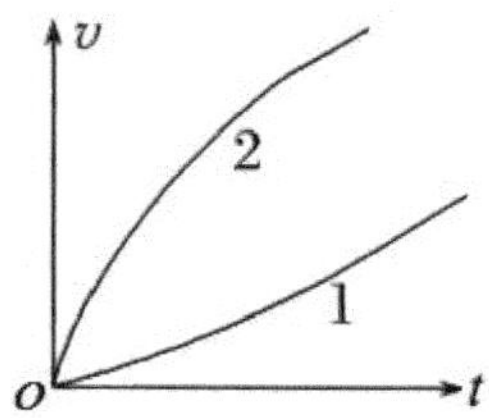

图1.1-20

6. 将双棒切割模型中的直线运动拓展到其他运动形式（如简谐运动的问题）。

【例16】（2020年浙江高考选考卷）如图3.11-21所示，在 xOy 水平面内，固定放置着间距为 l 的两平行金属直导轨，其间连接有阻值为 R 的电阻，电阻两端连接示波器（内阻可视为无穷大），可动态显示电阻 R 两端的电压。两导轨间存在大小为 B、方向垂直导轨平面的匀强磁场。$t=0$ 时一质量为 m、长为 l 的导体棒在外力 F 作用下从 $x=x_0$ 位置开始做简谐运动，观察到示波器显示的电压随时间变化的波形是如图3.11-22所示的正弦曲线。取 $x_0=-\dfrac{U_mT}{2\pi Bl}$，则简谐运动的平衡位置在坐标原点 O。不计摩擦阻力和其他电阻，导体棒始终垂直导轨运动。（提示：可以用 $F-x$ 图像下的“面积”代表力 F 所做的功）

（1）求导体棒所受到的安培力 F_A 随时间 t 的变化规律；

（2）求在0至0.25 T 时间内外力 F 的冲量；

（3）若 $t=0$ 时外力 $F_0=1$ N，$l=1$ m，$T=2\pi$ s，$m=1$ kg，$R=1\ \Omega$，$U_m=0.5$ V，$B=0.5$ T，求外力与安培力大小相等时棒的位置坐标和速度。

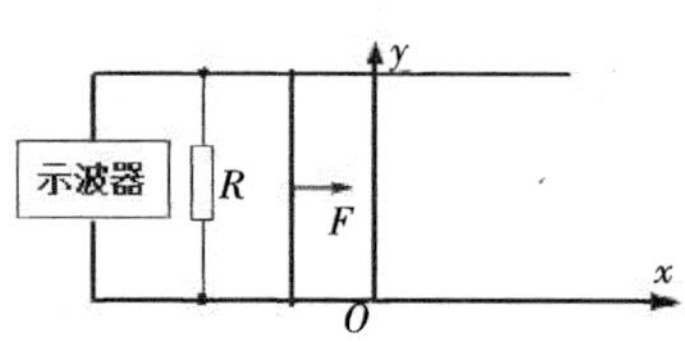

图3.11-21

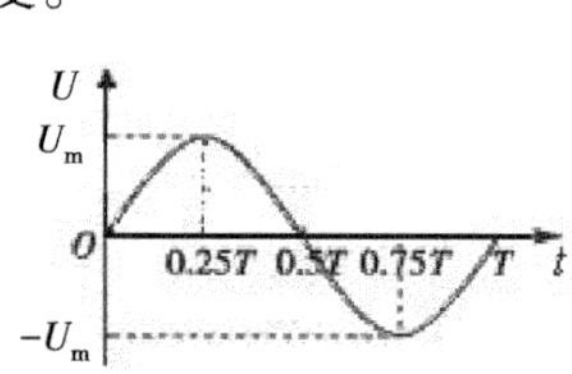

图3.11-22

【解析】（1）示波器相当于理想电压表，导体棒相当于正弦式交流电源。由示波器显示的波形可得

$$U=U_m\sin\frac{2\pi}{T}t \quad ①$$

$$I=\frac{U_m}{R}\sin\frac{2\pi}{T}t \quad ②$$

导体棒所受到的安培力

$$F_A=-BIl=-\frac{BlU_m}{R}\sin\frac{2\pi}{T}t \quad ③$$

(2)安培力的冲量$I_{A}=-\Delta qBl=-\dfrac{B^2|x_0|l^2}{R}$④，速度$v=\dfrac{U_m}{Bl}\sin\dfrac{2\pi}{T}t$⑤

由动量定理，有$I_F+I_A=mv_m$⑥，解得$I_F=-\dfrac{BlU_mT}{2\pi R}+\dfrac{mU_m}{Bl}$⑦。

(3)导体棒做简谐运动，有$F_A+F=-kx$⑧

当满足$F_A=-F$时，$x=0, v=\pm v_m=\pm 1\,\text{m/s}$⑨

当满足$F_A=F$时，设$x=x', v=v'$，$F_A=-\dfrac{1}{2}kx'$⑩，$F_0=-kx_0$⑪

又$F_A=BIl=B\cdot\dfrac{Blv'}{R}\cdot l=\dfrac{B^2l^2v'}{R}$⑫，$k=\dfrac{4\pi^2m}{T^2}$⑬

由⑩⑪⑫⑬代入数值得$2x'=v'$⑭

又由题意$x_0=-\dfrac{U_mT}{2\pi Bl}$⑮

根据系统能量守恒定律、类比弹性势能，有

$\dfrac{1}{2}mv'^2=\dfrac{1}{2}kx_o{}^2-\dfrac{1}{2}kx'^2$　⑯

综上⑬⑭⑮⑯各式并代入数值得$x'=\pm\dfrac{1}{\sqrt{5}}\,\text{m}$和$v'=\pm\dfrac{2}{\sqrt{5}}\,\text{m/s}$，于是外力与安培力大小相等时棒的位置坐标和速度

$x_1'=\dfrac{1}{\sqrt{5}}\,\text{m}$和$v_1'=\dfrac{2}{\sqrt{5}}\,\text{m/s}$，$x_2'=-\dfrac{1}{\sqrt{5}}\,\text{m}$和$v_2'=-\dfrac{2}{\sqrt{5}}\,\text{m/s}$。

【创新思维】该题通过导体棒的运动考查电磁感应的基本原理与规律，并在此基础上渗透简谐运动的动力学特征，这正是该题的创新之处。

第一问，求导体棒所受到的安培力F_A随时间t的变化规律，实质是关于安培力的计算，比较简单；第二问，求在0至$0.25T$时间内外力F的冲量，实质是运用电磁感应中的动量定理解决动力学问题，涉及变力冲量的计算，安培力的冲量大小

$I=I_1+I_2+\cdots+I_n=Bl(q_1+q_2+\cdots+q_n)=Bql$

同理，在0至$0.25T$时间内，导体棒位移大小

$vt=v_1t_1+v_2t_2+\cdots+v_nt_n=x_1+x_2+\cdots+x_nt_n=x_0$

所以，安培力的冲量为$I=Ft=\dfrac{B^2l^2v}{R}t=\dfrac{B^2l^2}{R}vt=\dfrac{B^2l^2}{R}x_0$。

第三问，求外力与安培力大小相等时棒的位置坐标和速度，实质是动生电动势下安培力做功和含弹簧的系统能量守恒的问题，涉及变力做功的计算，难度较大。处理做简谐运动的导体棒能量问题时，运用与弹性势能的类比法，降低难度。

【问题3】导体棒不是在匀强磁场中，而是均匀变化磁场中运动的滑杆问题。

【例17】（2003年高考江苏卷）如图3.11–23所示，两根平行金属导轨固定在水平桌面上，每根导轨每米的电阻为r_0=0.10 Ω，导轨的右端P、Q点用电阻可忽略的导线相连，两导轨间的距离l=0.20 m。有随时间变化的匀强磁场垂直于桌面，已知磁感应强度B与时间t的关系为$B=kt$，比例系数k=0.020 T/s，一电阻不计的金属杆可在导轨上无摩擦地滑动，在滑动过程中保持与导轨垂直，在t=0时刻，金属杆紧靠P、Q端，在外力作用下，杆以恒定的加速度从静止开始向导轨的另一端滑动，求在t=6.0 s时金属杆所受的安培力大小。

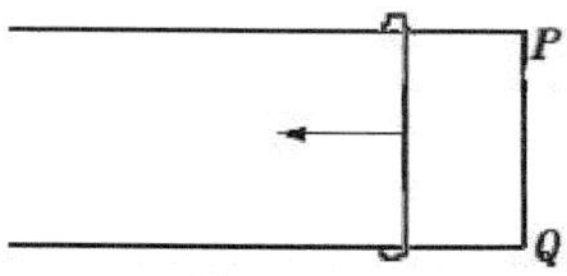

图3.11–23

【解析】以a表示金属杆运动的加速度，在t时刻，金属杆与初始位置的距离

$$L = \frac{1}{2}at^2$$

此时杆的速度$v = at$，

这时杆与导轨构成的回路的面积$S = Ll$，

闭合回路中的感应电动势$E = S \cdot \frac{\Delta B}{\Delta t} + Blv = Sk + Blv$，

回路的总电阻$R = 2Lr_0$，

回路中的感应电流$I = \frac{E}{R}$，

作用于杆的安培力大小$F = BlI$，

综上得$F = \frac{3}{2} \cdot \frac{k^2l^2}{r_0}t$，

代入数据得$F = 1.44 \times 10^{-3}$ N。

（三）电磁感应规律的综合应用

【问题1】因导体在切割磁感应线运动或电路中磁通量的变化而产生感应电流，使导体受到安培力的作用，从而直接影响到导体或线圈的运动。

【例18】（2004年高考北京卷）如图3.11–24（1）所示，两根足够长的直金属导轨MN、PQ平行放置在倾角为θ的绝缘斜面上，两导轨间距为L，M、P两点间接有阻值R的电阻。一根质量为m的均匀直金属杆ab放在两导轨上，并与导轨垂直，整套装置处于磁感应强度为B的匀强磁场中，磁场方向垂直斜面向下。导轨和金属杆的电阻可略，让ab杆沿导轨由静止开始下滑，导轨和金属杆接触良好，不计它们之间的摩擦。

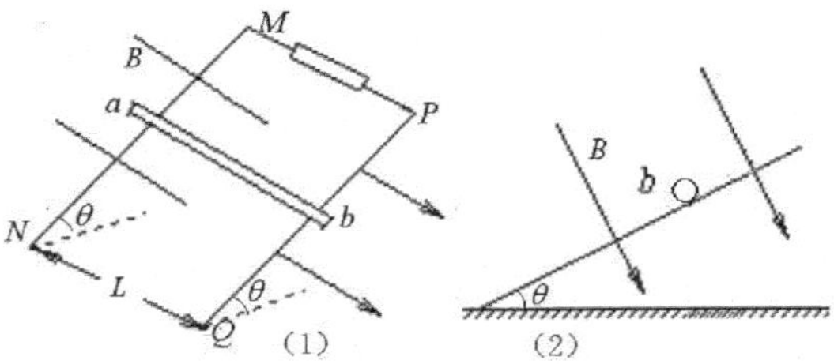

图3.11-24

(1)由b向a方向看到的装置如图3.11-24(2)所示，请在此图中画出ab杆下滑过程中某时刻的受力示意图；

(2)在加速下滑过程中，当ab杆的速度大小为v时，求此时ab杆中的电流及其加速度的大小；

(3)求在下滑过程中，ab杆可以达到的速度最大值。

【解析】(1)如图3.11-25所示，重力mg竖直向下，支持力N垂直斜面向上，安培力F沿斜面向上。

(2)当ab杆速度为v时，感应电动势$E=BLv$，此时电路中

电流$I=\frac{E}{R}=\frac{BLv}{R}$，

ab杆受到安培力$F=BIL=\frac{B^2L^2v}{R}$，

根据牛顿运动定律，有

$ma=mg\sin\theta-F=mg\sin\theta-\frac{B^2L^2v}{R}$

解得$a=g\sin\theta-\frac{B^2L^2v}{mR}$

(3)当$\frac{B^2L^2v}{R}=mg\sin\theta$时，

ab杆达到最大速度$v_m=\frac{mgR\sin\theta}{B^2L^2}$。

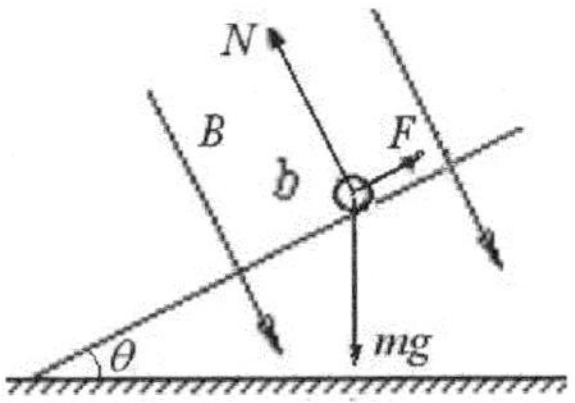

图3.11-25

【问题2】以电磁感应现象为核心，综合力学如机械能、动量、牛顿运动定律等内容形成的综合类问题。电学部分思路：将产生感应电动势的那部分电路等效为电源，分析内外电路，理顺电学量之间的关系。力学部分思路：分析通电导体的受力情况及力的效果，应用力学规律理顺力学量之间的关系。

【例19】(2005年高考上海卷)如图3.11-26所示，处于匀强磁场中的两根导轨足够长。电阻不计的平行金属导轨相距l，导轨

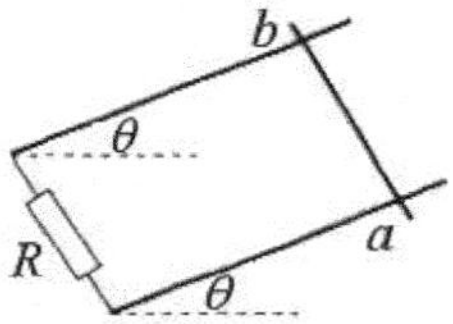

图3.11-26

平面与水平面成θ=37°，下端连接阻值为R的电阻。匀强磁场方向与导轨平面垂直。质量为0.2 kg，电阻不计的金属棒放在两导轨上，棒与导轨垂直并保持良好接触，它们之间的动摩擦因数为0.25。

（1）求金属棒沿导轨由静止开始下滑时的加速度大小；

（2）当金属棒下滑速度达到稳定时，电阻R消耗的功率为8 W，求该速度的大小；

（3）在上问中，若R=2 Ω，金属棒中的电流方向由a到b，求磁感应强度的大小与方向。（g=10 m/s²，sin37°=0.6，cos37°=0.8）

【解析】（1）金属棒开始下滑的初速为零，由牛顿第二定律：

$mg\sin\theta-\mu mg\cos\theta=ma$　①

由①式解得a=4 m/s²②。

（2）设金属棒运动达到稳定时，速度为v，所受安培力为F，棒在沿导轨方向受力平衡

$mg\sin\theta-\mu mg\cos\theta-F=0$　③

此时金属棒克服安培力做功的功率等于电路中电阻R消耗的电功率$P=Fv$④，

由③④两式解得$v=\dfrac{P}{F}=10\ \text{m/s}$⑤。

（3）两导轨间金属棒的长l，磁场的磁感应强度B，电路中电流$I=\dfrac{vBl}{R}$⑥，$P=I^2R$⑦

由⑥⑦两式解得$B=\dfrac{\sqrt{PR}}{vl}=\dfrac{\sqrt{8\ \text{N}\times2\ \Omega}}{10\ \text{m/s}\times1\ \text{m}}=0.4\ \text{T}$，磁场方向垂直导轨平面向上。

【问题3】电磁感应中的能量转化问题。

电磁感应能量转化求解思路：

①利用克服安培力做功求解：电磁感应中产生的电能等于克服安培力所做的功；②应用能量守恒求解：开始的机械能总和与最后的机械能总和之差等于产生的电能；③利用电路特征来求解：通过电路中所产生的电能来计算。

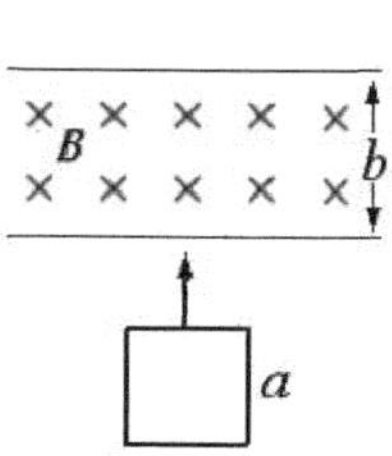

图3.11-27

【例20】（2006年高考上海卷）如图3.11-27所示，将边长为a、质量为m、电阻为R的正方形导线框竖直向上抛出，穿过宽度为b、磁感应强度为B的匀强磁场，磁场的方向垂直纸面向里。线框向上离开磁场时的速度刚好是进入磁场时速度的一半，线框离开磁场后继续上升一段高度，然后落下并匀速进入磁场，整个运动过程中始终存在着大小恒定的空气阻力f，且线框不发生转动。求：

（1）线框在下落阶段匀速进入磁场时的速度v_2；

(2)线框在上升阶段刚离开磁场时的速度 v_1；

(3)线框在上升阶段通过磁场过程中产生的焦耳热 Q。

【解析】(1)由于线框匀速进入磁场，则合力为零。有

$$mg = f + \frac{B^2a^2v_2}{R}，解得 v_2 = \frac{(mg - f)R}{B^2a^2}。$$

(2)设线框离开磁场能上升的最大高度为 h，则从刚离开磁场到刚落回磁场的过程中有

$$(mg + f)\cdot h = \frac{1}{2}mv_1{}^2，(mg - f)\cdot h = \frac{1}{2}mv_2{}^2$$

$$解得 v_1 = \sqrt{\frac{mg + f}{mg - f}}\cdot v_2 = \sqrt{(mg)^2 - f^2}\frac{R}{B^2a^2}。$$

(3)在线框向上刚进入磁场到刚离开磁场的过程中，根据能量守恒定律可得

$$\frac{1}{2}m(2v_1)^2 = \frac{1}{2}mv_1{}^2 + (mg + f)(b + a) + Q$$

$$解得 Q = (mg + f)\left[\frac{3mR^2(mg - f)}{2B^4a^4} - a - b\right]。$$

【创新思维】本题是一道常规题，可是存在空气阻力，上、下过程不对称，使题目难度增大。受力分析、过程分析仍然是本题的最基本要素。题中第一问“匀速”两字是突破的“题眼”，抓住线框下落进入磁场后的受力平衡，即可得 v_2。第二问则可抓住线框从离开磁场到上升到最高点和从最高点落回至磁场这两个过程，由动能定理得 v_1。第三问在上升中通过磁场的过程，由功能关系得 Q。

本题虽为常规题，但过程较多，受力相对复杂，当年高考得分率较低。线框在磁场中的运动是典型的非匀变速直线运动，动能定理、功能关系和能量守恒定律是解决该类问题的关键，复习中一定要突出能量观点在磁场问题中的应用。

【问题4】电磁感应中的图像问题。

电磁感应中的图像问题分类：第一类，由给定的电磁感应过程选出或画出正确的图像；第二类，由给定的有关图像分析电磁感应过程，求解相应物理量。核心都是利用电磁感应规律分析解决问题。

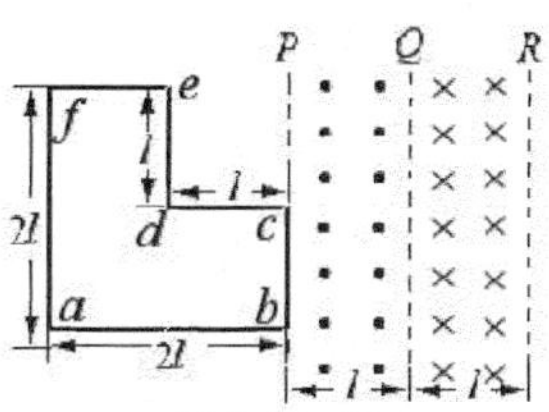

图 3.11-28

【例21】(2007年高考全国Ⅱ卷)如图3.11-28所示，在 PQ、QR 区域中存在着磁感应强度大小相等、方向相反的匀强磁场，磁场方向均垂直于纸面。一导线框 $abcdefa$ 位于纸面内，框的邻边都互相垂直，bc 边与磁场的边界 P 重合。导线框

与磁场区域的尺寸如图所示。从$t=0$时刻开始，线框匀速横穿很长两个磁场区域，以$a\to b\to c\to d\to e\to f$为线框中的电动势$E$的正方向，以下四个$E-t$关系示意图（如图3.11-29）中正确的是（　　）

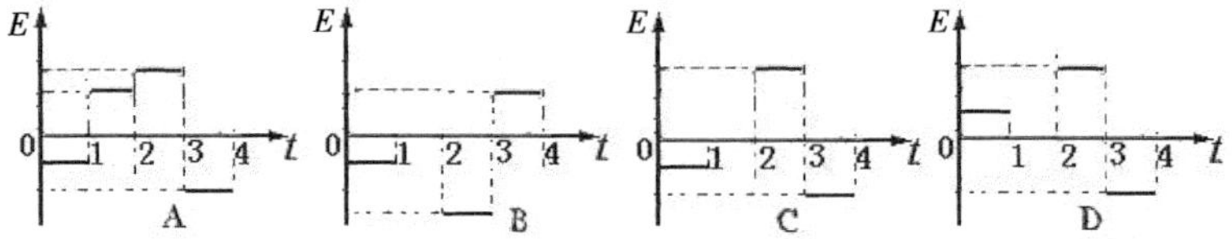

图3.11-29

【解析】如图3.11-30所示，线框切割磁感线四个阶段：

第一阶段（①→②），只有bc切割向外的磁感线，由右手定则知电动势为负，大小为Blv。第二阶段（②→③），bc切割向里的磁感线，电动势为逆时针方向，同时de切割向外的磁感线，电动势为顺时针方向，等效电动势为零。

第三阶段（③→④），de切割向里的磁感线同时af切割向外的磁感线，两个电动势同为逆时针方向，等效电动势为正，大小为$3Blv$。

第四阶段（④→⑤），只有af切割向里的磁感应线，电动势为顺时针方向，等效电动势为负大小为$2Blv$，所以C正确。

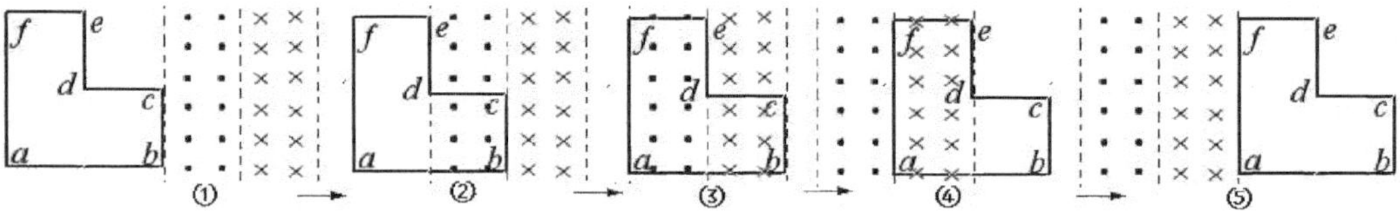

图3.11-30

（四）电磁感应在技术上的应用

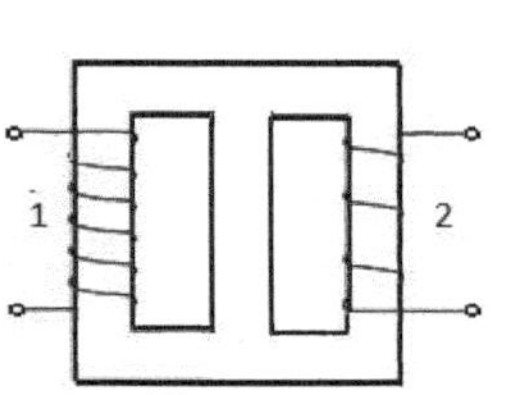

图3.11-31

【例22】（1996年高考上海卷）如图3.11-31所示，在绕制变压器时，某人误将两个线圈绕在图示变压器铁芯的左右两个臂上，当通交流电时，每个线圈产生的磁通量都只有一半通过另一个线圈，另一半通过中间的臂。已知线圈1、2的匝数比为$N_1:N_2=2:1$，在不接负载的情况下（　　）

A. 当线圈1输入电压220 V时，线圈2输出电压110 V

B. 当线圈1输入电压220 V时，线圈2输出电压55 V

C. 当线圈2输入电压110 V时，线圈1输出电压220 V

D. 当线圈2输入电压110 V时，线圈1输出电压110 V

【解析】解法1：计算法。

当线圈1输入时，输入电压与输出电压比$\frac{U_1}{U_2}=\frac{n_1\frac{\Delta\phi_1}{\Delta t}}{n_2\frac{\Delta\phi_2}{\Delta t}}=\frac{n_1\Delta\phi_1}{n_2\Delta\phi_2}=\frac{2}{1}\times\frac{2}{1}=\frac{4}{1}$，

则$U_2=\frac{1}{4}U_1=\frac{220}{4}=55\ \text{V}$，所以选B；

当线圈2输入时，输入电压与输出电压比$\frac{U_1'}{U_2'}=\frac{n_1\Delta\phi_2'}{n_2\Delta\phi_1'}=\frac{1}{2}\times\frac{2}{1}=1$，

则$U_1'=U_2'=110\ \text{V}$，所以选D。

解法2：分析法。

由图3.11-31可知，每个原线圈的磁通量只有一半通过另一副线圈，则每个副线圈的磁通量变化率是另一原线圈的磁通量变化率的1/2，又由$n_2=\frac{n_1}{2}$，所以，当线圈1作为原线圈接输入电压220 V时，线圈2为副线圈，线圈2（副）磁通量变化率只有线圈1（原）的1/2，而线圈2（副）的匝数又是线圈1（原）匝数的1/2，则副线圈2的输出电压为输入电压的1/4，即55 V。故选B；

当线圈2作为原线圈接输入电压110 V时，线圈1为副线圈，线圈1（副）的磁通量变化率只有线圈2（原）的1/2，而线圈1（副）的匝数又是线圈2（原）匝数的2倍，则线圈1（副）输出电压与输入电压相同，即110 V。故选D。

【创新思维】课本中的变压器铁芯常为“口”字形，该题给出的变压器的铁芯为“日”字形，通过交变电流时，每个线圈产生的磁通量只有一半通过另一线圈，故电压比$U_1/U_2=n_1/n_2$不再成立。所以只能利用电磁感应定律，从变压器的原理入手，才能解出该题。从形式上看似乎超出课本，可是从涉及变压器的原理来看却在大纲要求范围之内，题型不落俗套。解答时，若不从变压器的原理入手，运用法拉第电磁感应定律剖析，而只死套公式，结果肯定错选无疑。高考题如此创新，命题导向不是十分清楚吗？

【例23】（2002年高考春招全国卷）磁铁在电器中有广泛的应用，如发电机，如图3.11-32(1)所示，已知一台单相发电机转子导线框共有N匝，线框长为l_1，宽为l_2，转子的转动角速度为ω，磁极间的磁感应强度为B，试导出发电机的瞬时电动势E的表达式。

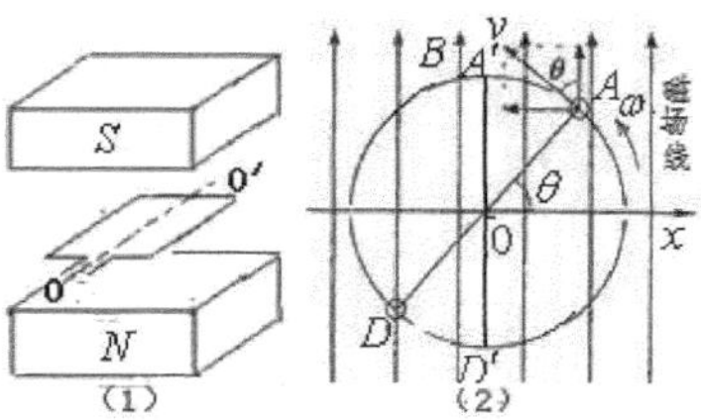

图3.11-32

现在知道有一种强永磁材料钕铁硼，用它制成发电机的磁极时，磁感应强度可增大到原来的K倍，如果保持发电机结构和尺寸，转子转动角速度，需产生的电动势都不变，那么这时转子上的导线框需要多少匝？

【解析】取轴Ox垂直于磁感强度，线框转角为θ，如图3.11-4(2)所示，线框长边垂直于纸面，点A、D表示线框长边导线与纸面的交点，O点表示转轴与纸面的交点。

线框长边的线速度为$v = \dfrac{\omega l_2}{2}$，

一根长边导线产生的电动势为$B\sin\theta \cdot l_1 \cdot \dfrac{\omega l_2}{2}$，

一匝导线框所产生的感应电动势为$E_1 = l_1 l_2 \omega B\sin\theta$，

N匝线框产生的电动势应为$E_N = NE_1 = Nl_1 l_2 \omega B\sin\omega t$，

磁极换成钕铁硼永磁体时，设匝数为N'，则有$E_{N'} = N'l_1 l_2 \omega KB\sin\omega t$，

由$E_N = E_{N'}$可得$N' = \dfrac{N}{K}$。

3.12　专题十二：高中物理力学实验精练

一、知识精要

力学实验与纸带处理相关的实验、力学创新实验是高考热点内容，以分组或演示实验为背景，考查对实验方法的领悟情况、灵活运用学过的实验方法设计新的实验是高考实验题命题的趋势。

我们应以掌握常规实验原理、实验方法，规范操作程序、数据处理方法等为本，同时从常规实验中有意识、积极地提取、积累一些有价值的方法，逐步过渡到灵活运用学过的实验方法设计新的实验。本专题以考试说明中确定的力学实验高考题为载体，“少而精”地测练、评析。

二、范例精析

(一)研究匀变速直线运动

【例1】(2017年高考新课标Ⅱ卷)某同学研究在固定斜面上运动物体的平均速度、瞬时速度和加速度之间的关系。使用的器材有：斜面、滑块、长度不同的矩形挡光片、光电计时器。实验步骤如下：

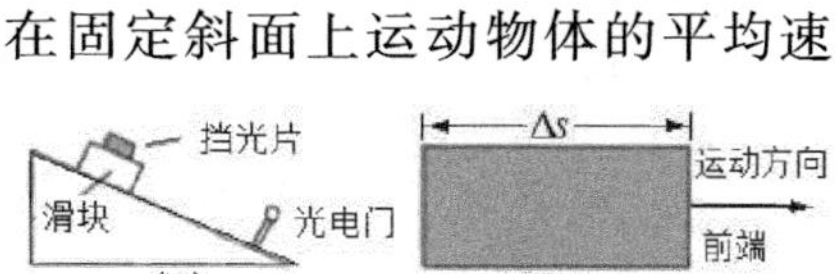

图3.12-1

①如图3.12-1(1)所示，将光电门固定在斜面下端附近，将一挡光片安装在滑块上，记下挡光片前端相对于斜面的位置，令滑块从斜面上方由静止开始下滑；

②当滑块上的挡光片经过光电门时，用光电计时器测得光线被挡光片遮住的时间Δt；

③用Δs表示挡光片沿运动方向的长度，如图3.12-1(2)所示，$\bar{v}$表示滑块在挡光片遮住光线的Δt时间内的平均速度大小，求$\bar{v}$；

④将另一挡光片换到滑块上，使滑块上的挡光片前端与①中的位置相同，令滑块由静止开始下滑，重复步骤②③；

⑤多次重复步骤④；

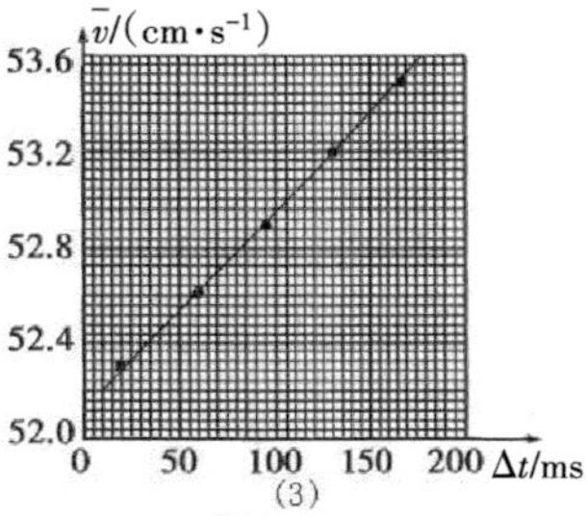

图3.12-1

⑥利用实验中得到的数据作出$\bar{v}$-Δt图像，如图3.12-1(3)所示。完成下列填空：

(1)用a表示滑块下滑的加速度大小，用v_A表示挡光片前端到达光电门时滑块的瞬时速度大小，则$\bar{v}$与v_A、a和Δt的关系式为$\bar{v}$=_______。

(2)由图可求得v_A=______cm/s，a=______cm/s²。(结果保留3位有效数字)

【解析】(1)设挡光片末端到达光电门的速度为v，则$v=v_A+a\Delta t$且$\bar{v}=(v_A+v)/2$，联立解得$\bar{v}=v_A+\frac{1}{2}a\Delta t$。

(2)由图3.12-1(3)，图线与$\bar{v}$轴交点$v_A=52.1\,\text{cm/s}$，可得斜率$\frac{1}{2}a=\frac{\bar{v}-v_A}{\Delta t}=\frac{53.6\,\text{cm/s}-52.1\,\text{cm/s}}{180\times10^{-3}\,\text{s}}\approx8.3\,\text{cm/s}^2$，$\therefore a=16.6\,\text{cm/s}^2$。

(二)验证力的平行四边形定则

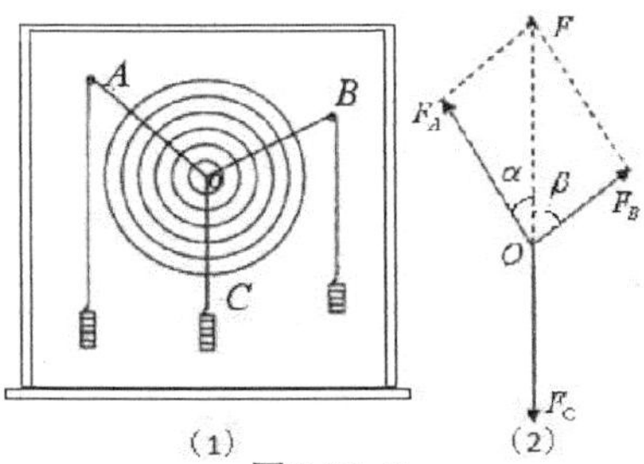

图3.12-2

【例2】如图3.12-2(1)所示的实验装置可以用来验证力的平行四边形定则，带有滑轮的方木板竖直放置，为了便于调节绳子拉力的方向，滑轮可以安放在木板上的多个位置。

(1)请把下面的实验步骤补写完整。

①三段绳子各自悬挂一定数目的等质量钩码，调整滑轮在木板上的位置，使得系统静止不动。

②把一张画有等间距同心圆的厚纸紧贴木板放置在绳子与木板之间，使得圆心位于绳子结点O处，有足够多等间距同心圆作为画图助手，这样做目的是方便作出力的图示。你认为本实验有必要测量钩码所受的重力大小吗？答_______。(选填“有”或“没有”，不必说明理由)

③记录__________________以及_______________________。

④三段绳子上的拉力F_A、F_B、F_C可用钩码数量来表示，根据记录的数据作出力的

图示F_A、F_B、F_C，如图3.12-2(2)所示。

⑤以F_A、F_B为邻边，画出平行四边形，如果平行边形的对角线所表示的力与________(选填F_A、F_B、F_C)近似相等，则在实验误差允许的范围内验证了力的平行四边形定则。

(2)在图中A、B、C三段绳子上分别悬挂了5、4、5个钩码而静止不动，图中OA、OB两段绳子与竖直方向夹角分别为α、β，如果本实验是成功的，那么$\sin\alpha/\sin\beta$应接近于_____。

【解析】(1)请把下面的实验步骤补写完整。

①三段绳子各自悬挂一定数目的等质量钩码，调整滑轮在木板上的位置，使得系统静止不动。

②实验中钩码都是相同的，一个钩码受到的重力为一个单位力，只要计钩码的个数即可，故没有必要测量钩码的重力。

③该实验采用等效法，需要记录三段绳子上挂的钩码数以及三段绳子的方向。

⑤以F_A、F_B为邻边，画出平行四边形，如果F_A、F_B所夹的对角线与F_C，近似共线等长，说明F_A、F_B所夹的对角线表示的力即为F_A、F_B的合力，即验证了力的平行四边形定则。

(2)作几个力的关系图，如图3.12-2(2)所示，根据正弦定理，

$\frac{F_B}{\sin\alpha}=\frac{F_A}{\sin\beta}$，且$F_A=5mg$，$F_B=4mg$，解得$\frac{\sin\alpha}{\sin\beta}=\frac{F_B}{F_A}=\frac{4}{5}$。

(三)验证机械能守恒定律

【例3】(2016年高考北京卷)利用如图3.12-3(1)所示装置做"验证机械能守恒定律"实验。

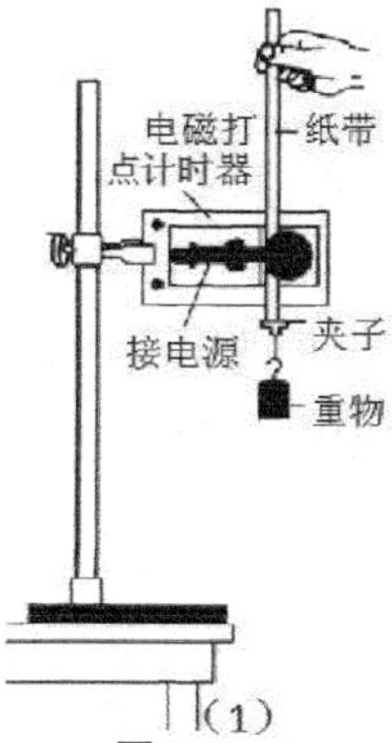

图3.12-3

(1)为验证机械能是否守恒，需要比较重物下落过程中任意两点间的_____。

A.动能变化量与势能变化量

B.速度变化量和势能变化量

C.速度变化量和高度变化量

(2)除带夹子的重物、纸带、铁架台(含铁夹)、电磁打点计时器、导线及开关外，在下列器材中，还必须使用的两种器材是____。

A.交流电源　　B.刻度尺　　C.天平(含砝码)

(3)实验中,先接通电源,再释放重物,得到如图3.12-3(2)所示的一条纸带。在纸带上选取三个连续打出的点A、B、C,测得它们到起始点O的距离分别为h_A、h_B、h_C。已知当地重力加速度为g,打点计时器打点的周期为T。设重物的质量为m。从打O点到打B点的过程中,重物的重力势能变化量ΔE_p=______,动能变化量ΔE_k=______。

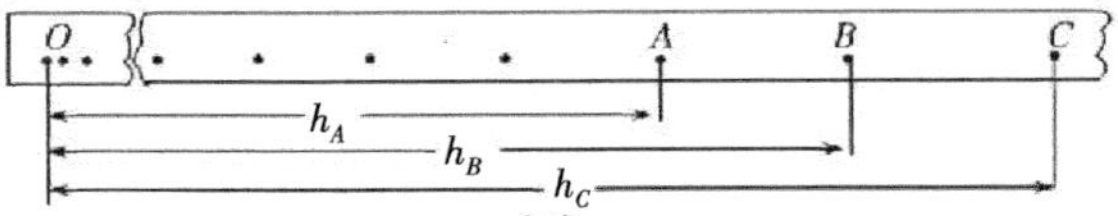

(2)
图3.12-3

(4)大多数学生的实验结果显示,重力势能的减少量大于动能的增加量,原因是__________。

A.利用公式$v = gt$计算重物速度　　B.利用公式$v = \sqrt{2gh}$计算重物速度

C.存在空气阻力和摩擦阻力的影响　　D.没有采用多次实验取平均值的方法

(5)某同学想用下述方法研究机械能是否守恒,在纸带上选取多个计数点,测量它们到起始点O的距离h,计算对应计数点的重物速度v,描绘v^2-h图像,并做如下判断:若图像是一条过原点的直线,则重物下落过程中机械能守恒。请分析论证该同学的判断依据是否正确。

【解析】(1)由机械能守恒得$mgh = \frac{1}{2}mv^2 - 0$,故要比较$\Delta E_k$和$\Delta E_p$,A正确。

(2)电磁打点计时器使用的是交流电源,故要选A;需要测量纸带上两点之间的距离,所以还需要刻度尺,故要选B;根据$mgh = \frac{1}{2}mv^2 - 0$可得等式两边的质量$m$抵消,故不需要天平,不选C。

(3)从打O点到打B点的过程中,重物下落h_B,重力势能减少,则重物的重力势能变化量$\Delta E_P = -mgh_B$,由于下落过程中是匀变速直线运动,根据中间时刻重物速度的规律可得$v_B = \frac{h_C - h_A}{2T}$,所以动能增量$\Delta E_k = \frac{1}{2}\mathrm{m}v_B{}^2 = \frac{1}{2}m(\frac{h_C - h_A}{2T})^2$。

(4)实验过程中存在空气阻力,纸带运动过程中存在摩擦力,重物的重力势能要转化为重物的动能和内能,则重力势能的减少量大于动能的增加量,C正确。

(5)该同学的判断依据不正确。在重物下落h的过程中,若阻力f恒定,根据$mgh - fh = \frac{1}{2}mv^2 - 0 \Rightarrow v^2 = 2(g - \frac{f}{m})h$,可知$v^2$-$h$图像就是过原点的一条直线。要想通过$v^2$-$h$图像的方法验证机械能是否守恒,还必须看图像的斜率是否接近$2g$。

【创新思维】解决本题的关键是掌握实验的原理,会通过原理确定器材、掌握纸带的处理方法、运用纸带求解瞬时速度等。别忘了两个推论：$\Delta x = aT^2$、$v_{t/2} = \bar{v}_t$，能使解题更为简捷。

（四）探究弹力和弹簧伸长量的关系

【例4】（2013年高考新课标Ⅱ卷）某同学利用下述装置对轻质弹簧的弹性势能进行探究：一轻质弹簧放置在光滑水平桌面上，弹簧左端固定，右端与一小球接触而不固连；弹簧处于原长时，小球恰好在桌面边缘，如图3.12-4(1)所示。向左推小球，使弹簧压缩一段距离后由静止释放，小球离开桌面后落到水平地面。通过测量和计算，可求得弹簧被压缩后的弹性势能。回答下列问题：

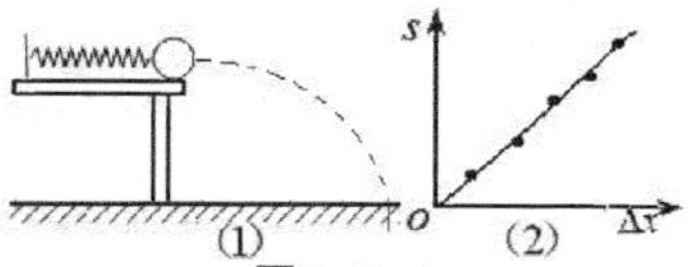

图3.12-4

(1)本实验中可认为，弹簧被压缩后的弹性势能E_p与小球抛出时的动能E_k相等。已知重力加速度大小为g。为求得E_k，至少需要测量下列物理量中的______（填正确答案标号）

A. 小球的质量

B. 小球抛出点到落地点的水平距离s

C. 桌面到地面的高度h

D. 弹簧的压缩量Δx

E. 弹簧原长l_0

(2)用所选取的测量量和已知量表示E_k，得E_k= _____。

(3)如图4.12-4(2)中的直线是实验测量得到的s-Δx图线。从理论上可推出，如果h不变，m增加，s-Δx图线的斜率会______（填“增大”“减小”或“不变”）。如果m不变，h增加，s-Δx图线的斜率会_______（填“增大”“减小”或“不变”）。由图4.12-4(2)中给出的直线关系和E_k的表达式可知，E_p与Δx的______次方成正比。

【解析】(1)由平抛规律可知，由小球抛出的水平距离s和下落高度h即可求出平抛时的初速度v，进而测量小球的质量m可求出物体动能E_k，所以本实验至少需要测量m、s、h，故选A、B、C。

(2)由平抛规律$h = gt^2/2$①，$s = vt$②，又$E_k = mv^2/2$③，联立解得$E_k = mgs^2/4h$④。

(3)若取弹簧原长处为零势面，则弹簧的弹性势能$E_p = k\Delta x^2/2$⑤，$E_p = E_k$，由④⑤得$s = \sqrt{\dfrac{2kh}{mg}} \cdot \Delta x$⑥，可见若$h$不变$m$增加，则斜率减小；若$m$不变$h$增加，则斜率会增大。由图4.12-4(2)$s \propto \Delta x$，又由$E_p = E_k$，$E_k = mgs^2/4h$，得$E_p$与$\Delta x$的二次方成正比。

【**创新思维**】本题关键是通过测量小球的动能来间接测量弹簧的弹性势能，即根据平抛规律以及动能表达式即可求出动能的表达式，从而得出结论。

（五）探究加速度与力、质量的关系

【**例5**】（2016年高考新课标Ⅲ卷）某物理课外小组利用如图3.12-5（1）中的装置探究物体加速度与其所受合外力之间的关系。图中，置于实验台上的长木板水平放置，其右端固定一轻滑轮：轻绳跨过滑轮，一端与放在木板上的小滑车相连，另一端可悬挂钩码。本实验中可用的钩码共有N=5个，每个质量均为0.010 kg。实验步骤如下：

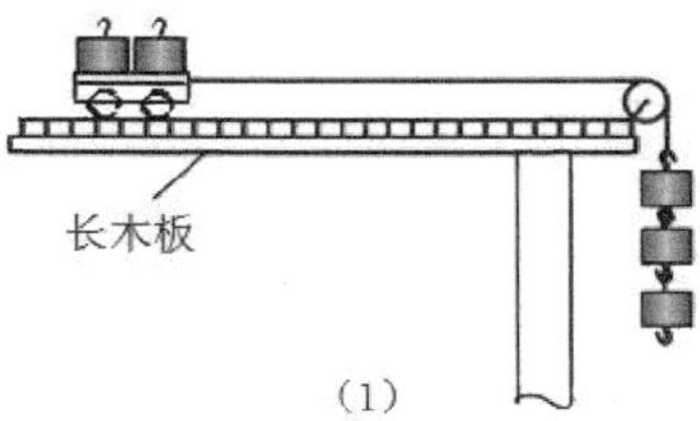

图3.12-5

（1）将5个钩码全部放入小车中，在长木板左下方垫上适当厚度的小物块，使小车（和钩码）可以在木板上匀速下滑。

（2）将n（依次取n=1，2，3，4，5）个钩码挂在轻绳右端，其余$N-n$个钩码仍留在小车内，用手按住小车并使轻绳与木板平行。释放小车，同时用传感器记录小车在时刻t相对于其起始位置的位移s，绘制$s-t$图像，经数据处理后可得到相应的加速度a。

（3）对应于不同的n的a值见表3.12-1。n=2时的$s-t$图像如图3.12-5（2）所示：由图求出此时小车的加速度（保留2位有效数字），将结果填入表3.12-1。

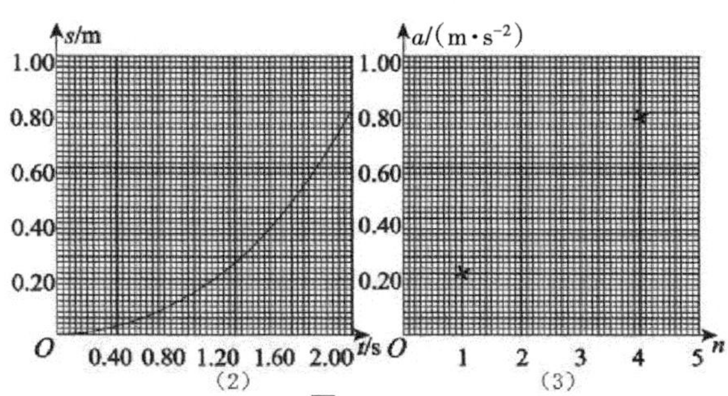

图3.12-5

（4）利用表中的数据在图3.12-5（3）中补齐数据点，并作出$a-n$图像。从图像可以看出：当物体质量一定时，物体的加速度与其所受的合外力成正比。

（5）利用$a-n$图像求得小车（空载）的质量为______ kg（保留2位有效数字，重力加速度取$g=9.8\ \mathrm{m \cdot s^{-2}}$）。

（6）若以“保持木板水平”来代替步骤（1），下列说法正确的是______（填入正确选项前的标号）。

表3.12-1

n	1	2	3	4	5
$a/(\mathrm{m \cdot s^{-2}})$	0.20		0.58	0.78	1.00

A.$a-n$图线不再是直线

B.$a-n$图线仍是直线，但该直线不过原点

C.$a-n$图线仍是直线，但该直线的斜率变大

【解析】(1)(2)解答略。

(3)因为小车做初速度为零的匀加速直线运动，故将$t=2$ s，$s=0.78$ m，代入$s = at^2/2$，可得$a=0.39$ m/s^2。

(4)根据上表数据用描点法可得如图3.12-5(4)所示图线。

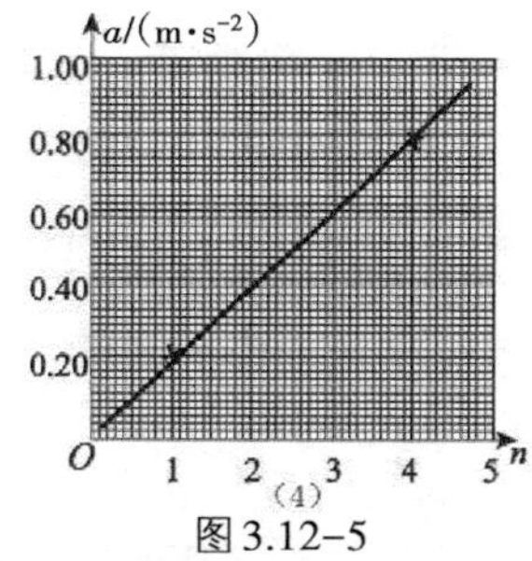

图3.12-5

(5)由实验原理，$nmg = (5m + M)a$，

可知$a - n$图线斜率$k = \dfrac{mg}{5m + M}$，

又从图3.12-5(4)可知，$k=0.20$，将k值和m值代入上式得$M = 0.45$ kg。

(6)若"保持木板水平"，则意味着没有平衡摩擦力，根据牛顿第二定律，

$nmg - \mu[(5 - n)m + M]g = (5m + M)a$

可得$a = \dfrac{n(mg + \mu mg)}{5m + M} - \mu g = \dfrac{mg + \mu mg}{5m + M}n - \mu g$。

由此式可见，$a-n$图线仍是直线，但不过原点，即$n = 0$时，$a \neq 0$，且斜率变大，故B、C正确。

(六)探究动能定理

【例6】(2017年高考北京卷)如图3.12-6(1)所示，用质量为m的重物通过滑轮牵引小车，使它在长木板上运动，打点计时器在纸带上记录小车的运动情况。利用该装置可以完成"探究动能定理"的实验。

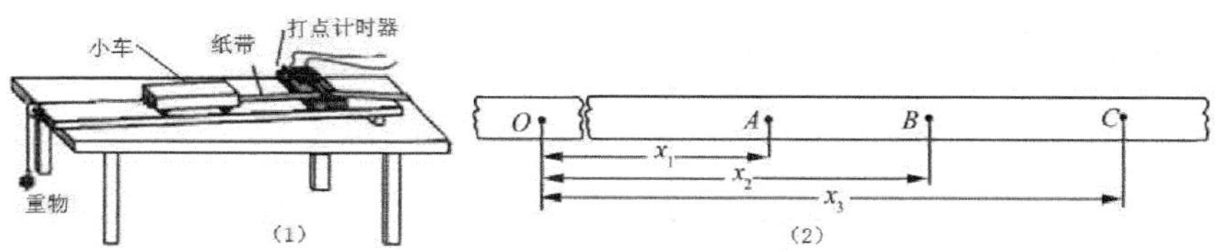

图3.12-6

(1)打点计时器使用的电源是_______(选填选项前的字母)。

A.直流电源　　B.交流电源

(2)实验中，需要平衡摩擦力和其他阻力，正确操作方法是_______(选填选项前的字母)。

A.把长木板右端垫高　　B.改变小车的质量

在不挂重物且_______(选填选项前的字母)的情况下，轻推一下小车，若小车拖

着纸带做匀速运动，表明已经消除了摩擦力和其他阻力的影响。

A. 计时器不打点　　　　B. 计时器打点

(3)接通电源，释放小车，打点计时器在纸带上打下一系列点，将打下的第一个点标为 O。在纸带上依次取 A、B、C…若干个计数点，已知相邻计数点间的时间间隔为 T。测得 A、B、C…各点到 O 点的距离为 x_1、x_2、x_3…，如图3.12-6(2)所示。实验中，重物质量远小于小车质量，可认为小车所受的拉力大小为 mg。从打 O 点到打 B 点的过程中，拉力对小车做的功 W=_______，打 B 点时小车的速度 v=________。

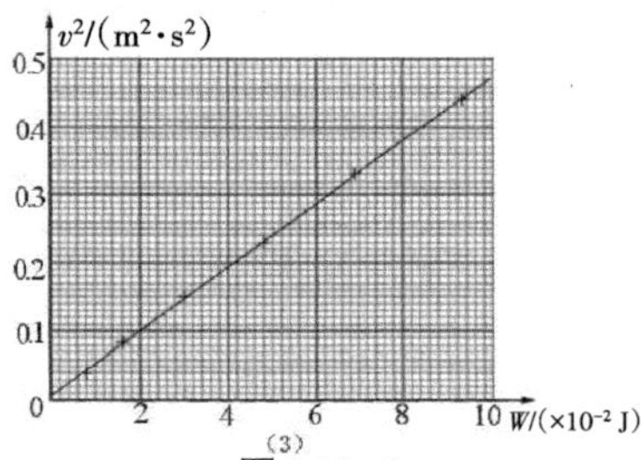

图3.12-6

(4)以 v^2 为纵坐标，W 为横坐标，用实验数据作出如图3.12-6(3)所示的 v^2-W 图像。由此图像可得 v^2-W 表达式为______________。根据功与能的关系，动能的表达式中可能包含 v^2 这个因子；分析实验结果的单位关系，与图线斜率有关的物理量应是__________。

(5)假设已经完全消除了摩擦力和其他阻力的影响，若重物质量不满足远小于小车质量的条件，则从理论上分析，图3.12-6(4)中正确反映 v^2-W 关系的是_______。

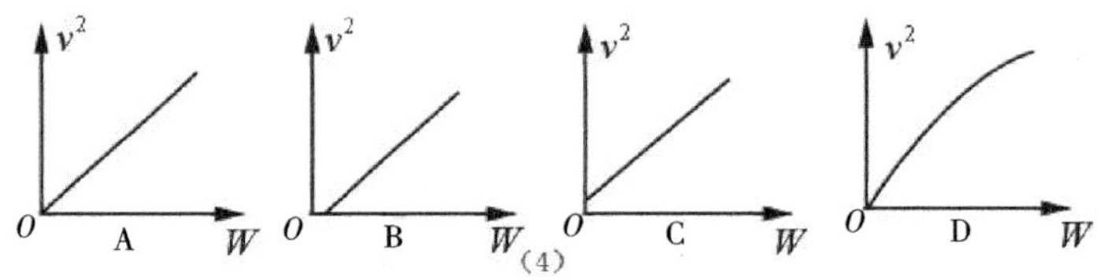

图3.12-6

【解析】(1)打点计时器均使用交流电源，选B。

(2)平衡摩擦力和其他阻力，是通过垫高木板右端，使重力沿斜面向下的分力跟它们平衡，选A；平衡摩擦力时需要让打点计时器工作，纸带跟打点计时器限位孔间会有摩擦力，且可以通过纸带上打出的点迹判断小车的运动是否为匀速直线运动，选B。

(3)小车拖纸带移动距离等于重物下落距离，又小车所受拉力约等于重物重力，因此 $W=mgx_2$；小车做匀变速直线运动，因此打 B 点时小车速度为打 AC 段的平均速度，则 $v=(x_3-x_1)/2T$。

(4)由图3.12-6(3)可知，图像截距为0.01，斜率为

$$k=\frac{0.23-0.01}{4.8\times10^{-2}}=4.58，则 v^2=0.01+4.58W。$$

设小车质量为 M，根据动能定理有 $W = \frac{1}{2}Mv^2$，变形得 $v^2 = \frac{2}{M}W$，则 $k = \frac{2}{M}$，因此与斜率有关的物理量为质量。

(5)若重物质量 m 不满足远小于小车质量 M 的条件，则由动能定理有 $W = \frac{(M+m)v^2}{2} - 0$，可得 $v^2 = 2W/(M+m)$，v^2 与 W 仍然成正比关系，选图A。

【例7】(2020年高考全国Ⅲ卷)某同学利用如图3.12-7(1)所示装置验证动能定理。调整木板的倾角平衡摩擦阻力后，挂上钩码，钩码下落，带动小车运动并打出纸带。某次实验得到的纸带及相关数据如图3.12-7(2)所示。

已知图3.12-7(2)中相邻两点的时间间隔为0.02 s，从图3.12-7(2)给出的数据中可以得到，打出 B 点时小车的速度大小 v_B=____m/s，打出 P 点时小车的速度大小 v_P_____m/s（结果均保留2位小数）。

若要验证动能定理，除了需要测量钩码的质量和小车的质量外，还需要从图3.12-7(2)中给出的数据中求得的物理量为_____。

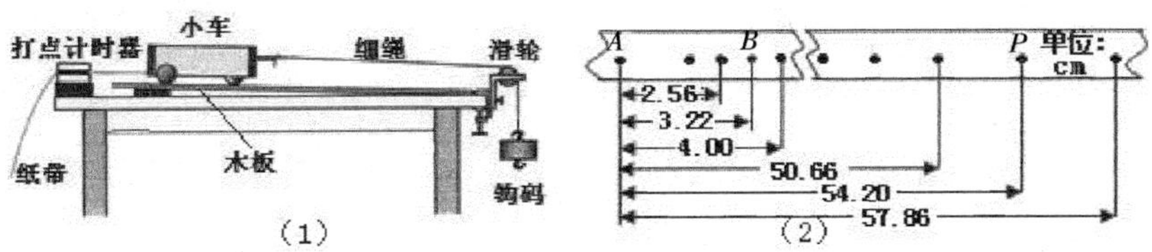

图3.12-7

【解析】打出 B 点时，小车的速度为 B 点前后两点平均速度，即

$$v_B = \frac{s_1 + s_2}{2T} = \frac{(4.00 - 2.56) \times 10^{-2}\ \text{m}}{2 \times 0.02\ \text{s}} = 0.36\ \text{m/s}$$

同理，打出 P 点时，小车的速度为

$$v_P = \frac{s_3 + s_4}{2T} = \frac{(57.86 - 50.66) \times 10^{-2}\ \text{m}}{2 \times 0.02\ \text{s}} = 1.80\ \text{m/s}$$

验证动能定理平衡摩擦力后，设小车所受绳子拉力为 F，则

由 $F = Ma$ 和 $mg - F = ma$，得 $mg = (M+m)a$。

如果选取小车经 B 到 P 的过程，小车 M 在恒力作用下做直线运动时，用动能定理可表述为 $mgs_{BP} = \frac{1}{2}(M+m){v_P}^2 - \frac{1}{2}(M+m){v_B}^2$。

那么，在误差范围内，上式两边相等，则动能定理就得到验证。因此，除了需要测量钩码的质量 m 和小车的质量 M 外，还需要测量对应的 B、P 两点之间的距离 s_{BP}。

【创新思维】该题源于2016年人教版高中《物理》必修②P70“探究功与速度变化的

关系”中的“参考案例一”。因此。课本中必做的学生实验一定要理解实验原理，会用实验器材，熟悉实验步骤，掌握实验方法。

（七）探究碰撞中的不变量

【例8】（2019年高考浙江选考）小明做“探究碰撞中的不变量”实验的装置如图3.12-8（1）所示，悬挂在O点的单摆由长为l的细线和直径为d的小球A组成，小球A与放置在光滑支撑杆上的直径相同的小球B发生对心碰撞，碰后小球A继续摆动，小球B做平抛运动。

（1）小明用游标卡尺测小球A直径如图3.12-8（2）所示，则d=________mm。又测得了小球A质量m_1，细线长度l，碰撞前小球A拉起的角度α和碰撞后小球B做平抛运动的水平位移x、竖直下落高度h。为完成实验，还需要测量的物理量有____________。

（2）若A、B两球碰后粘在一起形成新单摆，其周期__________（选填“小于”“等于”或“大于”）黏合前单摆的周期（摆角小于5°）。

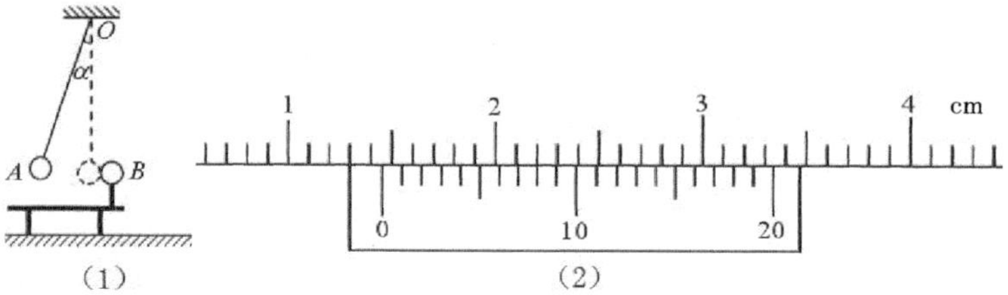

图3.12-8

【解析】（1）游标卡尺的精确度为0.05 mm，根据游标卡尺的读数方法可知，球的直径为d=14 mm+(1/20)×8 mm=14.40 mm，

碰撞过程中动量守恒$m_1v_1 = m_1v_1' + m_2v_2'$，

碰撞前瞬间球A的速度v_1，可根据机械能守恒定律求得

$$m_1gl(1 - \cos\alpha) = \frac{1}{2}m_1v_1^2$$

碰撞后仍可根据机械能守恒定律计算小球A的速度，所以需要知道小球A碰后摆动的最大角β，

$$m_1gl(1 - \cos\beta) = \frac{1}{2}m_1v_1'^2$$

小球B碰撞后做平抛运动，根据平抛运动规律可得小球B的速度，要求B的动量所以需要测量小球B的质量m_2。

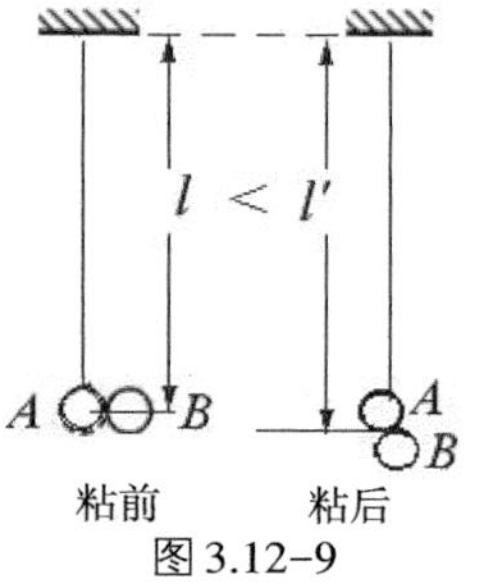

图3.12-9

（2）如图3.12-9所示，球A、B粘在一起后，构成新摆球，重心

发生变化，摆长可能变长，根据单摆周期公式 $T = 2\pi\sqrt{\frac{l}{g}}$ 可得造成周期变大。

【例 9】（2020年高考全国Ⅰ卷）某同学用如图3.12–10所示的实验装置验证动量定理，所用器材包括：气垫导轨、滑块（上方安装有宽度为 d 的遮光片）、两个与计算机相连接的光电门、砝码盘和砝码等。实验步骤如下：

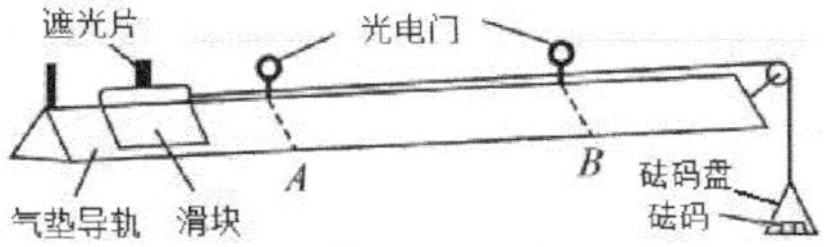

图3.12–10

（1）开动气泵，调节气垫导轨，轻推滑块，当滑块上的遮光片经过两个光电门的遮光时间时，可认为气垫导轨水平；

（2）用天平测砝码与砝码盘的总质量 m_1、滑块（含遮光片）的质量 m_2；

（3）用细线跨过轻质定滑轮将滑块与砝码盘连接，并让细线水平拉动滑块；

（4）令滑块在砝码和砝码盘的拉动下从左边开始运动，和计算机连接的光电门能测量出遮光片经过 A、B 两处的光电门的遮光时间 Δt_1、Δt_2 及遮光片从 A 运动到 B 所用的时间 t_{12}；

（5）在遮光片随滑块从 A 运动到 B 的过程中，如果将砝码和砝码盘所受重力视为滑块所受拉力，拉力冲量的大小 I=______，滑块动量改变量的大小 Δp =______（用题中给出的物理量及重力加速度 g 表示）；

（6）某次测量得到的一组数据为：

$d = 1.000\,\text{cm}$，$m_1 = 1.50\times10^{-2}\,\text{kg}$，$m_2 = 0.400\,\text{kg}$，$\Delta t_1 = 3.900\times10^{-2}\,\text{s}$，$\Delta t_2 = 1.270\times10^{-2}\,\text{s}$，$t_{12} = 1.50\,\text{s}$，取 $g = 9.80\,\text{m/s}^2$。计算可得 I =________N·s，Δp =_______ kg·m·s^{-1}（结果均保留3位有效数字）；

（7）定义：$\delta = \left|\frac{I-\Delta p}{I}\right|\times 100\%$，本次实验 δ =______%（保留1位有效数字）。

【解析】（1）当气垫导轨水平时，滑块在轨道上所受阻力很小，将做匀速运动，则滑块上的遮光片经过两个光电门的遮光时间就相等。因此填“相等”；

（5）由冲量的定义可知 $I = m_1gt_{12}$，根据动量改变量的定义可得

$$\Delta p = m_2v_2 - m_2v_1 = m_2\frac{d}{\Delta t_2} - m_2\frac{d}{\Delta t_1} = m_2\left(\frac{d}{\Delta t_2} - \frac{d}{\Delta t_1}\right)$$

（6）代入数值 $I = m_1gt_{12} = 1.50\times10^{-2}\,\text{kg}\times9.80\,\text{m/s}^2\times1.50\,\text{s} = 0.221\,\text{N·s}$，

$$\Delta p = m_2\left(\frac{d}{\Delta t_2} - \frac{d}{\Delta t_1}\right) = 0.400\times1.000\times10^{-2}\,\text{kg}\left(\frac{1\,\text{m}}{1{,}270\times10^{-2}\,\text{s}} - \frac{1\,\text{m}}{3.900\times10^{-2}\,\text{s}}\right)$$
$$= 0.212\,\text{kg·m/s}$$

(7)根据定义可得$\delta=\left|\frac{I-\Delta p}{I}\right|\times 100\%=\left|\frac{0.221-0.212}{0.221}\right|\times 100\%\approx 4\%$。

【创新思维】动量定理通常以选择题或计算题形式考查，本题以实验探究的方式考查，注重知识迁移，正是创新之处。实验器材选自课本《物理》选修3-5 P4参考案例一第(1)问“导轨水平的调整”，涉及实验操作的考查，体现“科学思维和探究”的要求。第(6)(7)问“运算能力包括有效数字的运用”的考查，还有重力加速度g值的非习惯选取，体现“提高物理核心素养”的要求。

3.13 专题十三：高中物理电学实验精练

一、知识精要

电表的读法和改装、安培表的内接和外接、分压和限流电路的选择、电阻箱的使用、电阻的测量方法、电路和仪器的选择等都是电学实验的基础，也是历年高考的重点考查内容。近年来，创新型实验设计需要我们把握实验基础知识的内在联系，更要对实验思想方法进行归纳，对已掌握的实验原理、仪器的使用进行新情境下的迁移利用。本专题用几个典型考题进行“少而精”测试、评析，让我们清醒地结束电学实验复习，从而轻松走向考场。

二、范例精析

实验一：测定金属的电阻率（同时练习使用螺旋测微器）

【例 1】（2012年高考北京卷）在“测定金属的电阻率”实验中，所用测量仪器均已校准，待测金属丝接入电路部分的长约为50 cm。

（1）用螺旋测微器测量金属丝直径，其中某一次测量结果如图3.13-1所示，其读数为_____mm（该值接近多次测量的平均值）。

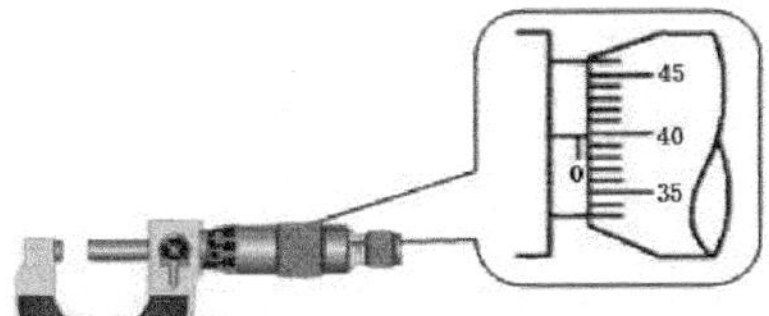

图3.13-1

（2）用伏安法测金属丝的电阻R_x，实验所用器材为：电池组（电动势为3 V，内阻约1 Ω）、电流表（内阻约0.1 Ω）、电压表（内阻约3 kΩ）、滑动变阻器R（0～20 Ω，额定电流2 A）、开关、导线若干。

某小组同学利用以上器材正确连接好电路，进行实验测量，记录数据如表3.13-1：

表3.13-1

次数	1	2	3	4	5	6	7
U/V	0.10	0.30	0.70	1.00	1.50	1.70	2.30
I/A	0.020	0.060	0.160	0.220	0.340	0.460	0.520

由以上数据可知，他们测量R_x是采用图3.13-2中的________图（选填(1)或(2)）。

(3)图3.13-3(1)是测量R_x的实验器材实物图，图中已连接了部分导线，滑动变阻器的滑片P置于变阻器的一端。请根据图3.13-2所选的电路图，补充完成图3.13-3(1)中实物间的连线，并使闭合开关的瞬间，电压表或电流表不至于被烧坏。

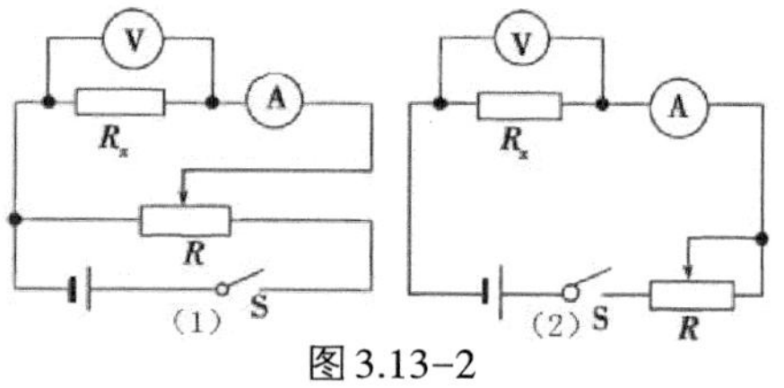

图3.13-2

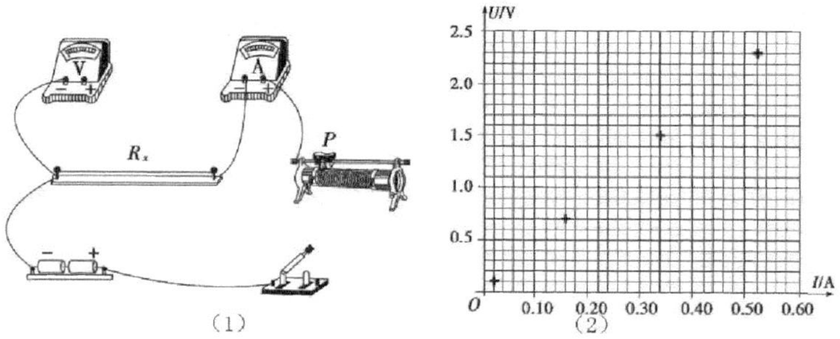

图3.13-3

(4)这个小组的同学在坐标纸上建立$U-I$坐标系，如图3.13-4(2)所示，图中已标出了测量数据对应的4个坐标点．请在图中标出第2、4、6次测量数据坐标点，并描绘出$U-I$图线。由图线得到金属丝的阻值R_x=____ Ω（保留两位有效数字）。

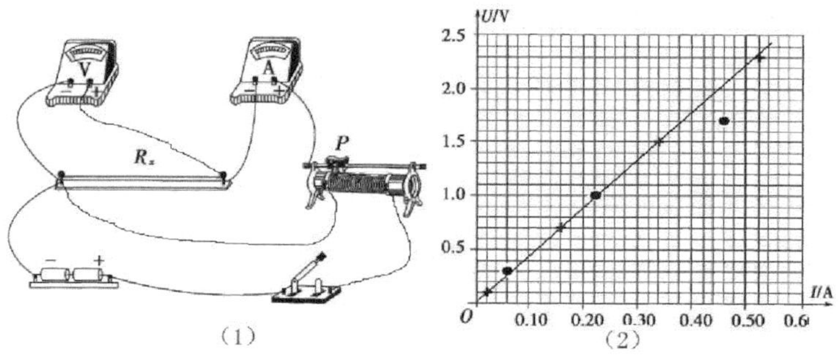

图3.13-4

(5)根据以上数据可以估算出金属丝的电阻率约为____（填选项前的符号）。

A.$1\times10^{-2}\Omega\cdot m$　　B.$1\times10^{-3}\Omega\cdot m$

C.$1\times10^{-6}\Omega\cdot m$　　D.$1\times10^{-8}\Omega\cdot m$

(6)任何实验测量都存在误差。本实验所用测量仪器均已校准，下列关于误差的说法中正确的选项是_______(有多个正确选项)。

A.用螺旋测微器测量金属丝直径时，由于读数引起的误差属于系统误差

B.由于电流表和电压表内阻引起的误差属于偶然误差

C.若将电流表和电压表内阻计算在内，可以消除由测量仪表引起的系统误差

D.用$U–I$图像处理数据求金属丝电阻可以减小偶然误差.

【解析】(1)螺旋测微器的读数为d=0+39.9×0.01 mm=0.399 mm。(0.395~0.399都对)

(2)由给出的数据表可知，电流和电压从零调，所以滑动变阻器用分压式接法；由待测金属丝电阻远小于电压表内阻，所以电流表应用外接法，故应采用(1)图。

(3)实物连线图如图3.13–4(1)所示，在坐标系中描出第2、4、6次测量数据对应的点，然后连线。由于第6个数据描点偏差太大，舍弃不用。

(4)根据坐标系内描出的点作出图像如图3.13–4(2)所示，图线的斜率即为R_x的阻值，由图示图像可知电阻

$$R_x=\frac{\Delta U}{\Delta I}=\frac{1}{0.22}=4.5\,\Omega$$

(5)由电阻定律，$\rho=R_x\frac{s}{l}=R_x\frac{\pi(D/2)^2}{l}=\frac{\pi D^2R_x}{4l}$，代入数值得$\rho=1.12\times10^{-6}\Omega\cdot\mathrm{m}$，故选C。

(6)由于读数而引起的误差是偶然误差，又电压表与电流表的内阻而引起的误差是系统误差，选项A、B错误。若将电流表和电压表的内阻计算在内，则消除了电表内阻对实验的影响，即消除了由测量仪表引起的系统误差，选项C正确。用$U–I$图像处理数据，体现了多次测量求平均值的思想，而且剔除了个别偶然误差比较大的点，如图线中的第6个点，选项D正确。

【创新思维】本题每小问的关键：(1)读数时要分成整数部分和小数部分之和来读。(2)当明确电流要求从零调时，变阻器应用分压式接法；当待测电阻远小于电压表内阻时，电流表应用外接法；当电流表内阻远小于待测电阻阻值时，电流表应用内接法。(3)注意比照电路图来连接实物图。(4)认真描点，求出图线的斜率即为待测电阻阻值。(5)根据电阻定律写出电阻率表达式，代入数据求解。

实验二：测绘小灯泡的伏安特性曲线

【例2】(2017年高考新课标Ⅰ卷)某同学研究小灯泡的伏安特性曲线，所使用的

器材有：小灯泡L（额定电压3.8 V，额定电流0.32 A）、电压表Ⓥ（量程0~3 V，内阻3 kΩ）、电流表Ⓐ（量程0~0.5 A，内阻0.5 Ω）、固定电阻R_0（阻值1 000 Ω）、滑动变阻器R（阻值0~9.0 Ω）、电源E（电动势5 V，内阻不计）、开关S、导线若干。

（1）实验要求能够实现在0~3.8 V的范围内对小灯泡的电压进行测量，画出实验电路原理图。

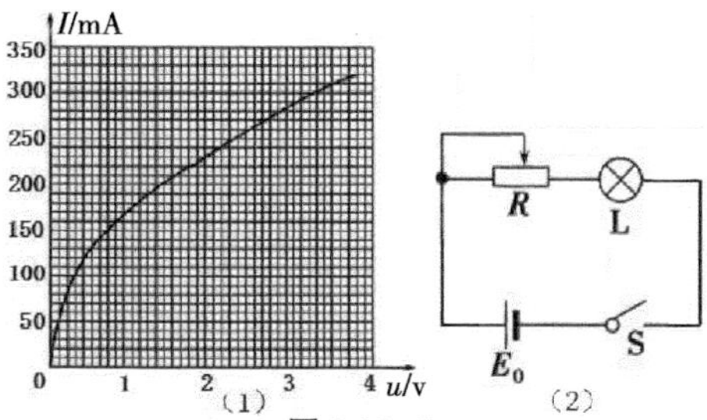

图3.13-5

（2）实验测得该小灯泡伏安特性曲线如图3.13-5（1）所示。

由实验曲线可知，随着电流的增加小灯泡的电阻________（选填“增大”“不变”或“减小”），灯丝的电阻率_________（选填“增大”“不变”或“减小”）。

（3）用另一电源E_0（电动势4 V，内阻1.00 Ω）和题给器材连接成图3.13-5（2）所示的电路，调节滑动变阻器R的阻值，可以改变小灯泡的实际功率。闭合开关S，在R的变化范围内，小灯泡的最小功率为________W，最大功率为________W。（结果均保留2位小数）

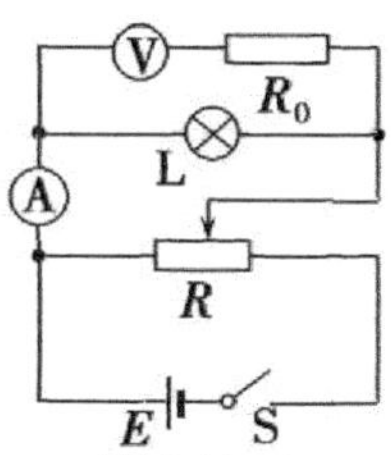

图3.13-6

【解析】（1）要求能够实现在0~3.8 V的范围内对小灯泡的电压进行测量，故滑动变阻器用分压式接法，电压表的量程为3 V，小灯泡的额定电压为3.8 V，故需要串联一个阻值为1 000 Ω的定值电阻R_0，把电压表的量程改装为4 V；由于$R_x<\sqrt{R_A R_V}$，故电流表需要外接，实验电路原理如图3.13-6所示。

（2）如图3.13-5（1）$I-U$图像所示，伏安特性曲线的斜率表示电阻的倒数，随着电流的增加，斜率在减小，即灯泡的电阻随电流的增大而增大，再由电阻定律$R=\rho\frac{l}{S}$知$\rho=\frac{RS}{l}$，灯丝的电阻率增大。

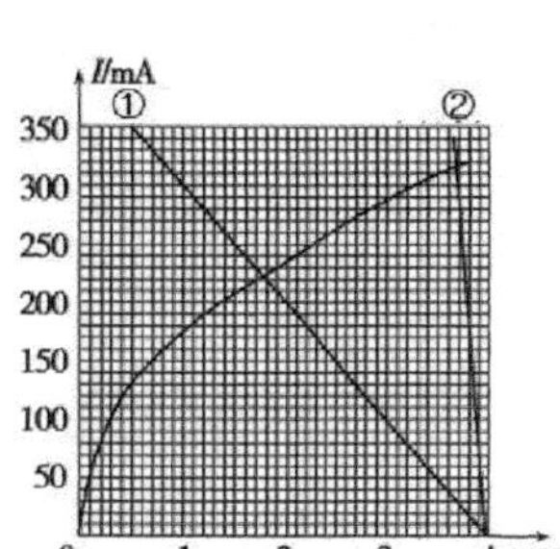

图3.13-7

（3）当滑动变阻器的阻值为9 Ω时，电路电流最小，灯泡实际功率最小，此时$E_0=U+I(R+r)$，得$U=-10I+4$，在图中作出该直线如图3.13-7①所示，交点坐标约为U=1.75 V，I=225 mA，$P_{min}=UI$=0.39 W；由$E_0=U+I(R+r)$整理得

$$I=-\frac{1}{R+r}U+\frac{E}{R+r}$$

当直线的斜率最大时，与灯泡的$I-U$曲线的交点坐标

最大，即灯泡消耗的功率最大。当滑动变阻器电阻值R=0时，灯泡消耗的功率最大，由$E_0 = U + I(R + r)$整理得$I = 4 - U$，此时交点坐标为U=3.67 V，I=320 mA，如图3.13-7②，最大的功率为$P_2=UI$=1.17 W。

【创新思维】电路图主要是控制及测量电路的连接。小灯泡阻值为小电阻，用外接法，电压从0开始测量的采用分压式接法。然后由伏安特性曲线分析阻值的变化，注意纵轴是电流。第(3)问求小灯泡消耗的实际功率较难，因小灯泡的阻值随电流的变化而变化，通过闭合电路的欧姆定律找到小灯泡实际的电流、电压值。

【例3】(2020年高考江苏卷)某同学描绘一种电子元件的I-U关系图像，采用的实验电路图如图3.13-8(1)所示，Ⓥ为电压表，㎃为电流表，E为电源(电动势约6 V)，R为动变阻器(最大阻值20 Ω)，R_0为定值电阻，S为开关。

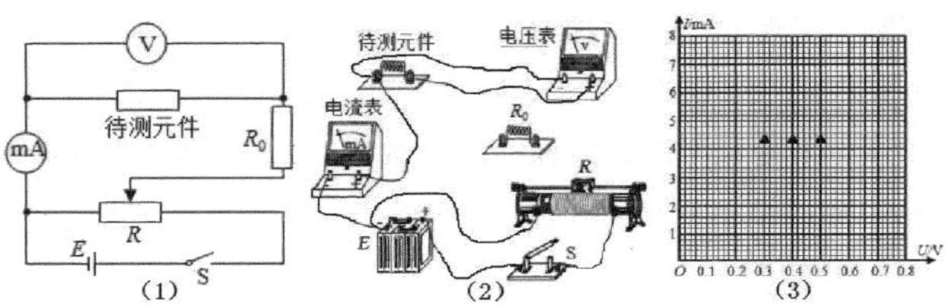

图3.13-8

(1)请用笔画线代替导线，将题图3.13-8(2)所示的实物电路连接完整。

(2)调节滑动变阻器，记录电压表和电流表的示数如表3.13-2：请根据表中的数据，在如图3.13-8(3)所示的方格纸上作出元件的I-U图线。

表3.13-2

电压U/V	0.000	0.250	0.500	0.650	0.700	0.725	0.750
电流I/mA	0.00	0.10	0.25	0.60	1.70	4.30	7.50

(3)根据作出的I-U图线可知，该元件是______(选填“线性”或“非线性”)元件。

(4)在上述测量中，如果用导线代替电路中的定值电阻R_0，会导致的两个后果是(　　)

A.电压和电流的测量误差增大

B.可能因电流过大烧坏待测元件

C.滑动变阻器允许的调节范围变小

D.待测元件两端电压的可调节范围变小

图3.13-9

【解析】(1)根据题意连接电路如图3.13-9所示。

(2)根据表格中数据描点，并用平滑的曲线连接各点如图3.13–10所示。

(3)根据图像可知该元件是非线性元件。

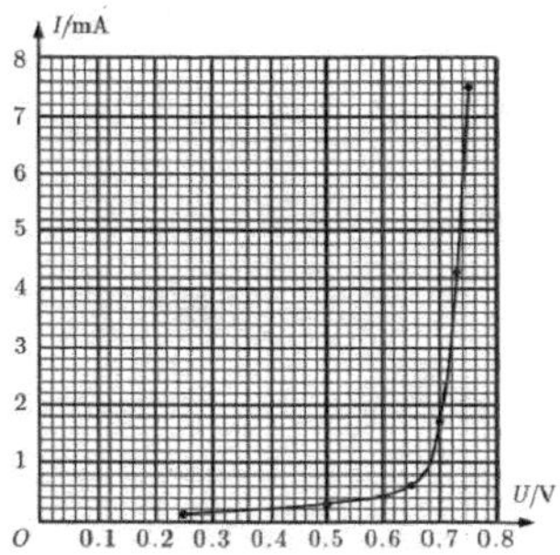

图3.13–10

(4)A、B:I–U图线上某点与原点连线的斜率为$1/R$,根据元件的特性可知,当电压超过一定数值时,电流会急剧增大,所以电阻会急剧减小。若用导线代替R_0,电流急剧增大,可能会烧坏待测元件,对电流表和电压表的测量误差无影响,A错误,B正确;C、D:根据图像可知待测元件的电压范围小于1 V,而电源电动势为6 V,因为待测元件两端电压非常小,如果用导线代替R_0,会导致滑动变阻器的调节范围变得非常小,难以调节,C正确,D错误。故选B、C。

【创新思维】本实验是测绘小灯泡的伏安特性曲线实验的延伸和拓展。与课本原实验相比,延伸的有:电流表的外接、滑动变阻器的接法采用分压式、元件的I–U伏安特性曲线的测绘是实验的重要目标及被测元件为非线性元件等。在测量电路中增加了一个定值电阻R_0,这就是创新拓展之处,考查实验电路中所增电阻R_0如何对被测元件和电流表起保护作用。

实验三:测定电源的电动势和内阻

【例4】用电流传感器和电压传感器等可测干电池的电动势和内电阻。改变电路的外电阻,通过电压传感器和电流传感器测量不同工作状态的端电压和电流,输入计算机,自动生成U–I图线,由图线得出电动势和内阻。

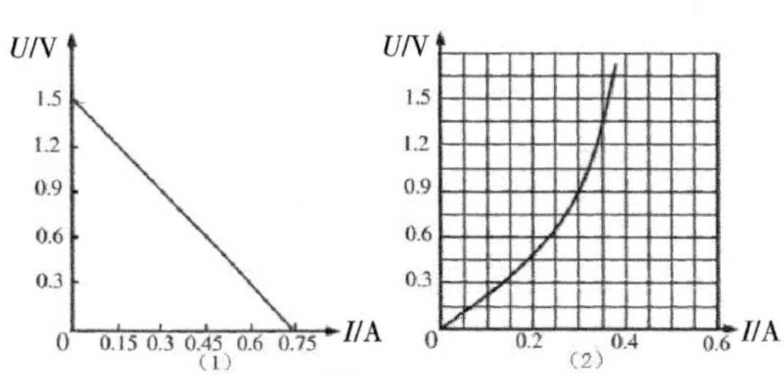

图3.13–11

(1)记录数据后,打开“坐标绘图”界面,设x轴为“I_2”,y轴为“U_1”,点击“____”,得实验结果如图3.13–11(1)所示。根据图线显示,拟合直线方程为____,测得干电池的电动势为____V,干电池的内电阻为___Ω。

(2)现有一小灯泡,其U–I特性曲线如图3.13–11(2)所示,若将此小灯泡接在上述干电池两端,小灯泡的实际功率是多少?(简要写出求解过程;若需作图,可直接画在方格图中)

【解析】(1)记录数据后,打开“坐标绘图”界面,设x轴为“I_2”,y轴为“U_1”,点击“直线拟合”,得实验结果如图3.13–11(1)所示,根据图线显示,拟合直线方程为$y=-2x+1.5$。电源的U–I图像与纵轴的交点是电源的电动势,图像斜率的绝对值等于电源的内阻，所以电源电动势E=1.5 V，电源内阻r=2 Ω。

（2）在小灯泡伏安特性曲线上作出电源的U–I图像（如图3.13–12所示），由图像可知，灯泡与该干电池组成串联电路时，灯泡两端电压U=0.9 V，电路电流I=0.3 A，灯泡实际功率$P=UI$=0.9 V×0.3 A=0.27 W。

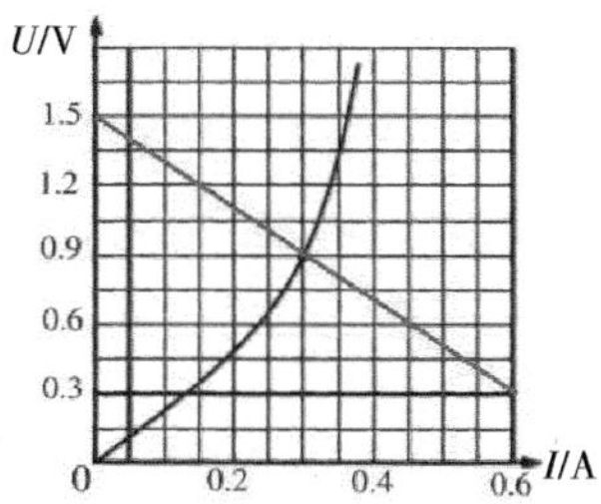

图3.13–12

【例5】（2013年高考全国Ⅰ卷）某学生实验小组利用图3.13–13所示电路，测量多用电表内电池的电动势和电阻“×l k”挡内部电路的总电阻。使用的器材有：多用电表、电压表（量程0~5 V）、内阻十几千欧、滑动变阻器（最大阻值5 kΩ）、导线若干。

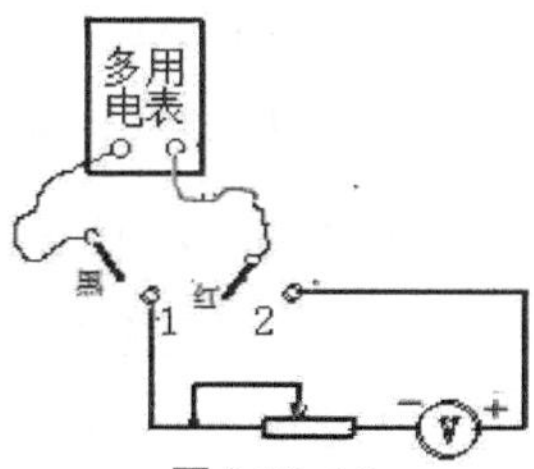

图3.13–13

（1）将多用电表挡位调到电阻“×l k”挡，再将红表笔和黑表笔________，调零点。

（2）将图3.13–13中多用电表的红表笔和_____（填“1”或“2”）端相连，黑表笔连接另一端。

（3）将滑动变阻器的滑片调到适当位置，使多用电表的示数如图3.13–14所示，这时电压表的示数如图3.13–15所示。多用电表和电压表的读数分别为_________kΩ和______V。

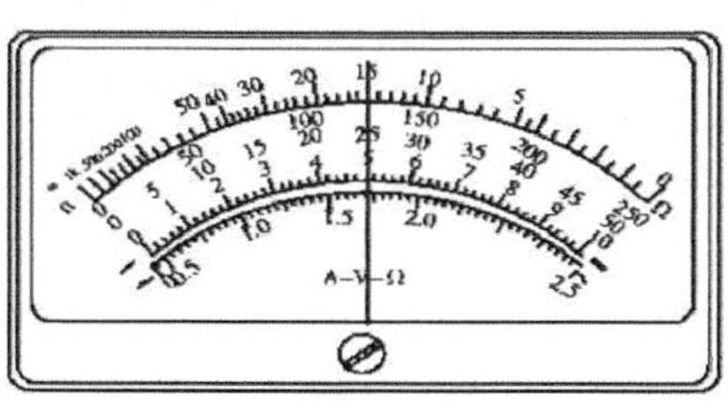

图3.13–14

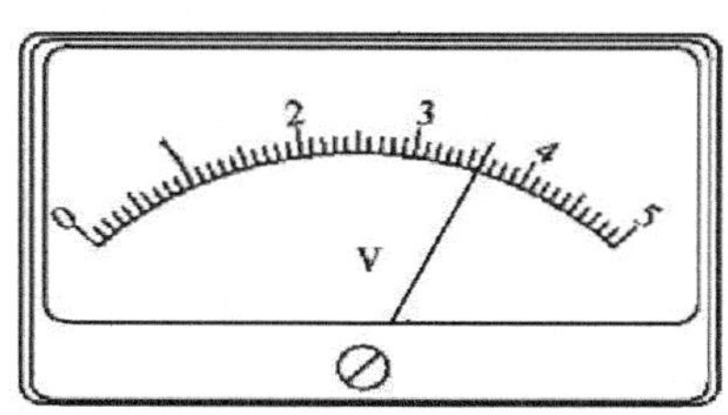

图3.13–15

（4）调节滑动变阻器的滑片，使其接入电路的阻值为零。此时多用电表和电压表的读数分别为12.0 kΩ和4.00 V。从测量数据可知，电压表的内阻为_____kΩ。

（5）多用电表电阻挡内部电路可等效为由一个无内阻的电池、一个理想电流表和一个电阻串联而成的电路，如图3.13–16所示。根据前面的实验数据计算可得，此多用电表内电池的电动势为______V，电阻“×l k”挡内部电路的总电阻为______kΩ。

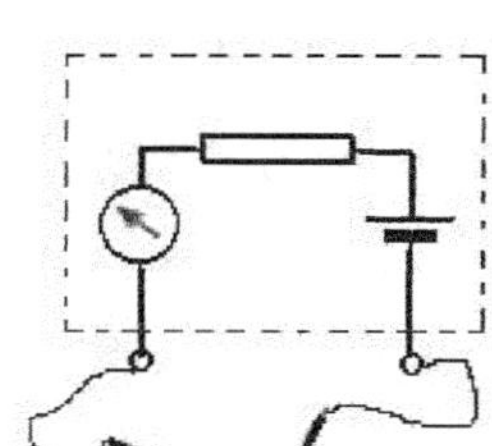
图3.13–16

【解析】（1）短接。欧姆表测电阻时，先选挡，然后进行欧姆调零，将红、黑表笔短接，调整调零旋钮，使电流表满偏，即欧姆表在零位置，再测量、读数。

（2）“1”。对于多用电表欧姆挡，其电流从黑表笔流出，从红表笔流入，而电压表则要求电流从“+”接线柱流入，因此红表笔应和“1”端相连。

（3）15.0 kΩ、3.60 V。多用电表欧姆挡的测量值等于表盘上读数乘以倍率“×1 k”，读第一排读数，为15.0 kΩ。直流电压表满偏为5 V，最小分度为0.1 V，估读到分度值下一位，读数为3.60 V。

（4）12.0 kΩ。调节滑动变阻器的滑片，使其接入电路的阻值为零，多用电表的读数即为电压表的内阻。

（5）9.00 V，15.0 kΩ。

15.0 kΩ为多用电表电阻挡的中值电阻，中值电阻阻值即内电路阻值，所以电阻“×1k”挡内部电路的总电阻r为15.0 kΩ。设内电路电池电动势为E，则当电压表示数为4.00 V时，由$\frac{E}{15.0\ \Omega + 12.0\ \Omega} = \frac{4\ \text{V}}{12.0\ \Omega}$解得$E = 9.00$ V。

【创新思维】试题独特新颖，将“多用电表的原理与使用”和“测电源电动势和内阻”两个实验结合起来，不仅有效地考查闭合电路的欧姆定律的应用，还能有效地考查多用电表的内部结构和读数方法，包括电压表的读数方法等。

实验四：练习使用多用电表

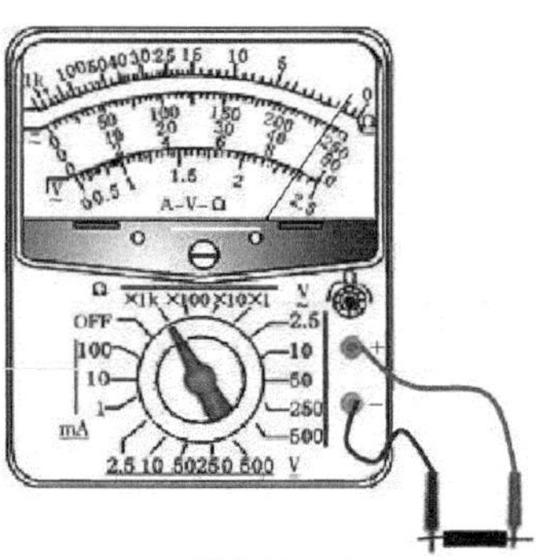

图 3.13-17

【例6】（2011年高考安徽卷）（1）某同学使用多用电表粗略测量一定值电阻的阻值，先把选择开关旋到“×1 k”挡位，测量时指针偏转如图3.13-17所示。请你简述接下来的测量过程：

①________________________________；

②________________________________；

③________________________________；

④测量结束后，将选择开关旋到“OFF”挡。

（2）接下来采用“伏安法”较准确地测量该电阻的阻值，所用实验器材如图3.13-18（1）所示。其中电压表内阻约为5 kΩ，电流表内阻约为5 Ω。（图3.13-18（2）电路为已经连接好）请完成实验电路的连接。

（3）如图3.13-19所示，是一个多量程多用电表的简化电路图，测量电流、电压和电阻各有两个量程。当转换开关S旋到位置3时，可用来测量________；当S旋到位置________时，可用来测量电流，其中S旋到位置________时量程较大。

【解析】(1) ①断开待测电阻，将选择开关旋到“×100”挡；②将两表笔短接，调整“欧姆调零旋钮”，使指针指向“0”Ω；③再接入待测电阻，将指针示数乘以100，即为待测电阻阻值。

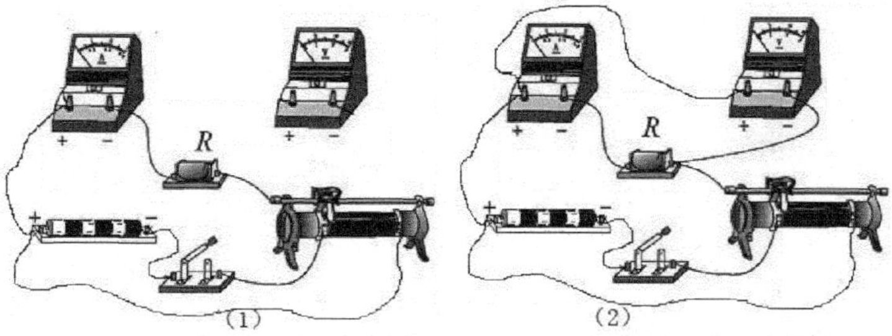

图3.13-18

(2)如图4.13-18(2)所示，由题可知待测电阻为几百欧姆，比较大，采用电流表内接法，误差较小。

(3)如图3.13-19所示，当转换开关S旋到位置3时，电源与两并联电阻串联，构成欧姆表，可测量电阻。当S旋到位置1、2时，电流表 与电阻并联，可用来测量电流。

S旋到位置1时，$I_g(R_2+R_g)=(I_1-I_g)R_1$，

量程 $I_1=\dfrac{I_g(R_1+R_2+R_g)}{R_1}$，

S旋到位置2时，$I_gR_g=(I_2-I_g)(R_1+R_2)$，

量程 $I_2=I_g+\dfrac{I_gR_g}{R_1+R_2}=\dfrac{I_g(R_1+R_2+R_g)}{R_1+R_2}$，

显然，$I_1>I_2$，S旋到位置1时，量程较大。

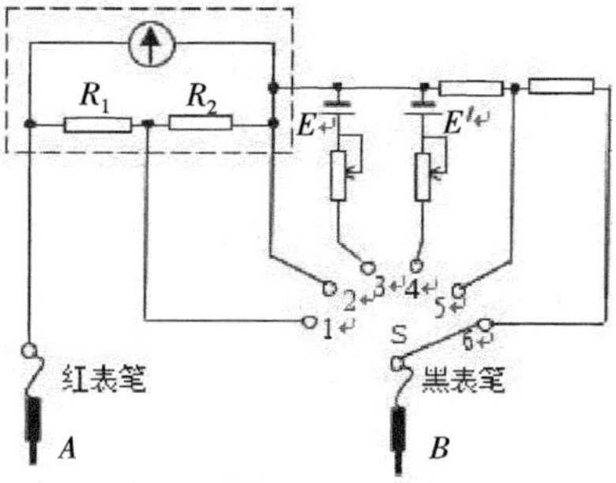

图3.13-19

实验五：传感器的简单使用

【例7】光敏电阻是阻值随着光的照度而发生变化的元件(照度可以反映光的强弱，光越强照度越大，照度单位为lx)。某同学采用伏安法测量在不同照度下某光敏电阻R_c的阻值，将其与两个适当的电阻箱R_1、R_2和两个适当的电流表Ⓐ₁、Ⓐ₂连成如图3.13-20(1)所示电路，图中的电流表内阻很小可以忽略不计。

(1)光敏电阻R_c在不同照度下的阻值如表3.13-3所示，根据表中数据，请在图3.13-20(2)中描绘出阻值随照度变化的曲线。

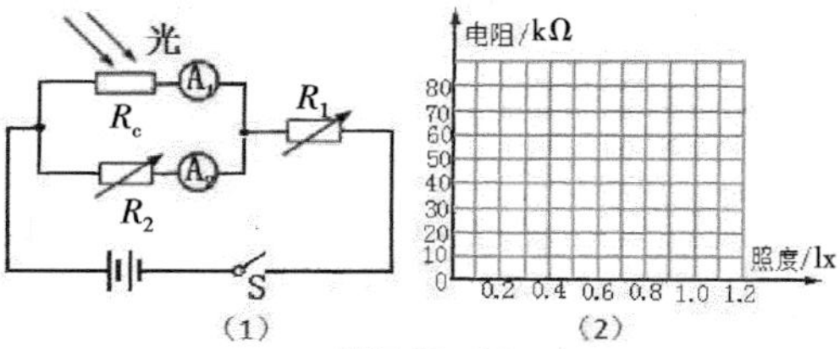

图3.13-20

(2)在某次实验操作中增加光的照度

后，为了保证电流表 A_1、A_2 的示数保持不变，应该调节电阻箱 R_1 使其阻值“增大”或“减小”)，同时调节电阻箱 R_2 使其阻值______(填“增大”或“减小”)；

若电阻箱 R_1 的阻值改变了 4 kΩ，电阻箱 R_2 的阻值改变了 12 kΩ，电流表 A_1、A_2 的示数刚好保持不变，经过计算得出光敏电阻 R_c 的阻值变化了______kΩ.

【解析】(1)光敏电阻的阻值随光照变化的曲线如图 3.13-21 所示 . 特点：光敏电阻的阻值随光照强度的增大非线性减小。

照度/lx	0.2	0.4	0.6	0.8	1.0	1.2
电阻/kΩ	75	40	28	23	20	18

(2)增加光照度后，其电阻阻值会减小，同时为了保证电流表 A_1、A_2 的示数保持不变，因此应该调节电阻箱 R_1 使其阻值增大，调节电阻箱 R_2 使其阻值减小；根据串并联电路的电阻特征，且电表的读数不变，则有

$$\frac{\Delta R_C \Delta R_2}{\Delta R_C + \Delta R_2} = \Delta R_1$$

由 $\Delta R_1 = 4\,\text{k}\Omega$，$\Delta R_2 = 12\,\text{k}\Omega$，

解得 $\Delta R_c = 6\,\text{k}\Omega$。

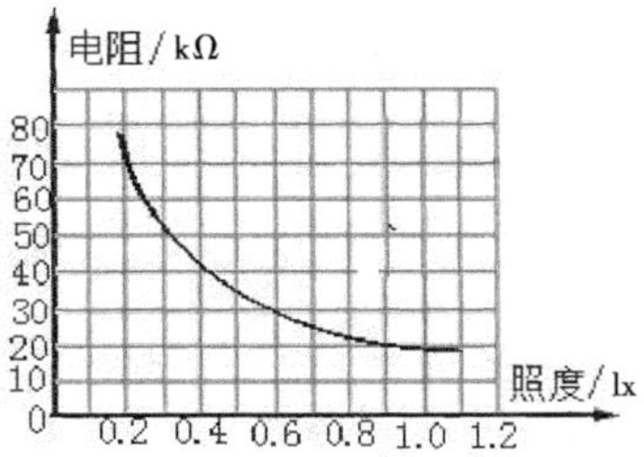

图 3.13-21

【创新思维】该题利用并联电路分流特点，测量不同照度下光敏电阻的阻值，利用闭合电路欧姆定律，控制电路电流不变保障光敏电阻的阻值只受照度的影响。

传感器与闭合电路问题结合是传感器应用问题的创新点，通常表现为两种类型：一类是分析型，应用电阻随光亮、温度、压力等变化的图像，分析敏感元件的特点及在自动控制电路或自动报警电路中的作用。另一类是设计型，应用光敏电阻、热敏电阻、压敏电阻等元件，设计多种自动控制或自动报警电路。

面对传感器的应用问题，我们的策略：分析型题应结合题目所给传感器的特性信息，抓住电路的动态变化；设计型题要注意传感器一般跟继电器逻辑电路等出现在控制电路，起到一个自动开关的功能，抓住如何将其他信号转换成电信号。

跋

1985年9月，我有幸从绩溪县长安镇中学考入屯溪一中，成为高一(3)班的一名学生，绩溪当时还是归属徽州地区，屯溪一中是安徽省著名的重点高中，何国平老师便是我的物理老师，与何老师就此结缘。随后的时光中，我震撼于他对学问的认真钻研、感受到他对生活的挚诚热爱、温暖于他对学生的无私奉献！幸运的是，长大后我也成为一名教师，而他的这些优秀品质影响、感染我至今。

教学水平高，坚持教学研究

从高一的第一节物理课开始，他讲的课，总是那样丰富多彩，每个章节都像是一个斑斓的新世界，让我感受到好老师高水平驾驭课堂的能力。犹记得他的板书，总是那样整洁清晰、重点突出，仿佛有着解开世间所有难题的神奇力量。物理课上要经常画图，何老师用一支粉笔可以在黑板上随意画出直线、圆、振荡图，和教材完全一样，这让我佩服得五体投地。1987年何老师首批晋升高级教师，同年获“全国青少年优秀科技辅导员”称号，1992年被评为“市级有突出贡献的中青年专家”，1994年被评为安徽省中学物理特级教师。辅导学生学科竞赛、青少年科技创新大赛，多次获国家、省级奖项。何老师一直在省示范性高中任教39年，退休后仍先后被聘于三所学校执教高中物理10年。

不忘初心，坚持教研。八十年代初，何老师踏上创造教育试验之路，二十多年一直从事创新教育实践。曾被《物理教学探讨》《理科应试》和《中学物理》等杂志聘为编委。主要著作十余本(包括参编)，中央教科所主持编写的全国著名特级教师教学艺术与研究丛书中，《何国平物理创新教育艺术》一书被评为“全国中小学教师继续教育参考书”。发表论文50多篇，主要论文中5篇分别获全国优秀论文、全国一等奖。2002年6月，何老师退休后，仍继续完善物理创新教育实践，为高中物理难教、难学的“解难”课题做贡献。

何老师的钻研精神一直鼓舞激励着我用心教书、潜心科研。

热爱运动,热爱生活

自律,坚毅,充满正能量。每一个热爱运动的人,总能给人很多震撼和启迪。何老师十分热爱运动,我至今仍清晰记得和何老师一起打篮球的情景,他在篮球场上那跳投、擦板、空心入篮筐的飒爽英姿,那种在运动场上的无畏与执着、洒脱与快乐深深地感染着我,有种说不出的敬佩和羡慕。当时我就暗下决心,我也要成为他这样的人。

时光荏苒,在何老师的影响下,这么多年我都一直保持着运动的习惯,喜欢足球、篮球、羽毛球,在大学时还是校足球队队长。现在虽然已过半百,每天依然会踢足球、打篮球。在一次次的运动中,我慢慢体会到:运动健身,虽不能增加生命的次数,但能拓展生命的宽度,延续生命的长度。我坚信很多传奇人生的背后,都离不开强健的体魄与坚韧的毅力。热爱运动,就是热爱生活。

潜心育人,关爱学生

随风潜入夜,润物细无声。在他的影响下,高一(3)班同学情深,我读书时家境贫寒,高中时的同窗好友经常帮我,中午在校食堂一起吃中饭的时候,我一般买5分钱的菜,而其他同学常打2角钱的菜,里面有不少肉,他们常常把肉夹给我,还故意说肉肥了他不吃。1988年我们毕业30年班级聚会时我还给他们讲这些,特别感谢高一(3)班的同学。犹记得高一下学期那年,我突发急性肺炎,发热、咳嗽、胸闷后晕倒在路上,住进了医院。时任学校教导主任的何老师默默地替我向学校申请了一份资金补助,我清楚地记得一共是25元。我心里十分明白,在当时那个物资很匮乏的年代,学校的这样一份补助是多么的珍贵与不易!他在背后的付出又是多么的善良与无私!那25元不仅仅帮助我们家渡过难关,更让我感受到他对学生无言的关爱。

世界上最敏感的是孩子的心,一旦受伤,就很难愈合。进入教师队伍后,我深知教师职业的伟大不仅在于传道授业,更在于它的无私与爱,一些看似平常的细节却最能影响学生的心灵。如今,我会一直带着何老师给我的这份爱,赤诚的对待我的学生,将爱传递下去。

商永嘉

安徽师范大学化材学院教授、博士生导师